CORPUS SCRIPTORUM ECCLESIASTICORUM LATINORUM

VOL. XCVI

CORPUS SCRIPTORUM ECCLESIASTICORUM LATINORUM

EDITUM CONSILIO ET IMPENSIS

ACADEMIAE SCIENTIARUM AUSTRIACAE

VOL. XCVI

VERLAG DER
ÖSTERREICHISCHEN AKADEMIE DER WISSENSCHAFTEN
WIEN 2006

CORPUS SCRIPTORUM ECCLESIASTICORUM LATINORUM

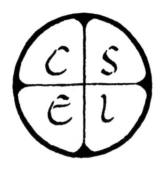

VOL. XCVI

ANONYMI IN IOB COMMENTARIUS

EDIDIT

KENNETH B. STEINHAUSER

ADIUVANTIBUS

HILDEGUND MÜLLER ET DOROTHEA WEBER

VERLAG DER
ÖSTERREICHISCHEN AKADEMIE DER WISSENSCHAFTEN
WIEN 2006

Vorgelegt von w. M. Kurt Smolak in der Sitzung
am 14. Oktober 2005

Zur Erstellung der Edition wurde das Programm
„Classical Text Editor" verwendet.

Die verwendete Papiersorte ist aus chlorfrei gebleichtem
Zellstoff hergestellt, frei von säurebildenden Bestandteilen
und alterungsbeständig.

ISBN 3-7001-3608-0

Copyright © 2006 by
Österreichische Akademie der Wissenschaften
Wien
Druck: Grasl Druck & Neue Medien, A-2540 Bad Vöslau

http://hw.oeaw.ac.at/3608-0
http://verlag.oeaw.ac.at

TABLE OF CONTENTS

Foreword 7

Introduction
1. Literary and historical context 9
2. Theological context 10
3. Characteristics of the work
   General remarks 14
   Homiletic character 16
   Exegetical method 18
   Sources and parallel texts 20
   Biblical quotations 25
   Language and style 33
   Title 37
   Provenance 38
   Date of composition 40
   Authorship 41
   Prologue 47
4. Manuscript tradition 54
   Family Ψ 54
   Sub-family α 57
   Family Φ 58
   Sub-family β 60
   Relationship between families Ψ and Φ 63
5. Printed editions 66
6. Present edition 68
7. Bibliography 69

Abbreviationes et signa in apparatibus adhibita 81
Stemma 83
Conspectus siglorum 84

Textus: Prologus in libri Iob versionem Latinam 85
   Commentarii in Iob liber I 87
   Commentarii in Iob liber II 247
   Commentarii in Iob liber III 345

Index locorum similium 403

FOREWORD

This project began during academic year 1996–97 with a sabbatical from Saint Louis University and a National Endowment for the Humanities Fellowship for University Teachers, for both of which I am extremely grateful. I would like to thank my students and colleagues at Saint Louis University, particularly the members of the Early Church Seminar, for their encouragement, support and intellectual stimulation over the years. Several research assistants have helped me with this specific project, namely DANIEL STRAMARA, LAWRENCE ALTEPETER, RICHARD METZ, FRANCIS X. GUMERLOCK, INTA IVANOVSKA and TOMÁS O'SULLIVAN. LORI HUNT created the initial computer file of the base text for collation.

Since HILDEGUND MÜLLER and DOROTHEA WEBER made a substantial contribution toward developing the stemma of manuscripts and establishing the text, I have listed their names on the cover of this edition as *adiuvantes*. For their efforts on my behalf I thank them as well as KURT SMOLAK, Chairman of the Commission for Editing *Corpus Scriptorum Ecclesiasticorum Latinorum*, ADOLF PRIMMER, the former Chairman, and MARGIT KAMPTNER and CLEMENS WEIDMANN, researchers at the *Kirchenväterkommission* of the Austrian Academy of Sciences. My Viennese colleagues were also especially hospitable during my visits to Vienna in connection with this project.

In addition, I would like to thank the librarians and archivists at all the libraries, which provided microfilms or where I worked, especially the conservators at the Bibliothèque nationale de France and the Bibliothèque Mazarine, who granted me access to manuscripts in their collections. Finally, I would be remiss if I did not explicitly express my gratitude to the able and always helpful staff at the Pius XII Memorial Library of Saint Louis University.

I dedicate this edition to the memory of my friend, colleague and teacher, KARL SUSO FRANK, who died suddenly in Freiburg im Breisgau on 4 January 2006. Like Isidore of Seville, he understood himself to be the mouthpiece of the fathers: *Quod enim ego loquor, illi dicunt; et vox mea ipsorum est lingua.*

Kenneth B. Steinhauser

INTRODUCTION

1. Literary and historical context

In 1918 Jacques Zeiller judged *Anonymi in Iob commentarius*, which treats Job 1, 1 to 3, 19, "a fastidious commentary simultaneously shallow and convoluted,"[1] whereas about half a century later Michel Meslin took exception to this "subjective judgment" praising the commentary as "very literary."[2] In the light of noteworthy research[3] over the past three decades into the nature and extent of Arianism specifically in the West, I would not hesitate today to characterize this anonymous Job commentary as one of the most important pieces of Latin Arian or homoian (*cf.* p. 11) literature to have survived. Nevertheless, since Meslin's comprehensive study of western Arianism in 1967, *Anonymi in Iob commentarius* had not been the object of intense or extensive inquiry until the recent publication of an article by Leslie Dossey in 2003. Perhaps scholars had neglected this overlooked treasure due to its lack of keen theological speculation and the absence of dogmatic disputation.

In contrast to most other Latin Arian works of the period, *Anonymi in Iob commentarius* exhibits two exceptional qualities, which significantly enhance its value. First, its text is both intact and dependable. A limited number of Latin Arian works[4] has survived and understanding their transmission is fraught with various difficulties. On one hand, many significant Latin Arian texts are available through only one witness: for example, the

---

[1] Zeiller, *Provinces danubiennes*, 503; cf. id., *Dalmatie*.

[2] Meslin, 209.

[3] See Duval, *L'extirpation*, which is a collection of ten previously published articles from 1969 onward with one new contribution; Simonetti, *La crisi ariana*; Hanson; Barnes and Williams; Sumruld; McLynn; Daniel H. Williams; Markschies; Rowan Williams.

[4] See CPL 680–708.

collection of Verona, the scholia of the council of Aquileia and the palimpsest of Bobbio.[5] Furthermore, some of these are also fragmentary. On the other hand, where multiple witnesses do exist, the textual transmission often has been interpolated and in some cases hopelessly corrupted. For example, pseudo-Chrysostom's *Opus imperfectum in Matthaeum* is nothing short of a nightmare due to its textual complexity.[6] In other words, the textual transmission of Latin Arian works generally tends to be either fragmentary or unreliable. In contrast, *Anonymi in Iob commentarius* is available in seven manuscript witnesses and one edition most likely dependent upon a lost manuscript,[7] which are sufficiently adequate to establish its text with reasonable certitude. Second, this commentary is, after pseudo-Chrysostom's *Opus imperfectum in Matthaeum*, the second longest Latin Arian work known.[8] It preserves sufficient textual evidence to confidently support appropriate judgments concerning its context, language, message and goals. Although its dependability and length make *Anonymi in Iob commentarius* unique, its anonymity or, more accurately, its pseudonymity is a characteristic it shares with most Latin Arian literature.

2. Theological context

Arianism is often used as a somewhat generic term for the heresy which denies the Trinity of the Godhead and the divinity of the Son. In its classical form Arianism asserted that the Son

---

[5] See Gryson, *Scripta*, and *Scolies*.

[6] PG 56, 611–946; see Kauffmann, *Textgeschichte*; van Banning, CCSL 87B.

[7] See p. 56 below.

[8] It seems unfounded to consider *Opus imperfectum in Matthaeum* Pelagian rather than Arian; for arguments in favor of Pelagian authorship see Schlatter, *Pelagianism*, and *Author*; for arguments in favor of Arian authorship see van Banning, *Critical Edition*; Kannengiesser; Mali 16–35; 350–355.

had a beginning in time and there was a time when the Son did not exist. In other words, the Son is a creature. Condemned at the council of Nicea in 325 the heresy did not become extinct but mutated. Theologians often attempt to distinguish the teaching of Arius himself, which is fragmentary and unclear, from the Arianism of his followers.[9] Actually what has been called "Arianism" is extremely complicated and a wide range of precise terminology has been used to describe subtle theological nuances, which developed over several centuries under the relentless pressure of conflict.[10] The brand of "Arianism" current in the West during the late fourth and early fifth centuries is often identified as homoianism distinguishing it from other forms of Arianism. The differences are significant and have led some scholars to avoid the term "Arian" altogether as a misnomer when referring to Latin homoians.[11]

Homoianism has two distinctive characteristics, the one theological and the other historical. First, its major theological characteristic is the rejection of the Nicene *homoousion*, which asserts that the Son shares the "same" being with the Father. For homoians the term οὐσία is simply too philosophical and, above all, non-biblical.[12] Then, replacing ὁμός with ὅμοιος they assert that the Son is "similar" to the Father. Thus, paradoxically "similar" actually means "different." The difference between the Father and the Son lies in the Son's inferiority. Homoians are fond of the Johannine tradition particularly the discourses of Jesus in the gospel where he describes his relationship to the Father at

---

[9] For example, see Wiles; Luibhéid; Stead.

[10] The attempted compromise with Nicene orthodoxy in the fourth century spawned so-called semi-Arianism. Eunomianism or anomoeanism insisted on the radical distinction between the Father and the Son. Macedonianism dealt with the Holy Spirit's relationship to the Father and the Son.

[11] See Brennecke, *Homöer*, 1–23, especially p. 19; Daniel Williams, 1; Barnes and Williams, xiii–xvii.

[12] See Hil., *syn.* 81–91 (PL 10, 534A–545B).

length and, for example, explicitly states that "the Father is greater than I" (John 14, 28). Relying upon a unique reference of theological weight, namely John 1, 18,[13] homoians call the Son μονογενὴς θεός, *unigenitus deus*, only begotten God, while the Father is unbegotten God. Although the Son is true Son of God, he is not true God. The unbegotten God is true God while the only begotten God, though apparently divine, does not have the same status as the unbegotten God. In other words, the Son is inferior to the Father. Since the term "only begotten God" is biblical, it is also used frequently by orthodox bishops of the period and cannot be considered an exclusive distinguishing characteristic of homoianism. Nevertheless, μονογενὴς θεός is the foundation and hallmark of homoian theology. A subordination-ist hierarchy of divinity exists with the Son inferior to the Father and the Holy Spirit inferior to the Son.

Second, although they, like the Arians, reject *homoousion*, homoians distance themselves from Arius and his teaching. In the Acts of the Council of Aquileia (381) Palladius of Ratiaria makes this abundantly clear.[14] He does not consider himself to be Arian and he refuses to allow himself to be called Arian. There may be several reasons for this. Perhaps he insists that he "did not know Arius"[15] because Lucian of Antioch, the supposed

---

[13] Among the variants offered by Nestle-Aland, *Novum Testamentum Graece*, 27th revised and 8th corrected edition (Stuttgart: Deutsche Bibelgesellschaft, 2001), is the use of the definite article before μονογενὴς θεός, which carries considerable theological implications and which unfortunately but necessarily disappears in Latin; see the now somewhat old but still very useful study of Hort, 1–72; Ehrman, 128; Metzger, *Textual Commentary*, 169–170.

[14] The Acts of the Council of Aquileia are found among the works of Ambrose, Michaela Zelzer, ed., CSEL 82, 3, 313–368; for a complete French translation see Gryson, *Scolies*, 330–383; for a partial English translation see Steinhauser.

[15] *Conc. Aquil. a. 381*, 25 (CSEL 82, 3, 341, 313): *Ego Arrium non novi*. See Steinhauser, 276.

teacher of Arius, was his inspiration and guide. Perhaps along with other homoians like Valens and Ursacius, he believes that the mere fact that he does indeed recognize the Son as a divine or semi-divine figure and "not a creature like others,"[16] he is not Arian. *Anonymi in Iob commentarius* is most likely homoian as can be seen from the following two quotations:

Omnia quaecumque fecerint homines sive in virginitate sive in abstinentia ..., omnia gratis faciunt si non in fide fecerint, sine causa agunt nisi in agnitione unius infecti dei patris et in confessione unius unigeniti filii eius domini nostri Iesu Christi et in illuminatione spiritus sancti gloriosi ac venerabilis paracleti, qui adiuvat infirmitatem nostrae orationis, in quo signati sumus in die redemptionis nostrae, hoc fecerint. (I, 11, 6–14)

The word *infectus* referring to the Father is revealing. If a distinctive characteristic of the one God, the Father, is *infectus*, unmade, then one may reasonably conclude from the balanced structure of the argument that the one only begotten Son is indeed made. Thus, the Son is a creature.

Furthermore, *homoousion* is absolutely rejected as tritheism while neither Arius nor Arianism is overtly embraced:

Tria cornua fecit diabolus in typum atque figuram trionymae illius sectae triumque deorum haeresis, quae universum orbem terrae in modum tenebrarum replevit, quae patrem et filium et spiritum sanctum aliquando tamquam tres colit, nonnumquam autem tamquam unum adorat, quemadmodum Graecorum lingua memoratur triada vel homousion. (I, 75, 1–7)

Actually the passage is reminiscent of Jerome's famous comment concerning the council of Ariminum (Rimini) in 359, where the bishops were supposedly duped into approving the homoian creed, which rejected *homoousion* and Nicene orthodoxy: "The

---

[16] Hil., *coll. antiar.* B VIII 2, 2 (3) (CSEL 65, 176, 8–9): *non esse creatum velut ceteras facturas.* See Daniel Williams, 22–37, and the earlier but more extensive discussion of the *fraus* of Rimini by Duval, *Manœuvre.*

14 Introduction

entire world groaned and was amazed to find itself Arian."[17]
Here the anonymous author states that the heresy of the three
gods, where the Father and the Son and the Holy Spirit are wor-
shipped as three and not as one, has filled the entire world with
darkness.

3. Characteristics of the work

General remarks

The significance of *Anonymi in Iob commentarius* lies in the
amount of information which its text preserves concerning
homiletics, liturgy, exegesis, spirituality and popular piety. More
pastoral than polemical, the commentary offers today's vigilant
reader remarkable insight into the cultural, social and theological
preoccupations of its author, an unknown Arian bishop of the
late fourth century, and his audience, an Arian congregation located perhaps somewhere in northern Italy.[18]
Worship emerges as one of the chief theological themes
of the commentary. Job is praised above all as *cultor dei*, θεο-
σεβής, a worshipper of God (Job 1, 1). Clearly the anonymous
author was preoccupied with the faith of individuals as articu-
lated in their personal prayer and in the worship of the commu-
nity, as can be seen, for example, in I, 11, 3–10: ..., *quia omnem
sanctitatem et omnem iustitiam et omne opus bonum, quod visi
fuerint homines facere, nisi in dei cultura, nisi in dei agnitione atque
confessione fecerint, sine causa faciunt atque supervacue. Et ut breviter atque evidenter dicam: Omnia quaecumque fecerint homines
sive in virginitate sive in abstinentia sive in corporis castitate sive in
carnis suae combustione sive in bonorum suorum distributione, omnia gratis faciunt si non in fide fecerint.* Consistent with the

---

[17] Hier., *c. Lucif.* 19 (PL 23, 172C): *Ingemuit totus orbis, et Arianum se
esse miratus est.*
[18] On provenance see p. 38–40 below.

author's homoian theology (*cf.* p. 13–14), he describes Job as the paragon of virtue who worships the one true God only. Relying on Paul's letter to the Romans (Rom 14, 23) Anonymous insists that dissociation from true faith and true worship invalidates any attempt at virtuous living. Thus, there is also an ecclesiological consequence to false worship, which renders any potential virtuous action useless unless motivated by true faith and, above all, by true worship.

Another theme, which deserves attention here, is the polemic against m a g i c a n d d i v i n a t i o n in the last book of the commentary because it provides insight into the commentary's historical context. For Anonymous, whose comments show an acquaintance with magical practices,[19] magic is diametrically opposed to the worship of God. Job's comforters are described as "god-worshipping," refraining from the occult as they keep vigil with the suffering Job (... *sederunt tamquam religiosi dei cultores, non quaerentes neque maleficias neque auguria neque divinationes neque phylacteria neque lamellas neque incantationes damnabiles*; III, 17, 3–5). These religious men are contrasted with demonic men: ... *continuo incantationes atque incantatores requirunt, statim phylacteria alligant, illico maleficiis intendunt aut in charta scribunt aut in stagno aut in plumbo, et alligant ei qui aliquem dolorem sustinuerit* (III, 17, 10–13). Here Anonymous mentions writing on a papyrus, tin or lead object and attaching it to the person who is suffering pain. The wearing of amulets to cure sickness, the inscription of words or images on a metal or papyrus talisman and ritual incantations were standard magical practices in the ancient world.[20] The subsequent association of these practices with the devil is a Christian development.[21] To the context of magic belongs also *ventriloquus* (III, 19, 25), which refers not to a harmless entertaining ventriloquist but rather to a sha-

---

[19] See p. 18 below.
[20] See Greenfield, 132–133.
[21] See Flint.

man, who "speaking from the belly" as a medium due to some
form of demonic possession, predicts the future.[22]

To some extent Anonymous deals with medical issues; they
are connected to Job's sickness (II, 27–28) and the gruesome
death of his children (I, 83). Although the vocabulary in this field
is detailed, it is far from technical;[23] there is no evidence that
Anonymous had deeper than average knowledge of medicine.

Other themes also emerge from the commentary – the devil
and his power, Job's suffering and the theodicy problem, Job's
wife and her seduction of Job, Job's friends and temptation, Job
as a type of Christ – which are all traditionally associated with
the book of Job. A careful reading of the text shows that the
anonymous author frequently offers unexpected interpretations
of the biblical text. These various themes, which go beyond the
necessarily limited goals of this introduction, will have to be the
subject of a more comprehensive study of the commentary.

Homiletic character

Certain features of *Anonymi in Iob commentarius* indicate
preached homilies rather than a written commentary. At the
beginning the author situates his work in the liturgical season of
Lent (*in diebus in quibus in ieiunio et abstinentia sanctam domini
nostri Iesu Christi passionem sectamur ut terribilem eius passionem
transeuntes ad beatam eius resurrectionem venire mereamur*; I, 3,
22–24); whenever he describes his commenting upon the Bible,
Anonymous uses verbs like *dicere*, but not in a single instance

---

[22] For example, see Tert., *adv. Marc.* 4, 25 (CSEL 47, 504); *adv. Prax.* 19
(CCSL 2, 1185); Hier., *in Is.* 3, 8, 19/22 (CCSL 73, 119) on Is. 8, 19; Aug., *de
doctr. christ.* 2, 23, 35 (CSEL 32, 58, 12–22) on Acts 16, 16. On the basis of
the Pythian or Delphic oracle this form of sorcery is generically called
pythicus, a term which Anonymous does not use.

[23] On the notion of technical language with respect to medicine see
Langslow, 26–41.

scribere or similar expressions.[24] In several places he directly addresses his audience (*o viri peritiae:*[25] I, 12, 19; 58, 25; III, 25, 6; *o viri:* I, 74, 23; 89, 27; 102, 30; II, 29, 2; 31, 12; 39, 3; III, 2, 7; 17, 21; 24, 19; 33, 21; 36, 29; *o amici:* I, 3, 1; 8, 1; 27, 28; 102, 31; II, 29, 1; *o homines:* III, 33, 25; *o filii religiosorum:* I, 15, 17; *o nati fidelium:* I, 15, 17).[26] Anonymous is extremely fond of commenting upon the text by inserting fictive dialogues (ethopoiies), for example, those between God and the Satan (I, 8; 48–49; etc.), between Job and the messengers (I, 64–83), between Job and his wife (II, 36–51), etc. These dialogues come alive and become much more effective when presented by a preacher who can modify the tone of his voice and improvise evocative gestures.

From these features as well as from the evident oral character of the commentary we may conclude that the text as it is preserved is based on homilies, which were taken down by scribes and subsequently underwent revision in order to obscure the original beginnings and endings, thus resulting in a *commentarius currens*. There is one place which still resembles the traditional closing of a homily: *Iustus autem lux est semper et in die nativitatis sicut Hieremiae et omnibus sanctis, et in die mortis sicut Lazaro qui deportatus est ab angelis in sinus Abrahae, Isaac et Iacob in saecula*

---

[24] Cf. *diximus:* I, 4, 1; 5, 16; 12, 1; 30, 11; 42, 8, etc.; *scribere, scriptura,* etc. always refer to the sacred scriptures (at I, 11, 45 the text is perhaps corrupted).

[25] This form of address has no parallels in any homilies of late antiquity. Perhaps the anonymous bishop was directly addressing his clergy present at a certain designated place in the cathedral regarding an issue that was especially pertinent to them. For example, in the first instance of utilizing this direct address Anonymous could have been warning his clergy against "ecumenism" and *communicatio in sacris* with Nicene Christians: *Sic oportet etiam nos, o viri peritiae, in fide ambulare, in fide stare, in fide perseverare, infidelitati atque infidelibus non appropinquare neque communicare neque conventiculis eorum neque collectis, ut cuncta quae facimus in fide deo acceptabilia fiant* (I, 12, 18–22).

[26] In antiquity forms of address to an audience of both males and females were usually in the masculine form.

saeculorum. Amen (III, 35, 30–33). This may be an indication that
the revision toward the end of the work was not as diligently
carried out as had been done earlier. Similarly, there seems to
have already been some urgency to finish the homilies themselves, since their tendency to omit verses increases as the commentary progresses (see p. 29 below).

The condemnation of magic and divination (*cf.* p. 15–16),
which would seem to be out of place in a Job commentary,
makes perfect sense if at least a portion of the congregation hear-
ing these sermons were catechumens receiving immediate preparation during Holy Week for their baptism during the upcoming
Easter ceremonies.[27] In fact, these homilies may very well have
catechumens as part of their audience. Certain themes seem to fit
well with the scrutinies of the catechumenate and the baptismal
liturgy, for example, the struggle against Satan (II, 7),[28] the egali-
tarian character of human beings before God (II, 38, 3–7),[29] and
the condemnation of amulets (III, 17).[30] In his *Creedal Homilies*
Quodvultdeus condemns the Arians in a manner reminiscent of
Anonymous' condemnation of the Nicenes (I, 75, 1–7).[31] Polemic need not be absent from catechetical homilies.

Exegetical method

Anonymous reads biblical texts literally and he frequently
applies the exegetical method of typology. The words *typus* and
figura, each occurring twelve times, are used interchangeably and

---

[27] See p. 21 below. For a brief overview of the connection between the
season of Lent and the catechumenate in the Greek East see Harmless, 61–69.

[28] Cf. Chrysost., *cat. bapt.* 3/2, 17–21 (Fontes Christiani 6/2, 346–351 =
SC 50, 143–145).

[29] Cf. Chrysost., *cat. bapt.* 3/2, 13 (Fontes Christiani 6/2, 342–343 = SC
50, 140); Quodv., *symb.* 1, 1, 8 (CCSL 60, 305); see Finn, 8–9.

[30] Cf. Chrysost., *cat. bapt.* 1, 22 (Fontes Christiani 6/1, 146–149 = PG
49, 240); 2/3, 6 (Fontes Christiani 6/2, 244–245 = SC 366, 232–235).

[31] Cf. Quodv., *symb.* 1, 9, 6–8 (CCSL 60, 326–327).

synonymously. In some instances the story of Job is interpreted as counterpart of a type contained in Genesis: That the friends of Job should come from the east was prefigured by the garden of Eden (I, 24, 6–7). Eve as temptress is a type of Job's wife (II, 37, 23–26). More often Job's story is understood as a type of a New Testament passage: The calf, given as a sin offering at Job 1, 5, is a type and figure of Christ, the lamb of God, who takes away the sin of the world (I, 31, 3–10). Cleaving to innocence (*perseverans in simplicitate*), Job as a type of Christ is led to sacrifice like the lamb prophesied by Jeremiah (II, 10, 23–25). Job himself, like Christ, was tested and, though he was without sin, suffered (II, 20, 1–7). Job sitting on the dunghill outside the city is a type of the *spectaculum* mentioned by Paul at 1 Cor 4, 9 (II, 34, 23–30). The *plurimo tempore*, mentioned at Job 2, 9, like the three and a half years of Rev 11, 2 and 11, 11, is a type of the duration of the Lord's preaching (II, 36, 5–6). The *adamas* mentioned at Amos 7, 8, the phoenix, the ark of the covenant and the urn of manna, which were all once types and figures of the Lord, have disappeared because they are no longer needed: *audi: haec omnia typus fuerunt domini Christi, quae usque ad adventum domini et erant et visa sunt, post adventum vero domini amplius visa non sunt* (II, 26, 2–4). In addition, we find even a theological concept prefigured: The sect of the three gods is anti-type of the three attacking squadrons at Job 1, 17 (I, 75, 1–3).

Notably, Anonymous never uses the word *allegoria* nor does he apply an allegorical method to any passage of scripture. He obviously favors a literal interpretation of the scriptures in the tradition of the Antiochene school.[32] Indeed, it is ironic that his commentary was attributed to the Alexandrian Origen in every manuscript except one, namely *N* (see p. 37 below).

---

[32] For a contemporary analysis of the terms literal, typological and allegorical in the context of method see Young, 186–213. Clearly *Anonymi in Iob commentarius* will need to be further investigated in this regard.

Sources and parallel texts

Nowhere in his commentary does Anonymous mention a
specific source. His exegetical method, as demonstrated above,[33]
is thoroughly Antiochene. He acknowledges dependence upon
his predecessors[34] in a general way and his commentary shares
significant similarities with other commentaries, sermons or
catenae in the Antiochene tradition. Dossey has presented these
similarities in great detail and her work is very valuable.[35] Three
authors, namely Severian of Gabala (pseudo-Chrysostom),[36] Julian the Arian[37] and John Chrysostom,[38] have written sermons or
commentaries on Job, which contain themes similar to those
present in the anonymous Job commentary. Regarding Julian the
Arian and John Chrysostom, Dossey rightly concludes that a
direct dependence is unlikely. Anonymous seems to be drawing
upon a common exegetical and liturgical tradition rather than
specific works.

The four sermons of Severian of Gabala[39] seem, however, to
be a different case. The theological and exegetical content of his
sermons is especially orthodox and markedly different from the

---

[33] See pp. 18–19.

[34] Dossey, 71, presents some suitable examples: *O quam multiplicem inquisitionem atque disputationem habet hic sermo* (I, 73, 9–10); *Diverse plurimi
de hoc tempore quod istic memoratum est et intellexerunt et locuti sunt* (II, 36,
2–3). However, the phrase *invenimus in antiquorum dictis* (I, 3, 1–2) seems
to refer to rabbinical literature; see p. 23 below.

[35] See Dossey, 66–89.

[36] PG 56, 563–582; CPG 4564; cf. de Aldama, nos. 175, 475, 533, 393,
who attributes the four homilies to Proclus of Constantinople. Voicu, *Restituzioni*, is responsible for the attribution to Severian. Arabic and Old
Church Slavonic versions exist; see Samir; Samir and Scharpé.

[37] For an edition see Dieter Hagedorn.

[38] Edited by Sorlin; Hagedorn and Hagedorn, *Johannes Chrysostomos*.

[39] For further information on Severian including a complete list of his
sermons see Voicu, *Sévérien*, and Carter, *Chronology*; id., *Scriptural References*.

approach of the anonymous Arian Job commentary. But in other respects similarities between the sermons of Severian and the anonymous Job commentary are abundantly clear, specifically regarding some themes and biblical quotations, although their treatment of these themes and their use of the quotations often differ enormously. Dossey asserts that Anonymous used Severian's sermons directly as a source. She argues on the basis of common themes and shared biblical quotations elucidating the same Job passage. One such example is where 3 Kgs 17, 1 (I, 37, 9; 43, 5) and Jonah 2, 1 (I, 47, 3-4) are cited in dealing with the presence of the devil among the angels and his conversation with God at Job 1, 6-7. Another example is where both commentaries cite 1 Cor 5, 5, 1 Tim 1, 20 and Ps 77, 49 (I, 45, 10-15) in the same context describing the demons' punishment of sinners. She states that "the cluster of matching quotations is too close to have been arrived at independently."[40] Since the book of Job was customarily read during Holy Week in the East[41] and its reading during that season in the West is documented for the diocese of Milan through Ambrose,[42] one could assume that innumerous deacons, priests and bishops, who were authorized to preach, actually did preach on these texts at that time. During Holy Week catechumens were undergoing their final preparation for baptism at the Easter ceremonies. Certainly an enormous catechetical and homiletic tradition on Job would have been amassed in the liturgical context of Holy Week. For example, the incident recorded at 3 Kgs 17, 1 subsequently involves Elijah drinking from a stream and is reminiscent of baptism. The incident recorded at Jonah 2, 1 subsequently involves the whale swallowing Jonah and spitting him out after three days and is reminiscent of resurrection. Both are predictable subject matter for Holy Week and Easter. The citations from 1 Cor 5, 5, 1 Tim

---

[40] Dossey, 75.
[41] See Burkitt.
[42] See Ambr., *epist.* LXXVI (20), 14 (CSEL 82, 3, 115); Willis, 14-15.

1, 20 and Ps 77, 49 all involve the judgment and punishment of sinners. This is especially evident in 1 Cor 5, 5 (ταῦτον παραδοῦ-ναι τῷ Σατανᾷ εἰς ὄλεθρον τῆς σαρκός, ἵνα τὸ πνεῦμα σωθῇ ἐν τῇ ἡμέρᾳ τοῦ Κυρίου),[43] where salvation is contrasted with damnation, spirit with flesh, and the Lord with Satan. The linking of these biblical quotations in the two commentaries could have had its origin in a common homiletic and catechetical tradition or could have actually come from the Holy Week liturgy itself, where biblical readings and liturgical texts may have brought these quotations together in the framework of a shared theological theme. Another possible explanation for these similarities could be a common single source which is now lost.[44]

In summation, Dossey's arguments are not entirely persuasive because the literary parallels indicated can be explained in a variety of other ways, which she did not consider. Therefore, a direct dependence of one commentary upon the other has not been proven.

Thematic similarities of the anonymous Job commentary to the exegetical writings or homilies of Origen,[45] Didymus the Blind,[46] Hesychius of Jerusalem,[47] Olympiodorus[48] and Leontius of Constantinople[49] are also present. Anonymous appears to stand in the tradition of the *Apostolic Constitutions*, an Arian text, particularly regarding the instruction to pray while facing

---

[43] Ps. Chrysost. (Severian), *in Iob sermo* 3, 2 (PG 56, 572).

[44] For example, Diodore of Tarsus, the teacher of John Chrysostom, is often identified as the originator of the Antiochene exegesis. Known for developing a typological understanding of the relationship between the Old and New Testaments, he is said to have written commentaries on almost every book of the Bible; see Frank, 411–412; Quasten, 397–401.

[45] Hagedorn and Hagedorn, *Katenen*, 208–209; Baehrens, *Origenes Werke*.

[46] Edited by Henrichs; Hagedorn, Hagedorn and Koenen.

[47] Edited by Renoux.

[48] Edited by Hagedorn and Hagedorn, *Olympiodor*.

[49] Edited by Datema and Allen.

the east (I, 24, 16–31). There are even vague parallels to the extant Latin Arian corpus, namely the *collectio Veronensis* and the *collectio Bobiensis*[50] as well as to the Donatist *collectio Escurialensis*.[51] Some similarities to various Latin authors, for example Augustine[52] and Jerome, are present but they are generic and not extensive. Anonymous' praise of Job as a man of the gospel before the gospel reminds one of Pelagius' letter to Demetrias.[53] Parallels with classical Greek and Latin authors are very rare and, when present, vague.[54] In summation, parallels to Latin Christian literature are meager while classical parallels are virtually nonexistent. However, parallels to Greek Christian literature in the Antiochene tradition, especially Severian of Gabala, Julian the Arian and John Chrysostom, are most visible.

Finally, on two occasions I note rabbinical literature in the apparatus. The first at I, 3, 1–2 is a reference to Baba Bathra 14b–15a, where Moses is said to have written the book of Job while he was in Egypt. Anonymous repeats the assertion and adds that Job was meant to be an example and consolation to the people of Israel who were then suffering persecution under Pharaoh. However, according to Job 42, 17bα the book of Job was translated from the Syrian. Anonymous also cites this passage (I, 2, 3) and explains that Moses himself translated Job from Syrian into Hebrew. Thus, Anonymous held that the dialogues between Job and his wife and between Job and his friends were originally taken down in Syrian. Moses then translated them into Hebrew, adding those parts to the story that could be known only to an inspired person (cf. I, 2, 25–26).

---

[50] Cf. I, 40, 8–9; Gryson, *Scripta*, 1–145; 227–265.

[51] Cf. I, 46, 1; 53, 13–14; 57, 20; 68, 3; II, 32, 15; LeRoy.

[52] For a list of Augustine's quotations from the book of Job see La Bonnardière, vol. 2, 109–172.

[53] Pelag., *epist. ad Demetr.* 6 (PL 30, 22A).

[54] For example, Meslin, 212, offers instances from Plato and Censorinus.

The second reference to rabbinical works is at I, 22, 29, where Anonymous writes: (*Iob appropinquavit*) *et Melchisedech in filiorum immolatione*. Based on the absence of a genealogy of Melchizedek in Genesis, Heb 7, 3 asserts that Melchizedek had no offspring. How then could his sons have been sacrificed? Genesis Rabbah 44, 7, Pirqe Rabbi Eliezer 8; 27 and other rabbinical literature identify Shem, the son of Noah, with Melchizedek. In the table of the nations Elam is listed as a descendent of Shem (Gen 10, 22). According to Tanhuma Lekh-Lekha 19 when Abraham defeated and killed Chedorlaomer, king of Elam, and the other kings of the alliance, he had killed the sons of Shem. Abraham feared that Shem would curse him but Shem, who is Melchizedek, came forth and blessed Abraham (Gen 14, 18–20). Genesis Rabbah was written around 425 CE, roughly the same time as the Jerusalem Talmud. Pirqe Rabbi Eliezer and Tanhuma were written in the ninth century. It must be noted that rabbinical literature is fundamentally oral.[55] These oral rabbinical traditions often pre-date their final written form by centuries: Even Jerome mentions that Melchizedek was Shem's name.[56] Anonymous was most likely aware of some of these Jewish traditions and in these two instances incorporated them into his commentary. Indeed, this is consistent with Anonymous' affinity with Antiochene exegesis. For example, John Chrysostom's homilies *Adversus Iudaeos* attest to a significant Jewish presence in Antioch.[57] Furthermore, contemporary scholars find both pagan and rabbinical influences on Antiochene exegesis.[58]

---

[55] Neusner, 171–187, explains the historical and theological basis of orality in rabbinical literature.

[56] *In Isai.* 12, 41, 1 (CCSL 73A, 470, 95).

[57] PG 48, 843–942; see Harkins, xxvii, especially n. 30; Meeks and Wilken, 19–36.

[58] For example, see Wallace-Hadrill, 30: "Antioch, however, was more directly affected by Jewish thinking, and close affinities between Antiochene and Jewish methods of exegesis have been observed."

Biblical quotations[59]

Biblical quotations from Job and other books of the Old and New Testaments are extensive. Since Anonymous approaches various sections of the Bible differently, analysis of his biblical text and its use must be divided into three parts: the book of Job, other Old Testament citations and allusions, and New Testament citations and allusions.

First, Anonymous' use of the book of Job is a special issue since he himself may or may not have translated it from Greek into Latin. No argument can be derived from the prologue because it does not belong to the commentary proper (see p. 48–51 below).

Clearly Anonymous employed a Lucianic version of the Septuagint in his commentary; this is evident from parallels found in the *codex Alexandrinus* and in some instances in other witnesses to the Lucianic version. In the list below the Latin text is from Anonymous followed by the corresponding reading of the *codex Alexandrinus* unless otherwise indicated:[60]

Job 1, 1b: sine querela iustus verax] ἄμεμπτος δίκαιος ἀληθινός - Job 1, 5e: corde] καρδίᾳ - Job 1, 5f: οὖν (enim) *post* sic *om.* - Job 1, 5f: eorum] αὐτῶν *add.* - Job 1, 6a: factum est ... quasi] ἐγένετο ὡς - Job 1, 6b: ἰδού (ecce) *post* et *om.* - Job 1, 7a: ad diabolum] πρὸς τὸν διάβολον - Job 1, 8a: deus] θεός -

---

[59] Regarding the text of various biblical versions, I consulted the following works: Rönsch; Wordsworth; Wordsworth, Sanday and White; Robinson; White, *Four Gospels*; id., *Portions*; Buchanan, *Codex Corbeiensis*; von Soden; Buchanan, *Codex Veronensis*; Dieu; Sanday, Turner and Souter; Plater and White; Henss; Ziegler, *Randnoten*; id., *Beiträge*; Gentry; Burton; *Patrologia Latina Database* at http://pld.chadwyck.com (Chadwyck-Healy, 1993 – 1995); *Vetus Latina Database* at http://www.brepolis.net/index.html (Brepols, 2003).

[60] The Greek text in the table was constructed from the text and critical apparatus of Rahlfs and especially of Ziegler, *Iob*, and by comparison to the text of Anonymous and to *Biblia sacra iuxta Vulgatam versionem*, 4th edition (Stuttgart: Deutsche Bibelgesellschaft, 1994). Ziegler indicates individual textual witnesses in his detailed apparatus.

Job 1, 8c: homo similis ei / illi / cui] ὅμοιος αὐτῷ ἄνθρωπος – Job 1, 8d: iustus] δίκαιος *add.* – Job 1, 9b: Iob colit] Ιωβ σέβεται – Job 1, 9b: deum] θεόν – Job 1, 12b: dedi] δέδωκα *apud nonnullos testes Graecos legitur* – Job 1, 13a: factum est] ἐγένετο – Job 1, 13b: et] καί *add.* – Job 1, 13b: manducabant et] ἤσθιον καί *add.* – Job 1, 14b: tuorum] σου *apud nonnullos testes Graecos legitur* – Job 1, 15a: venerunt *vel* ἦλθον *nonnulli interpretes usi sunt* – Job 1, 15b–c: in ore gladii et remansi] ἐν στόματι μαχαίρας καὶ ἐσώθην – Job 1, 16a: ad Iob ... dixit ei] πρὸς Ιωβ καὶ εἶπεν αὐτῷ – Job 1, 17a: alius nuntius venit ad Iob et dixit ad eum] ἕτερος ἄγγελος ἔρχεται πρὸς Ιωβ καὶ λέγει αὐτῷ – Job 1, 17e: et evasi] καὶ ἐσώθην – Job 1, 18a: venit ad Iob ... et dixit] ἔρχεται πρὸς Ιωβ λέγων – Job 1, 18b: filii tui] τοῦ *(pro* τῷ*)* υἱῷ σου – Job 1, 19a: ab] ἀπό – Job 1, 20a: audiens Iob] ἀκούσας Ιωβ *add.* – Job 1, 20b: aspersit terram super caput suum] κατεπάσατο γῆν ἐπὶ τῆς κεφαλῆς αὐτοῦ *add.* – Job 1, 20c: ad dominum] τῷ κυρίῳ *add.* – Job 1, 21e: in saecula] εἰς τοὺς αἰῶνας *add.* – Job 1, 22b: non peccavit Iob neque in conspectu domini neque in labiis suis] οὐχ ἥμαρτεν Ιωβ οὐδὲν ἔναντι τοῦ κυρίου οὐδὲ ἐν τοῖς χείλεσιν αὐτοῦ – Job 2, 3c: illi similis] ὅμοιος αὐτῷ *add.* – Job 2, 3d: sine querela iustus verus] ἄμεμπτος δίκαιος ἀληθινός – Job 2, 3g: perderes sine causa] ἀπολέσαι διὰ κενῆς – Job 2, 7a: δέ (ergo) *post* exivit *om.* – Job 2, 8a: Iob] Ιωβ *add.* – Job 2, 8a: suam] αὐτοῦ *add.* – Job 2, 9bα: memoria tua] τὸ μνημόσυνόν σου *tr.* – Job 2, 9bβ: tui] σου *add.* – Job 2, 9d: et ego] καὶ ἐγώ *apud nonnullos testes Graecos legitur* – Job 2, 10b: quare] ἵνα τί *add.* – Job 2, 10b: ut] ὡς *apud nonnullos testes Graecos legitur* – Job 2, 10b: ita] οὕτως *add.* – Job 2, 10c: autem] δέ *add.* – Job 2, 10d: his omnibus] τούτοις πᾶσιν *tr.* – Job 2, 10e: neque in labiis suis] οὐδὲ ἐν τοῖς χείλεσιν αὐτοῦ – Job 2, 11b: ut consolarentur eum et visitarent illum] τοῦ παρακαλέσαι καὶ ἐπισκέψασθε (=–θαι) αὐτόν *add.* – Job 2, 11b: civitate] πόλεως – Job 2, 12d: super capita sua] ἐπὶ τὰς κεφαλὰς αὐτῶν *add.* – Job 2, 13b: ad eum verbum] πρὸς αὐτὸν λόγον *add.* – Job 3, 1: haec] ταῦτα – Job 3, 2 et respondit] καὶ ἀπεκρίθη *add.* – Job 3, 17a: requieverunt] ἔπαυσαν – Job 20, 15b: angelus mortis] ἄγγελος θανάτου – Job 25, 6a: omnis] πᾶς *add.*

The above comparisons include vocabulary, that is choice of words or semantic equivalents, grammar, particles, word order, omissions and additions. Since biblical translation is commonly *verbum e verbo* due to reverence for the sacred text, all these aspects are very important.[61] In the vast majority of instances the

---

[61] See Brock, 81.

cited Latin text corresponds exactly and unambiguously to the text of the *codex Alexandrinus*.[62]

Joseph Ziegler, who also tends toward a Lucianic identification of the Job text of Anonymous, points out several *Sonderlesarten* unique to the Job text of the anonymous commentary.[63] All these variants could have had their origin either from readings already existing in the Greek version or from diverse renderings of the Greek through Latin translation. Among these variants I would also include the phrase *ut staret ante dominum* instead of μετ᾽ αὐτῶν at Job 1, 6c (I, 39, 21) and *ad eos* (αὐτοῖς?) at Job 1, 20c–21a (I, 92, 1).

Due to the presence of occasional Lucianic readings in some early Latin fathers, particularly the Africans Tertullian and Cyprian, who flourished well before Lucian of Antioch, many scholars now prefer to refer to a proto-Lucianic text meaning an earlier version of the Septuagint resembling the Antiochene recension.[64] This is very important because there are obvious similarities of the Job text of Anonymous with the Job text of Cyprian.[65] They need not lead one to posit an African origin of *Anonymi in Iob commentarius* through a common biblical text.[66] Cyprian, living at a different time and most likely a world apart from Anonymous, could have used a very similar Septuagint text based on a proto-Lucianic version emanating out of Antioch. Under these circumstances, since translation into Latin would have been done not at Antioch but somewhere in the West, Anonymous and Cyprian could have shared a text springing

---

[62] Two parallels to the text given by the Codex Sinaiticus, which does not represent a Lucianic version, are insignificant: Job 1, 6b: deum] θεοῦ *cf.* cod. Sinaitic. – Job 1, 13b: αὐτοῦ (eius) *post* filiae *om.* cod. Sinaitic.

[63] Ziegler, *Iob*, 27–28, 117; cf. Robinson, 31–34; Dieu, 254; Gentry, 1–82, 537; Meslin, 220–221.

[64] Jobes and Silva, 53–56; cf. McKendrick.

[65] For references to previous research on this see Dossey, 62f., nn. 10–12.

[66] I reject the hypothesis of Dossey, 89–104, 123–138, that Anonymous used an Old Latin, specifically North African, Job text; see p. 31 below.

from a common Greek version with their respective Latin translations being independent. This would account for both similarities and differences between the Job texts of Cyprian and
Anonymous. Nevertheless, the situation is complicated by two
Job passages common to both Cyprian and the anonymous
commentary, which deserve further comment. At Job 1, 12c the
expression *cave ne tangas* (I, 61, 15; 23; 26; 28; 29; 34; 62, 25) appears in the anonymous commentary seven times as well as in
Cyprian[67] and Quodvultdeus.[68] Ziegler asserts that *cave ne* does
not correspond to any word in the Greek text.[69] This would
seem to imply that Cyprian and Anonymous had the same Latin
text. Actually *cave ne* plus the subjunctive is a very common expression. For example, Jerome frequently uses *cave ne* plus the
subjunctive to translate a Greek negative imperative into Latin,
which may be rendered in English "do not" or more literally
"beware lest...."[70] Thus, two different translators easily could
have arrived at the expression *cave ne tangas* independently, as a
perfectly acceptable and somewhat expected translation of μὴ
ἅψῃ. At Job 1, 21 (LXX: ἀπελεύσομαι ἐκεῖ) both Cyprian and the
anonymous commentary read *nudus ibo sub terram* (I, 92, 19–93,
30), but later for the same passage Anonymous also has *nudus ibo
illuc* (I, 93, 33–94, 19), indicating that he was aware of the reading ἐκεῖ. Cyprian's works enjoyed wide circulation and Anonymous' access to a Job translation in common with Cyprian is
insufficient to place Anonymous in North Africa. Another example may be found at Job 3, 3a, where Anonymous first offers
maledictus dies ille in quo natus sum (III, 29, 3) and later (III, 31, 1)
pereat (ἀπόλοιτο) instead of *maledictus* (ἐπικατάρατος), which are
variants present in both Greek and Latin texts of Job. These passages demonstrate that Anonymous was familiar with multiple

---

[67] Cypr., *domin. orat.* 26 (CCSL 3A, 106, 488).
[68] Quodv., *prom.* 1, 22, 30 (CCSL 60, 39, 15).
[69] Ziegler, *Iob*, 27; Caspari, 50, shows the reading *noli tangere*.
[70] Cf. Deut 2, 19; Judg 18, 25; Ruth 3, 14; Esth 6, 10.

versions of the Job text available to him but undoubtedly favored the Lucianic Greek version or a close Latin translation of it. Nevertheless he was also aware of other Latin versions. Thus, one should not be surprised to find Anonymous citing various Latin translations of Job, some of which may have been more familiar to his audience.

As indicated above (see p. 18) Anonymous omits some verses of the Job text in his commentary. This tendency increases as the commentary progresses. Citations from the third chapter of Job are especially spotty, where Anonymous' comments are shorter and compressed into a smaller space. There seems to have been some urgency to finish. Thus, one cannot necessarily conclude that his text of Job was defective in those instances where omissions occur. Anonymous deals with some phrases and clauses in inverted order. This also appears to be his choice as preacher and need not reflect the state of his Job text. Finally, he occasionally quotes passages from later chapters of Job and he also alludes to later chapters of Job; this is clear evidence that his text of the book of Job did not break off at chapter three.

Second, with the possible exception of an allusion to Prov 28, 15 (II, 26, 22-23), all Old Testament quotations and allusions in the anonymous commentary are from the Septuagint or a pre-Vulgate Latin text. While some passages were quoted verbatim, many others because they are conflated or misidentified seem to have been cited from memory. I limit myself to one illustration for each phenomenon. In the following passage Mal 4, 2 has been conflated with Isa 65, 15-16: *Vobis qui timetis nomen meum, cognominabitur nomen novum quod benedicetur super terram* (I, 98, 30-32). Next, Anonymous claims to be citing Chronicles, perhaps 1 Chr 1, 35-37: *Hoc nimirum ostenditur ex libro Paralipomenon ubi dicit: Venerunt autem cum illis et Nomadae genus Esau* (III, 16, 36-38). However, the text bears far greater similarity to Gen 36, 6-7 or Deut 2, 12. In three instances (I, 58, 41-42; II, 62, 26; III, 20, 17) the missing identifications of location may as well

be due to Anonymous' citing the Bible from memory, for example: *Non enim lapsus est in sermone labiorum iuxta hoc quod dictum est quodam in loco in scriptura: Est qui labascitur ex verbo vel
ex ore et non ex corde* (II, 62, 25-27). Finally, the wording of
Amos 7, 8 cited at II, 25, 15-16 (*Ecce ego ponam adamantum in
medio populi mei*) does not help solve the problem as to which
version of the Old Testament Anonymous used. The Vulgate has
the Latin word *trulla* in place of the Greek word *adamas*. Although Anonymous' Latin version and his subsequent comments[71] seem to demonstrate his knowledge of Greek, thus quali-
fying him as translator, Jerome offers a striking parallel for both
the translation *adamas* and its explanation.[72]

    Third, the New Testament text of Anonymous is also prob-
lematic. Often his text appears to be a *Vetus Latina*[73] version. I
offer as an illustration the phrase cited from Rom 3, 4, *sit deus
verax* (I, 10, 18-19 and 60, 12), where the Vulgate less accurately
reads *est autem deus verax*. Clearly the subjunctive *sit* corresponds
to the Greek γινέσθω or its variant ἔστω more suitably than the
indicative *est*. Since Rom 3, 4 is cited twice by Anonymous and
since there are several other patristic witnesses to the reading,[74] it
would appear that Anonymous may have been using a Latin text
at this point.

    Nevertheless, in some instances Anonymous' biblical text is
the only extant Latin witness to a version of the Greek New Testament. His citation of 1 Cor 6, 20 (II, 62, 19-20: *Glorificate*

---

[71] *Adamantus vero interpretatur ex Graeca lingua indomabilis, inflexibilis,
inattritabilis, incomminutus et, ut breviter dicam, cui necquidquam praevalet
neque percutiendo neque adurendo* (II, 25, 25-28).

[72] Hier., *comm. in Amos* 3, 7, 7-9 (CCSL 76, 317-320).

[73] On the Old Latin versions of the New Testament see Fischer; Metzger, *Early Versions*, 285-330.

[74] For example Ambr., *exp. Luc.* 6, 3 (CCSL 14, 175, 24); Hier., *adv.
Pelag.* 3, 14 (CCSL 80, 117, 29-30); Orosius, *apol.* 24 (CSEL 5, 643, 16).

deum in corpore vestro et in spiritu vestro)[75] renders the Greek: δοξάσατε δὴ τὸν θεὸν ἐν τῷ σώματι ὑμῶν καὶ ἐν τῷ πνεύματι ὑμῶν; according to Nestle-Aland the words καὶ ἐν τῷ πνεύματι ὑμῶν are preserved by the majority of Koine type manuscripts but only one Vulgate manuscript.[76] Cyprian, a chief witness to the Old Latin version, records *clarificate et portate deum in corpore vestro* four times, notably without the words *et in spiritu vestro*.[77] Furthermore, some Greek manuscripts, 1505[*vid] and 1611 (vg), insert the word ἄρατε before δοξάσατε so that most Old Latin and Vulgate texts read *glorificate* (or *clarificate*) *et portate* (or *tollite*) *deum in corpore vestro*.[78] To sum up, Anonymous' New Testament text differs from the text of all extant Latin versions; thus Dossey's hypothesis[79] of the author using a North African biblical text cannot be sustained.

In addition, there are other extremely confusing, in some cases insoluble, problems. Anonymous conflates Matt 8, 12 with Matt 25, 41 twice (I, 81, 32–34; II, 24, 28–29). A conflation like this one may be considered a memory lapse. However, the fact that the conflation occurs twice could indicate that Anonymous had the conflated text in front of him. Another problem is *Quia non habuerunt tegumentum, inferno vestiti sunt* (I, 92, 35–36), which is a citation of Job 24, 8b, yet the word *inferno* which evi-

---

[75] See *Vetus Latina Database*, 1 Cor 6, 20. The *Patrologia Latina Database* yields no witnesses to 1 Cor 6, 20 with the words *et in spiritu vestro*.

[76] C³ D² Ψ 1739[mg] 1881 vg[ms] sy, and vg[ms] for the Vulgate tradition.

[77] See von Soden, 595; *Vetus Latina Database*, 1 Cor 6, 20, nos. 81–86: Cypr., *Fort*. 6 (no. 81), *hab. virg*. 2 (no. 82), *domin. orat*. 11 (no. 84) and *testim*. 3, 11 (no. 85); no. 83 is fragmentary without the pertinent text and no. 86 shows the text in only some witnesses.

[78] Metzger, *Textual Commentary*, 487–488, convincingly argues for the authenticity of the shorter reading in both cases, i.e. without ἄρατε and without καὶ ἐν τῷ πνεύματι ὑμῶν.

[79] Dossey, 97–99.

dently has the meaning "a region under the surface of the earth"[80] is puzzling as a translation of πέτραν.

In conclusion, Anonymous does not handle every biblical book in the same manner. First, the detail, accuracy and consistency with which Anonymous cites the book of Job indicate that while preaching he had a complete copy of a Latin version corresponding closely to the *codex Alexandrinus*. Whether or not he himself had made the translation remains uncertain. The problem that some readings in Anonymous agree with those of Cyprian while others depart from those of Cyprian can be solved by positing a common Greek text to which the different Latin versions go back indirectly. Second, citations and allusions from other books of the Old Testament are often from memory and thus frequently less accurate than the Job text. The numerous citations and allusions, which correspond to the Septuagint in virtually every instance, reveal that the author had become familiar with these passages over many years by reading and studying either the Greek text or a *Vetus Latina* version that has not been preserved. Third, the anonymous author's Latin text of the New Testament indicates that he may have used a *Vetus Latina* version with some frequency. This is confirmed by occasional multiple citations of the same passage in a uniform and consistent manner, where these citations also correspond to the text of other early witnesses. One would suspect that a preacher and bishop would have hesitated to depart radically from the New Testament text, particularly the gospel text, with which his congregation was familiar. Anonymous also makes frequent allusions to the New Testament, some of which are obviously from memory. Since he was familiar with the Greek text, he even might have spontaneously offered his own Latin translation while preaching.

---

[80] The quotation is meant to interpret Job 1, 21b: *nudus ibo sub terram.*

Language and style

Late, ecclesiastical and colloquial grammatical phenomena are evident in Anonymous' language. I offer several examples:[81]

Morphological

Declension: I, 3, 22; III, 14, 4 *illo* (dat.) – II, 15, 5 *tibimetipso* (dat.) – II, 55, 11 *toto* (dat.): pronominal declension having *-o* in the dative.

Conjugation: I, 10, 9 *finctus* – I, 13, 38 *relinquisset* – I, 83, 26 *conteruit* – II, 21, 8 *obtunderis* (perfect subjunctive) – II, 41, 35 *delavata*: unusual forms of perfect tense.

Tmesis: I, 11, 17 (*est ... prode*).

Lexical

Nouns: In several instances the neuter is replaced by the masculine or feminine according to the characteristics of late Latin, e.g., I, 83, 23 *vertibulos* (*vertibulus* instead of *vertibulum* has no parallels in Latin literature) – I, 83, 29 (*superiorem*) *tectum* (*tectus* instead of *tectum*) – I, 89, 36 (*eundem*) *propositum* (*propositus* instead of *propositum*) – II, 7, 12 *dictus* (instead of *dictum*, cf. ThlL V/1, 1014, 73–81) – III, 17, 4; 19, 19; 20, 15, etc. *maleficias* (*maleficia*, *-ae* instead of *maleficium*, cf. ThlL VIII, 175, 69).

Some nouns have a meaning that differs notably from their usual meaning, e.g., II, 1, 14 *superatio*: "superiority" – III, 8, 19 *praeposito*: "intention" (ThlL X/2, 778, 21–46); the meaning of (*testi*) *polline* (II, 31, 29; 35) is totally unclear, perhaps the word needs conjecture.[82]

---

[81] Although a comprehensive philological study of *Anonymi in Iob commentarius* is needed, such a study lies beyond the scope of this brief introduction.

[82] In both places *polline* is preserved in the most reliable manuscripts. It follows *testi(s)* immediately and most likely specifies the shards (*testae*) that were thrown upon the martyr Lucian and strewn on the prison floor where he was made to lie down. Parallels for this type of torture are found in Paul. Nol., *carm.* 15, 185–186 (CSEL 30, 59) (*sternuntur fragmina testae, arceat ut somnum poenalis acumine lectus*), Prud., *perist.* 5, 257–260 (CSEL 61, 343) (*fragmenta testarum iubet ... tergo iacentis sternerent*), Victric. Rot., *laud. sanct.* 12, 87 (CCSL 64, 91) (*ipsisque testarum cubilibus transpunguntur*). It is, however, problematic to derive *polline* from *pollen* in its normal meaning,

Verbs: I, 17, 31 *gubernant*: "to nourish" (ThlL VI/2, 2353, 65–71) – I, 35, 5 *praevaricem*: "to capture" (ThlL X/2, 1096, 64–67) – I, 58, 8 *promis*: "to defame" (ThlL X/2, 1883, 50–59) – I, 76, 29 *requiescere*: "to be buried"; perhaps even *obdulcavit* (I, 12, 18) belongs to this group, though its meaning remains unclear.

Adverbs, particles, conjunctions: I, 1, 5; I, 1, 20, etc. *nihilominus*: adversative meaning – I, 2, 10; I, 3, 26; I, 9, 13, etc. *post hoc, post haec*: sometimes verging towards causal, sometimes towards adversative meaning – I, 14, 31 *in priori*: "in the following" (ThlL X/2, 1331, 35–40) – I, 20, 40 *quoque*: adversative (LHS 485[4]) – I, 53, 28 *quod*: conditional (LHS 580[1]) – I, 84, 10 *desemel* (= *semel*): "once" (Blaise 260) – II, 29, 29 *quod*: pleonastic (LHS 584[1]) – II, 32, 25 *certum est quod*: "evidently" – II, 56, 1 *porro*: adversative (LHS 491[4]) – II, 58, 24 *in ante* = local *ante* (ThlL VII/1, 830, 84–831, 34) – III, 2, 13 *adhuc* (= *etiam*): particle in an ascending series (LHS 484[4]–485[2]).

Syntactical

Grammatical case: I, 83, 2 *servus*: nominative for the vocative (LHS 24[4]) – I, 95, 27 *suspicione*: ablative used adverbially (LHS 117[2]) – II, 30, 8–9 *deprecans Iob*: nominative absolute (LHS 143–144) – II, 37, 52 *domi* (*domum*): adverbial or *introeo* with locative (LHS 49[3]; 277[4]; ThlL VII/2, 74, 39–41).

Comparison: I, 15, 15 *facile*: positive for the comparative (LHS 169[4]) – I, 19, 2; I, 78, 5; I, 97, 1 *pluriores/pluriora*; II, 16, 7–8 *levior ... magis*; II, 34, 1–2 *plus ... magis*; etc.: pleonastic comparative (LHS 168[1]) – I, 4, 4 *animaequiores*; II, 39, 21 *diutius*: comparative for the positive (LHS 169[1]).

Verbs, adjectives: II, 17, 18 *exigam ... filium debitum genitoris*: *exigere* with double accusative (ThlL V/2, 1455, 44–74) – III, 13, 8 *deferens sinceritati*: *deferre* ("to honour") with the dative (ThlL V/1, 320, 75sqq.) – III, 31, 14–15 *aeternam ... digni ... gloriam*: *dignus* with the accusative (ThlL V/1, 1151, 18–33).

Besides innumerous lexical peculiarities Anonymous has a predilection toward several idiosyncratic conjunctions and ad-

---

because the descriptive ablative would indicate that the shards were ground into powder or dust. Powder does not make sense as an instrument of torture. Speculation concerning the meaning of *polline* abounds: de Cavalieri, 118; Bardy, 66, n. 6; Meslin, 224–226.

verbs (*nihilominus, quoque atque* in enumerations, *sic similiter, pro his ergo omnibus, post hoc, post haec/quae universa, quod est omnium maximum*, etc.) and uses several hapax legomena. Most of them are adjectives or adverbs, some of which are relatively easy to explain because they combine the negating prefix *in-* with a well known word: *imparcenter* (II, 54, 41), "relentlessly" or "unsparingly," *inemigrabilis* (II, 2, 38), "unable to be removed," *inattritabilis* (II, 25, 26), "unable to be worn down," etc. Others such as *Syricatim* (I, 2, 10; 13; III, 16, 25), "Syrian," have the adverbial ending *-im*. The word *finctorie* (I, 10, 3) obviously created a problem for early printers of the commentary with Lazaro de' Soardi conjecturing *functorie* and G. Génébrard *fictitie*, the reading which was later repeated by the Maurists and Migne; its meaning is clear from the context (*nam cum multi videantur esse iusti, sed non veraciter sed fallaciter, non iuste sed iniuste, non plane sed finctorie*). Thus, *finctorie* means "deceptively." The meaning of *scapulatus* (I, 86, 15; 87, 11) is illustrated by the nearby *nudus*. Several nouns are also present only in Anonymous, for example *bonifactores* (I, 4, 13), *gratificentia* (I, 100, 19), *mercennum* (I, 65, 15), a synonym of *merces*, and *murana* (II, 34, 14; 18; II, 43, 36; III, 10, 14; 13, 1; 6), "rubbish heap," a synonym for *acervus*.

One alleged hapax legomenon has to be discounted. The word *infidigraphus*,[83] present in all manuscripts of family *Φ*, is an unusual hybrid composed of the Latin *infidus* and the Greek γράφος supposedly meaning "a faithless writer." Manuscript *N* offers the correct reading *fidifragus* (occurring twice at I, 94, 24; I, 102, 1), which is a late Latin word meaning "a breaker of faith."[84]

Anonymous' style is highly rhetorical. This is evident from prose rhythm and rhetorical figures: During the third century the classical metric clausula gave way to the accentuate cursus.[85] In other words, quantitative clausulae were replaced by rhythmic

---

[83] ThlL VII/1, 1418, 19–22.
[84] ThlL VI/1, 654, 58–62.
[85] See LHS 714–721.

closings of phrases or sentences. Anonymous utilized this system extensively.[86] In some instances this stylistic characteristic was helpful in establishing the text, particularly the word order.[87] Several examples of the most common prose rhythms follow:

Cursus planus: $\acute{\smile} \sim \sim \acute{\smile} \sim$: I, 82, 2 *cecidit domus* – I, 88, 11 *afferam fructum* – I, 88, 13 *perferam fructum*

Cursus tardus: $\acute{\smile} \sim \sim \acute{\smile} \sim \sim$: I, 82, 1 *fecit diabolus* – I, 82, 4 *poterat cadere* – I, 82, 5 *angulos tetigit* – I, 82, 12 *(iniqui)tatem inciperet*

Cursus velox $\acute{\smile} \sim \sim \sim \sim \acute{\smile} \sim$: I, 82, 3 *angulum tetigisset* – 82, 12–13 *(homi-) cidium perpetraret* – I, 82, 11 *invicem rapientes*

Other rhetorical features which fit the homiletic character of the text (see pp. 16–18 above)[88] are alliteration and tricolon which were already signaled by Meslin in his study[89] as well as homoioteleuton. I offer an example for the latter from the fictive dialogue in which God addresses the devil speaking about Job:

Noli putare, o diabole, quod adversum avum Iob Esau habeas aut adversus unum ex Esau simillimis, sed adversum Iob habes, in fide indeclinabilem, immobilem a iustitia, in gratiarum actionibus immutabilem, in doloribus non succumbentem, non deficientem in tribulationibus. (I, 55, 28–32)[90]

Anonymous constantly repeats his assertions many times and in different terms. Indeed, this is a distinguishing charac-

---

[86] Meslin, 218, offered two examples: ... *callidissime diabole* (II, 13, 25; *dia-* forms one syllable); *de loco ad locum et de domo in domum* (II, 47, 4).

[87] I would like to thank Adolf Primmer for calling this phenomenon to my attention; see his *Rhythmus- und Textprobleme*.

[88] For a study of the relationship between homiletic preaching and prose rhythm see Oberhelman, 101–120.

[89] Meslin, 218, offered the following examples: *obtundens atque obdurans* (I, 52, 28, alliteration); *Quid oravit? Toterantiam, sufferentiam, consummationem ... sensus illibationem, mentis integritatem, animae sanitatem* (I, 90, 29–32); *ecce non habes contradictionem, ecce non habes ullam replicationem, ecce non habes excusationem* (I, 61, 8–9, tricolon).

[90] For Anonymous' use of *adversus/adversum* see p. 69 below.

teristic of his style and it also demonstrates this text to be oral in nature.

Finally, Graecisms are not significant at all. Meslin argued that when choosing words Anonymous has a predilection toward Greek cognates,[91] but his use of Greek words such as *adamas, malagma, phiala*[92] etc. is not peculiar since these words also appear in other Latin authors.

Title

All manuscripts except *T* (see p. 60) bear a title before the inauthentic prologue. All manuscripts except *M* (see p. 55) bear an incipit before Book I, with *Φ* (see p. 58) showing remarkable uniformity: *explicit prologus incipit tractatus Origenis in Iob*. All manuscripts except *N* (see p. 54–55), where the author is not named, attribute *Anonymi in Iob commentarius* to Origen. A librarian's note on the first folio of *N* calls the commentary *moraliae Iob*, which reflects the influence of Gregory the Great's monumental *Moralia in Iob*, although Gregory is nowhere mentioned in *N*. The two earliest printings of Jacques Merlin and Lazaro de' Soardi also attribute the commentary to Origen. *M* indicates that the commentary was translated from the Greek by Hilary, presumably Hilary of Poitiers, although the edition of Soardi specifies Hilary of Arles, while *N* identifies Jerome as the translator. The attribution of the commentary's authorship to Origen and its translation to Hilary of Poitiers obviously springs from *De viris inlustribus*, where Jerome states that Hilary translated a tract of Origen on Job from the Greek.[93] Based on Jerome's comments, the anonymous commentary was attributed to Origen to solve the problem of anonymity. In addition, Hilary who was known for his anti-Arian works, might have

---

[91] See Meslin, 216–217.

[92] *adamas*: I, 7, 37; II, 9, 5; 25 (*passim*); III, 1, 29; *malagma*: II, 28, 10; *phiala*: I, 28, 10.

[93] See n. 139 below.

been chosen to disguise the pro-Arian character of the commentary. Meslin has more than adequately demonstrated that the commentary was not originally written in Greek and that it was not written by Origen.[94] In the present edition the simple Maurist title, repeated by Migne and commonly cited in the literature, will be retained: *Anonymi in Iob commentarius*. I have placed this title after the prologue and before the first book to indicate that the prologue is not an original part of the text (see pp. 47–53 below).

Provenance

The commentary is generally considered to have been written somewhere within the traditional Latin Arian stronghold extending westward from the shore of the Black Sea, including the cites of Ratiaria (Artschav), Singidunum (Belgrade), Sirmium (Sremska Mitrovica) and Mursa (Osijek), all located in the Danube basin, then south of the Alps including Poetovium (Ptuj) stretching as far as Mediolanum (Milan). The presence of an Arian bishop can be documented in each of the above mentioned cities sometime during the fourth century. In a contrarian assertion H. J. Frede placed the commentary in fifth century Vandal North Africa.[95] E. Dekkers accepted this assertion.[96] Dossey has attempted to prove it primarily through similarities between the biblical text of Anonymous and the Old Latin versions of the Bible current in North Africa at the time.[97] The following reasons, however, render more plausible the hypothesis that the commentary originates from the traditional Latin Arian stronghold:

First, the only evidence offered by Dossey to demonstrate that the anonymous Job commentary is of African origin is its

---

[94] Meslin, 204–206; see also Dossey, 61, n. 6; Dassmann, 395–396.
[95] Frede, 146.
[96] CPG 707a.
[97] Dossey, 89–104.

supposed use of the *Vetus Latina* version of the book of Job. As demonstrated above,[98] Anonymous most likely used a text based on a Lucianic version of Job, very similar to the one of *codex Alexandrinus*; that text need not necessarily have been known in North Africa.

Second, there is no extant Arian literature from the Vandal period to which the commentary can be compared. Augustine's dialogue with Maximinus, incidentally a Goth and not a Vandal, as well as the subsequent anti-Arian works of African writers like Fulgentius of Ruspe and Quodvultdeus, bishop of Carthage, preserve little Arian material and are insufficient to demonstrate the extent of Arian presence which would have been necessary to produce a work like *Anonymi in Iob commentarius*.

Third, Anonymous' condemnation of the "heresy of the three gods," *quae universum orbem terrae in modum tenebrarum replevit* (I, 75, 3-4), does not fit well within Arian Vandal North Africa where the Vandals held unchallenged supremacy.

Fourth, virtually all Latin Arian literature, whose provenance can be proven, with few exceptions[99] comes from the traditional Latin homoian stronghold. All the major events surrounding the rise and fall of homoianism in the West, for example the Sirmium Manifesto and *fraus* of Ariminum, took place in this region. Every Arian bishop at the Council of Aquileia represented a diocese in this region.

Fifth, the homilies were preached during Holy Week. This is evident from the text itself, in which the author refers to the present time of fast and abstinence (I, 3, 18-26). Although the book of Job was read during Holy Week liturgies in the East, it

---

[98] See pp. 25-27 above.

[99] For example, Fulgentius of Ruspe preserves the *Dicta regis Trasamundi* (CPL 815; CCSL 91, 67-94) and the *Sermo Fastidiosi Ariani* (CPL 708; CCSL 91, 280-283); Victor of Vita also preserves some Arian material including three edicts of the Vandal king Huneric in his *Historia persecutionis Africanae provinciae* (CPL 708 and 798-799; CSEL 7, 3-107).

was not customarily read in the West at that time. In fact, Milan is the only diocese in the West where there is concrete evidence of the book of Job having been read during Holy Week.[100] Milan had other liturgical ties to the East as well, for example the introduction of antiphonal singing into the West.

In summation, the commentary fits very well within a known corpus of Latin homoian literature in the context of a complex series of historical events, placing it in the traditional Arian territory, which extended from the central Balkans westward to northern Italy during the heyday of homoianism in the West. There is no reason to situate the provenance of the commentary at a time when energetic theological debates between Nicenes and Arians had essentially ended and in a place where little Arian literary activity was known to be taking place.

Date of composition

With the exception of historical incidents narrated in the Bible, the date of only one event mentioned by Anonymous is known with certainty, namely 7 January 312, the date of the martyrdom of Lucian of Antioch during the persecution under Maximinus Daia.[101] There is no concrete evidence available for dating anything else mentioned in the text.[102] Since the commentary belongs to the Western homoian literature, it was certainly written between 335 and 430 – a period universally accepted as the heyday of homoianism. A more precise determination is possible. The Sirmium Manifesto of 357, which was composed by

---

[100] Willis, 14–15; Zeno of Verona, *Tractatus* (CCSL 22), also preached on Job in this same region of northern Italy, but there is no evidence to connect his homilies with Holy Week; see Maraval. See also p. 44 below.

[101] See Timothy D. Barnes, who argues for 312, whereas 311 is held by Slusser.

[102] I do not consider the Job homilies of Severian of Gabala pertinent to the question of dating the commentary since I do not believe that Anonymous used the homilies as a source; see pp. 20–21 above.

Valens of Mursa, Ursacius of Singidunum and Germinius of Sirmium, prohibited the use of the words *homoousios, homoiousios* and *ousia* in describing God. Apparently through some deception, the bishops assembled at the Council of Ariminum (359) approved a similar formula condemning *ousia*. The anonymous Job commentary also explicitly condemns *homousion* (I, 75, 7). The homoian movement appears to have been quite strong at this time when Jerome stated that the world was surprised to find itself Arian.[103] The Council of Aquileia in 381 failed to destroy homoianism in the West so that the heresy persisted with some strength roughly until 390. Indicating that homoianism was beginning to lose ground, Anonymous laments that the darkness of those who worship the three gods has filled the whole world (I, 75, 1–4). In other words, when these homilies were delivered, homoians were strong enough in the West for their author to be bishop of a significant diocese, yet at the same time this bishop reveals that homoian sway was beginning to wane. Thus, the date of composition can most probably be fixed toward the end of the short-lived "homoian revival,"[104] which took place in northern Italy after the council of Aquileia.

Authorship

Scholars are frequently adamant on identifying the authorship of anonymous works from antiquity at all costs. Since identifying authorship is helpful but not absolutely necessary for the proper study of any piece of literature, an anonymous work can still be immensely valuable. However, falsely identifying authorship skews scholarship and just creates further confusion. The authorship of *Anonymi in Iob commentarius* is extremely problematic. Here I propose to do two things. First, I will write a description of the commentary's author based on solid evidence

---

[103] See n. 17 above.
[104] See Daniel Williams, 184–217.

revealed in the commentary and elsewhere. Second, while maintaining the hypothetical nature of my assertion, I will propose the name of the most likely person to have been author of the commentary.

The attribution to Maximinus the Arian by both Erasmus and Meslin is clearly false.[105] Comparison to patristic literature, even utilizing the technology of computer databases, does not help in finding a possible author. Anonymous uses several idiosyncratic expressions with great frequency (see p. 34–35) which do not emerge as linguistic characteristics of any single author. Fictive dialogue among persons in the book of Job is one of the most obvious characteristics of the work.[106] Occasionally these discourses are quite lengthy and the characters engage in lively interchanges. Linguistically and stylistically there is absolutely no evidence to identify the author of the anonymous commentary with any known writer from the period. In spite of similarities between pseudo-Origen's *Anonymi in Iob commentarius* and pseudo-Chrysostom's *Opus imperfectum in Matthaeum*, common authorship of both works must not be presumed. There are significant differences in style and content.[107] Furthermore, the author of the Job commentary could conceivably be an unknown bishop whose name may have been totally lost, absent from every extant record of the period.

On the other hand, there are some data concerning Anonymous that we do know: First, the author was homoian. Although polemical passages are few, in the anti-Nicene diatribe mentioned above[108] the author does explicitly condemn *homoousion* and those who worship three gods, yet nowhere does he

---

[105] See Meslin, 222–226; Nautin in his comprehensive review of Meslin's book offers convincing arguments against attribution to Maximinus.

[106] See p. 17 above. I have put these fictive dialogues in quotation marks in the text.

[107] See n. 8 above and Simonetti, *Biblical Interpretation*, 91.

[108] See p. 13 above.

mention Arius or call himself Arian. Additionally, the author praises the martyr Lucian of Antioch (II, 31, 31–35) who is, with the exception of persons from the Bible, the only historical figure mentioned in the commentary, which actually contains some original hagiographic material concerning Lucian.[109] The reference to Lucian links the author historically with "Arians" who were the first to venerate Lucian, the supposed teacher of Arius;[110] the *Martyrologium Hieronymianum* from fifth century northern Italy testifies to the cult of Lucian in that region.[111]

Second, the author was bishop of a large diocese. The homiletic character of the commentary (see pp. 16–18) and the simple fact that it was recorded and preserved indicate that the homilies were preached in a diocese where there would have been resources for scribes to take down and subsequently publish the bishop's words.

Third, the author was a competent biblical scholar. He quotes the Bible extensively from memory. His command of the scriptures, particularly the Old Testament, is impressive. He refers to numerous stories recorded in the Bible and cites a wide variety of biblical literature. He had access to some rabbinical traditions. He even may have written a commentary on Genesis,[112] which is now lost.

Fourth, his exegetical method is thoroughly Antiochene.[113] His exegesis of Job is similar to that of Severian of Gabala (pseudo-Chrysostom), Julian the Arian and John Chrysostom. Although common sources cannot be identified, a shared theological tradition is evident.

---

[109] The most complete account of Lucian's life still remains that of Bardy; for a summary of more recent research see Brennecke, *Lucian*.

[110] See Brennecke, *Lucian*, 475–476; R. Williams, 162–167.

[111] See Brennecke, *Lucian*, 475.

[112] See I, 11, 45, although the text has an unresolved variant, which may possibly render it unreliable.

[113] See p. 19 above.

Fifth, liturgical references point to Milan (see p. 39–40). Ambrose mentions preaching on Job in his letter to his sister, where he describes the crisis of his sequestering the basilicas during Holy Week to prevent their use by the "Arians" most likely for their baptismal ceremonies at Easter.[114] The very next letter in the Ambrosian corpus is addressed to the emperor Valentinian and is critical of Auxentius. The next letter after that describes the invention of the relics of Protasius and Gervasius, an event which Ambrose praises because Milan had been until then without a martyr to venerate.[115] Ambrose further states that the "Arians" were angered by the newly discovered or invented saints. These events are confirmed by Augustine in his *Confessions*.[116] Paulinus of Milan, Ambrose's biographer, also adds that as a result of the discovery some "Arians" were converted from their heresy.[117] Perhaps the homoians of Milan saw Gervasius and Protasius as threatening their already existing cult of Lucian mentioned by Anonymous.

In summation, one can with some certitude conclude that the commentary's author was first and foremost an homoian bishop of a large diocese in northern Italy, probably Milan, a dedicated pastor, an able preacher, a competent theologian and exegete of the Antiochene school.

From the characteristics of the anonymous author enumerated above, it is possible to proceed logically one step further but admittedly with a lesser degree of certitude. Possibly the author was Ambrose's contemporary and homoian counterpart in Mi-

---

[114] Ambr., *epist.* LXXVI (20) (CSEL 82, 3, 108–125); see Daniel Williams, 210–217.

[115] Ambr., *epist.* LXXVII (22) (CSEL 82, 3, 126–140); see Daniel Williams, 219–223.

[116] Aug., *conf.* 9, 7, 15–16 (CSEL 27, 141–142).

[117] Paul. Med., *vita Ambr.* 14, 3 (Tutte le opere di Sant'Ambrogio, sussidi 24/2, 42 = Bastiaensen, 70–72).

lan, Auxentius of Durostorum,[118] disparagingly called Mercurius, a name with pagan overtones, by Ambrose in his *Sermo contra Auxentium*.[119] Auxentius of Durostorum fits the established description remarkably well. He was homoian. He engaged in literary activity by writing Ulfila's biography.[120] He was bishop in Milan where the book of Job was read during Holy Week. He had been bishop in Durostorum, modern Silistra in Bulgaria, a port city on the Danube, which had received municipality status in 169 under Marcus Aurelius. Durostorum was located squarely in a Greek-speaking region where Antiochene theological and exegetical traditions held sway during the fourth century.

At this point I must take into account the only extant writing of Auxentius of Durostorum, namely the *Vita Ulfilae* preserved in the scholia of Paris, Bibliothèque nationale, lat. 8907, saec. V[1], fols. 304–308. In 1899 Friedrich Kauffmann published the first complete edition of the scholia.[121] In 1980 Roger Gryson published a new edition with a French translation and extensive introduction, where he discussed many aspects of the scholia at length.[122] The Council of Aquileia was essentially an anti-Arian kangaroo court orchestrated by Ambrose and his cronies. The *Gesta* of the council were transmitted in the corpus of Ambrose.[123] The scholia, which were an homoian critique of the council as marginal comments to the *Gesta*, appear uniquely in the previously identified Paris manuscript. Scholars agree that

---

[118] Ambrose's predecessor in Milan, the homoian bishop Auxentius, died in 374. His authorship would place the date of composition prior to or at the apogee of homoianism in the West, which would be too early because of the author's concern about widespread Nicene strength (I, 75, 1–4).

[119] Ambr., *c. Aux.* 22 [= *epist.* LXXVa (21a)] (CSEL 83, 2, 96).

[120] Maximin., *c. Ambr.* fols. 304–308 (CCSL 87, 160–166); see CPL 691–692.

[121] Kauffmann, *Wulfila*.

[122] Gryson, *Scolies*; in 1982 the Latin text only was reprinted in CCSL 87, 160–166; for an English translation see Heather and Matthews.

[123] See n. 14 above.

Maximinus wrote the scholia using the *Vita Ulfilae* of Auxentius and fragments from Palladius.[124] In discussing Auxentius' possible authorship of the commentary, an assessment of the anonymous commentary in the light of this only extant work of Auxentius is certainly in order. There are two caveats: first, the portion of the scholia attributed to Auxentius is very brief encompassing only five manuscript folios so that limited material is available for comparison; second, the works are of two dissimilar genres with one being homilies and the other a *vita*. In spite of these limitations, three similarities can be ascertained. First, homoian anti-Nicene vocabulary is evident in expressions in the *Vita Ulfilae* like *solus verus deus, unigenitus deus, infectus* (par. 24). As in the commentary (I, 74–75) those who embrace *homousion*, which is an *error*, belong to a *secta* (par. 28). True worshippers of God must beware of *seductores* and *praevaricatores* (par. 29). His readers are reminded *omnia conventicula non esse eclesias d(e)i* (par. 33; cf. I, 12, 21). Auxentius also mentions Satan, the martyrs and Pharaoh. Second, similar stylistic characteristics are also present, namely the repetition of synonymous vocabulary and contrasting expressions. Third, perhaps most interesting is an allusion to Eph 4, 30: *in quo signati sumus in diem redemtionis* (par. 31). The commentary makes the same reference: *in quo signati sumus in die redemptionis nostrae* (I, 11, 13–14). Instead of *signati sumus* the Greek text reads ἐσφραγίσθητε, which corresponds to the Vulgate *signati estis*; in other words, both works read "we have been sealed" instead of "you have been sealed," as commonly transmitted. Prior to the seventh century, in addition to the two works under discussion only Arnobius Iunior shows the same reading.[125] In summation, both works share an intense interest in the "Arian" conflicts which preoccupied fourth century

---

[124] See Capelle; Bouhot; Gryson, *Origine*.

[125] Arnob. Iun., *in psalm.* 105 (CCSL 25, 165, 90); I draw this conclusion based on a search of the *Patrologia Latina Database* and *Vetus Latina Database*.

Milan; both are written from the homoian viewpoint using contemporary homoion jargon; both manifest at least a superficial
resemblance regarding language and style. Unfortunately, these
similarities are insufficient to prove that Auxentius of Durostorum is the author of *Anonymi in Iob commentarius*. In other
words, I am not offering the comparison of the anonymous commentary to *Vita Ulfilae* as proof of Auxentius' authorship. Some
striking similarities are present and there is certainly nothing in
the *Vita Ulfilae* that would disprove Auxentius' authorship of
the commentary.

In conclusion, if the data gleaned from the commentary
may point to any theologian known by name, then the preponderance of evidence would have to indicate Auxentius of Durostorum as its author. Nevertheless, in the absence of irrefutable
proof, it is appropriate that the Job commentary still be considered anonymous and the present edition will continue with that
designation.

If the hypothesis of Auxentius as the commentary's author
is correct, then establishing the precise date of composition be-
comes remarkably easy. The commentary would have been written after Auxentius' arrival in Milan in 384 but before his depar-
ture in roughly 387. This is in perfect harmony with the date
suggested above (see p. 41), a period toward the end of the "homoian revival." Thus, in any event the preponderance of evidence indicates a date of composition around 387.

Prologue

A brief prologue, which describes the art of translation
through comparison to the healing arts, is prefixed to the commentary, but did not originally belong to it. The presence of this
prologue in every witness without exception is a perplexing
problem.

The title and authorship given the prologue by Erasmus in
his edition is perhaps the most intriguing: *prologus hominis in-*

epti.[126] He certainly did not mince words in expressing his disdain for the unknown author of the prologue. Migne, following the Maurist edition, erroneously attributes the prologue to the supposed translator of the commentary with the title: *prologus interpretis.*[127] Making his determination on stylistic grounds and content, Meslin insists that the prologue was not written by the anonymous author of the commentary.[128] He thought the author of the prologue to be a Carolingian scribe who confused the anonymous commentary with Hilary's lost translation of Origen's Job commentary.[129] Finally, Dossey concedes that the prologue "has a more complex and stilted sentence structure than the rest of the commentary."[130] However, finding resemblance between "the theme and vocabulary"[131] of the prologue and that of the commentary, she maintains that the author of the prologue is the same person who wrote the commentary.[132]

I maintain that there are sufficient data to conclude that the author of the prologue is someone other than the author of the commentary. There are several reasons for this conclusion:

First, if the prologue were written by the commentary's author, the commentary would have two prologues. The first four chapters of the commentary form an introductory unit which deals for the most part with Mosaic authorship of the book of Job and the contemporary liturgical context. Therefore, accepting the prologue as authentic would actually affirm the existence of two prologues, namely the so-called *prologus interpretis* as well as chapters 1–4. Soardi,[133] the only witness to ac-

---

[126] *Origenis Adamantii eximii scripturarum interpretis opera ...* (Basel: Froben, 1536), 415.

[127] PL 17, 371.

[128] See Meslin, 206–209.

[129] See n. 139 below.

[130] Dossey, 103, n. 178.

[131] Ibid.

[132] Ibid.

[133] For a description of Soardi's edition see p. 56 below.

knowledge this duplication, solves the problem by calling the first introduction *prologus* and the second *praefatio*. I would consider the existence of two authentic prologues highly improbable.

Second, the style of the commentary differs from that of the prologue. Clarity and orderliness are certainly characteristics of Anonymous. Furthermore, both his penchant for repetition with varying vocabulary and his fondness for detailed explanation are totally absent from the prologue. If Anonymous had written the prologue, it most definitely would have been clearer and more complete, namely without the complexities and ambiguities that have confused scholars for centuries.

Third, the prologue is intended for a written text while the commentary is an oral text. The author of the prologue refers to "readers" and "reading,"[134] whereas the commentary refers to people who are listening to a preached text (see p. 16–18 above).[135]

Fourth, the prologue's description of the process of translating does not suggest the translation of a commentary but rather the translation of a biblical book. The prologue states: *Haec a nobis ideo praemissa sunt, quia agnovimus vel potius legimus hunc qui in manibus est beati Iob librum aliquos iam de Graeco in Latinum non Latino vertisse sermone* (prol., 15–17). That the book, which follows the prologue, had been translated from Greek into Latin previously by others would imply reference to the biblical book itself and not to a subsequent commentary on the book of Job. Furthermore, the author of the prologue for-

---

[134] Cf. prol., 28–31: *Quod etiam peto te, studiosorum l e c t o r u m maximum atque diligentem veritatis amatorem, ut etiam tu illa mentis vivacitate atque sancti animi curiositate ad eorum, quae dicta sunt, rationem relecta pervenias l e c t i o n e.*

[135] If the prologue were authentic, it would have been prefixed to the work at the time the homilies were put together. If that were the case, however, one would expect it to concentrate on the arrangement of the text and not on problems of translation.

mally promises to be faithful to the text: *Spondeo sane me a veritatis auctoritate nullatenus discessisse, sed sicut ab illo posita sunt qui haec prior edidit, ita eorum status integritatem in nullo vitiatam penitus reservasse; nihil scabrum neque asperum neque additum ademptumve diligens lector inveniet, quod illi fide praetermissa interpretis facere non praesumpserunt* (prol., 23–28). His preoccupation with truth, authority, integrity and fidelity would not be expected from the translator of a mere commentary. The author of the prologue criticizes previous Latin translations of Job, which according to him omitted and added material: *Invenies procul dubio multa eos praetermisisse nec non et addidisse superflue plurima atque ab interpretis officio longius recessisse* (prol., 31–33). His use of the plural throughout indicates that he was judging several translations of the book of Job and not just a single Old Latin version. Extensive and complex textual problems abound in the original Hebrew, the Septuagint and all other ancient versions of the book of Job, which could easily have led the author of the prologue to conclude that the copies, which he possessed, had been altered in translation. In spite of the frequent characterization of patristic textual scholarship[136] as "uncritical" or "precritical," the prologue's comments show signs of sophistication in judging the quality of the biblical text.

Finally, the author of the prologue appears to state that he identifies himself in this prologue: *ut ex huius praefationis textu informatus, a quo haec interpretata fuerint, perfacile cognoscat* (scil. *omnis sapiens*; prol., 21–23).[137] Unfortunately, no self-identification of its author is present. Possibly there was a now lost title or colophon to the prologue in which its author identified himself.

Clearly the prologue was written as a preface to a Latin translation of a Greek version of the book of Job. The author of

---

[136] For a brief summary of the principles of textual criticism current in antiquity see Metzger, *Practice*.

[137] For *a quo* Primmer offered the conjecture *quomodo*. If this conjecture were accepted, there would be no self-identification asserted.

the prologue had read various Latin versions of the book of Job, which he judged wanting for several reasons that he identifies, namely inaccuracies, omissions and additions. Because of this perceived deficiency with respect to previous translations, he wrote his own Latin translation of the book of Job based on the Greek text which he considered most reliable. The prologue's author most likely translated the entire book of Job. He then wrote this brief prologue to his Latin translation, in which he defended his translation. Using the prologue as a defense would not have been unusual. Indeed, Jerome himself used the prefaces to his biblical books to respond in advance to his detractors and he acknowledged that Terence was his model for this practice.[138] Thus, the prologue was originally intended to function as a preface to a Latin translation of the biblical book of Job.

To sum up, at this time there are insufficient data to definitively answer the question as to who wrote the prologue. However, the evidence does indicate that the anonymous author of the commentary most likely did not.

As a consequence, the question needs to be addressed as to how the prologue became joined to the commentary. Probably it was not a mere scribal error but was intentional. The reason for doing so could have been to support the identification of the commentary as Hilary of Poitiers' Latin translation of Origen's Job commentary mentioned by Jerome in his *De viris inlustribus*.[139] Essentially attaching the prologue helped identify the anonymous commentary with an historically verified commentary and thus solved the problem of anonymity. The accompany-

---

[138] Hier., *quaest. hebr. in Gen.*, praefatio (CCSL 72, 1): *Qui in principiis librorum debebam secuturi operis argumenta proponere, cogor prius respondere maledictis, Terentii quippiam sustinens, qui comoediarum prologos in defensionem sui scenis dabat*; cf. Berger, 8.

[139] Hier., *vir. ill.* 100 (SQS 11, 49, 9–16): *Est eius [Hilarii] ... tractatus in Iob, quos de graeco Origenis ad sensum transtulit*. For the incipit of manuscript *M* see p. 37 above.

ing incipits and explicits in many witnesses reinforced the identification.

Dossey, who states that the anonymous author of the
commentary was the author of the prologue, also indicates that
the prologue was not to a commentary but to a Latin translation
of the biblical book of Job. I agree with the second assertion but
not with the first. Dossey draws the final conclusion that "put-
ting Pseudo-Origen in the dual role of scriptural translator and
exegete fits with his peculiar portrayal of Moses at the beginning
of the commentary,"[140] thus asserting that Anonymous intended
to identify himself with Moses, which for a Christian seems
highly implausible. Furthermore, Dossey states that he "was re-
vising the Latin [of the biblical book of Iob] to accord with a
Lucianic Septuagint, much like the one used by the Antiochene
exegetes. I suggest that it is because of this revision that the preface claims to be translating this 'book of the blessed Iob' from
the Greek into Latin."[141]

If Anonymous wrote the prologue and if the prologue is to
a biblical translation, then Anonymous must have written his
own Latin translation of the book of Job based on a Greek version. This is certainly not beyond the realm of possibility. But
then the question would remain: What happened to Anonymous' translation of Job? Of course, sections are preserved
within the homilies. Once again one would be forced to specu-
late with little evidence. For some reason or reasons now unknown the translation itself would had to have fallen from the
manuscript tradition while the prologue to the translation remained with the commentary. Perhaps the existence of a better
known later translation, i. e. Jerome's Vulgate, which eventually
became more acceptable or more authoritative, rendered Anonymous' translation superfluous. All this is highly speculative and
extremely tenuous.

---

[140] Dossey, 104.
[141] Ibid.

As pointed out earlier (see p. 48), I reject the identification of the prologue's author with the author of the commentary. Although concrete data are meager, I venture another hypothesis, which I consider to be more reasonable and simpler. There appear to have been four stages of composition and transmission: (1) Anonymous preached a series of sermons on Job which were recorded by scribes; (2) totally independent of *Anonymi in Iob commentarius* some unknown person translated the book of Job from Greek into Latin;[142] (3) a preface was composed to accompany the biblical translation; (4) in the manuscript tradition the preface was detached from the biblical translation and attached to the commentary as a prologue. This would have had to occur early in the history of transmission for the prologue to be present in all witnesses. This fourth and crucial step appears to have been motivated by the desire to remove anonymity by utilizing the data of Jerome's *De viris inlustribus*, which identify Hilary of Poitiers as the translator of Origen's Job commentary (cf. n. 139). The prefixing of the prologue to the commentary together with accompanying incipits and explicits solve the problem of anonymity and heterodoxy by identifying the commentary with a known text of a "catholic" author.

Finally, because the prologue is present in all witnesses, it is also included in the present edition in spite of its questionable authorship. Furthermore, since within the above hypothesis the claim that the prologue was originally a preface to a translation of the biblical book of Job is especially compelling, in the present edition I have given the prologue the descriptive title: *prologus in libri Iob versionem Latinam*.

---

[142] There is no way to determine whether or not the prologue had been the preface of one of the Job translations which were available to Anonymous.

4. Manuscript tradition

Anonymi in Iob commentarius is preserved in seven manuscripts,[143] all of which have been collated to establish the present
text:

N   Paris, Bibliothèque nationale, lat. 10599, saec. XII, fols. 1–
     119v
M   Mantova, Biblioteca comunale, Segn. D. II. 17. Ms. 423 (Pa-
     dolirone), saec. XII, fols. 1–128
P   Paris, Bibliothèque Mazarine 555, saec. XI²–XII¹, fols. 1–
     105v
A   Avranches, Bibliothèque municipale 55 (Mont Saint-Mi-
     chel), saec. XII², fols. 46v–131v
T   Troyes, Bibliothèque municipale 890 (Clairvaux), saec. XII²,
     fols. 1–126
V   Paris, Bibliothèque nationale 14464 (Saint-Victor), saec.
     XII–XIII, fols. 46v–130v
B   Burgo de Osma, Archivo de la cathedral 97, saec. XV, fols.
     1–84

Family *Ψ*

Manuscripts *N* and *M* and the edition of Soardi, identified as
so, make up family *Ψ*.

N   The usually most reliable witness, codex *N*,[144] is written in a
twelfth century minuscule. The initial S at the beginning of
Book I is a finely decorated interlacing white vine stem. On fols.
1, 1v and 69v there is some decoration in red. The title reads
incipit liber moraliae super beatum Iob pars prima libri tres (fol.

---

[143] As is customary, I worked with microform copies. The very tight
binding of *N* often obfuscated words in the gutter making the microfilm impossible to read in some places. For that reason, I made my final corrections
from the manuscript itself. At that time, I also personally inspected the
other manuscripts located in Paris, namely *P* and *V*.

[144] See Delisle, vol. 1, 83.

1v); the top of the first folio also contains a librarian's note *moraliae Iob.* Fols. 1–3 and 115–119 have been damaged by water but the manuscript is readable.

Signaled as lost by the 1954 edition of Friedrich Stegmüller's *Repertorium biblicum*[145] and by Meslin,[146] codex *M*, which is also from the twelfth century, was once situated at the monastery of St. Benedict at Padolirone, as indicated on the front flyleaf and on the top of fol. 1.[147] The outside of the front flyleaf contains the following inscription: *P. PS MORALIUM S. GG. PP. LIBRI XVII.* The inside of the front flyleaf contains: *Origenes super primum et secundum capitulum et principium tertii capituli libri Iob. Capitulum primum fol. 4. Capitulum secundum fol. 49. Capitulum tertium fol. 119.* Both inscriptions were written by later hands. The initials P at the beginning of the prologue and S at the beginning of Book I are interlacing white vine stems, also know as *bianchi girari.* On six occasions quotations from Job are omitted from *M*, where space had been left available for the scribe to write the text of the biblical quotation in majuscules.

Apart from conjunctive errors, the connection between *N* and *M* is evident from a lengthy transposition: I, 90, 28 to II, 2, 37 was inserted at II, 16, 34. The fact that the transposition begins and ends mid-way through the folios of both manuscripts indicates that both manuscripts are dependent upon an hyparchetype in which the transposition was already present. In *M*, the transposition has been marked with brackets by a later hand.

An inventory from 1093 of the Benedictine monastery at Pomposa shows a work which was most likely the anonymous Job commentary: *Super Job Origenis lib. III. Ejusdem super Can-*

M

---

[145] See RBMA, no. 6192, where vol. 4, p. 147, indicates *extabat*, which was corrected in later revisions.

[146] Meslin, 203.

[147] An undated handwritten card catalogue in the library at Mantua (Saint Louis University VFL microfilm no. 2777) shows the commentary under Hilary of Poitiers with call number D II 17; cf. Benedini, 89; 110.

tica canticorum.[148] An inventory of the same library from 1459 states: *Libellus, sine albulis, incipiens: Incipiens prologus sancti Hieronymi etc. super Iob, numeri;*[149] this later inventory could be indicating something else, like a collection of Jerome's biblical prologues or a Bible.[150] No extant manuscript contains the Job commentary followed by a commentary on the Song of Songs. The codex mentioned in the 1093 (and possibly also the 1459) inventory is apparently lost,[151] but given the proximity of Pomposa to Venice there is a high degree of probability that it was *so* used for the edition which Lazaro de' Soardi published among selections from Origen in Venice in 1513, which was reprinted also in Venice in 1516.[152] Soardi's edition contains the commentary on Job followed by a single homily on the Canticle of Anna and homilies on the Song of Songs in an order similar to the lost Pomposa manuscript. The text of Soardi is enormously different from all other printed editions, but it displays extensive similarities to the text of manuscripts *N* and *M*, although it does not contain the lengthy transposition. In the present edition, it represents the lost manuscript from Pomposa and thus assumes the importance of a manuscript.

---

[148] *Epistola Henrici Clerici ad Stephanum* (PL 150, 1345B–1360A); see also Bernard de Montfaucon, *Diarium Italicum, sive monumentorum veterum bibliothecarum, musaeorum, etc. Notitiae singulares in itinerario italico collectae. Additis schematibus ac figuris*, Microfilms of rare and out-of-print books 22, 30 (Paris: J. Anisson, 1702), 81–95; Becker, 157–171; Gottlieb, no. 625; Mercati; Manfredi, *Notizie* (with a facsimile reproduction of the *Epistola Henrici*, pl. 1–7).

[149] Salmi, 267.

[150] Cf. Manfredi, *Notizie*, 24, n. 45.

[151] The monastic library at Pomposa was dispersed over three centuries; see Manfredi, *Dispersione*. Meslin, 202, states that he searched the catalogues of Montecassino and Modena, where some of Pomposa's manuscripts ultimately ended, but he could not find the Job commentary.

[152] Cf. Rhodes, no. 90.

Although one may generally rely on Ψ for the correct reading, the following conjunctive errors distinguish the group:

I, 9, 33 emergere] se mergere Ψ – I, 15, 2 unus] unius Ψ – I, 21, 14 redactus] reductus Ψ – I, 28, 5 septem] semper Ψ – I, 31, 14 enim docuit Isaiam] docuit te de se iam Ψ – I, 44, 26 coniugium] convivium Ψ – I, 69, 24 voluntate] voluptate Ψ – I, 102, 11 vera] aërea N so; aëra M – II, 27, 25 victoriam patientiae] victoriae patientiam Ψ.

The best manuscript of the group and also of the whole manuscript tradition is N, which alone in many instances offers the correct reading; some examples follow:

I, 7, 6 nuncupati ... Iob N; erat Iob α; erant vocati cett. – I, 11, 17 est ei prode N; ei prodest so; prodest ei cett. – I, 13, 14 numerum diaconorum N; hebdomadam eorum cett. – I, 15, 24 multati N; multi cett. – I, 48, 26 historia aliter N; historialiter cett. – I, 66, 26 Persis N; ipsis α; se ipsis cett. – I, 88, 12 decenter N; dicam M; ut ita dicam so; dicar cett. – I, 93, 32 absque N; atque cett. – II, 14, 28 cessit N; cessat α P A T V; recusat B; cessavit mm – II, 30, 25 lavare N; levare cett. – II, 37, 64 intercepit N; interfecit cett. – II, 38, 41 Iob enarrent N; enarrent so; subenarr(ar)ent cett. (subenarrent M > subenarrarent cett.) – II, 47, 3 emendicem N; et mendicem cett. – II, 50, 19 convicii N; vitii cett. – II, 54, 4 eandem uxorem N; eam demum cett. – II, 57, 25 olim Adam N; om. α; iam memoratos cett. – III, 3, 28 agilis N; angelis M; longinqua so; ubique cett. – III, 14, 47 sederunt tacentes N; sedentes α P; sedebant cett. – III, 28, 23 deflens N; deferens cett.

Manuscript M and edition so constitute sub-family α. A selection of conjunctive errors follows:

I, 10, 1 dilexit N; om. α; esset cett. – I, 13, 23 utpote qui] ut α – I, 25, 10 primus novissimum] primum novissimus α – I, 34, 21 quia ita] qui alta α – I, 47, 35 livore] labore α – I, 73, 27 aeternae] et terrenae α – I, 92, 36 ibo] Iob α – II, 12, 20–21 ob hoc inquit exaudivi ob hoc acquievi ob hoc rem atque filios perdere permisi om. α – II, 56, 12 viventibus] venientibus α – III, 2, 18 infelices] felices α – III, 5, 20 spem] non habentem praem. α; habentem add. Φ mm – III, 6, 4 disponentis ... providentis N; disponentes ... providentes α; disponente ... providente cett.

As can be seen from these examples, the errors in subfamily α frequently seem to represent the starting-point for a new variant in the second hyparchetype *Φ*, a phenomenon to which I will return below.

There are also some conjunctive errors between *M* and *N* to the exclusion of *so*, which may be explained either as independent corrections by the editor, Soardi, or as corrections already present in the lost manuscript used by him, or, less likely, as contamination through the second hyparchetype *Φ*.

I, 74, 23 devitemus] debitemus *NM*; debilitemus *so* – I, 100, 18 comminutus] comminatus *NM*; contaminatus *so* – II, 30, 10 cogere(n)tur] coleretur *NM* – II, 36, 17 iustus vere] iuste verus *NM* – II, 43, 17 in se parentes] inseparantes *N*; inseparanter *M*.

Family *Φ*

Manuscripts *P*, *B*, *A*, *T*, and *V* make up family *Φ*. While *P*, the earliest codex, is relatively isolated within this family, *B*, *A*, *T*, and *V* are more closely related to each other.

P   The oldest manuscript *P*[153] contains only the anonymous Job commentary. The paleography is a transitional script current in northern France during the late eleventh and early twelfth centuries.[154] The codex was written by two scribes; the bottom third of fol. 84v is blank and fol. 85 begins in a new hand which completes the work. The initial P of the prologue and the initial S of Book I are grotesque zoomorphic figures with the P resembling a bird and the S a dragon. Initials and incipits are in red; the binding is modern. Notations, underlining and marginalia written in a late medieval cursive hand, probably fourteenth century, appear throughout. The marginalia, though frequent, are usually brief, functioning either as an explanation or as an extension of

---

[153] See Molinier, vol. 1, 222.
[154] Cf. Bischoff, pl. 14.

the text.[155] The explicit of Book III is followed by a somewhat lengthy colophon in the same script as the marginalia.[156]

Meslin believed that this manuscript was the model for the *editio princeps* published in Paris in 1512 by Jacques Merlin.[157] His evidence is a connection between the college of Navarre and J. Petit (Parvus), who together with J. Badius were the printers of Origen's collected works where the commentary appears. Petit was a member of the college of Navarre to which the manuscript had been bequeathed. Although Petit and Badius were the printers of the edition, Merlin was the actual editor. Without citing

---

[155] Since marginalia are not textual emendations, I did not include them in the critical apparatus. However, words written by the same hand as the marginalia but above the line within the text were included in the apparatus as variants although their status as bona fide textual variants is frankly dubious, e.g. infidigraphus] id est haereticus *add. sl. P* at I, 94, 24.

[156] *Nullo modo potuit reddimi genus humanum nisi morte mediatoris, quia, sicut dicit Ambrosius, oportuit ut tanta esset humilitas in redemptore quanta fuit superbia in prevaricatore* (cf. Alan of Lille, *Compendiosa in Cantica canticorum ad laudem deiparae virginis Mariae elucidatio* 6 [PL 210, 96A]). *Sed hoc non potuit esse in homine quia, cum homo esset creaturarum rationabilium novissimus, voluit esse prius summus. Ergo non potuit reddimi genus humanum per purum hominem. Oporteret ergo ut filius dei, qui erat summus, fieret novissimus, id est homo, et ita fuit tanta humilitas in redemptore quanta fuit superbia in prevaricatore. Item Adam fuit mediator inter deum et nos quia deus immortalis et nos mortales. Adam habuit posse mori et posse non mori et quia fuit inobediens fuit causa nostrae mortalitatis et ita fuit pons per quem transivimus ad mortem. E contra Christus fuit medius inter deum et nos quia fuit mortalis et immortalis et ipse fuit per quem transivimus ad vitam et sic ab eo reddimi potuit genus humanum. Queratur si alio modo reddimi potuit genus humanum. Augustinus dicit quod sic. E contra dicit Hieronymus. Non mediocriter errat qui maius bonum pro minori bono dimittit, sed quidquid facit deus convenientissime ⟨facit⟩. Sed convenientissimo convenientius non invenitur. Ergo pro minus convenientissimo maius conveniens dimitteretur. Et sic videtur errasse. Ad quod respondetur: Si filius dei alio modo reddimeret humanum genus, non dimittitur per minus convenienti maius conveniens quia pro sua voluntate dimitteret, quod maximum bonum est* (fol. 105v).

[157] Meslin, 203.

specific passages Meslin claims textual comparisons as additional evidence for his assertion, which cannot be accurate. For example, the lengthy addition *qui cum iustis scriptum est qui in regione vivorum signatum est* (I, 8, 10–11) appears only in *P* to the exclusion of all other manuscripts and editions. If the edition of Merlin were dependent solely upon *P*, one would expect to find this reading present there.

Not only is *P* the oldest manuscript, but it also has a special value for the stemma. In some cases *P* seems to occupy a middle position between the manuscripts of group *Ψ* and the younger members of family *Φ* (sub-family *β*):

I, 11, 18 quis est testis *Ψ* > quod est testis *P* > ad quod est testis *β mm* – II, 6, 9 firmitatem et inviolabilem pietatem *Ψ* > firmitatem et inviolabilem firmitatem et inviolabilem pietatem *P* > firmitatem et inviolabilem fortitudinem et inviolabilem pietatem *β mm* – II, 44, 11 si ipsi *N so* > sumpsi *M* > cum sumpsit *P* > cum consumps(er)it *β mm* – II, 50, 15 hanc vitam *Ψ* > vitam *P* > vitam hanc *tr. β mm*

All other manuscripts mentioned above form sub-family *β*. The center of this sub-family is made up by the two twelfth century manuscripts *A*[158] and *T*[159] which are very closely related.[160]

A
T

Both were written at the monastery of Clairvaux and show similarities in script and decoration. Both the commentary itself and its prologue are attributed to Origen. Both codices contain the same works in the same order – homilies of Origen on the Psalms, *Anonymi in Iob commentarius*, and the commentary of John Scotus Erigena on John attributed to Origen in the manuscript. This may very well have been an attempt at a collection of some of Origen's biblical commentaries with Erigena being mis-

---

[158] See *Catalogue général*, vol. 4, 454; Omont, 26; Nortier, 75; 91.

[159] See *Catalogue général*, vol. 2, 369.

[160] See Jeauneau, 78–120, who deals extensively with *A*, *T* and *V* in the introduction to his critical edition of *Vox spiritualis aquilae* of John Scotus Erigena.

read for Origenes.[161] Manuscripts *A* and *T* show evidence of having been systematically corrected by the same hand,[162] most
likely from conjectures by the medieval corrector himself. Other
corrections stem from the same hand, but are present only in
A,[163] one by this same hand is present only in *T*.[164] Prior to these
corrections, *T* had already been corrected from *A* by a contem-
poraneous hand.[165]

Manuscript *V*,[166] also dating from the twelfth century, is de- V
dependent upon either *A* or *T* or both as corrected (or a lost
manuscript very closely related to them). In two cases the

---

[161] See Bratke.

[162] The entry before the bracket indicates the original text of the two
manuscripts, the entry after the bracket the correction in both manuscripts:
I, 10, 3 finctorie] fictorie – I, 35, 26 publicavit] publicabit – I, 37, 10 eius] dei
– I, 40, 8 et] ut – I, 59, 10 utique] itaque – I, 60, 19 liberavit] liberabit – I, 83,
16 cum multe] comminutae – I, 83, 26 contrivit] conteruit – I, 89, 35 eun-
dem] idem – I, 91, 9 aspersis] aspersos – I, 93, 24 irrident] arrident *A* (*man.
alt.*) rident *A* (*man. tert.*) *T* – I, 94, 10 et] atque – II, 1, 12 cecidit] cecidi – II,
2, 32 potans] potens – II, 2, 34 potans] potens – II, 14, 21 effusus] effusum –
II, 23, 1 ante faciem] a facie – II, 27, 10 parabat] sperabat – II, 31, 29 and 35
pollinas] pollutas – II, 46, 22 innumerum] numerum – II, 53, 6 revocavit]
informavit – II, 54, 12 devotatione] devoratione – II, 60, 26 commeratione]
commemoratione – III, 9, 13 erogasse] irrogasse – III, 14, 35 de re familiari]
ad rem familiarem – III, 24, 22 devotavit] devovit – III, 25, 24 est] fit – III,
25, 35 inveniet] veniet – III, 31, 20 vero] vere – III, 38, 3 aborsum] abortivum.

[163] I, 6, 11 monachus] monomachus – I, 52, 33 donat] condonet – I, 86, 7
monachus] monomachus – I, 92, 12 adviverent] adiuverent – I, 94, 19 beatus
conspectus] beatum conspectum – II, 37, 32 roboret] roboraretur.

[164] I, 23, 10 sanctus] sanctos.

[165] An example of such a correction in *T* is the phrase *persistentibus nisi
sola conscientia nostra in veritate fidei* (I, 12, 15), which was written into the
margin of fol. 9 in smaller letters paleographically very similar to the original hand. Although the phrase was already present in *T*, it was added by the
scribe because he was rotely correcting *T* from *A*, where the phrase ap-
peared twice. The repetition was subsequently corrected in *A* but remained
in *T*.

[166] See Delisle, vol. 3, 16.

abbreviation *l* from *A* or *T* has been rendered in its text as *vel*: II, 31, 29 *pollinas vel pollutas* and III, 38, 3 *aborsum vel tuum*. The last reading is extremely telling because in both *A* and *T* the reading *aborsum* was corrected by writing the symbol *l* followed by *tivum* above the line merely changing the end of the word to indicate that *aborsum* should read *abortivum*. *V* has *vel tuum*, which can only come from *A* or *T*.

B   Written in a fifteenth century Gothic hand, *B*[167] contains several marginal notes added subsequently. The manuscript shows a dependence upon *A* or *T* as corrected.[168] Sometimes, however, *B* agrees with either *V* or *P* to the exclusion of all other manuscripts. Hence, in terms of establishing the text manuscript *B* is of limited value; it has been collated primarily for the sake of completeness.

Manuscripts *B*, *A*, *T* and *V* manifesting disjunctive errors (mostly omissions), which separate them from manuscript *P*, form sub-family *β*. Some examples follow:

I, 9, 4–5 utpote ... alienus *om. β mm* – I, 11, 19–20 non² ... condemnat *om. β mm* – I, 18, 29–30 puto quod et in caelo et in excelsis copiosum nimis habuerit ministerium *om. β* – I, 32, 9 si ipsi deo servierint *om. β* – I, 36, 24 paenitentes misericorditer suscipiendo *om. β* – I, 57, 22 ea quae longe sunt universa *post* domi sunt *iter. β* – I, 58, 38 hominibus *om. β* – I, 85, 22 victoriam *om. β* – II, 12, 21–22 iniustitia ut appareret mea veritas et diaboli *om. β* – II, 14, 31–32 suam deformitatem non intellegit sed sperat quod per novissimum bellum priorem *om. β* – II, 15, 33 eius et contere ossa *om. β* – II, 60, 6–7 autem infirmatur nonne omnes homines in mundo aliquando quidem *om. β mm* – II, 61, 15 miserabilibus] mirabilibus *β* – III, 3, 9 de his loqueban-

---

[167] Orcajo, 177 (= BRAH 95 [1929], 186).

[168] In five instances the variant has been integrated into the text (II, 25, 13 *adamantus vel adamas* – II, 31, 29 *pollutas vel pollinas* – II, 60, 26 *commeratione vel commemoratione* – III, 14, 35 *ad rem familiarem* – III, 24, 22 *devotavit vel devovit*), while in two instances the variants have been written above the line (II, 54, 12 *denotatione vel devoratione* – III, 9, 13 *erogasse vel irrogasse*).

tur *om. β mm* – III, 3, 12–13 de his secum ad invicem colloquium statuebant *om. β mm.*

The larger comprehensive group *Φ*, which contains *P* and *β*, is clearly distinguished by a great number of conjunctive errors. I have selected a random sampling from each book:

I, 15, 38 laetabuntur] laudabuntur *Φ mm* – I, 17, 28 augmentati] augmenti *Φ me*; augmentum ad *mi* – I, 23, 14 misericordiam *N*; misericordia *α*; omnia *Φ mm* – I, 30, 22–23 atque … eorum *om. Φ mm* – I, 30, 24 cur] curque *Φ* – I, 30, 29 se … iudicent] esse … iudicentur *Φ mm* – II, 1, 14 et non] adhuc *Φ mm* – II, 4, 34–35 et istis te velut igneis iaculis stimulo] cum stes velut igneis iaculis stimulatus *Φ mm* – II, 5, 21 incus indomita] vitiis indomitus *Φ mm* – II, 5, 29 exstitit] exivit *Φ mm* – II, 7, 8–10 tu qui omnia circuis qui omnia peragras qui omnia pertransis qui cuncta pervolas et circuis respexisti ad puerum meum Iob *om. Φ mm* – II, 15, 4 identidem] hoc est iterum atque iterum *add. Φ mm* – III, 4, 12–13 pro deo stare incipientibus] insipienter se pro deo stare *Φ mm* – III, 6, 15–16 unusquisque ex sua civitate *om. Φ mm* – III, 14, 14 magnum est et maius humana condicione] magni est doloris indicium *Φ mm*

More often than not the variant readings of *Φ* correspond to those in the edition of Merlin and in subsequent editions dependent upon Merlin.[169]

Relationship between families *Ψ* and *Φ*

The relationship between the two hyparchetypes is a major problem in the transmission of this text and solving this problem is a necessary prelude to establishing a stemma. The presence of sequential errors (*Stufenfehler*) in the manuscript tradition of this work sheds light on its textual transmission.[170] Some examples of sequential errors follow:

I, 7, 25–26 †rosa poenae quam† sustinuit dolorem ac passionem *N* > †rosa poenae quam† sustinuit dolore ac passione *α* > rosa plane quia sustinuit

---

[169] For a discussion of the printed editions see pp. 66–68 below.

[170] I would like to thank Hildegund Müller for calling this phenomenon to my attention; see Primmer, *Edition*, 148–154.

dolores ac passiones Φ *mm* – I, 15, 24–25 multati sunt N > multi sunt α > multi fuerunt Φ *mm* – I, 17, 6 quis testis N *so* > quos testes M > quo teste Φ *mm* – I, 23, 14 misericordiam N > misericordia α > omnia Φ *mm* – I, 29, 27 identidem N > idem totidem M > id est totidem *so* > totidem id est $P\,B\,T\,V$ (idem totidem M > totidem idem A) – II, 1, 14 permittit superatio > permittit superationem virtus Φ *mm* – II, 2, 43 sinceritati N > sinceritatis M > sinceritatem *so* (sinceritatis M > sinceritates P) > sinceritatibus β *mm* – II, 5, 4 sollicitam gratiarum actionem N > sollicita gratiarum actionem M > sollicita gratiarum actione *so* (sollicita gratiarum actionem M > sollicita gratiarum actionum Φ) – II, 5, 26 a te ad infidelitatem seducuntur N > a te ad infidelitatem sequuntur α > (te) ad infidelitatem sequuntur Φ *mm* – II, 18, 23 dic, o nequissime atque versute diabole N > dic o nequissime adversum te diabole α > dic o nequissime diabole, adversum te Φ *mm* – II, 26, 3 quae N *so* > qui M > quia Φ *mm* – II, 28, 15 nulla ars curare poterat N *so* > nulla accurare poterat M > nulla medicamina curare poterant Φ *mm* – II, 39, 29 torques N > torqueas M > torquear Φ *mm* – II, 44, 5 malitia N > malignitas α P > calliditas β *mm* – II, 59, 5–7 quia sicut bonorum finis factus est sic multo amplius horum malorum finis erit N > quia sicut bonorum finis erit α > quia sicut bonorum finis erit ita et malorum citissime consummatio (consumatio citissime *tr.* P) aderit Φ *mm* – III, 29, 10 nimie N *so* > animae M > amariter Φ *mm* – III, 38, 11–12 sed de tenebris in tenebras eunt N > sed tenebras in tenebras eunt α > sed ex tenebris in tenebras eunt $P\,A\,T\,V$ > sed ex tenebris eunt B.

The sequential errors are extraordinarily important because they indicate that Ψ is prior to Φ in the history of the textual transmission. In other words, Φ and particularly the Cistercian manuscripts β essentially represent a medieval edition, which abounds in conjectures. An explanation of one of the above instances of a sequential error should suffice to demonstrate how an error could have been introduced into the textual transmission to be subsequently corrected into a cogent and reasonable reading but nevertheless a reading which does not represent the original text. For example at II, 5, 26 N transmits the correct reading *a te ad infidelitatem seducuntur* ("they are led away by you to infidelity"). Sub-family α misreads *seducuntur* introducing the error *sequuntur*, yet the preposition *a* before *te* makes the sentence meaningless. *Φ* subsequently corrects the error by removing the preposition *a* making *te* the direct object, so that the sentence now reads *te ad infidelitatem sequuntur* ("they follow you to infidelity"), which is a seductively attractive reading because it is grammatically correct and present in five manuscripts while the accurate reading is present in just one.

It is very tempting to deduce from these numerous examples that the textual transmission of *Anonymi in Iob commentarius* is dependent on the single archetype *Ψ*, from which the *Φ* text is directly derived. Indeed, almost all *Φ* variants can be explained as aberrations from or corrections of a *Ψ* text. There are, however, very few examples to the contrary, namely obviously correct yet difficult readings in *Φ* that point toward an independent hyparchetype present in *Φ* (or its corrections in *β*) rather than an instance of medieval criticism:

I, 6, 11 monomachus *A* (*pc.*) *mi*, monachus *cett.* (monarchus *N pc.*); *cf.* I, 86, 7 – III, 19, 24 augurians *Φ*, auguri *N*; auguria *M*; augur *so*; augurans *mm*; see also the examples on p. 57 (e.g., I, 31, 14).

Therefore, while the main line of textual tradition certainly runs from *Ψ* to *Φ*, with a heavy critical reworking of the text in a Cistercian environment, the existence of an independent second hyparchetype cannot be wholly excluded. This doubtful secondary tradition has been indicated by a dashed line in the stemma.

On the whole, however, the readings of family *Ψ* and particularly manuscript *N* are generally to be preferred on stemmatic grounds unless there is a specific philological reason to follow family *Φ*.

5. Printed editions[171]

Paradoxically the first edition of the *opera omnia* of Origen was published not in Greek[172] but in Latin. *Anonymi in Iob commentarius* appears in that first edition, which was published by Jacques Merlin in Paris in 1512. He does not identify the manuscript used to make the edition. One would assume a manuscript located in Paris. As stated above,[173] Meslin suggests *P* but this is impossible due to variants in Merlin's edition vis-à-vis *P*. *N*'s text is even more dissimilar. However, *V* shares thirty-three errors with the *editio princeps*, Merlin, to the exclusion of all other manuscript witnesses. Thus, *V* or a no longer extant manuscript very similar to *V* was used by Merlin, whose edition was reprinted four additional times: Paris, 1519; Paris, 1522; Paris, 1530 and Lyon, 1536.

---

[171] See Bardenhewer, 104–105; Baehrens, *Überlieferung*, 239–242; Rousseau, 48–54; Jeauneau, 121–129. Copies of most early editions were relatively easy to find; see Brunet, vol. 4, 227–228; Adams, vol. 2, 26–27; BM.GC, vol. 176, p. 191; BN, vol. 127, pp. 693–702; NUC, vol. 432, pp. 635–636. However, since rare books do not circulate and are normally not microfilmed, editions prior to the Maurist edition were difficult to consult, usually requiring a visit to the holding library to read the text. A list of the exemplars, which I personally inspected, follows: Merlin, Paris 1512 (Library of Congress; a microfilm of the Library of Congress copy is located at Southern Illinois University); Merlin, Paris 1519 (Newberry Library); Soardi, Venice 1513 (University of Chicago); Merlin, Lyon 1536 (Saint Louis University); Erasmus, Basel 1536 (Universitätsbibliothek Basel; I used a microfilm copy of this exemplar); Erasmus, Basel 1557 (Catholic University of America); Erasmus, Basel 1571 (Library of Congress); Génébrard, Paris 1572-74 (University of Illinois at Urbana-Champaign); Génébrard, Paris 1604 (University of Notre Dame).

[172] The Greek corpus of Origen's works, to the extent that it was known at the time, was first published by Pierre-Daniel Huet, *Commentarius in sacras scripturas* (Rouen: I. Berthelini, 1668).

[173] See p. 59 above.

All subsequent editions, with the exception of the edition of Lazaro de' Soardi, which has already been treated above,[174] are essentially based on the *editio princeps* of Merlin. Although text samples occasionally show some logical variants, the consistent reprinting of obviously false readings and even typographical errors leads one back to Merlin's edition as their source. Furthermore, there are lengthy additions at I, 57, 28 and 31, and I, 58, 17, 28 and 42, which are present in no manuscript. These additions, whose origin remains unknown, were probably marginal comments which eventually found their way into the text. Erasmus and Rhenanus published the anonymous Job commentary in Basel in 1536, which was reprinted four times subsequently: Basel, 1545; Basel, 1551; Basel, 1557 and Basel, 1571. Erasmus astutely indicates that Origen could not possibly have written the commentary, which he inaccurately attributes to Maximinus the Arian. Between the prologue and Book I, Erasmus also includes under the heading *argumentum in librum Iob* a Latin version of the lengthy ending of the Septuagint, Job 42, 17bβ–dε (with verse 17e missing entirely), which gives biographical information about Job. Important in this text is its identification of Job with Jobab, king of Edom. Most subsequent editors have included this *argumentum*. Because the *argumentum* appears in no manuscript, I have omitted it from the present edition. Erasmus' edition was reworked by G. Génébrard and printed in Paris, 1572–74; Paris, 1604; Basel, 1620 and Paris, 1691. Génébrard's edition indicated biblical references for the first time. The Maurist edition by Charles de la Rue and Charles Vincent de la Rue was printed in Paris in 1733–59 among Origen's *opera omnia* in Greek and Latin. This edition was later reprinted by F. Oberthür in Würzburg, 1780–94, and by C. H. E. Lommatzsch in Berlin, 1831–48. Lommatzsch signaled variants in the Maurist

---

[174] See p. 56 above.

text by comparison to Merlin. Finally, Jacques-Paul Migne published the Maurist text in PG 17, 371–522 in Paris, 1857–60.

6. Present edition

In the present edition all seven extant manuscripts have
been collated as well as three previous editions: Merlin, Paris,
1512, because it is the *editio princeps*; Soardi, Venice, 1513, because it is almost certainly dependent upon the lost Pomposa
manuscript; and Migne, PG 17, 371–522, because it has been the
most widely circulated and most commonly used edition until
now. For reference the column numbers from Migne have been
indicated in the inner margin of the present edition. I have found
no citations from *Anonymi in Iob commentarius* in any ancient or
medieval work. Thus, there is no secondary transmission and no
reception history to discuss.

All witnesses divide the work into three books. I have further subdivided those books into chapters according to the sense
of the text. Since virtually all Old Testament quotations in the
commentary are from the Septuagint, I have not indicated LXX
in the apparatus except in several instances where clarification
was necessary. Furthermore, all Old Testament citations are
numbered according to the Septuagint. Because the work is essentially a continuous commentary on the book of Job from 1, 1
to 3, 19, albeit with some verses omitted especially in chapter 3, I
have placed the continuous Job text in bold small capitals at each
instance of its first citation and in plain small capitals when cited
subsequently in context. In addition, when indicating citations
from the book of Job, I subdivided the verses using Latin and
Greek letters according to Ziegler's edition of Job in the Göttingen Septuagint. Fictive dialogue among various characters in the
narrative has been placed in quotation marks. Orthography con-
forms to customary or classical usage. All textual variants except

orthographical inconsistencies have been recorded in the critical apparatus. In the absence of any formal criteria for making a decision between *adversus* and *adversum*, I have followed the reading of *N*. Since *nequiquam*, *nequidquam* and *nec quidquam* are used interchangeably in the manuscripts, I decided to regard them as orthographical variants and chose *nequiquam* where the meaning is "nothing," and *nec quidquam* where the meaning is "and nothing."

Regarding computer assistance, *Collate* was used simply as a collation tool to identify an initial comprehensive list of textual variants in comparison to an arbitrarily chosen base witness. The edition was actually produced with *Classical Text Editor*, whose tools also provided statistical data.

Journals and series have been abbreviated according to *L'année philologique*. For ancient authors and their works the *Thesaurus linguae Latinae* was used. General abbreviations within this English language introduction follow *The Chicago Manual of Style*.[175] Discipline specific abbreviations, including biblical books, follow *The SBL Handbook of Style: For Ancient Near Eastern, Biblical, and Early Christian Studies*.[176]

7. Bibliography

(1) Where several works of one author are cited, they are further identified in the footnotes by the underlined word or words in the bibliographic entry. (2) To avoid duplication, manuscripts and printings of *Anonymi in Iob commentarius* are not listed here because they have been discussed in detail in sections 4 and 5 respectively. Works from the major patristic collections, namely PL, PG, CSEL, CCSL, are for the most part not

---

[175] *The Chicago Manual of Style*, 15th edition (Chicago: University of Chicago Press, 2003).

[176] Patrick H. Alexander, et al., eds. (Peabody: Hendrickson, 1999).

listed. (3) Series, journals, lexica, encyclopedias etc. are abbreviated according to Schwertner, Siegfried M. *Internationales Abkürzungsverzeichnis für Theologie und Grenzgebiete: Zeitschriften, Serien, Lexika, Quellenwerke mit bibliographischen Angaben*, 2nd ed. Berlin: Walter de Gruyter, 1992.

Adams, Herbert Mayow. *Catalogue of Books Printed on the Continent of Europe, 1501–1600, in Cambridge Libraries*. 2 vols. London: Cambridge University Press, 1967.

Aldama, José Antonio de. *Repertorium Pseudochrysostomicum*. Documents, études et répertoires 10. Paris: Éditions du Centre national de la recherche scientifique, 1965.

Baehrens, W. A., ed. *Origenes Werke 6–7: Homilien zum Hexateuch*, GCS 29–30. Leipzig: J. C. Hinrichs, 1920–21.

–– *Überlieferung und Textgeschichte der lateinisch erhaltenen Origeneshomilien zum alten Testament*. TU 42, 1. Leipzig: J. C. Hinrichs, 1916.

Banning, Josef van. "The Critical Edition of the Opus imperfectum in Matthaeum: An Arian Source." StPatr 17 (1982): 382–387.

–– ed. *Opus imperfectum in Matthaeum: Praefatio*. CCSL 87B. Turnhout: Brepols, 1988.

Bardenhewer, Otto. *Geschichte der altkirchlichen Literatur*. Vol. 2, *Vom Ende des zweiten Jahrhunderts bis zum Beginn des vierten Jahrhunderts*. Freiburg: Herder, 1913; repr. Darmstadt: Wissenschaftliche Buchgesellschaft, 1962.

Bardy, Gustave. *Recherches sur saint Lucien d'Antioche et son école*. Paris: Beauchesne, 1936.

Barnes, Michel R. and Daniel H. Williams, eds. *Arianism after Arius: Essays on the Development of the Fourth Century Trinitarian Conflicts*. Edinburgh: T & T Clark, 1993.

Barnes, Timothy D. "The Date of the Martyrdom of Lucian of Antioch." ZAC 8 (2004): 350–353.

Bastiaensen, A. A. R., ed. *Vita di Cipriano, Vita di Ambrogio, Vita di Agostino*. Vite dei santi 3. Milan: Fondazione Lorenzo Valla, 1975.

Becker, Gustav Heinrich. *Catalogi bibliothecarum antiqui*. Bonn: Cohen, 1885; repr. Hildesheim: Georg Olms, 1973.

Benedini, Benedetto. "I Manoscritti polironiani della Biblioteca Comunale di Mantova." *Atti e memorie: Accademia virgiliana di Mantova* n.s. 30 (1958): 1–120.

Berger, Samuel. *Les Préfaces jointes aux livres de la Bible dans les manuscrits de la Vulgate, mémoire posthume de M. Samuel Berger. Extrait des Mémoires présentés par divers savants à l'Académie des inscriptions et belles-lettres,* 1re série, tome XI, IIe partie. Paris: C. Klincksieck, 1902.

Bernoulli, Carl Albrecht, ed. *Hieronymus und Gennadius: De viris inlustribus.* SQS, 11. Freiburg: J. C. B. Mohr, 1895; repr. Frankfurt: Minerva, 1968.

Bibliothèque nationale. *Catalogue général des livres imprimés de la Bibliothèque nationale,* 231 vols. Paris: Imprimerie nationale, 1897–1981.

Bischoff, Bernhard. *Latin Palaeography: Antiquity and the Middle Ages.* Translated by Dáibhí Ó Cróinin and David Ganz. Cambridge: Cambridge University Press, 1990.

Blaise, Albert. *Dictionnaire latin-français des auteurs chrétiens. Revu spécialement pour le vocabulaire théologique par Henri Chirat.* Turnhout: Brepols, 1954.

Bouhot, J.-P. "Origine et composition des 'Scolies ariennes' du manuscrit Paris, B.N., lat. 8907: A propos des travaux de Roger Gryson." RHT 11 (1981): 303–323.

Bratke, Ernst. "Die angebliche Origenes-Handschrift Nr. 890 der Bibliothek von Troyes." ZKG 21 (1900–1901): 445–452.

Brennecke, Hanns Christof. "Lucian von Antiochien." TRE 21, 474–479.

–– *Studien zur Geschichte der Homöer: Der Osten bis zum Ende der homöischen Reichskirche.* BHTh 73. Tübingen: J. C. B. Mohr (Paul Siebeck), 1988.

British Museum. Dept. of Printed Books. *General Catalogue of Printed Books: Photolithographic Edition to 1955,* 263 vols. London: Trustees of the British Museum, 1959–1966.

Brock, Sebastian. "Aspects of Translation Technique in Antiquity." GRBS 20 (1979): 69–87.

Brunet, Jacques-Charles. *Manuel du libraire et de l'amateur de livres.* 6 vols. Paris: Firmin Didot frères, 1860.

Buchanan E. S., *The Four Gospels from the Codex Corbeiensis (ff [or ff₂]) being the first complete Edition of the Ms. now Numbered Lat. 17225 in the National Library at Paris together with Fragments of the Catholic Epistles, of the Acts and of the Apocalypse from the Fleury Palimpsest (h) now Numbered Lat. 6400 G in the same Library for the first time completely edited with the aid of the Printed Text of Berger – "Le Palimpseste de Fleury".* Old-Latin Biblical Texts 5. Oxford: Clarendon, 1907.

–– *The Four Gospels from the Codex Veronensis (b) being the first complete edition of the Evangeliarum Purpureum in the Cathedral Library at Verona.* Old-Latin Biblical Texts 6. Oxford: Clarendon, 1911.

Burkitt, Francis Crawford. "The Early Syriac Lectionary System." PBA 10 (1921–1923): 301–338.

Burton, Philip. *The Old Latin Gospels: A Study of their Texts and Language.* Oxford: Oxford University Press, 2000.

Capelle, Bernard. "La lettre d'Auxence sur Ulfila." RBen 34 (1922): 224–233.

Carter, Robert E. "An Index of Scriptural References in the Homilies of Severian of Gabala." Tr. 54 (1999): 323–351.

— "The Chronology of Twenty Homilies of Severian of Gabala." Tr. 55 (2000): 1–17.

Caspari, C. P. *Das Buch Hiob (1, 1–38, 16) in Hieronymus's Übersetzung aus der alexandrinischen Version nach einer St. Gallener Handschrift saec. VIII.* Christiania Videnskabs-Selskabs Forhandlinger 4. n.p.: Christiania, 1893.

Dassmann Ernst. "Hiob." RAC 15, 366–422.

Datema, Cornelis and Pauline Allen, eds. *Leontii Presbyteri Constantinopolitani Homiliae.* CCSG 17. Turnhout: Brepols, 1987.

Dekkers, Eligius. *Clavis Patrum Latinorum.* Turnhout: Brepols, 1995.

Delisle, Léopold Victor. *Inventaire des manuscrits latins conservés à la Bibliothèque nationale sous les numéros 8823–18613.* Vol. 1, *Inventaire des manuscrits latins conservés à la Bibliothèque impériale sous les numéros 8823–11503 des fonds latin* (vol. 1 of 5 bound as one). BECh 5, 3–4. Paris: Auguste Durand, 1863; repr. Hildesheim: Georg Olms, 1974.

— *Inventaire des manuscrits latins conservés à la Bibliothèque nationale sous les numéros 8823–18613.* Vol. 3, *Inventaire des manuscrits de l'abbaye de Saint-Victor conservés à la Bibliothèque impériale sous les numéros 14232–15175 des fonds latin* (vol. 3 of 5 bound as one). BECh 6, 5. Paris: Auguste Durand et Pedone-Lauriel, 1869; repr. Hildesheim: Georg Olms, 1974.

Dieu, Léon. "Le texte de Job du Codex Alexandrinus et ses principaux témoins." Muséon n.s. 13 (1912): 223–274.

Dossey, Leslie. "The Last Days of Vandal Africa: An Arian Commentary on Job and its Historical Context." JThS n.s. 54 (2003): 60–138.

Duval, Yves-Marie, "La 'manœuvre frauduleuse' de Rimini: à la recherche du *Liber aduersus Vrsacium et Valentem*," *Hilaire et son temps, actes du colloque de Poitiers, 29 septembre – 3 octobre 1968, à l'occasion du XVIe centenaire de la mort de saint Hilaire.* Paris: Études Augustiniennes, 1969, 51–103 (repr. in *L'extirpation*).

— *L'extirpation de l'Arianisme en Italie du Nord et en Occident: Rimini (359/60) et Aquilée (381); Hilaire de Poitiers (+367/8) et Ambroise de Milan (+397).* Variorum Collected Studies Series CS611. Aldershot: Ashgate, 1998.

Ehrman, Bart D. *Didymus the Blind and the Text of the Gospels.* The New Testament in the Greek Fathers 1. Atlanta: Scholars Press, 1986.

Finn, Thomas Macy, trans. *Quodvultdeus of Carthage: The Creedal Homilies.* ACW 60. New York: The Newman Press, 2004.

Fischer, Bonifatius. "Das Neue Testament in lateinischer Sprache." *Die alten Übersetzungen des Neuen Testaments, die Kirchenväterzitate und Lektionare: Der gegenwärtige Stand ihrer Erforschung und ihre Bedeutung für die griechische Textgeschichte,* K. Aland, ed. Arbeiten zur neutestamentlichen Textforschung 5. Berlin: Walter de Gruyter, 1972, 1-92.

Flint, Valerie. "The Demonisation of Magic and Sorcery in Late Antiquity: Christian Redefinitions of Pagan Religions." *Witchcraft and Magic in Europe: Ancient Greece and Rome,* Bengt Ankarloo and Stuart Clark, eds. Philadelphia: University of Pennsylvania Press, 1999, 277-348.

France. Ministère de l'éducation nationale. *Catalogue général des manuscrits des bibliothèques publiques des departements.* 7 vols. (Quarto Series). Paris: Imprimerie nationale, 1849-1885.

Franchi de' Cavalieri, P. "Di un frammento di una vita di Costantino nel codice greco 22 della Biblioteca Angelica," *Studi e documenti di storia e diritto* 18 (1897): 89-131.

Frank, Karl Suso. *Lehrbuch der Geschichte der alten Kirche,* 2nd ed. Paderborn: Schöningh, 1997.

Frede, Hermann Josef. *Kirchenschriftsteller, Verzeichnis und Sigel: Repertorium scriptorum ecclesiasticorum latinorum saeculo nono antiquiorum,* 4th ed. Vetus Latina 1/1. Freiburg: Herder, 1995.

Geerard, Maurice. *Clavis Patrum Graecorum,* 5 vols. Turnhout: Brepols, 1974-

Gentry, Peter John. *The Asterisked Materials in the Greek Job.* SCSt 38. Atlanta: Scholars Press, 1995.

Gottlieb, Theodor. *Über mittelalterliche Bibliotheken.* Leipzig: Harrassowitz, 1890; repr. Graz: Akademische Druck- und Verlagsanstalt, 1955.

Greenfield, Richard P. H. "A Contribution to the Study of Palaeologan Magic." *Byzantine Magic,* Henry Maguire, ed. Washington: Dumbarton Oaks Research Library and Collection, 1995, 117-153.

Gryson, Roger, ed. *Biblia sacra iuxta Vulgatam versionem,* 4th edition. Stuttgart: Deutsche Bibelgesellschaft, 1994.

-- "Origine et composition des 'Scolies ariennes' du manuscrit Paris, B.N., lat. 8907." RHT 14-15 (1984-1985): 369-375.

-- ed. and trans. *Scolies ariennes sur le concile d'Aquilée.* SC 267. Paris: Éditions du Cerf, 1980.

-- ed. *Scripta Arriana Latina.* CCSL 87. Turnhout: Brepols, 1982.

Hagedorn, Dieter, ed. *Der Hiobkommentar des Arianers Julian.* PTS 14. Berlin: Walter de Gruyter, 1973.

Hagedorn, Ursula and Dieter, eds. *Die älteren griechischen Katenen zum Buch Hiob.* Vol. 1. *Einleitung, Prologe und Epiloge, Fragmente zu Hiob 1, 1– 8, 22.* PTS 40. Berlin: Walter de Gruyter, 1994.

— *Johannes Chrysostomos: Kommentar zu Hiob.* PTS 35. Berlin: Walter de Gruyter: 1990.

— *Olympiodor: Diakon von Alexandria: Kommentar zu Hiob.* PTS 24. Berlin: Walter de Gruyter: 1984.

Hagedorn, Ursula, Dieter Hagedorn and Ludwig Koenen, eds. *Didymos der Blinde: Kommentar zu Hiob (Tura-Papyrus).* PTA 3. Bonn: Rudolf Habelt, 1968.

Hagel, Stefan. *Classical Text Editor, Version 6.01.* Vienna: CSEL at the Austrian Academy of Sciences, 1997–2005.

Hanson, R. P. C. *The Search for the Christian Doctrine of God: The Arian Controversy 318–381.* Edinburgh: T & T Clark, 1988.

Harkins, Paul W., trans. *Saint John Chrysostom: Discourses against Judaizing Christians.* FC 68. Washington: Catholic University of America Press, 1979.

Harmless, William. *Augustine and the Catechumenate.* Collegeville: Liturgical Press, 1995.

Heather, Peter and John Matthews. "The Letter of Auxentius." *The Goths in the Fourth Century.* Translated Texts for Historians 11. Liverpool: Liverpool University Press, 1991, 145–153.

Henrichs, Albert, ed. *Didymos der Blinde: Kommentar zu Hiob (Tura-Papyrus).* PTA 1–2. Bonn: Rudolf Habelt, 1968.

Henss, Walter. *Leitbilder der Bibelübersetzung im 5. Jahrhundert: Die Praefatio im Evangelienkodex Brixianus (f) und das Problem der gotisch-lateinischen Bibelbilinguen,* AHAW.PH 1973, 1. Heidelberg: Carl Winter, 1973.

Hort, Fenton John Anthony. *Two Dissertations: I On the Words μονογενὴς θεός in Scripture and Tradition; II On the 'Constantinopolitan' Creed and other Eastern Creeds of the Fourth Century.* Cambridge: Macmillan, 1876; repr. Eugene: Wipf and Stock, 2001.

Huet, Pierre-Daniel, ed. *Commentarius in sacras scripturas.* Rouen: I. Berthelini, 1668.

Jeauneau, Édouard, ed. and trans. *Jean Duns Scots: Homélie sur le prologue de Jean.* SC 151. Paris: Éditions du Cerf, 1969.

Jobes, Karen H. and Moisés Silva. *Invitation to the Septuagint.* Grand Rapids: Baker Academic, 2001.

Kaczynski, Reiner, ed. and trans. *Johannes Chrysostomus: Taufkatechesen.* Fontes Christianin 6. Freiburg: Herder, 1992.

Kannengiesser, Charles. "Arius and the Arians." TS 44 (1983): 456–475.

Kauffmann, Friedrich, ed. *Aus der Schule des Wulfila: Auxenti Durostorensis epistula de fide vita et obitu Wulfilae im Zusammenhang der Dissertatio Maximini contra Ambrosium.* Texte und Untersuchungen zur altgermanischen Religionsgeschichte 1. Strasbourg: Trübner, 1899.

— *Zur Textgeschichte des Opus imperfectum in Matthaeum.* Kiel: Lipsius & Tischer, 1909.

La Bonnardière, Anne-Marie. *Biblia Augustiniana,* 7 vols. Paris: Études augustiniennes, 1960.

Langslow, D. R. *Medical Latin in the Roman Empire.* Oxford: Oxford University Press, 2000.

LeRoy, François J., ed., "Les vingt-deux inédits de la catéchèse donatiste de Vienne: Une édition provisoire." RA 31 (1999): 161–225.

Leumann M., J. B. Hofmann and A. Szantyr. *Lateinische Grammatik.* Vol. 2, *Lateinische Syntax und Stilistik.* HAW II, 2, 2, Munich: C. H. Beck, 1965.

Library of Congress. *The National Union Catalog, Pre-1956 Imprints: A Cumulative Author List representing Library of Congress Printed Cards and Titles reported by other American Libraries,* 754 vols. London: Mansell, 1968–1981.

Library of Latin Texts Database, CLCLT 6. Turnhout: Brepols, 2005.

Luibhéid, Colm. "Finding Arius." IThQ 45 (1978): 81–100.

Mali, Franz. *Das 'Opus imperfectum in Matthaeum' und sein Verhältnis zu den Matthäuskommentaren von Origenes und Hieronymus.* Innsbrucker theologische Studien 34. Innsbruck: Tyrolia-Verlag, 1991.

Manfredi, Antonio. "Dispersione dei codici e visite di umanisti a Pomposa tra Quattro e Cinquecento," *La Biblioteca di Pomposa: Pomposia monasterium modo in Italia primum,* Giuseppe Billanovich, ed. Medioevo e umanesimo 86. Padua: Editrice Antenore, 1994, 319–349.

— "Notizie sul catalogo e sui codici di Pomposa nel secolo XI," *La Biblioteca di Pomposa: Pomposia monasterium modo in Italia primum,* Giuseppe Billanovich, ed. Medioevo e umanesimo 86. Padua: Editrice Antenore, 1994, 11–66..

Maraval, Pierre. "Job dans l'oeuvre de Zénon de Vérone." *Le Livre de Job chez les pères.* CBiPa 5. Strasbourg: Centre d'Analyse et de Documentation Patristiques, 1996, 23–30.

Markschies, Christoph. *Ambrosius von Mailand und die Trinitätstheologie: Kirchen- und theologiegeschichtliche Studien zu Antiarianismus und Neu-*

nizänismus bei Ambrosius und im lateinischen Westen (364–381 n. Chr.).
BHTh 90. Tübingen: J. C. B. Mohr (Siebeck), 1995.

McKendrick, Scot. "The Codex Alexandrinus, or the Dangers of being a
Named Manuscript." *The Bible as Book: The Transmission of the Greek
Text,* Scot McKendrick and Orlaith A. O'Sullivan, eds. London: The
British Library and Oak Knoll Press, 2003, 1–16.

McLynn, Neil B. *Ambrose of Milan: Church and Court in a Christian Capital.*
Berkeley: University of California Press, 1994.

Montfaucon, Bernard de. *Diarium Italicum, sive monumentorum veterum
bibliothecarum, musaeorum, etc. Notitiae singulares in itinerario italico
collectae. Additis schematibus ac figuris,* Microfilms of rare and out-of-
print books 22, 30. Paris: J. Anisson, 1702.

Meeks, Wayne A. and Robert L. Wilken. *Jews and Christians in Antioch in
the first Four Centuries of the Common Era.* SbibSt 13. Missoula:
Scholars Press, 1978.

Mercati, Giovanni. "Il catalogo della biblioteca di Pomposa." *Studi e documenti di storia e diritto* 17 (1896): 143–147.

Meslin, Michel. *Les Ariens d'Occident 335–430.* PatSor 8. Paris: Éditions du
Seuil, 1967.

Metzger, Bruce M. "The Practice of Textual Criticism among the Church
Fathers." StPatr 12 (1975): 340–349.

–– *A Textual Commentary on the Greek New Testament,* 2nd ed. Stuttgart:
Deutsche Bibelgesellschaft, 1994.

–– *The Early Versions of the New Testament: Their Origin, Transmission and
Limitations.* Oxford: Clarendon, 1977.

Molinier, Auguste. *Catalogue général des manuscrits des bibliothèques publiques de France: Catalogue des manuscrits de la Bibliothèque Mazarine,* 4
vols. Paris: Librairie E. Plon, Nourrit et Cie., 1885–1892.

Nautin, Pierre. Review of *Les Ariens d'Occident 335–430* by Michel Meslin.
RHR 177 (1970): 70–89.

Nestle-Aland. *Novum Testamentum Graece,* 27th rev. ed. Stuttgart: Deutsche
Bibelgesellschaft, 2001.

Neusner, Jacob. *The Oral Torah: The Sacred Books of Judaism.* San Francisco:
Harper & Row, 1986.

Nortier, Geneviève. *Les bibliothèques médiévales des abbayes bénédictines de
Normandie: Fécamp, Le Bec, Le Mont Saint-Michel, Saint-Évroul, Lyre,
Jumièges, Saint-Wandrille, Saint-Ouen,* rev. ed. BHAC 9. Paris: P.
Lethielleux, 1971.

Oberhelman, Steven M. *Rhetoric and Homiletics in Fourth-Century Christian
Literature: Prose Rhythm, Oratorical Style, and Preaching in the Works of*

Ambrose, Jerome, and Augustine. American Classical Studies 26. Atlanta: Scholars Press, 1991.

Omont, Henri, Ernest Coyecque, E. Deslandes, G. Amiot and C.-A. Fédérique. *Catalogue général des manuscrits des bibliothèques publiques de France: Départements*. Vol. 10, *Avranches, Coutances, Valognes, Cherbourg, Bayeux, Condé-sur-Noireau, Falaise, Flers, Domfront, Argentan, Lisieux, Honfleur, Saint-Lô, Mortain, Chapître de Bayeux, Pont-Audemer, Vire* (Octavo Series). Paris: Librairie E. Plon, Nourrit et Cie., 1889.

Orcajo, Timoteo Rojo. *Catálogo descriptivo de los códices que se conservan en la Sancta Iglesia Cathedral de Burgo de Osma*. BRAH 95. Madrid: Tipografía de Archivos, 1929.

Patrologia Latina Database. Alexandria: Chadwyck-Healy, 1996.

Plater, W. E. and H. J. White. *A Grammar of the Vulgate being an Introduction to the Study of the Latinity of the Vulgate Bible*. Oxford: Clarendon, 1926; repr. 1997.

Primmer, Adolf. "Die Edition von Augustinus, *Enarrationes in Psalmos*: Eine Zwischenbilanz." *Textsorten und Textkritik: Tagungsbeiträge*, Adolf Primmer, Kurt Smolak and Dorothea Weber, eds. Vienna: Verlag der Österreichischen Akademie der Wissenschaften, 2002, 147–192.

— "Rhythmus- und Textprobleme in IVL. Aug. op. imperf. 1–3." WSt 88, n.s. 9 (1975): 186–212.

Quasten, Johannes *Patrology*. Vol. 3, *The Golden Age of Greek Patristic Literature from the Council of Nicaea to the Council of Chalcedon*. Utrecht: Spectrum, 1966; repr. Westminster: Christian Classics, 1983.

Rahlfs, Alfred, ed. *Septuaginta: Id est Vetus Testamentum graece iuxta LXX interpretes*. Stuttgart: Deutsche Bibelstiftung, 1935.

Renoux, Charles, ed. *Hésychius de Jérusalem, Homélies sur Job*. PO 42. Turnhout: Brepols, 1983.

Rhodes, Dennis E. *Annali tipografici di Lazzaro de' Soardi*. Biblioteca di bibliografia italiana 82. Firenze: Leo S. Olschki, 1978.

Robinson, J. Armitage. *The Old Latin and the Itala*. TaS 4, 3. Cambridge: Cambridge University Press, 1896; repr. Nendeln: Kraus, 1967.

Robinson, Peter M. W. *Collate: Interactive Collation of Large Textual Traditions, Version 2*. Oxford: Oxford Center for Humanities Computing, 1994.

Rönsch, Hermann. *Itala und Vulgata: Das Sprachidiom der urchristlichen Itala und der katholischen Vulgata unter Berücksichtigung der römischen Volkssprache durch Beispiele erläutert*, 2nd ed. Marburg: Elwert, 1875.

Rousseau, Olivier, ed. and trans. *Origen: Homélies sur Cantique des cantiques*. SC 37. Paris: Éditions du Cerf, 1954.

Salmi, Mario. *L'Abbazia di Pomposa*. Itinerari dei musei e monumenti d'Italia 62. Milan: Amilcare Pizzi, 1966.

Samir, Khalil. "Les sermons sur Job du pseudo-Chrysostome (CPG 4564 = BHG 939d–g) retrouvés en Arabe." OLoP 8 (1977), 205–216.

Samir, Khalil and J. L. Scharpé, "Les sermons sur Job du Pseudo-Chrysostome (CPG 4564 = BHG 939d–g) dans la version paléo-russe," PLoP 9 (1978): 167–173.

Sanday, William, Cuthbert Hamilton Turner and Alexander Souter. *Novum Testamentum sancti Irenaei episcopi Lugdunensis being the New Testament Quotations in the Old-Latin Version of the ἔλεγχος καὶ παρατροπὴ ψευδώνυμος γνώσεως.* Old-Latin Biblical Texts 7. Oxford: Clarendon, 1923.

Schlatter, Fredric W. "The Author of the *Opus imperfectum in Matthaeum*." VigChr 42 (1988): 364–375.

–– "The Pelagianism of the *Opus imperfectum in Matthaeum*." VigChr 41 (1987): 267–285.

Simonetti, Manlio, *Biblical Interpretation in the Early Church: An Historical Introduction to Patristic Exegesis*. Edinburgh: T & T Clark, 1994.

–– *La crisi ariana nel IV secolo*. SEAug 11. Rome: Institutum patristicum Augustinianum, 1975.

Slusser, Michael. " The Martyrdom of Lucian of Antioch." ZAC 7 (2003): 329–337.

Soden, Hans von. *Das lateinische Neue Testament in Afrika zur Zeit Cyprians nach Bibelhandschriften und Väterzeugnissen.* TU 33. Leipzig: J. C. Hinrichs, 1909.

Sorlin, Henri, ed. and trans. *Jean Chrysostome: Commentaire sur Job*, 2 vols. SC 346; 348. Paris: Éditions du Cerf, 1988.

Stead, Christopher G. "Arius in Modern Research." JThS n.s. 45 (1994): 24–36.

Stegmüller, Friedrich. *Repertorium Biblicum Medii Aevi*, 11 vols. Madrid: n.p., 1950–

Steinhauser, Kenneth B. "The Acts of the Council of Aquileia (381 C.E.)." *Religions of Late Antiquity in Practice*, Richard Valantasis, ed. Princeton: Princeton University Press, 2000, 274–288.

Sumruld, William A. *Augustine and the Arians: The Bishop of Hippo's Encounters with Ulfilan Arianism*. Selinsgrove: Susquehanna University Press, 1994.

Thesaurus linguae Latinae. Editus auctoritate et consilio academiarum quinque Germanicarum Berolinensis, Gottingensis, Lipsiensis, Monacensis, Vindobonensis. Lipsiae, In aedibus B. G. Teubneri, 1900–.

Vetus Latina Database. Turnhout: Brepols, 2003.

Voicu, Sever J. "Nuove restituzioni a Severiano di Gabala." RSBN 20–21 (1983–84): 3–24.

—— "Sévérien de Gabala." DSp 14, 752–763.

Wallace-Hadrill, D.S. *Christian Antioch: A Study of Early Christian Thought in the East.* Cambridge: Cambridge University Press, 1982.

White, Henry J. *The Four Gospels from the Munich Ms. (q), now Numbered Lat 6224 in the Royal Library at Munich with a Fragment from St. John in the Hof-Bibliothek at Vienna (Cod. Lat. 502).* Old-Latin Biblical Texts 3. Oxford: Clarendon, 1888.

—— *Portions of the Acts of the Apostles, of the Epistle of St. James and of the First Epistle of St. Peter from the Bobbio Palimpsest (s), now Numbered Cod. 16 in the Imperial Library at Vienna.* Old-Latin Biblical Texts 4. Oxford: Clarendon, 1897.

Wiles, Maurice. "In Defense of Arius." JThS n.s. 13 (1962): 339–347.

Williams, Daniel H. *Ambrose of Milan and the End of the Arian-Nicene Conflicts.* Oxford: Clarendon, 1995.

Williams, Rowan. *Arius: Heresy and Tradition*, rev. ed. Grand Rapids: W. B. Eerdmans, 2002.

Willis, Geoffrey G. *St Augustine's Lectionary.* ACC 44. London: SPCK, 1962.

Wordsworth, John. *The Gospel according to St. Matthew from the St. Germain Ms. (g₁), now Numbered Lat. 11553 in the National Library at Paris.* Old-Latin Biblical Texts 1. Oxford: Clarendon, 1883.

Wordsworth, John, W. Sanday and H. J. White. *Portions of the Gospels of St. Mark and St. Matthew from the Bobbio Ms. (k), now Numbered G. VII. 15 in the National Library at Turin together with other Fragments of the Gospels from Six Mss. in the Libraries of St. Gall, Coire, Milan and Berne (usually cited as n, o, p, a₂, s and t).* Old-Latin Biblical Texts 2. Oxford: Clarendon, 1886.

Young, Frances M. *Biblical Exegesis and the Formation of Christian Culture.* Cambridge: Cambridge University Press, 1997, repr. Peabody: Hendrickson, 2002.

Zeiller, Jacques. *Les origines chrétiennes dans la province romaine de Dalmatie.* BEHE.H 155. Paris: H. Champion, 1906.

—— *Les origines chrétiennes dans les provinces danubiennes de l'Empire romain.* BEFAR 112. Paris: E. de Boccard, 1918; repr. Rome: "L'Erma" di Bretschneider, 1967.

Zelzer, Michaela, ed. *Sancti Ambrosii Opera.* CSEL 82, 3. Vienna: Hoelder-Pichler-Tempsky, 1982.

Ziegler, Joseph. *Beiträge zum griechischen Iob.* MSU 18. Göttingen: Vandenhoeck & Ruprecht, 1985.

— ed. _Iob_, Septuaginta Vetus Testamentum Graecum auctoritate Academiae Scientiarum Gottingensis editum 11, 4. Göttingen: Vandenhoeck & Ruprecht, 1982.

— _Randnoten aus der Vetus Latina des Buches Iob in spanischen Vulgatabibeln_. Munich: Verlag der Bayerischen Akademie der Wissenschaften, 1980.

ABBREVIATIONES ET SIGNA IN APPARATIBUS ADHIBITA

ac.	ante correctionem
add.	addidit / addiderunt
cap.	caput / capita
cett.	ceteri
cf.	confer
cod(d).	codex / codices
corr.	correxit / correxerunt
del.	delevit / deleverunt
ed(d).	editio / editiones
exp.	expunxit / expunxerunt
fol.	folium
inc.	incipit / incipiunt
i. q.	idem qui / quod
iter.	iteravit / iteraverunt
lib.	liber
lin.	linea / lineae
lnp.	legi non potest
litt.	littera / litterae
LXX	Septuaginta
man. alt.	manu altera
man. post.	manu posteriore
man. tert.	manu tertia
mg.	in margine
om.	omisit / omiserunt
p(p).	pagina / paginae
par.	loci paralleli
pc.	post correctionem
praef.	praefatio / praefationem
praem.	praemisit / praemiserunt
praes.	praesertim
prol.	prologus
ras.	rasura
saec.	saeculo
scil.	scilicet
sec.	secundum
sequ.	sequitur / sequuntur

sl.	supra lineam
sq(q).	sequens / sequentes
suppl.	supplevit / suppleverunt
s. v.	sub voce
tit.	titulus
tr.	transposuit / transposuerunt
VL	Vetus Latina
uv.	ut videtur
Vulg.	Vulgata

⟨ ⟩	verba his uncis inclusa supplenda videntur
⟨...⟩	lacuna
[ ]	verba talibus uncis inclusa delenda iudicantur
† †	corruptela
*	in textu verbum coniectura restitutum, in apparatu lectionem fortasse praeferendam designat
+	conflatio locorum ex bibliis depromptorum

Dossey	Dossey, Leslie. "The Last Days of Vandal Africa" (vide p. 72)
LHS	Leumann–Hofmann–Szantyr (vide p. 75)
Otto	Otto, August. *Die Sprichwörter und sprichwörtlichen Redensarten der Römer*. Leipzig: Teubner, 1890; Hildesheim: Olms, 1988
ThlL	*Thesaurus linguae Latinae* (vide p. 78)
Ziegler	Ziegler, Joseph. *Iob* (vide p. 80)

STEMMA

s. XI	
s. XII	N M *codex Pomposianus deperditus* P β A → T
s. XIII	V
s. XIV	
s. XV	B
s. XVI	*so* *me*
	mi

Ω
Ψ
α
Φ

- - - - - - - - - - *coniunctio dubia*
····················· *coniunctio nonnisi correctionum*
⟶ *redactio recentior haud leviter immutata*

Conspectus Siglorum

Codices:

N   Parisinus bibl. nat. lat. 10599, saec. XII
M   Mantuanus (Mantova) bibl. com. Segn. D. II. 17. Ms. 423
     olim Padolironensis, saec. XII

Ψ   consensus codicum *N M* et editionis *so*
α   consensus codicis *M* et editionis *so*

P   Parisinus bibl. Mazarina 555, saec. XI^2–XII^1
B   Uxamensis (Burgo de Osma) arch. cath. 97, saec. XV
A   Abrincensis (Avranches) 55 olim sancti Michaelis in peri-
     culo maris, saec. XII^2
T   Trecensis (Troyes) 890 olim Claraevallensis, saec. XII^2
V   Parisinus bibl. nat. lat. 14464 olim sancti Victoris, saec.
     XII–XIII

Φ   consensus codicum *P B A T V*
β   consensus codicum *B A T V*

Editiones:

me   ed. a Jacobo Merlino parata Parisiis, 1512
so   ed. per Lazarum de Soardis impressa Venetiis, 1513
mi   ed. a J.-P. Migne parata Parisiis, 1857/60 (numeros pagi-
      narum voluminis PG 17 in margine indicavi)

mm   consensus edd. Merlinianae et Mignianae

PROLOGUS
IN LIBRI IOB VERSIONEM LATINAM

Peritorum mos est medicorum ut, cum ad infirmum intro-
ierint et qualitatem passionis agnoverint aegrotantis, ea quae necessaria vel apta sunt curae, agnita adhibeant passione. Nec ante
pro infirmo aliquam ordinant curam, antequam in integro eius
agnoverint causam, ne pro oculo aurem videantur curare aut pro   5
manu capiti reperiantur medicinam conferre, quod est omnino
imperitorum atque artem ignorantium medicinae. Sic etiam
omnis interpres, nisi ante vim ac sensum cognoverit lectionis,
quomodo poterit fidem in omnibus conservare interpretis? Nisi
sensum, inquam, dilucide atque in integro iuxta linguae vernacula 10
perlegerit, non facile ullo modo ea, quae ab alio edita sunt, in
alterius linguae saporem veraciter exprimit; et cum haec non ob-
servaverit aut certe, quod me dicere pudet, ignoraverit, aurem
pro oculo aut caput pro manu tamquam imperitus medicus curare incipiet. Haec a nobis ideo praemissa sunt, quia agnovimus vel 15
potius legimus hunc qui in manibus est beati Iob librum aliquos

---

1 peritorum ... medicorum] *cf.* Rufin., hist. prol. (GCS 9/2, 951)

---

tit.: in nomine sanctae et individuae trinitatis incipit prologus libri moraliae
super beatum Iob pars prima exposita a sancto Hieronymo presbytero ex
Graeco in Latinum translata *N*; incipit prologus sancti Hilarii episcopi in
libris Origenis in Iob quos ipse de Graeco in Latinum transtulit *M*; incipit
prologus beati Hilarii Arelatensis episcopi in expositionem Origenis super
Iob e Graeco Latinitati donatum *so*; incipit prologus *P*; incipit prologus
tractatus Origenis super Iob *B*; incipit prologus Origenis in (*exp.*) in Iob *A*;
sine tit. T; incipit prologus in Origenem super Iob *V me*; anonymi in Iob
commentarius prologus interpretis *mi*
3 agnitae *Φ mm* | passione *N*; passioni *cett.* **4** antequam] quam *α* (*pc. M*)
mm **7** sic] sed *P* (*ac.*) **9** interpretetis *A* (*ac.*) **10** in *om. N mm* | integre
mm **12** *exprimet *mm* | observaverint *P* **13** ignoraverit] aut *add. α Φ*
mm **14** caput *om. B* **15** quia] quae *N* | agnovimus *N*; cognovimus *cett.*

iam de Graeco in Latinum non Latino vertisse sermone; et quia
valde satis ab interpretis officio desciscit qui a veritate atque regu-
la interpretationis longe discesserit, ideo peto omnem sapientem,
20 in cuius manus hic liber devolutus fuerit, ut ante hunc prologum
relegat, antequam ad huius libri lectionem accedat, ut ex huius
praefationis textu informatus, a quo haec interpretata fuerint,
perfacile cognoscat. Spondeo sane me a veritatis auctoritate nullatenus discessisse, sed sicut ab illo posita sunt qui haec prior edi-
25 dit, ita eorum status integritatem in nullo vitiatam penitus reservasse; nihil scabrum neque asperum neque additum ademptumve
diligens lector inveniet; quod illi fide praetermissa interpretis facere non praesumpserunt. Quod etiam peto te, studiosorum lec-
torum maximum atque diligentem veritatis amatorem, ut etiam
30 tu illa mentis vivacitate atque sancti animi curiositate ad eorum,
quae dicta sunt, rationem relecta pervenias lectione. Invenies procul dubio multa eos praetermisisse nec non et addidisse superflue
plurima atque ab interpretis officio longius recessisse. Quae cum
diligenter agnoveris, quae legere debeas quaeve recusare, perfacile
35 cognosces. Nos vero non ideo haec dicimus quod nos aliis ante-
ponere velimus, cum simus imperitiores atque abiectiores omnibus hominibus, sed secundum apostolum *sermone non scientia,*

---

37 2 Cor. 11, 6

---

17 iam *om. mi;* tam *N B* | Latino] Latine *N* | sermones *N;* sermonem *M*
18 desciscit *N;* discrepaverit *α;* discrepaverint *Φ me;* discrepaverunt *mi;* et
add. Φ mm | qui a *so;* quia *N M;* quia a *cett.*   **19** discesserint *Φ me;* discesse-
runt *mi* | omnem sapientem peto *tr. Φ mm*   **21** antequam] quam *so Φ mm*
22 a] ex *mm* | a quo] quomodo *proposuit Primmer (cf. lib. I, cap. 59, 22)*
24 sed] sic *A*   **26** nihil *N;* nihilque *cett.* | ademptumve *N;* demptumve *cett.*
27 quod *N;* quam *cett.* | fide *N;* fidem *cett.* | praetermissa *N;* praetermissi *α*
β; praeter missi *P;* praemissi *mm* | interpretis *N;* interpretes *cett.*   **28** *post*
praesumpserunt *lacunam proposuit Primmer*   **29** amatores *P (ac.)*   **30** sancti
om. P   **31** qua *B* | relicta *M B T (ac.)*   **34** quae *N;* quem *cett.* | quaeve *N;*
quem vere *B A T;* quemve *cett.*   **35** cognoscis *N M* | nos[1]] non *M*   **37** sed
om. Φ mm | apostolicum sermonem *B*

sed attamen faventes in omnibus veritati, ea quae a vobis nobis
iniuncta sunt, summo studio, deo suffragante, in omnibus diligenter implere curavimus. 40

ANONYMI
IN IOB COMMENTARIUS

LIBER PRIMUS

1. Sicut caeli luminaria ac sidera in firmamento caeli a deo
collocata cunctis indesinenter quae sub caelo sunt fulgent atque
omnibus quae super terram sunt per tempora ac tempora, per
mi 372 generationes et generationes mirabiliter relucent, alia quidem per
noctem ut luna et stellae, alia nihilominus per diem ut solis spe- 5
ciosissimi radii, sic et sanctorum virtutis insignia atque beatissimi
mi 373 eorum agones omnibus in perpetuo singulariter fulgent, omnibus
in aeternum bonorum formam tribuunt, omnibus sub sole pietatis exemplum ostendunt. Quod autem omnes sancti sideribus
atque luminaribus comparentur, demonstrat apostolus dicens: 10

1, 1-6 sicut ... radii] *cf.* Gen. 1, 15-18   **8** sub sole] *cf.* Eccl. 1, 13; 2, 11; 9, 11

---

38 tamen *N*(*ac.*) *P*(*ac.*); attente *V mm* | veritas *mi* | a *mg. N* | vobis *om.*
mi | nobis vobis *tr. me*   **39** inventa *mm* | implere diligenter *tr. V*   **40** cura-
bimus *Ψ*; incipit liber moraliae super beatum Iob pars prima libri tres *add.*
N; incipit praefatio Origenis super Iob *add. so*; explicit prologus incipit tractatus Origenis in Iob *add. Φ*; explicit prologus incipit primus liber Origenis
in Iob *add. me*; argumentum in Iob in terra quidem ... nomen civitatis eius
Avith (*Iob 42, 17bβ–dε*) anonymi in Iob liber primus *add. mi*
1, 1 siderum *α P A T V* | sidera in firmamento *om. B*   **2** consolata *P*(*ac.*)
B(*pc.*); consolat *B*(*ac.*); collata *mm*   **3** per² *om. so*   **4** lucent *N*(*ac.*; *sed. cf.
lib. II, cap. 9, 2*)   **7** omnibus²] et *add. P*   **9** *sideribus atque luminaribus
comparentur omnes sancti *tr. α Φ mm*

Stella enim a stella differt in claritate, ita et resurrectio mortuorum,
procul dubio quoque sanctorum. Evidentius autem ostendit hoc
angelus qui ad Danielem locutus est dicens: *Tunc iusti fulgebunt*
sicut luminaria caeli et tamquam sol et luna *et tamquam stellae in*
15 *saecula.* Super quae universa etiam ipse dominus in evangeliis dicit: *Tunc iusti fulgebunt in conspectu patris sui qui est in caelis.* Sic
itaque fulgent atque emicant omnes sancti non solum in tempore
resurrectionis sed et nunc in tempore huius praesentis saeculi.
Alius enim fide fulget ut Abraham, alius vero castitate lucet ut
20 Ioseph, alius nihilominus mansuetudine ut homo dei Moyses,
item vero alius constantia atque tolerantia vehementium dolorum sicut admirabilis Iob, de quo plurimus sermo, de quo
vehemens disputatio, cuius sanctae virtutis insignia, cuius admira-
bilem constantiam, cuius inenarrabilem tolerantiam, cuius mise-
25 rabiles dolores quis edicere vel quis iuxta meritum proferre vel
admirari valeat, quae scripta sunt Syrorum lingua sive ab ipso Iob
sive ab amicis eius? Ob hoc enim dicit ipse beatissimus Iob: *Quis*
dabit ut scribantur sermones mei et ponantur in libro in perpetuum?
    2. Interpretata autem sunt a magno viro illo Moyse in He-
braicam linguam atque filiis Israel tradita. Quod ostendit ipsa

---

11 1 Cor. 15, 41 sq.; *cf.* Orig., hom. in Gen. 1, 7; 9, 2 (GCS 29, 8; 90); cap.
38, 21 sq.   **13–15** Dan. 12, 3; *cf.* cap. 38, 22 sq.   **16** Matth. 13, 43 + 6, 1 *vel*
10, 32 *vel* 18, 14; *cf.* cod. Brixianus (PL 12, 262)   **19** alius[1] ... Abraham] *cf.*
Gen. 15, 6; Rom. 4, 3   **19 sq.** alius[2] ... Ioseph] *cf.* Gen. 39   **20** alius ... Moy-
ses] *cf.* Num. 12, 3   **26 sq.** quae ... eius] *cf.* Ephr. Syr., comm. lib. prim.
Pent. 1, 26 (CSCO 152, 22 sq.; 153, 16); Orig., c. Cels. 6, 43 (SC 147, 284–
286); Chrysost., comm. Iob prol., 1 sq. (SC 346, 78–81; PTS 35, 1)
27 sq. Iob 19, 23

---

12 quoque *N*; *om. so mm*; quod *cett.* | sanctorum] quod *add. so* | autem *om.*
so; ut *M*   **13** fulgebunt *N*; effulgebunt *mi*; effulgent *cett.*   **14** sicut ... 3, 23
sectamur *deest N* | et[1] *om. mi*   **15** quae *α*; haec *cett.*   **16** fulgebunt] sicut sol
add. mg. B | sui] tui *M* | in caelis est *tr. M*   **17** effulgent *mm*   **18** restitutio-
nis *mm* | et *om. B*   **19** vero *om. mm*   **24** inerrabilem *A (ac.) T*   **25** quis[2]
om. mm; qui *V* | praeferre *α*   **27** enim] et *add. α*
2, 1 sunt autem *tr. B* | illo viro *tr. mm* | illo *om. B*   **2** tradita Israel *tr. P*

scriptura Iob dicens: *Hic interpretatus est ex Syrorum libro.* A quo
interpretatus? Manifestum est quod a Moyse in Hebraeo; item
vero a Septuaginta ex Hebraeo in Graecum translatus est. In   5
Aegypto scilicet olim Moyses illum ex Syro in Hebraeum transtulit; in Aegypto item etiam Septuaginta sub Ptolomaeo ex Hebraeo in Graecum illum transtulerunt, et inde ex Aegypto per
universas gentes beati Iob scriptura divulgata est, primum quidem in Arabia Syriacim scripta ubi et Iob habitabat, post hoc   10
vero et in Hebraeis et in Graecis atque in omnibus gentibus iuxta
haec quae intimata atque ostensa sunt immutata atque interpretata est. Erat nimirum pridem Syriacim ex parte scripta non ita
diligenter neque ita vigilanter quemadmodum postea a Moyse.
Solae enim responsiones atque replicationes a primordio scriptae   15
sunt. Nam quis illorum poterat nosse quomodo venerint angeli
ut starent ante deum vel quomodo diabolus venerit vel quid dixerit vel quid responderit? Nullus illorum poterat hoc nosse vel
hoc, quid deus ad diabolum locutus fuerit nisi solus Moyses spiritus sancti revelatione. Sicut enim de factura caeli et terrae nemo   20
alius ita diligenter poterat nosse vel loqui vel scribere sicut Moyses, ita nec ea quae circa Iob gesta sunt. Sed adhuc sicut nemo
alius poterat nosse vel dicere vel scribere quae solus pater ad
solum filium locutus est dicens: *Faciamus hominem* et cetera universa, nisi solus Moyses quae revelavit illi spiritus sanctus para-   25

---

3 Iob 42, 17 bα   **20–22** sicut … sunt] *cf.* Iulian. Arian., comm. in Iob,
prooem. (PTS 14, 2)   **24** Gen. 1, 26   **25 sq.** spiritus sanctus paracletus] *cf.*
Ioh. 14, 26; 15, 26

---

3 hic] hoc *mi*   **4** interpretatur *β* | est *om. α* | in *om.* so | Hebraeum *mi*
5 Septuaginta] interpretibus *add. mi* | translatum *M*   **7** item in Aegypto *tr.*
mm   **10** Syriace *mm*   **11** in² *om. B*   **12** atque ostensa *om. B*   **13** Syriace
mm   **14** ita *om. V* | invigilanter *M*   **15** a] in *P*   **16** quis *sl. P*; haec *add.*
A (corr.) | venerunt so *B*   **17** dominum *B*   **18** nosse hoc *tr. M*   **19** hoc *om.*
so | quod *V mm*   **20** enim *om. α*   **21** aliud *M* | vel²] et *M* | sicut … 23
scribere *om. P*   **22** sed] ita *add. mm*   **25** nisi solus Moyses *om. B* | sanctus
spiritus *tr. M*

cletus qui praesens erat, sic similiter nullus illius temporis poterat
nosse quae in secreto deus ad diabolum locutus est pro increpatione eius quae in eo erat cogitationis, nisi solus Moyses cui
cuncta sunt revelata quae antea erant abscondita pro his qui tunc
30 legis auspicium erant accepturi. Quod autem Moyses haec scrip-
serit in Aegypto etiam iuxta ipsum tempus, cum eiusdem sit
numeri, maxime comprobatur. Nam sicut quintus erat Iob ab
Abraham, ita quinta progenie missus est Moyses educere filios
Israel de terra Aegypti.

3. Super haec autem omnia, o amici, invenimus in antiquorum dictis quod cum magnus ille Moyses in Aegypto a deo fuisset missus et vehementem afflictionem filiorum Israel videret et
consolari eos ab anxietate lamentabilis eorum afflictionis qua
5 illos Aegyptii affligebant minime valeret, vehementes illos atque
terribiles Iob dolores pro consolatione illis enarraverit nec non et
in scriptura eos ponens, adhuc cum essent recentiores, illi populo
dederit ut per cognationes et tribus suas haec legentes et vehementes atque terribiles illos beati illius viri dolores audientes invi-
10 cem se consolarentur et cum patientia atque gratiarum actionibus
mala quae eos circumdederant sufferrent et ut bonam remunerationem domini quae Iob post tolerantiam largitus est audientes
etiam ipsi liberationem sperarent et beneficia beatae mercedis
laborum suorum exspectarent. Huius namque rei evidens atque

---

32 sq. quintus ... Abraham] *cf.* Iob 42, 17 c   33 quinta progenie] *cf.* Exod.
13, 18   33 sq. missus ... Aegypti] *cf.* Exod. 6, 13
3, 1 sq. in antiquorum dictis] *cf.* Baba Bathra 14b–15a; Philipp. Presb., in
Iob rec. long. 3 (PL 26, 624B)   3 vehementem ... videret] *cf.* Exod. 3, 7

---

27 in secreto quae *tr. mm*   29 revelata sunt *tr. so* | ante *Φ mm* | iis *mi*
31 sit *sl. A*   32 ad *V*   34 Israel *om. M*
3, 1 autem *om. P*   2 dictis quod] diaetis qui *P*   5 vehementer *M (pc.)*
6 enarraverint *P*   7 adhuc] autem *add. M*   8 et² *om. mi*   11 sufferent *B*
12 quam *mm* | largita *add. so*   14 rei namque *tr. P* | rei *om. B*

irrefutabile indicium est hoc quod etiam adhuc usque in hodier- 15
num diem beati Iob tolerantia ante eos qui sunt in dolore et luctu
atque planctu legitur pro consolatione atque exhortatione dolorum illorum et pro ablatione angustiae cordis eorum. Similiter
autem et in conventu ecclesiae in diebus sanctis legitur passio
Iob, in diebus ieiunii, in diebus abstinentiae, in diebus in quibus 20
tamquam compatiuntur hi qui ieiunant et abstinent admirabili
illo Iob, in diebus in quibus in ieiunio et abstinentia sanctam
domini nostri Iesu Christi passionem sectamur ut terribilem eius
passionem transeuntes ad beatam eius resurrectionem venire mereamur, compassi nunc ut et conregnemus, condolentes modo in 25
tempore passionis ut et congaudeamus post hoc in tempore resurrectionis. Quam passionem dominus noster Iesus Christus ad
terras veniens in humano corpore sustinuit pro omnium hominum salute ut per passionem sane mortem interficeret, per resurrectionem vero suam recidivam vitam cunctis ostenderet. Cuius 30
passionis atque resurrectionis domini formam atque exemplum
Iob passio in multis gerebat, sicut hi qui diligentius requisierint
repperient. Merito etiam nunc in diebus passionis, in diebus sanc-
mi 375   tificationis, in diebus ieiunii beati Iob passio legitur et meditatur
atque scrutatur. Sed ad priorem revertamur sermonem. 35

18–27 similiter ... resurrectionis] *cf.* Ambr., epist. 76, 14 (CSEL 82/3, 115);
Leontius Presb. Constantinopol., hom. 4 (CCSG 17, 194, 91–93); praef. p.
39   **25** compassi ... conregnemus] *cf.* 2 Tim. 2, 12   **29** mortem interficeret]
cf. 2 Tim. 1, 10; Aug., c. Fel. 2, 11,19 (CSEL 25, 2, 840)

---

15 indicium] iudicium *B me*   **16** tolerantiam *M*   **18** oblatione *M*   **20** in
diebus[3] *iter. V(corr.)* | in quibus *om. B*   **21** compatientur *M*; compatiantur
so | ii *mi* | a mirabili *me*   **22** illi *so A V(pc.) mi*   **23** sectantur *V*   **25** ut
om. B | conregnemur *N(ac.)*   **27** noster *om. P*   **29** per passionem] passione
N | sane] suam *V*   **31** exemplum] quia *add. mi*   **32** ii *mi* | requisierint *N*;
requisierunt *cett.*; et *add. B*   **33** repperient *N*; rep(p)erierunt *M P B T(ac.) V*;
rep(p)ererunt *so T(pc.) mm*; repperunt *A* | in[1] ... passionis *om. M*   **34** et *om.*
α Φ *mm* | atque meditatur *tr. M*; et *add. so*

4. Diximus quod magnus ille Moyses scribens passionem
Iob et dolorem et laborem atque constantiam pro consolatione
dederit filiis Israel, blande et benigne ac placide loquens ad eos ac
dicens: "Constantes estote, filii Israel, animaequiores estote, pos-
5 teritas Abrahae, sustinete dolores, sufferte haec mala quia et olim
ERAT QUIDAM HOMO IN REGIONE AUSITIDE CUI NOMEN ERAT   1, 1a
IOB, qui cum esset iustus et verax et sine querela, ingentes sustinuit dolores, amara supportavit tormenta propter zelum adversarii atque nequissimi diaboli invidiam. Ita et vos" inquit "modo a
10 Pharaone vexamini, ab Aegyptiis oppressionem patimini, ab im-
misericordibus vehementes sustinetis dolores, cum omnino non
comprobemini peccatores neque culpabiles et non solum inculpabiles sed et sancti bonifactores et perfecti et grati amici et ipsis et
patribus eorum estis comprobati atque ostensi. Sed cum haec pa-
15 timini illicite ab Aegyptiis in servitutem redacti et absque culpa
ab eis macerati atque iniuste afflicti, ne defeceritis neque succubu-
eritis. Nolite fieri desperantes, sed sustinete constanter atque sufferte viriliter. Erit namque et vobis liberatio, quemadmodum et
illi facta est. Reddetur etiam vobis retributio huius tribulationis,
20 sicut et illi reddita est. Si vos, quos honorabiles atque divites esse
oportebat propter patrum bonitatem atque divitias, inhonora-
biles atque egeni effecti estis, nolite expavescere, quia et praefatus
hic vir Iob de sede regali et gloriosa ad sterquilinium devolutus
est, cum ignominia ex immensis divitiis atque opulentia ad mise-
25 rabilem paupertatem immutatus est atque inopiam. Si Aegyptii,

---

4, 1 diximus] cf. cap. 3, 4–6   4 constantes estote] cf. 1 Cor. 15, 58 | anim-
aequiores estote] cf. Iac. 5, 7   7 cum ... querela] cf. Iob 1, 1b   25–27
Aegyptii ... sunt] cf. Exod. 1, 8

4, 7 iustus esset tr. A (ac.)   11 vehementer N (ac.)   12 neque] atque P
et ... inculpabiles om. mi   13 et⁵ sl. B   15 servitute M Φ   16 subvertitis B
17 disperantes N (ac.) | constantes P (ac.) | atque sufferte mg. A; sufferte iter.
A (corr.)   18 et¹] ex P B A T   19 facta est om. α Φ mm   23 et iter. P

quos amicos esse oportuerat propter gratiam Ioseph et sinceritatem Israel, ad inimicorum nequitiam immutati sunt, nec hoc
vobis sit mirum, quia et Iob boni illi sodales, qui ei devoti atque
integri amici esse debuerant, ad inimicitiam conversi sunt et ad
maximam reluctationem atque criminationem circa illum immu-   30
tati sunt. His ergo similia etiam vos" inquit "sustinentes, filii
Israel, usque in finem supportate, usque in finem sufferte. Erit
enim et vestra inspectio, sicut et illius facta est, erit atque reddetur vobis tolerantiae remuneratio, sicut et illi reddita est."

    5. Haec namque atque his similia Moyses loquens ad filios
Israel scripsit dicens: HOMO QUIDAM ERAT IN REGIONE AUSI-
TIDE. HOMO utpote natura exsistens, HOMO QUIDAM vero utpote ex omnibus singularis, IN REGIONE AUTEM AUSITIDE utpote
qui illic moraretur et illic natus atque ex ipsis fuerit et inter eos   5
advixerit. Et qui sunt isti Ausitidae? Genus Esau, posteritas atque
tribus Edom. Nam Ausitidae et Minei et Euchei et Themanitae et
ceteri omnes tribus erant et cognatio atque prosapies Esau filii
Isaac qui et Edom cognominatus est. Idcirco cohabitatores sibi
erant invicem atque integri amici utpote unius generis atque   10
unius linguae et, ut breviter dicam, unius gentis erant et contigui
habitatores. Nam tunc universae tribus Idumaei vocitatae sunt,
ex nomine Esau ita nuncupatae; nunc vero omnes uno nomine

mi 376 *(left margin, line 9 area)*

---

33 inspectio] *cf.* Iob 10, 12b (ἐπισκοπή *LXX*)   33sq. reddetur ... est] *cf.* Iob
42, 10–17
5, 6–9 genus ... est] *cf.* Gen. 36   **13sq.** omnes ... appellantur] *cf.* Iulian.
Arian., comm. in Iob 1, 1α (PTS 14, 5)

---

26 oportuerit *M* (*ac.*) | et] atque *Φ mm*   **28** mirum sit *tr. so*   **29** inimicitias
N (*cf. e.g.* lib. III, cap. 7, 22sq.)   **32** supportate ... finem *om. B*   **33** et[1] *om. Φ*
mm | vestra ... erit *om. P* | illorum *N M* | erit] enim *add. α*   **34** illis *M*
5, 1 atque] et *B mm* | similia] atque *add. B*   **2** dicens] incipit liber primus
explanationis Origenis in capitulum primum Iob *add. so*   **6** adduxerit *T* (*ac.*)
8 ceterae *mi* | erant *om. so* | et ... prosapies *N*; ex cognatione atque prosapia
cett.   **9** idcirco] et *add. so* | cohabitatores] quo habitatores *M*   **10** utpote
om. P   **11** ut et *tr. M* | contigui] cuncti sui *M*   **13** uno *om. B*

Arabi appellantur, non solum Idumei qui erant ex Esau, sed et
15 Amanitae et Moabitae omnes pariter nunc in Arabum nomine
perstringuntur. Haec itaque diximus ut ostendamus qui fuerint
Ausitidae, ex quorum Iob appellatus regione, quia tribus erant et
cognationes Edom qui et Esau. Nam sicut tribus Israel qui et
Iacob, ita et tribus Edom qui et Esau, iuxta carnales tribus et non
20 iuxta studia spiritalia. Ausitidae ergo et Euchei et Minei et Themanitae omnes pariter Idumei fuere. Ob hoc ergo dicit: HOMO
QUIDAM ERAT IN REGIONE AUSITIDE. Statim in primordio laudem beatissimi Iob demonstrat. Nam cum hominem illum memorat, ostendit protinus quod ille homo fuerit et non iumentum
25 neque bestia. HOMO QUIDAM ERAT: non quia esse dicitur ideo
infectus erat, sed quia homo esse comprobatur merito factus esse
ostenditur. HOMO QUIDAM ERAT, unus erat ex omnibus hominibus secundum corpus, secundum corruptionem, sed singularis
erat prae omnibus hominibus iuxta spiritus instantiam et animae
30 sinceritatem atque iustitiae perfectionem. HOMO QUIDAM ERAT,
vere homo utpote homo factus ut homo permanens, utpote ad
imaginem dei creatus et ad similitudinem iumentorum ac bestia-
rum atque reptilium non est immutatus, sicut dicit de aliquibus:
Homo vanitati similis factus est; et adhuc: *Homo cum in honore*
35 *esset non intellexit, comparatus est iumentis insipientibus et similis*
factus est illis.

---

31 sq. ad imaginem dei creatus] *cf.* Gen. 1, 26 sq. *par.*   **34** Ps. 143, 4   **34–36**
homo[2] ... illis] Ps. 48, 13; *cf.* Ps. Chrysost., in Iob sermo 2, 2 (PG 56, 569);
Hesych. Hierosol., in Iob hom. 1 (PO 42/1, 66)

---

14 Arabes *mi*   **16** fuerunt *T (ac.)*   **17** Iob quorum *tr. P* | appellatur *Φ mm*
18 tribus *sl. M*   **19** et[1] *om. B*   **21** fuere *N*; fuerunt *cett.*   **22** erat *om. mi*
24 quod] qui *P* | homo *mg. B*   **25** non ... erat *om. α Φ mm*   **28** corruptio-
nes *B*   **29** hominibus *om. B*   **30** sinceritate *N (ac.)*   **31** vere *om. P* | ut-
pote[1] ... permanens *om.* B   **33** dicit *N M*; dicitur *cett.*   **34** vanitati *N so V*;
vanitatis *cett.* | est] illis *add. T mm* | et ... **36** est *om. B* | in *om. P*   **36** est
om. so

6. HOMO QUIDAM ERAT patientiae exemplum, constantiae
testimonium, tolerantiae indicium; HOMO QUIDAM ERAT, quem
innumeri beatum dixerunt, quem praesentes timuerunt, quem
absentes reveriti sunt, quem angeli admirati sunt, quem ipse
dominus dilexit; HOMO QUIDAM ERAT, quem nequissimus aemu-   5
latus est, cui adversarius invidebat, quem inimicus hominum diabolus apud dominum reprehendebat; HOMO QUIDAM ERAT, qui
versuti illius draconis caput conculcavit, qui sceleratum diabolum
in fugam vertit, qui in corpore incorporeum supplantavit; HOMO
QUIDAM ERAT, homo vere tamquam constantissimus belligera-   10
tor, tamquam singularis monomachus, tamquam constanter stans
adversus omnes diaboli exercitus, tamquam qui singulariter de
omnibus daemonum virtutibus victoriam sumpserit solus; HOMO
QUIDAM ERAT, non belua cruenta, non erat serpens nequitiae,
non erat equus neque mulus luxuria neque petulantia, non erat   15
canis spurcitia neque vulpes dolo atque astutia, non erat scorpius
neque letalis vipera, sed HOMO ERAT. Nam sicut obsceni atque
impudici, maligni quoque et versuti his omnibus comparantur ad
mi 377   quorum omnium appellationem nuncupantur, sicut dicit de
huiusmodi: *Canes improbi animo nescientes saturitatem*; et adhuc: 20
Equi admissarii facti sunt, unusquisque ad uxorem proximi sui

---

6, 1 patientiae exemplum] *cf.* Iac. 5, 10   8 versuti ... conculcavit] *cf.* Gen.
3, 15   **11 sq.** stans ... exercitus] *cf.* Eph. 6, 11 sq.   20 Is. 56, 11   **21 sq.** Hier.
5, 8

6, 1 erat *om.* B   2 toleranti *N (ac.)* | iudicium *B*   4 sunt admirati *tr. N*
6 invidebant *N (ac.)*   8 exulcavit *V*   9 convertit *A T V mm*   10 constantissimus ... tamquam² *mg. B*   11 monomachus *A (pc.) mi*; monachus *Ψ P*
A (ac.) T V me; monarchus *mg. N (man. alt.)* (*cf. praef. p. 65*) | constantes
N (ac.)   13 subserit *M*   14 erat¹ *om. P* | non¹] erat *add. Φ mm* | nequitia
mi   15 equus *om. N* | mulus] plenus *add. so* | petulantia ... neque *om. N*
16 vulpis *α Φ* | dolo atque *om. N*   17 letalis] veneni *praem. α Φ mm* | nam]
non *so*   18 et *N*; atque *α*; ac *mi*; *om. β me* | his *om. B* | ad ... appellationem
N; atque horum (hortum *V ac.*) omnium appellatione *cett.*   19 nuncupatur
N B | dicitur *Φ mm*   21 immisari *N (ac.)*; emmisaria *N (pc.)*; emissarii *so P V*

hinniebant; et alibi: *Serpentes generatio viperarum*; et: *Generatio serpentium volantium*, qui veloces sunt in malitia; et iterum: *Apprehendite nobis vulpes pusillas exterminantes vineas*; et: *Tamquam*
25 *vulpes in solitudine facti sunt prophetae tui, Israel*; et: *Ite, dicite vulpi huic*, dicit dominus de Herode, et alia innumera his similia dicuntur de huiusmodi in scriptura; sed beatus Iob non erat talis neque his similis, sed homo erat incontaminatus et immaculatus atque illibatus, homo utpote hoc, quod ad imaginem et similitu-
30 dinem dei factus est, integrum custodiens. Sic itaque HOMO QUI-DAM ERAT iuxta haec universa quae demonstrata sunt.

7. Non erant tales omnes homines, sed unus erat solus talis quidam ex omnibus unus Iob beatissimus. Ubi autem erat hic homo? In qua regione? In qua provincia? *Respondet dicens: IN
REGIONE AUSITIDE. Qui autem sunt isti Ausitidae, superius
5 demonstravimus, quod ex genere fuerunt Esau, sive ex filiis Esau sive ab *Edom pro ipso Esau Ausitidae *nuncupati. In hac ergo Ausitide erat Iob. Et quales erant isti Ausitidae? Impii, iniusti, infideles, obsceni, insatiabiles, sicut et pater eorum Esau, de quo dictum est a sanctis: *Nemo sit obscenus et insatiabilis sicut Esau*.
10 Cum esset ergo talis ipse Esau, non docuit filios suos pietatem

---

22 Matth. 23, 33   22 sq. Is. 30, 6   23 sq. Cant. 2, 15   24 sq. Ezech. 13, 4
25 sq. Luc. 13, 32   28 sq. incontaminatus ... illibatus] *cf.* Iob 33, 9
29 sq. ad ... factus] *cf.* Gen. 1, 26 sqq.; 9, 6; Col. 3, 10; Iac. 3, 9
7, 4 superius] *cf.* cap. 5, 6 sqq.   9 Hebr. 12, 16; *cf.* Ps. Chrysost., in Iob
sermo 2, 1 (PG 56, 568)

---

22 hinniebat *Φ mm*   23 quae *A*   24 vobis *β mm* | vineas *om. mi*   25 et
Israel *tr. me* | ite] et *add. α*   26 huic] illi *so*   28 incontaminatus *N*; in-
taminatus *cett.*   30 est] in *add. α* | integra *N*   31 demonstrata *N*; monstrata
cett.
7, 1 homines omnes *tr. P* | sed] sicut *B*   2 quidem *mm* | unus *om. α Φ mm*
3 qua¹ *sl. N* | respondet *mi*; respondit *cett.*   4 sint *P A (ac.) T V mm* | isti *sl.*
P   5 fuerint *α Φ*   6 Edom *conieci*; eo *Ψ*; *om. cett.* (*cf.* cap. 21, 19 sq.) | pro *N*;
om. cett. | ipso] ipse *M* | nuncupati (nunc cupati *N*; *corr. Primmer*) ... erat
Iob *N*; erat Iob *α*; erant vocati *cett.*   7 isti erant *tr. A T V mm*   10 ergo
esset *tr. mm*

neque iustitiam quam ipse non sectabatur, sed impietatem eos
docuit et iniustitiam atque infidelitatem. Quod si dixerit aliquis:
"Cum ergo talis fuerit Esau atque generationes eius, quomodo
fuit Iob ex illis atque inter illos pius ac bonus?" Ita fuit sicut mox
in principio Abel innocens cum Cain iniusto, sicut Noe iustus 15
inter gigantes illos sceleratos, sicut Melchisedech *sacerdos dei altis-*
simi in medio maledictorum Chananaeorum, sicut Abraham qui
credidit in medio Chaldaeorum idola colentium. Sicut ergo isti
omnes cum essent pii ac sancti atque religiosi dei amici, ex impiorum sunt generationibus procreati, ita et admirabilis Iob cum ex 20
obsceni atque insatiabilis Esau genere atque cognatione prodierit,
sanctus ac iustus sponte effectus est. Hoc scilicet demonstrans
dicit HOMO QUIDAM ERAT IN REGIONE AUSITIDE; erat tamquam
rosa inter spinas, tamquam lilium inter tribulos, candidus ac
rubeus, candidus fide ac sanctitate, rubeus velut †rosa poenae 25
quam† sustinuit dolorem ac passionem. HOMO QUIDAM ERAT IN
REGIONE AUSITIDE; erat tamquam columba inter raptrices aqui-
las, tamquam agnus in medio luporum diripientium, tamquam
stella in medio nubium taeterrimarum. HOMO QUIDAM iustus
inter iniustos, inter profanos sanctus, inter obscenos mundus, 30

---

15 Abel ... iniusto] *cf.* Gen. 4, 1–16   15sq. Noe ... sceleratos] *cf.* Gen. 6,
5–13   16sq. Gen. 14, 18; Hebr. 7, 1   17sq. Abraham ... colentium] *cf.*
Gen. 15, 6sq.   18–22 sicut ... est] *cf.* Ambr., in psalm. 36, 63, 2sq. (CSEL
64, 121); Ambrosiast., in Rom. 9, 10 (CSEL 81/1, 312)   23–29 erat² ... tae-
terrimarum] *cf.* Ps. Chrysost., in Iob sermo 2, 1 (PG 56, 569)   24 rosa ...
tribulos] *cf.* Cant. 2, 2   27sq. tamquam ... diripientium] *cf.* Matth. 10, 16;
Luc. 10, 3   28sq. tamquam² ... taeterrimarum] *cf.* Sir. 50, 6

---

12 iustitiam *P* (*ac.*) | aliquid *M*   14 illis] illi *N* (*ac.*) | inter *sl. P* | mox **om.*
N   15 Cain *om. mi* | iniusto] iusto *N* (*ac.*)   16 sicut *om. B*   18 omnes isti
tr. A   19 impii *A* (*ac.*)   20 et *om.* Φ *mm*   21 obscenis *N* | insatiabilis *so*
mm; insatiabili *cett.*   22 demonstrans dicit *N*; demonstrat (demonstravit *M*)
dicens *cett.*   23 erat²] qui *add. M* (*corr.*) | erat² ... 27 Ausitide *mg. N*
25 rubeus¹] rubens *mm* | rubeus²] rubens *mm* | poenae quam] plane quia Φ
mm   26 dolorem ac passionem *N*; dolore ac passione α; dolores ac passiones *cett.*   29 quidam] erat *add.* α Φ *mm*

pius inter impios, bonus inter malos, tamquam smaragdus in
luto, tamquam margarita inter arenas. Sic namque erat memoratus homo ille IN REGIONE AUSITIDE. Cum inter tales esset, non mi 378
talis fuit quales et illi; cum inter impios esset, non declinavit ad
35 impietatem; cum esset inter infideles, non habuit infidelitatem;
cum esset inter iniustos, non est commixtus iniustitiae; sed permansit in medio impiorum tamquam adamas immobilis, tamquam lucerna inexstinguibilis, tamquam lumen quod non immutatur, tamquam radius qui non occidit.

  8. Sic oportet etiam nos esse, o amici, sanctos atque immaculatos, pios ac religiosos, caritatem amplectentes atque perfec-
tos, inviolabiles atque illibatos *in medio generis pravi ac perversi*
ut fulgeamus *tamquam luminaria* caeli *in mundo, verbum vitae*
5 *continentes in die Christi*, ut et de nobis dicatur sicut et de beato
illo: ET ERAT HOMO ILLE SINE QUERELA IUSTUS, VERAX, DEI 1, 1b
CULTOR; HOMO ILLE memoratus atque designatus, qui IN REGIO-
NE ERAT AUSITIDE, CUI NOMEN ERAT IOB. Ostendit hominem,
cognitam fecit regionem, designavit nomen dicens CUI NOMEN
10 ERAT IOB, quod *cum iustis* scriptum est, quod *in regione vivorum*
signatum est, quod *in tabernaculis aeternis* est deputatum. CUI
NOMEN ERAT IOB. Dignos habeat etiam nos dominus ut nostra

8, 3–5 Phil. 2, 15sq.   **6** sine ... verax] ἄμεμπτος δίκαιος ἀληθινός *tr.* cod.
Alexandrin. **10** Ps. 68, 29; *cf.* 2 Reg. 1, 18; Apoc. 21, 27 | Ps. 114, 9
11 Luc. 16, 9

---

32 in *A T V mm* | arena *N* (*ac.*) *A T* (*pc.*) *V mm*; arenam *α P B T* (*ac.*)
33 cum] ergo *add. Φ mm* | cum ... illi *om. V* **35** cum] autem *add. B*
fideles *A* (*ac.*) | abiit *α*; ad *add. so* **36** iustos *B* (*ac.*) | iniustitiis *mm*
37 ipsorum *B* | adamans *N*; adamantius *M* | tamquam² *om. mi*
8, 1 etiam oportet *tr. mm* | etiam *om. M* **2** irreligiosos *A* (*ac.*) **6** sine que-
rela homo ille *tr. Φ mm* | sine ... verax *iter. M* | cultor dei *tr. α Φ* **8** Iob]
qui cum iustis scriptum est qui in regione vivorum signatum est *add. P* (*cf.*
lin. 10sq.) | ostendit ... 10 Iob *mg. N* **10** quod¹] qui *P* | quod² *om. B*; qui *P*
11 aeterni *P* **12** etiam *mg. B* | nos etiam *tr. M* | nomina nostra *tr. mm*

nomina sic scribantur cum viventibus, sic cum his qui salvi fiunt
nominentur, sic cum iustis connumerentur. Sed adhuc inquit:
HOMO QUIDAM ERAT IN REGIONE AUSITIDE, CUI NOMEN ERAT   15
IOB. Adversus diabolum est hic sermo, adversus nequissimum est
haec disputatio, tamquam si diceret: "O malignissime diabole, o
nequissime Satana, adversus quem altercaris, adversus quem
bellum geris, adversus quem proeliaris, adversus quem zelo suc‑
cenderis? Adversus hominem, adversus corruptibilem, adversus   20
mortalem, adversus carnalem, adversus terrenum, cum sis incor‑
ruptibilis et incorporeus atque immortalis, adversus eum qui in
regione moratur Ausitide tu qui *de caelo cecidisti.* Sed et sic supe‑
raris, conculcaris, humiliaris ab uno homine, cum sis spiritus, ab
uno ex corruptibilibus, tu qui ex incorruptibilibus Cherubim   25
cecidisti ordinibus." Haec itaque significans dicit HOMO QUIDAM
ERAT IN REGIONE AUSITIDE, qui omnem exercitum diaboli supe‑
ravit, qui omnem virtutem nequissimi debilitavit, qui omne argu‑
mentum diaboli supervacuum demonstravit, qui omnem ventum
et aquam atque impetum maligni in se collidentem constanter   30
sustulit et immobilis perstitit. Ac si ergo diceret: "HOMO QUI‑
DAM ERAT, o diabole, qui tibi praevaluit; HOMO QUIDAM ERAT,
qui omnem virtutem tuam infirmam ostendit; HOMO QUIDAM
ERAT, qui omnem malitiam tuam in derisionem deduxit et –

17‑26 o[1] ... ordinibus] *cf.* Iulian. Arian., comm. in Iob 1, 8 (PTS 14, 15);
Ambr., in psalm. 37, 21, 2sq. (CSEL 64, 152)   **23** Is. 14, 12; *cf.* Luc. 10, 18
25sq. ex[2] ... ordinibus] *cf.* Ezech. 28, 14

---

13 sic[2]] sicut *B* | cum[2] *om. B* | iis *mi*   **14** connumerentur] cum inumeren‑
tur *P (ac.)*   **17** haec *om. V*; hic *M (ac.)*   **18** quem[1] *mg. P*   **19** bellum] vul‑
gum *M P (ac.) A T V*; libidinum (?) *add. sl. P (man. post.)* | succederis *M*
20 adversus[2] *iter. P (corr.)*   **24** humiliaris *om. B* | ab[2]] ad *V (ac.)*   **25** ex[1] *sl.*
P | corruptibilibus] humiliaris *add. B* | tu ... incorruptibilibus *om. P*
26 significans *N M*; signavit *mm*; significat *cett.* | dicit *N*; dicens *cett.*   **27** su‑
peravit] fugavit *Φ mm*   **28** omne *so*; omnem *cett.*; virtutem et (*om. M*) *add.*
M Φ mm   **30** mali *M*   **31** praestitit *V*   **33** qui] quotiens (?) *M (ac.)*; di‑
ves (?) *M (pc.)*

35 quod est maximum – habitans IN REGIONE AUSITIDE, impiorum
atque infidelium, obscenorum quoque atque iniustorum. Nam
cum illic moraretur, non potuisti, o diabole, immutare neque
convertere eum post impios ad impietatem neque post infideles
ad infidelitatem neque post iniustos ad iniustitiam, sed inter
40 omnes et apud omnes iniustos permansit iustus ille", sicut attesta-　mi 379
tur mox isti consequenter dicens: *Et erat homo ille magnus, admi-*
rabilis.

9. Beatus homo ille, qui a deo testimonium accepit, qui ab
angelis proëlatus est, qui ipsi diabolo in admirationem venit, utpote qui vehementioribus plagis atque periculosis doloribus non
succubuit, hic ergo HOMO ILLE ERAT SINE QUERELA, utpote ab
5 omni crimine alienus, utpote ab omni macula illibatus, utpote
omni reprehensione exsors. Erat SINE QUERELA *coram deo et*
hominibus, coram angelis et spiritibus, coram corruptibilibus et
incorruptibilibus. ERAT SINE QUERELA utpote formam in se
ostendens novae gratiae ubi praecepit *episcopum irreprehensibilem*
10 *esse.* ERAT SINE QUERELA in animo et corpore, in consiliis et
cogitationibus, in verbis atque operibus, in studiis atque con-
versationibus. In omni nihilominus vita sua ERAT SINE QUERELA.
Ita dictum est post hoc de Samuele in laudibus patrum: *Et non*
reprehendit illum homo; id est: Non criminatus est illum homo

41 sq. Iob 1, 3 g; *cf.* cap. 21, 2 sq.
9, 6 sq. 2 Cor. 8, 21　　9 sq. 1 Tim. 3, 2; *cf.* Tit. 1, 7; Ps. Chrysost., in Iob
sermo 2, 2 (PG 56, 569); tract. in Luc. 9ᵛ (CC 87, 201)　　10 in¹ ... corpore]
cf. 1 Thess. 5, 23　　11 in verbis atque operibus] *cf.* Col. 3, 17　　13 sq. Sir. 46,
19 (22 *Vulg.*)

35 regionem *M* | Ausitide] id est *add. β mm*　　36 atque²] autem *B*　　40 inius-
tos] iustus *N*; iustos *M* | ille *om. Φ mm* | testatur *Φ mm*　　41 isti *N*; iustior
M; Moyses istic *so*; *om. cett.*
9, 2 ipse *A T*　　3 quae *M*　　4 ille *om. Φ mm* | utpote ... alienus *om. β mm*
5 malitia *P* (*ac.*) | utpote²] ab *add. mi*　　7 coram² *om. α Φ mm*　　9 praecepit
om. Φ mm　　10 esse] oportet *add. Φ mm*　　11 atque¹] et *V*; in *add. A* (*ac.*)
14 illum homo¹] homo illum *tr. mm*

quia ERAT SINE QUERELA sicut et olim Iob. Et unde invenit hoc,   15
Iob ut esset sine crimine? Ex hoc invenit quia erat iustus; ex hoc
invenit quia a iustitia non declinavit; ex hoc invenit quia iustitiam non dereliquit, quia a iustitia non discessit, quia iustitiam
non despexit. Idcirco postquam sine querela illum ostendit, post
hoc nihilominus etiam iustum illum demonstrans dicit: SINE   20
QUERELA IUSTUS; iustus erat quia sine crimine erat, et sine querela erat quia iustus nuncupatus est. ET ERAT HOMO ILLE SINE QUE-
RELA IUSTUS, iustus in iudiciis, iustus in causis, iustus in legibus,
iustus in ordinationibus. Nam cum esset dux ac princeps provinciae suae, et legem sanxit et iudicia iudicavit. Sed procul dubio   25
quod omnia iuste disposuerit et iudicaverit atque misericorditer
finierit, non reveritus personam, non accipiens munera, non
ambulans post retributiones, non despiciens oppressum, non
spernens viduam, non obliviscens orphanum. Pro his ergo omnibus et ex his omnibus atque per haec cuncta ERAT IUSTUS,   30
tamquam omnem iniustitiam conculcans, tamquam eradicans
omnem iniustitiam, tamquam omnem iniustum humilians et non
permittens emergere. ERAT IUSTUS, utpote iniustitiae non communicans, utpote iniustitiae non appropinquans, utpote iniustitiam odio habens atque abominans. ERAT IUSTUS, quoniam illum   35
diligebat, de quo dicitur in prophetis: *Et est iustitia accinctus*
lumbis. ERAT IUSTUS, quia in deo sperabat, de quo dicitur: *Iustus*
dominus et iustitias dilexit, aequitatem vidit vultus eius. Sic nam-

---

27-29 non[1] ... orphanum] *cf.* Deut. 10, 17 sq.   **36 sq.** Is. 11, 5   **37 sq.** Ps.
10, 8

---

15 *qui N (pc.) β* | sine querela erat *tr.* P | querela] crimine *M*   **16** ex[1]] et
T (ac.) | ex[2]] et *T (ac.)*   **17** ex] et *T (ac.)* | iustitiam *om.* B   **21** quia *om.* B
23 iustus[2] *om. mi*   **25** leges *mi*   **26** qui *P* | iuste *om.* V | et] atque *B*
27 finierit *N*; definierit *M mi*; diffinierit *cett.*   **28** ambulat *M*   **30** haec per
tr. M   **31** tamquam[1]] eradicans *add.* B | omnem iniustitiam eradicans *tr.*
mm   **33** emergere] se mergere *Ψ*   **35** diligebat illum *tr.* P   **36** est *sl.* P
37 lumbos *Φ mm*

que ERAT IUSTUS. Sic ERAT IUSTUS, ut ipse *deus qui cognoscit*
40 *corda* attestaretur iustitiae eius. Ita ERAT IUSTUS, ut ipse de semetipso diceret: *Iustitia eram indutus et vestitus iudicio tamquam vesti-*
mento. Confregi molas iniustorum, de medio autem dentium eorum
rapinas abstuli. Sic itaque ERAT IUSTUS ut formam atque exemplum domini dei in se adimpleret eius qui cum sit iustus *iustitiam*
45 *dilexit.*

　　10. Cum autem *iustitiam dilexit*, ERAT IUSTUS et VERAX. ⟨mi 380⟩
Nam cum multi videantur esse iusti, sed non veraciter sed fallaciter, non iuste sed iniuste, non plane sed finctorie, merito nunc
istic, cum iustum diceret beatum Iob, adiecit etiam hoc quod
5 VERAX fuerit. Ob quam rem? Ob hoc ut ostenderet quia iustitia
eius vera erat; non erat mendax, non erat simulata, sed integra
erat atque deo acceptabilis. Ob hoc ergo dicit: VERAX. Sciebat
namque iustus ille vir quod veritatem requirit dominus. Idcirco
VERAX ERAT, verax, purus, simplex, non finctus; non erat in illo
10 duplicitas; non erat in illo haesitatio; non loquebatur aliud in ore,
aliud vero cogitabat in animo; non aliud dicebat verbis et aliud
cogitabat corde; non erant verba eius mollia in labiis, iacula vero

---

39 sq. Act. 15, 8; *cf.* Luc. 16, 15　　**41 sq.** Iob 29, 14　　**42 sq.** Iob 29, 17
44 sq. Ps. 10, 8
10, 1 Ps. 10, 8

39 noscit *P*　　**40** attestarent *P*; attestaret *B A T* | ipso *A*　　**41** erat *N M*
42 confregit *N (pc.) M* | malas *β (ac. T)* | eorum *om. mi*　　**44** dei] sui *add. B*;
eius *add. so* | adimpleret in se *tr. B* | eius *om. so* | iustitias *Φ mm*
10, 1 cum] iustitia *add. so* | iustitiam *N*; *om. so*; iustitia *M*; iuxtus *P (ac.)*; ius-
tus *cett.* | dilexit *N*; *om. α*; esset *cett.* | iustus *om. α Φ mm* | et *om. β mm*
2 cum *om. α Φ mm* | videantur *N*; videntur *cett.* | iusti esse *tr. P A T V*
mm | iusti *om. B*　　**3** plane] plene *Ψ* | sed[2]] vel *add. B* | finctorie *N (ac.) M P*
A (ac.) T (ac.) V; fictorie *N (pc.) A (pc.) T (pc.) me*; functorie *so*; finitorie *B*;
fictitie *mi (cf. praef. p. 35)* | nunc *sequ. ras. 1 litt. N*　　**4** isti *N*　　**5** ostenderetur
B　　**6** verax *A T V*　　**8** ille iustus *tr. B* | veritates *M Φ mm*　　**9** verax[1] *om. B*
verax[2]] verus *β mm* | simplex] et *add. A (ac.)* | finctus *N (ac.) M*; fictus *cett.*
non[2] ... duplicitas *om. mi*　　**10** aure *P (ac.)*　　**11** vero *om. so B*

in occulto; quemadmodum nunc sunt plurimorum, quemadmodum sunt innumerabilium, de quibus dicitur: *Molles fuerunt
sermones eius super oleum, et ipsi sunt iacula*; et adhuc: *Proximo suo*   15
loquitur bona, et intra se habet mala; et alibi: *In labiis suis obdulcat
inimicus, in corde vero suo insidiatur.* Sed non erat talis beatus Iob
sed verax; ERAT VERAX utpote servus eius, de quo dicitur: *Sit deus
verax*, tamquam vere servus illius, de quo dictum est: *Haec est
vita aeterna ut cognoscant te solum deum verum et quem misisti*   20
Iesum Christum. Cum esset ergo verus dei servus VERAX ERAT,
verax nec ipse mentiens nec mendaciis communicans nec ipse
mentiens nec aliis mendacia congruere permittens, verax in ore et
verax in corde, verax in cogitationibus et verax in responsionibus, verax in verbis et verax in factis, verax cum hominibus et   25
verax cum angelis, verax in corruptione et verax in incorruptione
et – quod est omnium maximum – verax in conspectu omnia in-
quirentis dei. Ob hoc enim dicitur: *Non peccavit Iob in conspectu
domini et non dedit insipientiam deo.* David bonus aspectui *hominis nuncupatur, Iob vero verax in conspectu dei ostenditur,   30
verax in lege ante legem, verax in mandatis ante mandata, verax
in misericordiis et in iustificationibus ante scripturae sanctionem.
Horum namque omnium commemorationem cum in natura

14sq. Ps. 54, 22   15sq. Hier. 9, 8   16sq. Sir. 12, 16 (15 *Vulg.*)
18sq. Rom. 3, 4   19–21 Ioh. 17, 3   28sq. Iob 1, 22b–c   29sq. David ...
nuncupatur] *cf.* 1 Reg. 16, 12   30 Iob ... ostenditur] *cf.* Iob 1, 22b–c

---

13 quemadmodum[1] ... plurimorum *om. P*   14 sunt *om. B* | fuerunt] non *vel*
nos *add. M (corr.)*   15 eius *om. mm*   16 suis] blandus *add. A T V mm*
obdulcat] blandus *add. B*   17 suo vero *tr. mm*   18 sit] sicut *B*   20 se
P (ac.) | verum deum *tr. α Φ mm*   21 ergo esset *tr. mm* | verus *N B*; *veri
cett.   23 et *om. Φ mm*   24 responsibus *B*   26 corruptione] correctione
B (pc.) | incorruptione *N*; corruptionibus *V*; correctionibus *B (pc.)*; incorrup-
tionibus *cett.*   29 a conspectui *M*; a conspectu *so B*; aspectu *P V (ac.)* | homi-
nis *coniecit Primmer*; domini *codd. edd.*   32 misericordiis *N*; misericordia
cett. | sanctiorem *N (ac.)*   33 omnium *om. B*

conscriptam haberet a creatore, cuncta haec veraciter adimplevit,
35 cuncta haec veraciter perfecit. Idcirco veraciter VERAX dicitur
atque comprobatur, primum quidem SINE QUERELA utpote in
semetipso, deinde IUSTUS utpote circa omnes, item VERAX tamquam in conspectu dei.
        11. Propterea post haec universa in conclusione omnium
pro universorum recapitulatione adiciens dicit: DEI CULTOR,
quia omnem sanctitatem et omnem iustitiam et *omne opus bonum*, quod visi fuerint homines facere, nisi in dei cultura, nisi in
5   dei agnitione atque confessione fecerint, sine causa faciunt atque
supervacue. Et ut breviter atque evidenter dicam: Omnia quaecumque fecerint homines sive in virginitate sive in abstinentia
sive in corporis castitate sive in carnis suae combustione sive in
bonorum suorum distributione, omnia gratis faciunt si non in   mi 381
10 fide fecerint, sine causa agunt nisi in agnitione unius infecti dei
patris et in confessione unius unigeniti filii eius domini nostri
Iesu Christi et in illuminatione spiritus sancti gloriosi ac venerabilis paracleti, qui adiuvat infirmitatem nostrae orationis, *in
quo signati sumus in die redemptionis nostrae*, hoc fecerint.
15 Omnem ergo sanctitatem, omnem iustitiam quam fecerit quis
foris a vera dei cultura atque vera fide, gratis facit, frustra facit, in

---

11, 3 sq. 2 Cor. 9, 8   **6–14** omnia ... fecerint] *cf.* praef. p. 13   **8 sq.** in^2 ...
distributione] *cf.* 1 Cor. 13, 3   **10** infecti] *cf.* Maximin., c. Ambr. fol. 304^v
(CC 87, 160); Aug., coll. c. Maximin. 13 (PL 42, 718–723); c. Maximin. 1, 17
(PL 42, 755 sq.)   **13** adiuvat ... orationis] *cf.* Rom. 8, 26   **13 sq.** Eph. 4, 30;
cf. Maximin., c. Ambr. fol. 306^v (CC 87, 163); praef. p. 46

---

34 conscripta *N* | haberet (habent *P*) conscriptam *tr. Φ mm*   **35** perfecit] et
add. so
11, 1 haec post *tr. α*   **2** universarum *M (ac.)*   **5** agnitionem atque confessio-
nem *P* | fecerint] si *add. M*   **6** ut et *tr. M* | brevientur *A* | evidenter] auden-
ter *Φ mm*   **9** si non] sine *P*   **10** defecerint *B* | infecti] ingeniti *mm*
12 Christi *om. N* | in *om. M β mm*   **15** sanctitatem] et *add. mi* | iniustitiam
mi   **16** vera^2 *om. N* | frustra facit *om. N β mm* | in perditionem facit *om. N*

perditionem facit, non est ei prode, non adiuvat eum in die irae, non liberabit eum in die interitus. Quis est testis? Apostolus qui ait: *Omne quod ex fide non est, peccatum est,* non solum non adiuvat, sed insuper laedit, sed potius condemnat. Quare? Quia 20 bona videntur fecisse non quaesita fide, non inquisita agnitione eius propter quem hoc fecerint. A quo enim accipiat mercedem? Ab eo quem non requisivit, quem non agnovit, cui non credidit, quem non est confessus neque professus sicut oportuit? Non accipiet ab eo remunerationem nisi iudicium et iram atque condem- 25 nationem. Sicut enim qui aedificat sine fundamento, nihil prodefacit nisi detrimentum et laborem atque dolorem, sic similiter qui boni aliquid videtur facere, si sine fide fecerit, nihil prodefacit. Sicut enim *credenti omnia sunt possibilia,* ut salvetur atque refrigerium inveniat apud eum cui credidit, sic non credenti nihil est 30 possibile, neque ut salvus fiat neque ut refrigerium inveniat neque ut in vitam introeat. Non est enim mentitus qui ait: *Quaerite deum et vivet anima vestra.* Quod si non quaesieritis in fide, non potestis in vitam introire, id est animae non credentium. Sicut enim nisi sol vibraverit super faciem terrae, nullus ex 35 fructibus eius crescit neque adolescit neque maturescit, sic similiter nisi fidei veritas refulserit in animabus hominum, numquam

---

17 sq. non[2] ... interitus] *cf.* Prov. 11, 4   **19** Rom. 14, 23   **26** aedificat sine fundamento] *cf.* Luc. 6, 49   **29** Marc. 9, 23 (22 *Vulg.*)   **33** Ps. 68, 33

---

17 perditionem *P*; perditione *α β mm* | non[1]] enim *add. so* | est ei prode *N*; ei prodest *so*; prodest ei *cett.*   **18** liberat *so* | quis] quod *P*; ad quod *β mm* **19** dicit *Φ mm* | omnem *M* | non[2] ... condemnat *om. β mm*   **21** videtur *M* | fecisse videntur *tr. A (ac.)* | inquisita] inquaesita *B A (ac.) T V (pc.)*; quaesita *mm*   **22** accipiat *N*; acceperint *M*; accipiet *mm*; accipient *cett.* **25** ab eo *iter. P (corr.)* | atque *iter. M*; ac *Φ me*; ad *mi*   **26** nihil] enim *add. N* | prodefacit *N*; proficit *cett.*   **27** atque] et *Φ mm*   **28** videtur] se *add. α* prodefacit *N*; proficit *cett.*   **29** possibilia sunt *tr. so*   **32** ut *sl. N* | enim est *tr. B*   **33** dominum *mm* | vivet] inveniet *mm* | non si *tr. M*   **34** postis *N (ac.)*   **35** sol nisi *tr. Φ mm*   **36** eius **om. N* | neque[2] *om. P*   **37** fidei] per fidem *β mm*

erunt *acceptabiles coram deo.* Quod autem si sol non radiaverit
super fructus terrae, non oriuntur neque maturescere compro-
40 bantur, manifestum est apud Noe. Nam per totum annum illum
quo Noe fuit in arca, sol non effulsit super terram, parte sane ab
aëris perturbatione coercitus, parte autem quia ab aquarum
multitudine terra erat cooperta. Idcirco fructus terrae illo anno
neque germinaverunt neque creverunt neque maturescere com-
45 probati sunt, sicut in Genesi inquit scribentes asseruimus.
    12. Haec itaque universa diximus quia beatus Iob cum
iustitia et veritate habu[er]it etiam dei culturam, hoc est fidem
deo delectabilem, pretiosam quoque ei atque acceptabilem. Sicut
enim nihil est delectabile hominibus sine luce, sic similiter nihil
5 est delectabile neque acceptum deo absque fidei lumine. Ob hoc
ergo dicit de Iob: DEI CULTOR iuste ac veraciter colens deum.
Non propter divitias atque pecuniam sicut diabolus mendaciter
detulit illum apud deum, sed propter iustitiam ac veritatem coluit
deum. Nihil enim hoc iustius ac veracius quam ut creator uni-
10 versorum ac benefactor omnium veraciter colatur et adoretur;   mi 382
nihil hoc iustius neque veracius quam ut ei, qui est omnium deus
et conditor ac provisor, credatur ut oportet et confiteatur et pro-
fiteatur. Nihil ergo suscipit deus absque fidei veritate. Non enim

---

38 1 Petr. 2, 5   40 sq. per ... arca] *cf.* Gen. 7 sq.   43–45 fructus ... sunt] *cf.*
Ambr., Noe 17, 60 (CSEL 32, 1, 456)
12, 7 sq. non ... deum] *cf.* Iob 1, 9 sq.

---

38 autem *om. so*   39 comprobatur *M*   40 totum *om. mm*   41 quod *M V*
non] enim *N* (*ac.*) | partim *so V* (*pc.*) *mi* | sane ab aëris] sanaberis *M*
42 turbatione *mm* | partim *so V* (*pc.*) *mi* | qui *M*   43 erat terra *tr. mm*
anno illo *tr. mm*   45 inquit *om. Φ mm*
12, 1 itaque *N;* namque *cett.* | beatum *N* (*ac.*)   2 iustitia ... habuerit *N;*
iustitiam et veritatem haberet *cett.* | habuit *coniecit Primmer* | cultura *M*
3 atque *sl. P* | acceptabilem] habebat *add. P A T V mm;* habeat *add. B*
7 pecuniam *N;* pecunias *cett.*   8 sed *om. V*   9 enim *om. Φ mm* | veracius]
verius *M* | creator] verius *M* (*ac.*); rector *α* (*sl. M*)   12 ac] atque *mm*
oporteret *so*   13 suscepit *B* | veritatem *M*

indiget his quae nostra sunt, nisi solis animabus nostris in veritate
fidei persistentibus, nisi sola conscientia nostra in veritate fidei   15
sibi confitente. Haec namque sciens beatus Iob iustitiam aedifica-
vit, veritatem fundavit, sed haec universa dei cultura, hoc est fide,
contignavit atque obtexit, †obdulcavit† atque perfecit. Sic oportet etiam nos, o viri peritiae, in fide ambulare, in fide stare, in
fide perseverare, infidelitati atque infidelibus non appropinquare   20
neque communicare neque conventiculis eorum neque collectis,
ut cuncta quae facimus in fide deo acceptabilia fiant, sicut et illa
quae paulo post Iob fecisse asseritur acceptabilia facta sunt, quia
abstinuit se ab omni re mala, ut deo acceptabilis fieret religiosa
eius dei cultura, ut nihil esset quod ei perstreperet vel praepediret   25
circa dei coniunctionem atque familiaritatem, utpote ei qui ERAT
1, 1c   SINE QUERELA, IUSTUS quoque ac VERAX DEI CULTOR ATQUE
ABSTINENS SE AB OMNI RE MALA. Dignos faciat etiam nos deus
ut ipsum imitantes in eius beatitudinis vestigiis requiem atque
refrigerium accipiamus in tempore resurrectionis.   30

13. Habuit autem filios septem et filias tres, sed non ex
adulterio neque ex impudicitia, sed ex licito atque immaculato
matrimonio. Sciebat namque beatus Iob quia ex illicito toro filii
qui nascuntur testes erunt iniquitatis adversus parentes suos cum
interrogantur. Idcirco veraciter dicit: *Et si secutus est oculus meus*   5

---

19 in fide ambulare] *cf.* 2 Cor. 5, 7 | in fide stare] *cf.* 2 Cor. 1, 24   20 sq. in-
fidelitati ... collectis] *cf.* Ps. 1, 1
13, 1 habuit ... tres] *cf.* Iob 1, 2   5 sq. Iob 31, 7b + 9a

---

14 indigent *M*   15 persistentibus ... fidei *iter. A* (*corr.*); *iter. mg. T* | sola *om.*
B   16 iustitia *N*   17 veritate *N* | fide *om. M*   18 contignavit *N*; concin-
navit *cett.* | obtexit *N*; texuit *so*; texit *cett.*   19 peritiae *N*; periti *cett.*
20 infidelitate *M* (*ac.*) *V* (*ac.*)   21 conventilis *M*   22 fiant] sunt *A* (*ac.*); sint
Φ (*pc. A*) *mm* | illi *N* (*ac.*)   23 asseretur *M*   24 ut *sl. N* | eius religiosa *tr. B*
25 dei *om. Φ mm* | quid *B* (*ac.*)   26 qui erat ei *tr. P*   28 facit *B* | faciat nos
etiam *tr. α*; etiam faciat nos *tr. mm*   29 ut] nos *add. A* (*corr.*) | in] id est *so*
vestigia *so* | ac *V mm*
13, 3 filiis *P* (*ac.*)   5 interrogabuntur *so* | est *om. B*

uxorem viri alterius atque his similia. Cum omnia ergo obscena et exsecrabilia atque illicita declinaret, habuit filios septem et filias tres sancte et pudice secundum officium naturae, caste ac veraciter iuxta creatoris provisionem. FUERUNT AUTEM ILLI FILII   1, 2
10 SEPTEM ET FILIAE TRES. FUERUNT ILLI. Cui? Iob iusto sine querela, vero dei cultori. Huic ergo FUERUNT FILII SEPTEM ET FILIAE TRES. Deo largiente, providente creatore, volente omnium opifice FUERUNT EI FILII SEPTEM ET FILIAE TRES, septem filii iuxta hebdomadam dierum saeculi aut iuxta numerum diaconorum qui
15 ab apostolis in novae gratiae saeculo sunt ordinati, aut iuxta septem stellas quae quotidie pertranseunt spatia caeli. FUERUNT EI SEPTEM FILII ET FILIAE TRES, omnes simul decem secundum decem verba legis quae post hoc filiis Israel sunt tradita. Ergo quia ea quae in decem verbis legis sunt praecepta omnia adimplevit
20 Iob et ante legem et extra legem, idcirco ipsi quidem in formam atque memoriam, illis vero qui post hoc sub lege legem non adimpleverint, ad correptionem, ad condemnationem decem filii ei sunt dati, utpote qui in singulis eorum singulorum memor praeceptorum omnia adimpleret. Sed dicit aliquis: "Porro cur
25 non dedit ei masculos tantum, sed partim quidem masculos par-

---

14sq. qui … ordinati] *cf.* Act. 6, 6   **15sq.** septem stellas] *cf.* Apoc. 1, 16
17sq. decem verba legis] *cf.* Deut. 4, 13   **19sq.** omnia … legem²] *cf.* Ps.
Aug., quaest. test. 118, 3 (CSEL 50, 355); Pelag., epist. ad Demetr. 6 (PL 30, 21B–22B; 33, 1103sq.); Iulian., in Iob, prooem. (CC 88, 3)   **21sq.** illis …
condemnationem] *cf.* Rom. 2, 12

---

6 omnia ergo *N*; *ergo omnia *tr. cett.*   **7** habuit septem filios *tr. A T V*;
septem habuit filios *tr. mm*   **8** et sancte *tr. B*   **9** promissionem *mm*
11 cultore *M (ac.)*   **12** providente largiente *tr. T (pc.)*   **13** ei] illi *V mm*
iuxta … aut *om. B*   **14** numerum diaconorum *N*; hebdomadam eorum *cett.*
15 ordinati sunt *tr. B*   **17** *tres filiae *tr. N*   **19** sunt legis *tr. A*   **20** idcirco]
et *add. P A T V mm*   **21** hoc *om. M* | lege] legem *M*   **22** adimpleverunt *M*
Φ mm | filii] liberi *mm*   **23** ei sunt dati *N*; dati sunt ei *tr. mm*; *sunt dati ei
tr. cett. | utpote qui] ut *α* | in *om. mm*   **24** adimpleverit *Φ mm*
25 tantum … masculos *om. B*

mi 383 tim autem feminas?" Audi: Ob hoc ergo dedit promiscue et filios
et filias quia a saeculo ita dedit omnibus. *Genuit* inquit *filios et*
filias. Et adhuc: Ob hoc promiscue et filios et filias, quia ita desiderant hominum mentes, quia hoc requirit hominum desiderium, ut promiscue utraque et filios et filias habeant. Ad satisfa- 30
ciendum ergo humanis sensibus promiscue dedit illis et dat et filios et filias. Et adhuc: Ob hoc dat promiscue, ut concordia atque
coniunctio hominum multiplicetur per conubiorum copula-
tiones. Ubi enim dederint filias suas in coniugium et unde accepe-
rint filiis suis uxores, illic copulatio fit conubii, crescit coniunctio 35
sive apud pauperes sive apud divites. Quod si sane alicui filii tantum nascerentur, alii autem filiae, cum eas viris omnes traderet,
domum vacuam relinquisset atque hereditatem suam desolatam.
Nunc vero filias sane dat foris viris, filiis autem intus accipit uxores, ac per hoc et extrinsecus habet cognationem et intrinsecus 40
habet hereditatem. Haec videlicet universa divina ita efficiuntur
providentia atque operatione utiliter atque necessarie hominibus
ita ab initio ordinata.

    14. Sic namque et Iob FUERUNT FILII SEPTEM ET FILIAE
TRES, ut cum ipsas sane filias foris traderet viris haberet extrinsecus filios adoptivos, et filiis suis de foris accipiens uxores haberet

---

27 sq. Gen. 5, 10

---

26 ergo *om.* α Φ *mm*   27 filias] decem *add.* P *(corr.)*   28 et[1] ... filias *om.* B
ob hoc *sl.* N | filias[2]] dedit *add.* Φ *mm*   29 hominum[1]] omnium β *mm*
hominum[2] N; hominis *cett.*   30 utraque *mg.* N; utrosque *mm*   31 et[2] *om.* α
Φ *mm*   32 adhuc] ad hoc M *(ac.)*   33 conubiarum N *(ac.)*; conubium P *(ac.)*
34 unde *om.* α Φ *mm*   35 suis] illius N | conubii *sequ. ras. 10 litt.* N | crescit
coniunctio] quae commotibus N   36 pauperes apud *tr.* A *(ac.)* | alicui sane
tr. P | filii] alii N   37 filiae cum] conubiarum N | traderent dudum N
38 relinquisset N; relinqueret *cett.*   39 filias] suas *add. mm* | foras *mm*
viris *om.* α Φ *mm* | accepit T *(ac.)*   41 habet *om.* α Φ *mm* | ita *om.* α Φ
mm | efficientur N M   42 omnibus P *(ac.)*
14, 1 septem filii *tr.* A T V *mm*   2 foras *mm* | habent P | intrinsecus B
3 et] cum *add. so* Φ *mm* | accipiens N; acciperet *cett.*

etiam in his *intrinsecus adoptivas filias. Saepe enim generi vel
5 nurus filiis sinceriores reperiuntur circa soceros vel socrus suas,
illae quae dei timorem ac pietatem habuerint in animabus suis.
Talis fuit beata illa Ruth quae ita detulit socrui suae veteranae ut
usque ad mortem non esset passa eam relinquere. Idcirco in scriptura sane in perpetuo magnificatur, apud deum vero in infinita
10 saecula beatificatur, iudicabit nihilominus atque condemnabit in
resurrectione omnes malignas et impias nurus, quae soceris vel
socribus suis contumeliam vel iniuriam ingesserint, non reminis-
centes quod ipsi eis et viros genuerint atque nutrierint et substantiam pro victu illis labore acquisierint. Si igitur diligis virum
15 tuum, o mulier, dilige et eos qui genuerunt eum et nutrierunt sibi
filium, tibi vero maritum. Noli separare filium a patre vel matre,
noli compellere filium patrem aut matrem inhonorare, *ne non
hereditatem capias apud dominum deum in die terribilis inquisitionis atque iudicii. Sufficiat tibi, o mulier, quia possides virum
20 quem non nutristi, quia venis in domum quam non aedificasti et
substantiam quam non acquisisti, et eris domina atque potestatem habens laborum alienorum pro quibus tu nullatenus laborasti. Noli ergo retribuere mala his qui tibi praeparaverunt atque
labore suo acquisierunt haec omnia sive virum sive substantiam

---

7sq. beata ... relinquere] cf. Ruth 1, 16sq.   17 filium ... inhonorare] cf.
Exod. 20, 12

---

4 intrinsecus conieci (cf. cap. 13, 39); extrinsecus codd. edd.   6 quin M
habuerunt M Φ mm | in om. α mi | suis om. V   7 illa fuit tr. V | illa beata
tr. Φ mm | ut] aut V   8 passa eam] passam M | sane in scriptura tr. Φ mm
9 vero infinita M; infinita vero P   10 iudicavit N | condemnavit N
11 resurrectionem N M P A T | nuras M (ac.)   13 qui P | et¹ om. M Φ mm
substantiam] pro substantia et Φ mm   14 laborem N Φ mm   17 ne non
coniecit Primmer; neve in N; ne vel in M; ne vae in so; ne in cett.   18 heredi-
tatem capias] condemnationem incidas Φ mm | deum] tuum add. M
20 venens B (ac.) | et ... acquisisti post nutristi tr. Φ mm   22 habes mm
quibus] et add. P   23 ego mi   24 suo labore tr. A T V mm | haec om. mi
sive² om. B

sive resumptionem, o mulier, ne ascendat super te maledictio a   25
domino deo. Sed haec pauca per occasionem filiorum ac filiarum
Iob a nobis sunt dicta pro commemoratione bonarum nuruum,
ad correptionem vero et condemnationem malarum et impiarum
mi 384 atque crudelium omnium. FUERUNT inquit ILLI FILII SEPTEM,
certum est quod religioso religiosi et sancto sancti et bono boni,   30
sicut et in priori demonstrabitur. Nam *cum sancta esset radix,*
sancti creverunt et rami, atque bonae exortae sunt propagines
*memorati isti septem filii Iob et tres filiae. Erant namque etiam
ipsae filiae ipsis filiis similes, utpote filiae Iob atque eius filiorum,
suorum vero germanorum certe sorores in omni bona religiosi-   35
tate. Nisi enim ipsae eorum sorores tales exstitissent, non utique
pariter cum germanis suis semper fuissent, sicut in priori haec
scriptura *demonstrabit.

15. Sed adhuc FUERUNT ILLI SEPTEM FILII ET TRES FILIAE,
numero decem, animo vero unus erant; numero plurimi erant,
consensu autem atque concordia quasi unus, unanimitate atque

---

25 sq. ne ... deo] *cf.* Deut. 28, 15   **31** sicut ... demonstrabitur] *cf.* cap.
21, 12–35   **31 sq.** Rom. 11, 16   **37 sq.** sicut ... demonstrabit] *cf.* Iob 1, 4

---

25 resumptionem] resurrectionem *P*   **26** pauca per] pauper *N (ac.)* | ac *om.*
mi; vel *Φ me* | filiarum *om. mi*   **27** commendatione *mm* | bonarum *om. β*
mm | nurium *so Φ (ac. A)*   **29** filii *sl. P*; fuerunt *add. P*   **30** qui *P* | reli-
gioso] irreligioso *A (ac.)* | bono] sunt *add. mm*   **31** in priori *cf.* ThlL X/2,
1331, 35–40 | demonstrabitur *N (cf. lin. 38)*; demonstravit *cett.*   **33** memo-
rati isti *coniecit Primmer*; memorasti istic *N*; memorasti hic *M*; memorati
sunt *so*; cum memoratis (commemoratis *B*) istic *P B A T me*; cum memoratis
V; cum memoratis istis *mi* | filiis *Φ mm* | Iob] fuerunt *add. Φ mm* | etiam
om. me; et *mi*   **34** filiae[1]] et *add. α* | similiter *mm*   **35** omnibus *V*
37 sicut] sic *B* | in priori *cf. lin 31*   **38** demonstrabit *conieci (cf. lin. 31)*;
demonstravit *codd. edd.*
15, 2 unius *Ψ* | erant[1] ... unus *om. P* | numero[2]] numeri *Ψ B A T* | plurima
N M | erant[2]] numero *add. so*   **3** unus] in *add. B*

dilectione quasi idem. Non separabat eos zelus, non dissociabat
5 eos invidia, sicut pridem fratres Ioseph. Quare? Quia non exorta
est inter illos praevaricatio neque coinquinatio sicut in Ruben,
neque furor interficiens sicut in Simeon et Levi, neque odium
fraternae maledictionis sicut in ceteris filiis Iacob, sed erant
omnes unanimes in pietate, pacifici in iustitia atque in dei timore,
10 concordes utpote Iob filii et non tamquam Esau nepotes. Esau
enim cum unum sufferre non posset germanum fratrem Iacob
interficere eum quaesivit. Septem vero filii Iob et tres filiae tamquam una anima indivisi advixerunt in unanimitate, et tanta fuit
unanimitas laudabilium filiorum Iob ut et malignus atque invidus
15 daemon facile omnes pariter indivisos interficeret quam ut dividere atque dissociare benignam atque veram eorum unanimitatem posset. Audite haec, o filii religiosorum! Audite haec, o nati
fidelium! Audite et imitamini piorum fratrum unanimitatem, qui
vere veraciter in vita sua indivisi fuerunt et in morte sua non sunt
20 dissociati. Non sit inter germanos lis, sed benignitas atque concordia; non sit inter fratres contentio neque divortium, sed pax et
unanimitas, sed sinceritas atque puritas; non subintroeat adversarius per malorum hominum ora, non perturbet malignus per
suae nequitiae ministros piae germanitatis concordiam. Multati
25 sunt filii David olim, cum adversus se invicem insurrexissent

---

4 sq. non[1] ... Ioseph] *cf.* Gen. 37, 11   5 sq. quia ... Ruben] *cf.* Gen. 37, 21 sq.
7 neque[1] ... Levi] *cf.* Gen. 34, 25   7 sq. neque[2] ... Iacob] *cf.* Gen. 37, 18–20
10–12 Esau[2] ... quaesivit] *cf.* Gen. 27, 41   25 filii David] *cf.* 2 Reg. 3, 2–5

---

4 separabit P *(ac.)* V *(ac.)*; separavit P *(pc.)* V *(pc.)*; autem *add. mm* | eos] ea N
M | dissociabit V *(ac.)*; dissociavit V *(pc.)*   5 eos] illa N; ea M | est exorta *tr.*
B   6 inter illos] in eis Φ *mm* | in *sl.* A   7 in *om.* B | et] in *add.* Φ *mm*
10 Iob] iam M *(ac.)* | nepotes] non potes P *(ac.)*   11 enim] autem α   12 filii
vero *tr.* M   13 animam N | convixerunt *mm* | unanimitatem N; unitate *mi*
15 facilius Φ *mm (sed cf. LHS 169⁴)* | interficere N *(pc.) mm* | ut *om.* Φ *mm*
17 religiorum N *(ac.)*   18 qui vere] quem P   19 vere] veri *mi*; et *add. so*
20 litis N *(ac.)* M   21 sit *om.* N | *divortio N *(ac.)*   23 perturbent *so*
24 germanitas N | multati N; multi *cett.*   25 fuerunt Φ *mm* | se *om.* N

atque patri iusto rebelles exstitissent Amnon et Absalom et Adonias, qui adhuc vivo religioso patre impie atque iniuste regnum
eius *capere atque rapere temptaverunt. Nam cum essent scele-
rati atque iniusti, in damnationem atque interitum iuste a deo
sunt traditi; sed non tales fuerunt vel exstiterunt septem beati Iob   30
filii, sed tamquam septem dies indivisi et tamquam hebdomada
septimanae indissociati: Non certaverunt pro elegantia, non liti-
gaverunt pro fortitudine, non contenderunt pro divitiis, non
sunt conturbati pro regno, sed cum essent unanimes, cuncta
propria invicem sibi existimabant communia. *Erat* namque vere   35
mi 385 *cor* eorum *et anima una.* Propterea cum sanctis in perpetuo
nominantur, propterea cum iustis in aeternum requiescunt, propterea cum angelis indeficienter laetabuntur. De istis ergo dicit:
FUERUNT ILLI SEPTEM FILII ET FILIAE TRES. Tres tamquam fides,
spes, caritas, tamquam corpus et anima et spiritus, indivisae, in-   40
dissociatae, incontaminatae. Nam quia fidem et spem et caritatem
circa deum servaverunt, propterea et corpus et animam et spiritum illibata custodierunt.

16. Post quorum omnium disputationem atque ostensio-
1, 3a nem adiciens dicit: ET ERANT PECORA EIUS OVIUM SEPTEM
1, 3b MILIA secundum numerum septem filiorum, CAMELI TRIA MILIA

---

26 Amnon] *cf.* 2 Reg. 13 | Absalom] *cf.* 2 Reg. 14–18   26sq. Adonias] *cf.* 3
Reg. 1sq.   35sq. Act. 4, 32   39sq. tres[2] ... caritas] *cf.* 1 Cor. 13, 13; Ps.
Chrysost., in Iob sermo 3, 1 (PG 56, 571)   40sq. tamquam ... incontami-
natae] *cf.* 1 Thess. 5, 23

---

26 et[1] *om. N*   27 vivo *om. N* | impie *om. M*   28 capere *coniecit Weber;*
occupare *mi;* cupere *cett.*   29 damnatione *N* | atque[2]] in *add. mi* | interitu
N   30 traditae *M (ac.)*   31 tamquam[1]] tam *M* | tamquam[2]] tam *M*   32 sep-
timanae *om. mm* | laetificaverunt *M*   33 fortitudinem *M*   35 aestimabant
mm | erat ... una *mg. N* | vere *om. N*   38 laudabuntur *Φ mm*   40 indisso-
cietate *B*   41 incontaminatae *N;* intaminata *V;* intaminatae *cett.* | et[1] *om. α*
Φ mm   42 et[1] *om. A*   43 illibatum *mi*
16, 2 dixit *N* | erant *om. B*   3 secundum ... filiorum *om. B*

secundum numerum trium filiarum; simul omnes filii eius de-
5 cem, similiter omnia pariter haec milia decem, septem filiis septem milia ovium et tribus filiabus tria milia camelorum, singulis
filiis ad prorata mille, ita deo ordinante atque patre ita post discessum suum disponente. *In tempore* enim *consummationis* *dividet hereditatem, *in tempore* vero *vitae* sicut cogitat de omnibus
10 pater, ita et potestatem habet in omnibus; sicut curam gerit de
universis, ita et dominatur cunctis. Deinde adhuc: IUGA BOUM   1, 3c–d
QUINGENTA ET ASINAE PARTORIAE QUINGENTAE, utraque
simul mille; ordinabiliter etiam hoc atque apte, singulis decem
filiis quinquaginta iuga et quinquaginta asinae. Omnia sane patri
15 sunt ad regendum, ad gubernandum, ad intendendum et usque in
finem vitae suae possidendum, post requiem vero patris ordinabiliter supputata iuxta numerum filiorum. Sed adhuc erant pecora
eius. Omnia pariter PECORA appellat, sive oves sive boves sive
camelos sive asinos; universa PECORA nuncupat, quia diversa
20 peculiaria atque utilia fuerunt hominibus et sunt, et istis qui nunc
sunt et illis qui tunc fuerunt et ipsi beato Iob: oves quidem vivae
pro lacte atque lanae vestitu, occisae vero pro esca atque carnis
comestione; similiter boves vivi ad culturam atque panis commo-
ditatem, iugulati vero pro carnibus et esca atque pedum calcea-
25 mentis; cameli autem pro omni onere portando atque levando de

---

8 Sir. 39, 28 (34 *Vulg.*)   **8 sq.** dividet hereditatem] *cf.* Iob 42, 15b   **9** Sir. 40,
28 (29 *Vulg.*)

---

4 filiarum *om. M* | filii] liberi *mm*; et filiae *add. sl. N* | filii eius *iter. V (corr.)*
6 filiabus] filiarum *M*   **7** ad prorata] appropriata *A mm*; ad prolata *V* | dis-
cessum suum *N (pc.)*; discessum suo *N (ac.)*; discensio (discessio *pc.*) *M*;
discessionem *so*; *om. cett.*   **8** enim *om. α Φ mm* | dividet *coniecit Primmer*;
divide *N M*; dividerunt *so*; divident *mi*; dividens *cett.*   **9** sic *B*   **10** habet]
pater *add. Φ mm*   **11** dominetur *N*; ordinatur *M*   **12** partoriae *M*; parito-
riae *N*; parturiae *so*; pastoriae *cett.* | ultraque *A (ac.)*   **13** simul] similiter *Φ*
mm | singulis] de *add. mm*   **14** quinquaginta¹] quingenta *so* | iuga] boum
add. Φ mm | quinquaginta²] quingentae *so* | patri *N*; patris *cett.*   **18** eius ...
pecora *om. P*   **21** ipso *me* | Iacob *mi*   **22** vestiti *V*   **23** et *Φ mm*

longinquo et de proximo; post quae universa asini ad levia nego-
tia peragenda et afferenda, et eundi et velociter remeandi. Quod
enim nunc equi et muli perficiunt, hoc nihilominus asini adim-
plebant, praesertim tales quales sunt in regione Arabiae et Palaes-
tinorum asini qui veloces sunt similiter ut equi.   30

17. Omnem ergo censum beati Iob supputat in septem milibus ovium et tribus milibus camelorum et in quingentis iugis
boum et in quingentis asinis *partoriis, auri vero et argenti atque
vestium non meminit. Quare? Ob hocne ut reticeret, an ob hoc
quod Iob aurum et argentum non habuisset? Ob hoc procul du-   5
bio quia non habuit. Quis testis, quod aurum et argentum non
habuerit? Ipse Iob dicens: *Si confidebam in divitiis multis et si ad
innumerabilia misi manum meam* et alia his similia. Erat namque
hic vere ut priores qui non tantum in auro et argento sibi thesau-
mi 386 rizarent quantum in pecoribus et in quadrupedibus. Non enim 10
erant ita auri appetitores sicut nunc sumus omnes nos; non intendebant post aurum et argentum illi tunc, quantum nos nunc in-
tendimus. Nunc omnium nostrum animus post aurum detinetur
atque argento inhiat, et nihil reputant nunc homines pro divitiis
nisi solum aurum et argentum. Nunc enim sunt adimpleta illa   15
tempora quae de longe designans apostolus dicit: *In novissimis*

27–30 quod ... equi] *cf.* Hier., quaest. hebr. in Gen. 36, 24 (CC 72, 44 sq.)
17, 7 sq. Iob 31, 25   **16–18** 2 Tim. 3, 1 sq.

---

26 post quae] postquam *M* | ad levia] allevia *P (ac.)* | lenia *me* | negotia *om.*
N   **27** afferenda] deferenda *B* | redeundi *Φ mm*   **30** ut] et *N*
17, 2 milibus *om. β (ac. B) mm* | et² ... boum *iter. P (corr.)* | in *sl. M*; *om. B*
3 in *om. B* | partoriis *coniecit Müller*; paritoriis *N*; pastoriis *cett.* (*sed cf. cap.*
16, 12)   **4** hocne] hoc *Φ mm*   **6** quos testes *M*; quo teste *Φ mm*; est *add.*
so | quod *om. mm*   **7** ipso Iob dicente *Φ mm* | si¹] et *praem. mm* | confide-
bant *mi*   **9** hic *om. α Φ mm* | qui *om. α Φ mm* | aura *M (ac.)* | thesaurizaret
M   **10** erant enim *tr. α*   **11** erant *om. B* | appetitores *N (ac.)*; expetitores
cett. | nunc *om. Φ mm* | non *om. B*   **12** nos *om. P* | nunc nos *tr. V*
14 atque] neque *P* | argento *N*; argentum *cett.* | reputant *N*; putant *cett.*
homines nunc *tr. Φ mm*   **15** tempora illa *tr. Φ mm*

diebus advenient anni periculosi, et erunt homines semetipsos dili-
gentes cupidi et cetera universa quae nunc in hominibus videmus
adimpleri omnia. Nam quia in fine est iam hic mundus et mor-
20 tuus est properans ad defectum, idcirco mens hominum his quae
mortua sunt inhiat, id est auro et argento quae mortua sunt, cum
sicut † stellae† inutiliter reconduntur atque thesaurizantur. Olim
vero utpote adhuc incipiente saeculo et utpote adhuc vivente hoc
mundo, viva atque crescentia cupiebant homines pecora, quadru-
25 pedia atque agriculturam pro victus fructificantia. Sciebant namque quod aurum et argentum reconditum ac thesaurizatum atque
ad usuras datum peccatum conferret, pecorum vero atque terrae
usura, hoc est pecorum fetus multiplicatus et fructus terrae aug-
mentati, peccatum non conferrent sed iustitiam; nam habentes
30 nutriunt et eos qui non habuerint, cum ab his qui habent dati
fuerint ac distributi, gubernant. Tales ergo divitias habuit lauda-
bilis ille Iob, castas, mundas, incoinquinatas, intaminatas. De hoc
namque dictum est post hoc atque de similibus illi usque in aeternum: *Beatus qui inventus fuerit dives iustus, qui post aurum non*
35 *ambulavit neque speravit in argenti repositione.*
18. Vere enim inaestimabilis atque aeterna beatitudo est ut,
cum quis dives effectus fuerit, non confidat in auro neque inten-

22–31 olim ... gubernant] cf. Chrysost., comm. Iob 1, 3 (SC 346, 90–92;
PTS 35, 5 sq.) 26 sq. quod ... conferret] cf. Exod. 22, 25 34 sq. Sir. 31, 8

17 seipsos V mm 19 impleri mi 20 est] iam add. Φ mm | hominum] in
add. so; inhiat in add. Φ mm 21 inhiat ... sunt N; versatur so; om. cett.
22 stellae] stolae proposuit Primmer 23 mundo hoc tr. Φ mm 25 atque
om. so | agricultura M Φ me | victu mi | fructificantia] sufficientia so
26 ac] ad α 28 augmenti Φ me; augmentum ad mi 30 eo P | ab om. Ψ
(locus fortasse corruptus) | data Φ mm 31 distributa Φ mm | ille Iob lauda-
bilis tr. B 32 intaminatas om. so; inconsilias N M; incontaminatas B mm
33 post om. mm | hunc so | de similibus] dissimilibus N M; de filibus so | illi
N; illis M; illius cett. 35 ambulaverit mm | nec B | speraverit mi | reposi-
tionem N M
18, 1 beatitudine M (ac.) 2 fueris P (ac.) | intenderat P

dat in argenti repositione, sed recondat haec in mandato altissimi
et det ea in eleemosyna pauperibus, sed seminet atque spargat ea
late per animas miserorum, per ora esurientium vel per corpora   5
debilium, per destitutos atque miseros, iuxta hoc quod dictum
est: *Seminate vobis ad iustitiam, ut metatis fructum vitae*; et: *Dis-*
persit, dedit pauperibus, iustitia eius manet in aeternum. Eiusmodi
vero metet multipliciter in die resurrectionis; eiusmodi recipiet
inaestimabilem beatitudinem in die visitationis; eiusmodi eleemo-   10
synarum iustificationibus tamquam lux effulget coram angelis
dei. Talis fuit beatus Iob, apud quem *hospes numquam foras man-*
sit, cuius *ianua omni advenienti patuit*, quem invalidi numquam
praetermiserunt de his quae opus habuerunt, qui *non dimisit*
pauperem exire de domo sua vacuum, ad cuius *tonsuram ovium*   15
omnium pauperum scapulae calefactae sunt. Ob hoc enim et istam
multitudinem pecorum nutrivit et maximam agriculturam exercuit, ut plurimis impertiret, ut plurimis benefaceret, ut plurimo-
mi 387   rum memor esset, non propter os suum tantum, sed ut plurimos
esurientes saturaret atque plurimos nudos vestiret, ut multis   20
miserabilibus atque infelicibus refrigeraret. Ob hoc ergo ERANT
PECORA EIUS OVIUM SEPTEM MILIA, CAMELI TRIA MILIA, IUGA
1, 3e   BOUM QUINGENTA, ET ASINAE *PARTORIAE QUINGENTAE, ET

---

7 Os. 10, 12   7 sq. Ps. 111, 9   10 in die visitationis] *cf.* 1 Petr. 2, 12
11 sq. tamquam ... dei] *cf.* Matth. 13, 43   12 sq. Iob 31, 32; *cf.* Ps. Chrysost.,
in Iob sermo 2, 2 (PG 56, 570)   14 sq. Iob 31, 34b   15 sq. Iob 31, 20b; *cf.*
Ps. Chrysost., in Iob sermo 2, 2 (PG 56, 570)   19–21 plurimos ...
refrigeraret] *cf.* Is. 58, 7; Ezech. 18, 7; 18, 16; Matth. 25, 31–46

---

3 repositionem α   4 ea¹] eam *M* Φ | eleemosynam *so* | seminat *M*   5 ora
esurientium] orreas esurienti *M* | vel *om. N* | corpora] pecoras *M*; ora *so* Φ
mm   8 eius *sl.* B | eiusmodi ... 10 visitationis *om. N*   9 vere α   12 beatos
M (*ac.*) | foris Φ *mm*   14 iis *mi* | quae] quibus *so*   15 exire pauperem *tr.* α
Φ   19 memores *N* (*ac.*) | tantum *om. M* | plurimos] multos *mm* | pluri-
mos ... atque *om.* B   20 ut] et β *mm*   21 infidelibus *P* (*ac.*) | refrigeraret]
refrigerium daret *so* | ergo *om.* β *mm* | erant] enim *mm*   22 septem milia
ovium *tr.* V   23 paritoriae *N*; pastoriae *cett.* (*sed cf. cap. 16, 12*)

MINISTERIUM NIMIUM COPIOSUM. Certum est quod et mensae
25 eius atque sedes eius MINISTERIUM erat COPIOSUM; sed plus erat
MINISTERIUM eius NIMIUM COPIOSUM quod ministrabat hospi-
tibus et advenientibus, infirmis et miserabilibus, destitutis et
peregrinis, pauperibus et infelicibus. Pro horum ergo omnium
susceptione NIMIUM COPIOSUM habuit MINISTERIUM. Puto quod
30 et in caelo et in excelsis COPIOSUM NIMIS habuerit MINISTERIUM.
    19. Plurimi ministraverunt ei super terram pro miserorum
susceptione, sed pluriores ministrabant in caelis caelestes angeli
atque incorruptibiles eleemosynas atque bona opera eius in
memoriam coram deo in caelum deferentes, sicut dictum est ad
5 Cornelium: *Orationes tuae et eleemosynae tuae ascenderunt sursum
in memoriam coram deo.* Ascenderunt procul dubio quod ab
angelis atque spiritalibus ministris delatae, de quibus dicit: *Omnes
sunt ministeriales spiritus missi in ministerium pro his qui salutem
in hereditatem capiunt*; et alibi: *Qui facit angelos suos spiritus, et
10 ministros suos ignem ardentem.* De istis namque ministris unus
erat ille qui locutus est ad Tobiam dicens: *Cum orares tu et Sara
filia Raguel, ego attuli memoriam orationis vestrae in conspectum
gloriae summi dei.* Tale ergo erat MINISTERIUM Iob NIMIUM COPI-
OSUM. Secundum multitudinem enim bonorum operum eius
15 multiplicati sunt caelestes ministri atque angeli qui in conspectu
dei attestarentur beneficiis illius. Unus sane devotioni animi eius

---

19, 5sq. Act. 10, 4   **7-9** Hebr. 1, 14; *cf.* Ps. Chrysost., in Iob sermo 3, 1
(PG 56, 572)   **9sq.** Ps. 103, 4   **11-13** Tob. 12, 12

---

24 nimis *Φ mm* | certum ... copiosum *om.* B   **25** sedis N | eius²] et *add. Φ*
mm | erat¹ *om. β mm*   **26** eius nimium *om. Φ mm* | quia M P; quo *so*
27 miserantibus *so β mm*   **29** puto ... ministerium *om. β*   **30** habuerint P
19, 2 plures *mi* | ministrabant N; ministrabunt ei *cett.*   **3** atque¹ *om. α Φ*
mm   **5** tuae et eleemosynae *om. β* | ascenderunt tuae *tr.* A (*ac.*)   **6** quod N;
atque B; *om. cett.*   **7** dicitur *Φ mm*   **8** missis M | in ministerium *om. Φ mm*
9 hereditate N   **11** ille *om. mm*   **12** conspectu N Φ   **13** nimium erat
ministerium Iob *tr. me*   **15** multiplicatae P (*ac.*)   **16** astarent α

attestabatur, alius autem eleemosynis eius ac miserationibus, alius
nihilominus sollicitis precibus, alius vero iustitiae iudicii, patientiae quoque ac longanimitati atque caritatis plenitudini. Omnes
scilicet cunctis eius virtutibus attestabantur in conspectu praesci- 20
entis dei. Omnibus itaque modis ministerium omnium copiosum
erat beato Iob. Quale putas illi fieri obsequium ac susceptionem,
gloriosum quoque et honorem, o amice, cum anima eius exiens
de corpore ad illud saeculum transiret, cum illi occurrerent
omnes sancti angeli, quando gavisae sunt ad eum omnium sancto- 25
rum animae, quando omnes animae miserorum atque inopum,
quibus super terram benefecit, beneficiis eius attestatae sunt?
Quae universae in lucem illic procedentes gloriosae occurrunt
atque sanctae attestantur non solum solius Iob virtutibus, sed et
omnibus qui similiter ut Iob eleemosynas miseris ac beneficia 30
infelicibus impertiunt. Haec universa, quia dicit: ET MINISTE-
RIUM NIMIUM COPIOSUM.

1, 3f   20. Post quae adiciens dicit: ET ERANT OPERA ILLIUS
MAGNA IN TERRIS. Primum sane opera magna fuerunt illi in
agris et vineis, ficetis et olivetis. Hae namque erant antiquorum
mi 388   divitiae, in hoc erat priscorum instantia atque studium, hoc erat
quod ab eis thesaurus reputabatur, area et torcular, oliveta et 5
ficeta, et universa opera quae sunt in agro, quae cum labore et
sudore atque manuum callositatibus acquiruntur cum iustitia,

17 astabat α; attestabat P B A T | attestabatur … eius om. N | alius[1]] aliis
V (ac.)   18 nihil N (ac.) | sollicitus so | iudiciis V   19 longanimitate N M
P (ac.) B A (ac.); longanimitatis so   20 ei N | attestabant B A T | conspectu]
omnia add. α Φ mm   21 omnium om. mi   22 qualem Ψ | illi putas tr. so
ac] ad mm | susceptionem] et add. mm   23 et om. Φ mm   24 aliud B
occurrerit M; occurrent B   25 sancti om. mi | ad eum om. B   27 benefece-
rit mm   28 quae] quale B; sequ. ras. 4 litt. N | luce B   31 impertiuntur α
20, 1 postque codd. edd. | et om. β mm | erat M; erunt B   2 terras M (ac.)
illi om. N; id est add. mm | in[2] … olivetis N; agri et vineae ficeta (fruteta
mm) et oliveta cett.   4 in om. α Φ mm | hoc[1]] haec mm   6 et[2]] atque Φ
mm

iuxta ordinem dei dicentis: *In sudore vultus tui edes panem tuum.*
Haec scilicet OPERA MAGNA fuerunt Iob IN TERRIS; ideo et plu-
10 rimo indigebat ministerio ad curandum, ad intendendum, ad
circumeundum, itemque ad dandum, ad distribuendum, ad mini-
strandum indigentibus, ad defendendum oppressos, ad opitulan-
dum pauperibus, ad benefaciendum viduis et orphanis. Pro his
nimirum universis OPERA MAGNA ERANT ILLI IN TERRIS, ET
15 MINISTERIUM NIMIUM COPIOSUM; quia magna erant opera, merito et copiosum ministerium. Sed puto post haec quae recitata
sunt magna illius opera, post agriculturam atque pecudum nutri-
menta et cetera universa, fuerunt etiam alia magna opera Iob in
terris: fides, pietas, iustitia, sanctitas, constantia, patientia, tole-
20 rantia atque his similia universa et omnes, quae superius demon-
stratae sunt, virtutes atque merita et eleemosynae opera. Haec
namque sunt magna illa opera quae erant Iob super terram, quae
ita erant magna ut usque ad caelum pertingerent et usque ad
deum pervenirent, ita erant magna ut in corruptione perpetrata,
25 in incorruptione fuissent praedicata, inter homines facta, inter
angelos sunt mirificata. Haec, inquam, fuerunt Iob MAGNA OPE-
RA. Et ubi haec fuerunt? IN TERRA inquit. In qua terra? Primum
quidem in ea quae sub caelo est terra, item in terreno eius corpore. Omnem enim virtutem, omnem iustificationem, omne

---

8 Gen. 3, 19   11–13 ad[3] ... orphanis] *cf.* Is. 1, 17   16–21 sed ... opera] *cf.*
Chrysost., comm. Iob 1, 3 (SC 346, 90–92; PTS 35, 6); Ps. Chrysost., in Iob
sermo 3, 1 (PG 56, 571)   **19 sq.** fides ... tolerantia] *cf.* 1 Tim. 6, 11   **20** supe-
rius] *scil. in* cap. 3

---

10 curando *P* (*ac.*)   **11** itemque ... oppressos] ad faciendum oppressis *B*
12 indigentibus] in gentibus *mi*   **14** erant illi magna *tr. so* | illi *sl. P*
15 nimium *om.* *Φ mm* | meritorum *mm*   **16** haec post *tr. V*   **17** post ...
opera *om. B* | nutrimentam *N* (*ac.*)   **19** pietas] spes *N* (*ac.*)   **20** quae *om. B*
21 haec ... opera *om. B*   **22** opera illa *tr. A* (*ac.*) | quae[1] ... terram *om. mi*
erant] in *add. sl. N* | super terram Iob *tr. B*   **23** ita *om. so* | erant ita *tr.*
mm | erant] erat *M* (*ac.*) | ut] et *M B*   **25** incorruptione] corruptione *V B*
29 virtutem enim *tr. A* (*ac.*)

opus sanctum, omnem tolerantiam cum gratiarum actionibus, 　30
universa in hoc terreno corpore perfecit et supportavit atque
sustinuit testis ipse dicens de virtute dei atque magnitudine: *Qui*
suscitaturus est pellem meam, quia haurivit haec mala. Post quae
universa, OPERA MAGNA ERANT Iob. Ubi? IN TERRA inquit. In
qua terra? In terra incorruptibili, in terra immortali, *in terra* 　35
viventium, in tabernaculis iustorum, ubi non est infirmitas neque
mors, unde refugit dolor et tristitia atque gemitus. Illic ergo
ERANT MAGNA Iob OPERA, illic demonstrata sunt atque ostensa,
illic distincta atque manifestata. Hic perfecta, illic autem demonstrata; hic seminata, illic vero messa; hic dispersa, illic quoque 　40
collecta; hic deo faenerata, illic vero cum gloria a deo faeneran-
tibus redhibita. *Qui enim miseretur pauperis, faenerat deo.* Secundum autem datum illius retribuet illi dominus.

　　21. Post haec autem universa novissimam virtutem Iob de-
1, 3g　monstrans dicit: FUIT AUTEM HIC HOMO DE GENERE OPTIMO
EX PARTIBUS ORIENTIS. Item et istic singulariter illum designat
atque memorat: HIC HOMO singularis, semotus, qui in carne superavit ea quae carnis sunt, qui inter homines fugit quae hominis 　5
mi 389　sunt, qui in terris erat et caelestia agebat; HIC HOMO *sine querela*

---

30 cum gratiarum actionibus] *cf.* Phil. 4, 6　　**32 sq.** Iob 19, 26a　　**35 sq.** in
terra viventium] Ps. 141, 6　　　　36 in tabernaculis iustorum] Ps. 117, 15
36 sq. ubi ... gemitus] *cf.* Apoc. 21, 4　　**42** Prov. 19, 17　　**42 sq.** secundum ...
dominus] *cf.* Luc. 6, 38
21, 6 sq. Iob 1, 1b–c

---

31 corpore terreno *tr. mm*　　　**32** testis] est *add. mm*　　|　ipse] est *add. so*
33 quia] qui *M Φ me*; quae *mi*　　|　urivit *N*; aurivit *M*; hauruit *B*; hausit *mm*
post quae] postque *M mm*　　**34** erat *N*　　**37** refugit *N*; fugit *cett.*　　**38** magna
erant *tr. Φ mm*　　|　opera Iob *tr. mm*　　**40** quoque] autem *mm*　　**42** reddita *B*
miseratur *P*　　|　pauperi *Φ me*　|　deum *N*　　**43** datum autem *tr. α*　　|　mandatum
N　|　illius] illis *M*
21, 1 novissima *M*　　|　demonstrans dicit *N*; demonstrans dicens *M (ac.)*; de-
monstrat dicens *α (pc. M) Φ mm*　　**2** homo] deo *P (cf. lin. 11)*　　|　genere] de
add. A (corr.)　　**3** item] autem *add. Φ mm*　|　et *sl. A*　　**4** memorat] demonstrat
P　|　separavit *mi*　　**5** fugit quae hominis sunt *N*; super homines fuit *cett.*

iustus, verax, dei cultor, abstinens se ab omni re mala; HIC ergo
HOMO DE GENERE OPTIMO erat EX PARTIBUS ORIENTIS, tamquam si diceret: "Omnibus, qui in partibus sunt orientis, genero-
10 sior atque melior erat, nobilior hic atque sublimior erat." Hoc
namque demonstrans dicit: FUIT AUTEM HIC HOMO DE GENERE
OPTIMO EX PARTIBUS ORIENTIS. Sed liceat respondere scribenti et
dicere: "Unde Iob de genere optimo? Si ex Adam et Eva, praevaricati sunt per inoboedientiam. Si ex Esau, sub *maledictum red-
15 actus est aviditatis. Si ex filiis Esau, impii exstiterunt etiam hi
propter contumeliam. Quomodo ergo de genere optimo erat qui
de talibus nascebatur? Ruben, primogenitus Iacob, et Simeon et
Levi, qui ex Israel sunt progeniti, de genere optimo non dicuntur, Iob vero qui ex impiis ortus est, id est ex filiis Esau, qui ex
20 impia Edom natus est prosapia, hic de genere optimo dicitur."
"Ego" inquit "non carnalem nativitatem quaero, non carnalem
generationem significo, non pereuntem generositatem laudo."
Nam haec apud deum non magni penduntur, haec a creatore non
requiruntur. Sicut enim non stat apud eum personae gloria, sic
25 nec requiritur ab eo carnalis generositas. Merito de genere optimo dicitur Iob non ex Esau neque ex posteritate Edom, sed de
genere optimo ex sanctitate, ex iustitia, ex pietate, ex fide, ex
misericordia, ex dei cultura, ex vero animo, ex corde puro, ex

---

14 sq. si ... aviditatis] *cf.* Gen. 25, 27–34   **15 sq.** si ... contumeliam] *cf.* Gen.
36   **17 sq.** Ruben ... progeniti] *cf.* Gen. 35, 23   **19 sq.** Iob ... est[3]] *cf.* Iob 42,
17 c β   **27–29** ex[1] ... cogitationibus] *cf.* 1 Tim. 1, 5; 6, 11

---

7 verus *Φ mm*   **8** homo *om. Φ mm* | erat *om. Φ mm* | tam *M*   **9** sunt in
partibus *tr. Φ mm*   **10** erat[1]] fuit *Φ mm*   **11** demonstrant *V (ac.)* | dicens
M (ac.) | homo] deo *P (ac.)*   **12** luceat *P (ac.)*   **14** maledictum (*cf. cap.* 22, 6)
mm; maledicto *cett.* | reductus *Ψ*   **15** aviditatis] deitatis *N* | ex *sl. N* | ii *mm*
16 de *om. M*; ex *so*   **17** tribus *P*   **18** primogeniti *N*   **20** impia *N*; impia
prosapia *so*; prosapia *M Φ mm* | prosapia *om. α Φ mm* | de] ex *P*   **21** ergo *α*
23 haec[1]] hoc *M*   **24** constant *mi* | eum] deum *Φ mm*   **25** non *M (ac.)*
26 non ... optimo *mg. B*   **27** optimo] dicitur Iob *add. Φ (pc. B) mm* | ex[2]] et
M Φ mm

bonis cogitationibus. Ex istis ergo omnibus bene natus esse dicitur Iob, ex istis omnibus generosior esse reputatur quasi in dei   30
familiaritate, quasi in dei clientela, tamquam qui deo fuerit affinis
propter animam veram et fidem atque iustitiam integram. Bene
natum enim reddunt non terreni parentes neque avi carnales, sed
opera veritatis atque officium sanctitatis nec non et sincera circa
deum spes.   35

    22. Quis erat nobilior vel generosior Cham filio Noe mediano, qui et ex patris nobilitate erat nobilis et ex dei benedictione
atque colloquio et nobilis erat et illustris? Sed nihil iuvit illum neque dei colloquium neque creatoris benedictio neque patris iustitia, cum ipse declinaverit a iustitia ut impietatem arriperet, prop   5
ter quam iuste humiliatus redactus est in maledictum atque in
servitutem. Nam ipse eius pater Noe, qui eius libertatem atque
generositatem erat defensurus, ipse iusto dei iudicio in maledictum atque servitutem eum condemnavit. Non enim erat dignus,
ut patris libertate atque nobilitate fungeretur, quem ut ignobilem   10
impie ad derisionem perduxit. Nequiquam ergo iuvat, o amici,
patrum iustitia iniustos atque impios filios, et nihil obest piis
atque sanctis filiis parentum iniustitia atque impietas. Sive enim
inter patres sive inter filios, *qui fecerit peccatum, hic servus est
peccati*, et cum servus sit peccati, liber vel bene natus esse non   15

22, 1–11 quis ... perduxit] *cf.* Gen. 9, 18–27   1–13 quis ... impietas] *cf.*
Orig., hom. in Ezech. 4, 4 (GCS 33, 364)   **14sq.** Ioh. 8, 34

---

29 ex ... Iob *om. M* | dicitur esse *tr. so B*   **30** dei *om. P*   **31** deo *om. B*
33 enim *om. B*; eum *P A T V mm* | reddidit *mi* | parentes *N*; patres *cett.*
avi *sl. N*   **34** veritatis] virtutis *V* | circa deum spes sincera *tr. so*
22, 1 vel generosior **om. N*   **2** et¹ *om. N B* | et² ... benedictione *om. N*
3 et¹ *om. Φ mm*   **4** dei] *om. P*   **5** a iustitia ut] ad iustitiam et *N*   **6** **quae*
N | in² *sl. N*   **7** eius¹ *om. mm*; enim *Φ*; est *add. A (corr.)*   **9** condemnavit]
donavit *mi* | erat enim *tr. so*   **10** liberalitate *A (ac.)* | ut² *sl. N*   **11** nequaquam *so β mm*   **12** parentum *so* | iustitiae *M*; iustia *P* | piis] diis *me*
14 inter¹ *om. mi* | quis *mm*   **15** vel *sl. M* | non *sl. T*

comprobatur; item similiter qui liber est peccato, hic habet inge-
nuam atque divinam animae libertatem et digne bene natus dici-   mi 390
tur. Hic sane veraciter generosus nuncupatur quia libertatem
illam, quae ab initio naturaliter est concessa, peccato non vitiavit
20 neque delicto maculavit. Talis ergo erat beatus Iob, foris ab omni
crimine, *iustus, verax, dei cultor, abstinens se ab omni re mala.*
Ergo quia talis erat coram deo, merito digne de genere dicitur
esse optimo. Nam quis vere erit bene natus nisi is qui divinam
nativitatem atque conditionem integram conservaverit? Sicut
25 admirabilis ille Iob, qui digne ac iuste bene natus appellatur, non
quia ex Esau generatione carnaliter fuerit ortus, sed quia Abraham per deo dilectam fidem est imitatus et quia Isaac in verissima
castitate est sectatus et Israel in perspicua cordis puritate appropinquavit et Melchisedech in filiorum immolatione et Ioseph in
30 castitate et Moysi in mansuetudine et Samueli in iustitia et Lazaro in passione iudicii atque omnibus sanctis in omnibus virtutibus, ita ut possit dicere etiam ipse cum sancto David: *Particeps*
ego sum omnium timentium te et custodientium mandata tua.

   23. Ergo quia omnium sanctorum sanctitatis particeps effectus est beatus Iob, idcirco digne ex genere optimo fuisse dictus est

---

21 Iob 1, 1b–c   **26** ex ... ortus] *cf.* Iob 42, 17cβ   **26sq.** Abraham ...
imitatus] *cf.* Gen. 15, 6; Rom. 4, 3; Iulian. Arian., comm. in Iob 1, 3η (PTS
14, 10)   **27sq.** Isaac ... sectatus] *cf.* Gen. 24   **28sq.** Israel ... appropinquavit]
cf. Gen. 35, 1–15   **29** Melchisedech] i. q. Sem (*cf.* Genesis Rabbah 44, 7;
Pirqe Rabbi Eliezer 8; 27; Hier., in Is. 12, 41, 1 [CC 73A, 470, 95–100])
cuius filii necati sunt (*cf.* Tanhuma Lekh-Lekha 19); *cf.* praef. p. 24
29sq. Ioseph in castitate] *cf.* Gen. 39   **30** Moysi in mansuetudine] *cf.* Num.
12, 3 | Samueli in iustitia] *cf.* 1 Reg. 12   **30sq.** Lazaro ... iudicii] *cf.* Luc. 16,
19–31   **32sq.** Ps. 118, 63

---

16 contrabatus *M* | qui similiter peccato liber est *tr. B* | est] a *add. so*
17 divinam] dignam *mm* | digne *om. B*   **19** non vitiavit] nuntiavit *M*
22 talis] qualis *M (ac.)* | dicitur de genere *tr. Φ mm*   **23** bene erit *tr. Φ mm*
is] his *N B*   **26** orsus *mi* | quia²] ab *add. A (corr.)*   **29** in¹ *om. B*
30 Lazarum *B*

utpote totius iustitiae nobilitatem in se gestans, utpote omnium
amicorum domini libertatem in se continens. Non dicuntur Amnon vel Absalom bene nati; negaverunt enim et discesserunt   5
atque ceciderunt a sanctitate et dignitate David patris sui aliique
innumeri similiter ut hi primi et novissimi, qui omnem iustitiae
libertatem amittentes et servi effecti peccati aeterni supplicii apud
inferos comprobabuntur famuli. Nos vero omnes dignos habeat
sanctos omnium dominus, ut bene nati in sancta regeneratione   10
perseveremus. Concedat nihilominus nobis ipse caelestis dominus, ut in incorruptibili generositate illibati permaneamus, non
carnis tantum libertate gloriantes, sed animae castitatem et fidem
atque misericordiam coram deo et sanctis angelis eius demonstrantes, ut liberi ab omnibus peccatis et delictis in aeternam glo-   15
riam ac regnum caelestis patris nostri regis cum sanctis sine diffi-
cultate introeamus sancti atque intaminati filii eius, perseverantes
usque in finem et libertatem nobis ab eo donatam atque nobilitatem immaculatam iugiter custodientes. Sic itaque omnibus
modis bene natus beatus Iob esse dignoscitur. Beati omnes qui   20
illum fuerint imitati; beati omnes qui eius divina vestigia fuerint
secuti. Hi enim omnes simillimi ut ille gloria apud deum digni
habebuntur.

---

4 sq. non ... nati] *cf.* 2 Reg. 3, 2–5   5 sq. negaverunt ... sui] *cf.* 2 Reg. 13–18
8 servi effecti peccati] *cf.* Ioh. 8, 34 | aeterni supplicii] *cf.* Matth. 25, 46
17 sq. perseverantes ... finem] *cf.* Matth. 10, 22; 24, 13

---

4 inimicorum *A* (*corr.*)   6 aliique] et alii *Φ mm*   7 ii *mm*   8 amittente *M*
9 comprobabuntur *N*; comprobabantur *cett.* | dignos omnes *tr. Φ mm*
habeat] vel *add. B*   10 sanctos] sanctus *sl. T*; sanctus *add. B*   11 ipse nobis
tr. Φ mm   12 illibata *β mm*   13 castitatem *N*; castitate *cett.* | et *om. Φ*
mm | fidem *N*; fide *cett.*   14 misericordiam *N*; misericordia *α*; omnia *cett.*
demonstrantes] demum stantes *so*   16 nostris *N* | difficultatem *N*   17 per-
severantes] in praeceptis eius (*cf. Iob 23, 11a*) *add. Φ mm*   18 ab eo nobis *tr.*
mm   19 iugiter *sl. N*   20 modis *om. V* | beatus *sl. N*   21 illum] in illo *M*
qui] in *add. M* | vestigia divina *tr. M*   22 simillimi *N*; simili *α*; simul *cett.*
digne *N* (*ac.*)

24. Sed adhuc FUIT, inquit, HIC HOMO DE GENERE OPTIMO, et non solum DE GENERE OPTIMO, sed EX PARTIBUS ORIENTIS. Unde igitur est delectatio luminis? Unde etiam radii pulchritudinis? Unde ortus sanitatis? EX PARTIBUS ORIENTIS. Unde est
5 hominum initium? Unde fuerunt mundi priores? Ubi est paradisus iucunditatis? *Plantavit* inquit *dominus paradisum in Eden contra orientem*, inde nimirum admirabilis Iob dicitur fuisse. Ob quam rem? Quia refulsit veritate et resplenduit fide ac pietate atque tolerantia et omnibus virtutum studiis. Ob hoc ergo digne
10 ex genere optimo et ex partibus orientis fuisse dicitur. Nam sicut omnes homines diei luce incipiente ad orientem suam extollunt visionem, pulcherrimos solis radios properantes conspicere, sic similiter vel immo potius omnis pia ac religiosa atque credens anima in omni tempore ad incorruptibilem orientem veram
15 atque spiritalem extollit visionem, ut solis iustitiae admirabiles radios exinde oriri conspiciat. Hoc monebat et hoc significabat et hoc docebat omnes ille qui ait: *Psallite deo qui ascendit super caelos caelorum ad orientem*. Sic namque et Danieli adoranti deum atque deprecanti *contra Hierusalem aperiebantur fenestrae*, illo enim ubi
20 erat ex Babylone ad orientem, unde erat solis ortus ad Babyloniam. Ergo quia cum in Hierosolyma esset, ad orientem adorabat deum, idcirco et cum esset in Babylonia, tamquam ad Hierusalem versus adorare visus ad orientem adorabat deum et creato-

mi 391

24, 6sq. Gen. 2, 8   15sq. solis ... conspiciat] *cf.* Mal. 4, 2   17sq. Ps. 67, 33sq.   19 Dan. 6, 10

24, 1 fuit *om.* N | homo hic *tr.* α A (*ac.*)   2 et ... optimo *om.* M | de genere *om. mi* | sed] et *add.* α   3 igitur *iter.* P | delectio B   5 paradisus] paradisum N (*ac.*)   6 dominus *om.* α Φ *mm* | paradisum] voluptatis *add.* Φ *mm*   7 Iob *om.* N   8 resplenduit] veritate ac *add.* P   9 virtutibus N   11 suam *sl.* N   12 respicere *mm*   15 atque *om.* Φ *mm*   17 caelos N; caelum *cett.*   18 caelorum] caeli B | et *om.* Φ *mm*   20 inde Φ *mm* | Babylonem Φ *mm*   22 deum *om.* β *mm*   23 adorare visus *om.* Φ *mm* | deum ... adorabat *om.* B

rem omnium. Ad orientem adorabat eum, ex quo est totius bene-
ficii ac salutis, gratiae quoque atque misericordiae ortus. Sic nam- 25
que et nunc nos, omnes credentes, sanctis similiter credentibus
concordantes ad orientem adoremus dominum deum nostrum,
qui propter nostram salutem atque redemptionem super occasum
sane descendit, utpote in passione ac morte occasurus, ad orientem vero ascendit, utpote a mortuis post passionem resurgens et 30
in caelum post resurrectionem ad orientem ascendens. Horum
namque omnium figuram adimplens beatus Iob EX PARTIBUS
ORIENTIS esse dicitur, quia omnis sanctitas et pietas atque fides
usque in finem in illo orta est.

1, 4a–b   25. Post haec autem universa adiciens dicit: CONVENIEN-
TES ERGO FILII ILLIUS AD INVICEM, POTATIONES FACIEBANT
PER SINGULOS DIES. FILII ILLIUS: cuius? Iob. FILII ILLIUS qui
dudum sunt designati vel memorati, FILII ILLIUS qui septem fuerunt numero et unam habuerunt animam. Septem fuerunt per- 5
sonae et unum erat eis cor, qui dissimiles erant aspectu atque
facie, similes vero et unanimes mentis concordia atque pietatis
communione. Isti ergo septem filii Iob CONVENIENTES AD INVI-
CEM. Non erat inter illos superbia neque arrogantia neque infla-
tio neque elatio; non contemnebat primus novissimum, non se 10
extollebat neque exaltabat maior super minorem, sed germanorum circa invicem conservantes unanimitatem CONVENIEBANT
AD INVICEM. Conveniebant pure atque sinceriter, conveniebant
concorditer atque unanimiter. Iunior maiori obsequium redde-

25, 2 ergo] δέ (cf. cap. 26, 20)   6–8 unum ... communione] cf. Act. 4, 32

24 eum adorabat tr. P | beneficii totius tr. P   25 atque] ac Φ mm   26 om-
nes nos tr. A   27 adoremus N; oramus B; *adoramus cett.
25, 1 adiciens dicens universa M   2 illius] eius V mm   4 dudum] cuius add.
B | illius om. β mm   6 eis om. B | aspectu] a conspectu B | atque] gratiae
add. A (corr.)   7 vero] erant add. so   9 illos] eos Φ mm   10 primum novissimus α   11 neque] non mm   12 unitatem T (ac.)   13 sincere mi

15 bat, novissimus primo primatum honorem exhibebat. Non invidebat alter alteri sicut filii Iacob Ioseph, non resistebat alter alteri
sicut Absalom Amnon et sicut Adonias Salomon, sed CONVENIE-
BANT AD INVICEM tamquam fratres ad fratres, tamquam germani
ad germanos. CONVENIEBANT AD INVICEM: nullus iudicabat   mi 392
20 inter eos *quidquam suum esse, sed erant illis omnia communia* et
munera et substantia et divitiae et unanimitas et pecunia et caritas, omnia illis erant communia. CONVENIEBANT AD INVICEM,
ipsi priores adimplentes hoc quod dictum est: *Ecce quam bonum
et quam iucundum habitare fratres in unum*, ipsi priores obser-
25 vantes id quod post hoc ab apostolis observatum est et a credentibus perfectum atque adimpletum, sicut dicit: *Erat cor et anima
omnium credentium una.* Hanc scilicet piam unanimitatem ostendentes atque sinceram concordiam demonstrantes, beati illi filii
Iob CONVENIEBANT AD INVICEM.

    26. Ita oportet etiam facere religiosos fratres, ita oportet
etiam nunc ostendere veros germanos, blandos atque mites esse
ad invicem, modestos quoque atque unanimes. Non oportet eos
contentionem vel divortium ad invicem habere; non oportet eos
5 invidiam neque zelum adversus invicem retinere; non oportet eos

---

16 filii Iacob Ioseph] *cf.* Gen. 37, 4   17 Absalom Amnon] *cf.* 2 Reg. 13, 22
Adonias Salomon] *cf.* 3 Reg. 1, 5–21   20 Act. 4, 32   23 sq. Ps. 132, 1
26 sq. Act. 4, 32   27–29 hanc ... invicem] *cf.* Iulian., in Iob, 1, 4 (CC 88, 5);
Philipp. Presb., in Iob rec. brev. 1 (PL 23, 1409A–B), in Iob rec. long. 1 (PL
26, 622C)

---

15 primatum *N*; cum primatum *P*; cum primatu *cett.* | honore *P*   20 eos]
nec *add.* *Φ me* | quidquam *α*; nequisquam *P*; nec quisquam *β (ac. V)*; nec
quidquam *V (pc.) mm* | esse] dicebat *add.* *Φ mm* | et ... 22 communia *om.* *B*
21 pecunia *fortasse corruptum*   22 erant illis *tr. mm* | conveniebant *N*;
conveniebantque *cett.*   25 post hoc *N*; hoc *M*; post *cett.* | ab *om.* *P*   26 at-
que *om.* *so* | impletum *Φ me* | dicit *N*; dicitur *cett.*   27 credentium om-
nium *tr. so*   28 illi *om.* *B*
26, 1 etiam *om.* *B* | facere etiam *tr. α P A T V*   3 ad *om.* *mm* | quoque] et
add. sl. *V mm* | atque *om.* *β mm* | eos *om.* *Φ mm*   4 ad *N*; cum *α P B A*
mm; *om.* *T V*   5 neque] atque *Φ mm*

malitiam vel iniquitatem ad invicem reservare, sicut olim Esau
servavit circa Iacob dicens: *Quando appropinquabunt dies mortis
patris mei, *ut interficiam Iacob fratrem meum*; sed similiter ut
religiosi illi filii Iob se invicem debent diligere, pure atque sinceriter *ad invicem debent sentire, suam gloriam atque honorem sibi   10
invicem deferre, sicut dicit apostolus: *Si honorificatum fuerit
unum membrum, congaudent omnia membra.* Non oportet invicem mordere atque criminari, ne ab invicem consumantur sicut
Esau ille nequissimus, qui propter aviditatem primatum amittens,
post hoc adversum germanum fratrem suum Iacob insurgens,   15
divinae gratiae exsors effectus est, sed filiorum Iob imitare debent
benignam illam germanitatem atque deo dilectam fraternitatem,
qui omnes tamquam ex sancta radice sancti creverunt rami, qui
omnes tamquam ex sancta arbore sanctum produxerunt et fructum. De istis ergo istic dicit: CONVENIENTES AUTEM FILII EIUS   20
AD INVICEM, POTATIONES FACIEBANT PER SINGULOS DIES. PO-
TATIONES FACIEBANT, id est convivia, festivitates. POTATIONES
FACIEBANT, laetitiam, iucunditatem, sed non sibi tantum, sed et
1, 4c–d   sororibus suis. CONVOCATIS inquit AD SE ET TRIBUS SORORI-
BUS SUIS, UT SECUM MANDUCARENT ET BIBERENT. POTATIO-   25

7sq. Gen. 27, 41; *cf.* Ps. Chrysost., in Iob sermo 2, 1 (PG 56, 568)   11sq. 1
Cor. 12, 26   14–16 Esau ... est] *cf.* Gen. 27; 32; 36   18 omnes ... rami] *cf.*
Rom. 11, 16   19sq. omnes ... fructum] *cf.* Matth. 7, 17   20 autem] *cf.*
Hier., interpr. Iob (PL 29, 63A); cap. 25, 2

---

7 circa] contra *mm* | appropinquabant *V* (*ac.*)   8 ut[1] coniecit Primmer (*cf.*
LXX: ἵνα); et *N*; *om. cett.*   9 illi religiosi *tr. Φ mm* | diligere] fratres quique
add. so | puriter *Φ mm*   10 ad coniecit Primmer; id *N*; *om. cett.* | suam]
invicem *add. Ψ*   11 unum fuerit *tr. P A T V mm*   13 criminare *M P B* | ab]
ad *mi*   15 haec *mi* | adversus *Φ mm* | germano *A* (*ac.*)   16 filios *α*
imitare *N*; imitari *cett.*   17 germanitatem] fratrem *add. P* (*corr.*)   18 ex ...
tamquam *om. N* | increverunt *α*   21 potationes[1] ... dies *post* festivitates (*lin.*
22) *tr. M*   22 potationes faciebant *om. Φ mm*   23 sibi] igitur *add. B*
tantum] huiusmodi faciebant *add. mm* | et] est *M*   24 convocatis ... suis *mg.*
N | sororibus[2] *om. M*

NES FACIEBANT, sed non pro ebriositate neque pro luxuria neque pro turpitudine neque pro intemperantia neque pro illicitis scurrilitatibus neque pro dedecoris iocis neque pro impudicis colloquiis atque obscenis. Si enim aliquid horum apud eos fuisset, si

30 aliquid de huiusmodi beati illi filii Iob agerent, non utique sorores suas secum convocassent, ut coram sororibus suis illicita atque impudica agerent vel loquerentur. At nunc vero quia et opera eorum et verba et conventus atque convivia pia ac pudica erant, decora quoque atque deo dilecta, casta nihilominus et

35 munda, merito in testimonium purgationis suae atque munditiae germanas sorores suas secum convocabant, ut *innocentiam   mi 393 eorum coram patre suo atque omnibus hominibus attestarentur. Ob hoc ergo convocabant ad se tres sorores suas UT SECUM MANDUCARENT ET BIBERENT, ut sicut secum manducarent et bibe-

40 rent, sic et collaudarent et honorificarent secum dominum caelestem, sic et adorarent et gratias agerent vero creatori, sic et adorarent ac deprecarentur aeternum regem. Ob hoc ergo convocabant secum tres sorores suas, ut fierent omnes simul ecclesia sanctorum, congregatio religiosorum, conventus immaculatorum et

45 incoinquinatorum atque castorum.

26-29 sed ... obscenis] *cf.* Eph. 5, 3-5   **32-37** at ... attestarentur] *cf.* Iulian. Arian., comm. in Iob 1, 3η (PTS 14, 10); Ps. Chrysost., in Iob sermo 2, 1 (PG 56, 568)   **43sq.** ecclesia sanctorum] *cf.* Ps. 88, 6; 149, 1

---

26 pro ebriositate *N*; propter ebriositatem *cett.* | neque[1] *iter. M*   **27** intemperantia] sed *add. N*   **28** dedecoris *N* (*cf. cap. 84, 11*); desideriis *α*; desideriosis *P B A T mm*; derisoriis vel desidiosis *V*   **29** atque] neque *B*   **31** coram] cum *Φ mm*   **32** colloquerentur *Φ mm* | et *om. mm*; *sl. M*   **34** quoque *om. Φ mm* | atque] ac *so* | deo *om. Φ mm*   **36** suas sorores *tr. M* | innocentiam eorum *coniecit* Primmer (*cf. infra ad lin. 37*); innocenti caelorum *N*; innocentes caelorum *α*; innocentes scelerum *cett.*   **37** omnibus *om. B* hominibus *om. Φ mm*; *add.* innocentiam eorum *so*   **38** invocabant *N* **39** ut ... biberent *om. P*   **40** caelestem] et *add. P*   **41** sic[2]] ut *add. N* | et[3] *om. B*; ut *add. M* | adorarent[2]] orarent *M*   **42** ac] et *Φ mm* | regnum *M* (*ac.*) | convocant *N*   **45** atque] ac *N* (*ac.*) | castrorum *P*; est *add. M*

27. Sic itaque CONVENIENTES AD INVICEM, POTATIONES
FACIEBANT PER SINGULOS DIES, non per singulos dies totius vitae
suae, sed per singulos dies septimanae. Septem cum essent filii,
septem diebus festa celebrabant. Sic namque et lex post hoc praecepit septem diebus agere diem festum sive paschae sive hebdo-   5
madarum sive scenopegiae. Haec itaque adimplere anticipantes
filii Iob vel etiam potius ipse Iob qui eos docuit, POTATIONES
FACIEBANT per istos septem dies, unusquisque eorum apud se
habens una die omnes fratres suos et sorores, primus primo, secundus secundo, et ita consequenter per ordinem omnes usque ad   10
consummationem horum septem dierum. Per singulos ergo istos
septem dies potationes faciebant, id est diem festum, convivium,
epulum, iucunditatem. Sed procul dubio quia non sibi tantum
neque solis sororibus suis, sed et servis et liberis et pauperibus et
egenis et indigentibus atque non habentibus omnibus faciebant   15
epulum, omnibus exhibebant iucunditatem atque convivium.
Non enim poterant in parte sane imitari legem, in parte autem
non: non poterant in hoc imitari legem ut septem diebus festa
celebrarent, in hoc autem non imitari ut non epularentur cum
illis servi et ancillae atque egeni. Praecipit namque lex et dicit: 20
Septem diebus celebrabis diem festum domino deo tuo, et epulaberis
tu et filius tuus et filia tua et servus tuus et ancilla tua et advena qui

---

27, 5 septem ... paschae] *cf.* Exod. 12, 15; Lev. 23, 6; Num. 28, 17; Deut. 16,
3   **5 sq.** hebdomadarum] *cf.* Lev. 23, 16; Num. 28, 26; Deut. 16, 9   **6** sceno-
pegiae] *cf.* Deut. 16, 13   **17 sq.** non ... non] *cf.* Gal. 5, 3; Iac. 2, 10   **21** septem ... tuo] Deut. 16, 15   **21–23** et ... tuae] Deut. 16, 11

27, 2 suae vitae *tr. so*   **4** postea *V* | haec *so β mm* | praecipit *mi*   **5** diem
festum *om. Φ mm*   **6** implere *mi*   **7** potius *om. Φ mm*   **9** primus primum
secundus secundum (secundum secundus *ac. V*) *M Φ mm*   **10** ita et *tr. α*
11 istos ergo singulos *tr. Φ mm*   **12** diem] dies *M (pc.)*   **13** quod *mm*
15 atque] et *Φ mm*   **17** enim *sl. N* | parte¹] partem *N* | imitare *A (ac.)*
parte²] partem *N*   **18** non¹ *om. M*   **19** non² *om. B*   **20** et ancillae atque]
atque ancillae ac *Φ mm* | praecepit *M T(ac.) mi*; praecipitur *V* | lex *N*; in (et
ac. M) lege *cett.* | dicitur *so V*   **21** epulaveris *N M*   **22** et³ *om. so*

est in te et egenus gentis tuae. Quae ergo in lege post haec praecepta sunt, haec nimirum anticipans Iob et ipse implevit et filios
25 suos implere docuit, et hospitalitatem et eleemosynam et misericordiam et pauperum et miserorum beneficia atque consolatio-
nes, quae sunt valde deo acceptabiles cum fide perpetratae atque
perfectae. Ita debemus etiam nos facere, o amici, in diebus festis
nostris atque iucunditatibus non solum hoc respicere quomodo
30 nos soli epulemur atque iucundemur, sed et hoc praesertim debemus intendere ut epulentur nobiscum et celebrent diem festum
servi nostri et ancillae et clientes nostri et egeni et pauperes universi, ut celebremus diem festum domino deo nostro. Si enim
celebraverit tecum diem festum et epulatus tecum fuerit servus
35 tuus et ancilla tua et pauperes et egeni atque inopes, pro certo
quod domino deo tuo diem festum celebras. Epulatur enim te-   mi 394
cum dominus deus tuus per inopum atque pauperum ora, qui ait:
Cum feceritis uni de minimis istis miserabilibus, *mihi fecistis.*

28. Post quae universa dicit: **ET CUM FINITI ESSENT DIES**   1, 5a
POTATIONUM. Ostendit evidenter istic hoc, quod superius dictum est, verum fuisse quia non semper epulabantur, quia non
quotidie potationes faciebant, sed certis diebus, sed istis diebus,
5   qui memorati sunt septem numero secundum numerum septem
filiorum, secundum illos septem qui post hoc in lege celebrati
sunt. Cum ergo isti finirentur, cum transiret solemnitas, cum

---

38 Matth. 25, 40
28, 2 superius] *cf.* cap. 27, 1sqq.   6 sq. qui … sunt] *cf.* cap. 27, 4sqq.

---

24 haec] hoc *M* (*ac.*)   25 suos *om. Φ mm*   26 atque … acceptabiles *om. B*
27 deo valde *tr. so mm*   28 facere *om. mm*   29 quomodo *sequ. ras. 1 litt. A*
30 iucundemur *N*; iucundemus *cett.* | et *om. α Φ mm*   31 festum] nostrum
add. Φ mm   33 ut *N*; et *cett.*   34 celebraverint *Φ mm* | diem *om. so*
35 certo] scito *add. Φ mm*   36 diem festum *mg. N* | celebras] scias *add. so*
37 inopem *mi* | et *mm*   38 cum] quodcumque *mm*
28, 1 quae] haecque *α*; haec *mm*   2 hoc *om. mm*   5 septem¹] semper *Ψ*
septem²] semper *α*   6 filiorum] Iob *add. Φ me* | post hoc *post* finirentur *tr.*
mm | hoc *om. B*   7 ista *M*

finirentur potationes secundum festivitatis consuetudinem – non
enim quotidie potationes faciebant filii beati viri illius, neque
semper in calicibus et phialis dabant oculos suos, non enim erant 　10
vinolenti sicut nunc sunt quam plurimi, sed sancti erant sanctissi-
mi illius Iob filii; cum ergo sancti viri essent filii, sancte in solem-
nitatibus suis laetabantur, de castitate ac sanctitate, de munditia
quoque atque pudicitia et secum invicem et cum sororibus suis
loquentes, iuxta haec quae superius memorata sunt universa – 　15
postquam ergo sic finirentur dies potationum in castitate et in
pietate atque pudicitia, post hoc nimirum quid factum est ostendit dicens: **MITTEBAT IOB ET MUNDABAT ILLOS.** Mittebat eos,
qui pietatem admonerent, qui iustitiam instruerent, qui dei timorem docerent, qui testificarentur iudicium dei terribile in quo 　20
omnium et manifestorum et occultorum operum et verborum
ratio inquiritur atque redditur, in quo vindicta imparcenter
omnibus animabus infertur, in quo ira in flamma ignis omnibus
impiis irrogatur. Verbis ergo doctrinae, disciplinae atque admoni-
tionis mundabat eos sive per illos quos mittebat ad eos sive per 　25
semetipsum ad se convocans illos. Sed adhuc MITTEBAT inquit ET
MUNDABAT EOS. Quid mittebat vel quo mittebat? Ad deum mittebat, ad creatorem dirigebat. Quid mittebat? Orationes ac preces

1, 5b 位置

---

15 superius] *cf.* cap. 26, 25sqq.　22–24 quo ... irrogatur] *cf.* 2 Thess. 1, 8

---

9 beati illius viri *tr. α*; illius beati viri *tr. Φ mm*　|　neque semper] non *P*
10 enim *om. mi*　|　erant enim *tr. Φ me*　**11** sunt nunc *tr. mm*　**12** illius] o
add. M (corr.)　|　filii Iob *tr. N mm*　|　sancti *iter. N*; sanctis *A (ac.)*　|　filii² *om. Φ*
mm　|　sancte] sancti *mm*　**13** laetabantur *om. α Φ mm*　**14** atque] ac *Φ mm*
15 sunt *om. N M*　**16** postquam] post hoc quam *M*　|　finirentur] finiti sunt *Φ*
mm　**17** quod *A (ac.) V*　**18** mittebat¹ ... illos *om. B*　|　mundebat *P (ac.)*
mittebat²] ad *add. Φ mm*　**19** timore *N*　**20** dei iudicium *tr. Φ mm*　**21** et
occultorum *om. α Φ mm*　|　verborum] atque occultorum *add. so*　**22** impar-
center *N M (ac.)*; impatienter *cett.*　**25** eos¹] illos *Φ mm*　|　illos] eos *Φ mm*
eos²] illos *Φ mm*　**26** adhuc *om. α Φ mm*　**27** quo] quomodo *mm*　|　ad¹ ...
mittebat² *om. B*　|　dominum *mm*　|　mittebat³] et *add. α Φ mm*　**28** ad *om. M*

suas pro eis, confessionem quoque atque gratiarum actionem pro
30 illis. Haec scilicet universa MITTEBAT ET MUNDABAT EOS. MUN-
DABAT EOS orationibus suis, MUNDABAT EOS precibus atque
postulationibus suis, MUNDABAT EOS sinceris *satisfactionibus,
MUNDABAT EOS sicut Moyses filios Israel in deserto pro illis
orando, MUNDABAT EOS sicut Samuel universum Israel adversus
35 allophylos *pugnantem, orationibus suis deum illis placando
atque exorando. Sic ergo et hic iustus Iob olim filios suos mundabat.

29. Quod autem orationibus atque satisfactionibus eos
mundaverit, per ea quae sequuntur ostendit dicens: SURGENS   1, 5b
MANE. Mox ad deum currebat, mox ante deum procidebat, pro
se et pro filiis suis deum exorans atque deprecans, orans quoque
5 atque postulans terribilem dei faciem, et sibi et illis repropitiare
festinans nec non et docens et admonens atque formam ostendens et tunc filiis suis et nunc omnibus nobis in perpetuum, ut
confestim diluculo ex noctis requie exsurgentes ante omne opus
vel verbum, ante omne colloquium vel conventionem, primitias   mi 395
10 resurrectionis nostrae deo exhibeamus in sinceris orationibus
atque precibus, in matutinis deprecationibus atque gratiarum
actionibus. Haec itaque, quia pietatis atque religiositatis formam
nobis omnibus demonstrans Iob SURGEBAT MANE ET MUNDA-

---

33 sq. Moyses ... orando] cf. Exod. 19, 14   34–36 Samuel ... exorando] cf.
1 Reg. 12, 19–25

---

29 ac B   31 atque] ac Φ mm   32 suis om. mm | mundabat eos sinceris om.
α Φ mm | satisfactionibus coniecit Primmer; suis factionibus N; om. cett. (cf.
cap. 29, 1)   33 pro illis in deserto tr. Φ mm   34 mandabat M (ac.) | sicut sl.
P | universum N; universo M; universos cett.; filios add. so Φ mm   35 pug-
nantem coniecit Primmer; pugnantium N M; pugnantes cett. | illum M (ac.)
36 mundat M; eos add. N (corr.)
29, 2 seruntur N   3 currerat M | ante N; ad cett. | procidebat N; procedebat
cett.   4 pro om. mm   7 ut] et add. B   8 requiem M | exsurgentibus N
11 atque¹] ac B | atque¹ ... deprecationibus mg. N   12 hanc β mm | quia
om. Φ mm | ac A T V mm   13 demonstrant so | et sl. P

1, 5c BAT EOS, **OFFERENS PRO EIS HOSTIAM SECUNDUM NUMERUM ILLORUM.** Primum MUNDABAT: purificabat sanctificabat, et ita 15 demum PRO EIS HOSTIAM OFFEREBAT, ut cunctis in perpetuo ostenderet quia mundos et castos atque sanctos condecent sacrificia, ut sancte atque digne immolata sancte ac digne a sanctis accipiantur. Sic namque et apostolus post hoc dicit: *Probet seipsum homo*, hoc est mundet semetipsum et ita de sanctissimis 20 domini sacrificiis fruatur. Sic et Iob pridem faciens primum MUNDABAT filios suos, et ita demum PRO EIS HOSTIAM OFFEREBAT SECUNDUM NUMERUM EORUM, secundum personas eorum. Quare secundum numerum eorum? Propter nimiam sinceritatem quam habebat circa deum atque devotam castificationem quam 25 habebat circa illum. "Singuli" inquit "a deo creati sunt, singillatim ex utero matris exierunt, singillatim identidem in resurrectione atque in inquisitione iudicii exsurgent. Ob hoc" inquit "ego pro singulis eorum secundum numerum illorum hostiam offero, ut et ipsi haec videntes eadem pro semetipsis perficere properent, 30 hoc scientes, quia unusquisque omnium hominum pro semetipso solus in iudicio resurget et solus ad inquisitionem veniet et solus pro se solo responsum in visitatione animarum dabit. Non enim liberabit frater fratrem neque defendet ullus alium in iudicio."

---

19 sq. 1 Cor. 11, 28   31 – 33 unusquisque ... dabit] *cf.* 2 Cor. 5, 10

---

14 pro eis *om. N*   **15** primo *Φ mm*   **16** deferebat *B* | perpetuum *mm* **17** et *om. mi* | concedent *N* (*ac.*); condecens *M*; conderent *me*   **18** ac] atque *Φ mm*   **19** apostolis *P* (*ac.*); apostolo *A* | haec *β mm*   **20** et *om. B A T* **22** filios suos *N*; filios *α*; eos *mm*; illos *cett.*   **23** secundum² ... eorum² *om. B* **25** deum *N*; illum deus *α*; illos *cett.* | atque ... illum *om. β*   **26** illum] illos *P mm* | inquit] iidemque *me*; itidemque *mi*   **27** identidem *N*; idem totidem *M*; id est totidem *so*; totidem id est *P B T V*; totidem idem *A mi*; totidem iidemque *me*   **28** in *om. M*; *sl. V* | hoc] ergo *add. B* | ego *om. B*; ergo *P A T V mm*   **30** eandem *α*   **31** unusquis *V*   **33** visitationem *N* | animarum *mg. N*

30. Merito ergo SECUNDUM NUMERUM EORUM OFFEREBAT
PRO EIS HOSTIAS, ITEM VITULUM UNUM PRO PECCATIS ANIMA-   1, 5d
RUM ILLORUM. Quis autem offerebat easdem hostias? Certum
quod ipse Iob. Si enim post hoc pro amicis suis ipse iussus est
5 offerre atque hostias immolare, multo magis pro filiis suis ipse
offerebat sinceras atque deo acceptabiles hostias. Erant nihilominus etiam ea tempestate sacerdotes necdum adhuc a lege ordinati,
sed naturali sapientia hoc requirente ac perficiente. Ita sacerdotio
functus est Noe; ita sacerdotio functus est Abraham; ita sacer-
10 dotium gessit Melchisedech; ita et ipse Iob post illos sacerdotio
fretus est. Sed interim, sicut diximus, erant etiam sacerdotes per
loca qui pro indigentibus hostias offerebant deo per diversa tempora. Quod autem fuerint pro certo illo tempore sacerdotes,
ostendit ipse Iob dicens: *Qui mittit sacerdotes captivos.* Sive ergo
15 memorati sacerdotes sive ipse per semetipsum, Iob OFFEREBAT
HOSTIAS PRO ILLIS SECUNDUM NUMERUM EORUM. "Si hereditatem" inquit "illis distribuerem, si dona illis ingentia donarem,
nonne secundum numerum eorum dividerem? Nonne secundum
personas eorum darem? At nunc vero cum spiritalem" inquit
20 "illis hereditatem dividam atque divina illis dona largiar, sacrificia
pro illis offerendo atque hostias, nonne multo magis secundum   mi 396
numerum eorum atque secundum personas illorum offeram?"

30, 4sq. post ... immolare] *cf.* Iob 42, 8sq.   **6–13** erant ... tempora] *cf.*
Chrysost., comm. Iob 1, 7 (SC 346, 100sq.; PTS 35, 10); Hier., epist. 73, 2
(CSEL 55, 14sq.)   **8sq.** sacerdotio ... Noe] *cf.* Gen. 8, 20   **9** sacerdotio ...
Abraham] *cf.* Gen. 12, 7sq.   **9sq.** sacerdotium gessit Melchisedech] *cf.* Gen.
14, 18–20; Hebr. 7, 1–3   **11** sicut diximus] *cf.* lin. 6sq.   **14** Iob 12, 19a

---

30, 2 animarum *sl. N*   **3** eadem *P* | certum] est *add. Φ mm*   **5** offerri *M*
multum *B*   **6** deo *N*; a deo *cett.*   **9** est² *om. N* | sacerdotium gessit] sacer-
dotio functus *N*   **11** fretus] *functus so Φ mm* | etiam] et *A T*   **12** deo *N*;
domino *cett.*   **15** ipse] ipsum *N*   **16** illorum *Φ mm* | hereditatem] enim
reditatem *M (ac.)*   **18** nonne ... dividerem *om. B* | illorum *Φ*   **19** dona-
rem *B* | at nunc *N*; adhuc *α*; nunc *Φ mm*   **20** largiat *P (ac.)*   **22** atque ...
eorum *om. Φ mm* | illorum *N*; eorum *cett.*

Bene ergo si secundum numerum eorum et secundum personas
hostias immolas: cur unum vitulum pro omnibus illis sacrificas;
cur unum vitulum pro omnium animabus iugulas? "Ob hoc" 25
inquit "unum vitulum pro omnium animabus macto, ut communionem atque concordiam, unanimitatem quoque atque con-
sensum cunctos illos doceam, ut cum unus vitulus pro omnibus
iugulatur, unam animam se invicem omnes iudicent. Merito ergo
pro omnium animabus unum vitulum communiter mactavi." 30
    31. Sed adhuc, quod est horum maximum, VITULUM inquit
UNUM PRO PECCATIS ANIMARUM ILLORUM. Dic, o beate Iob:
Quis te docuit vitulum mactare pro animarum peccatis? quis te
docuit ita de longe figuram adimplere illorum, quae perficienda
sunt in novissimo tempore? "Spiritus" inquit "sanctus mihi reve- 5
lavit, spiritus sanctus me docuit ut vitulum pro animabus offeram in figuram illius vituli, de quo dictum est: *Cito adducentes*
vitulum saginatum mactate, ut vitulum pro peccatis iugulem in
typo illius de quo dictum est: *Ecce agnus dei, qui tollit peccata*
mundi. Ipse" inquit "spiritus sanctus me docuit vitulum pro pec- 10
catis animarum offerre atque de longe figuram adimplere illius,
qui tamquam vitulus saginatus pro salute mundi mactatus est in
novissimo tempore, qui tamquam agnus immaculatus pro mundi

---

29 unam ... iudicent] *cf.* Act. 4, 32
31, 5 in novissimo tempore] *cf.* 1 Petr. 1, 20   7 sq. Luc. 15, 23   9 sq. Ioh.
1, 29

---

23 eorum numerum *tr. M*   24 immolabo *Φ mm* | curque *Φ*; autem *add.*
mm | illis *om. mi*   25 vitulum] communiter *add. Φ mm* | omnibus *Φ mm*
26 unum vitulum inquit *tr. P* | omnibus *P B*   27 quoque *om. Φ mm*
28 cunctos] omnes *B* | doceas *M (ac.)* | cum *sl. N*   29 unam animam *N*;
unanimes *cett.* | se] esse *Φ mm* | iudicentur *Φ mm*
31, 2 dic *sequ. ras. 1 litt. P*   3 te² *om. mi*   7 figura *P* | adducentes *N*; addu-
cite *cett.*   8 saginatum] et *add. Φ mm* | mactate *N*; mactavi *α*; *om. cett.* | ut
post peccatis *tr. so*   9 dei] ecce *add. α Φ mm* | peccatum *α Φ*   10 sanctus
spiritus *tr. so*   11 implere *mi*   12 salute mundi mactatus *N*; mundo mac-
tandus *cett.*   13 mundi peccatis] mundis *mi*

peccatis erit immolandus. Quis enim docuit Isaiam dicere: *Sicut*
15 *ovis ad victimam ductus est et sicut agnus coram tondente se sine*
voce et *ipse peccata nostra portavit et propter impietates nostras*
deductus est in mortem; quis docuit Hieremiam dicere: *Ego autem*
tamquam agnus immaculatus ductus ad immolandum aliaque innumera his similia? Qui ergo omnes illos docuit dicere et prophe-
20 tare de eo qui erat venturus, idem ipse" inquit "etiam me illumi-
navit, ut et vitulum pro peccatis offerrem et typum futuri vituli
atque agni adimplerem." Merito ergo VITULUM UNUM PRO PEC-
CATIS ANIMARUM ILLORUM obtulit, ut illa tunc perficeret et futura ostenderet. Sed adhuc propterea vitulum illum coram filiis
25 suis pro peccatis iugulavit, ut videntes ipsi filii, quod pro alienis
peccatis ille vitulus iugulatus moreretur, metuentes ac paventes
omnia peccata, quae animas perimunt, declinarent et universa,
quae animas interficiunt, id est iuventutis ignorantias, mortifica-
rent. Ob hoc ergo vitulum unum in figuram unius memorati
30 illius vituli mactavit PRO PECCATIS ANIMARUM ILLORUM. Haec
nimirum universa fecit beatus Iob sapienter considerans sancte-
que cogitans.

32. DICEBAT ENIM in semetipso IOB: "NE FORTE FILII MEI 1, 5e
IN CORDE SUO MALI ALIQUID COGITAVERINT ADVERSUS

14–17 Is. 53, 7 + 4sq.   17sq. Hier. 11, 19   20 qui erat venturus] *cf.* Ps.
117, 26; Matth. 21, 9; 23, 39 *par.*   28sq. iuventutis ignorantias mortifica-
rent] *cf.* Iob 13, 26; Ps. 24, 7
32, 2 corde] καρδίᾳ: *cf.* cod. Alexandrin.

---

14 erat *A (ac.)* | immolandus *om. B* | qui *Φ mm* | enim docuit Isaiam]
docuit te de se iam *Ψ*   15 ductus est *om. α*   16 peccata nostra ipse *tr. Φ*
mm   17 in] ad *Φ mm* | qui *Φ mm*   18 immaculatus ductus *om. N*   21 et[1]
om. Φ mm   23 nunc *mi*   24 sed] et *add. α Φ mm*   25 peccatis pro *tr.*
V (corr.)   27 omnia peccata *N*; ab omnibus peccatis *cett.* | et] ut *add.*
A (corr.) | universa *N*; universam *M*; universas *cett.*   28 quae *om. mm*
interficerent *mi* | ignorantia *N M*; a se *add. N M Φ mm*   29 in *om. β*
30 illorum *N*; eorum *cett.*
32, 2 mali aliquid in corde suo *tr. Φ mm*

DEUM." O sinceritas patris, o dilectio parentis, o studium genitoris! Non enim tantum pro corpore sollicitus erat, sed quantum
plus de anima cogitabat! "NE FORTE" inquit "FILII MEI, qui in dis-   5
ciplina nutriti sunt, qui in eruditione creverunt, qui in dei timore
exercitati sunt; NE FORTE FILII MEI, quibus ego vivis gaudeo si ipsi
vixerint deo, quibus ego vivis gratulor si ipsi ad deum intende-
rint, si ipsi deo servierint, si ipsi a creatore non recesserint; NE
FORTE FILII MEI IN CORDE SUO, in mente, in animo, in sensu, in   10
cogitatione ALIQUID COGITAVERINT ADVERSUS DEUM." Ac si
diceret: "Ne forte aliqua mala cogitatio in cor eorum ascenderit,
quae a deo longe facit, quae a sanctitate praevertit, quae a castitate separat, quae a pietate abstrahit." Dic, o beate Iob: quomodo
permitteres ut aliquid mali filiis tuis in verbis atque operibus   15
evidentioribus expediret, qui pro occultis et abditis aut omnino
forsitan non exsistentibus ita nimium sollicitus fueris atque
curam gesseris? *qui sollicitus atque metuens dixisti: "NE FORTE
FILII MEI IN CORDE SUO MALI ALIQUID COGITAVERINT ADVERSUS
DEUM, ne forte de impudicitia cogitaverint, ne forte ad impieta-   20
tem declinaverint, ne forte post peccata oberraverint, ne forte
illicita meditati fuerint, ne forte iniusta concupierint, *ne forte
aliqua radix amaritudinis atque fellis exorta* in animis eorum
noceat". Haec scilicet atque his similia plurima intra semetipsum
tractans beatus Iob dixit: "NE FORTE FILII MEI IN CORDE SUO   25
MALI ALIQUID COGITAVERINT ADVERSUS DEUM. NE FORTE"

---

12 cogitatio ... ascenderit] cf. Luc. 24, 38   22 sq. ne² ... exorta] Deut. 29, 18;
cf. Hebr. 12, 15

---

3 parentis dilectio tr. so   4 quantum om. Φ mm   7 vivis ego tr. P A T V
mm | ipsi] deo servierint et add. P   8 viserint P | vivis ego tr. Φ mm
congratulor V   9 si¹ ... servierint om. β   11 cogitatione] ad add. N M
adversus] contra Φ mm   12 corde M Φ; corda so | ascenderint M   13 prae-
vertit N; pervertit cett.   14 beate] o add. M (corr.)   16 excideret mi   18 qui
mm (cf. lin. 16); quae cett.   19 male Φ   20 ne² ... declinaverint post oberraverint tr. M   23 eorum] ipsis add. Φ mm   24 nocuerit mm

inquit "confringantur rami mei, NE FORTE evellantur propagines
meae, NE FORTE excidat fructus meus quem ego in iustitia genui,
quem in fide produxi. NE FORTE FILII MEI IN CORDE SUO MALI
30 ALIQUID COGITAVERINT ADVERSUS DEUM. NE FORTE obliviscentes deum et recedentes a timore eius atque derelinquentes eius
beneficia dicant *in corde suo: non est deus*, non est iustitia, non est
iudicium, non est resurrectio neque inquisitio neque retributio.
Omnia namque haec mala sunt et deo contraria et a deo lon-
35 ginqua et deo odibilia, et omnis homo, qui haec cogitaverit vel
disposuerit vel fecerit vel proposuerit, *inimicus est dei* atque
odibilis."

33. Sic itaque omnimodis enixissime cogitans pro animabus
filiorum suorum Iob dixit: NE FORTE FILII MEI IN CORDE SUO
MALI ALIQUID COGITAVERINT ADVERSUS DEUM. Qui enim mala
cogitaverint adversus deum, cito intereunt et in perpetuo con-
5 demnabuntur, intercipiuntur imparcenter atque in profundo
inferni in aeternum torquentur. Sed plerique hominum horum
non reminiscuntur, qui filios suos ab infantia exterminant, qui
filios suos et filias ab incunabulis non erudiunt, non corripiunt a
iuventute, non prohibent mala, non odio ducunt pessima, non
10 coercent illicita, non admonent timorem dei, non comminantur
iudicio gehennae, non vitae aeternae introitum docent. Non

---

27 confringantur rami mei] *cf.* Rom. 11, 17   32 Ps. 13, 1   36 Iac. 4, 4

---

27 vellantur *N*   28 iustitias *M*   30 obliviscentes *N*; obliviscuntur *P*; oblivis-
cantur *cett.*   31 delinquentes *N*; derelintes *P (ac.)*   34 a *om. M*   35 cogitaverint *P*   36 prosuerit *P (ac.)*
33, 1 omnimodo itaque *P* | omnimodis *N*; omnimode *mm*; omnimodo
cett. | enixissime *N*; senicissime *M*; sanctissime *so*; sanissime *cett.*   2 in ...
aliquid *post* cogitaverint *tr. so*   4 condemnantur *mm*   5 imparcenter] im-
parcentur *N (pc.)*; impediuntur *Φ mm (cf. cap. 28, 22)*   6 haec *Φ mm*
7 ab ... suos *om. B* | exterminavit *A (ac.)*   8 filias] suas *add. mm* | cunabulis
V (pc.)   9 odio ducunt] odiunt *Φ mm*   11 iudicium *so Φ mm*

enim educant *eos in disciplina atque eruditione domini*, quia non
gerunt curam pro animabus eorum neque solliciti sunt pro salute
vel perditione filiorum. Huiusmodi cum non erudiunt neque
corripiunt filios suos, et ipsorum animas in ignis inexstinguibilis　15
mi 398　interitum tradunt et semetipsos in furorem iudicii demergunt.
Omnia enim, quae deliquerint filii, de parentibus requiruntur,
qui non erudierint neque corripuerint filios suos. Huius evidens
exemplum in Heli ostenditur et in filiis eius atque in aliis alibi.
Haec sciens gloriosus dei famulus Iob non solum a manifestis　20
peccatis observabat filios suos sed et ab occultis, NE FORTE MALI
ALIQUID IN CORDE SUO COGITARENT. Primus beatus ille ostendens factis hoc, quod post hoc dictum est verbis: *Ab occultis meis
munda me*: pro occultis nihilominus atque in ignorantia perpetratis delictis filiorum suorum sollicite mundabat eos, et non tan-　25
tum pro perpetratis atque certis quantum pro incertis atque non
exsistentibus.

34. Hoc nimirum faciebat beatus ille vir non semel aut se-
1, 5f　cundo neque uno anno aut duobus, sed SIC FACIEBAT IOB OMNI-
BUS DIEBUS VITAE EORUM. Non quiescebat, non resumebat, non
obdormitabat neque obliviscebatur, non erat negligens, non erat

---

12 Eph. 6, 4　　　　**15** ignis inexstinguibilis] *cf.* Matth. 3, 12; Marc. 9, 43
18 sq. huius … eius] *cf.* 1 Reg. 2, 12–36　　**23 sq.** Ps. 18, 13
34, 2 οὖν (enim) *post* sic *om.* cod. Alexandrin.　　　　**2 sq.** omnibus] *cf.* Hier.,
interpr. Iob (PL 29, 63A); cunctis *Vulg.* (*cf.* lin. 5; lin. 25)　　**3** vitae eorum] *cf.*
Didymus, comm. in Iob 13, 7 (PTA 1, 58): τῆς ζωῆς αὐτοῦ (vitae eius)
eorum] αὐτῶν *add.* cod. Alexandrin.

---

12 eos] nos *mi* ｜　qui *mi*　　**13** gerunt *N*; egerunt *cett.*　　**14** erudiant *P*
15 suos] plurimos *so* ｜　in ignis inexstinguibilis *N*; igni inexstinguibili in *cett.*
16 interitum] aeternum *B*　　**17** dereliquerint *T*(*ac.*) ｜　de] a *so*　　**18** evidens
iter. P (*corr.*)　　**21** observat *M Φ mm* ｜　et *om. B* ｜　ne] neque *M* ｜　forte *N*; vel
so; *om. cett.*　　**22** primum *so*　　**23** hoc² *om. V* ｜　est *om. B*　　**24** in *om. so*
25 sollicite *om. B*　　**26** pro² *sl. P* ｜　incertis] certis *P* (*ac.*) ｜　atque²] et *Φ mm*
34, 1 ille beatus vir *tr. Φ mm*　　**3** non¹] fiduciam *add. Φ mm*

5 fastidiosus, sed ita FACIEBAT CUNCTIS DIEBUS VITAE EORUM, ante
apostolos ea quae apostolorum sunt adimplens, sicut dicit: *Qui*
coepit in vobis opus bonum, perficiet usque in diem Christi, et ante
adventum domini praeceptum domini adimplens dicentis: *Qui*
toleraverit usque in finem, hic salvus erit. SIC itaque FACIEBAT IOB
10 OMNIBUS DIEBUS EORUM, magnum thesaurum se credens habere
in regno caelorum, ut inviolatos atque immaculatos filios suos
deo exhiberet et ad regnum caelorum eos mitteret. SIC inquam
FACIEBAT IOB OMNIBUS DIEBUS EORUM; sic faciebat sicut alter
illo prior non fecit, sicut alter illo antiquior non gessit. Magnus
15 erat Abraham in fide, sed praecellit illum Iob in tolerantia;
magnus erat Iacob in cordis munditia, sed non fuit illo minor Iob
in misericordia. Adversus ceteros omnes priores et novissimos
non succubuit Iob in virtutum studiis. Cum omnium virtutibus
communicaret et omnium fidem et pietatem atque iustitiam imi-
20 taretur, transcendit cunctos atque praecellit tolerantia vehementium dolorum. Merito digne dicitur de solo Iob, quia ita faciebat
sicut non fecit alter. Omnia enim quae fecerunt sancti, fecit etiam
Iob. Quod autem sustinuit Iob cum gratiarum actionibus, hoc
nihilominus nullus alius sustinuit. Omnibus ergo modis veraciter
25 dicitur: SIC FACIEBAT IOB CUNCTIS DIEBUS EORUM; SIC FACIEBAT

---

5 sq. ante ... adimplens] *cf.* Ps. Aug., quaest. test. 118, 3 (CSEL 50, 355);
Pelag., epist. ad Demetr. 6 (PL 30, 21B–22B; 33, 1103 sq.)   **6 sq.** Phil. 1, 6
7 sq. ante ... adimplens] *cf.* lin. 5 sq.   **8 sq.** Matth. 10, 22; 24, 13; Marc. 13,
13; *cf.* Ps. Chrysost., in Iob sermo 3, 3 (PG 56, 574)   **10 sq.** thesaurum ...
caelorum] *cf.* Matth. 19, 21 par.   **15** Iob in tolerantia] *cf.* Tob. 2, 12 (*Vulg.*);
Iac. 5, 11   **16** Iacob ... munditia] *cf.* Ps. 23, 4–6; Gen. 28, 10–19; Matth. 5, 8

---

5 cunctis (*cf. lin. 25*)] Iob omnibus *B*   **7** perficiat *N*   **8** adventu *M* | do-
mini[1]] Christi *P*; *sequ. ras. 1 litt. V*   **9** toleraverit] perseveraverit *N* (= *Vulg.*)
10 diebus *om. B*; vitae *add. N so Φ mm* (*sed cf. lin. 13; 25*) | eorum *om. N*
11 caelorum] hoc *add. N*   **12** deo *om. Φ mm*   **13** diebus] vitae *add. Φ mm*
14 prior illo *tr. Φ mm*   **15** excellit *Φ mm*   **18** Iob *om. mi*   **21** quia ita] qui
alta *α*   **23** Iob[2] *om. N*   **25** diebus] vitae *add. N Φ mm*

quasi pius, quasi iustus, quasi deo dilectus, quasi credens; SIC
FACIEBAT sicut deo placebat, sicut creatori libitum fuerat, sicut
rex sanctus volebat.

35. Sed cum ita faceret Iob atque haec universa bona perficeret, non sustinuit malignus, non toleravit nequissimus, sed
zelans malignatus est et invidens succensus est. "Quid" inquit "illi
faciam, quomodo aggrediar? Quomodo circumveniam? Quomodo supplantem? Quomodo a deo praevaricem? Quomodo ab   5
iustitia abducam? Praesentia non reputat, visibilia non requirit,
sed futura sperat, sed invisibilia exspectat, divina desiderat atque
incorruptibilia requirit. Undique iustitia indutus est, undique
sanctitate est vestitus, in veritate fundatus, in fide est confirmatus." Haec nimirum cogitans nequissimus daemon, haec apud   10
semetipsum meditans ille, qui ab initio adversus sanctos bellum
gessit, diabolus dixit: "Consideravi quid faciam: ad priorem illam
meam nequitiam confugiam, principali illa fraude utar, accusem
deum ad Iob sicut et olim ⟨ad⟩ Adam, detraham Iob apud deum
sicut a primordio Adam. Habet etiam Iob paradisum divitiarum   15
sicut et olim Adam paradisum iucunditatis. Dixi olim ad Adam:
'Eo quod invidet tibi deus, ne efficiaris sicut deus, non permisit

mi 399 *(marginal, left of line 6)*

---

26 deo dilectus] *cf.* Rom. 1, 7
35, 8 sq. iustitia ... vestitus] *cf.* Iob 29, 14   9 sq. in[1] ... confirmatus] *cf.* Rom.
4, 20   11 sq. ab ... gessit] *cf.* 1 Ioh. 3, 8; Apoc. 13, 7   13–15 accusem ...
Adam] *cf.* Iob 1, 9–11; 2, 4 sq.; Gen. 3, 1–7   16–18 dixi ... dignoscentiae] *cf.*
Gen. 3, 5

---

26 pius quasi iustus] iustus pius *mm*   27 sicut[2]] deo *add. so*
35, 3 successus α | inquiens *so*   5 supplantabo *V* | a deo *om. Φ mm*
praevaricem (*cf. lib. II, cap. 38, 38; ThlL X/2, 1092, 64 sqq.*)] praevaricari
faciam *V*; praevaricer *mm*   6 reputans *P*   7 sed[2] *om. mi* | invisibilia]
visibilia *add. B*   9 est[1] *om. so* | vestitus est *tr. M* | est[2] *om. B*   11 illa *A* (*ac.*)
13 meam *sl. N* | accusabo β (*mg. B*) *mm*   14 ad deum *tr. so V* | et *om. mm*
ad[2] *suppl. Weber*; deum apud *suppl. mm*   16 paradisum ... Adam *om. Φ*
mm | Adam[2]] dicens *add. V*   17 eo quod invidens *N Φ mm*; [eo] quod
'Invidens *proposuit Primmer*

gustare te de ligno dignoscentiae.' Dicam et nunc ad deum quia
'Non propter dilectionem sed propter pecuniam colere videtur te
20 Iob.'" Sed cum haec cogitaret nequissimus atque secum loqueretur, FACTUM EST inquit QUASI ILLA DIES. Quae dies? ILLA   1, 6a
DIES, quae diaboli ignorantiam redarguit, quae dei iustitiam manifestavit, quae Iob tolerantiam demonstravit. ILLA DIES, quae dei
longanimitatem et Iob alacritatem et diaboli nequitiam publica-
25 vit. Quemadmodum *ille*, inquit, *dies manifestabit, qui in igne reve-*
labitur, sic et ille dies publicavit omnem nequissimi diaboli zelum
atque universam maligni Satanae invidiam. Hoc namque demonstrans dicit: FACTUM EST QUASI DIES ILLE.

36. ET VENERUNT ANGELI DEI UT STARENT ANTE DEUM.   1, 6b
VENERUNT non de loco in locum translati, non de loco ad locum
procedentes neque exinde venientes ubi deus non fuerit praesens,
illo autem venientes ubi deum invenirent vel viderent praesen-
5 tem. Caelum enim et terram, superos et inferos, corruptionem et
incorruptionem, universa eius replet beatitudo, universa circumdat virtus, cuncta eius continet magnitudo, et nihil est extra eum.
Quomodo ergo venerunt et unde venerunt ante faciem dei qui

18-20 dicam ... Iob] *cf.* Iob 1, 9-11   21 factum ... quasi] ἐγένετο ὡς *tr.* cod.
Alexandrin.   23 sq. dei longanimitatem] *cf.* Ps. 102, 8   25 sq. 1 Cor. 3, 13
36, 1 ἰδού (ecce) *post et om.* cod. Alexandrin. | deum] θεοῦ: *cf.* cod. Sinaitic.;
Aug., in Iob 1 (CSEL 28/2, 509)   8 sq. qui omnia replet] *cf.* Hier. 23, 24

---

18 te *om. so* | dignoscentium *N*; scientiae *mm* | et *om. Φ mm* | deum] eum
P   19 non] nunc *P (ac.)*; nec *B* | pecuniam] eum *add. N so* | te *om. so*
20 atque] haec *add. α Φ mm*   21 illa dies¹] dies illa *tr. B* | illa² *om. so*
22 quae dies *tr. P* | ignorantiam *N*; nequitiam *cett.* | dei] diei *B*   23 demon-
stravit] patefecit *Φ mm*   25 inquit *ante* ille *tr. so; om. Φ mm* | manifestabit]
manifestavit *N M P (ac.) B* | in igne] indigne *P (ac.)*   26 sic et] sicut *α Φ me*;
sicut et *mi* | ille dies *tr. M Φ mm* | publicabit *P B A (pc.) T (pc.)* | nequissi-
mum *mm*   28 illa *Φ mm*
36, 1 ut angeli dei *tr. mi*   2 translati ... locum *om. Φ mm*   3 cedentes *mm*
4 praesentem *om. Φ mm*   5 incorruptionem et *tr. mm*   6 replet beatitudo
universa *om. N* | universa²] eius *add. V*   8 ante faciem dei *iter. P*

omnia replet? Bene intelligamus, o amici, et sancte ac deo digne
omnia, quae dicta vel scripta sunt; dei enim sermones et consilia   10
digne deo sunt percipienda. VENERUNT ANGELI DEI UT STARENT
ANTE DEUM. VENERUNT non vestigiis carnalibus neque corruptibilibus gressibus vel incessibus, sed spiritali accessu atque incorruptibili statu caelestique studio. VENERUNT laudantes, honorifi-
cantes, magnificantes, confitentes, gratias agentes. Per hoc enim   15
quod venisse dicit, per hoc nihilominus significat quod sit opus
vel studium sanctorum angelorum, quod caelestem dominum
laudent, quod aeterno deo gratias agant, quod sancto deo indesinenter gloriam pro beneficiis eius referant, pro gratia eius, pro
misericordia eius, pro mirabilibus eius, quae impertit generi   20
humano in omni hora et in omni tempore, plurima et magna
atque diversa, aliquando de periculis liberans, aliquando de discri-
minibus eripiens, nonnumquam ex angustiis salvans, peccantibus
longanimiter parcendo, paenitentes misericorditer suscipiendo,
contumaces patienter sustinendo, spernentibus se clementissime   25
miserando aliaque ineffabilia atque inexcogitabilia beneficia circa
genus humanum perficiendo. Quae universa quotidie videntes
sancti angeli stantes in conspectu eius laudant et honorificant,
magnificant quoque deum atque gratias illi agunt pro inaestima-
bilibus eius beneficiis atque misericordiis eius; quae demonstrans   30
istic dicit: VENERUNT ANGELI DEI UT STARENT ANTE DEUM.

mi 400 (left margin, line 25)

22sq. de[1] ... eripiens] *cf.* 2 Cor. 1, 10

---

9 ac] a *N*; et *β mm* | digne deo *tr. P*   11 percipienda sunt *tr. Φ mm*   12 cor-
ruptibilibus gressibus *om. α Φ mm*   13 vel *om. Φ mm* | incessibus] corpora-
libus *add. mm*   14 caelestique studio *N*; caelesti quaestio *M*; caelesti *cett.*
15 magnificantes *mg. N*   16 sit] si *N*   17 quod] assidue *add. Φ mm* | deum
B   20 inpartit *B (pc.)*   21 et[1] *om. Φ mm*   22 periculo *N*   24 paenitentes
misericorditer suscipiendo *om. β*   25 patienter] patiendo *P (ac.)* | spernentes
M (ac.); in *add. M*   29 magnificant *om. so* | illi gratias *tr. mm* | cogunt *M*
inaestimabili *B (ac.)*   30 misericordiae *Φ mm* | demonstratis *P*   31 vene-
runt ... 37, 2 dicit *mg. N*

37. Humana usus consuetudine ac proverbio atque locutione dicit: "Venerunt ante deum, qui omnia replet, qui ubique
praesens est, et non est locus neque in caelo neque in terra neque
in excelsis neque apud inferos, ubi non sit praesens deus." Hoc
5 sciebat ille qui ait: *Si ascendero in caelum, tu ibi es, et si descendero
ad inferos, ades.* Hoc sciebat et Helias quod et caelum et terra
atque universa, quae sunt in eis, in conspectu dei sunt. Merito,
cum esset super terram, ante deum se stare demonstravit dicens:
Vivit dominus cui asto in conspectu eius. Similiter et Gabriel ange-
10 lus dicit: *Ego sum Gabriel qui assisto in conspectu dei.* Et Helias
ergo in corpore super terram et Gabriel sine corpore in caelis,
uterque similiter assistere se dixerunt in conspectu dei, ut *ostenderent quia ante deum sunt omnia sive quae in caelis sunt sive
quae in terra, et non opus habent ut veniant aut eant quasi a facie
15 dei vel in conspectu dei. Ubique enim est facies dei; tantum mala
videre non vult iustus ac sanctus deus, ideo dicit: *Mala videre non
vult dominus*; et alibi: *Et ego te videns despiciam*; et adhuc: *Cum
extenderitis manus vestras ad me, avertam faciem meam a vobis.*
Sancti ergo ac digni, iusti atque credentes, casti quoque et veraces,
20 sive in corpore sint sive extra corpus, sive in terra sive in caelo,
sive angeli gloriosi sive sancti viri, iugiter ac indesinenter atque
indissociabiliter astant in conspectu dei. Venire autem dicuntur

---

37, 2–4 qui¹ ... deus] *cf.* Hier. 23, 24   **5 sq.** Ps. 138, 8   **9** 3 Reg. 17, 1; 18,
15; *cf.* Ps. Chrysost., in Iob sermo 3, 1 (PG 56, 571)   **10** Luc. 1, 19
16 sq. Iob 35, 13a   **17** Is. 57, 11   **17 sq.** Is. 1, 15

37, 5 ibi] illic *mm* | et *om.* B | descendero] dero N (*ac.*)   **6** infernum *mm*
et¹ *om.* α Φ *mm* | *terram Ψ P   **7** sunt² *sl.* N | meritoque *so*   **9** angelus
Gabriel *tr.* Φ *mm*   **10** dicit ... Gabriel *om.* Φ *mm* | assisto] asto B | con-
spectu] eius et *add. mm* | dei] eius P (*ac.*) A (*ac.*) T (*ac.*)   **11** ego M | in
corpore ergo *tr.* B   **12** ut ... **15** dei² *om.* Φ *mm* | ostenderent *coniecit*
Primmer; ostenderet *codd. edd.*   **15** est enim *tr.* P B A T *mm*   **16** ac] et Φ
mm   **17** deus P   **19** digni ac *tr.* Φ *mm* | et] ac Φ *mm*   **21** desinenter N
22 venire] vere B

ante deum homines, sane dum cum maiori devotione atque
studio animas suas effuderint in oratione ante deum, sicut Anna
mater Samuelis, cum in dolore animi effunderet orationem suam   25
in conspectu domini, sicut ille de quo dictum est: *Oratio pauperis,
cum anxiaretur et in conspectu domini effunderet orationem.*

38. Sic itaque assistunt ante deum omnes qui sollicite eum
in oratione adoraverint, sic et angeli cum gratias agentes miseri-
cordias eius confitentur atque gratias illi pro eius beneficiis agunt
quae ille incessanter impertit filiis hominum; aut cum viderint
sanctorum virorum virtutis insignia, virorum nihilominus dei   5
servorum constantias atque agones, tunc nimirum cum gaudio
atque exsultatione assistunt ante deum, revera ut deum honori-
ficent atque laudent de victoria servorum eius, nec non et eis, qui
propter deum patiuntur, patientiam ac tolerantiam atque sanctam consummationem a beato postulent deo. Sic itaque VENE-   10
RUNT et veniunt ANGELI DEI UT STARENT ANTE DEUM. Sic astiterunt cum totius mundi salus ad homines veniens initium sumpsit
mi 401   ex virgine nato unigenito deo, cum *subito facta est multitudo
exercitus caelestium laudantium deum* ac magnificantium pro
mundi salute. Sic astiterunt in principio totius creaturae, sicut   15
dicit paulo post ipse deus ad Iob depromens et dicens: *Cum*

24–26 sicut ... domini] *cf.* 1 Reg. 1, 9–19   26 sq. Ps. 101, 1
38, 12 sq. cum ... nato] *cf.* Luc. 1, 26–33   13 unigenito deo] *cf.* Ioh. 1, 18
13 sq. Luc. 2, 13 sq.   **16–18** Iob 38, 7

---

23 sane *N*; sedne *M*; *om. mm*; sed *cett.* | dum] tum *proposuit Weber*   **27** et
om. P B A T me | dei *so* | effunderit *M*
38, 1 eum in] cum *mm* | in oratione eum *tr. N*   **2** sicut *so* | et *om. β mm*
4 inpartit *B* (*pc.*) | aut] et *add. M* | viderit *N* (*ac.*)   **5** virorum virtutis *N*;
virorum virtutes *α*; virtutes virorum *cett.*   **6** constantiam *mm*   **7** ante] ad
so | ut] et *praem. mm*; *add. α Φ*   **8** laudant *B V* (*ac.*) | eius *N*; dei *cett.* | et]
ex *me*; ut *mi*   **9** patientiam ac] patientiae *Φ mm*   **10** a beato] ab eodem *Φ*
mm   **14** exercituum *mi* | caelestium] angelorum *add. B* | deum *N*; *om. α*;
post magnificantium *tr. cett.* | atque *Φ mm*   **16** dominus *B*

*fierent stellae, laudaverunt me magna voce angeli mei et hymnum
dixerunt.* Si tunc laudaverunt quando inanimatae stellae factae
sunt, multo magis tunc laudaverunt quando animatae atque sen-
20 satae stellae factae sunt, id est animae sanctorum atque iustorum;
de quibus stellis dictum est: *Stella enim a stella differt in claritate,
ita et resurrectio mortuorum*; et alibi: *Tunc iusti fulgebunt sicut
luminaria caeli et sicut stellae in perpetuum.* Sic itaque a saeculo et
usque in aeternum astant singula beneficia operationum domini,
25 quae in omni tempore impertit filiis hominum, *confitentes
atque *invocantes et gratias *agentes beatitudini aeterni dei.

39. Sed interim secundum historiam steterunt tunc ante
deum angeli confitentes et gratias ei agentes propter sanctitatem
Iob ac meritum, iustitiam quoque et pietatem, innocentiam vero
atque integritatem, maximam sibi gloriam reputantes ante deum
5 beati Iob innocentiam atque sanctitatem. Sed quod pro gaudio
atque gloria erat sanctis angelis, hoc nihilominus ad inflammationem atque zelum profecit maligno et adversario diabolo.
Propterea cum venirent angeli gratias agere ac confiteri pro iusto
Iob, **VENIT ET DIABOLUS** malignitate atque inflammatione re-   1, 6c
10 pletus adversus memoratum Iob. Venientibus videlicet angelis

---

17 sq. et hymnum dixerunt] καὶ ὕμνησαν *apud* Olympiod. Alex., comm. in
Iob 38, 7 (PTS 24, 337) *et alios testes*; *cf.* Ziegler 384   **21 sq.** 1 Cor. 15, 41 sq.;
cf. Orig., hom. in Gen. 1, 7; 9, 2 (GCS 29, 8; 90); cap. 1, 11   **22 sq.** Dan. 12,
3; *cf.* cap. 1, 13–15

---

17 fuerint *P* | voce magna *tr. A T V mm*; **om.** *N*   **19** multo ... sunt *mg. B
et Φ mm* | stellae atque sensatae *tr. so*   **21** dicendum *mm*   **22** iusti fulge-
bunt sicut] fulgebunt iusti ut *mm* | sicut *sl. N*   **24** beneficia singula *tr.
mm* | operationum *N*; operatione *α*; operationis *cett.*   **25** confitentes ...
invocantes ... agentes *coniecerunt* Primmer *et* Weidmann; confitentia ...
invocantia ... gratias agentia *codd. edd.*   **26** beati *B*
39, 2 agentes ei *tr. B*   **3** et] ac *P mm* | vero *om. mi*   **5** Iob] ob *M (ac.)*
6 erat *om. α Φ mm*   **7** profecit *N*; proficit *cett.*   **9** et *om. mi*; *sl. M*   **10** scili-
cet *so* | angelicis *P*

VENIT ET DIABOLUS UT STARET ANTE DOMINUM. Angeli venerunt ut gratias agerent et confiterentur et laudarent; diabolus
vero venit ut mentiretur et accusaret atque culparet. Et vere quasi
duabus personis utens angelorum et diaboli angelorum sane bonitatem ostendit et diaboli nequitiam redarguit atque nequissimas   15
eius cogitationes detegit, quibus nequiter atque indigne cogitavit,
apud semetipsum procul dubio tractans ac dicens: "Quis mihi
dabit ut possim venire ante conspectum dei? Quis mihi dabit ut
possim stare ante faciem illius aeterni?" Hanc scilicet cogitationem diaboli et ipsum eius desiderium quasi adventum memorans   20
scriptor dicit: ET DIABOLUS VENIT UT STARET ANTE DOMINUM.
Venit, sed non in praesentia, non accessu neque introitu, sed
venit cogitatione, consilio, desiderio. Nam sicut quis latronum
positus in carcere ac vinculis vult frequenter et optat ut sit foras
in montibus ubi pridem fuerat, sed non ipse est illic sed sensus   25
atque cogitatio eius, et venit illic cogitatione commonefaciens se
de his quae illic sunt locis et stationibus, factis quoque atque studiis, ita et diabolus, cum commonefacit se priorum omnium et
desiderat illa quae sunt ante deum et vadit illuc sensu et cogitatione, venisse dicitur ante deum, cum non ipse proprie venerit   30
sed sensu et cogitatione.

11–13 angeli ... culparet] *cf.* Chrysost., comm. Iob 1, 9 (SC 346, 108 sq.; PTS
35, 13); Iulian. Arian., comm. in Iob 1, 6β–δ (PTS 14, 12)   **21** et ...
dominum] *alias non omittitur* μετ᾽ αὐτῶν (*LXX*) *vel cum eis vel inter eos*
(*Vulg.*); *cf.* cap. 44, 18; lib. II, cap. 2, 13 sq.

---

11 starent *N* | deum *so P*   **13** mentiret *P*   **14** duobus *N*(*ac.*)   **16** cogita-
tiones eius *tr. Φ mm*   **21** testaret *A*   **22** sed[1]] si *B* | accessum neque intro-
itum *M*   **23** consilio] et *add. mi*   **24** ac] a *M*(*ac.*)   **25** illic est *tr. P* | sed[2]] sit
A (*ac. uv.*)   **26** atque *om. P* | illic *N*; illi *cett.*; in *add. α Φ me* | cogitationem
M P A T V me; cogitatio *mi* | se] sed *M*   **27** iis *mm* | et] atque *B*   **28** et[1] *om.*
mm | primorum *B*   **29** ante deum] domini *B* | et[1] ... deum *om. B* | illuc]
ille *P* | et[2]] atque *Φ me*   **30** venerit] venit *B*

40. Nam quomodo veniret ante conspectum dei is qui
sanctae animae Iob approprinquare vel tangere permissus non   mi 402
est? Quomodo veniret ad caelos is qui non est permissus introire
in paradisum? Si enim ad ostium paradisi observandum Cheru-
5 bim positus est et rhomphaea flammea, ut ille qui exinde olim
cecidit, id est Adam, illo ultra introire non posset, quales puta-
mus esse sanctas angelorum virtutes quae caelorum custodiunt
portas, illas ad quas dictum est: *Tollite portas, principes vestri, et*
introeat rex gloriae, quas transire vel transgredi ad caelum nequis-
10 simo diabolo impossibile erat et est? Nam cum de caelis propter
iniquitatem ceciderit, numquam rursus introibit in caelum, numquam denuo revertetur ad illud. Si enim ad impios atque sceleratos dicit deus: *Calcare aulam meam non adicietis*, nonne multo
magis diabolus, qui est totius impietatis auctor et omnis sceleris
15 pater atque inventor, ad caelestem aulam, ex qua sponte cecidit,
numquam iterum ascendet, numquam denuo revertetur? Si enim
spiritus exiens iterum non revertetur neque revocatur anima
sublata, nonne multo amplius is qui propter iniquitatem de caelo
exivit, numquam rursus illo revertetur, et is qui propter impae-
20 nitentem nequitiam proiectus est ex choris sanctorum, numquam

---

40, 4–6 ad ... posset] *cf.* Gen. 3, 24   **8sq.** Ps. 23, 7; *cf.* collect. Arian. Bobiens., frg. 12 (CC 87, 246)   **10sq.** de ... ceciderit] *cf.* Is. 14, 12; Ezech. 28,
15–17; Luc. 10, 18; Apoc. 12, 9   **13** Is. 1, 12; *cf.* conc. Carth. a. 411, 3, 258
(CC 149A, 247)   **17sq.** spiritus ... sublata] *cf.* Sap. 16, 14   **18–21** qui ...
revocabitur] *cf.* Is. 14, 12; Ezech. 28, 15–17; Luc. 10, 18; Apoc. 12, 9

40, 1 dei *om.* N | his *N B*   **2** tangere] eam *praem. mm*   **3** his *N M*   **5** et *sl.*
V | ut] homo *add.* Φ *mm* | olim *om.* β   **6** id est *om. so* | illo *om.* β *mm*
7 virtutes quae] virtutesque *M*; custodias virtutesque Φ *mm* | caelorum]
quae *add.* Φ *mm*   **8** illius Φ *me* | principes *iter.* A (*corr.*) | vestri *N*; *om.* M;
vestras *cett.* | et] ut A (*pc.*) T (*pc.*) V; et ut *mm*   **11** introivit α   **13** nonne
om. B   **14** iniquitatis Φ *mm* | omni M   **16** ascendit *N M*   **17** revertitur Φ
mm | revocatus M   **18** sublata N; oblata M; ablata *cett.* | his N   **19** illo N;
*illuc *cett.* | his *N M*   **20** ex] et M | sanctorum] angelorum *add.* Φ *mm*

prorsus ad paenitentiam revocabitur? *Stabit* enim *tamquam incus inconcussa* atque *indomita* ad conversionem. Et adhuc si olim Cain, cum exiret a facie domini pro impiis ausibus, numquam ante conspectum domini dei est reversus, nonne multo amplius hoc diabolus, qui ad omnem crudelitatem fuit magister eius, qui 25 et *homicida ab initio* iuste est nuncupatus, a facie domini dei tamquam iniustus iuste proiectus numquam ante faciem domini veniet amplius, numquam in conspectu sanctae gloriae revertetur ulterius, iuxta hoc quod dictum est: *Auferatur impius ne videat gloriam domini?* 30

41. Et adhuc si *impii non resurgent in iudicio, et peccatores in consilio iustorum non apparebunt*, quomodo ille, qui pater exstitit impietatum et genitor peccatorum, id est diabolus, in conspectu sanctae gloriae dei apparebit? Quomodo vitae mors conveniat? Quomodo stabunt tenebrae in conspectu lucis inaccessibilis? 5 Quomodo sustineant stipula, faenum atque cera vicinitatem ignis insupportabilis, de quo dicitur: *Sicut fluit cera a facie ignis, ita pereant peccatores a facie dei?* Quomodo vocem dei audiens respondeat illi immundus atque exsecrabilis refuga diabolus, quem nec sancti angeli dignum habent suo colloquio, cuius coniunctionem 10

21sq. Iob 41, 16b (15 *Vulg.*)   **23sq.** Cain ... domini²] *cf.* Gen. 4, 14
26 Ioh. 8, 44   **29sq.** Is. 26, 10; *cf.* op. imperf. in Matth. 34 (PG 56, 820)
41, 1sq. Ps. 1, 5   **2–4** quomodo ... apparebit] *cf.* Aug., serm. 12, 6–9 (CC 41, 169–171)   **5** quomodo ... inaccessibilis] *cf.* 2 Cor. 6, 14 | lucis inaccessibilis] *cf.* 1 Tim. 6, 16   **7sq.** Ps. 67, 3

---

21 incus inconcussa *so* (ἄκμων ἀνήλατος); incus incontussa *N*; incus inconctus *M*; incomptus *cett.*   **22** ad conversionem *N*; adversione *M Φ*; aversione *so mm*   **24** domini *sl. N*   **25** hoc *N*; hic *cett.* | omne *N (ac.)* | eius magister fuit *tr. so*   **28** venit *B (ac.)*   **30** gloria *N (ac.)*
41, 2 patri *A (ac.)*   **3** impietatem *P (ac.)*   **4** gloriae sanctae *tr. so* | mors vitae *tr. Φ mm* | conveniet *so*; conveniret *Φ mm*   **6** sustinebit *so*   **7** insuperabilis *mm* | ita] sic *mm* | pereant *om. Φ*   **10** coniunctione *M*

nullus sanctorum suscepit neque amplexus est? Quod claruit in
beato Paulo et Sila, quibus valde molestum fuit quod diabolus
per illius divinantis puellae os in Philippis sequentis eos clamave-
rit, usquequo non sustinens Paulus *conversus illud daemonium
15 pepulit. Omnibus itaque modis comprobatum est quia diabolus a   mi 403
sanctis pulsus est atque sanctorum praesentiam non sustinuit sive
angelorum sive hominum; multo magis terribilem dei praesentiam non sustinebit neque ante gloriosam dei faciem accedet. Si
enim, cum ad terras veniret unigenitus, deitatis eius virtutem at-
20 que accessum non sustinens ne torqueretur rogavit, quomodo ad
incorruptionem ascendens ante illam intolerabilem atque inacces-
sibilem dei faciem stabit et vocem verborum audiens responsum
atque replicationem dabit? Quod est omnimodis et illicitum et
impossibile.

42. Post quae universa, o amici, ut superius dixi, intelligamus verba sanctae scripturae. Venisse dicitur diabolus ante deum
et audisse a deo et respondisse deo, non quod malignus et immundus atque tenebrosus diabolus *facie ad faciem* steterit ante
5 deum. Absit! *Quis* enim *durus effectus sustineat* inquit *praesentiam*
eius? Paulo post in eodem libro hoc est. *Quis durus effectus* ad non

---

11-15 quod ... pepulit] *cf.* Act. 16, 16-18   **19 sq.** deitatis ... sustinens] *cf.*
Phil. 2, 6-9   **20** ne torqueretur rogavit] *cf.* Matth. 8, 29; Marc. 5, 7; Luc. 8,
28
42, 1 superius] *cf.* cap. 39, 11 sqq.   **4** Gen. 32, 30; Exod. 33, 11; Deut. 5, 4;
34, 10; Iud. 6, 22; 1 Cor. 13, 12   **5 sq.** Iob 9, 4b   **6 sq.** *ibid.*

---

11 atque *B* | amplexatus *B*   **13** divinitatis *β (ac. A V)* | Philippenses *Φ*
mm | sequentes *so Φ mm*   **14** conversus *coniecit Primmer*; confusum *so*;
confusus *cett.* | illum *M*   **15** comprobatus *N*   **19** unigenitus] dei *add. so*
eius] in se *mi*   **20** vocavit *M (ac.)*   **21** ascendens (*cf. cap. 42, 23) N so*; acce-
dens *cett.*   **23** applicationem *Φ me* | dabit *sl. N* | omnimode *so*; omnibus
modis *Φ me* | et[1] *om. B*
42, 1 post quae] postquam *P* | o *om. N M* | amici] sancte *add. N* | dixit
V (ac.)   **2** diabolus dicitur *tr. mm* | diabolus *om. N*; diabolis *M*   **4** staret *B*
5 dominum *mg. N* | sustinuit *M (ac.)*   **6** post paulo *tr. P*

paenitendum timorem atque virtutem *sustineat vultus eius?* Ideo,
ut superius diximus, non persona venit nequissimus diabolus ante
deum, sed consiliis et cogitationibus atque nequitiae suae meditationibus, et quod cogitavit tam de deo quam etiam de Iob iusto,   10
haec venerunt ante deum, horum memoria venit in conspectu
aeterni dei. Haec memorans Moyses personas ponit atque ostendit personisque utitur aliquando angelorum, aliquando diaboli,
nonnumquam autem dei, ut per significationes personarum ea
quae contigerunt designet et quae facta sunt manifestet. Quorum   15
evidens exemplum in nobis reperimus, o amici. Nam et frequenter sensibus nostris illo pergimus, ubi numquam corpore praesentes fuimus sive in caelo ad deum sive in terra ad homines.
Saepe enim ad absentes tamquam ad praesentes loquimur, et cogitationibus nostris cum illis, qui valde longe sunt, contendimus et   20
altercamur, certamus quoque et replicamus, et ex illorum persona controversias atque replicationes nobis ipsis facimus. Saepe
etiam et in caelum ad deum ascendimus et tamquam in conspectu
dei in excelsis animi visione atque spiritus elevatione stamus et ad
deum loquimur et a deo audimus atque deo responsum damus, et   25
haec universa adhuc in corpore positi atque carnis corruptione
super terram circumdati.

---

8 superius] *cf.* cap. 39, 11 sqq.   8 sq. non ... deum] *cf.* Leontius Presb.
Constantinopol., hom. 4 (CCSG 17, 193, 69–83)

---

8 non] in *add. mm* | veniet *B*   10 quod *N*; quae *cett.* | tam *om. Φ mm*
deo] eo *mm* | quam] quae *Φ mm*   12 domini *N (pc.) M (mg.)*   13 personis-
que] personis quibus *Φ mm*   14 numquam *N (ac.)*   15 contigerit *P*; conti-
gerint *β mm* | manifestat *V (pc.)*   16 repperimus *N so A T*   18 caelo *N*;
caelum *cett.* | terram *α β mm* | ad²] ab *M*   19 enim *om. Φ mm*   21 alterca-
mur] et *add. B*   22 controversa *P B*   24 elevationem *P*   25 a deo] ad deum
M   26 universa] dicimus *add. B mi*; ducimus *add. A T V me*   27 circumdati
super terram *tr. N*

43. Quod autem ita sit vere, norunt hi qui sincere sunt circa
deum, illi qui animis suis ad incorruptibilia atque excelsa semper
intendunt. Sic locutus est ad deum Moyses, quando respondit illi
deus dicens: *Quid clamas ad me?* Sic stetit ante deum Helias cum
5 diceret: *Vivit dominus cui asto in conspectu eius.* Ita et alii innume-
rabiles ostenduntur ex scripturis et ad deum locuti fuisse et a deo
audisse et identidem deo respondisse, non corpore in caelum in
conspectu dei ascendisse, sed spiritali animae sinceritate ante
deum venisse. Tales fuerunt illi ad quos dicit apostolus: *Vos non*
10 *estis in carne sed in spiritu,* utpote non carnalia sed spiritalia in   mi 404
omni tempore cogitantes, tamquam inter homines super terram
visi, animi vero studio ante deum in caelis fuisse comprobati.
Eiusmodi dicunt cum fiducia: *Nostra habitatio* vel *conversatio in*
caelis est. Si igitur homines carne induti et corruptione circumdati
15 in caelis ante deum stare et esse dicuntur, non natura illic effecti,
sed voluntate et desiderio atque animi meditatione praeventi,
quid magnum si diabolus, cum sit spiritus et incorruptibiliter
aërem pertransiens et pelagos, ante deum venisse dicitur? Non
quod ipse venerit, sed venerunt immortales cogitationes eius
20 atque nequissimae meditationes illius. Nam sicut ad Cornelium
dictum est de bonis: *Orationes tuae et eleemosynae tuae ascende-*

43, 4 Exod. 14, 15   5 3 Reg. 17, 1; 18, 15; *cf.* Ps. Chrysost., in Iob sermo 3,
1 (PG 56, 571)   **9sq.** Rom. 8, 9   13sq. Phil. 3, 20; *cf.* 2 Cor. 5, 2
21sq. Act. 10, 31

43, 1 sit ita *tr. B* | vere *om.* *Φ mm* | ii *mm* | sincere *N*; sinceri *mi*; sinceres
cett. **5** cui ... eius] in cuius conspectu (conspecto *ac.*) sto (*3 Reg. 17, 1 Vulg.*)
M | ita *om. mi* | et ita *tr. B* **6** deo] saeculo *mm* **7** corpore] tamen *add. Φ*
mm **8** ascendere *α* **12** studium *N* | caelum *M Φ*; coelo *so mm* **13** nostra
N; *om. M*; *post* conversatio *tr. cett.* **14** carnem *β* **15** illuc *mm* | profecti *Φ*
mm **16** atque *om. mm* | animi *sl. N*; *om. M* | praeventi (*cf. lib. III, cap.*
29, 1)] evecti *Φ mm* **18** pelagus *so mm* **19** venerit] venit *mm* **20** nequis-
simes *P* (*ac.*); affectiones *add. mg. P* | meditationes *om. P*; cogitationes *β*
mm | illius] eius *Φ mm* **21** est *om. mi*

runt in memoriam in conspectu dei, sic et dictum est diabolo de malis: "Malignitates tuae atque iniquitates ascenderunt in memoriam in conspectu dei." Quomodo ascenderunt? A sanctis angelis oblatae. Sicut enim offerunt sancti angeli memoriam iustorum 25 atque iustificationum eorum ante deum, sic similiter deferunt idem angeli memoriam malitiae atque nequitiae diaboli, livoris quoque eius atque invidiae quam habet circa sanctos in conspectu terribilis dei. Quod autem offerunt gloriosi angeli in conspectu domini haec universa, testis est Raphael nuntius dei, qui locutus 30 est ad Tobiam dicens ad eum: *Cum orares tu et Sara filia Raguel, ego obtuli memoriam orationis vestrae et legitima eius in conspectum gloriae dei.* Offerunt nihilominus sancti angeli, non quasi nesciat is qui omnia novit antequam fiant, sed ut testes efficiantur sanctitatis atque pietatis iustorum, aut iterum tamquam *defe- 35 rentes impietates atque iniustitias iniustorum aut etiam ipsius diaboli. Haec namque demonstrans atque significans dominus dicit de illis bonis servis, hoc est de angelis: *Venientes autem nuntiaverunt domino suo omnia quae facta sunt.*

44. Sic itaque omnimodis ostensum est et per sanctorum verba atque historias et per angelorum dicta, quia non persona sua illa saeva ac crudeli, obscena et exsecrabili, tenebrosa quoque

---

25–29 sicut ... dei] *cf.* Aug., in Iob 1 (CSEL 28/2, 509); sermo 12, 7 (CC 41, 170) **31–33** Tob. 12, 12 **38 sq.** Matth. 18, 31

---

22 in[2] ... memoriam *om.* P | conspectum *A T* | diabolo] dicantur *add.* N **24** conspectum α **26** iustificatio *N* (*ac.*); iustificationem *N* (*pc.*); iustificationes *V mm* **27** iidem *so mm* **28** atque] et *Φ mm* **29** offerant *N* **30** domini] dei *so* | testis est nuntius dei Raphael *tr.* P; dei Raphael nuntius testis est *tr. B A T mm*; dei nuntius Raphael testis est *tr. V* | est *om. N* **31** ad eum *om. Φ mm* **32** legitimas *M* (*ac.*) | conspectum *so*; conspectu *cett.* **33** angeli] dei *add. Φ mm* **34** his *N* **35** aut *om.* α *Φ mm* | deferentes *coniecit* Weber (*cf. cap. 48, 17*); deflentes *N so B mm*; defluentes *M P A T V* **38** servis bonis *tr. B* **39** sunt] fuerant *Φ mm*
44, 1 omnimode *mm* **2** non] in *add. mg. V* **3** ac *om. mm* | et] atque *Φ mm*

atque abominabili venerit diabolus in conspectu sancti atque
5 gloriosi dei, sed nequitiae revelatione, sed livoris atque invidiae
approbatione et iniustitiae increpatione, iniquarum nihilominus
et malignissimarum atque pessimarum cogitationum manifestatione atque commemoratione. Horum scilicet omnium comme-
moratio atque memoria venit in conspectu dei. Sic namque dicit
10 post haec: *Nunc recordabor impietatum eorum, et vindicabo pec-*
cata illorum, non quia oblitus nunc recordatur, sed quia nunc
vindicare iuste iudicavit. Iuxta hoc ipsum exemplum nunc venisse dicitur in conspectu dei diabolus, non quod nequissimus ille
venerit in conspectu boni dei, sed quia cogitationes eius crudeles
15 ac nequissimae venerunt *in memoriam in conspectu dei*. Haec
nimirum demonstrans in hac scriptura personis utitur, et non-   mi 405
numquam ex adverso sibi invicem eas statuens dicit: Venerunt
angeli ut starent ante deum, et diabolus venit cum   1, 6c
illis ut staret et ipse ante deum. Haec autem ob hoc dixit, ut et
20 diaboli iniquitatem redargueret et Iob tolerantiam ostenderet et
dei iustitiam demonstraret: Venerunt inquit angeli dei ut
starent ante deum. Venerunt utpote sancti ac gloriosi,
utpote sanctissima dei facie digni habiti. Venerunt angeli sanctorum sanctitati attestari, iustorum diversas ac varias virtutes
25 coram deo demonstrare: Melchisedech deo dignum sacerdotium,

---

10 sq. Hier. 14, 10   15 Act. 10, 4   18 sq. cum illis] *cf.* cap. 45, 2; lib. II, cap.
2, 14   25 Melchisedech ... dignum] *cf.* Gen. 14, 18; Hebr. 7, 1–3

---

4 atque[1] *om.* B | conspectum *so* | atque[2] ac *Φ mm*   6 approbationem *N*
increpationem *N*   7 atque pessimarum *om. β mm* | cogitationem *M (ac.)*
8 memoratione *α*   9 conspectu *so*   10 impietatem *B*   11 recordetur
mm | nunc[2]] tunc *so*   12 vindicare] iudicare *B* | iudicaverit *me*; indicaverit
mi   13 dei ... conspectu *om.* B   14 quia] quasi *Φ mm*   15 atque *B* | vene-
rint *mm* | conspectum *so*   16 scriptura] et *add. so* | nonnumquam] unde
quam *N M*   17 adversos *M*   19 et[1] *om.* M *Φ mm* | dicit *mm* | et[2] *om. mi*
22 dominum *N* | et *V* | gloriosi] dei *add. A (corr.)*   24 sanctitate *M (ac.)*
virtutes] et *add. mm*

Abrahae immobilem fidem, Isaac unum coniugium, Israel cordis
puritatem, Ioseph castitatem, Moysi mansuetudinem, iustitiam
Iob ac dei culturam. Istis namque temporibus erat beatus Iob. Ista
itaque confiteri ac profiteri atque testificari et, ut ita dicam, de
istis gloriari coram deo venerunt sancti angeli. Sic et nunc et　30
usque in saeculi finem venient, unius ieiunio non ficto, alterius
sollicitis orationibus, alterius purae paenitentiae atque non simu-
latae, alterius sincerissimis eleemosynis et pauperum largitatibus
ac miserationibus instantissime in conspectu dei attestantes.

45. Pro his, inquam, omnibus VENERUNT et venient AN-
GELI ANTE DEUM, ET DIABOLUS VENIT CUM ILLIS ut accusaret, ut
detraheret, ut reprehenderet, ut mendacio simularet, ut de Iob
diceret: '*Non sine causa Iob colit deum*', ut affligeret, ut vexaret, ut
luctaretur. Venit et nunc, ut luctetur, ⟨ut⟩ tribulet, ut persecu-　5
tiones et tribulationes atque angustias et molestias sanctis ac iustis
excitet. Ob hoc ergo venisse dicitur tamquam *angelus mortis*,
tamquam angelus poenae, rogans atque exspectans, quando illi
qui poena digni sunt ei tradantur et deputentur poenae atque
perditioni, sicut ille de quo dicitur: *Tradere huiusmodi hominem*　10
Satanae in interitum carnis; sicut illi de quibus dictum est: *Quos*

---

26 Abrahae immobilem fidem] *cf.* Gen. 15, 6; Rom. 4, 3　　|　　Isaac unum
coniugium] *cf.* Gen. 24　　**26 sq.** Israel cordis puritatem] *cf.* Gen. 35, 1 – 15
27 Ioseph castitatem] *cf.* Gen. 39　　|　　Moysi mansuetudinem] *cf.* Num. 12, 3
27 sq. iustitiam ... culturam] *cf.* Iob 1, 1b
45, 4 Iob 1, 9b　　　7 Iob 20, 15b; ἄγγελος θανάτου: *cf.* cod. Alexandrin.
10 sq. 1 Cor. 5, 5; *cf.* Ps. Chrysost., in Iob sermo 3, 2 (PG 56, 572)　　**11 sq.** 1
Tim. 1, 20; *cf.* Ps. Chrysost., in Iob sermo 3, 2 (PG 56, 572)

---

26 convivium *Ψ*　|　cordis] cordi si *V*　　29 dicam ita *tr. M*　　31 finem saeculi
tr. α *Φ mm*　|　unicus *V* (*ac.*)　　32 simulato *V*; bono *add.* β *mm*　　33 sinceris *B*
34 astantes α
45, 1 inquit *so*　　3 ut³ ... affligeret *om. Φ mm*　　4 non] num *so*　|　colet *N M*
5 luctetur] luctaretur *M*　|　ut² *suppl. mm*　|　persecutiones *N*; persecutionem
cett.　　6 tribulationem *B*　|　angustias et **om. Ψ*　　7 tamquam angelus mortis
om. N　　8 poenas irrogans *Φ mm*　　9 deputantur *P*　　10 perditionis *M*
tradite *so*　|　hominem *om.* α *Φ mm*　　11 sicut] etiam *add. Φ mm*　|　illis *N*

tradidi Satanae ut discant non blasphemare. Omnes enim facino-
rosi, infideles, iniusti, impii, isti omnes malignis atque pessimis
diaboli angelis traduntur ac deputantur illis de quibus dicitur:
15 *Misit in eos iram indignationis suae, immissiones per angelos malos*;
illis de quibus dicitur: *De domo eius abstrahet eum angelus mortis.*
Isti ergo veniunt et tunc venerunt temporibus Iob. Sed non ante
beatam dei faciem veniunt illi damnabiles, sed consilia eorum et
cogitationes, desideria quoque eorum ac meditationes malignae et
20 pessimae atque nequissimae, et istarum memoria offertur in conspectu dei, iuxta omnia quae memorata atque ostensa sunt.

46. Post haec universa dicit: ET DIXIT DEUS AD DIABOLUM.   1, 7a
Nam sicut diabolus non persona venit ante deum sed cogitatione
et desiderio atque nequitiae suae meditatione, ita et deus non ore
locutus est ad diabolum neque verbis contulit cum iniquo sed
5 occulta et abdita increpatione nequitiae eius atque correptione   mi 406
iniustitiae illius. Nam si hic super terram nemo de veris aut iustis
principibus atque iudicibus homicidas aut fures aut etiam facino-
rosos latrones confabulari secum vel consiliari facit, ne similis
illis iudicetur, quanto magis iustus et verus atque terribilis deus
10 impium illum latronem atque homicidam diabolum pro colloquio suo ante gloriosam illam suam faciem numquam venire
permittit neque hoc amplectitur! Si enim, cum ad terras veniret

---

15 Ps. 77, 49; *cf.* Ps. Chrysost., in Iob sermo 3, 1 (PG 56, 572)   16 Iob 20,
15b; ἄγγελος θανάτου: *cf.* cod. Alexandrin.
46, 1 ad diabolum] πρὸς τὸν διάβολον: *cf.* cod. Alexandrin.; coll. Escurialensis, sermo 14 (RecAug 31, p. 171)

---

12 tradisti *B A T* | blasphemate *V*   13 impii iniusti *tr. mm*   14 diabolis *N*
15 suae *om. Φ mm* | *immissionem α   16 illis] illius *A T V* | dicitur] alibi
add. α Φ mm   17 veniunt] nunc *add. so* | et ... Iob *post* veniunt *iter. P*
18 et cogitationes eorum *tr. α Φ mm*   19 ac] et *mi* | meditationes] cogita-
tiones *mm*   20 memoriam *M*   21 sunt atque ostensa *tr. so*
46, 1 et ... 47, 5 lingua *deest N* | dominus *Φ mm* (*cf. lin. 3*)   3 nequitia sive
mm   4 verbum *β mm* | sed] et *add. M*   5 et] atque *Φ mm*   6 de veris]
deliveris *M* | aut] ac *V mm*   7 atque] aut *M* (*ac.*)   11 venire *om. α*

in corpore, unigenitus loqui eum coram se non permisit, sed cum
increpatione dixit ad eum: *Conticesce et obmutesce*, quomodo in
conspectu gloriosae suae deitatis colloqui cum maligno statuat 15
diabolo, cum dicit ad eum et respondet et responsum ab eo
audire patitur vel dignatur? Sed DIXIT AD DIABOLUM occulta increpatione atque confutatione occultae eius malignitatis et zeli
atque pessimae cogitationis. Nam et saepe scriptura ea, quae non
dicunt, dixisse dicit et ea, quae non audiunt, audisse et ea, quae 20
non intelligunt nec vivunt, infremuisse, sicut cum dicit: *Dixit*
mare, virtus autem maris dixit aut *Terra, audi verbum domini* vel
Infremuit terra super inhabitantes in ea. Manifestum namque est
quia neque mare neque virtus maris, hoc est fluctuum altitudo,
aliquando dixit vel locuta est, neque terra aliquando audivit 25
neque infremuit. Non enim dixit neque vivit terra, cum sit inanimata, sed mos est scripturarum ita de quam plurimis dicere.

47. Sic namque et illud dicit scriptura, quod deus ad cetum
loqueretur et ad cucurbitam et ad vermem matutinum et ad
spiritum incendio comburentem, sicut scriptum est: *Et praecepit*
deus cetui magno ut deglutiret Ionam. Cui dixit vel cui praecepit
vel qua lingua ad cetum locutus est? Hominum an angelorum? 5
Nam pisces neque linguam neque vocem habent. Vel quomodo
dixisse⟨t⟩ ad cucurbitam, quae nec vivit nec respirat? Quomodo

---

14 Marc. 1, 25; Luc. 4, 35   21sq. Is. 23, 4; *cf.* Iob 28, 14b   22 Is. 1, 2
23 Mich. 7, 13
47, 1–3 deus … comburentem] *cf.* Ion. 2, 11; 4, 6–8   3sq. Ion. 2, 1; *cf.* Ps.
Chrysost., in Iob sermo 3, 2 (PG 56, 572)

---

14 et *om.* V | in] a B   15 conspectum M; aspectu P A T V mm | gloriae V
mm | colloquio M; colloquium *so*   16 respondit α | audire ab eo *tr.* P B A T
mm   20 dicit] dixit M   22 terra *iter.* α | verbum domini audi *tr.* P   24 alti-
tudo *om.* Φ mm   26 fremuit B | dicit mm | animata B (ac.)
47, 1 et *om.* β mm   3 *incendii Φ mm | praecepuit A (ac.)   4 cetu M; ceto
so; etae B (pc.); ceti *mi* | cui¹ … cui] quid dicit M; quid ei *so*   5 ad] *incipit* N
cetum] eum *so*; cetae B (pc.) | an *om.* M   6 lingua M | quomodo] dicitur *add.*
Φ mm   7 dixisset *coniecit Müller* | spirat Φ mm

loqueretur vel quid dicens praeciperet spiritui incendii, qui nec
auditum nec intellectum habet, ut incenderet atque percuteret in
10 capite Ionae? Universa enim haec, cum non habeant scientiam,
naturaliter vertuntur atque moventur huc atque illuc creatoris
efficientia. Sicut ergo istis omnibus et dixisse et locutus fuisse et
praecepisse atque iussisse dicitur deus, non voce dicens neque
lingua loquens neque in conspectum suum ad caelestia eos sub-
15 levans, sed occulta suae virtutis operatione vertens, ut necessitas
vel ratio poposcerit, sic similiter iuxta hoc exemplum horum,
quae memorata sunt, etiam diabolo dixisse et locutus fuisse et
audisse et respondisse dicitur et in praesentiam eum suscepisse,
neque dictis quidquam ad eum depromens neque lingua ad eum
20 loquens neque ad excelsa sancta in conspectum suum nequissimum diabolum elevans, cum occultam atque abditam eius nequitiam detegit ac reprehendit atque revelat *omnibusque nobis   mi 407
evidenter ostendit. Haec nunc memorans scriptura dicit: ET
DIXIT DOMINUS AD DIABOLUM: "UNDE VENIS TU?" Et interrogat   1, 7 a
25 ille, qui praescius est ac providus, nequissimum diabolum unde
venisset, illum iniustum refugam unde approperasset. Sic interrogavit olim Adam: *Ubi es, Adam?*, non ut inscius sed sciens praescienter; et tunc ad Adam et nunc ad Adae seductorem sed Iob
non supplantantem, ad eum qui Adam circumvenit sed Iob non
30 superavit. Ergo quia in utroque eiusdem nequissimi malitia fuit,

---

27 Gen. 3, 9; *cf.* Iulian. Arian., comm. in Iob 1, 7α (PTS 14, 13)

---

8 *praeceperit Ψ; praecipiet P   9 incendet B   10 haec enim *tr. so* | habent
M B   11 movebuntur N   15 occultae Φ mm | operationis virtute mm
ratio vel necessitas *tr. so*   16 poposcitur P | hoc *om.* Φ mm   17 diabolo
om. α Φ mm   18 eum *om.* N Φ mm   19 ad eum quidquam *tr.* V   21 ele-
vans] sublevans vel permittens se (sed *so*) dixisse dicitur ad diabolum α
22 omnibusque *coniecit Primmer*; omnibus quae *codd. edd.* | vobis B
23 commemorans Φ mm | dicit] dicens *so* Φ mm   25 ac] atque mm   26 ve-
nisse M; veniret Φ mm | properasset *so* | sic] sed M   27 sed *sl.* P   29 sup-
plantem N (*ac.*); supplantate M; supplantante P; supplantatorem B   30 ne-
quissimum *so* | malia N (*ac.*)

merito ad utrumque eodem usus verbo dixit ad Adam sane olim:
Ubi es, Adam?, ad diabolum vero postea: UNDE VENIS TU? Sed
non ut inscius interrogavit unde venisset, sicut nec Adam olim
ubi esset, sed occultam atque abditam cogitationem eius detegere
atque publicare voluit. Latenti enim livore adversum Iob inflam-   35
matus est, latenti cogitatione deum reprehendit quasi Iob defen-
dentem et multitudinem divitiarum illi *conniventer largientem.

    48. Dixit namque intra semetipsum: "Si mihi tanta bona
dedisset super terram, profecto quod et ego colerem illum in
terris sicut Iob. Nunc vero quis dabit mihi ut possim ascendere
cum angelis in caelum et stare in conspectu dei in medio eorum
et potestatem accipere a deo omnium eius bonorum? Osten-   5
derem, cum eius bona perdidissem, quia non est utilior neque
firmior Iob ceteris universis hominibus, quia non propter caritatem neque pietatem Iob colit deum, sed propter pecuniae multitudinem atque bonorum abundantiam. Nisi enim pro horum
blandimento serviret deo, profecto non esset melior Esau avo   10
suo; nunc vero tamquam flos videtur ex spinis oriri Iob ex posteritate Esau. Sed si denudetur divitiis, profecto quod continuo
denudatur etiam dei cultura, si auferatur ab illo pecunia, profecto

---

32 Gen. 3, 9
48, 7–9 non ... abundantiam] *cf.* Iob 1, 9 sq.

---

31 usus] est *add. mm* | sane *om. mm*   **32** vero *om. β mm*   **33** venisse *M*
olim *om. N*   **34** esse *M*   **35** libore *N (ac.)*; labore *α* | adversus *so Φ mm*
36 domini *B*   **37** multitudine *P* | conniventer *coniecit Weber (cf. cap. 58, 34)*;
continenter *mi*; cohibenter *cett.*
48, 2 quod *N (cf. lin. 12; 14; cap. 96, 8)*; *om. cett.* | in terris *mg. B*   **3** vero]
ergo *mm* | mihi dabit *tr. Φ mm*   **5** bonorum] et *add. Φ (ac. V) mm*; ergo
add. V (pc.)   **6** cum eius] eum sua *mm* | perdidisse *M mm*   **7** hominibus
universis *tr. α Φ mm*   **10** servire *M* | serviret deo *om. B* | perfecto *mi*
melior] Iob *add. so* | avo] tritavo *mm*   **11** suo] Iob *add. sl. M* | pinis *P (ac.)*
12 quod *N (cf. lin. 2; 14; cap. 96, 8)*; *om. cett.*   **13** denudatur *N so*; denudatus
M; denudabitur *cett.* | culturam *M* | eo *P*

quod auferet etiam ipse gratiarum actionem deo." Ergo quia haec
15 cogitavit diabolus, cum nequiter invidet Iob et illicite reprehendit
deum, iniuste nihilominus atque indigne ingressum cum angelis
desiderans ante deum, nec non et hoc quod illicite deferens Iob,
pecuniae atque filiorum eius potestatem accipere cuperet, accep-
taque omnia subito perderet et, cum perdidisset, aut certe Iob a
20 deo abstraheret, aut etiam, cum iustum Iob tormentis afficit,
nequitiae suae satisfaceret; ergo quia, ut dixi, desiderio suo ac
consilio ita venit nequissimus diabolus ante deum, in medio angelorum merito venisse eum dicit, non quod ipse venerit, sed desiderium eius atque cogitatio venit. Adversus quam cogitationem
25 respondisse dicitur deus et interrogasse diabolum, unde venerit.
Nam et vere non poterat haec historia aliter scribi neque aliter
nobis recitari, nisi ut personae ponerentur ac memorarentur
quasi ad invicem loquentes ac sibi invicem respondentes. Ob hoc
ergo dicit: ET DIXIT DEUS AD DIABOLUM: UNDE VENIS TU?, non
30 quasi interrogans vel quaerens vel sciscitatus dixerit: UNDE VENIS   mi 408
TU?; sed culpans et detegens, abdicans quoque atque redarguens
et iniquitatem eius atque apostasiam malignumque eius livorem
circa Iob et circa omnes sanctos demonstrans dixit: UNDE VENIS
TU? Non dixit hoc ad angelos neque ad sanctas virtutes; non
35 interrogavit spiritales ministros unde venissent vel unde veniant.
In ipso enim atque in eius voluntate, in visionibus eius atque
ordinationibus et eunt et veniunt et omnia perficiunt atque
omnia adimplent et cuncta secundum eius voluntatem operantur

---

14 quod N (cf. lin. 2; 12; cap. 96, 8); om. cett. | auferet etiam] non offeret Φ
mm | actionem N so; actione M; actiones cett.   15 invidit so Φ mm | illicite]
Iob add. P (corr.)   17 desiderat N | qui P   18 accepta N (ac.)   19 a deo sl. N
20 afficeret Φ mm   23 non quod] cum non B   24 evenit M (ac.)   25 inter-
rogasset M | veniret Φ mm   26 et om. Φ mm | vero mi | poterant Φ mm
historia aliter N; historialiter cett.   27 ponerentur ac memorarentur]
recitarentur Φ mm   28 loquentes ... invicem om. Φ mm   29 ergo om. Φ
mm | non ... 34 tu om. P   30 sciscitans so V mm | dixit V   34 haec B
35 speciales mm   37 ordinationibus] meis add. P   38 cuncto M

iuxta hoc quod dictum est: *Benedicite dominum, omnes angeli eius,*
ministri eius, qui facitis voluntatem eius. Ergo quia tales sunt   40
sancti angeli et taliter faciunt voluntatem dei et in ipso eunt et
veniunt et extra ipsum numquam sunt, merito illos non interrogat unde veniant, malignum autem illum refugam atque apostatam interrogat tamquam alienigenam, tamquam exterum, tamquam adversarium, tamquam inimicum omnium bonorum.   45

49. Hunc ergo interrogans dicit: "UNDE VENIS TU? Ab
homicidiis, a sanguinibus, ab adulteriis, a furtis, a mendaciis,
tamquam homicida et tamquam pater mendacii et horum auctor
atque inventor exsistens super terram? UNDE VENIS TU? Ab
internecione Abel, a gigantum impudicitia atque interitu illorum,   5
a turre contumaciae atque dispersione, ab Esau aviditate atque
fratris circumventione, a Pharaonis pertinacia atque perditione,
ab Israel in deserto idolorum cultura atque ruina, a prophetarum
persecutione, ab interfectione Iohannis, a Iudaeorum crudelitate
et ab omnium a saeculo et usque in saeculum malorum perfec-   10
tione? Omnia" inquit "mala super terram ex te orta sunt et ex te
initium sumpserunt et per te sub caelo disseminata sunt, et tu es,
o diabole, omnium horum et factor et suffragator et initium et

---

39 sq. Ps. 102, 20 sq.
49, 3 homicida ... mendacii] *cf.* Ioh. 8, 44   **4 sq.** ab internecione Abel] *cf.*
Gen. 4, 8 – 16   **5** a ... illorum] *cf.* Gen. 6, 4   **6** a ... dispersione] *cf.* Gen. 11,
1 – 9   **6 sq.** ab ... circumventione] *cf.* Gen. 25, 29 – 34; Gen. 27   **7** a ... perdi-
tione] *cf.* Exod. 5 – 15   **8** ab ... ruina] *cf.* Exod. 32   **8 sq.** a prophetarum
persecutione] *cf.* Matth. 5, 12; Luc. 11, 47 sq.; Act. 7, 52; Apoc. 18, 24   **9** ab
interfectione Iohannis] *cf.* Matth. 14, 1 – 12 *par.*

---

39 hoc *om. B* | eius] et *B*   **41** et veniunt *om. N*   **42** merito] ergo *add. P mm*
45 omnium bonorum inimicum *tr. P*
49, 2 a¹ ... mendaciis *mg. N* | ab] ad *M (ac.)*   **3** mendacii pater *tr. Φ mm*
5 Abel] et *add. B* | a gigantum] agitantium *N* | interitu] ab *add. N*   **6** a] ad
N | contumacia *N*   **10** saeculum] saeculorum *A* | maiorum *M*   **11** mala]
quae *add. Φ mm* | ex te orta] exorta *Φ mm* | et *om. Φ mm*   **12** per te sub]
parte sub te *so*   **13** et¹ *om. Φ mm* | suffrator *T*

finis. Ob hoc" inquit "o diabole, et mors vivit et infernus floret
15 et tenebrae gaudent et obscuritas non minoratur et iniquitas non
deficit et iudex mortis victoriam accipit. Cum ergo interrogem te
unde venias, non quasi nesciens interrogo neque ut ignarus sciscitator,
sed ut reprehendens atque detegens, convincens atque redarguens,
ostendens quoque atque demonstrans quod ab omni
20 impietatis atque iniustitiae perfectione atque operatione venias.
Dic UNDE VENIS TU, zelo succensus, iniquitate oneratus, invidia
plenus! Ego" inquit "dedi Iob et tu invides. Ego adieci illi et tu
aemularis. Ego multiplicavi, tu vero fluescis. Ego largitus sum, tu
vero auferre conaris. Apprehendam enim te et detegam divina
25 providentia tamquam furem alienis bonis inhiantem et sperantem,
quod per haec iustum Iob subvertere possis. Sed ego" inquit
"et tuam iniquitatem redarguam bona Iob tibi tradendo, et Iob
iustum demonstrem per tolerantiam victoriam de te sumentem.
Ob hoc ergo tamquam interrogans dico: UNDE VENIS TU?, ut
30 occulta tua meditatio appareat, ut vehemens tua nequitia omni-   mi 409
bus demonstretur, ut malitiosus tuus livor omnibus innotescat.
Pro his ergo omnibus dico: UNDE VENIS TU?"

     50. ADVERSUS QUAE RESPONDENS DIABOLUS DIXIT: 1, 7b-c
"CIRCUIVI OMNEM TERRAM QUAE SUB CAELO EST ET VENI."
Magniloquio atque arrogantia uteris, o miserrime diabole, elatione
quoque atque iactantia, ut appareat quod omnes magni-
5 loqui, iactanticuli, arrogantes et superbi tuae nequitiae sint disci-

---

50, 3 magniloquio ... diabole] *cf.* Iulian. Arian., comm. in Iob 1, 7β-γ (PTS
14, 14); Ps. Chrysost., in Iob sermo 3, 2 (PG 56, 573)

---

14 haec *mm*   **16** interrogem te] interrogente *M*   **17** interrogat *P (ac.)* | ut
iter. A (corr.) | sciscitor *P A T V mm*   **20** iustitiae *N (ac.)* | venies *mi*
21 honoratus *M B*   **22** dedit *P (ac.)*   **25** insidiantem *N*   **26** possit *V (ac.)*
27 et²] ut *V*; ut et *mm*   **30** ut *om. B*   **31** demonstret *B (ac.)* | tuus] ille *α*
32 ergo *om. B*
50, 1 dicit *mm*   **2** circui *N (ac.)* | omnem *om. M*   **3** abrogantia *N (ac.)*
electionem *N*   **4** ut] ita *add. Φ mm*   **5** abrogantes *N (ac.)*

puli, et apud te didicerint ea quae deo sunt contraria: *Deus enim superbis resistit, humilibus autem dat gratiam.* His similiter etiam Anna mater Samuelis dicit: *Nolite loqui superba in superbia, et non exeat magniloquium ex ore vestro.* Sed horum immemor diabolus et alios docuit et ipse, magna locutus, dixit: CIRCUIVI TOTAM   10 TERRAM QUAE SUB CAELO EST ET VENI. Intendite, o amici, quia circuisse se dicit TOTAM TERRAM QUAE SUB CAELO EST, sed non carnalibus vestigiis neque corruptibilibus gressibus, sed spiritali transcursu atque incorporali transitu universa, quae sub caelo sunt, subito pervolans atque peragrans. Sicut ergo non corrupti-   15 bilibus gressibus neque carnalibus vestigiis circuivit diabolus sed incorruptibili atque occulto transcursu, sic similiter, cum dicit quod ante deum steterit, non *facie ad faciem* coram deo stetit, sed occultis cogitationibus et nequissimis meditationibus atque in- iustis deliberationibus ante deum venisse dicitur, hoc est nequissi-   20 mae eius cogitationes pro eius increpatione steterunt ante deum. Sed interim CIRCUIVI inquit TOTAM TERRAM QUAE SUB CAELO EST ET VENI. Gloriaris, o diabole, quod circuieris totam terram quae sub caelo est, sed male gloriaris et mala est haec tua gloria- tio. Terram circuis, sed ad caelum non reverteris. Ea quae sub   25 caelo sunt peragras, sed illa quae in excelsis sunt non possidebis. CIRCUIVI OMNEM TERRAM QUAE SUB CAELO EST. Circuivit non carnalibus vestigiis sed circuitionibus iniquitatis, non terrenis

---

6 sq. 1 Petr. 5, 5   8 sq. 1 Reg. 2, 3   18 Gen. 32, 30; Exod. 33, 11; Deut. 5, 4; 34, 10; Iud. 6, 22; 1 Cor. 13, 12

---

6 apud] apostolus *P* (*ac.*); apud *mg. P* (*pc.*)   8 superba] superbia *B* | non *om.* *M*   10 dicit *so* | totam *sl. M*   11 et veni *om. so* Φ *mm* | intendite ... est *om.* *so*   12 se *om. B* | dicitur *N M*   13 speciali *P*   14 incorporali] in corporali *B* *mi*   16 circuit *N* | sed] in *add. mi*   17 occultu *P* (*ac.*) *V* (*ac.*)   18 deum *sl. N* 19 atque iniustis deliberationibus *om.* β *mm*   21 cogitationibus *M* (*ac.*) | per eius increpationem *so*   22 inquit circuivi *tr.* Φ *mm* | totam] omnem *B* 23 gloriaris ... est *om. so* Φ *mm* | circuieris *N*; circuiris *cett.*   24 gloriatio tua *tr. so*   26 sunt[1] *sl. N* | peragrans α   27 circuit *N* | circuit *N*; circuivi *M* 28 iniquitatibus *N*

gressibus sed spiritalibus seductionibus. CIRCUIVI TOTAM TER-
30 RAM QUAE SUB CAELO EST. Non per temporum spatia circuisti,
sed subito velociter ac celeriter omnia, quae sub caelo sunt, per-
agrasti et omnia, quae in aëre sunt, pervolando et cuncta, quae
sub caelo sunt, inspiciendo, subito ab oriente ad occasum trans-
eundo et a meridiano ad aquilonem pervolando et ea, quae per
35 quattuor terminos orbis terrae omnibus gentibus et provinciis et
regionibus atque linguis fiunt vel dicuntur, videns et audiens et
sciens, non tamquam in praescientia[m] habens, sed tamquam
spiritus volans et omnia, quae voce dicuntur, audiens et, quae
operibus fiunt, universa videns, ea vero, quae in corde atque intra
40 animum tractantur, nesciens.

51. Si enim hominum cogitationes scisset, profecto nullum
hominem salvum fieri permisisset nihilque boni perficere, sed
omnia bona mox ut cogitatione coepta fuissent, continuo destru-
eret, continuo perfici non permisisset. Nunc vero ea quidem,
5 quae cogitantur vel tractantur, ignorat; ea vero, quae in operibus
fiunt et per vocem dicuntur, audit et videt utpote spiritus callidus
ac subtilis et qui ubique est praesens atque totum mundum subito   mi 410
pervolans. Si enim venti aërii regiones ac provincias subito per-
flant atque pertranseunt, nonne multo amplius aërii spiritus, id
10 est nequissimi daemones, subito totum pervolant mundum,
subito universa quae sub caelo sunt peragrant, subito ubique

51, 9–12 aërii ... sunt] *cf.* Eph. 2, 2

---

29 specialibus *P* | circuit *N*   31 celeriter ac velociter *tr. mm* | ac] atque *V*
omnia *iter. P* | peragrati *P* (*ac.*)   35 terrae *om.* β *mm*; in *add.* Φ *mm*
37 praescientia *conieci*; praescientiam *N*; praesentiam α Φ; praesentia *mm*
38 volant *M* | voce *om. so*
51, 1 nullum *om. B*   2 bonis perficeret *M*   3 fuisset α   4 perfici *N*; perfice-
re *cett.* | quidem *om. B*   6 spiritus] sanctus *add. M* (*corr.*)   7 ac] atque *V*
8 sic *P* (*pc.*) | aerii *N*; aërei *mm*; aeris *cett.* | regiones ... aërii *om. P* | perflu-
ant *M*; perfluunt *so*   9 transeunt Φ *mm* | aerii *N*; aeris *cett.* | id est] idem *so*
10 totum mundum pervolant *tr. A* (*ac.*); pervolant (pervolans *ac. P*) totum
mundum *tr.* Φ (*pc. A*) *mm*   11 peragrant quae sub caelo sunt *tr.* α Φ *mm*

praesentes sunt? In omni proelio vel pugna, in omni perturbatione atque mortis ruina, in omni seditione ac tumultu, in omni
contentione et lite et in omni sanguine et homicidio et furto
atque adulterio omnique lamentabili bello sive orientis sive occi-   15
dentis sive meridiani sive aquilonis, ubique praesentes sunt nequissimi ⟨daemones⟩ atque aërii spiritus plus perturbantes et suc-
cendentes atque universa mala moventes. Unde et divinationes
ortae sunt, ex quo malignissimi daemones aëriique spiritus subito
hunc mundum pervolantes atque universa, quae in omni loco   20
huius mundi fiunt, contemplantes et ea, quae dicuntur, audientes
illis, qui alibi ubicumque longe positi fuerint, suae nequitiae
ministris revelant atque demonstrant tam in somnis quam in
vigiliis nec non et in phantasmatibus, et iuxta haec, quae fiunt vel
emergunt, etiam alia futura sperare atque probare docent. Exinde   25
coepit divinationis error inter filios hominum, inde scandalum in
eos, qui super terram sunt, ortum est. His namque omnibus
demonstratis atque memoratis malignissimus atque aërius DIA-
BOLUS DICIT: "CIRCUIVI TOTAM TERRAM, QUAE SUB CAELO EST,
ET VENI."   30

52. O nequissime adversari, o malignissime diabole, quam
malignus es et ad omnia mala versutus atque callidus! Cum enim
ad deum loqueris humilitatem fingens, TOTAM TERRAM QUAE

12–18 in[1] ... moventes] *cf.* Ps. Chrysost., in Iob sermo 3, 2 (PG 56, 572)

---

12 sunt praesentes *tr. mi* | vel] in omni *so*   13 atque ... contentione *om. N*
14 et[2] *om. N (ac.)* *Φ mm*   15 lamentabile *A (ac.)*   17 daemones *supplevi (cf.*
lin. 9sq.; 19; cap. 72, 30sq.) | aërii] aërei *mm* | spiritus *N*; daemones *cett.*
perturbantur *α*   18 mala *om. mm* | et *om. Φ mm*   19 ortae *om. α Φ mm*
aëreique *mm*   21 audientes] videntes *M*   22 illis *om. α Φ mm* | longo
M (pc.) | suae] sive *P*; sub *mi*   23 revelat *N (ac.)*   24 et[1] *om. α Φ mm*
25 alia] atque alia *add. Φ mm* | prosperare *so*   26 inter *om. V mm* | inde] in
M Φ mm   27 eos] in *add. A (corr.)* | qui *N*; qui sunt *so*; quibus *cett.* | sunt
om. α Φ mm   28 malignissimis *N (ac.)* | aëreus *mi*   29 est *sl. P*
52, 1 adversarii *M*; adversarie *mm*

SUB CAELO EST circuisse te dicis, et caeli non meminis. Cum
5 autem ad homines loqueris, tunc nihilominus magna loquens, ut
homines rapias, dicis: *In caelum ascendam; super stellas caeli
ponam sedem meam; ero similis altissimo.* Hoc nimirum ob hoc
dicis, ut pro altissimo adorari atque coli ab hominibus possis.
CIRCUIVI inquit TOTAM TERRAM QUAE SUB CAELO EST. Terram
10 circuis, o diabole, ad desolandum atque exterminandum eam; ea
quae sub caelo sunt, peragras ad perturbandum et subvertendum,
ad commovendum quoque et commiscendum et ad furorem
concitandas atque exacerbandas gentes adversus gentes et regiones
adversus regiones. Pro istis ergo omnibus inquit: CIRCUIVI TO-
15 TAM TERRAM QUAE SUB CAELO EST ET VENI. Sed et adhuc aliter
CIRCUIVI TOTAM TERRAM: omnes terrenos, eos *qui terrena
sapiunt* tantum, eos qui terrena cogitant sola et meditantur, diligunt atque requirunt. Istos ergo circuis, exploras, exquiris, excul-
caris, quia introitus et exitus, viam atque iter in eis habes. Sic,
20 inquam, circuis terram, o diabole, et peragras ea quae sub caelo
sunt. Quae sunt haec? Corda quae sunt sub caelo, quae in caelum
numquam ascenderunt neque fidei integritate neque mentis desiderio neque dei memoria neque resurrectionis exspectatione
neque timore iudicii neque spe aeternae gloriae, sed horum om-
25 nium, quae in caelo sunt, obliviscuntur, despiciunt quoque atque   mi 411

---

6 sq. Is. 14, 13 sq.   **13 sq.** gentes[1] ... regiones[2]] *cf.* 2 Par. 15, 6; Is. 19, 2;
Matth. 24, 7 *par.*   **16 sq.** Phil. 3, 19

---

4 meris *M* (*ac.*); memineris *α* (*pc. M*); meministi *mi*   **5** loques *N* (*ac.*)
6 stella *V*   **7** meam] et *add. Φ mm*   **8** omnibus *P* (*ac.*)   **10** atque] atque ad
α; ad *Φ mm*   **11** peragrans *V* (*ac.*) | turbandum *M* (*ac.*) | subvertendum ...
commiscendum *N*; pervertendum *cett.*   **12** furtum reconcitandas *M*; furtim
reconcitandas *so*   **13** atque] ad *add. P A T* | gentes[1] *post* concitandas *tr. N*
14 adversus regiones *om. α Φ mm* | circuii *N*   **15** quae ... terram *om. P B*
et[2] *om. Φ mm*   **16** circuii *N*   **17** sapivit *N* | qui *sl. P* | sola cogitant *tr. α Φ
mm*   **18** exquiris] et *add. Φ mm* | exculcaris *N M*; exculcas *so*; conculcas
cett.   **21** sunt sub] non sunt in *Φ mm*   **23** domini *Φ mm*   **24** iudicii
timore *tr. Φ mm* | gloriae aeternae *tr. mm*

derelinquunt. Talia sunt corda omnium ferocium, pertinacium, eorum qui non agunt paenitentiam. Huiuscemodi enim corda circuit diabolus persuadens atque infatuans, obtundens atque obdurans, eorum qui ea, quae super caelum sunt in incorruptione, non sapiunt, sed ea sola, quae sub caelo sunt in corruptione, super terram requirunt. De istis ergo omnibus dicit: CIRCUIVI OMNEM TERRAM QUAE SUB CAELO EST ET VENI. Nobis autem condonet deus benedictus cor mundum, animam castam, mentem piam, fidem integram, plenam caritatem, misericordiam sinceram, puritatem non fictam et spem immobilem, ut omnes nequissimi incursus atque accessus longe a nobis avertantur et omnis versutia eius confusa atque inefficax comprobetur.

53. Sed interim cum haec diceret diabolus quod circuisset terram et peragrasset ea quae sub caelo sunt, RESPONDIT EI DEUS dicens: ANIMADVERTISTI AD PUERUM MEUM IOB, QUIA NON EST EI SIMILIS QUISQUAM IN TERRIS? Tamquam si diceret: "Quia gloriaris quod terram circuieris et ea quae sub caelo sunt peragraveris, dic mihi: ANIMADVERTISTI AD PUERUM MEUM IOB? Quod si forsitan dixeris: 'Nescio quis sit Iob', hic est cui NON EST HOMO SIMILIS SUPER TERRAM. Ego dico quod non sit illi

30

35

1, 8a-c

5

32 sq. nobis ... mundum] cf. Ps. 23, 4; 50, 12
53, 2 deus] θεός: cf. cod. Alexandrin.　　3 sq. animadvertisti ... terris] cf.
Cypr., testim. 3, 14 (CC 3, 105); mortal. 10 (CC 3A, 21); Aug., symb. 3, 10
(CC 46, 192); Ps. Aug., quaest. test. 118, 4 (CSEL 50, 356); Quodv., prom. 1,
22, 30 (CC 60, 38); coll. Escurialensis, sermo 14 (RecAug 31, p. 171)　　4 ei
similis quisquam] cf. Hier., interpr. Iob (PL 29, 63B; 65B); lin. 8 sq.
8 homo similis] ὅμοιος αὐτῷ ἄνθρωπος: cf. cod. Alexandrin.; lin. 4

26 delinquunt mi　　29 caelo NM　|　incorruptionem P　　31 circuii N
32 omnem N; totam cett.　|　nobis] a praem. β mm　|　autem] avertitur cum
add. Φ (sl. T) mm　　33 donat β (ac. A; pc. T) mm　|　benedictus om. α Φ mm
34 mentemque Φ mm　　36 revertantur α
53, 1 dicent P (ac.)　　2 peragraret N　　3 ei similis non est tr. Φ mm　　5 circuieris] circus eris M　|　ea om. B　|　asunt so　　6 advertisti B　　7 quis] quid P
hoc B　　8 ego ... terram om. B　|　similis illi tr. so

similis super terram alius, tu vero quid dicis quod terram circu-
10 ieris et ea quae sub caelo sunt peragraveris? Ostende alium similem illi." Et vere nequissimi diaboli cogitationes arguit atque
illicitum eius livorem ostendit, quem meditatus est ac nequiter
cogitavit, cum Iob zelatur et invidet. Ac si diceret: "Ecce arguo
meditationes tuas, ecce revelo consilia tua, ecce ostendo nequi-
15 tiam tuam atque livorem, ecce do tibi audaciam, ut praeferas
tuam malitiam, ut depromas malignitatem tuam, ut ad certamen
atque proelium beatum Iob requiras. Nisi enim fiduciam accepe-
ris, quaerere non audebis." ANIMADVERTISTI AD PUERUM MEUM
IOB?, hoc est: Relaxasti animum tuum, cogitationes tuas, consilia
20 tua, meditationes tuas? Ad quem? AD PUERUM MEUM IOB: letalis
adversario sagitta in modum ignis comburens haec vox, diabolus
quam audire non tolerat nequissimus, ut aliquis servus dei sit vel
omnino nominetur. Cum antea odio haberet Iob atque zelaretur
eum, adiecit super nequitiam, cum servum dei illum nuncupari
25 audisset deo astruente: AD PUERUM MEUM IOB. Et animadverte
quantus sensus in hoc ipso demonstratur sermone, cum servum
suum appellat Iob: Primum quidem tamquam gloriam sibi existi-
mat atque honorem omnium dominus, quod sancte atque caste
illi serviunt homines. Idcirco quasi glorians dicit nunc sane de
30 solo Iob: PUERUM MEUM IOB, hoc est servum meum; alibi autem
de plurimis: *Misi ad vos omnes servos meos prophetas.* Unde etiam

---

21 adversario ... ignis] *cf.* Eph. 6, 16   31 Hier. 7, 25

---

9 alius *om.* α Φ *mm* | quid] qui Φ *mm* | dicit *V* (*ac.*) | circuiris *M*   **11** ar-
guet *N M*   **12** illicitum] est *add. B* | quae α   **13** ac] et *praem. N* | ecce] ego
mm   **15** proferas *B mm*   **16** malitiam tuam *tr. mm*   **17** Iob *om.* Φ *mm*
acciperis *M*   **20** letalis] laetaberis α Φ (*ac. P*) *mm*   **21** adversario *N*; adver-
sarii α Φ; adversarie *mm* | igni *B* | comburente *mm* | hanc vocem β *mm*
22 quam] nequaquam Φ *mm* | audire] patitur *add.* Φ *mm*   **23** antea] autem
Φ *mm*   **24** eum] ureum *M* (*ac.*) | super *sl. P*   **25** audisse *M* | et ... **27** Iob
mg. N   **27** gloria *B*   **28** quo α *P A T V*; cum *B mm*   **29** serviant *so* | sane]
est hic *add.* Ψ

ipsos glorificat atque magnificat per id quod servos et famulos eos
astruit atque appellat, sicut Moysen, de quo dicit ad Aaron: *Non*
sicut famulus meus Moyses in tota domo mea fidelis; et post paululum: *Quomodo non timuistis loqui de famulo meo Moyse?* Quid   35
hoc maius est, quid hoc superius, ut quis creatoris sit servus atque
caelestis regis famulus? Non est hac alia maior gloria.

    54. Super haec autem etiam ipsum diabolum increpat, deicit
atque obiurgat per id quod Iob puerum suum appellat: ANIMAD-
VERTISTI inquit AD PUERUM MEUM IOB?, ac si diceret: "Nonne
victus es et deiectus atque humiliatus, ut Iob corruptibilis atque
terrenus homo servus meus sit et in mea servitute permaneat? Tu   5
vero, o diabole, cum superior sis angelis cum Cherubim a me
creatus, ex mea servitute recessisti et meum ministerium dereliquisti. Merito ex sanctis choris proiectus atque a caelestibus
pulsus circa terras oberras, circa terras reptas et terrenos circumvenire conaris. Ob hoc enim dicis quod terram circuieris et ea   10
quae sub caelo sunt peragraveris, quia caelestium refuga effectus
atque in terrenis reptare et terram manducare per personam ser-
pentis es maledictus. ANIMADVERTISTI animo illo nequissimo,
invido, crudeli, pravo, fero, ad puerum meum mitem, benignum,
subiectum, religiosum, non fraudulentum sed devotum, AD   15
PUERUM MEUM, CUI NON EST HOMO SIMILIS SUPER TERRAM? In
omnibus virtutibus atque studiis NON EST SIMILIS ILLI SUPER

---

33 sq. Num. 12, 7   35 Num. 12, 8
54, 5 terrenus homo] *cf.* 1 Cor. 15, 47   6 sq. Cherubim … creatus] *cf.* Ezech.
28, 14   8 sq. merito … oberras] *cf.* Is. 14, 12; Ezech. 28, 15–17; Luc. 10, 18;
Apoc. 12, 9   12 sq. in … maledictus] *cf.* Gen. 3, 14

---

33 astruet *N M* | sic *B* | nam *B*   35 timuisti *mm* | meo *mg. A*; *om. T*
36 hoc² *om. α Φ mm* | ut] et *M*; quam *so* | creatoris quis sit *tr. so*; quis sit
creatoris *tr. Φ mm*   37 alia *post* maior *tr. α*; *om. Φ mm*
54, 1 etiam *om. α Φ mm* | deiecit *V (ac.)*   3 ad *om. so*   5 maneat *Φ mm*
6 cum²] inter *add. Φ mm*   7 ex] a *Φ (pc. P) mm*; ad *P (ac.)*   9 terras¹] terra
M   10 enim] cum *mm*   12 et] in *Φ mm* | terra *mm* | per personam *N*; in
persona *cett.*   17 ei similis *B*; illi similis *tr. mm*

TERRAM. Abraham non est, Isaac requievit, Israel transivit,
Ioseph quietem resumpsit, propterea NON ILLI SIMILIS EST QUIS-
20 QUAM SUPER TERRAM. Ego" inquit "testimonium perhibeo virtutibus eius, utpote omnium cognitor dominus. Attestatur videlicet
illi etiam malignus tuus livor, o diabole. Nisi" inquit "meus
servus fuisset sanctus ac dignus atque mihi bene complacens, non
utique eum zelatus fuisses, non utique ei invideres. Non es zela-
25 tus Esau neque Ismael, non es zelatus Saul neque Achitophel
neque Doech neque ullum ex his, qui tuam perversam fecerunt
voluntatem, sed zelatus es a saeculo omnes servos meos atque
cultores, id est Abel et Ioseph et nunc ipsum Iob atque his similes
omnes et omnes sinceriter me invocantes. QUIA NON EST" inquit
30 "SIMILIS ILLI QUISQUAM SUPER TERRAM." In quo NON EST SIMILIS
EI QUISQUAM SUPER TERRAM? In omnibus bonis operibus atque
deo dilectis. SINE QUERELA est, utpote qui in nullo potuit repre-   1, 8d
hendi. "Quamvis" inquit "tu eum reprehendas, o diabole, quasi
propter divitias me colentem, post paululum comprobabitur quia
35 omnino Iob SINE QUERELA permanet, et non solum SINE QUE-
RELA, sed et IUSTUS, cum iustitia etiam et VERUS." Sed quia   1, 8d
plerique hominum in hoc mundo omnibus modis sine querela

---

18 Abraham non est] *cf.* Gen. 25, 8 | Isaac requievit] *cf.* Gen. 35, 28 sq.
Israel transivit] *cf.* Gen. 49, 33 (32 *Vulg.*) **19** Ioseph quietem resumpsit] *cf.*
Gen. 50, 26 (25 *Vulg.*) **25** Esau] *cf.* Gen. 25, 19–34 | Ismael] *cf.* Gen. 16
Saul] *cf.* 1 Reg. 13, 10–14; 15, 10–35 | Achitophel] *cf.* 2 Reg. 15, 12–17, 23
26 Doech] *cf.* 1 Reg. 21, 8–22, 23 **28** Abel] *cf.* Gen. 4, 4 | Ioseph] *cf.* Gen.
39, 23 **36** iustus] δίκαιος *add.* cod. Alexandrin.

---

19 quiete *M* | assumpsit *mi* | est illi similis *tr.* α Φ *mm* | quisquam *om.* Φ
mm **23** complacens bene *tr.* P **24** eum] ei *B* | fuisset *P* (*ac.*) *V* (*ac.*) | ei]
eum *mi* | invideri *M* (*ac.*) **25** non ... Achitophel *om.* N | es ... neque]
zelaberis Saul atque *mm* **26** iis *mi* **30** quisquam *om.* so Φ *mm* | in ...
terram *om.* α | ei similis *tr.* B **31** ei *om.* N **32** deo] ideo *mi* | dilectus *N*;
dilecte *B* **34** probabitur Φ *mm* **35** Iob omnino *tr.* so | permanet ... que-
rela *om.* N **36** et¹ *sl.* N | cum] autem *add.* M | cum iustitia *om.* N | iusti-
tiam *M* | etiam] autem so | et² *om.* Φ *mm* | verax so

fuerunt et iusti et veraces in humanis dumtaxat iudiciis et causis atque corruptibilibus iustitiis universis, sed hoc quod summum ac maximum est, dei scientiam non habuerunt, caritatem dei 40

mi 413   atque culturam, merito super haec universa Iob bona adicit id

1, 8d   quod maximum est dicens: DEI CULTOR. Sive SINE QUERELA fuisset sive IUSTUS sive VERAX, omnia haec propter deum erat atque culturam.

1, 8e   55. Super quae universa adiciens dicit: ABSTINENS SE AB OMNI RE MALA, utpote qui deum colebat, utpote qui deum metuebat, tamquam qui deo serviebat et tamquam qui deo placere cupiebat. Sic itaque super omnes ceteras virtutes praecipuam eius virtutem in conclusione demonstrans, dei cultorem illum fuisse 5 ostendit atque ab omni re mala se abstinentem. Et vere cum haec ad diabolum loquitur, et per haec diabolum arguit atque increpat ac veluti diceret: "Audi, o diabole! Ad te enim est hic sermo et tua haec increpatio atque obiurgatio. SINE QUERELA est Iob; tu vero omnibus criminibus es refertus. IUSTUS est Iob; tu vero et 10 ipse iniustus et totius iniustitiae suffragator. VERUS est Iob; tu autem totius veritatis es exsors atque omni mendacio plenus et omnis fallaciae atque doli es pater. DEI CULTOR est Iob; tu vero dei refuga et apostata atque rebellis, et non solum tu sed et omnes homines hoc instigas, persuades et doces. ABSTINET SE Iob AB 15 OMNI OPERE MALO et verbo; tu autem omne malum et illicitum

---

55, 11–13 tu ... pater] cf. Ioh. 8, 44

---

38 iustitiae B   39 atque] in add. so | sed so; et cett. | hoc om. V mm   40 ac] et Φ mm | caritatem] *quoque add. α Φ mm   41 adicit] ac dicit P   42 sine del. P   43 fuisse so Φ me | erant so Φ mm   44 atque] *dei add. α mm; domini Φ | cultura P B
55, 2 utpote[1] ... colebat om. B   4 omnes] eos B   5 virtutum N M | in om. N M   6 se om. so   7 et om. Φ mm | arguet N; argui M   8 ac] et A T V mm   9 tua] in add. A (corr.)   10 refectus M | est om. N; es B; eras A (corr.) | et om. so Φ mm   11 iniustus] es add. Φ mm | suffragatus M   12 autem] vero M   13 omnis] omni B | doli om. B | est] es P (ac.)   15 homines] ad add. mm | suades mm | Iob post verbo tr. Φ mm

atque impium opus ac verbum seminasti inter homines atque
in⟨ter⟩ ea, quae sub caelo sunt, oriri fecisti." Dicit denique haec
universa deus ad diabolum, cum laudat Iob et veraciter magni-
20 ficat eum, ut nosset diabolus adversus quem habebat, ne postea
diceret: "Non mihi indicasti, neque ego sperabam in hominibus
super terram huiuscemodi esse constantiam. Cunctos audivi, qui
fuerunt ab initio saeculi, et quam plurimos meis muscipulis cir-
cumdedi atque meis insidiis apprehendi. Merito putabam etiam
25 hunc quasi unum ex omnibus facile superare." Ob hoc ergo, ne
victus diabolus post hoc posset ea quae memorata sunt dicere,
propterea testificatus est illi deus et ante praemonuit de omnibus,
quae circa Iob agerentur, ac si diceret: "Noli putare, o diabole,
quod adversum avum Iob Esau habeas aut adversus unum ex
30 Esau simillimis, sed adversum Iob habes, in fide indeclinabilem,
immobilem a iustitia, in gratiarum actionibus immutabilem, in
doloribus non succumbentem, non deficientem in tribulationibus." Talem fuisse Iob sciens deus ante testificatus est diabolo
dicens: HOMO SINE QUERELA, IUSTUS, VERAX, DEI CULTOR,
35 ABSTINENS SE AB OMNI RE MALA.

    56. Sed et quae in laudem beati Iob dixit deus atque in testi-
monium nequissimi diaboli, haec ad maximam inflammationem

---

29 avum Iob Esau] *cf.* Iob 42, 17 c β

---

17 ac] aut *Φ mm*   18 inter *coniecit Primmer* | ea] his *so;* eo *V me* | haec *om.*
α   20 habeat *P (ac.) B*   21 hominibus *N;* omnibus *cett.*   22 constantia *B*
cuncto *P (ac.)*   23 et *om. B* | quamplures *B* | meos *A (ac.)* | discipulis *mi*
circumdedit *P (ac.)*   24 hunc etiam *tr. N*   28 agerentur] et *add. N*   29 ad-
versus *so* | Iob Esau *post* habeas *tr. B* | abeas *A T* | aut] autem *B;* ut *add. M*
adversus] aversus *A (ac.);* adversum *mi*   30 similibus *so Φ mm (cf. cap.*
56, 22) | adversum] adversus *so B* | abis *B A T;* ab eis *P (ac.)* | fidem *M*
31 a] in *Φ mm* | iustitiam *M*   32 deficiendum *P (ac.)* | tribulationis *N*
33 telem *N (ac.)* | fuisset *M* | sciens] deum *add. P (corr.)* | diabolum *Φ*
35 ab *om. mi*
56, 1 laudem] in *add. B* | dicit *mm*

profecerunt nequitiae adversarii atque maximam adversum Iob concitationem livoris ac zeli. Merito audacia fretus nequissimus immoderanter protulit suam iniquitatem dicens: “Non gratis Iob colit deum,” respondit nihilominus et dixit non labiis depromens neque ore humano locutus, sed consiliis iniqua cogitans atque
1, 9 ipsis cogitationibus illicita meditatus. **RESPONDENS DIABOLUS**
mi 414 **DIXIT: “NON SINE CAUSA IOB COLIT DEUM.”** Incipit ostendere
quia nequiter meditatus est, incipit publicare quia malitiose cogitavit, “NON SINE CAUSA” inquiens “IOB COLIT DEUM: non gratis sed cum pretio, non frustra sed pro mercede, non propter pietatem sed propter divitias, non propter domini dilectionem sed propter peculii multitudinem. NON SINE CAUSA IOB COLIT DEUM. Habet pro quibus recompenset, habet pro quibus reddat retributionem. NON SINE CAUSA IOB COLIT DEUM. Si enim ferocioribus atque immanioribus hominibus tantas conferres divitias et tantam gloriam atque tantum honorem, profecto omnes uno consensu tibi servirent et te colerent. NON SINE CAUSA IOB COLIT DEUM, sed pro divitiis, pro possibilitatibus, pro substantia, pro facultatibus, pro potentia et gloria atque honore. Pro istis ergo atque horum his simillimis blandimentis te colit. Aufer universa quae ei dedisti, et apparebit ob quam rem te colit. Nunc vero facile est illi colere te; facile est etiam esse sine querela et

---

5sq. non ... deum] *cf.* Iob 1, 9b **9** Iob colit] Ιωβ σέβεται *tr.* cod. Alexandrin. | deum] θεόν: *cf.* cod. Alexandrin.

---

3 profecerunt] et succensionem *add.* *Φ mm* | adversus *so* **4** audaciam *M* fretus *del.* *M* **5** non] num *so*; sine *add.* *α P T* (*ac.*); sine causa *add.* *A T* (*pc.*) *V mm* **6** colet *M* | respondet *mm* | dicit *mm* **7** humano ore *tr.* *mm* iniquis *Φ me*; iniqui *mi* **8** respondit *P* **9** dicit *mm* | colet *M* **11** colit Iob *tr.* *P A T V mm* | colet *M* **12** frustra] sine causa *N* | pro *om.* *V* **14** peculii multitudinem] *terrenum honorem *N* **16** Iob *om.* *mi* **17** immanioribus] in maioribus *P* (*ac.*) | conferre *M* **18** tantam] tantum *M* **20** colit] colet *M* **21** istis] his *Φ mm* **22** horum atque *tr.* *A* (*ac.*) | his simillimis *om.* *α Φ mm* | aufer ... colit *om.* *Φ mm* **23** colit] colet *N* **24** vero *sl.* *N* | etiam *om.* *so* | esse *post* veracem *tr.* *Φ mm*

25 iustum atque veracem. SINE QUERELA est quia innumerabilia
habet et nullo indiget; IUSTUS est quia divitias habet; VERAX est
quia omnes undique illi inclinantur et sermonem eius usque ad
nubes perferunt. SED MITTE MANUM TUAM ET TANGE OMNIA   1, 11
QUAE HABET ET SCITO SI BENEDICAT TE. Aufer" inquit "divitias,
30 exspolia facultatibus, detege gloria, priva honore, humilia ex
sublimitate, et tunc non solum hanc culturam derelinquet, sed et
si non in praesenti te BENEDICET" hoc est "nisi in praesenti tibi
maledicat et blasphemet atque detrahat." Moyses enim magnus
homo dei cum scriberet Iob, non ita scripsit sicut diabolus
35 locutus est, sed decentius ac benignius utpote devotus domini
famulus. Diabolus enim crudeliter atque nequiter locutus est, ut
plus ad iracundiam, ut putabat, provocaret deum. Non dixit "si
in faciem te benedixerit", sed "si non in facie tibi maledixerit".
Moyses vero illicitam atque crudelem diaboli vocem immutans
40 dixit: "In facie tibi benedicet."
     57. "NON SINE CAUSA" inquit "IOB COLIT DEUM. Et utquid
vel ob quam causam colit? QUIA TU MUNISTI ILLI EA QUAE   1, 10a
EXTRA DOMUM ATQUE INTRA DOMUM EIUS SUNT. Tu munisti,
tu circumdedisti, tu obumbrasti, tu protexisti, tu illaesa custodisti
5 omnia bona eius, non solum ea quae intra domum sunt, sed EA

---

27 sq. omnes ... perferunt] cf. Sir. 13, 23 (28 Vulg.)   29 scito] cf. Quodv.,
prom. 1, 22, 30 (CC 60, 38)   33–40 Moyses ... benedicet] cf. Ps. Chrysost.,
in Iob sermo 4, 1 (PG 56, 577)

---

26 et] in add. α | est¹ sl. N   27 illi om. B | inclinant B | sermonum M
28 proferunt P B | sed] si B   31 sed et so (subaudiendum scies, cf. cap.
57, 18); et N M Φ mm   32 in¹ om. M | te in praesenti tr. P B | hoc ...
maledicat mg. N | in praesenti tibi] te in praesenti Φ mm   35 ac] atque V
famulus domini tr. M; dei famulus Φ mm   36 ac Φ mm | est] et add. Φ
mm | ut om. B   37 putaret B | provocare B | si] non add. Φ mm   38 fa-
ciem so Φ mm   39 vero] non add. M   40 faciem so Φ mm | benedixerit so;
benedixit V
57, 1 et om. M   2 colet M | tu om. B | ea] eaque so   4 prospexisti mi
illaesa] in laeta M   5 sed] et add. B (sl.) mm

QUAE EXTRA DOMUM extrinsecus, universa quae sunt ei in circuitum. Quotiens" inquit "volui appropinquare et non inveni accessum, cum protegis atque obumbras? Quotiens" inquit "volui perdere et exterminare, et non permisit omnipotens manus tua? Tu munisti ei omnia quae sunt intra domum atque extra domum 10 eius: tamquam flamma ignis angelorum tuorum custodia ante me omnia bona eius circumdans accessum mihi minime concessisti, neque approximare mihi permisisti, potestatem mihi nullatenus dedisti. Quid ergo laudas Iob quasi iustum? Quid magnificas Iob quasi dei cultorem atque religiosum? Non Iob religiositas neque 15 iustitia hoc fecit, sed largitiones tuae atque multiplicia tua bona, pro quibus te colere videtur. Quod si non ita est, MITTE MANUM TUAM ET TANGE OMNIA QUAE HABET, NISI IN FACIE TE BENEDIXERIT" vel potius "maledixerit", sicut diabolus dicit. "TU" inquit "MUNISTI, tu benedixisti, tu multiplicasti, tu conservasti ET 20 OMNIA QUAE DOMI SUNT, ET EA QUAE EXTRA DOMUM SUNT in circuitu, et ea quae sunt prope, et ea quae longe sunt universa. Pro his" inquit "omnibus et deprecatur et colit et gratias tibi agit, non tibi gratias agens sed pro ipsis bonis recompensans, non te diligens sed pro ipsa multitudine pecuniae amans et conservans 25 atque perdere nolens. Non ergo pro tua" inquit "dilectione te

mi 415
1, 11b

7–9 quotiens ... tua] *cf.* Orig., catena in Iob 2, 53 (PTS 40, 208 sq.)   20 tu multiplicasti] *cf.* Iob 1, 10d; Quodv., prom. 1, 22, 30 (CC 60, 38); coll. Escurialensis, sermo 14 (RecAug 31, p. 172)

---

6 extra domum extrinsecus *N*; extrinsecus sunt extra domum *cett.* | ei *om.* *P* | circuitu *B V mm*   8 obumbrat *V*   9 et[1] *sl. P*   10 ei] eius *P*   11 eius] idem *add. M (corr.)*   12 eius *om. V mm*   13 permisti *M*   14 quid[1]] quare *mi*   17 ita] hoc *Φ mm*   18 et *om. mm* | facie te *N*; faciem *cett.* | benedixerit] tibi *add. so Φ mm*   19 dicit diabolus *tr. V mm*   20 ministri *P (ac.)* tu benedixisti *om. V*   21 omnia *N*; ea *cett.* | et ... prope *om. P* | sunt in circuitu] sed in circuitu sunt *mm*   22 circuitum *N* | ea[2] ... universa *post* domi sunt *iter. β*   23 et[1] *om. α Φ mm* | tibi *om. mm*   24 bonis] gratias *add. so Φ mm*   25 pro ipsa multitudine pecuniae *N*; ipsam multitudinem pecuniae (pecuniae multitudinem *tr. V*) *cett.*   26 inquit pro tua *tr. Φ mm*

colit neque propter tuam benedictionem tibi gratias agit, sed pro
pecuniae huius blandimentis te colit neque propter tuam beatitudinem quam ei dedisti tibi gratias agit. Aufer ergo illi quae dedisti
30   universa et apparebit omnibus, quae sit Iob perfidia et quia non
pro dilectione te colit sed propter pecuniam."

58. Cui digne respondeatur et dicatur ad eum: "Dic, o nequissime Satan! Dic, o maligne diabole! Non intelligis, o miserrime, quia teipsum tu *redarguis, tu teipsum deicis, tu temetipsum condemnas? Nam in his quae in Iob reprehendis, quod ille
5   ingratus exstiterit, teipsum condemnas cum tu eadem facis. Nam
hoc ipsum tu fecisti cum a deo discederes atque deo resisteres,
derelinqueres quoque atque ingratus exsisteres, de quibus nunc
Iob nequiquam huiusmodi facientem promis ac reprehendis. Sed
interim, o diabole, dicis quod non propter caritatem me colat
10   Iob, sed pro donis meis atque pecunia. Dic ergo, o nequissime
Satan: Quantum vel quid dedi Iob quemadmodum tibi? Nonne
superiorem te angelis feci et anteriorem archangelis? Nonne inter
ordines Cherubim te creavi? Nonne incorruptionis gloria te
indui? Nonne in indesinenti laetitia vultus mei te constitui? Pro

---

58, 11–16 nonne ... exstitisti] *cf.* Ezech. 28, 14–17

---

27 benedictionem *N*; beatitudinem *cett.* | tibi *om. mm*   28 blandimentis *N*;
blandimento *cett.* | neque *N*; sed *cett.* | tuam *om.* α Φ *mm* | beatitudinem]
suam rerumque plurimarum quas hic possidet copiam *add. mm*   29 dedisti
ei *tr.* Φ *mm*   30 et¹ *om. mi*   31 pro *sl. M*; pura *mm* | pecuniam] rerumque
tantarum possessionem ne eam si ingratus videatur auferas te reveretur *add.*
mm
58, 1 dic o] dico *mm*   2 dic o] dico *mm*   3 teipsum tu *om.* α Φ *mm*
redarguis *coniecit Primmer*; redargues *N*; *om. cett.* | dicis *B (ac.)*; contradicis
B (pc.)   4 in² *om. P*   5 tu cum *tr. V* | tu *om. P* | feceris *mm*   6 resisteris *M*
7 exsistere *B (ac.)*   8 nec quidquam *mi* | promis ac *N (cf. ThlL X/2, 1883,*
50sqq.); pessima ac *M*; pessime arguis ac *so*; pessime *cett.* | reprehendit *V (ac.)*
9 caritatem *N*; *om. M*; me *so*; benedictionem Φ *mm* | colat me *tr.* α Φ *mm*
10 o *om. mm*   12 te superiorem *tr.* Φ *mm* | nonne] *non *N*; te *add. V*
13 te¹ *om.* Φ *mm*   14 in indesinenti] indesinente Ψ | pro quibus] probus
N (ac.)

quibus tu universis ingratus exsistens me dereliquisti et a me 15
recessisti atque rebellis mihi exstitisti. Dic ergo, o diabole: Quid
huiuscemodi dedi Iob? Quid huiuscemodi ei impertivi? Nempe
non in tristitiis vivit super terram? Nempe non labores manuum
suarum manducat cum corruptibilibus? Nempe non labores suos
non habentibus dividens mihi gratias agit? Nempe non in sudore 20
vultus sui edens me colit? Quomodo" inquit "o infelicissime
diabole, cum tu pro gloriosis in incorruptione ingratus exstiteris,
Iob reprehendis, illum qui in exiguis atque parvis fidelis exsistens
indesinenter me colens mihi gratias agit?" Haec itaque audientes
nos, o viri peritiae, caute nos observemus, sollicite animabus 25
mi 416 nostris intendamus. Nam idem ipse diabolus, et est etiam nunc,
qui utique fuit et tunc; eundem iniquitatis livorem etiam nunc
habet circa nos, quem habuit pocul dubio et circa Iob. Non quiescit umquam accusare homines ad deum et deum ad homines.
Merito enim diabolus vocatur, id est accusator. Sic namque et 30
tunc Iob accusavit circa deum, quasi non propter sinceritatem sed

---

18sq. labores ... manducat] *cf.* Ps. 127, 2   **20sq.** in ... edens] *cf.* Gen. 3, 19
23 in ... fidelis] *cf.* Matth. 25, 21; Luc. 16, 10   **30** diabolus ... accusator] *cf.*
Apoc. 12, 9sq.; Hier., nom. Hebr. p. 61, 9 (CC 72, 135); lib. II, cap. 7, 2

---

15 exstiteris *M*   **16** atque] ac *V*; et *mm* | mihi exstitisti rebellis *tr. so*   **17** ei
α; diei *N*; *om. cett.* | impertivi] nonne mortalem et corruptibilem infra
angelorum archangelorumque (archangelorum *mi*) naturam creavi nonne in
valle miseriarum (*cf.* Ps. 83, 7) cum ceteris filiis hominum constitui nonne
mortalitatis et corruptibilitatis suae passionibus eum ut ceteros homines
subieci *add. mm*   **18** non¹ *om. α*; num *V* | vivet *N* | non² *om. B*; num *V*
19 cum corruptibilibus *N*; in corruptibilibus *α*; *om. cett.* | non *om. B*; num
V   **20** non² *om. B* | in *om. N M P A T V mm* | sudorem *N*   **21** me] nunc
B (*ac.*)   **22** pro *om. A* | gloriosus *A* (*pc.*) | incorruptionem *B* | exsistens *N*
25 periti *Φ mm*   **26** diabolus *post* est *tr. A* | et *om. so Φ mm* | est etiam] es
et *B* | etiam] et *add. so*   **27** tunc] nunc *mm*   **28** quem habuit pocul dubio
N; procul dubio quem *cett.* | et] tunc habuit atque exercuit *add. mm* | Iob]
non quiescit umquam adversarius vester diabolus sed tamquam leo rugiens
circuit quaerens quem devoret (*cf.* 1 Petr. 5, 8) *add. mm*   **30** enim] ergo *Φ*
mm | vocatur] est vocatus *Φ*; est appellatus *mm*

pro pecuniae blanditione deum coluerit, et deum accusavit et
reprehendit non minime sed quin potius maxime, quasi non
digne sed *conniventer Iob divitias tribuerit ob hoc solum, ut
35 adorarent illum tantum homines et colerent. Hoc ipsum nimirum etiam nunc facit, et usque in consummationem saeculi
omnes homines occulte accusans ad deum et pro verbo et pro
opere, omnibus hominibus laqueos et capturas et muscipulas
ponit et scandala multiplicat et tribulationes et molestias ingerit,
40 maxime iustis omnibus atque sanctis, circa quos etiam zelum
habet et bella suscitat atque proelium committit, sicut dicit quodam in loco: *Et faciebat bellum cum sanctis altissimi dei.*

59. Merito ergo in omni tempore caute atque sollicite
observemus atque intendamus animabus nostris, ut nec hic accessum ad nos nequissimus inveniat nec illic in conspectu dei nos
reprehendat. "MITTE" inquit "MANUM TUAM, quae nunc circum-
5 dat, quae nunc munit, quae nunc protegit, quae nunc undique
obumbrat, quae nunc nullatenus mihi accessum tribuit. MITTE
nunc MANUM TUAM, hoc est praeceptum tuum, iussionem tuam,
imperium tuum." Haec namque significans dicit: MITTE MANUM
TUAM, ac si diceret: "Praecipe, iube, manda, permitte." Haec
10 itaque universa habens intra mentem suam nequissimus diabolus
dixit: MITTE MANUM TUAM. Non de eo infelix dixit ad deum:
MITTE MANUM TUAM, eo quod manum dei vellet mitti; sciebat

---

42 Dan. 7, 21

---

32 pro] propter *Φ mm* | blanditionem *M Φ mm*   **33** quin potius] potius
quam *mm* | non digne] indigne *P (ac.)*   **34** conniventer *coniecit Weber (cf.*
cap. 47, 37); continenter *mi*; cohibenter *cett.* | Iob] iam *A*   **36** in] ad *β mm*
37 pro[2] *om. so*   **38** hominibus *om. β* | et[1] *om. B* | muscipula *M*; tendiculas
mm   **41** sustinet *M (ac.)* | proelia *so* | dicit] dicitur de *N*; dicitur *V*; dicitur
de ⟨illo⟩ *proposuit Müller* | in quodam *tr. mm*   **42** loco] propheta *add. mm*
dei] et praevalebat eis donec venit antiquus dierum et iudicium dedit sanctis
excelsi (*Dan. 7, 21-22*) *add. mm*
59, 9 permitte *iter. A (corr.)*   **10** utique *A (ac.) T (ac.) mm*   **11** permitte *M*
de eo] deo *B*   **12** manum[2]] manus *M Φ*

namque miser, quia ubicumque manus dei cum propitiatione
mittitur, illic et miseretur et auxiliatur et opitulatur et regit et
sanat atque salvat. Haec nimirum sciens iniquus aliud loquebatur   15
et aliud cogitabat, aliud suggerebat et aliud quaerebat; dei manum
nominabat et in sua manu tradi eum quaerebat. Ob hoc ergo
dicit callide: MITTE MANUM TUAM. "Bene" inquit "ecce mitto
manum meam ut tu dicis. Ad quid faciendum mittam manum
meam?" MITTE inquit MANUM TUAM ET TANGE OMNIA QUAE   20
HABET. "Cur tangam?" inquit. "Ad perdendum" ait "tange, ad interitum, ad exterminium, ad perditionem." "Et quomodo" inquit
"perdam, o inimice omnium bonorum diabole, ea quae creavi?
Quomodo exterminem ea quae dedi? Vel quomodo deleam ea
quae ego feci?" Et adhuc aliter: "Quomodo perdam, o diabole,   25
substantiam ex qua mihi non indigenti victimae offeruntur atque
sincera sacrificia immolantur? Quomodo exterminem substantiam, unde viduae vestiuntur et orphani pascuntur et infirmorum
scapulae calefiunt? Quomodo perdam, o diabole, filios eius qui
me nimium diligit? Quomodo obturem ora eorum qui in inno-   30
centia una cum patre suo Iob devote mihi gratias agunt?
    60. Sed interim quia non potest" inquit "aliter iniquitas tua
sedari nisi sic, ECCE OMNIA QUAE HABET, DEDI IN MANU TUA.
Nam si non dedero, discedens gloriaberis et plaudebis, quasi
victor discesseris, quasi ego hoc certamen non concesserim, quasi

mi 417

1, 12b

60, 2 dedi] δέδωκα *apud nonnullos testes Graecos legitur*; *cf.* Ziegler 211

---

13 dei] mittitur *add. mm*   14 mittitur] et *add. A* | miseretur *N*; mittitur *α*;
munit *cett.* | et³] ac *Φ mm*   15 aliud] initus *M*   16 dei ... quaerebat *om. Φ
mm*   17 eum tradi *tr. so*   18 mitto **om. N*; mitte *P*   19 tuam *P (ac.)* | ut]
et *α* | manum meam² **om. N*   21 perdendum] delendum *Φ mm* | ait]
*inquit N | tange **om. N*   22 exterminandum *so*   25 ego *om. M* | aliter]
qualiter *P*   26 indigenti *N*; indiget *M P B A T*; indigenter *so*; indigeti *V*;
indignae *mm*   30 obdurem *α* | innocentiam *α*
60, 1 tua iniquitas *tr. α Φ mm*   2 manum tuam *N mm*   3 discedes *B*
gloriaris *Ψ Φ (ac. V*; *pc. B)* | plaudes *mm*

5 hoc bellum fieri non permiserim, quasi ego de Iob constantia non
praesumpserim, quasi ante proelium atque congressionem superatus fuerit Iob, qui a me magnificatus atque laudatus est. Ob hoc"
inquit "ne de his glorieris, o diabole, ECCE OMNIA QUAE HABET,
DEDI IN MANU TUA; et adhuc propterea, ut cum hoc quod glori-
10 ari vel plaudere non permitteris, cum hoc ipse etiam humilieris
ac refuteris atque mendax comproberis, Iob vero exaltetur et
beatificetur atque victor demonstretur et *sit deus verax*, qui testimonium perhibuit Iob, tu vero, o diabole, mendax atque auctor
mendacii ostendaris. Ob hoc ergo OMNIA QUAECUMQUE HABET,
15 DEDI IN MANU TUA, ut omnes in perpetuo cognoscant et tuam
iniquitatem, o diabole, et Iob iustitiam ac tolerantiam et meam
praescientiam, et quia in tribulationibus atque tolerantia probo
electos meos et quia *plurimae tribulationes iustorum et ex omnibus
his liberabit eos dominus* et quia *tamquam aurum in fornace* ita
20 iusti atque deo acceptabiles probantur in temptatione." Ob hoc
ergo **RESPONDENS DICIT AD DIABOLUM:** "ECCE" inquit "OMNIA   1, 12 a
QUAE HABET, DEDI IN MANU TUA. Quia hoc quaesisti, ut ego
manum meam mitterem, ideo ECCE EGO DEDI OMNIA QUAECUM-
QUE HABET IN MANU TUA, et peculium et filios et substantiam et
25 labores et divitias et possibilitatem. OMNIA QUAE SUNT INTRA
DOMUM ET EXTRA DOMUM EIUS, OMNIA QUAECUMQUE HABET
non defendo neque contradico, non praepedio neque obvio, sed

---

12 Rom. 3, 4   13 sq. tu ... ostendaris] *cf.* Ioh. 8, 44   17 sq. in ... meos] *cf.*
Sap. 3, 5 sq.; Rom. 5, 3 sq.   18 sq. Ps. 33, 20   19 Sap. 3, 6

---

5 bellum] velle *N* | ego *om.* α Φ *mm*   **6** et *mm*   **8** o diabole *om. mi*   **9** ma-
num tuam *mm* | ut *om. so*   **10** applaudere Φ *mm* | permitteris] ut *add. so*
ipse *N*; ipso *cett.*   **13** o *om. mm* | atque *iter. A (corr.)* | actor *P*   **15** manum
tuam *N mm* | cogeant *P*   **17** praesentiam Φ *mm* | atque] in *add. so*   **19** hic
P (ac.) | liberavit *M* β *(ac. A T V)*; liberat *so* | tamquam *om. B*; sicut *add.*
B (sl.) | iusti ita *tr. M*   **22** in manu tua dedi *tr.* α | manum tuam *N mm*
haec *B* | ego] in *add. N*   **24** habet *om. B* | manum tuam *N mm*
27 defendendo *N (ac.)*

IN MANU TUA trado. Intercipe, dele, perde atque extermina.
Perfice malignum tuum livorem, imple maledictum illud tuum
odium. Pecuniam enim et filios Iob perdes, sed caritatem eius   30
non perdes. Substantiam ac labores eius intercipis, sed sinceritatem illius atque gratiarum actionem non intercipies. OMNIA
ERGO QUAECUMQUE HABET, DEDI IN MANU TUA, quae iram
atque gladium continet, quae proelia atque bella operatur, quae
perditionem atque damnationem perficit, quae doloribus non   35
satiatur, quae sceleribus atque impietatibus inhiat. In hac" inquit
"manu tua trado omnia quaecumque sunt illius, in hac manu
quae, si praevaleret, omnem hominem et omnem spiritum qui
sub caelo est, subito in ictu oculi perderet, deleret atque interficeret, si permitteretur et si iuxta voluntatem iniquitatis suae   40
potestatem haberet."

    61. Sed resistit illi omnipotens manus dei atque fortissima
mi 418dextera creatoris gubernando, obumbrando, protegendo, omnia
quae sub caelo sunt facta tuendo. Quod autem ita est perditioni
dedita nequissimi diaboli manus, manifestum est in Iob, quae
mox ut permissa est et mox ut iussionem accepit, statim impar-   5
center cuncta perdidit statimque omnia interfecit. "ECCE, inquam, OMNIA QUAE HABET, DEDI IN MANU TUA. Ecce omnes
tibi ademi occasiones, ecce non habes contradictionem, ecce non
habes ullam replicationem, ecce non habes excusationem. OMNIA
QUAECUMQUE HABET, DEDI IN MANU TUA, ut cum omnem Iob   10
substantiam perdideris, tunc praesertim cognoscas quia non

---

28 manum tuam *mm* | intercipe *N*; interfice *cett.* | perde dele *tr. Φ mm*
29 illum *M P B*   31 intercipies *Φ mm*   33 manum tuam *N mm*   34 gau-
dium *B*   35 non *om. mi*   36 faciatur *so P A T* | hac ... tua] hanc inquit
manum tuam *N so mm*   37 hanc manum *N so mm*   38 praevalere *M*
61, 1 sed *sequ. ras. 1 litt. M* | domini *M*   3 quae *sl. T*   5 visionem *V (ac.)*
imparcentur *V (ac.)*   6 perdit *mi* | statim *Φ mm* | interficit *mi*   7 dedit
mi | manum tuam *N mm*   8 ecce[1] ... contradictionem *om. N B*   10 dedi
om. B | manum tuam *N mm* | omne *B* | Iob *sl. N*   11 quia ... caritatem *om.*
B

propter substantiam me colit Iob sed propter caritatem, quia non
propter facultates gratias mihi agit sed propter sinceritatem. Ob
hoc ergo ECCE OMNIA QUAECUMQUE HABET, DEDI IN MANU

15   TUA, SED IPSUM CAVE NE TANGAS. Dixisti, o diabole, quod non   1, 12c
propter pietatem sed propter divitias Iob coluerit me; dixisti:
'Aufer quae dedisti et cognosces quid sit Iob.' Ego" inquit "co-
gnoscere non necesse habeo; praescienter enim scio constantiam
Iob atque devotionem quam habet circa me. Omnia vero quae-

20   cumque sunt illi, do in manu tua, ut tu, cum probaveris, cognoscas quia solus Iob valet resistere universae iniquitati atque malitiae tuae. Sed interim OMNIA" inquit "QUAECUMQUE HABET,
DEDI IN MANU TUA, SED IPSUM CAVE NE TANGAS. Quod quaesisti" inquit "habes; quae petisti, accepisti, potestatem substantiae

25   et possibilitatis atque divitiarum, peculii nihilominus atque filiorum; SED IPSUM CAVE NE TANGAS, quia non ipsum quaesisti sed
quaecumque habet. Idcirco omnia quaecumque habet accepisti;
IPSUM CAVE NE TANGAS, neque carnaliter neque spiritaliter
neque manifeste neque latenter: IPSUM CAVE NE TANGAS." "Cur

30   eum non tangam?" "Ob hoc" inquit "quia servatur ad secundam
colluctationem, certamen quoque et *constantiae atque tolerantiae approbationem. Sufficit" inquit "nunc haec quae per pecuniae atque filiorum perditionem fit temptatio. Merito IPSUM
CAVE NE TANGAS."

---

15 sed ... tangas] *cf.* Cypr., domin. orat. 26 (CC 3A, 106); Quodv., prom. 1,
22, 30 (CC 60, 39); Ziegler 27; 214; praef. p. 28   **30 sq.** ob ... col-
luctationem] *cf.* Olympiod. Alex., comm. in Iob 2 (PTS 24, 19)

---

14 ecce *sl.* P | manum tuam *N mm*   **16** propter[1] *sl.* N | me coluerit Iob *tr.*
so   **17** aufers N | ego ... 19 Iob *om.* N | inquiri V | cognoscere] eum *add. so*
20 illius *so* | manum tuam *N mm* | tu *om.* α Φ *mm*   **23** manum tuam N
mm | quaesivisti *mi*   **27** omnia N; omnibus *cett.* | accepisti N; acceptis *cett.*
30 eum] enim Φ *mm* | non eum *tr.* N   **31** colluctationem N; luctationem
cett. | constantiae *coniecit Primmer* (*cf. cap. 62, 7*); constantiam *codd. edd.*
32 approbationem] ad probationem *so*

62. O bonitas tua, rex! O virtus atque magnificentia tua,
aeterne! Quam magnam consolationem tribuis his, qui ad te
confugerint et constantiae fiduciam a te speraverint, ut neque
hominum neque iumentorum neque animatorum neque inanima-
torum potestatem habeat diabolus, nisi ubi fuerit permissus. Non 5
autem permittitur, nisi ubi noverit deus pro fidei manifestatione
et constantiae approbatione atque gloriosae remunerationis retri-
butione. Haec scilicet nos scientes sollicite atque devote ad deum
confugiamus, instantissime atque sincerissime in orationibus
deum invocemus, ut avertat a nobis maligni insidias, ut eripiat 10
nos de crudelibus illius incursionibus, ut non permittat nos temp-
tari super id quod possumus sufferre. "ECCE" inquit "UNIVERSA
QUAECUMQUE HABET, DEDI IN MANU TUA. Non ideo" inquit
"dedi omnia haec in manu tua, quia oportuerat vel iustum fuerat,
sed ob hoc, ut nequitiae tuae occasiones atque excusationes auffer- 15
rem. Quomodo enim erat iustum vel oportuerat ut darem in
manu tua iuga boum, quae viduas arando alebant, et greges pecorum, qui orphanos vestiebant atque calefaciebant? Quomodo
oportuerat vel iustum erat ut iustos atque innocentes filios Iob tu
nequiter interficeres, o diabole, cum dixerim post hoc in lege: 20
Iustum et innocentem non occides? Non ergo oportuerat neque
iustum fuerat; sed propter iniquitatem tuam et zelum atque livorem, ut inexcusabilis comproberis et absque contradictione redar-

mi 419

62, 11 sq. non ... sufferre] *cf.* 1 Cor. 10, 13   **21** Exod. 23, 7

62, 1 tua² *om. so*   **2** tribues *N* | iis *mm*   **3** et ... speraverint *om. N*   **5** dia-
bolus *N*; adversarius *cett.*   **7** *approbationem *N* | *retributionem *N*   **8** ad]
ante *B*   **11** crudelis *N* | ut] et *A T V mm*   **12** supra *me* | possimus *mm*
13 manum tuam *N* | ideo *om. so*   **14** haec omnia *tr. Φ mm* | manum tuam
N   **15** atque excusationes *om. Φ mm* | auferres *M (ac.)*   **16** iustum erat *tr. β*
mm | vel oportuerat *om. N*   **17** manum tuam *N* | orando *mi* | alebant *N*;
elevant *α*; relevant *Φ*; revelabant *mm*   **18** atque calefaciebant *om. B* | cale-
fiebant *V*   **19** atque] et *mi*   **20** hoc *om. Φ mm* | legem *M*   **22** fuerit
V (ac.) | tuam *om. so* | atque] et *A T V mi*   **23** excusabilis *M*

guaris, propterea ECCE OMNIA QUAECUMQUE HABET, DEDI IN
25 MANU TUA, SED IPSUM CAVE NE TANGAS." ET FACTUM EST   1, 13a
QUASI DIES ILLA. Quae dies? ILLA DIES in qua malignus permissionem accepit, in qua nequissimus fiducia est refertus, in qua die
diabolus innocentum mortem est fabricatus. ET FACTUM EST
QUASI ILLA DIES, in qua diabolus gavisus est qui numquam est
30 gavisus, in qua malignus exsultavit qui numquam exsultare est
comprobatus. Nam exsultationem ducit eorum, quae sunt in
perditionem atque vivorum mortificationem. ET FACTUM EST
SICUT ILLA DIES. Quae dies? "ILLA" inquit "DIES in qua filii Iob et
filiae novissimum illud unanimitatis atque concordiae prandium
35 pranderunt super terram, in caelis namque aeterna[e] gloria[e] et
incorruptibili beatitudine pariter fruuntur."

    63. Quod autem novissimum prandium tunc in corpore
pranderunt, mox subsequenter ostendit dicens: ET FILII IOB ET   1, 13b–c
FILIAE MANDUCABANT ET BIBEBANT IN DOMO FRATRIS SUI
MAIORIS; ac veluti parvuli infantes malis omnibus expertes simul
5 sedent et stant, et simul ludunt et bibunt, nec quidquam mali aut
illiciti aut etiam obsceni de invicem ad invicem cogitant, ita et
beatissimi filii Iob ac filiae casti erant animis et mundo corde et

---

25 factum est] ἐγένετο: cf. cod. Alexandrin.
63, 2 et¹] καί add. cod. Alexandrin.   3 αὐτοῦ (eius) post filiae om. cod. Sinai-
tic. | manducabant et] ἤσθιον καί add. cod. Alexandrin. | bibebant] οἶνον
(vinum) add. LXX et Vulg.; cf. Didymus, comm. in Iob 24, 27–33 (PTA 1,
90)

---

25 manum tuam N   27 fiduciam α | est fiducia tr. T | refertus N; fetus α;
fretus cett.   28 est¹ om. P | fabricatus est tr. mm | fabricatus] est add. sl. P
factus B A T   29 dies illa tr. mi | gavisus est tr. A (ac.)   31 quae N; qui
cett. | in om. mi   32 perditione Ψ | mortificatione mm   35 aeterna gloria
conieci; aeternae gloriae codd. edd.   36 incorruptibili so; incorruptibile N;
incorruptibilem M P; incorruptibilis β mm | beatitudinem M P
63, 1 autem] cum α   2 pranserunt so   3 bibebant] bibant M (ac.)   4 infan-
tem P   5 sedet M | et simul tr. Φ mm   6 invicem¹] invice N | ad invicem
om. M | cogitant] et add. P

immaculata conscientia et omnibus immundis atque illicitis expertes. Merito cum huiuscemodi essent, simul manducabant et
bibebant caste: ita erant simul olim Adam et Eva quamdiu in   10
paradiso in innocentia permansissent; ita et nunc sunt in ecclesia
castae animae ac sanctae sicut simplices infantes atque omnibus
malis expertes. Sic scilicet fuerunt etiam benignissimi ac deo
dilectissimi atque omnibus angelis sanctis eius filii Iob propter
innocentiam et sanctitatem. De istis ergo filiis Iob dicit istic: ET   15
FILII IOB ET FILIAE MANDUCABANT ET BIBEBANT IN DOMO
FRATRIS SUI MAIORIS. Et in hoc quod maiori primatus honorem
exhibuerunt, in hoc ipso etiam sicut et in omnibus circa dei
ordinationem ambulare properaverunt. Dei enim ordinatio atque
dei iustitia haec est, ut maiori primatus honor ab omnibus exhi-   20
beatur. MANDUCABANT ergo ET BIBEBANT IN DOMO FRATRIS SUI
MAIORIS non luxuriose neque petulanter neque superflua loquentes neque illicita fabulantes, sed cum moderatione, cum observa-
tione; MANDUCABANT ET BIBEBANT laudantes suum creatorem,
benefactorem suum adorantes atque alentem se benedicentes. Sic   25
itaque manducabant et bibebant filii Iob. Quo tempore? Certum
est quod tempore prandii. Non enim poterant manducare vel
bibere talis ac tanti viri filii tempore incompetenti, quia nec ipse
extra ordinem manducare vel bibere solitus erat, sed competenti

mi 420

---

10 sq. simul ... permansissent] *cf.* Gen. 1, 28–30   12 sq. simplices ... exper-
tes] *cf.* 1 Cor. 14, 20

---

8 et] in *add.* N | immunditiis Φ *mm*   9 merito *om.* M   10 simul] similes B
11 permanserunt V | in[2]] sancta *add.* Φ *mm*   13 ac] *atque N   14 dilectissi-
mi N; dilecti *cett.*   15 filiis] filii N   17 honor M Φ *mm*; ab omnibus *add.* Φ
mm   18 exhibuerunt] exhibebunt M; exhibebatur Φ *mm*   20 dei *sl.* N | est
om. α   21 in ... maioris *om.* mi   22 maioris] manducabant et bibebant *add.*
α Φ *mm*   23 sed] manducabant et bibebant *add.* α Φ *mm* | cum[1] ...
bibebant *om.* Φ *mm*   27 enim] alio *add.* α Φ *mm*   28 tales α Φ *me*
incompetenti *om.* α Φ *mm*   29 sed] in *add.* Ψ

30 tempore, sed tempore disposito atque ordinato et ipse mandu-
cavit et filios suos circa ordinem manducare docuit.

64. Sic itaque hora prandii manducantibus illis ac bibentibus, Iob sane in domo sua, filii autem eius et filiae in domo
fratris sui maioris, NUNTIUS VENIT AD IOB. Erat namque nequissimi diaboli versutia, ut horam prandii observaret, ut prandente
5 illo tristes ac mortiferos nuntios ad eum mitteret, quo magis
fatigaret eum et interficeret, ut tempore comestionis ac potus
atque iucunditatis tristes nuntios mittendo deficere iustum illum
faceret. Haec namque demonstrans dicit: ECCE NUNTIUS VENIT 1, 14a
AD IOB, dolorum atque gemituum nuntius, malorum atque
10 amaritudinis praeco, tribulationis atque angustiae praedicator.
NUNTIUS VENIT AD IOB, qui conservatus ab adversario missus est
a diabolo. NUNTIUS VENIT AD IOB, concisus, laceratus, com-
pilatus, contusus, flens, lamentans, plangens et vociferans atque
universa quae sunt miserabilis luctus demonstrans, ita a maligno
15 edoctus, ut ipso potius miserabili suo luctu ac planctu in dei
*reprehensionem iusti illius mentem concitaret. NUNTIUS VENIT
AD IOB ET DIXIT ILLI, miserabili atque lacrimabili voce dixit ei: 1, 14a
"Quid cogitas, o Iob? Ad mensam sedes, et ea quae contigerunt
ignoras. Deliciis uteris, et accidentes tibi miserias nescis. Ad men-
20 sam splendidam sedes, o Iob; sed hodie ad mensam, cras vero ad
lectum foras deportatorum filiorum; modo in iucunditate, post
paululum autem in infelici paupertate. Quod si non credis, quod

---

30 disposito tempore *tr. Φ mm*   31 manducasse *P*
64, 1 sic] sed *V (ac.)*   2 filiis autem eius et filiabus *so*   3 erant *α* | namque]
autem *M*   4 hora *M*   6 et eum *tr. V mm* | et] ut *α*   7 iucunditas *B* | illum
iustum *tr. so Φ mm*   8 hoc *V*   9 dolorumque *B*   10 atque *sl. P*   11 con-
versatus *α*   14 miserabilis *N*; miserabiles *α*; miserabilia *cett.* | luctu *Φ mm*
16 reprehensionem *mi*; reprehensione *cett.*   17 atque *om. B* | dixit ei *sl. N*
19 accidentis *V* | nescis] dixit illi *add. α Φ mm*   20 o *om. Φ mm* | sed] si *B*
21 foras *sl. N*   22 in *sl. V* | felici *B (ac.)*

1, 14b–15c si non speras ita esse, audi: IUGA BOUM TUORUM ARABANT ET
ASINAE IUXTA ILLA PASCEBANT, ET VENERUNT PRAEDONES ET
PRAEDATI SUNT ILLA ET PUEROS OCCIDERUNT IN ORE GLADII,   25
ET REMANSI EGO SOLUS ET VENI UT TIBI NUNTIAREM."

65. O multiplex atque callida adversarii astutia, ut eadem
quae ingesserat mala ita callide enarraret, ut ad dei blasphemiam
iusti illius viri animam provocaret! IUGA inquit BOUM TUORUM
ARABANT. Non enim otiosa erant neque inutilia stabant, sed
arabant ultimam araturam atque novissimam exercentes cultu-   5
ram. "Quid haec?" inquit. "ET VENERUNT PRAEDONES ET PRAE-
DATI SUNT EA, unde, Iob, vel tibi vivas vel aliis beneficia imper-
tias, unde vel tibi victus vel miseris et non habentibus refectio.
IUGA BOUM TUORUM ARABANT, quae ultra nec tibi nec aliis
arabunt. ASINAE tuae PASCEBANT, quae ultra fetus non facient   10
nec tibi nec aliis proderunt." "Quare?" inquit. "Ob hoc" ait "quia
VENERUNT PRAEDONES ET PRAEDATI SUNT EA." Qui ait: "Tantum me terres, o homo, quasi iugis depraedatus vivere non
possim. Sunt pueri plurimi, coloni abundantissimi, qui universi
mercennum facientes et me et se pascent et me et se tolerant."   15
Sed respondit nuntius qui venerat, et dixit: "Inaniter tibi blan-

---

23 tuorum] σου *apud nonnullos testes Graecos legitur*; *cf.* Ziegler 212   24 ve-
nerunt] ἦλθον *nonnulli interpretes usi sunt*; *cf.* Hier., interpr. Iob (PL 29,
64A); Aug., in Iob 1 (CSEL 28/2, 510); Ziegler 212   25 sq. in ... remansi] ἐν
στόματι μαχαίρας καὶ ἐσώθην: *cf.* cod. Alexandrin.

---

24 illa *N* (*cf. lin. 25*); illos *cett.*
65, 1 astutias *N*   2 enarrat *B*   3 animum *mm* | inquit *om. N*   4 neque] ut
add. N   6 quid] ad *add. Φ mm* | haec ... venerunt] inquit haec venerunt
inquit *N* | et²] qui *V*   7 unde *om. α* | Iob vel unde *tr. α Φ mm* | vives *Φ*
mm | vel²] unde *add. Φ mm* | impertias *N*; impertiaris *M*; imperties *so P A*
T V mm; imparties *B*   9 nec tibi ultra *tr. P A T V mm*; tibi ultra *B*   10 ara-
bant *P (ac.)* | pascebunt *M* | faciunt *α*   11 nec¹] quae *α*; nec quae *Φ*   12 eas
N   13 depraedatis *so mm*   15 mercennum *N* (*cf. lib. II, cap. 46, 15*); merci-
monium *cett.* | pascant *mm* | tolerent *Φ mm*; tolerabunt *proposuit Primmer*
16 respondet *mi* | dicit *mi*

diris, o Iob, atque supervacue speras quod coloni remanserint.   mi 421
Nam hi, qui iuga boum et asinas depraedati sunt, idem ipsi ET
PUEROS OCCIDERUNT.” “Quomodo occiderunt?” “IN ORE GLA-
20 DII” inquit “non pepercerunt, non miserti sunt, non reliquerunt,
sed omnes imparcenter occiderunt, sed omnes immisericorditer
interfecerunt atque omnium sanguinem crudeliter effuderunt.
Mihi soli” inquit “pepercerunt, me solum remiserunt. ET CUM
SOLUS REMANSISSEM, VENI UT NUNTIAREM TIBI.”

     66. “Quid” inquit “nuntias mihi, o homo? Hoc mihi
nuntias quod praedones praedati sunt et, cum praedati fuissent,
pueris non pepercerunt, sed et ipsos in ore gladii occiderunt,
reliquias mihi non dimittentes neque solacia relinquentes. Haec”
5 inquit “mihi nuntias; nuntia et praedones, nuntia et interfectores,
ut si possim” inquit “vindicare, vindicem; quod si non valebo
vindicare, eos qui hoc fecerunt enumerem, deo autem id quod
factum est, ut iuste inquirat, commendem. At nunc” inquit “o
homo, cum tu solus evaseris, ad maximum mihi incendium eva-
10 sisti, pro augmento doloris mihi advenisti. Depraedationem mihi
nuntias et praedones non publicas? De proximo sunt an de longinquo? Hostes sunt publici an fures occulti?” Sed is qui evasit,
qui non propter quod ei parceretur evasit, sed propter augmentum temptationis Iob advenit, hic ergo nihil adversus ea quae
15 dicta sunt respondit, sed tantum “praedones” nominavit, nos
intelligere admonens atque nobis ad intelligendum relinquens,

---

17 remanserunt *M B*; remanserant *P*   18 dedati *M*   21 omnes[2] *om. N Φ
mm*   22 fuderunt *Φ mm*   23 inquit soli *tr. B*
66, 1 mihi inquit nuntias *tr. M*; inquit mihi nuntias *so Φ mm*   4 derelin-
quentes *M*   5 mihi inquit *tr. α* | nuntia[2]] nuntias *sl. N*   6 possum *Φ mm*
inquit *om. N* | vindicare] vindicarem *M*; vindicare me *so Φ*; *om. mm*
vindicem] me *praem. mm* | valeo *mm*   7 eos *N*; his *α Φ*; de his *mm*
fecerunt] eos *add. mm* | id *sl. N*   8 ut] id *add. N* | tunc *mi*   10 deprecatio-
nem *T (ac.)*   11 praedones] depones *P (ac.)*   12 is] his *N*   13 qui *N*; *om.
cett.* | propter quod] ideo ut *mm* | parceret *M*   14 Iob advenit] obvenit *M*
hic ergo *sl. N*   16 ad *om. α Φ mm*

quos vel quales praedones memoraverit: illos sine dubio qui de caelo propter apostasiam in praedam venerunt et ex sanctorum choris propter contumaciam proiecti sunt; illi nimirum qui sub caelo omnem captivitatem ostenderunt tam carnalium quam 20 spiritalium, qui praedati sunt universos, qui sunt super terram et manifeste et occulte. De quorum captivitate dicunt sancti: *Benedixisti, domine, terram tuam, avertisti captivitatem Iacob*; et alibi: *Cum converterit dominus captivitatem plebis suae, exsultabit Iacob et laetabitur Israel.* Isti scilicet praedones istic memorantur. VENE- 25 RUNT inquit PRAEDONES. Unde venerunt? Ex Persis, an ex Chaldaeis, an etiam ex Aegyptiis? Sed ex nullis istorum venerunt, sed ex abyssis venerunt, ex interioribus inferorum venerunt, a desertis venerunt, sicut paulo post demonstrabitur in filiorum internecione. Inde ergo venerunt isti praedones dimissi ad tempta- 30 tionem atque ad probationem iusti illius.

67. De istis ergo dicit: VENERUNT PRAEDONES ET PRAE-DATI SUNT EOS. Isti namque sunt qui a saeculo depraedati sunt plurimos, et plurima plurimis in captivitatem duxerunt. Isti depraedati sunt Cain per sacrificii aemulationem, gigantes per superbiam, illos ad turrem per dei contumaciam, illos in Sodomis 5 per turpitudinis lasciviam, Esau per insatiabilitatem atque petulantiam, Pharaonem per dei contemptum atque pertinaciam, illos

---

22sq. Ps. 84, 2   24sq. Ps. 52, 7   28sq. a desertis venerunt] *cf.* Iob 1, 19a
67, 3sq. isti ... aemulationem] *cf.* Gen. 4, 1–6   4sq. gigantes per superbiam]
cf. Gen. 6, 4   5 illos[1] ... contumaciam] *cf.* Gen. 11, 1–9   5sq. illos[2] ...
lasciviam] *cf.* Gen. 19, 1–29   6sq. Esau ... petulantiam] *cf.* Gen. 25, 29–34
7 Pharaonem ... pertinaciam] *cf.* Exod. 5–14   7sq. illos ... idolatriam] *cf.*
Exod. 32

---

17 memoraverit] nominaverit *P mm* | sine] nisi *V*   21 praedicti *M* | sunt[2]
om. so | et *om. mi*   23 avertisti] convertisti *N* | Iacob] Iob *M*   24 exultavit
N   25 isti] istic *N* | istic] isti *Φ mm*   26 Persis *N*; ipsis *α*; se ipsis *cett.*
27 ex[1] *om. α*   28 ex[2]] et *N M* | infernorum *M Φ mm* | a desertis venerunt
om. β mm
67, 3 plurimis *om. mm*; plurimos *so*   5 dei *om. α*

in deserto per idolatriam, aliosque innumeros per eadem depraedati sunt et per his similia, atque per alias innumeras rationes et   mi 422
10 praedati sunt a saeculo et depraedantur usque in saeculum,
aliquos per adulterii appetentiam ut Amnon, alios per honoris
ambitionem ut Absalom, alios per avaritiam ut Iudam. Istos ergo
praedati sunt nequissimi, diaboli, hostes, aliis autem alios depraedati sunt ut Noe Cham, ⟨ut⟩ Abrahae Ismael, ut Isaac Esau, ut
15 Israel Simeon et Levi et Ruben, ut Heli sacerdoti Ophni et Phi-
nees filios eius, ut David superius memoratos filios et post hoc
⟨Ad⟩oniam atque aliis alios innumeros primos ac novissimos.
Quae universa scientes nos atque audientes intendamus caute
animabus nostris, ne praedentur nos atque populentur praedones
20 daemones, ne dicatur de nobis: VENERUNT PRAEDONES ET PRAE-
DATI SUNT EOS, ne compellamur fletus atque lamentationis can-
ticum cantantes dicere: *Super flumina Babylonis illic sedimus et*
flevimus. Ob quam rem? *Quia illic interrogaverunt nos, qui capti-*
vos duxerunt nos, verba canticorum. Sed cum haec omnia audiret
25 Iob, tam peculii depraedationem quam puerorum internecionem
atque venientis et enarrantis lamentationem, nequidquam hac re

---

11 aliquos ... Amnon] *cf.* 2 Reg. 13   11 sq. alios ... Absalom] *cf.* 2 Reg. 15–
18   12 alios ... Iudam] *cf.* Gen. 37, 26–28   14 Noe Cham] *cf.* Gen. 9, 20–
25 | Abrahae Ismael] *cf.* Gen. 21, 1–21 | Isaac Esau] *cf.* Gen. 27, 30–45
15 Israel ... Ruben] *cf.* Gen. 49, 1–7   15 sq. Heli ... eius] *cf.* 1 Reg. 2, 34; 4,
17   16 superius] *cf.* lin. 11 sq.   16 sq. filios[2] ... Adoniam] *cf.* 2 Reg. 13–18
22 sq. Ps. 136, 1   23 sq. Ps. 136, 3

---

8 per[1] *om. N* | idolatria *N M*; idololatriam *mi*   9 per[1] *N*; per haec *M*; per
haec et per *so*; *om. cett.* | depraedati *B*   10 depraedanter *P*   11 aliquos] alios
mi | petentia *M*   13 depraedati *B* | aliis] alias *mi*   14 ut[2] *supplevi*   15 et[1]
om. mi | ut *sequ. ras. 4 litt. P*   16 et ... Adoniam *coniecit Weber*; et post hoc
oniam *Ψ*; *om. Φ mm*   17 innumeros *om. Φ mm*   20 daemones *iter. P*
21 nec *α*   22 cantantes] cantes *N*   24 cantionum *mm* | cum *iter. P (corr.)*
25 tam] tanti *mi* | deprecationem *P T (ac.)* | quam puerorum internecionem
om. β mm   26 venientes *so* | enarrantes *so*; narrantis *Φ mm (cf. lin. 28)*
neque *V (ac.)* | nec quidquam *N β (pc. V) mm*; neque quidquam *V (ac.)*

quae obvenit dignum fecit, sed patienter hunc auditum sustinens, blande enarranti sibi respondit dicens: "Quid eiulas, o vir? Quid lamentas, o homo? Divitiarum possibilitas ita est semper vertibilis, ut hodie sit hic, crastina vero alibi. Et praesertim" inquit 30 "quia inimici praedati sunt, quia adversarii abstulerunt, quia iniusti diripuerunt, ego" inquit "ut inimicos acquirerem non gessi, neque me inimicos habere putavi. Et quia non peccanti mihi inimici quidam effecti haec ingesserunt, ut et pueros occiderent et peculium abriperent, sine illos possidere haec cum iniquitate, 35 nobis vero dabit deus alia sine peccato." Sed cum haec audiret nequissimus diabolus a beato Iob et ore dicta et animo meditata, liquefactus intra semetipsum: "Insipienter" inquit "feci, ut praedones nominarem: abstuli a deo hanc culpam. Non enim imputat Iob deo hoc quod gestum est, sed iniquorum virorum malitiae. 40 Ego" inquit "meipsum circumveni, ego mihi ipsi contraria gessi; idcirco *considerabo, quid faciam. Convertam nunc sermonem ad caelestia, convertam haec in dei blasphemiam!"

68. Haec cum nequissimus cogitat, continuo alium nuntium 1, 16 mittit ad Iob, qui cum ingrederetur DIXIT EI: "IGNIS CECIDIT DE CAELO ET COMBUSSIT OVES ET PUEROS COMBUSSIT SIMILITER, ET EVASI EGO SOLUS ET VENI UT NUNTIAREM TIBI. Non est" inquit "ut tu arbitraris, o Iob, quod ex hominibus sint tibi haec 5

68, 2 ad ... ei] πρὸς Ιωβ καὶ εἶπεν αὐτῷ: *cf.* cod. Alexandrin.   **3** combussit[1]] *cf.* coll. Escurialensis, sermo 14 (RecAug 31, p. 173)   **4–7** non ... est] *cf.* Didymus, comm. in Iob 27, 32–28, 24 (PTA 1, 98)

27 pariter *mi*   **29** lamentaris Φ *mm* | semper est *tr.* Φ *mm*   **30** sit *om.* B crastino *so*   **32** inquit *om.* B   **33** inimicos me *tr. mm* | putavi habere *tr.* α Φ *mm* | mihi *sl.* N   **34** quidem M *mm* | et *om.* N   **35** abripuerunt α **39** nominares *so*   **40** deo Iob *tr.* Φ *mm* | hoc *om. mm* | malitiae] nequitiae Φ *mm* (*cf. cap.* II, *cap.* 37, 48)   **41** memetipsum V | ipsi *om.* V   **42** considerabo *coniecit Primmer*; consideravi *codd. edd.*   **43** dei *om.* M **68, 2** misit M   **4** ego evasi *tr.* B | tibi nuntiarem *tr.* α Φ *mm*   **5** o *om. so* omnibus P (*ac.*) | haec N (*cf. cap.* 93, 23; *lib.* III, *cap.* 16, 32; ThlL VI, 2700, 11*sqq.*); hae *cett.*

insidiae atque hic incursus. Non est ex hominibus, sed ex deo est,
de caelis est: IGNIS CECIDIT DE CAELO ET COMBUSSIT OVES. Noli"
inquit "temetipsum seducere, o Iob, noli teipsum circumvenire:
non ex hominibus est haec circumventio, sed ex deo ista exter-
10 minatio. Non ex terrenis tibi est hic incursus, sed de caelis est tibi
iste interitus. Quod si non credis, audi: IGNIS CECIDIT DE CAELO
ET COMBUSSIT OVES ET PUEROS COMBUSSIT SIMILITER. Nam cum
oves combureret, puerorum non est misertus; non pepercit pas-
toribus, sed similiter et illos combussit atque perdidit, sed pariter   mi 423
15 cuncta delevit, ut per haec omnia tibi detrimentum atque dolorem ingereret, ut per haec universa tibi tribulationem atque
angustiam adiceret: IGNIS CECIDIT DE CAELO non ex se neque a
se neque per se, sed caelesti iussione atque terribilis dei praecep-
tione: IGNIS CECIDIT DE CAELO. Quemadmodum olim in Sodo-
20 mam et Gomorrham atque super omnem illam regionem, ita et
nunc ab ipso, qui tunc in Sodomam et Gomorrham ignem in
perditionem pluit, ab hoc ipso, inquam, etiam nunc IGNIS CECI-
DIT DE CAELO ET COMBUSSIT OVES ET PUEROS et pastores, omnia
incendit atque delevit pariter. Sicut olim Sodomitarum reliquiae
25 non remanserunt, ita et nunc tibi" inquit "reliquiae super non
sunt, ut noris, quia eiusdem dei ira super te effusa est, cuius etiam
ut super illos IGNIS CECIDIT DE CAELO." Non quod de caelo
ceciderit ipse ignis – absit! – sed quia ita finxit nequissimus et

---

21 sq. qui ... pluit] *cf.* Gen. 19, 24   24 sq. sicut ... remanserunt] *cf.* Gen. 19,
25   27–31 non ... converteretur] *cf.* Ps. Chrysost., in Iob sermo 1, 2 (PG
56, 565)

---

6 omnibus *P* (*ac.*) | est² *om. mi*   8 nolite ipsum *P B*   9 haec *om. β mm*
deo] est *add. Φ mm*   12 oves ... combussit *om. N* | combussit² *om. Φ mm*
cum *sl. N*   13 est *om. B*   15 haec **om. Ψ*   17 non ... 19 caelo *om. B* | ex] a
M (*ac.*)   18 caelestis *N* | terribili *M*   20 regionem illam *tr. Φ mm*   21 illo *P*
A T V mm | ignis *so*   22 nunc *om. Φ mm*   24 pariter delevit *tr. Φ mm*
olim] enim *V mm*   25 inquit tibi *tr. α Φ mm* | non supersunt *tr. M Φ mm*
(*sed cf. lib. II, cap. 42, 35*)   26 ut] est *add. mm* | moris *mm*   27 ut] et *B*
28 ipse *om. P* | ita *sl. N*

quia ipsum nuntium ita dicere docuit malignissimus diabolus, ut
cum putet beatus Iob atque arbitretur quod de caelo a deo istae   30
miseriae ei impingerentur, in blasphemiam dei converteretur.
"IGNIS CECIDIT DE CAELO ET COMBUSSIT OVES. Non sunt" inquit
"terrenae insidiae hoc quod factum est, o Iob, sed caelestis est
furor. Non est violentia haec humana, sed contritio est divina. Si
enim in habitaculis hoc obvenisset, crederetur quod volens quis   35
vel nolens hunc succenderet ignem. Nunc vero cum in solitudine" inquit "essemus, in modum sagittae ignis de caelo super nos
effusus atque iaculatus est, ut nec fugientes fugerent nec resisten-
tes evaderent. IGNIS" inquit "CECIDIT DE CAELO."

69. "Non mentiris, o miserrime diabole, quod IGNIS CECI-
DIT DE CAELO, sed non quem deus mitteret, sed quem tu finxisti
in diversas figuras immutando temetipsum, aliquando in praedones, aliquando in ignem, aliquando autem in tria cornua equitum, item vero in ultimo in spiritum quattuor angulos domus   5
tangentem. Et non est mirum quod permissus in tantas figuras
immutaveris temetipsum, cum et coram ipso domino in omne
regnum orbis terrae teipsum immutando simulaveris, et hoc *in
momento temporis*, hoc est subito, derepente atque velociter.
IGNIS CECIDIT DE CAELO, non mentiris, o miserrime bonorum   10

69, 3 sq. aliquando in praedones] *cf.* Iob 1, 14 sq.   **4** aliquando in ignem] *cf.*
Iob 1, 16   **4 sq.** aliquando[2] ... equitum] *cf.* Iob 1, 17   **5 sq.** item ... tangen-
tem] *cf.* Iob 1, 18 sq.   **7 sq.** coram ... simulaveris] *cf.* Matth. 4, 8; Luc. 4, 5
8 sq. Luc. 4, 5

---

29 quia *sl. N* | docuit dicere *tr. α Φ mm*   **30** cum] eum *mm* | putaret *N*
Iob beatus *tr. P*   **31** impingerentur] et ut *add. mm*   **35** obvenisset *N*; venis-
set *P*; evenisset *cett.* | vel quis *tr. P*   **36** succenderit *mm* | ignis *M* | cum]
quod *B*   **37** ignis] cecidit *add. M*   **38** est atque iaculatus *tr. so* | effugerent
mm
69, 1 mentiris *N*; mentiaris *cett.* | miserrime *om. Φ mm*   **4** autem *om. Φ
mm*   **5** in ultimo] multitudo *B*   **6** missus *N*   **8** ipsum *mm*   **9** derepente
α (cf. cap. 78, 19); derepenti *N*; repente *cett.*   **10** mentiris *N*; mentiaris *cett.*
omnium bonorum *tr. β mm*

omnium inimice, non a deo missus, sed tua iniquitate succensus.
Tu" inquit "es, o diabole, ignis ipse, qui de caelo cecidisti, qui
innumeros immundo peccatorum igne succendis. Tu es ipse
ignis, o diabole, qui gehennae igne plurimos peccare facis, cui
15 ignis et tenebrae digne reservantur prae omnibus. Tu es ipse
ignis, o diabole, qui cum de caelis cecidisses, in medio montium
igneorum proiectus es sicut dicunt sanctorum oracula. Tu es ipse
ignis, quem etiam ipse dominus fulguris igni consimilans atque de
caelo cadentem demonstrans dicit: *Vidi Satanam tamquam fulgur*
20 *cadentem de caelo*." Haec nimirum universa, quia dixit nequissi-   mi 424
mus ille: IGNIS CECIDIT DE CAELO, propriam in igne gehennae
per haec ostendens ruinam. Sed adhuc adversus diaboli superbiam pauca dicamus. Superbiens, o diabole, dicis quod ignis de
caelo ceciderit et oves combusserit utpote tua voluntate atque
25 operatione. Dic ergo, o infelix, si super oves Iob potuisti de caelo
ignem adducere et eas comburere: cum Helias deum invocaret et
per sinceram orationem ignem super holocaustum de caelo addu-
ceret, tu o miserrime bonorum omnium inimice, quomodo non
potuisti super idolorum tuorum holocaustum ignem advocare?
30 Et adhuc si igitur tu hunc ignem de caelo adduxisti, quomodo

---

15–17 tu ... oracula] *cf.* Ezech. 28, 14–16   19sq. Luc. 10, 18   **26–29**
Helias ... advocare] *cf.* 3 Reg. 18, 23–38

---

11 tua] est *add. so* | iniquitatem *M* | succensus] est *add. mm*   **12** inquam
proposuit Primmer | es *om. B* | cecidisti *N*; cecidit *cett.*   **13** in mundo *Ψ*
igne peccatorum immundo *tr. Φ mm* | igne] signae *M* | es *om. N*   **14** igne]
igni *N Φ mm* | peccare] peccatores *Φ mm* | cui] cum *M*   **16** o diabole *mg.*
N | cecidisses] descendisses *Φ mm* | medium muntium *P*   **18** igni] igne *M P*
B   **20** de caelo cadentem *tr. so A T V mm* | universa *fortasse addendum*
diximus (*cf. lin. 23 et cap. 70, 1*)   **21** de caelo cecidit *tr. Φ mm* | in *om. M*
igne *N*; ignem *cett.*   **23** pauca dicamus] paveamus *B* | dicis] dicens *α*
24 voluptate *Ψ*   **26** deum *om. Ψ*   **28** omnium bonorum *tr. V mm*
quomodo ... **30** adduxisti *om. Φ mm*   **30** et *om. M*

non potuisti compescere vel revocare illum ignem, quem Helias super duos quinquagenarios de caelo advocavit? Fuerunt namque illi quinquagenarii eius ministri atque nequitiae eius nuntii.

70. Sed et haec universa diximus pro increpatione diaboli atque condemnatione maligni. Beatus autem Iob quid responderit alteri nequissimo nuntio audiamus, quomodo comminuerit secundam ferocis illius sagittam, quomodo transierit iniqui illius impetum post priorem alterum per tolerantiae affectum, quem- 5
admodum et cetera universa. Respondit namque ei qui venerat dicens: "Et quis me erit maior, o homo, vel quis me gloriosior, o vir, si ita est vere quod ignis veniens de caelo omnes greges meos consumpserit illico, ut pariter omnes oves meas protinus in acceptabile susceperit holocaustum? Nam quae ego" inquit "per 10
tempora singula oblaturus eram, hoc videlicet elegit deus, ut statim pariter in uno susciperet holocausto per ignem qui de caelo est missus. Omnis namque acceptabilis hostia per ignem, qui desuper fuerit missus, suscipitur atque consumitur. Quod enim plurimo tempore erat faciendum, hoc nimirum accelerans 15
uno tempore suscepit deus. Et quis me beatior sub caelo? Ante paululum" inquit "iuga boum universa protinus misi mactata, item nunc greges ovium omnes pariter combussi et immolavi. Et

---

31sq. Helias ... advocavit] cf. 4 Reg. 1, 9–12
70, 11–14 hoc ... consumitur] cf. 3 Reg. 18, 38

---

31 ignem] vel illum add. Φ mm | quem] idem add. Φ mm
70, 1 et om. B   3 alteri nequissimo nuntio om. Φ mm | secundam om. P
4 furoris mm | illius ferocis sagittam tr. M; illius sagittam ferocis tr. T
sagittam illius tr. B   5 effectum N so   6 respondi M   7 maior erit tr. B
8 itaque Φ mm   9 consumpsit B | ut] gratias illi qui Φ mm | in acceptabile]
inacceptabile Ψ P   10 suscepit Φ mm; sumpsit B; susciperet proposuit Prim-
mer (cf. lin. 12) | nam quae] namque α P   11 singula tempora tr. Φ mm
haec mm   13 missus est tr. A T V mm   15 eram Φ mm | facturus P (pc.) A
T (pc.) mm; faciendus P (ac.) B T (ac.) V   16 suscipit N (ac.)   17 iuga bovum
inquit tr. P | misi] mihi Φ mm   18 et¹ om. Ψ

haec" inquit "deo eligenti obtuli; et hi qui supersunt cameli mihi
20 ad transactionem proficiunt atque in vitae sustentatione suf-
ficiunt."

71. Sed cum haec cogitaret ac loqueretur Iob atque cum
patientia intolerabiles has sustineret plagas et nullatenus succumberet maligni temptationibus, ALIUS NUNTIUS VENIT AD IOB ET   1, 17a
DIXIT AD EUM: "Inaniter tibi blandiris, o Iob, quod camelos pro
5 vitae sustentatione habeas et quod in spem transactionis tibi supe-
raverunt. EQUITES enim FECERUNT CORNUA TRIA ET CIRCUM-   1, 17b–e
DEDERUNT CAMELOS ET PRAEDATI SUNT EOS, ET NON SOLUM
HOC, SED ET PUEROS OCCIDERUNT IN ORE GLADII, ET EVASI
EGO SOLUS ET VENI UT NUNTIAREM TIBI. Propterea" inquit "ego
10 solus evasi ac restiti ut id quod contigit cognitum facerem tibi et
ut quod gestum est tibi enarrarem. Boves" inquit "et asinas perdidisti, o Iob, greges ovium tuarum caelitus combusti sunt. Ecce
et nunc post illa omnia novissima transactionis spes cameli ablati
sunt tibi. Prima" inquit "plaga per praedones, secunda per ignem
15 qui de caelo cecidit" – non quod de caelo hic ignis ceciderit, sed   mi 425
quia ita finxerit atque ita dixerit malignus, ut deum circa Iob
accusaret et Iob deum blasphemare compelleret –, "tertia ergo per
tria equitum cornua, qui camelos circumdantes exterminaverunt.

71, 3sq. alius ... eum] ἕτερος ἄγγελος ἔρχεται πρὸς Ιωβ καὶ λέγει αὐτῷ: *cf.*
cod. Alexandrin.   **8** et evasi] καὶ ἐσώθην: *cf.* cod. Alexandrin.

---

19 eligenti *N*; eligente *cett.* | et hi qui] sed adhuc *Φ mm* | sunt *P* | cameli]
qui *add. Φ mm*   **20** proficiant *Φ mm* | atque ... sufficiunt *om. N* | sustenta-
tionem *P mm* | sufficiant *Φ mm*
71, 1 ac] et *mm*   **3** temptationibus] comptationibus *M*   **4** tibi *om. B*   **5** spe
A T V mm; spiritu *B* | superaverint *Φ*; supersint *mm*   **6** tria cornua *tr. so*
8 ego evasi *tr. A*   **9** ego² *om. α* | ego² ... evasi] evasi ego solus *tr. Φ mm*
10 atque *Φ mm* | quod ... ut *om. so* | et ut] et ut id *N P*; ut et id *M*   **13** spes]
et *add. B*   **14** plaga inquit prima *tr. P*   **16** ita² *sl. N* | dixerit malignus *N*;
malignus dixerit *α*; malignus docuerit *cett.* | malignus *post* quia ita *tr. V*
17 blasphemaret *P (ac.)*

Primum, inquam, per praedones procul dubio pedestres, secundo per ignem desuper comburentem, tertio per equitum tria cornua 20 qui camelos praedati sunt: omnia" inquit "haec tacens sustinebis? omnia haec patienter supportabis, o homo? Caelum" inquit "et terra adversum te insurrexerunt, et siles? Et ad dimicandum contra te dei imperio armata sunt, et taces?" ALTER inquit NUNTIUS VENIT AD IOB, alter post primum, numero vero tertius, alter in 25 nequitia, tertius vero in annuntiatione miseriae. Istos namque nequissimos nuntios miseriarum annuntiatores atque malorum suggestores tamquam bonae praedicationis nuntios mittebat nequissimus. Quos etiam ideo superesse fecit, ut *eorum malitia huic miseriarum denuntiationi deserviret. Non enim angeli fue- 30 runt, sicut quidam arbitrantur, neque spiritales daemones, sed homines ex famulis Iob, conservati ab adversario atque succensi a diabolo ad dicenda omnia ac facienda, per quae possent Iob vertere ad dei blasphemiam.

72. Tertius hic ergo nuntius veniens ad Iob et tertius doloris praeco illi effectus tertius memoravit dicens: EQUITES FECERUNT SIBI TRIA CORNUA. Qui equites, o homo? Mentiris etiam istic sicut et in ovibus, cum diceres quod ignis cecidisset de caelo, quin immo mentitur diabolus qui in te loquitur. Illic, *inquam, o 5 callidissime Satana, voluisti deum depravare quasi ignem de caelo super oves mittentem, hic vero vis homines inquinare, quasi ad-

---

30sq. non ... daemones] cf. Iulian. Arian., comm. in Iob 1, 14sq. (PTS 14, 18); Olympiod. Alex., comm. in Iob 2 (PTS 24, 20)

---

19 prima Φ mm | inquam] ergo mm | secunda Φ mm   20 tertia Φ mm
21 quae me | iacens mm | sustinebit M; Iob add. M A T V mm; o Iob add. P
B   22 supportabit M | homo] Iob P   23 te] in terra add. P | et² om. Φ mm
26 enuntiatione mm   28 mittebat iter. P   29 eorum coniecit Primmer; eius
codd. edd.   30 angeli mg. N   32 homines] quidam add. mm | ab] ad V (ac.)
33 quem M | subvertere Φ mm | 34 ad] a N (ac.)
72, 1 ergo hic tr. Φ mm | veniens N; venit cett.   3 sibi om. Φ mm   4 sicut
om. mm   5 inquam coniecit Primmer; inquit codd. edd.   6 deum om. B
7 hominem M | incusare P A T V mm; accusare B

versum Iob insurrexerint illicite, ut circa utrumque Iob odium
acquireret, et circa deum blasphemiam et circa homines bellum;
10 ex quibus neutrum illi credere acquievit constantissimus Iob. Sed
adhuc EQUITES inquit FECERUNT SIBI TRIA CORNUA. Qui equites, o homo? Nam illo tempore non erant equites plurimi inter
homines, sed quam plurimi hominum pedestres adversum invicem bellum gerebant. Qui fuerunt ergo equites qui tria sibi
15 cornua fecerunt, hoc est qui triplici modo se armaverunt, qui
triplici proelio camelos circumdederunt? Illi fuerunt spiritales
equites, id est aërii spiritus, qui terram peragrant, qui pelagus
transeunt, qui aërem pervolant, qui omni vento et aqua atque
omnibus tempestivis procellis vehementiores sunt atque velo-
20 ciores in aëria sua iniquitate. Etiam equites digne appellantur, qui
super omnes luxuriosos atque impudicos sedent tamquam super
equos et iuxta nequitiam suam exagitant illos, et ad suae iniquitatis atque impudicitiae perfectionem eos insectantur, illos de quibus dicitur: *Adulter sicut admissarius sub omni sessore hinnit*; et:
25 *Nolite fieri sicut equus et mulus, quibus non est intellectus*; et adhuc:
Equi admissarii facti sunt, unusquisque ad uxorem proximi sui hin-   mi 426
niebant. Isti ergo tales sunt equi diaboli, isti sunt equi maligni, isti
et omnes qui eiusdem servierint iniquitati, isti quorum *pedes in*
iniquitatibus currunt; huiuscemodi namque equorum *pedes veloces*

---

24 Sir. 33, 6   25 Ps. 31, 9   26 sq. Hier. 5, 8   28–30 Is. 59, 7; *cf.* Prov. 1,
16; Rom. 3, 15

---

8 insurrexerunt *V* (*ac.*)   10 ex quibus] equibus *P* | illi credere] illic redere *α*
11 sibi *om. B*   12 plurimi ... 14 equites *om. B*   13 adversus *mi*   14 ergo
fuerunt *tr. mm* | cornua sibi *tr. Φ mm*   15 hic *V* (*ac.*)   16 circumdederunt
camelos *tr. mm* | circumderunt *N*   19 sunt *om. V*   20 aëra *A V mi*
etiam] unde *praem. Φ mm*   23 eos] omnes *mm* | sectantur *α*   24 emissa-
rius *so B T* (*pc.*) | sub] super *N* (*pc.*) *so* | omnem sessorem *Ψ*   25 mulus] in
add. M (*pc.*) *β mm*   26 equi] et qui *B* | emissarii *so B T* (*pc.*)   27 et isti *tr. mi*
28 servierint *N*; servierunt *α P B T*; serviunt *cett.* | in *om. α β me*

sunt ad effundendum sanguinem, equites sunt nequissimi daemo-   30
nes atque aërii spiritus. Talis equus fuit olim Nabuchodonosor,
sed non iugiter sed septem annis tantum, in quibus a nequissimis
equitibus, id est daemonibus, imparcenter est exagitatus. Talis
equus fuit et ille qui in evangeliis a legione similiter per deserta et
per montes urgebatur, donec veniens dominus illos quidem ma-   35
los equites, id est daemones, effugavit et illum miserum liberavit.
Aliique innumeri a saeculo, alii aperte, alii vero occulte, diverse
ac varie daemonum equi effecti sunt, quibus universis, cum essent
immundi atque exsecrabiles, in malis usi sunt ei nequissimi
daemones, aliis sane ad velocitatem homicidii et sanguinis, devas-   40
tationis quoque et captivitatis, aliis nihilominus in fortitudine
furoris atque doli, invidiae quoque atque [nequissimi] livoris, et
*omnium quae voluntas nequissimi diaboli atque opus exigebat.
    73. De istis ergo equitibus dicit istic: EQUITES FECERUNT
CORNUA TRIA ET CIRCUMDEDERUNT CAMELOS. Et cur tria
cornua et non quattuor? Ob hoc quia quattuor reservavit pro
quattuor domus angulis ad interficiendos eius filios. Ob hoc ergo
non quattuor sed tria cornua fecerunt, hoc est finxerunt, consi-   5
mulaverunt, armaverunt, utpote equites ⟨super⟩ equos sedentes

---

31–33 talis ... exagitatus] *cf.* Dan. 4, 29   33–36 talis ... liberavit] *cf.* Matth.
8, 28–34 *par.*
73, 3 sq. ob ... filios] *cf.* Iob 1, 19 a–b

---

30 equites ... spiritus] equi[tes] sunt nequissimi daemonis (*N*) atque aërii
spiritus *proposuit Müller* | daemonis *N*   31 talis] enim *add. mm* | talis ... 33
exagitatus *post* daemones (*lin. 36*) *tr. P*   32 in *N; om. cett.*   35 veniet *P*
malos *om. P*   36 liberavit *mg. M* (*man. post.*); effugavit *M* (*ac.*); effuravit
M (*pc.*)   37 aliique] alii *N* (*ac.*) | innumeri] anui *M* (*ac.*)   39 ei] eis *so A T V*
mm; eius *B*   40 alii *P*   41 et ... quoque *om. Φ mm*   42 atque² *om. B*
nequissimi *delendum putavi* (*cf. lin. 43*)   43 omnium *mm*; omnibus *cett.*; in
omnibus *proposuit Primmer* | nequissimi *N; tr. post* diaboli *α; om. cett.*
73, 2 tria cornua *tr. mm*   3 reservavit pro quattuor *iter. M* | reservavit ... 5
quattuor *om. N*   4 quattuor] animabus *add. P* (*corr.*)   5 non *sl. A* | hoc est
finxerunt *om. B*   6 super *suppl. Müller* (*cf. cap. 72, 21 sq.*) | equos] equis *Φ*
mm

atque universam armaturam habentes, timorem ostendentes
atque fortitudinem demonstrantes: EQUITES FECERUNT CORNUA
TRIA. O quam multiplicem inquisitionem atque disputationem
10 habet hic sermo! Primum quidem hoc intelligere debet omnis
sapiens, quia universa potentia et omnis exercitus atque omnes
daemonum catervae simul illic convenerunt, et pariter se adversum beatum Iob in proelio armaverunt, universum mundum
despexerunt, tantum ut Iob superarent. Nam totum mundum
15 suum iudicaverunt et adversum solum Iob bellum gesserunt,
utpote quia non erat illi similis alius in toto mundo. Item adhuc
tria cornua fecerunt tamquam adversum corpus et animam et
spiritum Iob dimicantes; tria cornua fecerunt per peculii consumptionem et filiorum perditionem atque corporis plagam supe-
20 rare eum nitentes; tria cornua fecerunt quia et tertio cum eo con-
gressi sunt: semel sane, cum omne peculium atque filios subito
interfecerunt; secundo, quando totum corpus eius putredine ac
vermibus repleverunt; tertio, quando per uxorem seduxerunt,
amici vero culpaverunt. Adhuc autem tria cornua fecerunt tam-
25 quam tria praecipua ac singularia, id est spem, fidem, caritatem,
praedari eum conantes, fidem quam in veram dei culturam
habuit, spem aeternae liberationis et caelestis refrigerii, caritatem
circa deum qua nihil est maius *neque in hoc saeculo neque in*
futuro. Pro his ergo omnibus FECERUNT TRIA CORNUA nequis-

---

16 non ... mundo] *cf.* Iob 1, 8c; 2, 3c   27 sq. caritatem ... maius] *cf.* 1 Cor.
13, 13   **28 sq.** Matth. 12, 32

---

8 cornua tria] tria milia (*exp.*) cornua *P*; tria cornua *tr. mm*   **10** hoc *om. N*
11 et] atque *Φ mm* | omnis *om. mm* | atque] et *Φ mm* | omnes] omnis *N*
14 tantum ut Iob *sl. N*   **16** illi *om. V mm*; ei *so B*   **17** tamquam ... fecerunt
om. M Φ mm   **18** pro peculii consumptione et filiorum perditione atque
corporis plaga *so Φ mm*   **20** nites *N(ac.)* | cum eo tertio *tr. mm*   **22** ac] a *P*
23 seduxerunt] seducere voluerunt *so*   **25** ac] an *M* | fidem spem *tr. V*
26 eum] ei *so* | veram *om. M Φ mm*; vera *so* | cultura *so*   **27** aeternae] et
terrenae *α* | ac *mm*   **28** quia *M*

simi daemones, omnes pariter adversum Iob dimicantes, omnes 30
unanimiter adversum eum stantes. Solus diabolus autem, qui est
in iniquitate maximus, praesens Iob erat sollicite observans infelix quando blasphemiae sermonem ex iusti illius ore potuisset
audire. Et quanto torquebatur Iob corde lamentabilia nuntia
subinde audiendo, tanto plus torquebatur diabolus ea quae vole- 35
bat vel desiderabat, id est dei blasphemiam, ab eo non audiendo.
Sed adhuc tria cornua fecerunt hi qui adversus tria saecula ab
initio et usque in finem bellum gesserunt et gerunt, adversus eum
qui ab initio fuit usque ad diluvium et a diluvio usque ad passionem et resurrectionem domini Christi et a passione et resurrec- 40
tione domini Christi usque in finem et resurrectionem omnium.
Et adhuc tria cornua fecerunt hi qui adversus tria dimicant, adversus legem et prophetas atque apostolos, adversus legem sane
per idolorum iniquitatem, adversus prophetas per pseudoprophe-
tas, item et adversus apostolos per falsos apostolos. 45

74. Post quae universa, o amici, ultimam audite disputationem. Adversum Iob olim et adversus omnes subsequenter
tribus cornibus dimicavit, tribus cornibus congressus est, triplici
modo temptavit, iuxta omnia quae ostensa sunt atque memorata.
Nunc vero in novissimis temporibus atque in ultimo saeculo non 5
his solis tribus cornibus dimicat, non triplici modo congreditur,
sed mille modis ac multipliciter dimicat, congreditur et temptat,
insidiatur, seducit atque subvertit, per multitudinem haeresum,

---

74, 3 sq. triplici modo temptavit] cf. Matth. 4, 1–11; Luc. 4, 1–13

---

31 adversus α Φ | eum sl. N | autem diabolus tr. Φ mm   32 in *om. N M
aderat N   33 quoniam B   34 quanto] magis add. mm | Iob] in add. A (corr.)
37 adversa P (ac.)   38 et¹ sl. N | finem ras. 4 litt. praem. M | gerunt om. Φ
mm   40 domini] nostri Iesu add. so | et² om. α | a … Christi om. α Φ mm
43 atque] et N | adversum mi   44 dolorum so | iniquitate M | per pseudo-
prophetas om. α | pseudoprophetas] et add. P   45 ita Ψ
74, 2 subsequentes so V   3 conversus P   4 atque memorata sunt tr. α Φ
mm   5 in¹ om. β mm | secundo B | non] in add. α Φ mm   6 non om. mi

per innumeros errores, per abundantes seductiones, per pseudo-
10 christos ac pseudodoctores, quibus hic mundus repletus est, quos
nequissimus seminavit, quos atrocissimus ille produxit, quos
malignissimus diabolus florere fecit et fructum in infidelitate
atque errore afferre coegit, quibus hic, ut dixi, mundus repletus
est, qui venerunt et veniunt in verbo domini, *in vestitu ovium,*
15 *intrinsecus autem sunt lupi rapaces,* nomen Christianorum habentes atque speciem pietatis, et erroribus et impietatibus atque
seductionibus referti sunt. Isti verae sunt ianuae mortis et viae
inferni; isti sunt qui a veritate plurimos praevaricant et a fide
innumeros aberrare faciunt; isti sunt ministri maligni atque nun-
20 tii veritate carentis diaboli; isti sunt *duces caeci caecorum;* isti sunt
quasi nubes sine aqua et nebula a tempestate fugata, quibus caligo
vel nebula interiorum tenebrarum digne reservatur atque custo-
ditur. Istos ergo fugiamus, o viri; istos late devitemus, o amici;
istos odio habeamus et infidelitatem atque errorem, qui in eis est,
25 velut flammam ignis declinemus, pro eo ne cum illis flammae
inexstinguibili *in die* furoris atque *revelationis iusti iudicii dei*
mancipemur. Haec scilicet universa memoravimus, quia tria
cornua ad dimicandum atque congrediendum adversus Iob nequissimi daemones fecerunt; ad dimicandum vero adversum
30 ecclesiam non tria tantum cornua, sed innumera atque inaesti-

14sq. Matth. 7, 15   15sq. habentes ... pietatis] *cf.* 2 Tim. 3, 5   20 Matth.
15, 14   20–23 isti[2] ... custoditur] *cf.* Iudas 12sq.   25sq. flammae inexstin-
guibili] *cf.* Marc. 9, 43–48   26 Rom. 2, 5

9 seductores *mm*   10 est *om.* B   11 perduxit *M*   12 diabolus *om. Φ mm*
fecit florem *mm*   13 afferre *om. so* | hic *om. N* | diximus *mm*   15 autem]
vero *N*   16 atque[1] *iter. sl. T* | erroribus et *om. so*   17 refecti *N M P* | sunt
verae *tr. Φ mm*   18 praevaricantur *mm*   19 oberrare *Ψ* | maligni] diaboli
add. β mm   20 carentis *N;* carentes *cett.* | diaboli] *post* nuntii *tr. so; om. β
mm* | caeci duces *tr. mm* | caecorum caeci *tr. N*   21 quasi *N;* qui *α; om.
cett.* | et *om. Φ mm* | a *om. N;* ac *α* | fucata *N*   22 reservatur *N;* servatur
cett.   23 latere *N* | debitemus *N M;* debilitemus *so*   27 mancipemus *B;*
mancipentur *V*   29 adversum *N M;* adversus *cett.*   30 tria *om. V*

mabilia omnes sectae atque haereses faciunt, per quas universas
mi 428　adversus ecclesiae unitatem incessanter dimicant. Sed quemadmodum tunc cum tribus cornibus adversum Iob congressus cum
confusione est superatus, nihil praevalens adversum Iob, sic et
nunc multis modis adversum ecclesiam congressus et per innu-　35
meras haereses adversus eam dimicans revocatur confusus, nihil
praevalens vere credentibus animabus. Firmum enim firmamen-
tum dei stabit, *et portae inferorum non valebunt adversus eum*,
sicut dicit dominus, portas inferni memorando diversas sectas
atque haereses infidelium, quae usque ad portas inferorum dedu-　40
cunt omnes qui eos sectantur.

　　75. Post quae universa adhuc unum advertamus: Tria cornua fecit diabolus in typum atque figuram trionymae illius sectae
triumque deorum haeresis, quae universum orbem terrae in
modum tenebrarum replevit, quae patrem et filium et spiritum
sanctum aliquando tamquam tres colit, nonnumquam autem　5
tamquam unum adorat, quemadmodum Graecorum lingua
memoratur triada vel homousion. Istam ergo trinitatis sectam et
haeresem atque infidelitatem iam olim de longe designans versu-
tissimus ille diabolus tria cornua misit ad Iob depraedandum. Sic
namque etiam nunc memorata trionyma haeresis praesertim　10
praedatur atque expugnat ecclesiam. Sed cum videret nequissimus
diabolus quod nihil profecisset per omnia quae gessit, adiecit hoc

---

38 Matth. 16, 18
75, 7 homousion] *cf.* Hil., trin. 4, 5–7 (CC 62, 104–106), syn. 11 (PL 10,
487A–489B); praef. p. 41

---

33 tunc *om. M* | cum[1] *om. Φ mm* | adversum *N*; adversus *cett.*　34 adversus
Φ mm　35 *multimodis N* | adversus *so mm* | congressus] est *add. mm*
36 confusus *ac. Inp. A*　38 praevalebunt (= *Vulg.*) *Φ mm* | eam *mm*
75, 1 post quae] postquam *P* (*ac.*) | advertamur *N*　3 triumque] trium *V*
4 quem *M*　5 tres] scilicet *et 4 litt.* (*Inp.*) *add. sl. P* | colet *M* | autem *om. β*
mm　6 tamquam *om. so β mm* | unum] scilicet unam personam *add. sl. P*
7 triada] τριαδα vel ομωυσιον *praem. so*　8 haeresim *V* (*pc.*)　10 memoratam
α　11 praedicatur *M*

quod erat maximum atque miserabile, filiorum internecionem.
Sagittavit primam sagittam et non vulneravit iustum; sagittavit et
15 secundam periculosiorem et non laesit in veritate fundatum; sagittavit et tertiam per tria cornua, sed et haec inefficax exstitit per
tolerantiam. Istam ergo cum Iob retrorsum averteret, "Unam"
inquit "habeo adhuc novissimam ac terribiliorem, ultimam atque
lamentabiliorem, id est filiorum internecionem ac perditionem,
20 natorum supplicium atque comminutionem. Sustulit" inquit
"atque sustinuit priora, cum de filiis se consolatur, sed istam non
supportabit neque sustinebit. Hoc ergo faciam, non sinam eum
respirare, non permittam resipisci, non permittam consolari, sed
subsequenter atque subinde lamentabilibus eum nuntiis in-
25 quietem."

76. Haec cum tractat nequissimus atque apud semetipsum
loquitur, confestim ea adimplevit. Merito adhuc ANTERIORE   1, 18a
LOQUENTE ALIUS NUNTIUS VENIT AD IOB. Non quieverat prior
narrando mala, et incipiebat alter memorare pessima. Non occur-
5 rebat beato Iob ingemiscere pro prioribus doloribus propter
quod aliae angustiae superveniebant illi. In modum enim vehementium aquarum diversis miseriis iusti illius animam inundare
nequissimus properabat. ALTER ergo NUNTIUS VENIT AD IOB,

76, 3–11 venit ... dixit] ἔρχεται πρὸς Ιωβ λέγων: *cf.* cod. Alexandrin.

---

13 mirabile *α Φ*; mirabilem *mm*; miserabilem *ut lectionem alteram notavit
mi*   14 prima sagitta *M Φ mm* | et² *om. Φ mm*   15 secunda periculosiore
M Φ mm | laesit *om.* *P (ac.)*; inhiavit *P (pc.)*   16 tertia *M Φ mm* | et² *om.* *M
Φ mm*   17 ista *Φ mm* | retrorsum] non *add.* *β mm* | averterent *B A T*;
adverterent *V*   18 terribilio *N (ac.)*   19 perditione *M*   20 communionem
M (ac.)   21 consolaretur *Φ mm*   22 supportavit *N*   23 sed *om.* *P*   24 in-
quietabo *B V mm*
76, 2 eam *α* | anteriorem *M*; anteriori *P* | loquentem *M*   4 innarrando
P (ac.); in narrando *P (pc.)* | memorare] memorari *so*; narrare *Φ mm*   5 beat-
us *N M P* | doloribus *om.* *B*   6 quod *om.* *Φ mm* | aliae angustiae] alias et
varias angustias *β mm*; quae *add.* *so Φ mm* | enim] autem *Φ mm*   7 diversis
iter. *N* | inundaret *M*

alter post anteriorem, quartus vero numero. ALTER NUNTIUS
VENIT AD IOB propter nuntiorum ac dolorum atque malorum   10
1, 18a   diversitatem. ALTER NUNTIUS VENIT AD IOB ET DIXIT EI: "Ecce
quartus" inquit "praestolor tibi, o Iob, dolorum nuntius atque
mi 429   malorum praeco, et non succumbis neque deficis? Sed licet prioribus non succubueris, novissimis autem succumbes et pavebis
atque deficies, cum novissimum atque lamentabilem filiorum   15
1, 18b–19b   nuntium audire non sustinueris: FILII" inquit "TUI ET FILIAE
CUM MANDUCARENT ET BIBERENT IN DOMO FRATRIS SUI FILII
TUI MAIORIS, SUBITO VENIT SPIRITUS AB EREMO ET TETIGIT
QUATTUOR ANGULOS DOMUS ILLIUS ET CECIDIT DOMUS SUPER
FILIOS TUOS ET MORTUI SUNT. Hoc" inquit "est novissimum et   20
lamentabile atque miserrimum nuntium, quod etiam ignorantibus filiorum dilectionem, amorem vel affectum compati provocat animum propter tam miserabilem casum. FILII" inquit "TUI
quos nutristi, quos educasti, quos ad maturitatem cum labore
perduxisti; FILII TUI quos pietatem docuisti, quos dei cultura im-   25
buisti, quos ut invicem se diligerent instruxisti, quos in omni
iustitia tibi similes reddidisti; FILII TUI quorum filios videre cu-
pisti, quorum posteritatem exspectare orasti, a quibus in senecta
requiescere te sperasti; isti ergo FILII TUI, et non solum filii, sed

---

17 sq. filii tui] τοῦ (*pro* τῷ) υἱῷ σου: *cf.* cod. Alexandrin.   **18** spiritus] μέγα
(vehemens) *add. LXX et Vulg.* | ab] ἀπό: *cf.* cod. Alexandrin.

---

9 vero] in *add. B* | numero] nuntius *M* (*ac.*) | alter²] vero *add. P A T V mm*
11 adversitatem *M* (*ac.*) | Iob] propter *add. P* (*corr.*) | dicit *mm* | ei] et *add. P*
12 inquit quartus *tr. P*   **14** novissimus *P* | autem] tamen *mi* | paves *N M*;
pavesces *so*   **16** nuntium] non *add. M* (*corr.*) | tui inquit *tr. Φ* | filiae] tuae
add. Φ mm   **17** manducanti *N*; manducant *M* | bibenti *N*; bibent *M* | patris
M | filii tui *om. Φ mm*   **19** domus² *om. Φ mm*   **21** lamentabilem *N P*
T (*ac.*) | miserum *mm*   **22** affectu *M* | compatere *M*; compatiendo *Φ mm*
vocat *M*; revocat *so Φ mm*   **23** casum *N*; causam *cett.* | tui inquit *tr. mm*
24 enutristi *A* | laborare *M*   **25** culturam *N M*   **26** introduxisti *Φ mm*
omnem iustitiam *M Φ*   **27** vidisti *N* | cupisti *om. N*; cupivisti *so*; cupitis
P (*ac.*)

30 ET FILIAE mundae, castae, immaculatae atque incoinquinatae,
quas in tempore nuptiarum gloriosis coronis coronare sperabas,
isti ergo simul in unum unanimiter atque concorditer, caste,
benigne, munde dum manducant et bibunt non vagantes neque
oberrantes neque post impudicitiam currentes neque ad illicita
35 intendentes neque superflua loquentes, sed cum gratiarum actione manducantes atque cum benedictione bibentes et illud
quod post hoc ab apostolo dictum est adimplentes: *Sive dum
manducatis sive dum bibitis sive cum aliquid agitis, omnia in
gloriam dei facite*; sic itaque manducantibus ac bibentibus filiis ac
40 filiabus tuis –"
        77. "Bene" inquit. "Ecce ostendisti quod manducaverunt et
biberunt, ostende et hoc quod factum est dum manducant et
bibunt." "Maius" inquit "est quam ut edicere valeam, terribilius
est quam ut proferre audeam, sed interim" ait "quia non est
5 tacendum, dicam, proferam: SUBITO SPIRITUS VENIT AB EREMO
ita fortis, ita copiosus, ita vehemens, ita terribilis atque insupportabilis, ut tangeret quattuor angulos domus et elideret eam SUPER
FILIOS TUOS ET MORTUI SUNT." "Cuius" inquit "fuit haec domus?" "FRATRIS EORUM MAIORIS. Non fuerunt" inquit "in extera
10 domo neque in aliena, sed in propria fuere domo, IN DOMO FILII
TUI FRATRIS SUI MAIORIS." O nequissime adversari, o callidissime
diabole! DOMUS CECIDIT SUPER FILIOS TUOS. Cur non dixisti

37–39 1 Cor. 10, 31

30 castae mundae *tr. Φ mm* | neque coinquinatae *M*   31 speras *B (ac.)*
34 impudicitia *N*   35 atque *P* | neque superflua loquentes *om. N*   37 quod
om. M | post *sl. N* | haec *B*   38 cum] dum *Φ mm* | aliquid] aliud quid *mi*
39 gloria *N Φ me* | facite] agite *M* | ac bibentibus *mg. A*   40 tuis *interlocu-
tionem subesse iudicavit Müller; lacunam indicavit mi*
77, 1 manducaverunt et biberunt *N*; manducaverint et biberint *cett.*
2 ostende et] ostendet *P* | quid *Ψ*   3 est inquit *tr. so*   7 helideret *P*; lideret
B A T; luderet *V (ac.)*; illideret *V (pc.) mm*   8 fuit inquit *tr. P*   10 neque …
domo *om. N* | filii tui *mg. N*   11 adversarii *A*; adversarie *mm*   12 do-
mus … tuos *om. Φ mm*

simpliciter: ET MORTUI SUNT, sed cuncta enumeras, omnia deno-
minas et filios et filias et cibum et potum et domum et fratrem et
filium 'tuum' maiorem, IN DOMO inquiens FRATRIS SUI FILII TUI 15
MAIORIS? "Ob hoc" inquit "haec omnia denumero atque denomino, quo magis atteram atque affligam animam eius, ad quem
loquor, quo magis comminuam cor eius, cui haec refero. Si solos"
inquit "filios nominassem et filias non, profecto aestimans quod
mortuis filiis filiae superessent ei ad consolationem, consolaretur 20
se. Ob hoc" inquit "omnia denomino atque intimo, ut potius audientis animam doloribus afficiam, ut potius iusti illius mentem
perturbem, quo facile ad dei blasphemiam provocem patientem.
MANDUCANTIBUS" inquit "AC BIBENTIBUS meridiano tempore,
hora prandii, SUBITO SPIRITUS VENIT AB EREMO." 25

78. Haec scientes sancti atque horum memores, quod ipso
meridiano tempore, hora prandii, ruina occupati sunt filii Iob
atque mortui, oraverunt ad deum conservari sicut *a negotio in
tenebris perambulante* ita et *a ruina et daemonio meridiano.* Sicut
enim in noctis tenebris, sic similiter in medio meridie pluriores 5
daemonum temptationes se demonstrant quam ceteris temporibus. Hoc nimirum claruit in filiis Iob, qui non alio tempore,
sed medio interfecti sunt meridie. SUBITO inquit SPIRITUS VENIT
AB EREMO ET TETIGIT QUATTUOR ANGULOS DOMUS. O malignissime adversari, item deo applicare cupis, item creatorem 10
depravare quaeris, idcirco spiritum, hoc est ventum, ab eremo
venire dicis. Nam quia deus est *qui producit ventos de thesauris*

mi 430 (margin)

78, 3 sq. Ps. 90, 6 12 sq. Ps. 134, 7

---

13 sed] et *add. mi* | omnia denominas *om. B* 15 tui *sl. P* 16 denumero]
dinumero *N* | denomino] denumero *N*(*ac.*) 17 quod *α* | attere *B*(*ac.*);
attererem *B*(*pc.*) | ad quem] atque ob hoc haec omnia *Φ mm* 21 inquit]
haec *add. B* | interimo *P* | ut ... afficiam *om. B mi* 22 illi *B* 23 ad *om. B*
78, 1 hora *V* 3 sicut *sl. N* 4 ambulante *α Φ*(*pc. P*) *mm*; ambulantem
P(*ac.*) | et²] a *add. Φ mm* 5 plures *mi* 6 quam] qua in *M* 10 adversarie
mm 11 quiris *M*

suis, merito ventum ab eremo quasi a deo missum venire dicis, ut et hoc quod factum est deo imputetur, non in bono sed in malo 15 atque in audientis scandalum. Nam sicut super oves ignem de caelo cadere dixit, ita et nunc spiritum, hoc est ventum, ab eremo venisse dicit, ut utraque deo applicaret pro blasphemiae provocatione atque reprehensionis occasione. SUBITO inquit SPIRITUS VENIT AB EREMO. Derepente, insperate, illico cum impetu spiri- 20 tus, ventus, tempestas, procella venit. AB EREMO VENIT. Et quid fecit? TETIGIT inquit QUATTUOR ANGULOS DOMUS ET CECIDIT SUPER FILIOS TUOS ET MORTUI SUNT. "Quis ergo" ait "mortis eorum est reus, o Iob? Nonne qui ventum produxit atque adduxit, sicut et ovium tuarum combustionis quis auctor est, nisi is 25 qui ignem de caelo misit? Sed audi" inquit "o Iob: Cum substantiae abundantiam perderes, contempsisti, omnibus facultatibus tibi ablatis sustinuisti, filiorum vero perditionem quomodo sustinebis? Natorum tormentum quemadmodum baiulabis? SUBITO" inquit "SPIRITUS VENIT AB EREMO ET TETIGIT QUATTUOR ANGU- 30 LOS DOMUS ET CECIDIT SUPER FILIOS TUOS ET MORTUI SUNT." Per id quod dicit FILIOS TUOS, stimulat sensum eius, doloribus afficit animam eius, liquefacit praecordia eius, provocat mentem eius, quo magis post filios liquescens succenderetur.

79. Sed quanto plus nequissimus temptationes Iob multiplicabat, tanto amplius coronam gloriae apud aeternum iudicem ei

---

15sq. super ... cadere] *cf.* Iob 1, 16b

---

14 quod *sl. B* | *imputaretur *Ψ* (*pc. N*) 15 in audientis scandalum *N*; audientibus in scandalum *so*; audienti in scandalum *cett.* 16 hoc] id *mm* 17 ut *om. α* | applicare *α* 19 derepenti *N* 20 venit² *om. Φ mm* 22 suos *so* | est mortis eorum *tr. Φ mm* 24 actor *P* (*ac.*) | is] his *N M* 25 de caelo ignem *tr. A* (*ac.*) 26 perdere *A T V mm* 27 sustines *B* 28 quomodo *Φ mm* 29 inquit venit (venit inquit *tr. P*) ab eremo spiritus *tr. Φ mm* 31 id] hoc *mm* | quod *sl. N* | dolore *M* 32 mentem] nomen *P* (*ac.*) 79, 1 multiplicat *so* 2 corona *B* | iudicem] *dominum *Ψ* (*fortasse scribendum* deum)

augmentabat. Qui enim simplicem transierit temptationem vel
probationem, simplicem procul dubio accipiet mercedem; qui
autem multipliciter fuerit probatus, multiplici gloria sine dubio a   5
iusto deo coronabitur, quemadmodum beatus Iob qui omnibus
diaboli malignitatibus atque versutiis superior effectus et omnibus temptationibus eius fortior comprobatus respondit ei dicens:
"Dicis quod ab eremo veniens spiritus, hoc est ventus, et tangens
mi 431 quattuor angulos domus deiecerit eam et filios interfecerit. Sed   10
mentiris" inquit "o diabole, et me non irridebis; mentiris, o
malignissime, et me non circumvenies. Numquam enim venti a
deo excitati quattuor contra invicem flaverunt neque flant, sed
unus et unus aut iste aut ille. Numquam enim auditum est quod
flantes venti domos a fundamentis subverterint et eas maxime,   15
quae super aridam sunt fundatae, ad instar navium, quae in pelago natitant, generaliter subvertendo demerserint. Haec numquam
provenerunt neque provenient a ventorum flabris vel procellis.
Noli mendacio" inquit "simulare deum, o diabole, tuis sceleribus;
noli depravare creatorem tuis perditis iniquitatibus. Ex te enim   20
sunt haec et non ex deo, ex tua iniquitate et non ex creatoris
immissione. SUBITO" inquit "SPIRITUS VENIT AB EREMO. De te
ipso haec loqueris, o infelix diabole. Tu videlicet es spiritus ab
eremo veniens, tu quattuor angulos domus tetigisti atque filiorum internecionem fecisti. Tu es, qui aliquando in hostes prae-   25
dantes te transfigurasti, aliquando in ignem de caelo cadentem,
nonnumquam autem in tria cornua equitum, sicut et nunc in

---

3 augmentabit *so*   5 fuerit multipliciter *tr. mm* | multiplicem gloriam *N M*
7 superior] est *add. Φ mm*   8 respondens *M (ac.)*   9 est *sl. N*   10 deiecit *Φ*
mm | filios] meos *add. Φ mm* | interfecit *Φ mm*   15 subverterent *N M me*;
subverterunt *mi*   16 aridae *M (ac.)*; arida *M (pc.) P B A T mm*   17 natant
N (ac.) so; nautant *B* | demerserunt *N mm*   18 veterorum *V*   19 inquit
insimulare *tr. Φ mm* | simulare *i. q.* insimulare (*cf. cap. 45, 3*)
21 haec *om. M*   22 remissione *N* | venit spiritus *tr. α*   23 o *om. mm* | es]
eos *V*   24 tetigisti domus *tr. A (ac.)*   25 qui *sl. M* | hostem *P*   26 igne *M*
27 nunc] num *N (ac.)*

procellam venti quattuor angulos domus tangentem et ipsam
domum a fundamentis subvertentem atque eos qui intrinsecus
30 erant interficientem.

80. Tuae" inquit "iniquitatis opera sunt haec omnia, o
callidissime diabole. *Nam deus mortem non fecit neque laetatur in
perditione vivorum, sed* tua *invidia* atque zelo *mors introivit in
mundum.* Sicut enim in totum mundum mors introivit per tuum
5 zelum, ita et nunc super filios Iob per tuum zelum et invidiam
perditio advenit atque interitus, o nequissime diabole. Hoc autem
tu ipse de temetipso demonstrans dicis: SUBITO SPIRITUS VENIT
AB EREMO. Subito enim et occulte atque clanculo innumeros
subvertis, innumeros circumvenis, innumeros tuae condemna-
10 tionis heredes efficis, quos omnes aeterna subversio subito apprehendet utpote a te in malis seductos. Ob hoc ergo SUBITO VENIT
SPIRITUS – tu ipse aëris penetrator diabolus aëriusque spiritus –,
AB EREMO vero tamquam in eremum ac solitudinem, ubi neque
hominis neque quadrupedis vestigium graditur, proiectus atque
15 expulsus. Aut adhuc AB EREMO VENIT, utpote omnium divino-
rum exsors et omnibus desolatus; aut et adhuc AB EREMO VENIT,
utpote non solum [ab] in corruptibilibus atque inanimatis solitudinibus sequestratus ac demoratus, sed quin immo magis in

---

80, 2sq. Sap. 1, 13   3sq. Sap. 2, 24

---

28 procella *M*
80, 1 operationes *Φ mm*   2 callidissime] nequissime *mm*   3 virorum *N*
zelum *N (ac.)*; zelus *N (pc.)* | mors ... 5 zelum[1] *om. N*   4 enim] ergo *α*
5 ita ... zelum *om. B* | et[2] *P (pc.)*   7 dicit *V*   8 et *om. mm*   9 circumvenit
V; et *add. β mm* | innumeros[2] *om. α Φ mm*   10 facis *Φ mm* | omnes] enim
me; aevi *mi* | conversio *mm* | apprehendet *N*; apprehendit *cett.*   11 ergo]
enim *so*   12 ipse] es *add. Φ mm* | aëriusque] aëri usque *P (ac.)*   13 eremo]
spiritus *add. α Φ mm* | eremum ac solitudinem] eremo ac solitudine *so Φ*
14 traditur *Φ mm*   15 venit ab eremo *tr. Φ mm*   16 et[1]] ab *add. Φ mm*
desolator *M* | et[2] *sl. N; om. Φ mm*   17 ab *del. mi* | in corruptibilibus *mi*;
incorruptibilibus *cett.*   18 sequestratus ... solitudinibus *mg. B* | demoratus]
destitutus *Φ mm* | in humanis] inhumanis *Ψ*

humanis atque animatis solitudinibus, quae sunt animae impiae, sceleratae, errantes, infideles, quae sunt desolatae omni sanctitate, 20 quae non habitantur neque a sancto spiritu paracleto neque a sanctis angelis dei, utpote in huiuscemodi desertis habitans a deserto teipsum venisse dicis."

81. Tale desertum factus est etiam ille, quem scopis mundatum atque ornatum reperiens nequissimus atque immundus spiritus, alios septem nequiores se assumens, habitavit in eo. Tale desertum factus est et infelix ille Iudas, postquam spiritus sancti familiaritatem atque illuminationem a se expulit et sanctorum 5 angelorum coniunctionem atque habitationem a se amovit, sicut dicit: *Et post hoc introivit in eum Satanas.* Tales solitudines fuerunt olim omnes pseudoprophetae atque falsi sacerdotes, illi ad quos dixit Michaeas propheta ante Achab regem Israel: *Dedit dominus spiritum mendacem in ore omnium prophetarum tuorum;* 10 quod cum audisset princeps ipsorum pseudoprophetarum Sedechias filius Chanaan, percutiens Michaeam in maxillam dixit: *Quis spiritus domini discessit a me ut loqueretur in te?* Per quae evidenter ostendit, quia discessit ab eo spiritus domini et habitavit in eo spiritus diaboli, utpote desolato a spiritu sancto. Talia 15 deserta facti sunt Iudaei, qui domino non crediderunt neque suscipere eum voluerunt; propterea dixit ad eos dominus: *Ecce relinquetur vobis domus vestra deserta.* Talia scilicet deserta factae sunt etiam nunc omnes infidelium sectae atque haereses, quae

mi 432

81, 1–3 tale ... eo] *cf.* Matth. 12, 43–45; Luc. 11, 24–26   7 Ioh. 13, 27
9 sq. 3 Reg. 22, 23   13 3 Reg. 22, 24   17 sq. Matth. 23, 38

22 huiusmodi *mm* | habitans deserti *N*   23 teipso *N* | venire *so mm*
81, 4 et *om.* β *mm* | infelix Iudas ille *tr. so;* ille infelix Iudas *tr.* β *mm;* ille Iudas infelix *tr. P* | sanctus *mi*   5 a se *om. M*   7 haec *Φ mm*   9 dicit *mm* pseudoprophetae *M*   12 maxilla *so*   13 quid *so*   15 sancto spiritu *tr. P B A T*   16 facta *M Φ (ac. V) me*   18 vobis *om. N* | facta *M Φ (ac. V) mm;* facti *V (pc.)*   19 quae *delendum putavit Weber*

20 ⟨sunt⟩ desolatae fidei veritate atque omni pietate, in quibus habitans diabolus multitudinem scandalorum tamquam zizanias in eis
oriri fecit. Post quae universa adhuc in ultimo talia deserta sunt
omnes pertinaces, omnes crudeles, qui non agunt paenitentiam,
qui contristant spiritum sanctum, in quo pridem signati sunt in
25 die redemptionis, qui contristant sanctos angelos qui gaudent
super eos qui pro peccatis paenitentiam agunt. Omnibus ergo
istis desolati sunt qui non paenituerint. Habitat vero in illis utpote in desertis malignus adversarius qui tenet cor eorum, ut nec
paenitentiam confiteantur neque ieiunia exerceant neque eleemo-
30 synas faciant; istis namque peccata delentur. Isti ergo omnes cum
sint desolati sanctitate et fide atque timore dei, desolantur de
regno dei et proiciuntur de choris sanctorum, atque *in tenebras
exteriores pellentur et in ignem inexstinguibilem, qui praeparatus est
diabolo et angelis eius.* Haec itaque universa quia dicit: SUBITO
35 SPIRITUS VENIT AB EREMO ET TETIGIT QUATTUOR ANGULOS
DOMUS.

82. In tertia plaga tria cornua fecit diabolus, in quarta vero
plaga quattuor angulos domus tetigit, et cecidit domus. Et quid si
unum angulum tetigisset? Cadere non potuisset? Utique potuisset. Ergo si per unum angulum poterat cadere, cur omnes quat-

---

20-22 in ... fecit] *cf.* Matth. 13, 24-30; Hier., in Matth. 2 (CC 77, 111)
24 sq. contristant ... redemptionis] *cf.* Eph. 4, 30   **25 sq.** sanctos ... agunt] *cf.*
Luc. 15, 10   **26 sq.** omnibus ... paenituerint] *cf.* Luc. 13, 3; 5   **32-34** Matth.
8, 12 + 25, 41 (*cf.* lib. II, cap. 24, 28 sq.; praef. p. 31)

---

20 sunt *suppl. Primmer* (*cf. cap.* 80, 20)   21 multitudinem *N*; multitudines
cett. | zizanias *N*; zizaniam *α P B*; zizania *cett.*   22 post quae] postquam *M*
24 in die] uidie *vel* iudie *V*(*ac.*)   26 paenitentiam] non *add. M* | agent *V*
omnes ergo isti *Φ mm*   27 paenituerunt *V*(*pc.*) *mm* | utpote] ut *so*
28 nec] ad *add. Φ mm*   29 exercentur *P*   30 peccata] non *add. M* | delentur]
dominantur *Φ mm*   31 sunt *mi* | timore dei *N*; *tr. cett.*   32 proiciantur
P(*ac.*) | tenebris *M*(*ac.*)   33 et *om. M*   34 itaque] notat *add. mm* | quae *so*
82, 2 plaga *om. so* | tetigit ... domus *om. N*   3 tetigisset angulum *tr. T V
mm* | utique potuisset *om. mi*

tuor angulos tetigit? Audi: Quattuor angulos, id est quattuor 5
partes, tetigit ob hoc, ut ostenderet ferocitatem et insaniam, in-
temperantiam quoque atque crudelitatem, cruentationem atque
animum suum homicidalem. Nam omnes nequissimi daemones,
mox ut relaxati sunt et mox ut permissionem acceperunt, continuo omnes generaliter ab omnibus partibus super domum ipsam 10
irruerunt, festinantes atque adversum invicem rapientes, quis primus hanc iniquitatem inciperet, quis primus hoc homicidium
mi 433 perpetraret. Ob hoc ergo per quattuor partes irruerunt nequissimi daemones, tamquam leones de insidiis prorumpentes, ingentem unusquisque eorum sibi reputans dolorem, si prior illo alter 15
praecederet ad huius domus perditionem. Et adhuc ob hoc per
quattuor partes, quia metuerunt infelices, ne forte ex hac ruina
aliquis evaderet praeter illum unum quem sponte nequissimi re-
servassent, qui et ipsorum iniquitati deserviret et Iob ipsos dolores enarraret. Sed et adhuc per quattuor partes accurrentes QUAT- 20
TUOR ANGULOS TETIGERUNT ob hoc, ut suam inconsonantiam
atque adversus invicem contrarietatem ostenderent. Nam ad
iniquitatis perfectionem omnes sibi concordant, cum invicem
autem discordes sunt omnes atque contrarii. ET CECIDIT inquit
DOMUS SUPER FILIOS TUOS ET MORTUI SUNT. CECIDIT DOMUS 25
apprehendentibus daemonibus, commoventibus, infrementibus,
a fundamentis subvertentibus; CECIDIT DOMUS, nec quidquam

---

6 ostendent *P* | insaniam] et *add. B mi*   7 crudelitatem] credulitatem *M*; et
add. B   9 mox¹ *om. mi* | ut¹ *om. P* | acceperunt *om. M*; acceperint *so*
10 ipsam domum *tr. B*   12 iniquitate *so* | acciperet *mi*   13 ergo *om. V*
14 leonem *M*   16 recederet *M (ac.)* | huius] eius *A T V mm* | domus *om. α*
Φ mm | ob hoc *om. Φ mm*   18 aliquis *N*; *ante* forte (*lin. 17*) *tr. A (ac.)*; *post*
forte *tr. cett.*   20 occurrentes *mi*   21 inconsonanti *M*   23 iniquitatem
M (ac.)   24 autem *N M*; *ante so*; sibi *cett.* | sunt *N (pc.) M*; sint *cett.* | omnes
om. so   26 commoventibus *om. B*   27 nec] nequaquam *M (ac.)*

magnum: Nam si solus Samson post hoc innumera allophylorum
milia in una domo subito deiecit, quid magnum si innumeri
30 daemones unam domum per quattuor angulos apprehendentes
subverterunt? CECIDIT inquit DOMUS SUPER FILIOS TUOS ET
MORTUI SUNT.

83. O quam magna est fides tua, beate Iob! O quam admirabilis est patientia tua, vere dei servus! Non te exagitavit primus
fluctus neque impulit secundum periculum, non te vulneravit
tertia sagitta, non te superavit quarta temptatio quae filiorum
5 *submersionem quasi in pelago perfecit in terra. "MORTUI"
inquit "SUNT filii tui, et utinam iuxta omnium communem
mortem! At nunc vero non ita, sed CECIDIT inquit DOMUS SUPER
FILIOS TUOS, ET SIC SUNT MORTUI. Suspira" inquit "o homo,
lacrima, o Iob, tametsi non" inquit "ob hoc quod tales perdideris
10 filios, saltem vel quia tam lamentabili morte mortui sunt vel quia
ita miserabiliter de vita exierunt. Quis ex videntibus non stupeat,
o Iob? Quis ex audientibus non perturbetur, o vir? Tu vero lapidibus durior et saxis firmior exstitisti. Filii tui mortui sunt, et
quid exspectas ut non lugeas? Cum lapidibus comminuti sunt,
15 cum pulvere commixti sunt. Carnes eorum cum sanguine et ossa
cum ipsis etiam visceribus commixta sunt, fratrum cum sorori-

---

28 sq. solus ... deiecit] cf. Iud. 16, 30
83, 14–36 cum ... volebat] cf. Ps. Chrysost., in Iob sermo 1, 2 (PG 56, 567)

---

28 haec Φ mm   29 magnum] mirum mm
83, 1 est om. mm | beate] o P | admirabilis N; mirabilis cett.   2 sapientia
mi | serve so V mm (sed cf. LHS 24⁴)   3 impulit] te add. so | non] nonne B
4 quae N; neque cett. | filiorum om. β mm   5 submersionem coniecit Prim-
mer (cf. lib. III, cap. 22, 4); subversionem N; subversio α; subversio quae Φ
mm | in pelago om. mi; incipiens add. mm | perfecit] perfecta est Φ mm
terram N   6 inquit] in quid M   8 o om. N (ac.) | homo] et add. mm   9 non
om. so   10 quia¹ sl. N | lamentabile N (ac.)   11 ex videntibus] evidenti M;
evidentibus so   12 o¹ om. mm | turbetur mm   15 ossa N; ossibus cett.
16 commixta] commultas M; commultae P V; cum multe A (ac.) T (ac.);
comminutae B A (pc.) T (pc.) mm | fraucto P (ac.)

bus et sororum cum germanis, omniumque comminutio simul
cum ipsis antepositis cibis commixta est, ⟨commixto⟩ nihilominus omnium viscerum tabo cum ipso vino, quod in manibus
habebatur." Immenso namque furore usus versutus diabolus et   20
iram plenam indignatione demonstrans necquidquam reliquit
quod non comminueret, neque calvarias neque viscera neque
vertibulos neque bracchia neque manus neque pedes neque ullum
membrum neque aliquam corporis compagem. Et non solum
haec, sed et ipsos lapides et ligna nimio succensus furore cuncta   25
conteruit, cuncta comminuit, cuncta commoluit, cuncta commiscuit, cuncta incerta atque indiscreta reddidit. Nam fundamenta
domus ipsius sursum supra tectum citavit atque superiorem
tectum in profundo fundamenti demersit. Non enim ob hoc
mi 434 solum haec fecit quo magis in contritione filiorum Iob animam   30
comminueret, sed ob hoc quia prioribus plagis non succubuit.
Propterea etiam istic universam iniquitatem suam demonstravit
et pro priori tolerantia in filiorum comminutione in eo vindica-
vit, et comminuit membra et carnes et ossa, atque cum lapidibus
et pulvere ipsius ruinae commiscuit, ut nec separare nec colligere   35
nec sepelire posset eos, a quibus sepeliri sperabat ac volebat.

---

17 omnium *mm*   18 contrapositis *M* | commixto *suppl. Primmer* | om-
nium nihilominus *tr.* α Φ *mm* | nihilominus ... 20 habebatur *mg.* B   19 ta-
bo] cibus *mm*   20 habebant *P A T V*; habent *mm*; commixtus (commixta
so) est *add.* α Φ *mm*   21 ira α; et *add. A T V mm* | plenam] in *add. M*
indignatione *N*; in indignationem *M* (*ac.*); indignationem *cett.*   22 com-
minueret *N*; comminuerit *cett.* | calvarios *M* β *me*   23 vertibulos] ventricu-
los Φ *mm*   24 aliquem *B*   25 ipsos] lingua et *add. P* | cuncta conteruit *om.
mi*   26 conteruit] contrivit *so* Φ (*ac. A T; pc. P*) *me* | cuncta comminuit *mg.*
B | cuncta commoluit *om. N* | commoluit] commollivit *mm*   28 citavit *N*;
excitavit *cett.* | superius *so mm*   30 animum *mm*   31 hoc *om. B*   32 uni-
versam] omnem Φ *mm* | suam] distribuit *add. A* (*corr.*)   33 priore *so*
tolerantiam *P* | comminutionem *B*   34 atque] ac *mm*   35 nec[1]] non *A T V
mm*   36 posset] et *add.* α | quibus] se *add. N* (*sl.*) *M*

84. Haec namque venit nuntiare Iob novissimus nequissimi adversarii nuntius; haec venit nuntiare quibus similia priora non contigerunt; haec venit nuntiare quae nunc auditorum conturbant mentem, contristant praecordia, liquefaciunt animam. Beati
5 vero Iob mens perstitit immota, anima in gratiarum actionibus non est consternata. Quis hominum nunc si unum perdat filium, habens alios, huius unius direptionem ac mortem supra modum non lugeat etiam cum lamentationibus ac clamore? Magnanimus vero ille Iob cum decem haberet religiosos filios et istos omnes
10 desemel protinus perderet, non luxit, non est contristatus, sed gratias egit danti et iterum auferenti deo et quod est ⟨...⟩ dedecoro et miserabili modo ipsis natis morientibus atque in ipsius domus ruina contritis, quorum ciborum apparatus cum comedentium carnibus est commixtus, et hi qui ministrabant unus-
15 quisque ubi apprehensus est, illic est comminutus, et potus miscentium cum sanguine propinantium est commixtus. Et erat visio lamentabilis atque aspectus miserabilis hoc quod gestum est, immo nec visio nec aspectus. Non enim erat quod videretur, neque quod *aspectaretur de eorum qui mortui sunt comminutis
20 corporibus. Nam tanto furore comminuit ea nequissimus, ut nec de vultibus nec de personis agnosci possint corpora, quae cum terra atque lapidibus erant commixta atque concreta. Quod

---

84, 11 gratias ... deo] *cf.* Iob 1, 21

84, 2 haec ... contigerunt *N; om. cett.* 3 actorum *N (ac.)* | conturbant] continent *mm* 4 mortem *P (ac.)* 7 diremptionem *mi* | non lugeat supra modum *tr. V* 8 ac] et *V* 9 filios] liberos *mm* | et *iter. A* 10 desemel *N;* semel *α;* simul *Φ mm* | est *sl. M* 11 agit *P* | quod] non *add. M* | est] *lacunam notavit Müller;* maximum non cum *add. Φ mm;* maximum non com⟨motus est⟩ *proposuit Primmer* | dedecore *Φ mm* 12 motu *Φ mm* 14 *commixtus est carnibus *tr. N* 15 est¹ *om. mi* 16 ministrantium *mm* propinatus *mm* | et *om. mm* 17 mirabilis *N* | est *om. N* 18 erat *om. B* videtur *B* 19 aspectaretur *coniecit Weber;* separaretur *N Φ (pc. B) mm;* separetur *α B (ac.)* | comminuti *N* 21 possunt *N M;* possent *proposuit Primmer* 22 atque² *iter. B (corr.)*

transcendit omne dictum atque omnem narrationem in dolore
atque miseria; quod nunc nos audientes expavescimus ac terre-
mur. Beatus vero Iob nec ab auditu territus est nec ab ipsa proba-   25
tione expavit, sed in omnibus ininclinabilis atque immobilis permansit, factis procul dubio ostendens omnia, quae deus pridem
de eo veraciter dixerat verbis.

1, 20a   85. HAEC AUDIENS IOB. O magne homo dei Moyses, quid
loqueris? quid scribis? quid dicis? Tu enim es qui haec scripsisti.
Cur ergo dicis: AUDIENS IOB quasi aliquid leve vel modicum, et
cur non dixisti: "haec expertus Iob, haec passus, haec sustinens"?
Nam probatio et passio atque tolerantia fuerunt haec, quae facta   5
sunt, et non verba neque fabulae auditus. "Propterea" inquit
"non dixit probationem sed auditum, quia non tamquam probationem aestimavit Iob, sed tamquam transeuntem auditum et
tamquam fabulas percurrentes." Probatio fuit vere atque passio,
sed dum cum tolerantia et cum gratiarum actione haec sustineret   10
Iob, tamquam auditus pertransiit. Ob hoc ergo HAEC AUDIENS
IOB tam vehementia, tam terribilia, stuporem conferentia atque
in pavorem ducentia; HAEC AUDIENS, quae alius prior non audi-
mi 435   vit, quae alius maior non sustinuit, quae alius ante eum passus
non est; HAEC AUDIENS IOB, quae meditatus est diabolus, quae   15

27sq. deus … dixerat] cf. Iob 1, 8
85, 1 audiens Iob] ἀκούσας Ιωβ add. cod. Alexandrin.   1sq. o … scripsisti]
cf. cap. 1, 28sqq.

---

26 inclinabilis V mm
85, 2 quid¹] quod M | tu … modicum] audiens Iob cur ergo dicis quasi ali-
quid leve vel modicum tu enim es qui haec scripsisti tr. N   7 dixi mi; probat
Primmer | sed] aut Ψ P   8 stimavit B | auditum sequ. ras. 1 litt. P   9 fabu-
lam P | fuit vere N; vero fuit cett.   10 dum om. Ψ | actionibus Φ mm
11 Iob om. V | auditum N | ergo] dicit add. Φ mm   12 tam¹ N; tamquam
cett. | tam² N; tamquam cett. | stupore M   13 pavore M Φ | ducentia
N (ac.); deducentia cett. | haec … 15 est¹ om. B   15 quae¹] quem M Φ mm
quae² om. mm; quem M Φ

quaesivit nequissimus, quae voluit iniquus, quae excogitavit iniustus; HAEC AUDIENS IOB, quem angeli admirati sunt, quem
incorruptibiles laudaverunt, ut is qui de terra plasmatus est, viriliter pugnaverit adversus eum qui de caelis deiectus est, ut pulvis
20 adversus spiritum, ut homo adversus diabolum, ut corruptibilis
adversus incorruptibilem constanter steterit et non succubuerit
atque victoriam de illo sumpserit. Cum tribus malitiosis sagittis a
diabolo sagittaretur, tolerantiae atque fidei scuto se protegens
transiit illibatus; post quas tres quarta sagittavit illum inimicus
25 temptator novissime cum dolore ultima miserabili, sed nec hac
aliquid peregit, nec per istam suam voluntatem perfecit. Et dico
istam quasi unam; non enim erat una, sed decem erant in hac
ipsa. Nam decem filiorum una fuit perditio, unus interitus. Quod
autem non vulneraverit illum diabolus neque dolorem concusse-
30 rit nequissimus, evidenter ostendit mox in subsequentibus dicens:
TUNC SURREXIT IOB. Si enim vulneratus vel contaminatus vel   1, 20a
laceratus fuisset, surgere omnino non potuisset. Ergo quia surrexit, manifestum est quod fortissimus perseveravit atque illaesus
perstitit. TUNC SURREXIT IOB, surrexit animo, surrexit fide, sur-
35 rexit veritatis studio. TUNC SURREXIT IOB, surrexit ad proelium,
surrexit ad virtutem, surrexit ad officium constantiae. TUNC
SURREXIT IOB. Certum est quia, cum surrexisset, dixit: "Nunc
belli tempus, nunc constantiae approbatio, nunc victoriae accep-

---

18 is ... est] *cf.* Gen. 2, 7   19 eum ... est] *cf.* Is. 14, 12; Ezech. 28, 15–17;
Luc. 10, 18; Apoc. 12, 9   38 belli tempus] *cf.* Eccl. 3, 8

---

16 quae¹] quem *M Φ mm* | quae²] quem *M Φ mm*   17 quem¹] quae *N*
angeli *om. so* | quem²] quae *N*   18 his *Ψ P*   19 paulus *P*   21 stetit *N (ac.)*
22 victoriam *om. β*   24 quartam *Ψ*   25 novissimam *Ψ*; novissima *proposuit*
Müller | ultimam *N so* | non *V*   26 peragit *V* | dico] ideo computat *Φ mm*
27 enim *sl. N*   29 vulneravit *P B A T me* | eum *B* | concusserit *N*; congesse-
rit *α*; *incusserit *cett.*   30 dicens *om. mi*   31 si] sed *M* | contaminatus]
fuisset *add. V*   34 surrexit fide *iter. M*   35 tunc surrexit Iob *om. α Φ mm*
37 qua *M* | surrexisset] et *add. M* | dicit *mm*   38 constantiae *om. mm*

tio, nunc coronarum compositio, nunc retributionis exspectatio,
nunc audaciae manifestatio." 40

86. Quod autem ad haec omnia surrexerit Iob atque ad
horum omnium ostensionem atque perfectionem, iuxta haec
1, 20a quae sequuntur manifestum est: CONSCIDIT inquit VESTIMENTA
SUA. Cur conscidit? Ob hoc conscidit, ut expeditior atque con-
stantior exstitisset in proelio, ut illa quae retardant deponeret, ut 5
illa quae impediunt a se proiceret, ut tamquam audacissimus
proeliator et tamquam singularis monomachus adversus innumeros inimicos et adversus inaestimabiles adversarios singulariter
immobilis perstitisset. Ob hoc ergo CONSCIDIT VESTIMENTA
SUA. Nam et vere talis mos est in aliquibus gentibus ut, cum ad 10
dirum venerint bellum, tunc nimirum scindentes vestimenta sua
cum furore atque indignatione *currant contra adversarios in-
temperanter, nudo pectore cum fiducia se offerentes, ut est Syrorum gens. Item vero aliae barbarae gentes exspoliantes se atque in
ipsis tunicis se praecingentes nudo pectore atque scapulati virili- 15
ter eunt in proelium. Sic itaque et admirabilis Iob conscindens
vestimenta sua atque omnia deponens impedimenta nudus atque
audax stetit in spiritale proelium. Aut et adhuc CONSCIDIT VESTI-
MENTA SUA sine mora semetipsum ad ipsas praeparans plagas,
mi 436 "ecce" inquiens "dorsum nudum, ecce corpus detectum. Vos 20
flagellate, ego autem sufferam; vos verberate, ego vero sustineam,
dicens cum Hieremia: *Dorsum meum dedi ad flagella*; dicens cum

---

86, 22 Is. 50, 6

---

40 nunc] non *A*
86, 1 surrexit *B V mi*   **2** ascensionem *B*   **7** monomachus *A (pc.) mi*; monachus *cett. (cf. praef. p. 65)*   **9** ergo *om. so*   **10** mox *N(ac.)*   **11** durum venerint bellum *M*; durum proelium venerint *Φ mm*   **12** currant *mi*; currunt
cett.   **13** peccatore *M* | Syrum *N(ac.)*   **16** erunt *B* | sic ... **18** proelium *om.*
B | et *om. N(ac.) P A T V mm*   **17** omnia ... atque *om. N*   **18** spirituali
proelio *so* | et *om. Φ mm*   **21** vero] autem *Φ mm*

David: *Supra dorsum meum fabricaverunt peccatores*; sed et adhuc cum eodem David: *Et eram flagellatus tota die.*"

87. Aut adhuc CONSCIDIT VESTIMENTA SUA, ac si diceret ad ipsos nequissimos adversarios: "O iniqui atque maligni adversarii, mortuum me aestimatis, ut vos putatis et ut vobis videtur; in terram me sepelire properatis. Si igitur mortuum me aestimatis, o
5 inimici, anticipem pretiosam meam sepulturam conscindere, pretiosas atque regales meas vestes, ut nec post mortem meam gaudeatis eas possidentes." Puto quod ex illo consueverunt homines, cum pretiosam sepulturam cuilibet miserint, conscindere eam, ne aliqui scelesti et ipsum corpus proiciant et ipsam pretio-
10 sam sepulturam possideant. "Quod si tamquam viventem" inquit "me iudicatis, ecce" inquit "etiam sic nudus atque scapulatus sto contra vos, numquam vobis cessurus." Aut et adhuc CONSCIDIT VESTIMENTA SUA: "Ecce" inquit "o maligni inimici, peculium consumpsistis, filios perdidistis, substantiam diripuistis nec quid-
15 quam aliud nisi solum corpus atque hanc vestem mihi reliquistis. Tollite" inquit "et hanc vestem, proicio etiam hanc vobis, nihil apud me remaneat ex his quae in potestatem nequitiae vestrae data sunt. Non sit mihi ex vobis hoc beneficium; *oleo peccatorum non ungebitur caput meum.* Super quae universa, ecce" inquit "et

---

23 Ps. 128, 3   **24** Ps. 72, 14
87, 18 sq. Ps. 140, 5

---

23 et *om. α*
87, 1 aut *N*; et *so*; *om. cett.* | sua] et *add. N* | dicerent *M*   **2** nequissimos *om.*
N | adversarios nequissimos *tr. Φ mm* | maligni atque iniqui *tr. Φ mm*
3 stimatis *B* | vos ... ut *om. B*   **4** praeparatis *mm* | igitur mortuum me] ergo
me mortuum *mm* | stimatis *B* | o inimici] in nuci *B (ac. uv.)*   **5** anticipitem
M (ac.); in *add. Φ mm* | pretiosam] speciosam *B* | concidere *B*   **6** pretiosas]
pretiosa *so* | meas vestes regales *tr. so* | meam *om. mm*   **8** conscindere *so*;
conscindunt *cett.*   **9** aliquis caelesti *M*   **10** me inquit *tr. Φ mm*   **11** ecce
om. B | esto *B*   **12** contra *sl. N* | vos *om. N* | vobis] vos *M* | cessuros *M* | et
om. Φ mm   **16** et] in *P (ac.)*   **17** potestate *N β* | vestrae] meae *so*   **18** sit
om. B   **19** ungebitur *N*; ungetur *cett.* | quae universa] haec omnia *so*

ipsum corpus nudum, detectum, paratum ad poenae supportatio-   20
nem, ad dolorum tolerantiam. Torque" inquit "contunde, ver-
bera, ut cum per cuncta probaveris, cognoscas quia solus Iob
insuperabilis permanens in omnibus numquam cedit tuae nequitiae flagellis."

    88. Haec itaque universa cum cogitaret et loqueretur atque
ipsis perficeret factis, SURREXIT ET CONSCIDIT VESTIMENTA SUA
ET TOTONDIT COMAM CAPITIS SUI utpote superfluam, otiosam
atque inutilem. TOTONDIT COMAM CAPITIS SUI factis perficiens
id quod postea duriter ab apostolo interminatum est verbis, quia   5
vir si comam nutrierit, ignominia est illi. Hoc itaque observans
Iob TOTONDIT COMAM CAPITIS SUI. Cum totondisset, procul
dubio quod ipsis eam adversariis proiecit: "Ecce" inquit "tollite et
hanc, habete etiam hanc, deglutite et istam. Arbor" inquit "sum
fructifera, omnia quaeque superflua a me proicio, ut illibatus   10
perfectum afferam fructum. Vitis enim sum bene materiata,
abscido a me universa superflua, ut incongruis omnibus decenter
purgatus iustitiae perfectum perferam fructum." TOTONDIT
COMAM CAPITIS SUI non ut lugens, sed ut luctum deponens atque
proiciens, omnique luctu per tolerantiam superior exsistens.   15
TOTONDIT COMAM CAPITIS SUI. Sicut Ioseph cum de carcere ad

1, 20b (left margin, line 3 of cap. 88)

88, 6 1 Cor. 11, 14   11–13 vitis ... fructum] *cf.* Ioh. 15, 2   16sq. Ioseph ...
duceretur] *cf.* Gen. 41, 14

---

21 contonde *M*   22 ut] et *β mm* | cum *om. so*   23 cedet *β mm* | tuae *om.*
mm
88, 3 sui *om. me*   4 suis *P* | proficiens *α*; percipiens *P*   5 ab *om. P* | est *sl.*
N | verbo *Φ mm*   6 vir *om. P* | ignominiam *so* | hoc *N*; haec *cett.*   7 to-
tondit ... sui *om. M*   8 adversarius *so*   9 habere *V* | etiam] et *add. mm*
deglutire *V*   10 omnia quaeque] omniaque *V* | quaeque] quae *mm*   11 per-
fectum fructum afferam *tr. α P A T V mm*; fructum perfectum afferam *tr.*
B | sum *om. B* | materiata] maceriata *Φ mm*   12 abscindo *mm* | in con-
gruis *so* | decenter *N*; dicam *M*; ut ita dicam *so*; dicar *cett.*   13 purgatus] a
add. P; ac *add. β mm* | perferam perfectum *tr. Φ mm*   14 ut non *tr. B*
16 ad *N*; a *cett.*

Pharaone⟨m⟩ duceretur, sicut Ionathae filius cum David ad
Hierusalem post mortem Absalom reverteretur, et alii innumeri
priores ac posteri, quamdiu lugebant, non tondebant, deposito   mi 437
20 autem luctu confestim tondebant, ita et nunc beatus Iob TOTON-
DIT COMAM CAPITIS SUI, ut humiliaret se, ut subiceret, ut miseriam ostenderet. Quod est huius rei indicium? Hoc quod in subsequentibus dictum est: **ASPERSIT** namque **TERRAM SUPER**   1, 20b
CAPUT SUUM. Nisi enim valde se humiliaret, non utique caput
25 suum aspergeret terra. ASPERSIT inquam TERRAM SUPER CAPUT
SUUM. Hanc unde opinionem sumpsisti, o beate Iob, ut terram
capiti tuo aspergeres? "A tritavo" inquit "generis mei Abraham
dicente: *Ego sum terra et cinis*, et a patriarcha totius generis humani Adam, ad quem dictum est: *Terra es et in terram ibis.*" Haec
30 itaque ab illis audiens atque memor aspersit terram capiti suo.
"Non" inquit "sum tamquam diabolus qui de caelo cecidit, sed
sum tamquam unus ex hominibus ortus de terra, ideoque terram
aspergo super caput meum. Non sum sicut diabolus ex incorruptione proiectus, sed sum tamquam unus corruptibilium de limo
35 plasmatus. Merito terram aspergo super caput meum, ut norit"
inquit "nequissimus diabolus adversus quem habet, quia adversus

---

17 sq. Ionathae ... reverteretur] *cf.* 2 Reg. 19, 25 (24 Vulg.)   23 sq. aspersit ... suum] καὶ κατεπάσατο γῆν ἐπὶ τῆς κεφαλῆς αὐτοῦ *add.* cod. Alexandrin.
28 Gen. 18, 27   **29** Gen. 3, 19   **31** diabolus ... cecidit] *cf.* Is. 14, 12; Ezech.
28, 15–17; Luc. 10, 18; Apoc. 12, 9   **34 sq.** unus ... plasmatus] *cf.* Gen. 2, 7

---

17 Pharaonem *coniecit Müller* | educeretur *mm* | ad] ab α   **19** tondebat *B*;
comam *add. Φ mm*   **21** subiceret] ut adiceret *add. Ψ* | miseriam] non *add.*
T (corr.)   **22** rei huius *tr. B* | iudicium *M B*   **24** humiliaret se *tr. mm*
25 aspergeret terram *N*; terra aspergeret *cett.* | aspergeret ... suum] tonderet
B   **26** unde hanc *tr. α Φ mm*   **27** aspergeret *M* | a tritavo] at tabo *N (ac.)*
Abram *A T V me*   **28** dicentem *P* | a *om.* α Φ   **30** ab illis *om. B*   **31** in-
quit] itaque *Φ mm*   **35** super *om. N* | noverit *Φ mi*; non erit *me*   **36** diabo-
lus nequissimus *tr. Φ mm* | quia] qui *N*

terrenum habet, adversus corruptibilem, adversus mortalem, adversus hominem de limo terrae plasmatum."

89. Ob hoc ergo ASPERSIT TERRAM SUPER CAPUT SUUM, ut instruat omnes terrenos, corruptibiles atque mortales, quia etiam ipsi possunt similiter stare adversus nequissimum. Possunt, inquam, similiter sufferre ac superare omnes temptationes diaboli, si deum dilexerint atque metuerint, sicut admirabilis Iob sustinuit   5 atque portavit non modicum aliquid, sed magnos et ingentes atque terribiles dolores ac tormenta, quae alius nec illo prior nec posterior sustinuit et, quod est superius, non habens formam ex alio priore neque exemplum reperiens ab alio anteriore. Cum unum ex plurimis videretur Iacob filium perdidisse, a ceteris   10 omnibus consolari non potuit, sed dixit: *Ibo post filium meum lugens in infernum.* Magnanimus autem Iob post peculii perditionem et post omnium bonorum direptionem omnium filiorum miserabilem interitum pariter simul cum audisset, non suspiravit, non ingemuit, non reprehendit, non maledixit, non blasphema-   15 vit, non culpavit, non dixit ea quae *dicenda ratio exposcebat, quae nunc illicite dicunt plurimi: "Cur dedisti primo aut cur abstulisti modo? Cur oblectasti primo sive peculio sive filiis, vel cur privasti nunc his omnibus pariter? Melius erat ut omnino non dedisses, quam ut dans rursum auferres. Utilius erat ut omni-   20 no non ostenderes, quam in ostensis denuo multares." Sed nihil horum dixit neque omnino cogitavit sanctissimus atque constan-

---

38 hominem ... plasmatum] *cf.* Gen. 2, 7
89, 11 sq. Gen. 37, 35

---

37 terrenum ... adversus³ *om. M*
89, 1 ergo *om. Φ mm* | aspergit *mm* | terra *Φ mm* | super *sl. N; om. cett.*
3 ipsi] etiam *add. P* | possint *α*   **6** ingens *B (ac.)*   **7** illo nec *tr. α Φ mm*
8 superior *M*   **9** nec *mm* | recipiens *mm*   **10** videtur *mi*   **13** omnium²]
omnem *so*   **14** superavit *M (ac.)*   **16** ea quae] eamque *M* | dicenda *mm;*
dicendo *B;* dicendi *cett.* | ratio] non *add. so*   **20** dedisset *M P (ac.)* | afferres
P (ac.) | ut illius *M*   **21** ostenderet *M (ac.)* | in] ut *mm*   **22** agitavit *M*

tissimus ille Iob, nisi tantum ut mentem refrigeraret, nisi tantum
ut, quia ingens dolor erat hoc quod factum est, quae pertulit
25 ostenderet. Vestes conscidit, comam totondit, terram capiti suo
aspersit. Per quae universa se ante deum humilians nequissimum   mi 438
diabolum usque ad inferos deiecit. Quid ergo dicemus, o viri?
Numquid ex alio corpore creatus est Iob et ex alio sumus nos?
Absit! Non enim cum personarum acceptione creavit deus alios
30 tales, alios nihilominus tales, sed idem est omnium plasma de
limo terrae, sed aequalis est omnium anima ex dei operatione.
Sed quia non est omnium similis voluntas neque pietas neque
religiositas neque fides neque propositum circa deum neque spes
vitae aeternae neque timor gehennae neque inferorum suppli-
35 cium in tenebris exterioribus, idcirco non omnes homines eundem demonstrant propositum neque tolerantiam, non quia non
possunt sed quia nolunt. Propterea digne ac iuste magnificatur
beatus Iob, quia volens sustinuit haec omnia cum gratiarum actionibus.

90. Nam post haec universa, quae superius memorata sunt
atque ostensa, dicit: ET PROSTRAVIT SE IN TERRAM ET ORAVIT   1, 20c
AD DOMINUM. Primum surrexit et ita demum se prostravit.
Surrexit ad proelium, prostravit se ad precem. Surrexit ad virtu-

---

29sq. non ... tales²] cf. Iob 34, 19; Sap. 6, 7 (8 Vulg.); Act. 10, 34; Rom. 2, 11;
Gal. 2, 6   30sq. idem ... operatione] cf. Gen. 2, 7   33sq. spes vitae aeter-
nae] cf. Tit. 1, 2; 3, 7   35 in tenebris exterioribus] cf. Matth. 22, 13
38sq. cum gratiarum actionibus] cf. Phil. 4, 6
90, 1 superius] cf. cap. 85, 31sqq.   3 ad dominum] τῷ κυρίῳ add. cod. Ale-
xandrin. | surrexit] cf. Iob 1, 20a

---

23 nisi¹] non mi   24 ingens] lugens me   25 vestem so | comam] caput mi
27 ergo om. Φ mm | dicimus so Φ mm   28 et ... nos om. Φ mm   29 absit]
non sit N; fortasse legendum: Non! Absit! (cf. lib. III, cap. 13, 2)   30 alios]
aliquos mm   31 est om. B   34 supplicii proposuit Primmer   35 omnes om.
V | homines] idem add. B | eundem] idem P (pc.) A (pc.) T (pc.) mi; id me
36 demonstrans P (ac.) | neque] eamdem add. mm
90, 2 dixit mi | terra Φ mm   4 ad¹] victori add. M | precem ... ad² om. M

tem, prostravit se ad orationem. Surrexit ad victoriae perfectio- 5
nem, prostravit se ad coronae acceptionem. Nam et ante impera-
tores, qui victores exstiterint, non stantes sed deorsum adorantes
coronam accipiunt. Sic namque et beatus Iob in prima temptatione quam per peculium atque filios sustinens victoriam de
adversario acquisivit, ad orationem se prostravit ut perfectas 10
tolerantiae suae a deo acciperet coronas. Ob hoc ergo PROSTRA-
VIT SE ET ORAVIT AD DOMINUM. Quem cum prostratum videret
diabolus, gavisus est infelix, cum autem adorantem atque depre-
cantem audisset, obstupuit atque expavit. PROSTRATUS inquit
ORAVIT AD DOMINUM. Iob prostratus diabolum deiecit, altum 15
humiliavit, exaltatum supplantavit, confudit fortem, deformavit
elatum. Super haec autem omnia, quod est omnibus maius atque
superius: cum sua prostratione Iob diabolum deiecit et sua tolerantia nequissimum superavit, formam ostendit eius *qui de caelo
venit* et ut *granum tritici in terram cadens* diabolum deiecit et 20
fortem alligavit et vasa eius diripuit et spolia divisit et *captivam
duxit captivitatem* et passione atque resurrectione sua mundum
redemit atque saeculum salvum fecit. Horum namque omnium
formam atque exemplum ostendens Iob post horum omnium
lamentabilium tolerantiam PROSTRATUS IN TERRAM ORAVIT AD 25
DOMINUM, ut prostratio eius ruina efficeretur diabolo atque
subversori maligno et figura passionis ac resurrectionis domini.

10sq. perfectas ... coronas] *cf.* Iac. 1, 12   19sq. Ioh. 3, 31   20 Ioh. 12, 24
21 fortem ... divisit] *cf.* Matth. 12, 29   21sq. Eph. 4, 8

7 exstiterunt *mm*   8 et *om. N*   12 adoravit *N* | prostratum] prosterni *B*
13 est] valde *add. Φ mm* | deprecantem *N*; orantem *cett.*   15 deiecit diabo-
lum *tr. Φ mm*   16 deformavit] electum *add. P*   17 autem *om. so* | est *om. β
mm*   18 superius] est *add. Φ mm*   19 superavit *N*; superat *cett.* | qui *sequ.
ras. 1 litt. V*   20 et¹ *N*; qui *cett.* | terra *Φ*   22 passionem *M*   23 salvum
fecit] salvavit *Φ mm*   24 Iob *N*; Iob et *α*; *om. cett.*   25 oravit in terram *tr.
M* | terra *Φ mm*   27 subversio *α* | figura *N*; figuram *cett.*; per haec in se
gereret (gereret in se *V*) *add. Φ mm*

PROSTRATUS inquit ORAVIT AD DOMINUM, ex tota anima, ex
tota mente, ex cordis profunditate. ORAVIT AD DOMINUM. Quid
30 oravit? Tolerantiam, sufferentiam, consummationem. ORAVIT
AD DOMINUM sensus illibationem, mentis integritatem, animae
sanitatem. Hoc ergo ORAVIT AD DOMINUM, ut "sanam" inquit
"animam meam atque illibatum cor meum custodiat dominus et   mi 439
rex omnium, et numquam mihi praevalebit malignus, et num-
35 quam me superabit callidus inimicus, quamquam atterat carnes,
quamquam comminuat ossa, quamquam consumat nervos; si
animae" inquit "meae sensus custodiatur illibatus a te, numquam
a te seducar, domine deus meus, numquam abstrahar a caritate
tua, rex meus." Idcirco orationem eius exaudiens deus atque de-
40 precationem illius suscipiens iudex iustus, post hoc locutus est ad
diabolum dicens: *Ecce tradidi tibi illum, tantum animam eius ne*
tetigeris.

    91. Sic itaque PROSTRATUS ORAVIT AD DOMINUM. Vere
prostratus, hoc est valde usque ad terram humiliatus, merito vestem conscidit, comam capitis totondit, terram capiti suo aspersit.
Post haec universa PROSTRATUS ORAVIT AD DOMINUM. Sic,
5 inquit, rex Ninive post hoc in cinere et cilicio sedens et cum
humilitate orans, post triduum imminentem calamitatem effugit.
Sic, inquit, et Iosias Hierosolymae rex vestes suas conscindens

---

28 sq. ex[1] ... profunditate] *cf.* Deut. 6, 5; Matth. 22, 37; Luc. 10, 27   **30** tolerantiam sufferentiam consummationem] *cf.* Iac. 5, 11   **41 sq.** Iob 2, 6
91, 5 sq. rex ... effugit] *cf.* Ion. 3, 6sq.   **7–10** Iosias ... domini] *cf.* 4 Reg. 22,
11–19

---

28 prostratus ... lib. II, cap. 2, 37 immobilis *post* recipiant (*lib. II, cap. 16, 34*)
tr. *N M* | anima] et *add.* α Φ *mm*   **29** mente] et *add.* α Φ *mm*   **35** superavit
N | callidus] ille *add.* α | quamquam atterat carnes *om.* *N* | atterat] terras
add. *M* (*corr.*)   **37** custodiatur illibatus a te *N*; illibatus a te custodiatur *tr.*
cett.   **38** deus *om.* *N* | meus *om.* α   **39** exaudiet *N*   **40** iustus iudex *tr.* Φ
mm | haec *B mm*   **41** dicet *M*; dicit et *so* | eius *sl.* *N*
91, 1 deum *B A T mm*   **3** conscindit α | suo *om.* *so*   **4** universis *P*   **5** rex
om. *P* | cilio *N*

prae timore comminationum dei, famulos suos vestibus *conscindi iussis et terra atque cinere aspersos misit ad deprecandam
atque exorandam faciem domini. Sic etiam primus his omnibus   10
admirabilis IOB CONSCIDIT VESTIMENTA SUA ET COMAM CAPITIS
SUI TOTONDIT ET TERRAM CAPITI SUO ASPERSIT ET ITA PROSTRA-
TUS AD DOMINUM ORAVIT. Prostratus est ad orationem, sed non
cecidit tamquam adversarius in contumaciam. Prostratus est ad
precem sicut Abraham cum pro Loth orasset, sed non cecidit in   15
contumeliam sicut diabolus qui de caelo proiectus est propter
apostasiam. Sed forsitan dicit aliquis: "Et cur omnino TOTONDIT
COMAM CAPITIS SUI vel ob quam rem CONSCIDIT VESTIMENTA
SUA vel ob quam causam ASPERSIT CAPITI SUO TERRAM?" Audite! Primum quidem pro his omnibus quae superius demon-   20
strata sunt; item sane adhuc VESTIMENTA SUA CONSCIDIT ob hoc
quia ex his, quae diabolo data sunt, apud se nihil residere voluit.
COMAM vero CAPITIS SUI TOTONDIT ob hoc, ut deposita divitiarum abundantia etiam comae nimietatem deponeret et ut adversario ostenderet, quia sicut nihil passus est quia comam totondit,   25
ita cum multitudinem bonorum deponeret atque amitteret, nihil
se passum fuisse aestimavit, "Aufers" inquiens "omnia superflua,

---

15 Abraham ... orasset] *cf.* Gen. 18, 22–33   16 diabolus ... est] *cf.* Is. 14, 12;
Ezech. 28, 15–17; Luc. 10, 18; Apoc. 12, 9   20 superius] *cf.* cap. 86

---

8 comminationis *Φ mm* | dei *om. M*; et *add. α P* | conscindi iussis et *coniecit
Primmer*; conscindi iussisset *N*; conscissis et *cett.*   **9** terram atque cinerem
(*om. N*) *Ψ P* | cinere ... atque *om. N* | aspersis *Φ (ac. A T) mm*   **10** atque] et
so | domini] sic etiam faciem domini *add. B*   **12** totondit ... suo *om. B*
13 oravit ad dominum *tr. so* | non] orationem *add. P*   **14** in *sl. N* | est *om.*
Ψ   **18** vel ... sua *mg. N*   **19** capito *N* | capitis sui *B*   **20** primo *Φ mm*
superius *om. Φ mm*   **21** sua *om. α*   **22** fuerant *so*   **23** capiti *M* | ob] Iob
me | ut] quia *Φ mm*   **24** comae nimietatem] comminentem *B* | nimieta-
tem] animitate *M (ac.)*; a nimietate *M (pc.)*; nimiae tandem *P* | ut *om. mi*
25 nihil *om. Φ mm*   **26** multitudo *B* | emitteret *M*; admitteret *P*   **27** exti-
mavit *P*; stimasset *B*; aestimasset *A T V mm* | aufer *Φ mm*

nihil mihi supersit ex his quae tibi data sunt." TERRAM vero ob
hoc ASPERSIT CAPITI SUO, ut ex parte ostenderet filiorum dolo-
30 rem. Nisi enim hoc fecisset, alienum illum a natura humana fuisse diceremus. Haec videlicet universa gessit propter naturalem
dolorem, gratias vero egit propter constantiam et animae veritatem atque illam, quam circa deum habuit, sinceritatem.

  92. Post quae universa DIXIT AD EOS. Ad quos? Ad venien- 1,20c–21a
tes daemonis nuntios. Nam hi quattuor praestolabantur ei, quattuor miseriarum praedicationes ei afferentes, quattuor lamentabilibus sagittis eum sagittantes. Novissima lamentabilior fuit
5 atque animae contigua, filiorum perditio. Ad istos ergo quattuor
qui praestolabantur, ut videbantur, lugentes atque maesti simula- mi 440
tione dixit: "Quid exspectatis, o viri? Quid sustinetis, o homines?
Hoccine ut lugeam vobiscum? Hoccine ut vobiscum lamentem?
Non lugeo" inquit "rei familiaris direptionem. Ablatae namque
10 sunt mihi pariter cum peculio etiam molestiae atque curae. Non
lamento filiorum decessum, transivit enim ab oculis meis tristitia
et dolor. Si enim pariter mecum adviverent super terram, cum
dolore eram cogitaturus quales fuissent, quales profecissent,
qualem finem exspectassent. De istis ergo securus effectus non
15 lamento, non plango quod vos cupitis, non reprehendo quod vos
quaeritis, non blasphemo quod vos vultis. Non ridebit" inquit
"de me diabolus, non gaudebit ut sperat super me inimicus, non
inveniet apud me id quod expectat nequissimus: NUDUS enim 1,21a–b

---

92, 1 ad eos] αὐτοῖς(?): *haec lectio unica est; cf.* Ziegler 214

---

28 capiti suo ob hoc aspersit *tr. so* **32** vero *om. N*
92, 1 ad advenientes *Φ mm* **2** daemonum *Φ mm* | hi] mihi *mi* | ei] eum
so; et *add. Φ mm* **4** lamentabilior] quae vere lamentabilior *add. α* **6** videbantur *N B mi*; videbatur *cett.* **7** sustinetis] idem *add. M (corr.)* **8** lamenter
mm **10** cum peculio pariter *tr. mm* **11** lamentor *so mm* **12** adiuverent
A (ac.) **13** eram] essem *so* **14** ergo] omnibus *add. α* **15** lamentor *so*
mm | vos[2] *iter. sl. T* **16** vos *sl. T* | inquit de *om. so* **18** enim *om. Φ mm*

EXIVI DE UTERO MATRIS MEAE, NUDUS IBO SUB TERRAM. Nihil
habui cum venissem, nihil requiro cum iero. Nihil attuli natus, 20
nihil hinc auferam sublatus. NUDUS EXIVI DE UTERO MATRIS
MEAE, nec peculium nec filios habens neque divitiis vel possibilitatibus indutus, NUDUS ET IBO SUB TERRAM. Quod enim pariter
cum corpore positum fuerit in terra, cum eodem corpore in terra
efficitur terra. Merito NUDUS IBO SUB TERRAM. Nudus" inquit 25
"peculio sed et peccato, nudus divitiis sed et impietatibus, nudus
substantia sed et iniustitia. Sicut enim de carnalibus possibilitatibus universis nudus effectus sum, ita" inquit "et ab omnibus illicitis NUDUS IBO SUB TERRAM. Non comitantur" inquit "mecum
neque malignitas neque iracundia neque superbia neque invidia 30
neque zelus neque cupiditas neque alienarum rerum appetentia
neque contumelia neque calumnia neque violentia neque impudicitia neque lascivia neque ullum ex his quae deo sunt contraria.
Istis namque omnibus NUDUS IBO SUB TERRAM. Non enim sum
talis quales illi de quibus dicitur: *Quia non habuerunt tegumen-* 35
tum, †*inferno*† *vestiti sunt.* NUDUS, inquam, malis omnibus IBO
SUB TERRAM, nudus malis, bonis vero omnibus vestitus, iustitia
indutus, sanctitate circumdatus, caritate ornatus, misericordia ac
bonis operibus coronatus."

---

19 sub terram] ἐκεῖ: *cf.* Cypr., mortal. 10 (CC 3A, 21); Hier., interpr. Iob
(PL 29, 73B); Ziegler 27; 214; Dossey 94; 130; cap. 93, 3 sq. *et* 93, 30; praef. p.
28   **25 sq.** nudus[2] ... peccato] *cf.* Clem. Alexandrin., caten. in Iob 2, 126
(PTS 40, 233)   **35 sq.** Iob 24, 8b (*cf.* praef. p. 31)   **37–39** bonis ... corona-
tus] *cf.* Iob 29, 14

---

22 nec[1]] non *Φ mm*   **24** cum[1]] in *M* (*ac.*) | in terra[2] *N*; terra *M*; terrae *cett.*
25 terram] nudus ibo *add. α Φ mm*   **26** et[1] *om. P* | et[2] *om. N* | nudus[2]] non
P (*ac.*)   **28** ab] ad *B*   **29** inquit **om. N*   **31** neque[3] *sl. A*   **32** neque violentia *iter. P* (*corr.*); *om. B*   **33** contraria sunt *tr. Φ mm* (*cf. cap. 50, 6*)   **34** ita-
que *B* | nudus] nus *N* (*ac.*) | ibo] subo *add. N*   **35** qualis ille *M*   **36** inferno]
in inferno *B*; *num* infernus *pro* πέτρα *accipi posset dubitans crucibus inclusit*
Weber | ibo *ac. lnp. A*; Iob *α*   **37** indutus iustitia vestitus *tr. Φ mm*   **38** ca-
ritate ornatus *om. B*

93. Beati sunt et beati erunt, o gloriose Iob, omnes qui te
imitati fuerint, omnes qui post te potuerint cum fiducia dicere:
NUDUS EXIVI DE UTERO MATRIS MEAE, NUDUS ET IBO IN TER-
RAM, qui etiam cum apostolo possent veraciter dicere: *Nihil intu-*
5 *limus in hunc mundum, verumtamen nec auferre aliquid possumus.*
Vae autem illis qui nudi quidem venerunt, innumeris autem iniustitiis atque impietatibus, crudelitate quoque atque infidelitate
onerati atque praegravati ibunt in terram. Huiusmodi vestientur
calamitate ac miseria in die iusti atque personam non accipientis
10 iudicii dei. NUDUS inquit EXIVI DE UTERO MATRIS MEAE sicut et
omnes homines, sicut et omnis caro, sicut et omnes corruptibiles,
NUDUS ET IBO IN TERRAM. Hoc ipsum namque exspectat omnes,   mi 441
quia idem est introitus omnibus et exitus similis; sive rex sive
famulus sive dives sive egenus sive magnus sive pusillus sive liber
15 sive servus, nudus ibit in terram, necquidquam valens auferre
secum. Nam et hoc ipsum quod corpori mittitur, non auferet
secum; non autem secum illud tollet, quia non sentit, quia non
intelligit, quia terra efficitur, quia in resurrectione non corporis
sepultura, sed animae fides et pietas, misericordia quoque et
20 sinceritas requiritur. NUDUS EXIVI DE UTERO MATRIS MEAE,
NUDUS ET IBO SUB TERRAM; tamquam si diceret: "O viri prudentiae atque sapientiae, quod est mortale hoc indumentum, quae est

---

93, 3sq. in terram] *cf.* lin. 30 *et* cap. 92, 19   4sq. 1 Tim. 6, 7; *cf.* Ps. Chrysost., in Iob sermo 3, 3 (PG 56, 575)   8–10 huiusmodi ... dei] *cf.* Rom. 2,
5 *et* 11   13–16 sive[1] ... secum] *cf.* Apoc. 13, 16   16sq. nam ... secum] *cf.* 1
Tim. 6, 7

93, 1 Iob *sl. P*   2 unitati *P*   3 et nudus *tr. α* | in] sub *V*   4 dicere veraciter
possunt *Φ mm*   9 ac] atque *Φ mm* | persona *B*   10 inquit *om. Φ mm*
sicut ... homines *om. M*   12 exspectat *N*; exspectant *cett.*   13 est] omnes
M (ac.) | sive[1]] enim *add. V*   15 valet *M Φ mm* | auferet *N (ac.)*; auferret
N (pc.)   16 corpori] cum corpore *Φ mm* | immittitur *so* | auferret *B A*
17 non[1] ... 26 arescens *deest N* | autem *om. α*   18 resurrectionem *M*

haec supervacua gloria, quae sunt terrenae haec atque infidae
divitiae, quae hodie sunt et crastina non sunt, quae hodie arrident
istum, crastina vero eunt ad alium? Fumus est deficiens, flos est   25
transiens, herba est arescens, et qui habent illa[s], tamquam non
habeant, quia non diutius habent, et qui non habent illa, tamquam nihil amiserint, quia non permanent⟨ia⟩ relinquunt.
Nudus exivi ex utero matris, corpus habens tantum atque
animam, nudus et ibo sub terram. Sicut veni, ita et ibo, sic⟨ut⟩   30
introivi, ita et exeo, aliena cuncta relinquens, cum corpore vero
solo absque anima transiens. Quae accepi" inquit "habeo, quae
attuli non amisi. Superflua omnia derelinquens nudus ibo
illuc."

94. Illuc inquit. Ubi illuc? Primum "illuc ibo quidem
ubi omnes priores mei ierunt, ubi omnes ab initio; illuc in
terram matrem omnium, in terram omnium domum; *terra
namque est domus omnium mortalium.* Illuc ubi abiit Adam et
omnes qui post eum fuerunt; illuc ubi abiit ille ad quem dictum   5

---

24 hodie[1] ... sunt[2]] *cf.* Matth. 6, 30   25 fumus est deficiens] *cf.* Ps. 101, 4
25 sq. flos ... arescens] *cf.* Is. 40, 8   **26–28** qui ... relinquunt] *cf.* 1 Cor. 7,
29–31   **34** illuc] ἐκεῖ: *cf.* lin. 3 sq. *et* cap. 92, 19
94, 2 sq. in ... domum] *cf.* Sir. 40, 1   **3 sq.** Iob 30, 23 b

---

23 haec[2] *M Φ* (*cf. cap.* 68, 5; *lib. III, cap.* 16, 32; *ThlL VI, 2700, 11 sqq.*); hae
so | infidem *M*   **24** sunt hodie *tr. mm* | crastino *so* | arrident *sl. A* (*man.
alt.*); irrident *α P B A* (*ac.*) *T* (*ac.*) *mm*; rident *sl. A* (*man. tert.*); rident ad
istum *sl. T* (*man. alt.*); rident ad *V*   **25** crastino *so* | vero] die *add. mm*
26 illa *conieci*; illas *codd. edd.*   **27** diutius non *tr. Φ mm* | illa *N*; illas *cett.*
28 admiserint *M Φ* (*ac. V*) | quia] quae *addendum proposuit Primmer*
permanentia *coniecit Weber*; permanent *codd.*; permanenter *mm*
relinquunt *N*; relinquuntur *cett.*   **29** ex *N*; de *cett.* | matris] meae *add. so Φ
mm*   **30** sicut *coniecit Primmer*; sic *N*; *om. cett.*   **31** introivi *om. α Φ mm*
ex eo *so* | alieno *M Φ* | relinquens *ac. Inp. N* | vero *om. Φ mm*   **32** solo] ibo
add. Φ mm | absque *N*; atque *cett.* | transibo *Φ mm*   **33** admisi *M* (*pc.*)
94, 1 ubi] quo *mm* | quidem illuc ibo *tr. α Φ mm*   **2** ubi[1]] ut *B*; quo *mm*
erunt *M* | ubi[2]] quo *mm* | ubi omnes[2] **om. N*   **3** in terram omnium *mg. B*
4 illuc ... fuerunt *om. mi* | ubi] quo *me*   **5** ubi] quo *mm*

est: *Terra es et in terram ibis.* Illo" inquit "ibo nudus, sicut et
nudus veni." Aut adhuc "Illo" inquit "ibo ubi sunt *tabernacula
iustorum,* ubi sunt sanctorum gloriae, ubi est piorum consolatio,
ubi est fidelium requies, ubi est misericordium hereditas, ubi est
10 immaculatorum beatitudo, ubi est veracium laetitia atque exsultatio. ILLUC IBO ubi est lux et vita, ubi est gloria et iucunditas, ubi
est laetitia et exsultatio, unde aufugiet dolor et tristitia et gemitus,
ubi obliviscentur prioris tribulationis hi qui sunt in corpore
super terram. ILLUC IBO ubi est tribulationum depositio, ubi est
15 laborum remuneratio, ubi Abrahae sinus, ubi Isaac proprietas,
ubi Israel familiaritas, ubi sanctorum animae, ubi angelorum
chori, ubi archangelorum voces, ubi spiritus sancti illuminatio,
ubi Christi regnum, ubi aeterni dei patris infecta gloria atque
beatus conspectus. ILLUC" inquit "IBO, illuc perveniam non
20 reprehendens, non maledicens, non blasphemans, non criminans,
sed gratias agens et confitens atque cum gratiarum actionibus
dicens: **DOMINUS DEDIT ET DOMINUS ABSTULIT, SICUT DOMI-**   1, 21c–d
NO PLACUIT ITA FACTUM EST. Non ero" inquit "ingratus, non
ero fidifragus sicut tu, adversari; non reddam malum pro bono
25 sicut tu, infelix diabole; sed confiteor quia DOMINUS DEDIT ET

---

6 Gen. 3, 19   7 sq. Ps. 117, 15   12 unde ... gemitus] *cf.* Apoc. 21, 4
15 Abrahae sinus] *cf.* Luc. 16, 22 | Isaac proprietas] *cf.* Gal. 4, 28   16 Israel
familiaritas] *cf.* Hier. 31, 33   17 archangelorum voces] *cf.* 1 Thess. 4, 16
19 beatus conspectus] *cf.* Matth. 5, 8; Apoc. 22, 4   24 non ... bono] *cf.* Prov.
17, 13

---

6 nudus ... veni *post* ibo *(lin. 7) iter. P*   8 ubi² ... consolatio *N; post* requies
(lin. 9) tr. cett.   9 misericordiarum *N so* | est³ *om. A*   10 et *A (ac.) T (ac.) V
mm*   11 ubi est²] est ubi *tr. V* | ubi³ ... exsultatio *om. N*   12 exsultatio] vel
add. Φ mm | aufugit *mm* | et² *om. mm*   13 priores tribulationes *Φ mm*
hae quae *mm*   15 remuneratio laborum *tr. A (ac.) mm*   16 familiaris *mi*
17 ubi²] ibi *N (ac.)*   18 referta *P (pc.)*   19 beatus conspectus *A (ac.) T (pc.) V;*
beatum conspectum *cett.*   22 et *om. α Φ mm*   24 fidifragus *N;* infidus
grafus *M;* fideifragus *so;* infidigraphus *cett.;* id est haereticus *add. sl. P (cf.
praef. p. 35)* | adversarie *mm*   25 confitear *Φ me* | et *om. Φ mm*

mi 442 DOMINUS ABSTULIT; SICUT DOMINO PLACUIT ITA FACTUM EST.
Lamentabiles" inquit "ad me misisti nuntios, o diabole, et noxios
atque immisericordes tuae nequitiae legatos, per quos me crudelibus tuae iniquitatis sagittasti sagittis, quas ego" inquit "omnes
identidem in te convertam, crudeliora efficiens tibi in spiritu   30
vulnera quam tu mihi in corpore. DOMINUS, inquam, DEDIT ET
DOMINUS ABSTULIT; SICUT DOMINO PLACUIT ITA FACTUM EST."

95. Hoc fuit diabolo vulnus, haec fuit afflictio et dolor,
tribulatio quoque et angustia quia, cum putat et vult blasphemiam audire a Iob et reprehensionem ac maledictum in deo,
confessionem atque gratiarum actionem audivit. Hoc factum est
illi ignis devorans, hoc factum est ei incendium puniens, quia hoc   5
audivit quod non sperabat: DOMINUS DEDIT ET DOMINUS ABSTU-
1, 21e   LIT; SICUT DOMINO PLACUIT ITA FACTUM EST; **SIT NOMEN
DOMINI BENEDICTUM IN SAECULA.** Non enim tantum tetigerunt Iob lamentabiles istae diaboli sagittae, quantum vulnera-
verunt illum sincerae eius gratiarum actiones. "DOMINUS DEDIT   10
ET DOMINUS ABSTULIT. Quando voluit" inquit "dedit ut bonus,
et quando voluit identidem, ut habens potestatem abstulit. DOMI-
NUS DEDIT ET DOMINUS ABSTULIT. Dedit" inquit "ut innotescat
quam fidelis sim, quam pie dispensem, quam misericorditer
distribuam; abstulit autem ut appareat quomodo gratias agam,   15

95, 8 saecula] εἰς τοὺς αἰῶνας *add.* cod. Alexandrin.; *cf.* Ziegler 214; Dossey
130   9 diaboli sagittae] *cf.* Eph. 6, 16

---

26 ita] domino *add. P* | est] sit nomen domini benedictum *add. Φ mm*
28 misericordes *B* (*ac.*)   **29** sagittasti] sagittati *P* (*ac.*)   **30** crudelior afficiens
M | spiritum *N M V*   **31** quam ... corpore *om. Φ mm* | dedit et dominus]
dominus dedit *V* | et *om. Φ mm*
95, 1 haec] hoc *M Φ mm* | fuit²] diabolo *add. Φ mm*   **2** et¹ *N*; *om. P*; atque
cett. | cum putat] computat *P*   **3** in] a *P* (*ac.*) | deum *mi*   **4** auctionem *P*
5 ei] illi *Φ mm* | puniens *N*; perveniens *α Φ* (*ac. V*); perveheniens *V* (*pc.*);
perurens *mm*   **6** et *om. B*   **7** deo *B*   **8** enim *om. B*   **9** diaboli *sl. N*
10 illum] eum *mm* | sinceres *α Φ me*   **11** et *om. α P*   **12** habens] benedic-
tus *B*   **13** dedit²] dominus *B*   **14** sum *A* (*ac.*)

quomodo confitear, quomodo adorem, plus nunc rebus sublatis
quam pridem datis. DOMINUS DEDIT ET DOMINUS ABSTULIT.
Dedit sua et item abstulit sua. Ego" inquit "nihil amisi, nullum
passus sum detrimentum. Merito, postquam usus sum, reddidi,
20 mutuanti mihi eas gratias egi: DOMINUS DEDIT ET DOMINUS
ABSTULIT, SICUT DOMINO PLACUIT ITA FACTUM EST." Quid
dicis, o beate Iob? Dominus vere dedit, sed non vere dominus
abstulit, sed abstulit omnium inimicus et nequissimus adversarius
atque invidus diabolus; dominus dedit sed adversarius abstulit;
25 dominus dedit et iniquus refuga abstulit. Porro si diabolus abstulit, quomodo dicit Iob quod dominus abstulerit? Ignorans atque
suspicione dicit. Putabat enim atque arbitrabatur quod dominus
abstulerit, et nesciebat quod diabolus abstulit concedente atque
permittente domino. Merito dicit: DOMINUS DEDIT, DOMINUS
30 ABSTULIT; SICUT DOMINO PLACUIT ITA FACTUM EST.

96. Haec namque fuit illa vere magna Iob constantia, quod
nesciens quia diabolus abstulit, putabat quod dominus abstulerit,
et hoc putans domino quasi auferenti gratias egit: DOMINUS
inquit DEDIT ET DOMINUS ABSTULIT; SICUT DOMINO PLACUIT
5 ITA FACTUM EST; SIT NOMEN DOMINI BENEDICTUM IN SAECULA.
Si enim scisset Iob, quod adversum diabolum habebat et quia
diabolus cum illo hoc bellum faciebat et quia malignus inimicus
rem familiarem et filios ei abstulerat, profecto quod omnino ad
nihilum ipsas temptationes deduceret, et in derisionem illum

---

16 confiteat P (ac.)   17 prius A   18 suam ... suam M | iterum Φ mm
19 sum passus tr. so | usus] aversus α | sum²] et add. α | reddidit M
20 mihi mutuanti tr. so | ea mi | ago α; agens Φ mm   21 domino] dominus
V (ac.) | est] sit nomen domini benedictum add. Φ mm   22 dominus vere
tr. Φ mm   23 sed abstulit om. B   24 invidus] nudus B | dominus ... abstulit
om. N   25 iniquus N; inimicus cett. | si] ea add. α Φ mm | abstulit² om. so
26 ignorans ... 28 abstulerit om. P   27 suspicione N; per suspicionem cett.
putat N (ac.) | arbitratur N (ac.)   28 domino atque permittente tr. Φ mm
29 merito om. mi; ergo add. Φ mm | dicit] Iob add. mi
96, 1 magna vere tr. so | constantiam M   3 agit M   6 sciret so | adversum]
Iob add. P (exp.)   8 quod N (cf. cap. 48, 2; 48, 12; 48, 14); et α (sl. M); om. cett.

habens evidenter caput eius conculcaret; sed re vera non ad tam 10
magnam illi reputaretur victoriam, quia evidenter adversus inimi-
mi 443   cum habebat et aperte adversus apertum hostem stabat. Nunc
vero inimicus quidem obcelavit se diabolus, cum istos ei inferret
labores, clementissimus autem dominus in suspicione erat et
incusabatur his omnibus. Nam cum diceret diabolus: *Ignis cecidit* 15
de caelo et *subito spiritus venit ab eremo*, deum incusabat istis
doloribus. Similiter cum audisset Iob quod *ignis cecidit de caelo et*
combussit oves et quia *spiritus veniens ab eremo* ruina occiderit eius
filios, quid aliud suspicari poterat nisi quod deus illi ipsos dolores
caelitus immisisset? Ob hoc ergo praesertim magnificatur Iob 20
quia, cum deum suspicatur in istis plagis ac doloribus, suscepit
eos cum constantia atque gratiarum actionibus et non dixit:
"Quid peccavi circa te, ut talia patiar ex te?", sed cum ab inimico
percuteretur atque doloribus afficeretur, dominum in istis doloribus suspicabatur et gratias agebat percutienti se atque doloribus 25
afficienti dicens: DOMINUS DEDIT ET DOMINUS ABSTULIT; SICUT
DOMINO PLACUIT ITA FACTUM EST; SIT NOMEN DOMINI BENE-
DICTUM IN SAECULA.

97. Haec itaque universa atque pluriora ad praestolantes sibi
nequissimi nuntios beatus Iob locutus est et per illos ad ipsum
diabolum qui eos miserat, qui stabant ante eum tristes ac flentes,
sicut finxerant, omnemque miseriam ostendentes ac depromen-

---

10 caput eius conculcaret] *cf.* Gen. 3, 15; Rom. 16, 20   **15sq.** Iob 1, 16b
16 Iob 1, 19a   **17sq.** Iob 1, 16a   **18** Iob 1, 19b

---

10 caput ... evidenter *om. Φ mm*   12 haberet *so Φ*; resisteret *mm* | staret *so*
Φ mm   13 inimicus *mg. B* | occuluit *so*; hoc celavit *Φ mm* | se] sed *M*
15 ignis ... 17 quod *om. B*   16 venit spiritus *tr. P*   18 venit *Φ mm* | eremo]
et *add. Φ mm* | occidit *Φ mm*   19 filios *om. M* | suspicare *M Φ* | illa *M*
21 deum *N*; deo *M*; de deo *so*; deus *cett.*   22 eos *om. β mm* | actionibus ... 25
agebat *partim laesus est M*   23 contra *M (ac.)* | ex] a *so*   24 doloribus²] *suis
add. N   26 et *om. B*
97, 1 sibi *om. so*   3 eos] eum *M* | miserant *N*; miserunt *M* | stabat *M*

5   tes, quo facile beatum Iob ad blasphemiam provocassent. Ad
     quos plurima etiam alia locutus Iob dixit: "Cur tristes estis, o
     homines? Ob quam causam eiulatis, o viri? Ne forte hoc vos
     contristat, quia ego deo gratias ago? Ne forte hoc vobis molestum
     est, quod ego danti ea confessionem do et auferenti ea invocatio-
10   nem emitto? Non me homo multavit, sed deus de caelis; quae
     mihi dedit, diverse abstulit, sicut vos dicitis quod ignis de caelo
     ceciderit. Si ergo non homo mihi damnum ingessit, sed deus
     quando voluit dedit et item quando voluit abstulit, gratias ei qui
     dedit et gratias identidem ei qui abstulit. Sua dedit et item sua
15   abstulit. Et ego" ait "nihil amisi. Nam ex utero materno nudus
     veniens nihil habui. Qui habuit dedit mihi, mutuatus est utenti
     mihi, abstulit quae sua sunt, nihil perdidi, sed gratias ago mutu-
     anti usus his quae data sunt mihi, et confiteor largitori dicens:
     DOMINUS DEDIT ET DOMINUS ABSTULIT; SICUT DOMINO PLA-
20   CUIT ITA FACTUM EST. Placuit antea ut daret, placuit nunc ut
     rursus auferret. SICUT DOMINO PLACUIT ITA FACTUM EST. Omne
     quod deo placuerit bonum est, omne quod domino placuerit
     iustum est. Placuit illi ut daret, bene placuit; placuit illi identi-
     dem ut auferret, iuste placuit. SICUT DOMINO PLACUIT ITA FAC-
25   TUM EST. Quamdiu placuit illi habuimus, quamdiu placuit ei non
     habemus. SICUT DOMINO PLACUIT ITA FACTUM EST. Quando
     habuimus, non propria nostra habuimus sed domini, et cum
     perderemus omnia, non propria perdidimus, sed abstulit quae sua

---

15 sq. ex ... veniens] *cf.* Iob 1, 21a

---

5 quo *N*; quod *α*; ut *cett.* | provocarent *Φ mm*   **6** etiam] et *Φ mm*   **8** vo-
biscum *N*   **9** quo *M* | do] deo *M P*   **10** quae] qui *mm*   **11** diverse *N*; *di-
versa *cett.* | sicut] et *add. Φ mm* | ceciderit de caelo *tr. B*   **14** identidem]
idem pridem *A*   **16** mutuatus est] mutuavit *mm* | utenti] evertenti *M*;
intenti *V*   **17** perdidit *P (ac.)*   **19** et *om. B*   **20** placuit[1] ... est *om. P*
24 placuit domino *tr. P A T V*   **25** placuit illi *α (sl. M)*; illi placuit *tr. Φ*
mm | illi *om. N* | quamdiu[2]] quando *so Φ mm*; non *add. so* | ei *om. B*
27 propria] propterea *mi*

erant dominus. Sɪᴄᴜᴛ ᴅᴏᴍɪɴᴏ ᴘʟᴀᴄᴜɪᴛ ɪᴛᴀ ꜰᴀᴄᴛᴜᴍ ᴇꜱᴛ, sicut
mi 444 dominus voluit, Sɪᴄᴜᴛ ᴅᴏᴍɪɴᴏ ᴘʟᴀᴄᴜɪᴛ; omne quod vult domi-   30
nus, vita est, lux est, requies est, aeterna beatitudo est, *vita* enim
in voluntate eius et ira in indignatione eius."

98. Quodcumque ergo placuerit domino, sive percutere sive
multare sive ditare sive pauperem facere sive arguere sive corri-
pere, omnia beatitudo est incorruptibilis atque indeficiens. *Beatus*
inquit *homo quem tu erudieris, domine.* Sɪᴄᴜᴛ ᴅᴏᴍɪɴᴏ ᴘʟᴀᴄᴜɪᴛ
ɪᴛᴀ ꜰᴀᴄᴛᴜᴍ ᴇꜱᴛ; ꜱɪᴛ ɴᴏᴍᴇɴ ᴅᴏᴍɪɴɪ ʙᴇɴᴇᴅɪᴄᴛᴜᴍ ɪɴ ꜱᴀᴇᴄᴜʟᴀ: 5
sic oportet omnes Christianos atque omnes credentes et dicere et
facere et cogitare in omnibus, quae eos circumdederint atque eis
occurrerint, sive pecunias perdant, sive filii auferantur, sive paupertas incumbat, sive infirmitas immittatur. Dicant in his omnibus cum sinceritate: Sɪᴄᴜᴛ ᴅᴏᴍɪɴᴏ ᴘʟᴀᴄᴜɪᴛ ɪᴛᴀ ꜰᴀᴄᴛᴜᴍ ᴇꜱᴛ;   10
ꜱɪᴛ ɴᴏᴍᴇɴ ᴅᴏᴍɪɴɪ ʙᴇɴᴇᴅɪᴄᴛᴜᴍ ɪɴ ꜱᴀᴇᴄᴜʟᴀ. "Nᴏᴍᴇɴ ᴅᴏᴍɪɴɪ" inquit "propter quod cuncta sustineo atque suffero, propter quod omnibus quae mihi obvenerunt superior exsisto. Sɪᴛ
ɴᴏᴍᴇɴ ᴅᴏᴍɪɴɪ ʙᴇɴᴇᴅɪᴄᴛᴜᴍ ɪɴ ꜱᴀᴇᴄᴜʟᴀ, Nᴏᴍᴇɴ ᴅᴏᴍɪɴɪ
quod caelos mirabiliter extendit, quod terram firmiter fundavit,   15
quod abyssos terribiliter signavit. Sɪᴛ ɴᴏᴍᴇɴ ᴅᴏᴍɪɴɪ ʙᴇɴᴇᴅɪᴄᴛᴜᴍ ɪɴ ꜱᴀᴇᴄᴜʟᴀ, quod praeterita, praesentia et futura, corruptibilia atque incorruptibilia, terrena atque caelestia cuncta suaviter

---

31sq. Ps. 29, 6
98, 1–3 quodcumque ... corripere] *cf.* Deut. 32, 39; 1 Reg. 2, 7   3sq. Ps. 93,
12   15 caelos ... fundavit] *cf.* Is. 42, 5; 51, 13   16 abyssos terribiliter signa-
vit] *cf.* Apoc. 20, 3

---

32 voluntatem *M* | eius¹] est *add. β (pc. A) mm*; est *praem. P A (ac.)* | et ...
eius *delendum putavit Primmer* | indignatio *V (ac.)*
98, 1 ergo] domino *add. B* | placuit *mm*   3 indesinens *mm*   6 et¹ *om. B*
mm   9 immittatur *N mm*; initatur *α*; innitatur *cett.*   11 nomen² ... 14
saecula *om. B*   12 cuncta] omnia *mm*   13 quod *N (sl.) P (sl.)*   15 mirabili-
ter caelos *tr. T V mm* | ostendit *P*   16 sit ... 19 ordinavit *om. Φ mm*
17 quod *om. α* | praeterita *N*; *om. α*   18 atque¹] et *so* | cuncta suaviter
ordinavit *om. α*

*ordinavit. SIT NOMEN DOMINI BENEDICTUM IN SAECULA; quod
20 cum vidissent leones in Daniele, in agnos mutati sunt, quod cum
flamma ignis agnovisset in Anania et Azaria et Misaele, foris a
fornace fugit atque eos qui extra fornacem erant combussit,
utpote non habentes in se nomen sanctum dei, illis autem qui
intra fornacem erant non appropinquavit, quia terribile nomen
25 domini in illis conspexit. Hoc etiam et cetus cum videret in Iona,
obstupuit atque illaesum eum quem de navi susceperat reddidit,
intaminatum remisit quem vivum suscepit. Hoc, inquam,
NOMEN DOMINI SIT BENEDICTUM IN SAECULA; hoc nomen quod
pauci ex prioribus agnoverunt, posteriores vero omnes suscepe-
30 runt; hoc nomen quod dicunt sancti ex persona dei: *Vobis qui
timetis nomen meum, cognominabitur nomen novum quod benedicetur super terram*; et adhuc: *Non est nomen aliud sub caelo datum
hominibus in quo oportet nos salvos fieri.* Hoc, inquam, NOMEN
DOMINI SIT BENEDICTUM IN SAECULA, quod iram avertit, quod
35 maledictum abstulit atque remisit, quod daemones terruit. Hoc
NOMEN DOMINI SIT BENEDICTUM IN SAECULA. Sit benedictum in
angelis et in omnibus caelestibus virtutibus, in spiritibus atque in
omnibus iustorum animabus, in gentibus et in omnibus fidelium
congregationibus."
      99. SIT NOMEN DOMINI BENEDICTUM. Quousque aut quam-
diu SIT BENEDICTUM? "IN SAECULA" inquit "in finem praesentis

---

20 leones ... sunt] *cf.* Dan. 6, 22   20–25 cum² ... conspexit] *cf.* Dan. 3, 1–97
25–27 cetus ... suscepit] *cf.* Ion. 1sq.   30–32 Mal. 4, 2 + Is. 65, 15sq.; *cf.* Is.
62, 2   **32sq.** Act. 4, 12

---

19 ordinavit *conieci*; ordinans *N*   **20** agnos *so mm*; agnis *cett.* | immutati *α*
Φ(*ac. B*) *mm*   **21** agnovissent *M*; innovisset *P* | foras *Φ mm*   **23** sanctum
nomen *tr. α P A T V mm* | dei *N*; domini *cett.*   **27** incontaminatum *N*(*pc.*)
so   **28** sit *om. mi*   **30** nomen] est *add. so* | quod *N*; de quo *cett.*   **31** novum
nomen *tr. Φ mm* | benedicunt *B*   **33** oportet *N*; oporteat *cett.* | salvos nos
tr. α P B A T   **37** omnibus *N*; hominibus in *cett.*
99, 1 benedictum] bene tectum *M* (*ac.*); in saecula *add. P* | aut] ait *Ψ*   **2** fine
N (*sed cf. lin. 9*)

saeculi et in initio infiniti illius saeculi. SIT" inquit "NOMEN
DOMINI BENEDICTUM IN SAECULA in animabus castorum, in
cordibus pudicorum, in mentibus religiosorum, in ecclesia sanc- 5
torum, in verissimorum constantiis in tolerantia sincerissimorum
dei famulorum. SIT NOMEN DOMINI BENEDICTUM non in tempore dimenso atque statuto, sed IN SAECULA. IN SAECULA" inquit
"sive in praesenti saeculo usque in finem, sive in futuro saeculo
mi 445 illo infinito atque indeficienti. SIT NOMEN DOMINI BENEDICTUM 10
IN SAECULA. Circumcisio" inquit "ad tempus fuit, lex usque ad
plenitudinem temporis fuit. Postquam *venit plenitudo temporis,*
misit deus filium suum qui legem implevit et gratiam demonstravit
et nomen illud benedictionis impertiens cunctis in perpetuo
tradidit gentibus. SIT NOMEN DOMINI BENEDICTUM IN SAECULA. 15
NOMEN DOMINI" ait "boni, misericordis, patientis, benigni, clementissimi; SIT NOMEN DOMINI BENEDICTUM, qui benedictionem seminavit, produxit atque ostendit. SIT NOMEN DOMINI
BENEDICTUM IN SAECULA, qui cuncta bene perfecit, qui cunctis
curam bene impertit atque bene universis providet, qui bene" 20
inquit "mihi magnam patientiam atque tolerantiam condonavit,
ut *tamquam aurum in fornace probatus* perspicuae fidei, tolerantiae quoque atque patientiae formam cunctis subsequenter ostendam, iustus comprobatus, electus demonstratus atque probabilis
ostensus non domino qui est praescius, sed hominibus in mundo 25

12sq. Gal. 4, 4 + Rom. 13, 8　　22 Sap. 3, 6

---

3 saeculi[1] *om.* Φ *mm* | in *om.* α | finiti *so* | illius *om. so*　　4 in saecula *om.* β
mm　　5 pudicorum *N*; *piorum *cett.* | in ecclesia sanctorum *om.* β　　6 veris-
simorum *fortasse corruptum* | verissimorum ... sincerissimorum] congrega-
tione verissimorum Φ *mm*　　8 dimerso *B*　　9 fine *N* | saeculo[2] *om. B*
10 illo *om. P*　　11 inquit *om. B*　　14 impartientes *B* | perpetuum *P*　　15 gen-
tibus (petentibus *mm*) tradidit *tr.* α Φ *mm*　　16 clementissimi *iter. B*　　19 in
saecula *N*; *om. cett.* | perficit bene *so* | perfecit *N (pc.)*; fecit *N (ac.)*; *perficit
cett. | cunctis ... bene[2]] cuncta bona Φ *mm*　　20 bene curam *tr.* α　　23 osten-
dit *so*

ignorantibus." Nam praescius dominus etiam ante passionis initium tolerantiae sciebat exitum. Merito et testimonium perhibuit, quia ob hoc ipsam temptationem permisit, ut his qui in
mundo sunt comprobaretur iustus. Pro his ergo omnibus SIT
30 NOMEN DOMINI BENEDICTUM IN SAECULA. Haec audientes subsequenter etiam sancti prophetae a beato Iob edocti dixerunt: *Sit
nomen domini benedictum ex hoc nunc et usque in saecula.* Sicut
enim mirabilis Iob, cum dolores sustineret, [et] nomen domini
benedixit, ita et beati prophetae persecutiones ac dolores susti-
35 nentes terribile illud nomen domini benedixerunt.

   100. Post quae universa, velut victoriae titulum, gloriae ac
laudis atque honoris illi statuens, magnus ille Moyses scribit ac
dicit: IN HIS OMNIBUS QUAE EI ACCIDERUNT NON PECCAVIT   1, 22a–b
IOB, NEQUE IN CONSPECTU DOMINI NEQUE IN LABIIS SUIS. "IN
5 HIS OMNIBUS" inquit "tam plurimis, tam magnis, tam periculosis
tamque terribilibus ac vehementissimis, in omnibus primis ac
novissimis, maioribus ac minoribus, quae fuerunt ante plagam et
quae post plagam, in omnibus mirabilibus ac lamentabilibus,
gravibus quoque et mentem perturbantibus, animam comminu-
10 entibus, praecordia perterrentibus; IN HIS OMNIBUS." Nam nisi
essent plurima et magna atque terribilia, non utique dixisset: IN
OMNIBUS HIS QUAE EI ACCIDERUNT, tamquam si diceret: "Quis
regum a saeculo tanta peregit bella, o viri, quis ab initio proce-

---

31 sq. Ps. 112, 2
100, 3 sq. non ... suis] οὐχ ἥμαρτεν Ιωβ οὐδὲν ἔναντι τοῦ κυρίου οὐδὲ ἐν τοῖς
χείλεσιν αὐτοῦ: *cf.* cod. Alexandrin.

---

26 passionem *M* (*ac.*)   27 et *om. mm*   28 quia] qui *Φ mm* | iis *so*   29 com-
probetur *B*   32 saeculum *Φ mm*   33 dolore *N* | et *om. mm*   34 ac] et *mi*
35 terribiles *mm* | illud *om. Φ mm*
100, 3 his] ergo *add. Φ mm*   7 et ... plagam *om. Φ mm*   8 miserabilibus
mi | ac lamentabilibus *om. mi*   9 mente *so* | animam comminuentibus *om.*
mi   10 praeterrentibus *A* (*ac.*) | nam ... 12 his *om. B* | nisi] si *A* (*ac.*) *T*
11 dixisset] dixit quae *M* (*ac.*)   12 his omnibus *tr. α P A T V mm* (*cf. lin.*
23 sq. al.) | acciderunt ei *tr. A* (*ac.*)   13 talia bella peregit *Φ mm*

rum huiuscemodi perfecit victoriam, o homines, quemadmodum admirabilis Iob, qui percussus est et non est interfectus, sagittatus 15 est et non est vulneratus, doloribus est affectus et non est deiectus, suffossus est et non est subversus, miseriis est afflictus et non est comminutus? Solus super omnes antiquos ac posteros immobili gratificentiae ac tolerantiae scuto se circumdans, solusque adversus innumeros stans, insuperabilis perseveravit, atque solus de 20 multitudine iniquorum victoriam sumpsit." Hoc nimirum scribens ac proferens Moyses et tamquam perpetem titulum in formam tolerantiae his, qui in mundo sunt, statuens dicit: "IN OM-NIBUS HIS QUAE EI ACCIDERUNT NIHIL PECCAVIT IOB. Acciderunt ei divitiae et gloria, sed nihil peccavit; non est enim elatus 25 in superbia. Accidit ei splendor ac laetitia, sed nequidquam peccavit; non enim oblitus est timorem dei, neque dereliquit misericordiam ac miserationem. Post haec videlicet accidit ei paupertas ac miseria, sed NIHIL PECCAVIT IOB quia non blasphemavit omnium dominantem. Accidit ei dolor et plaga et vermes et putredo, 30 sed nihil peccavit iustus ille. Nam cum gratiarum actionibus vehementes illos sustinuit dolores."

101. Veraciter ergo scribit magnus ille Moyses de Iob et veraciter dicit: IN OMNIBUS HIS QUAE EI ACCIDERUNT NIHIL PECCAVIT IOB, NEQUE IN CONSPECTU DOMINI NEQUE IN LABIIS SUIS. Quid est quod dicis, o magne Moyses, quid est quod loqueris NEQUE IN CONSPECTU DOMINI NEQUE IN LABIIS SUIS? "Ego" 5

mi 446

15–18 percussus ... comminutus] *cf.* 2 Cor. 4, 8 sq.   **25 sq.** non ... superbia] *cf.* 1 Tim. 3, 6

---

14 huiusmodi *mm* | victoria *Ψ B*   **15** quis *V*   **17** est[1] *om. N M Φ* | et[1]] sed *Ψ*   **18** comminatus *N M*; contaminatus *so* | immobilis *Φ mm*   **19** et *mm* se circumdans] circum sedans *M*   **20** innumerus *M* | perseveraverit *B* **21** haec *V*   **22** perpetim *M*   **23** iis *mi*   **24** his *om. Φ mm*   **25** non ... peccavit *om. P* | enim est *tr. so β mm*   **26** superbiam *Φ mm* | ei] enim *me* | ac] et *mm*   **27** est oblitus *tr. Φ mm* | domini *Φ mm*   **32** illos *om. V* **101, 2** his *om. mm*   **4** dicit *so*

inquit "absque mendacio loquor et iuste loquor. In conspectu
enim domini non peccavit, hoc est in animae consiliis, neque in
cogitationibus neque in tractationibus cordis. His enim observat
et ista respicit facies domini, quae in corde cogitantur atque trac-
10 tantur, iuxta hoc quod dictum est: *Non sicut videt homo, videt
deus, sed homo videt in facie, deus autem videt in corde* et in cogitationibus atque in ipsius cordis consiliis videt." Istas scilicet cordis
cogitationes, consilia quoque atque tractatus designans dicit:
NEQUE IN CONSPECTU DOMINI. Verba autem et eloquia demon-
15 strans dicit: NEQUE IN LABIIS SUIS, ac si diceret: "Omnia quae
provenerunt ei, ita sustinuit Iob et ita supportavit, ut nec in
verbis labiorum blasphemaret deum, neque in cordis cogitationibus reprehenderet, neque in animae consiliis culparet." Quomodo malum cogitaturus erat Iob in corde suo adversus deum,
20 qui pro filiorum suorum cordibus curam gerens dixit: *Ne forte
filii mei in cordibus suis mali aliquid cogitaverint adversus deum?*
NON PECCAVIT ergo IN CONSPECTU DOMINI corde male cogi-
tando, NEQUE IN LABIIS SUIS illicita loquendo. Super haec autem
omnia NON DEDIT inquit INSIPIENTIAM DEO. Quid est quod   1, 22c
25 dicit: NON DEDIT INSIPIENTIAM DEO? Ac si diceret: "Non exstitit
infidelis deo, non exstitit infirmus neque instabilis neque perfidus
neque commotus." NON DEDIT INSIPIENTIAM DEO; non enim
fuit quemadmodum domus illa, quae super arenam est fabricata,
quae non habuit fundamentum, hoc est fidei ac pietatis firma-

---

10 sq. 1 Reg. 16, 7   20 sq. Iob 1, 5e   28–30 domus ... cecidit] *cf.* Matth. 7,
26 sq.

---

7 domini enim *tr.* M   10 homo videt *tr.* α   11 facie] et in verbo *add.* α; et
non in corde *add.* Φ *mm* | autem *om.* N | videt[2] *mg.* N | corde] et in facie
add. Φ *mm*   12 ipsis Φ *mm* | videt N M; *om. cett.*   15 dicit *om. mm*; neque
in labiis suis *add.* V | neque] inquit *add.* α Φ *mm*   18 neque *om.* B | animis
M (*ac.*)   20 suorum *om. mm*   22 ergo] inquit Φ *mm*; Iob *add. so*   23 autem
ante haec *tr. so*; *om.* Φ *mm*; aut *add.* M (*exp.*)   24 inquit *sl.* N | quid ... deo
om. B   27 commotus] est *add. so*   28 super *om. so* | arena α   29 ac] et *mm*

mentum, quae facile ventis et aquis commota cecidit. Sed non 30
fuit talis beatus Iob, sed firmus, stabilis atque immobilis fuit.
Idcirco omnis impetus nequissimi et omnis inundatio diaboli
subvertere vel deicere immobilem illum non potuerunt. Hoc
itaque demonstrans dicit: NON DEDIT INSIPIENTIAM DEO.
    102. Sicut diximus, non exstitit infidelis deo neque fidifra-
gus neque ingratus. Aut adhuc NON DEDIT inquit INSIPIENTIAM
mi 447 DEO, ac si diceret: "Non fecit sermones dei neque testimonia eius
infidelia neque supervacua neque mendacia." Quae verba dei vel
quae testimonia? Ea quae ad diabolum locutus est testimonium 5
perhibendo Iob, non fecit ea infirma vel supervacua succum-
bendo atque detrahendo, sed fidelia illa atque firma fecit cum
gratiarum actione cuncta sibi accidentia sufferendo. Merito ergo
dicit: NON DEDIT INSIPIENTIAM DEO, non exstiterunt testimonia
dei de illo infirma neque mendacia per illum, sed fidelia ac firma 10
atque vera. Non enim dedit ullam occasionem vel suspicionem
infidelitatis deo. Non necesse habuit deus confundi de his, quae
velut fideli testimonium perhibuit illi. Nam cum esset firmus ac
fidelis, NON DEDIT INSIPIENTIAM DEO, hoc est infidelitatem deo.
Quod autem erubescat deus de infidelibus atque infirmis, ipse 15
dominus ostendit dicens: *Qui erubuerit me, confundet hunc filius
hominis cum venerit in maiestate sua.* Deus ergo attestabatur fidei
Iob; diabolus vero attestabatur infidelitati. Deus testificabatur,

---

102, 1 sicut diximus] *cf.* cap. 94, 23   13 testimonium perhibuit] *cf. e.g.* cap.
54, 20sq.   16sq. Luc. 9, 26; *cf.* cod. Brixianus (PL 12, 580)

---

33 immobilem ... potuerunt] *non potuerunt immobilem N
102, 1 fidifragus *N*; fidigrafus *M*; fideifrageus *so*; infidigraphus *cett.* (*cf. praef.
p. 35*)   2 inquit non dedit *tr. mm*   5 testimonia *so*   6 ea *om. B*; eam *A*
8 sufferendo *N*; *post* actione *tr. Φ mm*; *om. α*   10 neque ... firma *om. N*
firma] infirma *so*   11 vera] aërea *N so*; aëra *M* | enim *om. Φ mm*   12 con-
fundere *P* | quae] per *praem. Φ mm*   13 fidei *so*; fidele *P* | et *mm*
14 hoc ... deo *om. so*   15 de *om. mm*   16 filium *M*   17 ergo] vero *β mm*

quod non propter pecuniam sed propter dilectionem coluerit
20 Iob; diabolus vero confirmabat, quod non propter dilectionem
colebat illum Iob sed propter substantiam. Postquam vero omnia
ei auferret diabolus, et rem familiarem et filios, et in eisdem gratiarum actionibus permaneret Iob circa deum, tunc nihilominus
apparuit, quod non propter pecuniam sed propter dilectionem   mi 448
25 serviebat deo, tunc scilicet testimonium diaboli infirmum atque
mendax factum, dei vero testimonium fidele ac verum probatum
est. Haec sane universa uno verbo ostendens atque perstringens
dicit: IN OMNIBUS HIS QUAE EI ACCIDERUNT NIHIL PECCAVIT
IOB, NEQUE IN CONSPECTU DOMINI NEQUE IN LABIIS SUIS, ET
30 NON DEDIT INSIPIENTIAM DEO. Studeamus etiam nos, o viri,
studeamus omni virtute nostra, o amici, ut non demus infidelitatem deo, ut non exsistamus ei infideles neque in verbis neque in
factis neque in cogitationibus neque in consiliis neque in fide
neque in pietate neque in tribulationibus neque in deliciis neque
35 in gloria neque in paupertate, sed haec universa cum patientia
transeamus atque cum gratiarum actionibus sustineamus, ut in
omni vita nostra fideles deo et firmi in fide ac pietate reperiamur
ad instar beati Iob, QUI IN OMNIBUS, QUAE EI ACCIDERUNT,
fidelis permansit coram deo. Et fidelia ostendunt de se omnia eius
40 testimonia, qui primus hominum post Abel atque Abraham his
qui in mundo sunt bonorum dereliquit formam, qui nominatur
ac magnificatur inter homines in perpetuo, qui requiescit cum

---

19 coluerit] illum *add.* *Φ mm*   **20** dilectionem *om.* M   **21** illum *sl.* P
22 auferret *N*; abstulit auferret *M*; abstulit *cett.*   **23** Iob **om.* N   **25** ac *mm*
26 factum] est *add. mi* | verum ac fidele *tr. mm*   **27** uni *M*   **28** his omnibus
tr. α Φ mm (sed cf. cap. 100, 23sq. et al.) | acciderint *N*   **30** nos etiam *tr.* B
nos *om. mm; sl.* P   **33** neque in fide *post* infideles *tr. Φ mm*   **34** neque[1] *iter.*
P (corr.) | in[1] *om.* P | impietate *P A T V mm*   **35** gloriam *P* | universa]
omnia *V*   **36** neque *B* | sustinemus *B*   **38** quia *B*   **39** ostendit *mi* | omnia
post fidelia *tr. Φ mm* | testimonia eius *tr. M Φ mm*   **41** deliquit *M* | nomi-
nantur *B*   **42** atque *Φ mm* | magnificantur *B* | *perpetuum *N so*

angelorum choris in gloria incorruptibili in infinita saecula. Qua
requie etiam nos omnes dignos habeat misericordia domini.

mi 447

LIBER SECUNDUS

   1. Sicut pulcherrimi solis radii delectabiles sunt ad videndum omni homini illibatos oculos habenti, ita et admirabilis
beati Iob passio desiderabilis est ac delectabilis atque necessaria ad
audiendum omnibus piis, omnibus credentibus, omnibus deum
timentibus atque deum diligentibus. Nam admirabilis Iob cum in   5
prima congressione victoriam de diabolo perfecisset atque triumphator de maligno exstitisset, quanto quod victoriam de illo
sumpsit, tanto amplius illum ad zelum circa se et ad maiora certa-
mina atque bellum commovit. Velut enim inexstinguibilis ignis
flamma succensus nequissimus tractans apud semetipsum dixit: 10
"Nunc mihi est belli tempus, nunc victoriae spes mihi nusquam
est; nunc exsurgam ad certamen circa Iob, nunc evidenter cecidi
propter tolerantiam eius. Non" inquit "mihi est fugiendum, non
enim permittit superatio ipsa quae in me est; sed et non est mihi

---

1, 6 prima congressione] *cf.* Iob 1, 12d–22   **11** belli tempus] *cf.* Eccl. 3, 8

---

43 corruptibili *P* (*ac.*)   **44** domini] amen explicit liber primus incipit liber
secundus *add. N*; explicit liber primus incipit secundus *add. M A*; amen
explicit liber primus liber secundus incipit eiusdem Origenis feliciter *add. so*;
explicit liber primus incipit liber secundus *add. P B T*; amen explicit liber
primus incipit secundus *add. V*; explicit liber primus incipit liber secundus
Origenis in Iob *add. me*; liber secundus *add. mi*
1, 2 et *om. B*   **3** beati *om. A T V mm*   **4** omnibus[1] ... credentibus *om. V*
5 intuentibus *mi* | in *om. Φ mm*   **7** quod (*cf. cap. 29, 29; LHS 584[1]*)] magis
Φ mm   **8** maiora *N*; maiorem *M P*; maius *cett.* | certamina *N*; certamen *cett.*
10 nequissimus] diabolus *add. α*   **11** nunc] ut *add. sl. N*   **12** nunc[1]] non *B*
exsurgam] ad (*exp.*) exsurgam *add. P* | nunc[2]] ut *add. N* | cecidit *A* (*ac.*)
T (*ac.*)   **13** est mihi *tr. Φ mm*   **14** superatio] superationem virtus *Φ mm*
ipsam *M*; ipse *B* | qui *B* | in me] nunc *mm* | et non] adhuc *Φ mm*

15 congrediendum, timeo enim ne terribiliter rursus cadam ante
eum. Sed interim et fugit cum non valet, et congredi non audet et
concertari metuit. Melius" inquit "est ut congrediar, quam ante
secundam colluctationem indeliberanter fugiam aut ante secun-   mi 448
dam congressionem inviriliter terga vertam. Forsitan" inquit "in
20 secunda congressione victoria ad me revertetur. Forsitan enim
contemnit rem et filios, seipsum autem non contemnit, suum
proprium corpus non spernit, proprios vero dolores non despicit. Quaeram illum ipsum, requiram corpus eius, percutiam
dolore, liquefaciam vulnere, consumam vermibus. Forsitan his
25 doloribus succumbens maledicet, forsitan hanc poenam non
sufferens blasphemabit. Diversa enim immutantur tempora,
aliquando huc, aliquando autem illuc flectuntur. Merito" inquit
"est etiam mihi adhuc spes victoriae." Haec itaque atque his similia cogitans atque apud semetipsum tractans nequissimus diabolus
30 rursus impudentia utitur, rursus importunitatem demonstrat,
rursus tamquam canis rabidus in baculum irruit, non considerans
propriam deiectionem, non intelligens propriam deformitatem;
rursus ante faciem dei subintroire audet, rursus irreprehensibilem
illum Iob reprehendere non metuit, quo magis per omnia confu-
35 sus atque convictus exsisteret.

    2. Haec namque universa demonstrans atque memorans
dicit: ET FACTUM EST QUASI DIES ILLA. Quae dies? Dies tempo-   2, 1a

---

20 secunda congressione] cf. Iob 2, 7–10   31 canis … irruit] *proverbialiter*
(cf. Otto, s. v. canis 8)

15 congaudiendum A (pc.) | rursus terribiliter tr. Φ mm   16 et[1] om. Φ mm
17 concertare mm | metuet N | est inquit tr. mm   18 luctationem Φ mm
19 inutiliter mm | inquit] enim add. N   20 secundam so | congressionem
α | enim] si add. Φ   21 rem] sua Φ mm | rem et] semet M   22 vero] suos β
mm | despiciet so   23 eius N; ipsius cett.   24 vulneribus Φ mm   25 male-
dicit N M   26 blasphemabit N M   28 mihi etiam tr. so | atque om. M P
31 irruit] iri N   32 dilectionem M   34 metuet N; metui M
2, 1 demonstrans commemorans atque V (ac.); commemorans atque de-
monstrans V (pc.) | commemorans Φ mm   2 factus B

mi 449 ris, dies opportunitatis. ET FACTUM EST QUASI DIES ILLA, dies tolerantiae, dies consummationis, dies adimpletionis primae victoriae Iob. ET FACTUM EST QUASI DIES ILLA; dies in qua diabo- 5 lus cecidit, Iob vero surrexit; dies in qua diabolus humiliatus est, Iob vero exaltatus; dies in qua diabolus confusus est, Iob vero coronatus. ET FACTUM EST QUASI DIES ILLA, in qua recidivum iudicium inter Iob et diabolum est auditum, in qua recidivae coronae Iob ab angelis aptatae atque consertae sunt. FACTUM 10 inquam EST QUASI DIES ILLA, similis ei, de qua superius similiter dictum est, de qua superius iam plurima diximus. ET FACTUM

2, 1b-c EST QUASI DIES ILLA, **ET VENERUNT ANGELI DEI UT STARENT ANTE DOMINUM, ET DIABOLUS VENIT CUM ILLIS UT STARET ANTE DOMINUM.** VENERUNT ANGELI DEI, non de loco in locum 15 translati, non de regione ad regionem transeuntes, non de provincia ad provinciam commeantes, sed ante deum iugiter perseverantes. Nam sicut iustis lux semper, ita facies dei super iustos semper, ita ante deum iusti semper, multo magis autem gloriosi atque sancti angeli, qui indesinenter ac perpetue permanent ante 20 deum in gloria. Venire autem dicuntur vel ire, cum ad ministerium fuerint missi vel legationes adimpleverint, cum mandata perfecerint, cum propter eos qui salutem adipiscuntur deum laudaverint, cum propter eos qui patienter sustinuerint deum magni-

---

11 superius] *cf.* lib. I, cap. 53, 3   **14 sq.** ut ... dominum] παραστῆναι ἐναντίον τοῦ κυρίου: *cum asterisco sec. hexapla* (Ziegler 215 *et* PL 24, 64A); *cf.* Iob 1, 6c (lib. I, cap. 39, 11; I, cap. 39, 21)   18 facies ... iustos] *cf.* Ps. 33, 16 **21 sq.** cum ... missi] *cf.* Hebr. 1, 14

---

5 dies[2] ... surrexit *om. so*   **7** vero[1]] est *add.* α *P* | exaltatus] est *add. mi* **8** coronatus] est *add.* α *Φ mm* | factus *B* | redivivum *mm*   **9** redivivae *mm* **10** coriae *B* | ab *sl. M* | consertae] consecratae *Φ mm*   **11** est inquam *tr. V* similiter *om. V mm*   **12** iam superius *tr.* α *Φ mm*   **14** *deum *N A (ac.)* | ut staret cum illis *tr.* Ψ   **15** *deum *N* | dei *om.* *Φ mm*   **17** dominum *P A T V mm*   **18** sicut] si ut *mi* | lux iustis *tr.* α | lex *B* | ita ... semper[2] *om. N* **19** autem *om. mm*   **21** gloria] saecula *V*   **22** vel *N*; cum *cett.*   **24** cum ... magnificaverint *post* perfecerint (*lin.* 23) *tr.* α *Φ mm* | qui] ad *add. B*

25　ficaverint, quando pro perfectis caelesti domino confessi fuerint,
quando pro commodis dei miraculis aeterno regi indesinenter
gratias egerint. Et nolite mirari, o amici, quod angeli venire vel
ire dicuntur, quia maiora atque mirabiliora audituri estis. Nam et
ipse deus, qui est angelorum atque omnium spirituum rector et
30　conditor, venire et ire dicitur, descendere et ascendere, sedere et
surgere, dormire et a somno surgere et, quod est omnibus superius, dicitur *tamquam potens crapulatus a vino*: *Exsurge, quare*
obdormis, domine? Exsurge et ne repellas in finem. Et suscitatus est
tamquam dormiens dominus, tamquam potens crapulatus a vino. Et
35　*descendit dominus* et locutus est cum Moyse; et *ascendit deus,*
postquam locutus est cum Abraham, et alia innumera his similia
de deo in scriptura reperiuntur fuisse dicta. Si ergo immobilis et
inexcitabilis et inemigrabilis atque simplex et in eisdem semper
iugiter permanens deus haec universa dicitur, et ire et venire –
40　*venit* inquit *deus ad Balaam* – et sedere et surgere, quid magnum
si angeli eius atque ministeriales spiritus venisse ante deum dicuntur ad increpandum diabolum atque omnes qui operantur voluntatem illius, et ad testandum sanctis atque sinceritati eorum quam
habent circa deum, ad magnificandum deum in misericordiis eius
45　et bonitatibus atque longanimitatibus et investigabilibus eius
miraculis, quae indesinenter ostendit circa genus humanum?

---

32 Ps. 77, 65　　32 sq. exsurge ... finem] Ps. 43, 23　　33 sq. Ps. 77, 65
35 Exod. 19, 20 | Gen. 17, 22　40 Num. 22, 9 (8 *Vulg.*)　41 ministeriales
spiritus] *cf.* Dan. 7, 10; Hebr. 1, 14

---

25 sunt *α*　26 omnimodis *Φ mm* | aeterni *M*　27 venire ... ire] vel ire vel
venire *so*　28 mirabilia *V mi*　29 dominus *so*　31 omnibus est *tr. so* | supe-
rius] stupendum magis *mm*　32 potans *N Φ* (*ac. A T V*) | exsurge] inquit
add. V　33 *dormis *N M*　34 tamquam²] quasi *N*; tam *M* | potans *N Φ* (*ac.*
A T V)　35 dominus *N B*　36 cum] ad *Φ mm*　37 sic *M*　38 inemigrabilis
(*cf. praef. p. 35*)] inextinguibilis *so* | et² *om. α P B A T mm*; deus *V*　41 spiri-
tus ministeriales *tr. so* | ante] ad *mm*　43 sinceritati *N*; sinceritatis *M*;
sinceritatem *so*; sinceritates *P*; sinceritatibus *cett.* | quam *N*; quas *cett.*
45 bonitatibus] eius *add. Φ mm*

mi 450   3. Sic ergo venerunt et veniunt angeli ante deum. Prima
vice venerunt ut iustificationibus Iob attestarentur et fidei atque
pietati eius, sed tunc sane solis iustificationibus eius atque fidei
attestati sunt; nunc vero secunda vice venientes ante deum non
solum iustificationibus sunt attestati, sed et iustificationibus et   5
tolerantiae, patientiae quoque ac constantiae atque dilectionis
quam erga deum habuit plenitudini. Istis namque omnibus attestantes gloriosi angeli nec non et diaboli nequitiam accusantes
atque mendacem illum comprobantes venerunt ante deum, cum
quibus et diabolus venit. Venit nihilominus non *facie ad faciem*   10
sed consiliis et cogitationibus, sensibus atque tractationibus, desideriis ac deliberationibus, sicut superius per plurima demonstratum est. Quas cogitationes cum videret deus, RESPONDIT illi
dicens: UNDE TU VENIS? Respondit nihilominus non labiis loquens neque verba depromens neque colloquio suo iniustum   15
illum dignum faciens, sed nec omnino in praesentiam eum suscipiens. Nam ille, qui a sanctis exsecratur et odio habetur atque
conculcatur, in conspectu dei numquam veniet. Si enim *impii*, ut
superius dictum est, *non resurgent in iudicio neque peccatores in
consilio iustorum, multo magis omnium impietatum provisor   20
atque totius peccati auctor diabolus in consilium divinum non

---

3, 1 sq. prima vice] *cf.* Iob 1, 6–12c   4 secunda vice] *cf.* Iob 2, 1–6
10 Gen. 32, 30; Exod. 33, 11; Deut. 5, 4; 34, 10; Iud. 6, 22; 1 Cor. 13, 12
12 superius] *cf.* lib. I, cap. 9 sq.   18–20 Ps. 1, 5   19 superius] *cf.* lib. I, cap.
41, 1 sq.

3, 2 et] ac *P* | atque] ac *Φ mm*   3 sane *sl. N* | eius atque fidei] Iob *β mm*
5 solum *N*; solis *cett.* | iustificationibus[1]] eius *add. Φ mm* | sed *sl. T* | tole-
rantiae et iustificationibus *tr. β mm*   6 ac] a *so*   7 quam *om. B* | plenitudi-
nem *M P B*   9 venerunt *iter. V (corr.)*   10 quibus *om. N*   11 tractationibus]
tractatibus omnibus *N (pc.)*   12 per *sl. V*   13 respondens *Φ mm*   14 unde]
et *add. N* | venis tu *tr. α Φ mm*   15 neque[1]] nec *A T V mm* | iniustum]
introitum *B*   16 dignum] dicens *add. P* | praesentia *Φ mm*   17 qui] quia
mm | a *om. B*   19 in iudicio *om. Φ mm*   20 consilio *coniecit Weber (cf. lin.
21)*; concilio *codd., edd.*   21 non *om. α*

veniet, neque deifico colloquio dignus habebitur iuxta omnia
quae in anterioribus memoravimus. Venit ergo consiliis et cogitationibus atque desideriis, et audivit non colloquium, sed increpa-
25   tionem atque obiurgationem nequissimarum cogitationum suarum atque iniustorum desideriorum ac deliberationum suarum;
quae demonstrans dicit: ET RESPONDIT DOMINUS AD DIABO-   2, 2a
LUM: UNDE TU VENIS? Interrogat praescius atque providus, qui
omnem scientiam cunctis impertit hominibus; interrogat refu-
30   gam, apostatam, adversarium, nequissimum, iniustum; interrogat, ut ex ore illius atque responso illius eum arguat et condem-
net atque convincat, utpote mendacem et malignitatis zelo ac
livore repletum: "UNDE TU VENIS deiecte, confuse, humiliate;
UNDE TU VENIS victus, superatus, conculcatus; UNDE TU VENIS,
35   qui de excelsis es expulsus et super terram es condemnatus, qui de
caelis es proiectus et inter homines abdicatus; UNDE TU VENIS,
qui post iniquitatem festinas, qui post iniustitiam curris? Tu qui
homicidia appetis, tu qui adulterii es cupidus, tu qui sanguinem
potaris, qui omnium impietatum super terram es provisor om-
40   niumque malorum inter homines inventor, UNDE TU VENIS? Tu
qui tempus non habes, tu qui quietem non exspectas, qui resump-
tionis memor non es neque requiem speras, UNDE TU VENIS?
Confitere et noli negare, ostende et noli celare!"

---

22 sq. iuxta ... memoravimus] *cf.* lib. I, cap. 9 sq.   **35 sq.** de[1] ... abdicatus] *cf.*
Is. 14, 12; Ezech. 28, 15–17; Luc. 10, 18; Apoc. 12, 9   **40 sq.** tu[2] ... habes] *cf.*
Apoc. 12, 12

---

22 habetur *N* (*ac.*)   **23** memorabimus *so* | venit] unde *P*   **24** desideriis] de
fide sideriis *P*   **26** atque ... suarum *om. P B* | iniustorum] infestorum *P B A*
T mm; infectorum *V*   **27** respondens *Φ mm* | dominus] ait *add. Φ mm*
28 venis tu *tr. so Φ mm*   **29** impertitur *so*; praestat *Φ mm* | interrogat ...
iniustum *ante* interrogat (*lin. 28*) *tr. so* | refugant *me*   **31** atque] ex *add. α Φ
mm* | illius[2] *om. B*   **33** venis tu *tr. Φ mm* | humilitate *me*   **34** victe supe-
rate conculcate *so* | consulatus *P* (*ac.*)   **35** es[1] *om. N* (*ac.*) *M*   **36** et *om. β
mm*   **37** iniquitates *mi*   **38** sanguine *so Φ* (*pc. P*) *mm*   **39** omniumque]
omnium *mm*   **41** habet *N M* | exspectas] tu *add. Φ mm*

4. Sed non accipiens haec nequissimus nec omnino audisse
2, 2c   se simulans pro aliis alia respondit dicens: CIRCUIVI OMNEM
mi 451 TERRAM ET PERAGRAVI UNIVERSUM ORBEM QUI SUB CAELO
EST. "Subtiliter fingis, o infelicissime diabole, humiliationem
tuam, tegis deformitatem tuam, reticescis confusionem tuam;   5
minime depromis, quod a luto conculcatus fueris, quod a terra
devictus, quod a pulvere fueris superatus. Lutum enim et terra et
pulvis est Iob propter terrenum corpus, sed interim terrenus ac
luteus superavit" inquit "te, o diabole, qui cum sis incorruptibilis
spiritus, *tamquam fulgur de caelo* cecidisti proiectus. Corpus   10
scilicet luteum superavit fulgur incorruptum, spiritum immorta-
lem atque incorporeum. Hanc scilicet confusionem tuam reticescens
cens ac praetermittens, o callide diabole, gloriaris atque plaudis,
quod terram circuieris et ea quae sub caelo sunt peragraveris. Sed
et hoc in maximam deformitatem tuam dicis; nam gloria tua   15
atque elatio referta est omni deiectione: Si enim tantum potuisti
ut omnem terram, hoc est omnes terrenos atque universos qui
sub caelo sunt, circuires atque peragrares, hoc est conculcares
atque sub te subiceres, quomodo non potuisti uni terreno atque
corruptibili Iob praevalere? Sed omnis potentia tua ac virtus   20
atque praedones exercitus tui et gladius eorum et triplicia equitum tuorum cornua et ignis qui de caelo cecidit, ut tu dixisti, et
venti qui ab eremo venerunt, quod erat tuae nequitiae inspiratio,

---

4, 10 Luc. 10, 18   21 praedones ... eorum] *cf.* Iob 1, 14sq.   21sq. triplicia ... cornua] *cf.* Iob 1, 17   22 ignis ... cecidit] *cf.* Iob 1, 16   23 venti ...
venerunt] *cf.* Iob 1, 18sq.

4, 1 accipies *M*   2 circui *α*   4 fingit *V (ac.)*   6 deprimis *α P* | quod[1] ...
devictus *om. mi*   7 superatus fueris *tr. T*   9 inquit *del. V* | quia *B*   11 ful-
gur *so*; fulgor *N M*; fulgurem *P (ac.) T (ac.)*; fulgorem *cett.* | immortale *α*
13 callidissime *so* | atque] ac *mm* | plaudes *N P B T (ac.)*; laudes *M*   15 et
om. Φ mm | deformitate *N*   17 hoc est] post haec *mm*   18 circumieres *M*;
circuiris *so* | peragraris *so* | conculcare *P*   19 subiceret *M (ac.)*   20 sed] si
add. B   21 triplici *M*   22 de] e *M* | cecidit] venit *N*

universa" inquit "haec infirma atque supervacua exstiterunt per
25 iusti Iob tolerantiam atque gratiarum actiones confusa atque
*aversa. Post quae universa non" inquit "te hoc, o diabole, inter-
rogo quod terram circuieris et ea quae sub caelo sunt peragraveris. De istis namque te interrogare opus non habeo; scio enim
quod incessanti nequitia indesinenter cuncta quae sub caelo sunt
30 circuis et pervolas, utpote aërius spiritus fulguris velocitati consi-
milatus. Non" inquit "te de hoc interrogo, sed hoc, unde veneris
vel quis veneris vel a quibus veneris, ab inconfuso confusus, ab
exaltato humiliatus, a glorioso spe vacuus. De istis" inquit "te
interrogo atque de his te admoneo, et istis te velut igneis iaculis
35 stimulo. Qui est enim maior ignis diabolo quam hic, ut a carnali
et terreno superetur atque conculcetur, cum sit spiritus incorporeus? UNDE TU VENIS, seductor, insidiator, humiliatus, deiectus,
confusus? UNDE TU VENIS? Ubi est arrogantia tua, ubi elatio, ubi
magniloquium tuum? Ubi sunt mendacia tua, quibus dixisti quod
40 me Iob propter pecuniam coluerit?

   5. Tu facultates ei abstulisti, ego vero gratiarum actiones
atque confessionem ab eo suscepi. Nam cum tu" inquit "omnem
substantiam eius abstuleris, ut non habeat unde mihi hostias
offerat, sollicitam gratiarum actionem mihi sacrificia immolat ex

---

30sq. aërius ... consimilatus] cf. Luc. 10, 18   39sq. quod ... coluerit] cf. Iob
1, 9sq.

---

24 atque N; om. α; ac mm; et cett.   25 atque¹] per add. A T V mm | actione
B (ac.)   26 aversa coniecit Müller (cf. Ps. 4, 34); eversa mi; adversa cett. | hoc
om. mm   27 quod] quam mm   28 interrogare te tr. α Φ mm   30 circuit
V (ac.) | pervolat P (ac.) | aëris α | fulgoris Ψ (ac. N) B   31 de te tr. α
veneris] venis P   32 vel quis veneris om. α Φ mm   33 te om. β mm   34 et
istis te N; constes M (ac.); ex his te so; cum stes cett.   35 stimulatus quis Φ
mm | enim est tr. M Φ mm   38 ubi¹] est add. so Φ mm   40 coluerit N;
coleret cett.
5, 1 eius so | vero sl. P   4 sollicitam N; solita mm; sollicita cett. | actione so
mi; actionum Φ me | mihi om. N

mundo corde atque conscientia pura. UNDE TU VENIS, o diabole? 5
Non a paenitentia, non a conversione, neque ab hoc quod deformitatem tuam videns confundaris. Sic itaque interrogo te, malignissime, unde venias. Non enim venis sicut pridem ab Adam cum
victoria, sed sicut post hoc ab Iob cum confusione. Adam enim 10
olim seduxisti, sed Iob post hoc non supplantasti. Adam de paradiso eradicasti, sed Iob a sanctitate non avertisti. UNDE TU VENIS
de excelsis expulsus et de caelis deiectus, de angelorum choris
proiectus? UNDE VENIS TU, qui super terram iniustitiam germi-
nasti, qui sub sole impietates disseminasti, qui ea quae sub caelo
sunt universis malis replesti? UNDE TU VENIS, tu qui es mortis 15
auctor malorumque inventor atque malorum omnium initium,
iniquitatis operator, pater mendacii? UNDE" inquit "TU VENIS?"
"CIRCUIVI" inquit "OMNEM TERRAM ET PERAGRAVI UNIVERSA
QUAE SUB CAELO SUNT, ET ECCE ADSUM. ADSUM" inquit "qui
non succumbo neque humilior, qui non convertor neque satis- 20
facio, qui paenitentiam non ostendo sed *tamquam incus indomita*
persto." "Mutaberis" inquit "o diabole, in dilectissimo tuo, hoc
est in temetipso. Nam cum non flecteris neque subiceris neque
paenitentiam demonstras, in irremediabilem inferorum poenam
demergeris, inexstinguibili igni gehennae traderis et tu et omnes 25

mi 452 (left margin, line 9)
2, 2c (left margin, line 18)

---

5 mundo ... pura] cf. 1 Tim. 1, 5; 3, 9   9 sq. Adam ... seduxisti] cf. Gen. 3,
4–6   10 sq. Adam ... eradicasti] cf. Gen. 3, 23   12 sq. de¹ ... proiectus] cf. Is.
14, 12; Ezech. 28, 15–17; Luc. 10, 18; Apoc. 12, 9   15 sq. tu² ... auctor] cf.
Gen. 3, 19; Rom. 5, 12   17 pater mendacii] cf. Ioh. 8, 44   19 adsum]
πάρειμι: cf. Hier., interpr. Iob (PL 29, 65B)   21 Iob 41, 16b (15 *Vulg.*)
25 inexstinguibili igni gehennae] cf. Marc. 9, 43–47

---

5 venis tu *tr. A T V mm*   6 conversatione *M*   7 itaque *sl. P*   8 venis] venias
M (ac.)   9 hoc *om. B mi*   12 eiectus *N (ac.)*   15 universa *mm* | venis tu *tr.*
so T V mm | tu² *sl. N*   16 malorumque] malorum *P (ac.)*; omnium *add. so*
21 incus indomita] vitiis indomitus *Φ mm*   22 praesto *mi* | mutaveris *N M*
23 non *om. M P B* | inflecteris *P*   24 poenam inferorum *tr. V* | poenam]
paenitentiam *B*   25 demergeris] in *add. M*

qui a te ad infidelitatem seducuntur, tu, inquam, et omnes qui a
te ad impietatem persuadentur." "ADSUM" inquit "is qui non ita
est in factura sua factus sed in operibus ita demonstratus, qui non
ita est factus natura sed exstitit voluntate." Non enim in factura
30 naturae sed in voluntatis operatione diabolus est factus. "ADSUM"
inquit "is qui peccatis gaudeo, qui in impietatibus laetor, qui in
iniquitatibus iucundor, qui omni iniustitia et omnibus impudi-
citiis atque omnibus malis delector. ADSUM" inquit "is qui spem
non habeo, qui salutem non exspecto, qui misericordiam non
35 sustineo, qui refrigerii non sum memor. CIRCUIVI" inquit
"TERRAM ET PERAGRAVI EA QUAE SUB CAELO SUNT, ET ECCE
ADSUM."

   6. Cui post haec omnia respondens deus dicit: "Non te de
hoc interrogo qualiter terram circuieris, hoc est eos qui terrena
sapiunt, neque de hoc quemadmodum ea quae sub caelo sunt
peragraveris, hoc est eos qui caelestia non desiderant, sicut et tu
5 ipse qui in caelo ultra reverti non potes, sed hoc te interrogavi et
interrogo: *Animadvertisti ad puerum meum Iob?*" Ac si diceret:
"Intellexisti quid sit Iob? Relaxasti sensum tuum ad eum? Cogno-
vistine illum vel probasti indeclinabilem fidem eius et immobilem firmitatem et inviolabilem pietatem atque religiositatem
10 illius? *Animadvertisti* vel intendisti *ad puerum meum Iob?*" Ac si
diceret: "Certus es, o inimice omnium bonorum diabole, uter

6, 2 sq. terrena sapiunt] *cf.* Phil. 3, 19   **6** Iob 1, 8b (*aut falso pro* Iob 2, 3b?)
10 *ibid.*

---

26 qui[1] ... omnes *om.* so | a[1] *om.* Φ *mm* | te *om.* P | seducuntur N; sequun-
tur *cett.* | a[2]] e M; ad P; per T *mm*   **27** his N   **28** in[1]] ut α   **29** exstitit]
exivit Φ *mm* | in factura naturae] qui facturae N   **31** his N M P | con-
gaudeo Φ *mm* | in[1] *om.* α Φ *mm* | in[2] *om.* α Φ *mm*   **33** his N   **35** sum *om.*
α | memoror so | circui P | inquit *om.* N   **36** peragravi] eam et *add.* α Φ
mm
6, 2 terram *om.* so   **5** in *om.* β *mm* | *caelum N | reverti ultra *tr.* Φ *mm*
6 ad *om.* α | ac ... Iob *om.* B   **7** quis N   **9** firmitatem] et inviolabilem
fortitudinem (firmitatem P) *add.* Φ *mm*   **11** utrum P B

nostrum veritatem dixerit, ego an tu, uter absque mendacio locutus fuerit, egone qui ei testimonium perhibui an tu qui eum accusasti? Dicis quod terram circuieris et ea quae sub caelo sunt peragraveris; repperisti similem Iob? Vidistine illi aequalem? Ob   15
hoc" inquit "te interrogo unde veneris vel unde venias, ut ostendam Iob sanctitatem ac meritum, patientiam quoque ac victo-

mi 453   riam, gloriam nihilominus atque coronam, tuam vero deiectionem et humiliationem, confusionem quoque atque perditionem.
Quamquam enim tu neges, sed ego ostendam; quamvis tu non   20
confitearis, sed ego non sileo. Terram enim te circuisse dicis, perditionem vero tuam non depromis. Cum abscondis tuam deiec-

2, 3b   tionem, coronas Iob furaris. **RESPEXISTI AD PUERUM MEUM IOB,**
qui caput tuum conculcavit, qui humiliavit altitudinem tuam, qui
deiecit elationem tuam? Gloriaris" inquit "nequissime Satanas,   25
quod terram circuieris et ea quae sub caelo sunt peragraveris, sed
mala est haec gloriatio tua atque inutilis elatio. Ad malum enim
circuis terram, et ad iniustitiam peragras ea quae sub caelo sunt.
Pervolas enim pelagus et aërem et penetras omnes gentes, provincias ac regiones, ut plurimos filios gehennae facias, ut pluriores   30
tuae poenae efficias participes. Sicut enim canis rabidus vias ac
transitus percurrit, ut omnes quos ante se invenerit, alios quidem
morsibus vulneret, alios nihilominus in stuporem deducat terro-
ribus, ita" inquit "et tu, nequissime Satanas, terram circuis et ea

---

23 respexisti] *cf.* Aug., c. Petil. 2, 49, 113 (CSEL 52, 86)   24 caput tuum
conculcavit] *cf.* Gen. 3, 15   30 filios gehennae] *cf.* Matth. 23, 15

---

12 ego] *egone *so* | utrum *P B*   13 egone] ego *M Φ mm* | qui[1] *om. M* | ei]
neque *add. M*   14 sunt *sl. N*   15 repperistine *V* | aequalem illi *tr. mm*
16 ostendat *α*   18 coronam] suam *add. so*   19 et] atque *P*   21 confueris
V | consileo *P*   22 vero *om. N* | tuam vero *tr. P A T V mm*   25 Satana *so*
mi   26 circumeris *M*   28 circuisti *Φ mm* | eam *M* | sunt] pervolas enim
pelagum et aerem et penetrans omnes gentes provincias quae sub coelo sunt
add. M   29 pelagum *M Φ* (*cf. cap. 62, 33*) | penetrans *M*   30 pluriores]
priores *M*; plures *mi*   31 ac transitus] detransitus *B*   33 stupore *N* | terro-
ris *Φ mm*   34 et tu inquit *tr. mm* | Satana *so mm*

35 quae sub caelo sunt universa peragras, non ut aliquem componas,
     sed ut cunctos extermines, quorundam sane animas per peccata
     vulnerans, aliorum nihilominus mentes obtundens atque infa-
     tuans."

     7. Et cur superius sane diabolum illum appellat, nunc vero
     Satanan? Diabolus 'accusator' interpretatur, Satanas vero 'resis-
     tens' vel 'rebellis' aut etiam 'contumax'. Ergo quia superius
     occulte quidem accusavit Iob ad deum, idcirco superius diabolum
5   illum appellat utpote accusatorem, nunc vero rursus quia ad
     evidentem contumaciam circa Iob pervenit, merito Satanan illum
     dicit utpote rebellem. "RESPEXISTI" inquit "AD PUERUM MEUM
     IOB, tu qui omnia circuis, qui omnia peragras, qui omnia per-
     transis, qui cuncta pervolas et circuis? RESPEXISTI AD PUERUM
10   MEUM IOB, o infelix diabole?" Cum dolore audisti quod puerum
     suum nuncupaverit deus Iob. Doloris fuit haec vox, amaritudinis
     haec auditio, gravis tibi fuit hic dictus, vae tibi fuit pro hoc testi-
     monio quod attestatus est deus Iob dicens: RESPEXISTI AD PUE-
     RUM MEUM IOB? "Et ante" inquit "puer meus fuit et nunc puer
15   meus permanet, et tuae nequitiae accusatio nihil ei praevalebit.
     RESPEXISTI AD PUERUM MEUM IOB?" Superius dixit: *Animadver-*

7, 1 superius] *cf.* Iob 1, 6c (lib. I, cap. 39, 20sqq.); Iob 2, 1c (cap. 2, 14sqq.)
2 diabolus accusator interpretatur] *cf.* Apoc. 12, 9sq.; Hier., nom. Hebr. p.
61, 9 (CC 72, 135); lib. I, cap. 58, 30   **2 sq.** Satanas ... contumax] *cf.* Hier.,
nom. Hebr. p. 20, 17; 43, 13; 60, 2; 66, 4 *et saepius* (CC 72, 84; 112; 134;
142); Philipp. Presb., in Iob rec. long. 41 (PL 26, 790D)   **3** superius] *cf.* Iob
1, 9 (lib. I, cap. 56, 8sqq.)   **16** superius] *cf.* lib. I, cap. 53, 3sqq.   **16sq.** Iob
1, 8b

---

36 exterminas *P* | quorum *N* | sane *om. mm* | animam *Φ mm*
7, 1 illum diabolum *tr. V mm* | illum *om. N*   **2** Satanam *so P V mm*
diabolus] enim *add. Φ mm*   **5** qui *N mi* | ad evidentem contumaciam]
evidenter contumacia *N*   **6** videntem *M*; evidendum *B* | venit *N* | Satanam
so mm   **7** inquit *om. Φ mm*   **8** tu ... **10** Iob *om. Φ mm*   **11** nuncupavit *Φ
mm* | doloris *N*; dolor tibi *cett.*   **12** tibi fuit[1]] fuit tibi *tr. α* | hic] hoc *so*;
fuit *add. P* | dictum *so mi*   **13** deus *sl. M* | dicens Iob *tr. N* | ad *om. N*
15 manet *N (ac.)* | ei *om. B* | valebit *N (ac.)*

tisti ad puerum meum Iob?, nunc vero: RESPEXISTI AD PUERUM
MEUM IOB? Ac si diceret: "Vidisti, probasti, certus es quod et
antea servus meus fuerit et nunc servus meus permanet et a mea"
inquit "servitute numquam fugit nec fugiet. Et ipse" inquit "testis   20
sum et angeli mei auditores, qui in conspectum meum venientes
et Iob tolerantiam admirantes dixerunt: 'Magnum miraculum
vidimus inter homines, o terribilis creator omnium, nimio stupo-
re dignum, o aeterne rector universorum. Unus terrenus homo
de limo plasmatus nostris immortalibus angelorum choris mul-   25
tum inferior illum qui ex immortalibus Cherubim officiis cecidit
atque proiectus est, id est diabolum, sola tolerantia ac devotis
gratiarum actionibus superavit atque in fugam vertit et omnes
fraudes eius atque iniquitates supervacuas demonstravit.' RESPE-
XISTI" inquit "AD PUERUM MEUM IOB? ad illum obtemperantem   30
puerum atque verum, qui percussus non discessit, qui caesus est
et non dereliquit, qui tibi est traditus et me non denegavit, qui a
te est percussus et mihi gratias egit? Istum" inquit "puerum
meum respexisti, qui adversum te stetit et mihi non restitit, qui
adversum te dimicavit et me adoravit, qui te conculcavit et me   35
non contempsit, qui te odio habuit et me dilexit?

8. Ad hunc" inquit "ergo puerum meum respexisti? Ad
hunc" inquit "cui similis in tolerantia a temporibus Abel non
fuit? Abel enim cum semel sustineret internecionem, transivit et

mi 454 *(left margin, line 27)*

---

24 sq. homo … plasmatus] *cf.* Gen. 2, 7   26 sq. qui … est] *cf.* Ezech. 28, 16
8, 3 sq. Abel … requievit] *cf.* Gen. 4, 8

---

17 ad[1] *om. mi* | nunc … Iob *om. N*   18 *quia *Φ mm*   19 meus[2] *om. α*
20 fugit] surgit *V*   21 conspectu meo *Φ mm*   22 admirantes *N*; mirantes
cett.   23 nimio] animo *B*   24 universorum] diversorum *α Φ me*   25 multo
mm   26 ex immortalibus] eximior talibus *so*   27 est[1] *om. me* | id est *om.*
mi; idem *P B* | ac] atque *N*   28 in … atque *iter. M*   32 deliquit *V mm* | non
me *tr. Φ mm* | negavit *so*   33 percussus est *tr. α Φ mm* | agit *Φ mm*
34 meum *om. α Φ mm* | restituit *V*
8, 1 inquit *om. N* | ergo *om. N Φ mm* | meum] ergo *add. N*   2 inquit *om.*
Φ mm | cui] quo *M P*

requievit; Iob vero, cum plurimo tempore sustineret, diutius
5 morte affectus est et multipliciter doloribus multatus atque afflictus." In quo apparet hoc? "In hoc" inquit "quod NON EST ILLI   2, 3c–d
HOMO SIMILIS SUPER TERRAM. Abraham non est, Melchisedech
translatus est, Noe requievit, Enoch elevatus est, Abel assumptus
est. Merito NON EST HOMO SIMILIS ILLI ALIUS SUPER TERRAM; EX   2, 3c
10 HIS qui sunt nunc, EX HIS qui modo vivunt NON EST ILLI SIMILIS
SUPER TERRAM." Intende quia non dicit: "NON EST SIMILIS ILLI
EX HIS qui fuerunt vel erunt"; nam post hunc fuit Iohannes, quo
maior inter natos mulierum non fuit. Merito de his qui tunc fuerunt dicit: NON EST SIMILIS ILLI ALIUS EX HIS QUI SUNT SUPER
15 TERRAM. Ac si diceret: "EX HIS QUI nunc SUNT SUPER TERRAM in
temporibus eius, in diebus eius, in vita illius, NON EST ALIUS SIMI-
LIS ILLI in iustitia, in fide, in pietate, in tolerantia, in constantia,
in gratiarum actionibus, in misericordia atque in omnibus virtutibus. NON EST HOMO ALIUS SIMILIS ILLI IN TERRIS." Quis alius
20 ante eum vel post eum talia sustinuerit, et sustinens gratiarum
actionibus recompensaverit pro vehementioribus doloribus atque
amarissimis poenis? Quis exstitit tolerantiae Iob forma? Nullus.
Quis exstitit illi in huiuscemodi doloribus patientiae doctor?

---

7 Abraham non est] *cf.* Gen. 25, 8   7 sq. Melchisedech translatus est] *cf.*
Hebr. 7   8 Noe requievit] *cf.* Gen. 9, 29 | Enoch elevatus est] *cf.* Gen. 5, 24
8 sq. Abel assumptus est] *cf.* Gen. 4, 8   9 homo similis illi] ἄνθρωπος ὅμοιος
αὐτῷ cod. Alexandrin.   12 sq. Iohannes ... fuit] *cf.* Matth. 11, 11

---

5 mortem *M*   6 hoc[1] ... hoc *om. Φ mm* | ei *B* | similis illi homo *tr. so*; illi
similis homo *tr. M Φ mm*   8 Noe ... est[3] *om. M*   9 meritis *mi* | est[2] *sl. N*
illi similis alius homo *tr. Φ mm*   10 nunc sunt *tr. so Φ mm* | sunt ... qui
om. mi | his[2] is *V (pc.)*   11 illi similis *tr. mm* | illi] *super terram *add. M Φ*
mm   12 ex *om. M* | iis *mi* | non *A (ac.)* | hunc] hoc *α β mm*   13 iis *mi*
qui *sl. N*   14 illi *om. V*   15 qui *sl. N* | nunc *om. Φ mm* | in *om. mi* | in
diebus eius in temporibus eius *tr. M*   16 illi similis *tr. B*   17 in[4]] et *V*
19 alius homo *tr. Φ mm*   20 sustinuit *Φ mm*   21 actiones *Φ mm* | com-
pensaverit *N (ac.)*; recompensavit *mi*   23 quis ... nullus *om. Φ mm*

Nullus. Abraham enim filium immolare praeceptus est, sed
protinus identidem vivum illum suscepit, quem mactaturus atque 25
immolaturus fuerat. Iob vero non ita, sed derepente, subito,
insperate septem filios et tres filias simul pariter mortuos et
numquam reviviscentes audivit et vidit, sed fides ex eo mortua
non est neque patientia neque gratiarum actio neque dilectio,
quam circa deum habuit. Sed quemadmodum aurum per ignem 30
transiens splendidius atque pretiosius efficitur, ita et Iob temptationum ignem transiens clarior atque deo pretiosior atque accep-
tabilior comprobatus est.

   9. Merito ergo dicit: "NON EST SIMILIS ILLI ALIUS SUPER
TERRAM. Fulget" inquit "tamquam sol veritate ac patientia, relu-
cet fide et tolerantia velut caeli luminaria. Ob hoc NON EST
ALIUS SIMILIS ILLI SUPER TERRAM, firmus ut lapis, ut fundamentum immobile, tamquam adamas incontaminatus. NON EST SIMI- 5
LIS ILLI EX HIS QUI SUNT IN TERRIS SINE QUERELA, utpote nec ab
angelis nec ab hominibus in nullo est reprehensus, IUSTUS utpote
iusto dei iudicio iustus comprobatus, VERUS utpote nec in verbo
nec in facto neque in magno neque in minimo falsitati approxi-
mans neque mendacio communicans, DEI CULTOR utpote non 10
oberranti animi conscientia unum colens omnipotentem omnium creatorem patrem Iesu Christi, ABSTINENS SE AB OMNIBUS

Margin left:
2, 3d
mi 455

2, 3e

24–26 Abraham ... fuerat] cf. Gen. 22, 1–14   26–30 Iob ... habuit] cf. Iob
1, 18–22   30–33 sed ... est] cf. Iob 23, 10b
9, 2 sq. fulget ... luminaria] cf. Dan. 12, 3; Matth. 13, 43   6–8 sine ... verus]
ἄμεμπτος δίκαιος ἀληθινός tr. cod. Alexandrin.

---

24 filius B   25 identidem] idem pridem A (ac.) | mactaturus] immaturus
B (ac.) | atque] at P   26 derepente M; derepenti N; repente cett.   27 inspi-
rate N M   30 circa] erga mm   31 splendidius ... transiens om. P B | pretio-
sius] gloriosius Φ mm   32 atque¹] ac N; a α
9, 1 alius om. Φ mm   4 alius illi similis tr. α; similis illi alius tr. Φ mm
firmus] primus M   5 immobilis mm | *adamantius N | incomminutus mm
6 utpote ... iustus om. N   7 ullo mm   8 verax so   11 oberrantis so
12 omnibus] operibus add. Ψ P mm

MALIS et antea et nunc, ab initio et usque in finem; non enim nec
antea facultatum abundantia neque nunc bonorum perditio ad
15 mala eum declinaverunt. Super haec autem omnia – quod est
summum singulare atque mirabile – PERSEVERANS IN SIMPLICI- 2, 3f
TATE. Cum tanta" inquit "a te sustinuerit, cum tanta a te passus
fuerit, cum tanta ex tua malitia supportaverit, ADHUC PERSEVE-
RAT IN SIMPLICITATE. Omnes qui in doloribus et in tormentis
20 atque in passionibus fuerint, ipsis doloribus examaricati atque
exaggerati, amariores et noxiores atque asperiores efficiuntur. Sed
non ita est" inquit "constantissimus Iob, sed non ita est admirabilis ille vir, sed ADHUC PERSEVERAT IN SIMPLICITATE." Ac si
diceret: "Adhuc innocentior in ipsis doloribus perseverat, adhuc
25 longanimior, adhuc modestior, adhuc benignior, adhuc iustior,
adhuc sincerior circa deum."

10. "Quanto enim tu" inquit "o diabole, augmentasti ei
mala, tanto Iob adiecit ad innocentiam ADHUC PERSEVERANS IN
SIMPLICITATE. ADHUC" inquit, ac si diceret: "Super omnia quae
ei fecisti, super omnia quae ei ostendisti, super omnia quibus eum
5 afflixisti, super haec videlicet omnia ADHUC PERSEVERAT IN SIM-
PLICITATE." In praecedentibus laudatur Iob a deo utpote IUSTUS
AC VERAX DEI CULTOR, nunc vero adiecit illi deus super hanc
laudem dicens: PERSEVERANS IN SIMPLICITATE. Bene ac digne:
figura enim fuit eorum, qui in nova gratia omnia in simplicitate

---

16 perseverans] cf. Aug., c. Petil. 2, 49, 113 (CSEL 52, 86)

---

14 antea] ante a B   15 autem om. Φ mm | omnia ... mirabile] quidem
summo singulari atque mirabili modo Φ mm   16 mirabilem M   17 cum ...
fuerit om. M   18 cum om. mm   21 asperiores] peiores Φ mm   22 inquit sl.
N | non ita²] ita non tr. α Φ mm
10, 1 quantum mi | inquit tu tr. Φ mm   2 tantum mm | ad om. α Φ   4 ei¹
om. so   5 omnia haec videlicet tr. Φ mm   7 illis mm   8 perseverans] di-
cens add. M | simplicitate] sua add. Φ mm | bene] benigne N

transierunt atque sustinuerunt, *nulli malum pro malo reddentes,* 10
sed praeceptum domini adimplentes dicentis: *Diligite inimicos*
vestros, et: *Benedicite eos qui maledixerint vobis,* et: *Volenti auferre*
pallium tuum, dimitte ei et tunicam." Horum namque omnium
typum gerens beatus Iob, cum hoc quod in simplicitate perseveravit atque cuncta sustinuit, cum hoc ipsum etiam auferenti pal- 15
lium suum, hoc est omnem substantiam suam, diabolo et tunicam dimisit conscindens illam atque proiciens illi et dicens:
"Quae postulasti a deo, accepisti; tolle et haec, quae non quaesisti, tunicam atque pallium meum!" PERSEVERANS ADHUC IN
SIMPLICITATE. Nam quantum ad tuos sermones, o diabole, adver- 20
sarii in eum insurrexerunt, inimici eum praedati sunt, sed nec
istis in aliquo replicavit, sed et circa istos omnem simplicitatem
ostendit. Merito dicit: PERSEVERANS IN SIMPLICITATE, typum
atque figuram gerens domini dicentis per prophetam de semetipso: *Ego autem tamquam agnus immaculatus ductus sum ad sacri-* 25
mi 456 *ficium.* Sic itaque admirabilis Iob PERSEVERANS IN SIMPLICITATE.

    11. "Super haec" inquit "universa quae ei ingessisti, PER-
SEVERAT IN SIMPLICITATE, et quis" inquit "post hoc ex his, qui
audierint vel agnoverint, non me reprehendat, qui tantum permisi tuae crudelitati adversum iustum illum insurgere, et ita
immisericorditer innocentem vexare? Post quae universa PERSE- 5
VERAT IN SIMPLICITATE. Ecce" inquit "antea laudavi testificans

---

10 Rom. 12, 17   11 sq. Matth. 5, 44; Luc. 6, 27   12 Luc. 6, 28
12 sq. Matth. 5, 40   25 sq. Hier. 11, 19

---

10 atque sustinuerunt *om. M*   12 eos *N;* eis *cett.* | afferre *P (ac.)*   13 et]
pallium *add. M*   15 ipsum *N,* ipso *cett.* | auferrent *M*   16 suam *om. B*
tunica *M*   21 surrexerunt *B* | depraedati *A T V mm*   22 istis *om. B*
aliquo] se *add. N* | et *om. Φ mm* | omnes *β mm*   24 per ... semetipso *sl. N*
26 perseverat *Φ mm* | perseverans ... perseverat *om. M*
11, 1 inquit *om. Φ mm* | ingessisti ei *tr. mm*   2 simplicitatem *M P* | is
P (ac.)   3 audierunt *so;* audierit *me* | agnoverit *me* | permissi *B*   4 crudeli-
tate *M (ac.)* | adversus *β mm*   5 vetare *M* | post quae] postquam *M*

tibi quis fuerit Iob, ecce nunc adicio super laudem eius dicens:
PERSEVERAT IN SIMPLICITATE. PERSEVERAT” ait “id est exspectat.
Quid exspectat? Exspectat tolerantiae remunerationem, exspectat
10 coronas innocentiae; aut ADHUC exspectat” inquit “quid? Exspectat te” ait “o diabole, exspectat tamquam audax belligerator,
tamquam constantissimus proeliator, tamquam admirabilis vir
fortis. Sic itaque” ait “exspectat, non dubitat, non antecedit, sed
ADHUC exspectat. ADHUC” inquit “exspectat, ut te secundo supe-
15 ret ac devincat, conculcet atque humiliet et omnimodis deiectum
atque confusum demonstret. Cum talem ergo noveris esse Iob et
ita prompte te exspectantem ad secundam congressionem, si
audes, approxima, incipe, apprehende: paratum invenies te exspectantem. ADHUC exspectat IN SIMPLICITATE. Tu” ait “terram
20 circuis et ea quae sub caelo sunt peragras, ut idola fundas, ut adul-
terium germines, ut homicidium multiplices, ut sanguinem effun-
das, ut artes magicas et auguria et divinationes atque maleficia
dissemines, ut infidelitatem doceas, ut dei blasphemia atque
omnibus malis ea quae sub caelo sunt repleas, ut castos vel castas
25 polluas, ut pios ad impietatem declines, ut iustis molestias atque
tribulationes suscites: Pro his” inquit “omnibus tu, o diabole,
terram circuis et ea quae sub caelo sunt peragras. Iob vero non
ita, sed exspectat ADHUC in uno loco tamquam in eadem patientia et veritate, in eadem fide et pietate atque dei cultura fundatus,

---

19 sq. tu ... peragras] cf. Iob 2, 2   26 sq. tu ... peragras] cf. ibid.

---

7 qui P | ecce] et add. α P B A T   9 quid] ergo add. mi | exspectat² om. mi
exspectat² ... innocentiae om. B   10 quid] inquit add. mm   11 exspectat o
diabole tr. α Φ mm   13 antecedit] terga dedit Φ mm   14 adhuc²] at M
exspectat² *om. Ψ | secundo om. Φ mm   15 ac] atque mm | humiliat A
omnimode mm   16 ergo sl. N   18 audet P (ac.)   19 adhuc] inquit add. Φ
mm | ait] autem Φ mm | circuis terram tr. P   21 multiplicet V (ac.)
23 blasphemiam N M P T (ac.)   24 sunt sub caelo tr. mm   26 omnibus
inquit tr. so   27 et] quod so | sunt sub caelo tr. mm   28 adhuc] hoc est Ψ
29 pietate] veritate B

stabilitus atque confirmatus et numquam ab ea declinatus atque   30
praevaricatus: Sic itaque exspectat immobilis atque innocens; aut
ADHUC exspectat IN SIMPLICITATE. Columba" inquit "est
simplex, rationabilis, spiritalis, incorruptione digna, acceptabilis,
angelis dei familiaris. Idcirco tamquam columba simplicitatem
ostendit. Nam sicut columba de nido effugata sublatis sibi pullis   35
atque ante oculos mactatis non indignatur neque terretur neque
nidum deserit neque ad malitiam immutatur, ita et beatus Iob
cum nidus ab eo auferretur, hoc est divitiae atque substantia, et
filii ante oculos eius interficerentur, non est indignatus neque ad
malitiam, hoc est ad blasphemiam aut ad maledictionem, est   40
immutatus, sed cuncta sustinuit cum innocentia atque gratiarum
actionibus."

    12. Pro his ergo omnibus dicit: "PERSEVERANS IN INNO-

2, 3g CENTIA. TU ERGO DIXISTI UT PERDERES REM EIUS SINE CAUSA,
inaniter, supervacue, superflue. TU DIXISTI UT PERDERES REM
EIUS SINE CAUSA. Nunc rem eius dixisti ut perderes, post paululum autem carnes eius et ossa eius dicis ut perdas, ut et ista in   5

mi 457 simplicitate sustinens Iob augmentum gloriosarum coronarum
accipiat, et tu" inquit "o versute diabole, augmentum confusionis
et deiectionis atque ruinae percipias, utpote et de caelo deiectus et

---

34 sq. columba simplicitatem ostendit] *cf.* Matth. 10, 16
12, 8 de caelo deiectus] *cf.* Is. 14, 12; Ezech. 28, 15–17; Luc. 10, 18; Apoc.
12, 9

---

30 eo *B* | atque²] aut *β mm*   31 immobiles *M (ac.)* | aut *om. mi*   32 est *om.*
N   33 incorruptione] in corruptione *so B A*   35 de *om. M* | sublatas *M (ac.)*
36 atque *om. P*   37 malitia *M*   38 auferetur *N (ac.) so P B*; auferentur *M*
substantiae *M (ac.)*   39 filii] eius *add. Φ mm* | interficerentur ante oculos
eius *tr. Φ mm*
12, 2 tu ... causa *om. (spatio intermisso) M* | tu ... superflue *om. Φ mm* | ut
perderes] perdere *so*   3 tu] ergo *add. P B*; vero *add. A T V mm* | tu ... causa
mg. N | ut perderes] perdere *Φ mm*   4 sine ... eius *om. mi* | perderet *P*
post *om. B mi*   5 autem] dicis *add. V (corr.)* | et ossa eius *om. Φ mm* | et²
om. Φ mm   6 subtinens *P*

in terris ab Iob prostratus, etiam et hoc in ultimo exspectans,
10 quando a domino Iob atque omnium rectore deo unigenito per
crucem prosternaris atque ad inferos demergaris. TU inquam
DIXISTI UT REM EIUS PERDERES SINE CAUSA; dixisti" inquit "sed
non ut iubens neque ut praecipiens neque ut imperans. Caruisti
enim hoc, o diabole, ut cum potestate dicas iubendo vel praeci-
15 piendo, sed dixisti quaerens, postulans, supplicans, petens. Sic,
inquam, DIXISTI UT REM EIUS PERDERES SINE CAUSA." "Age"
inquit "quod ille, hoc est diabolus, ita dixerit, ita petierit, ita
quaesierit, ita supplicaverit, tu vero cur exaudisti, cur acquievisti,
cur dedisti, cur sine causa rem iusti illius perdere permisisti?"
20 "Ob hoc" inquit "exaudivi, ob hoc acquievi, ob hoc rem atque
filios perdere permisi, ut appareret Iob iustitia et diaboli iniustitia, ut appareret mea veritas et diaboli mendacium, ut clareret
meum testimonium et iniqui illius blasphemia. Nisi" inquit "ex-
audirem et acquiescerem atque traderem omnem rem Iob diabolo
25 in potestatem et perdere omne peculium ac filios iuxta voluntatem suam permitterem, numquam utique cognosceret diabolus
quia non propter rem me coluerit Iob, sed propter caritatem."
Numquam utique quiesceret blasphemando sanctos ante deum et
homines, sed in hoc staret atque omnes homines scandalizaret,

---

10 deo unigenito] cf. Ioh. 1, 18   12 perderes ... causa] ἀπολέσαι διὰ κενῆς tr.
cod. Alexandrin.; cf. lin. 2

---

9 in hoc tr. so mm | exspectans] expectas etiam N   10 rectorem M   11 ad
N; in cett.   12 ut om. Φ mm | perdere Φ mm | dixisti ... iubens om. mm
14 cum] tua N | potestate] hoc add. N   16 ut om. Φ mm | perderet M;
perdere Φ mm   17 quod om. α | ita quaesierit om. so   19 cur dedisti om.
M | illius iusti tr. mm | perdere iter. M | permisisti] permisi M   20 ob[1] ...
permisi om. α | ob hoc acquievi om. mi   21 filios] eius add. α Φ mm
appareat N(ac.) | diabolo M | iniustitia ... diaboli om. β   22 appareat N(ac.)
23 blasphemia] dixisti inquit sed non ut iubens add. mm | exaudirem] et
audirem M   24 diabolo om. α Φ mm   25 potestate N P B V; diaboli add. α
Φ mm | et] ut add. N | perderem N M | omnium N   26 suam] tuam B;
cum add. N   27 coluerit me tr. Φ mm   28 quiesceret om. B

quod et deus favorabiliter colentibus se rem daret, et colentes 30
illum non propter dilectionem, sed propter rei familiaris gratiam
ei servirent. Merito ergo ne posset haec dicere diabolus, dedit illi
in potestatem et rem Iob et filios et post paululum ipsum eius
corpus ad supplicium.

13. Si igitur cum tanta ingessisset Iob et ille in eisdem gratiarum actionibus atque confessionibus perseveraret adhuc, super
haec omnia eadem usus est impudentia atque improbitate dicens:
Corium pro corio, quid faceret si omnium bonorum Iob potestatem non acciperet? "Ob hoc" inquit "postulantem diabolum et 5
audivi et innocentem Iob in potestatem eius tradidi, non quod
diabolo placere voluerim, sed totum mundum informare festi-
navi, quae sit mea iustitia et diaboli iniquitas, livor quoque eius
atque invidia, et quae iustorum sit fides et tolerantia vel dilectio
eorum circa me." Similiter petit et petet usque in finem saeculi 10
pro omnibus sanctis, ut potestatem accipiat, ut corpora eorum
affligat et animas eorum non tangat. Sic afflixit martyres per
principes huius mundi, igne et gladio consumens carnes eorum.
Haec namque fuit voluntas et petitio diaboli, ut sanctos tormentis afficeret ac torqueret. Et haec fuit sanctorum oratio, ut omnia 15
supplicia propter deum sustinentes aeternae gloriae apud eum in
fide efficerentur heredes. Quod autem haec petat diabolus, ostendit evidenter dominus dicens: *Satanas petit ut vos cerneret tam-*

13, 4 Iob 2, 4b   13 principes huius mundi] *cf.* Ioh. 12, 31; 14, 30   **18 sq.**
Luc. 22, 31; *cf.* Ps. Chrysost., in Iob sermo 3, 4 (PG 56, 575)

---

30 quia *Φ mm* | et[1] *om. so*   31 rei *om. Ψ* | familiaritatis *so*   32 dicere *om.*
A T V | illi *sl. P*   33 in *om. N* | corpus eius *tr. Φ mm*
13, 1 igitur] ergo *A T V mm* | ingesset *N (ac.)*   2 confessionibus] non *add.*
M   5 hoc *sl. N* | postulantem ... Iob *om. α Φ mm*   6 potestate *N Φ mm*
eius *sl. P*   7 festinans *Φ mm*   8 mea] in ea *B (ac.)*   9 sit iustorum *tr. α Φ*
mm   10 petiit *M Φ mm*   12 non *om. P A T V mm*   14 sanctis *M*   15 affi-
cet *P* | ac] atque *V mm*   18 petit] petiit *Φ mm* | cerneret *N M*; cribraret
(= *Vulg.*) *cett.*

quam triticum et cetera. Haec namque universa propter improbi-   mi 458
20 tatem atque impudentiam, zelum quoque atque invidiam maligni,
quam habet circa sanctos, dicta sunt. Ad quem istic loquens deus
dicit: TU AUTEM PETISTI UT REM EIUS PERDERES SINE CAUSA.
Cuius rem? Iusti ac pii atque credentis Iob. "DIXISTI REM EIUS
PERDERE SINE CAUSA, pro tuo" inquit "zelo atque invidia, pro
25 tua maligna suspicione, callidissime diabole. PETISTI REM EIUS
PERDERE SINE CAUSA, nihil peragens vel perficiens nisi solam
iniquitatem tuam atque malitiam. PETISTI REM EIUS PERDERE
SINE CAUSA." Porro si sine causa perivit, quare perivit? "Diabolo" inquit "SINE CAUSA perivit. Nihil enim peregit neque
30 perfecit, cum rem eius perderet, nisi suam deiectionem atque
humiliationem ostendit." Iob vero haec res non sine causa perivit, sed ad ingentem gloriam et laudem atque honorem huius rei
perditio ei provenit coram deo et angelis eius, et apud deum
gloriae augmentatio ei provenit et super terram duplex pro remu-
35 neratione receptio atque redhibitio. Sic itaque diabolo quidem
sine causa facta est huius rei perditio, Iob vero non est facta sine
causa, sed pro aeternae beatitudinis remuneratione et in caelis
coram angelis dei et in terra in conspectu omnium gentium.

32sq. ad ... eius] *cf.* Iob 42, 17 a α   **33** coram ... eius] *cf.* Apoc. 3, 5   **33–35**
apud ... redhibitio] *cf.* Iob 42, 10c

---

20 zelus *P* | atque²] ac *mm*   **21** istinc *α*; de istis *mm* | dicit deus *tr. P*
22 dicens *so* | ut *om. Φ mm* | perdere *Φ mm*   **23** dixisti] desiderasti *mm*
24 perderes *N M*   **26** perderes *M* | peragene *P* (*ac.*)   **27** neque *P*   **28** si *om.*
Ψ β mm (*cf. lib. I, cap. 95, 25*) | perivit¹] peribuit *M*; peribit *so*; periit *Φ mm*
perivit²] peribuit *M*; peribit *so*; pervenit *P* (*pc.*); provenit *mg. P* (*man. post.*);
periit *mi* | diabolus *B*   **29** peribuit *M*; peribit *so*; pervenit *P* (*pc.*); periit *mi*
30 perficit *B*   **31** perivit] peribuit *M*; peribit *so*; periit *P* (*pc.*); provenit *mm*
32 gloriam et *iter. M*   **33** ei *om. Φ mm* | venit *B* | coram ... provenit *om. N*
34 pervenit *B*   **35** redhibitio] *retributio *Φ mm* | quidem] quod *B*   **38** co-
ronam *M*; corona *so*

14. Increpans ergo et redarguens atque obiurgans diabolum dicit: "TU VERO PETISTI UT REM EIUS PERDERES SINE CAUSA; tu dixisti, tu petisti, tu quaesisti, tu vero rem eius sine causa perdere festinasti." Tamquam si diceret: "Ubi est praesumptio tua, o diabole, quod mox ut rem Iob abstulisses, continuo eum a pia dei 5 cultura atque eius gratiarum actionibus discedere fecisses? Ubi" inquit "est arrogantia tua, bonorum omnium inimice diabole? Ubi tumultuatio tua atque seditio? Ubi labor tuus atque sollicitudo? Ubi contentio tua atque altercatio? Laborasti enim atque certasti bella diversa conficiendo et castra statuendo et equites 10 demonstrando et ignem exurendo et ventos admovendo et fundamenta quatiendo et domos deiciendo atque omnem sollicitudinem demonstrando, ut iusti Iob rem atque filios perderes, sed frustra exstitit ingens tuus labor atque sollicitudo. Rem enim Iob perdidisti, sed iustitiam eius non perdidisti, sed fidem ac pietatem 15 eius non dissipasti. Idcirco audi" inquit "cum increpatione: PETIS-TI UT REM EIUS PERDERES SINE CAUSA. Sed olim quidem rem Iob sine causa perdidisti, post hoc autem, cum dominus venisset ad terram, illius unguenti perditionem gratis fieri aestimasti dicens per os Iudae: *Utquid haec perditio huius unguenti facta est?* Et 20 unguentum sane, quod pro bono cum fide effusum est, perditionem iudicasti; rem vero Iob, quae cum iniquitate periit, perdi-

---

14, 20 Marc. 14, 4; *cf.* Leontius Presb. Constantinopol., hom. 6 (CCSG 17, 236, 175 sq.)

14, 2 dixit *mm* | ut *om. Φ mm* | perderes *N*; perderem *α*; perdere *cett.* tu² ... 4 festinasti *om. P* **3** dixisti] desiderasti *mm* | vero *om. α Φ mm* perdere sine causa festinasti *tr. so*; festinasti perdere sine causa *tr. β mm* **4** o *om. N* **5** Iob] eius *so Φ mm* | abstulisset *M (ac.) P (ac.)* **6** eius] eis *N* **7** est inquit *tr. Φ mm* **8** ubi² ... sollicitudo *om. B* **10** confitendo *B* **11** igne *V (pc.) mm* **12** sollicitudine *N* **13** ut] et *B* | perderet *V* **15** eius ac pietatem *tr. Φ mm* **16** inquit audi *tr. so* **17** ut *om. Φ mm* | perdere *Φ mm* | quidem] quod *B* **18** sine *Inp. V* **19** terram *N*; terras *cett.* | perditione *α* | fieri *om. P* | festinasti *P*; stimasti *B* **21** effusus *B A (ac.) T (ac.)*

tionem non aestimasti, et quod est hoc maius, unguentum illud,
quod a Iuda effusum est, hoc est sanguinem unigeniti, perditio-
25 nem non reputasti." Nam sicut, cum illic unguentum illud effunderetur, *repleta est domus illa unguenti odore*, ita et istic, id est in   mi 459
passione domini, cum sanguis domini effunderetur, repletus est
orbis terrae salutis suavitate. Sed his omnibus non cessit nequissimus et improbus atque impudens diabolus neque confusus est
30 neque se cognovit, sed tamquam canis rabidus ad baculum infelix
cucurrit, cum priorem suam deformitatem non intellegit, sed
sperat quod per novissimum bellum priorem ruinam posset
resarcire, nesciens miser quod novissima peiora prioribus ei
essent efficienda.

     15. Idcirco post haec universa respondit diabolus ante deum
et dixit: **CORIUM PRO CORIO**. O impudentia atque improbitas   2, 4b
tua, o diabole! Tantam deformitatem atque confusionem tuam
non consideras, sed inverecunde identidem accurris contraria
5 tibimetipso loquendo ac dicendo atque quaerendo et teipsum
destruendo. Primo enim dixisti cum ad deum de Iob locutus
fuisses: "Aufer illi rem, priva eum divitiis, minue illi opulentiam,
humilia illum de altitudine, denuda illum his quae dedisti, si non

---

26 Ioh. 12, 3   30 sq. canis ... cucurrit] *proverbialiter* (*cf.* Otto, s. v. canis 8)
33 novissima peiora prioribus] *cf.* Matth. 12, 45; Luc. 11, 26
15, 8 sq. si ... maledixerit] *cf.* Iob 1, 11 b

---

23 existimasti *α Φ* | maius est hoc *tr. A T V mm*; est maius *P B*   24 quod *sl.*
N   25 non **om. Φ mm*   27 sanguinis *P* (*ac.*) | effunderetur] et *add. B* (*corr.*)
28 sed] in *add. Φ mm* | his *om.* mi | cessit *N*; cessat *α P A T V*; recusat *B*;
cessavit *mm*   29 confusus est neque] confusum *Φ mm*   30 se *om. B*
recognovit *Φ mm*   31 suam ... priorem *om. β*   32 posset *om. B*   33 peio-
ra] priora *so*   34 facienda *so*
15, 1 dominum *N*   4 inverecunde] atque *add. mm* | identidem] hoc est
iterum atque iterum *add. Φ mm* | recurris *Φ mm*   5 tibimetipsi *so A T V*
mm | temetipsum *mm*   6 primum *mm*   7 fuissit *M P* (*ac.*) | illi²] eum *so Φ*
mm | opulentia *M Φ* (*pc. P*) *mm*; apudentia *P* (*ac.*)   8 illum¹] eum *Φ mm*
sic *B* (*ac.*)

continuo in faciem tibi maledixerit et detraxerit atque blasphemaverit", quasi magnum fuerit hoc, ut divitiae atque res eius   10
familiares auferrentur. Quod ergo tunc magnificasti, ut ei res
familiares auferrentur, hoc nunc nimirum minoras. Quod tunc
singulare atque indubitabile iudicasti, quod sublatis divitiis Iob
continuo esset blasphematurus, hoc nihilominus nunc ad nihilum redigens dicis: CORIUM PRO CORIO. Corium divitiarum pro   15
corio corporis, corium bonorum pro corio ossium. Haec namque
duo coria reputat ac memorat istic diabolus: rem familiarem et
corpus, exterius corium rem et divitias, interius vero corium
corpus et ossa. Corium divitiarum quod non valde doleat, pro
corio corporis quod valde doleat. Haec scilicet cogitans malignis-   20
simus diabolus, a quo numquam malae cogitationes deficiunt,
haec ergo nequissimus diabolus nequiter atque callide tractans
dixit ad deum de Iob: CORIUM PRO CORIO, ac si diceret: "Quid
magni passus est Iob? Quid grave sustulit hic quem defendis?
Rem familiarem et filios amisit, sed sperat quod rursus et rem et   25
filios acquirat, confidit quod et identidem des, sicut et ante dedisti. Pro hac ergo spe atque confidentia necdum a te recessit,
necdum te reliquit, necdum tibi detraxit, necdum te blasphemavit, quia necdum tetigerunt illum dolores corporis, quia necdum
apprehendit eum ossium poena. CORIUM enim PRO CORIO. Exte-   30
riore" inquit "corio decoriatus, hoc est rem familiarem ablatam
contempsit atque ad nihilum deduxit. Tange interius corium eius,

---

9 maledixerit tibi *tr. Φ mm*   **10** eius *sl. N*   **11** auferrentur *Ψ P B* | quod ...
auferrentur *mg. N; iter. P* | res ei *tr. B*   **12** auferrentur *Ψ P B* | minores
P (ac.) B   **13** indicasti *Φ*   **14** esse *N*   **15** dicit *P (ac.)*   **17** repetit *Φ mm*
18 corpus] divitias *Φ mm* | rem et divitias *om. Φ mm*   **19** divitiarum *om. α*
Φ mm | non *om. P* | pro corio corporis *N*; rem familiarem corium *cett.*
20 doleat] corium corporis *add. α Φ mm*   **22** hic *N M*   **23** dicit *mm*
dominum *Φ mm* | de *sl. M*   **24** quid] qui de *M (ac.)* | defendit *P (ac.)*
26 confidet *N M* | et[1] *sl. N*   **28** necdum[2]] nec *N* | tibi] te *P B A T mm*
blasphemavit quia necdum *om. P*   **29** necdum[1]] non dum *N*   **30** poenas
P | enim *om. Φ mm*   **31** re familiare *N*   **32** reduxit *Φ mm* | interiore *N M*;
interiorem *P*

hoc est tormentis affice carnes eius et contere ossa illius, et apparebit constantia eius, quam nunc habere videtur. Supervacua
35　enim erit fides eius, quam nunc circa te servare se putat."

　　16. CORIUM PRO CORIO, ac si diceret: "Dolorem minorem
pro dolore maiore, levius tormentum pro tormento amariore,
poenam moderatiorem pro poena fortiore. Minorem" inquit "ac　mi 460
leviorem atque moderatiorem sustinens Iob dolorem videtur
5　adhuc constantiam habere, pro gravioribus leviora facile sustinens, pro acrioribus mitiora leviter sufferens. Nam omnis poena
atque omnis dolor, qui foris fuerit a corpore, levior esse videtur
magis quam illi dolores, qui sunt in corpore. Ideo CORIUM PRO
CORIO, hoc est poena minor pro poena maiore, dolor levior pro
10　dolore vehementiore. Nam aliud est rem familiarem amittere et
detrimenta sustinere, aliud est sane carnibus ipsis putrescere et
vermibus repleri et in pulvere terrae commassari umorem ulce-
rum, qui ex ipsis liquescentibus carnibus elicitur. Idcirco facile
sustinet Iob exterioris corii dolorem pro dolore corii propinquio-
15　ris, hoc est rei familiaris direptionem pro corporis afflictione.
Quamdiu ergo leviorem dolorem sustinet, illo usque a te non
discedet neque negabit te. Immuta" inquit "coria, hoc est immuta
dolores, et continuo immutari eum ad blasphemiam senties.
CORIUM" inquit PRO CORIO." Huius rei exemplum etiam in
20　nobis videmus. Nam cum percutitur quilibet vel caeditur, frequenter manum pro toto porrigit corpore et protegit et caput et

---

33 eius ... ossa om. β | ossa] carnes P mm　　34 constantiam N | eius] ipsius
N | videtur habere tr. A (ac.)　　35 erit om. mi; est Φ me | servare] habere Φ
me
16, 2 levius N; leve cett. | levius ... amariore om. Φ mm　　6 arctioribus mi
mitiores Ψ P B T (ac.) | leniter mm　　7 et mm | omnis om. M | quis B
videtur esse tr. mm　　8 dolores sl. N | qui sunt iter. A (corr.)　　9 minore M
11 sane est tr. α Φ mm　　12 pulverem Φ mm | umore Φ mm　　13 eligitur Ψ;
edicitur P (ac.); ducitur me　　15 hoc est] hanc M Φ mm　　16 leviorem] dolo-
re add. N | dolorem om. so | a] ad M　　17 discedit mm | negavit N (ac.)
18 sentias P　　21 et² om. M Φ mm

dorsum manu, et videtur illi levius ut in manu percutiatur quam
in dorso vel in capite, et dat CORIUM PRO CORIO, corium manus
pro corio dorsi vel capitis. Haec utique universa designans nequissimus callide dicit de Iob: "CORIUM PRO CORIO. Nam sicut 25
hi, qui vapulant, corio manus alterum corporis protegunt
corium, pro hoc tantum ut corpus integrum habeant, sic" inquit
"et Iob exteriora rei familiaris detrimenta contemnit universa,
tantum ut corporis effugiat poenam. Sic namque et hi, qui in
mari navigant, cum periculum passi fuerint, omnia quae in navi 30
habuerint contemnunt atque in mare proiciunt pro hoc ut ipsi
evadant, sic et quicumque divitum cum in corporis infirmitatem
inciderint, omnem substantiam suam libenter offerunt, tantum
ut corporis incolumitatem recipiant: Sic" inquit "et Iob omnes
divitias et omnem rem familiarem facile contemnit, tantum ut 35
dolores non contingant carnes eius."

17. Quod autem eo proposito dixerit haec universa nequissimus daemon, per haec quae sequuntur ostendit dicens: "OMNIA
QUAECUMQUE HABUERIT HOMO, DABIT PRO ANIMA SUA. Sic"
inquit "et Iob omnia quaecumque habuit contempsit, tantum ut
corpus conservaret illaesum. Sed adhuc" inquit "CORIUM PRO 5
CORIO." Quis dixit hoc? Diabolus. Ad quem dixit? Ad deum. De
quo dixit? De Iob. Quo proposito dixit? Superius multipliciter
demonstrato. Super haec autem universa – adhuc audi – de his

17, 7 superius] cf. lib. I, cap. 35–61

22 levius om. α Φ mm | percutiatur] magis praem. M Φ mm, add. so   23 in² om. mm   24 corio] vel add. M | dorsi vel om. M Φ mm | itaque Φ mm   26 corium N | manuum α; manu P (ac.) | protegent N M   27 pro N; ob cett. | ut] et N | sic sequ. ras. 3 litt. B   31 mare so; mari cett. | pro N; ob cett.   32 sicut B | infirmitate N   33 suam om. β   34 accipiant P   35 omnem] esse add. P (corr.) | contempsit so

17, 1 quo P A T V mm | autem] cum enim M | eo om. M Φ mm | propositu N; propositum M   4 omnia om. α | habuerit M A T V mm   5 corpus] suum add. so | corium inquit tr. α P A T   6 diabolus ... dixit³ om. P   8 demonstratur N

quae dudum in principio facta sunt commonefacit istic nequis-
10 simus diabolus. Nam "quia pridem, quando primus Iob pater
atque patriarcha Adam meis" ait "seductionibus oboediens te
contempsit, ob hoc pelliciis tunicis a te creatore indutus est pro
vindicta abnegatoris, eo quod te dereliquerit, ad me autem ierit,   mi 461
et ex hoc huius rei mihi debitor exstitit, merito nunc" inquit
15 "CORIUM PRO CORIO. Corium" inquit "Iob pro corio Adam da
mihi. Vexaturus eram corium Adam, et non me permisisti. Da
ergo mihi corium Iob pro corio Adam. Da mihi corium filii pro
corio patris. Exigam" inquit "filium debitum genitoris. Persol-
vat" ait "pellem vel corium novissimus nunc prioris tunc debiti.
20 Ulciscar in filium peccata prioris patris eius atque patris omnium." Haec itaque universa memorans atque de his universis
admonens nequissimus malignissime dicit: "CORIUM PRO CORIO.
Corium Iob pro corio Adae. Corium filii pro corio patris. Corium posterioris pro corio prioris." Ita scilicet diverse demon-
25 stratum ac memoratum hoc quod ait CORIUM PRO CORIO, adiecit
dicens: OMNIA QUAECUMQUE HABUERIT HOMO DABIT ET ERU-
ET ANIMAM SUAM. Verum est hoc quia cum ad periculum vel
discrimen pervenerit homo, omnem rem familiarem contemnit,
universam suam spernit substantiam, tantum ut animam eruat, ut
30 animam suam incolumem liberet. Et nunc cum speras quod

12 pelliciis ... est] cf. Gen. 3, 21   28–30 omnem ... liberet] cf. Ps. Chrysost.,
in Iob sermo 4, 1 (PG 56, 577)

10 nam om. *Φ mm* | primus om. *mm*   11 neque *B* | eis *α*   13 dereliquerit
te *tr. P*   14 corium inquit *tr. α*   16 mihi *del. P (corr.)* | permisti *M*
18 filium (*cf. ThlL V/2, 1455, 44sqq.*)] a filio *so Φ mm*   19 novissimi *N M*
20 in filium om. *α Φ mm*   21 iis *me*   23 corium[1]] corio *mi*; pro *add. A*
24 prioris] patris *mi* | diversae *B* | demonstratum *N*; demonstrantur *B*;
demonstratur *cett.*   25 memoratum *N*; memoratur *cett.* | hoc om. *B*
corium om. *mi* | corio] et *add. Φ mm*   26 habuit *B (ac.)*   28 venerit *N*
29 substantiam suam (om. *B*) spernit *tr. α Φ mm*   30 liberet] haberet *B*
cum speras] speras *N*; consperas *P (ac.)* | speras] quod speras *add. N*

adversum Iob loquaris, pro Iob loqueris, o inimice omnium bonorum diabole, et non intelligis. Evidenter enim Iob plus quam ceteri plurimi omnia quaecumque habuit despexit atque contempsit, et divitias et possibilitatem et filios et rem familia-rem, ob hoc tantum ut animam suam acquireret atque lucriface- 35 ret, ut animam suam illaesam et incontaminatam atque illibatam custodiret.

18. Haec scilicet dicendo, o diabole, et teipsum confundis, Iob vero propositum ostendis: OMNIA QUAECUMQUE HABUERIT HOMO DABIT ET ERUET ANIMAM SUAM. Ob quam rem? Quia *red-emptio animae viri propria est substantia.* OMNIA QUAECUMQUE HABUERIT HOMO DABIT ET ERUET ANIMAM SUAM. Hoc egit Iob, 5 propterea inviolatam animam suam creatori consignavit. Hoc egerunt beati martyres, idcirco postquam omnia corruptibilia atque terrena contempserunt, post hoc nihilominus proprium corpus in poenam atque incendium tradiderunt, ignem atque gladium sustinentes, tantum ut animas suas mundas atque castas 10 deo exhiberent, sed interim adhuc post haec quae bene digesta sunt. Nam saepe etiam a malo aliquid boni proficit, non quod pessimus ac malignus ita voluerit, sed quia bonus ac benedictus deus maligni malitiam in bonum convertit timentibus atque dili-gentibus se, sicut Iob vel martyribus atque omnibus credentibus, 15 qui omni tolerantia superantes nequitiam eius aeternae vitae

---

18, 3 sq. Prov. 13, 8

---

31 loquaris] loqueris *mm* | o *om. mi* **32** bonorum *om. so* | evidenter] et videntur *P (ac.)* **33** ceteros plurimos *N*; ceteris plurimis *α P B* | quae *so* depexit *P (ac.)* **34** familiarem] ut *add. B* **35** suam *om. mi* **36** *intami-natam *α P*
18, 2 verum *N* | ostendit *V (ac.)* **3** dabit *iter. A (corr.)* | ut eruat *β mm*
4 animae *om. α Φ mm* | substantiam *M* **5** ut eruat *A T V mm* **6** animam suam inviolatam *tr. Φ mm* | creatori *om. Φ mm* | cognavit *B (ac.)*; conserva-vit *mm* **9** poena *V (pc.)* | atque¹] in *add. mm* **11** interim] videamus *add. β mm* **12** proficiscitur *mm* **13** ac¹] et *A T V mm* **15** martyribus] matribus *B (ac.)* | omnibus *om. Φ mm* **16** tolerantiae *M*

atque gloriae hereditatem capient apud deum. Sic etiam nunc istic
sermo qui maligne a diabolo dictus est: OMNIA QUAECUMQUE
HABUERIT HOMO DABIT ET ERUET ANIMAM SUAM, pro pietatis
20 commemoratione diligentibus deum proficit. Verumtamen, ut
diximus, post haec universa maligni ipsius diaboli ex ipsis eius
sermonibus notam ostendamus, cum iniquitatis eius arma in eum
convertimus. Dic, o nequissime atque versute diabole: Ab initio
de re familiari atque divitiis Iob locutus es, nunc vero animam   mi 462
25 memoras, animam proponis, animam nominas; ob quam rem,
nisi ob hoc, quia iam maligne de anima Iob tractas, quia callide
animam eius quaeris? Necdum corii eius potestatem accepisti,
necdum pellis eius, hoc est corporis eius, constantiam approbasti,
et iam animae eius quaeris supplantationem, OMNIA inquiens
30 QUAECUMQUE HABUERIT HOMO, DABIT PRO ANIMA SUA.

19. Post quae adiecit dicens: NON ERGO ITA EST. Quid   2, 5a
dicis, o diabole, NON ITA EST? Vel ob quam rem hoc dicis, NON
ERGO ITA EST? Ac si diceret: "Non est adhuc definitum, necdum
est deliberatum. Non est sicut Iob arbitratur, quod iam vicerit,
5 quod omnia perfecerit atque impleverit; necdum enim est in fine
doloris sed initio. NON ERGO ITA EST, sicut dictum est, quod non
sit *illi similis alius super terram.* Quid omnino peregit? Quid sustinuit? Quid supportavit? Necquidquam magnum adversus futura

---

19, 7 Iob 1, 8c; 2, 3c; ὅμοιος αὐτῷ: *cf.* cod. Alexandrin.

---

17 capierent *A*; capiant *V (ac.)*; capiunt *V (pc.)*   19 ut eruat *A T V mm* | pro
pietatis] proprietatis *B*   20 commemoratio *M*   21 ipsis] ipsius *B* | sermoni-
bus eius *tr.* Φ *mm*   22 ostendimus *P (ac.)*   23 convertimur *N* | dic o] dico
Ψ | atque versute diabole *N*; adversum te diabole *α*; diabole adversum te *Φ*
mm   24 familiare *N (ac.)* | nunc] non *so* | animam memoras *om. α Φ mm*
25 nominans *B mi*   26 tractas] tractans *N (ac.)*   29 et iam] etiam *N M*
iam] anima *P (exp.)*
19, 1 quae *N*; *haec *cett.*   2 est ita *tr. B* | vel] ve *M*; cur *praem. so*   3 *ita est
ergo *tr. N*   4 est² *sl. N* | viceret *N (ac.)*   5 quia *P* | fecerit *B* | *adimpleverit
α | enim *om.* Φ *mm*   6 sed] et *P*; in *add. so* Φ *mm*   8 malignum *V*

sustinuit. Cum sustinuerit novissima, tunc demum laudabitur,
2, 5a-b   nunc vero NON ITA EST. SED PORRIGE MANUM TUAM ET TANGE   10
CARNES EIUS ET OSSA, SI NON IN FACIEM TIBI BENEDIXERIT.
Tange" inquit "rem familiarem et filios, tange divitias et possibilitatem. TANGE" inquit "CARNES ET OSSA, SI NON IN FACIEM TIBI
BENEDIXERIT, hoc est maledixerit. Patientia" inquit "in doloribus
carnis ostendatur, sufferentia in ossium poena demonstretur.   15
PORRIGE MANUM TUAM!" "Identidem, o diabole, manum ut
porrigam quaeris, fingens quemadmodum et superius? Nam vere
ut tibi tradatur, cupis; ut tibi in potestatem detur, vis." "PORRIGE
MANUM TUAM." "Ad quid faciendum porrigam?" "TANGE"
inquit "CARNEM ET OSSA EIUS. Afflige" inquit "comminue, con-   20
tere, doloribus affice, putrefac carnes et ossa eius atque universas
compages nervorum illius, SI NON IN FACIEM TE maledixerit,
detraxerit, blasphemaverit. Hoc" inquit "sit indicium patientiae
et firmitatis atque constantiae eius, ut ossium tormenta absque
murmuratione sufferat, ut dolores corporis absque reprehensione   25
sustineat, ut putredinem vermium supportet absque blasphemia.
Ob hoc ergo dico: NON ERGO ITA EST, SED PORRIGE MANUM
TUAM, ut sit inchoatio huius belli, certaminis quoque atque dis-
ceptationis, ut appareat aut Iob constantia perfecta aut meus
sermo veridicus."   30

---

17 superius] cf. lib. I, cap. 56–62   17sq. nam ... vis] cf. Iob 2, 6a (cap. 20)

---

9 sustinuit *om.* α Φ *mm* | novissima] si sustinuerit *add. mg. N*; sustinuerit
add. M   **11** carnem *mi* | non *sl. N* | benedixerit] dixerit *B*   **12** et¹] ac *M*
13 carnem Φ *mm*; eius *add. V* | tibi *om. A T V mm*   **14** hoc ... maledixerit
om. N P | inquit *om. B* | dolore Φ *mm*   **15** sufferentiam *so* | demonstretur
om. B   **17** porrigam *N*; porrigat α *mi*; porrigas *cett.* | quaerere fingis Φ
mm | et] ut *A T V me*   **18** potestate *N so* | vis *om. M*; voles *N*   **21** eius et
ossa *tr. so mi* | eius *om. N* | atque] et Φ *mm*   **22** facie α Φ | tibi Φ *mm*
23 detraxerit] atque Φ *mm* | indicium] in iudicium *P*   **24** eius *sequ. ras. 1*
litt. M | ossium] sic *add. mi*   **25** numeratione *mi*   **27** ergo² *om.* Φ *mm*
29 aut¹ *om.* α Φ *mm* | meus] mens *M*

20. Cui digne respondeatur: "O inimice omnium bonorum
diabole, non tibi suffecerunt priora, sed tanta crudelitate atque
impietate adversus iustum hunc uteris, tantam iniustitiam me
perficere cupis, ut iustum Iob tibi iniusto contradam, ut innocen-
5 tem impio deputem, ut miseriis afficiam eum qui sine peccato est,
ut molestiam ingeram devoto, ut non discedentem percutiam, ut
flagellem non delinquentem, ut tribulem gratias agentem? Quid
hoc indecorosius atque illicitius? Quis omnino carnalium hoc
faciat? Quis ex terrenis prorsus hoc agat, ut morigerum atque
10 devotum servum iniustis ad supplicium contradat? Sed interim ut
tuam" inquit "iniquitatem redarguam atque iniustitiam obiur-   mi 463
gem, ECCE TRADO TIBI EUM, ut absque contradictione convinca-   2, 6a
ris et absque excusatione condemneris atque in omnibus mendax
comproberis. ECCE TRADO TIBI ILLUM. Substantiam quaesisti,
15 accepisti; nunc ipsum quaeris, habes. ECCE TRADO TIBI ILLUM;
non tibi contradico, maledicte; non tibi denego, condemnate;
non propter tuam" inquit "malignitatem, sed propter Iob innocentiam, ut *iustus* appareat, ut *sine querela* esse comprobetur, ut
gloriosus coronetur, ut *verax* demonstretur. Pro his" inquit
20 "omnibus ECCE TRADO TIBI ILLUM. Nudum illum reliquisti,
nudum constituisti, solum reddidisti, solum tibi illum trado, et
accipies solum. Animam non quaesisti; ANIMAM NE TETIGERIS.   2, 6b
Carnem et ossa petisti; ANIMAM NE TETIGERIS. Contere carnem,

20, 5 qui ... est] *cf.* Ioh. 8, 7   18 sq. Iob 1, 1b (*cf.* 2, 3d)

20, 1 bonorum omnium *tr.* α *P B A T*   2 priora *N*; propria *cett.* | tantum *Φ*
mm   3 tantum *Φ mm*   7 non delinquentem flagellem *tr. B*   8 indecoro-
sius] indecorosus *M* (*ac.*); inde curiosius *P*   10 iniuste *Φ mm* | contradatur
α; contradicat *B*   11 inquit *om. Φ mm*   14 ecce ... habes *post* demonstretur
(*lin. 19*) *tr. P* | quaesisti] et *add. Φ mm*   16 tibi[1] *om.* α *Φ mm*   20 tibi trado
tr. mm   21 constituisti] solum constituisti *add. P* | illum tibi *tr.* α *Φ mm*
22 accipies] illum *add.* α *Φ mm* | ne] non *M* (*ac.*) *P*   23 carnem[1]] carne *M*
carnem[1] ... tetigeris *om. so* | contere] tantum *add. P A T V mm* | contere ...
tetigeris *om. B*; *post* animam (*lin. 26*) *tr. P*

afflige ossa; ANIMAM NE TETIGERIS. Terram tibi trado; caelo ne
appropinquaveris. Corruptionem habeto; incorruptionem ne   25
tetigeris, hoc est animam. Terrenum vas confringe ut volueris;
interiori vero thesauro ne appropinquaveris. Luteae testae facito
quod volueris; pretiosissimam vero margaritam ne tetigeris.
ANIMAM EIUS NE TETIGERIS, sancta est, casta est, immaculata est,
incontaminata. Propterea ANIMAM EIUS NE TETIGERIS; non ma-   30
culavit illam iniquitas, non violavit illam pessima cogitatio, non
pervertit illam dei blasphemia, non polluit illam creatoris repre-
hensio. Idcirco ANIMAM EIUS NE TETIGERIS. Meum" inquit
"plasma est inviolabile, mea habitatio est incontaminata, mea
commoratio est incoinquinata.   35

21. Ideo ANIMAM EIUS NE TETIGERIS, quae ad imaginem dei
est creata, quae incorruptibili sapientia est imbuta, quae sermone
et scientia est coronata, quae dei agnitione est induta, quae domi-
natione corruptibilis huius mundi est honorificata, quae *paulo
minorem gloriam ab angelis* super terram est indepta. Hanc sci-   5
licet ANIMAM NE TETIGERIS neque huic appropinquaveris neque
communicaveris neque commiscearis neque seduxeris neque
obtunderis neque infatuaveris neque fatigaveris neque deceperis.
Omnibus itaque modis ANIMAM EIUS NE TETIGERIS. Nam cum tu

---

28 pretiosissimam vero margaritam] *cf.* Matth. 13, 46
21, 1 sq. ad ... creata] *cf.* Gen. 1, 26 sq.; 9, 6; Col. 3, 10; Iac. 3, 9   **3 sq.** domi-
natione ... honorificata] *cf.* Gen. 1, 28; Ps. 8, 7–9; Sap. 9, 2 sq.; Sir. 17, 3
4 sq. Ps. 8, 6

---

26 volueris] in *add. N*   27 luteae] lutea et *N*   29 animam ... tetigeris *om. so*
30 incontaminata *N*; intaminata *cett.*   32 praevertit *Ψ (ac. N)* | dei] in deum
so   35 *moratio *N*; memoratio *α A*; commemoratio *P B* | incoinquinato *M*
21, 3 agnitione *N*; cognitione *cett.* | corruptibilis dominatione *tr. Φ mm*
4 incorruptibilis *V*; corruptibili *mi*   5 adepta *so P mi*; redempta *B*   6 huic
om. P | appropinquaberis *N*   7 communicaberis *N* | neque seduxeris *om.*
mi | neque³ ... fatigaveris *om. V*   8 obtuderis *so mm (sed cf. ThlL IX, 296,*
45) | infatuaberis neque fatigaberis *N M P* | deciperis *M*   9 eius] cave *add. Φ*
mm | tu cum *tr. M Φ mm*

10 ANIMAM EIUS ne⟨que⟩ TETIGERIS neque ei approximaveris, numquam me innocens eius anima negabit. Pro his ergo omnibus
ANIMAM EIUS cave NE TETIGERIS. Non tetigisti" inquit "animam
Ioseph in luxuria, non tetigisti animam Abrahae in temptatione,
non tetigisti animam Noe in medio gigantum, non tetigisti
15 animam Enoch in medio iniustorum, non tetigisti animam Abel
in innocente eius internecione. Ergo quia nullius" inquit "illorum
animam tetigisti, o diabole, idcirco immaculati omnes atque beati
in conspectu meo consummati sunt. Noli ergo nec Iob animam
tangere, et gloriosus etiam hic in conspectu meo consummabitur.
20 Non tetigisti" inquit "martyrum meorum animas, non tetigisti
mirabilium veridicorum meorum testium animas. Idcirco insuc-
cumbentes universam propter fidem contempserunt mortem,
ideo intaminati omnem ignis poenam irriserunt atque gladii.
Merito immarcescibilibus coronis coronabuntur in conspectu   mi 464
25 meo. NE TETIGERIS" inquit "ANIMAM Iob. *Conculcabit* enim
caput tuum et comminuet virtutem tuam et conteret fortitudinem tuam et humiliabit altitudinem tuam et deiciet elationem
tuam et demonstrabit omni carni fiduciam ad standum adversum
te constanter usque in saecula. Malignus namque es et invalidus,
30 callidus atque infirmus, astutus ad insidiandum sed impossibilis

---

13 Ioseph in luxuria] *cf.* Gen. 39, 1–6 | Abrahae in temptatione] *cf.* Gen. 22,
1–18   14 Noe ... gigantum] *cf.* Gen. 6, 4–8   15 Enoch ... iniustorum] *cf.*
Gen. 5, 21–24   15 sq. Abel ... internecione] *cf.* Gen. 4, 2–8   24 immarcescibilibus coronis] *cf.* 1 Petr. 5, 4   25 sq. Gen. 3, 15

---

10 neque[1] *coniecit Primmer*; ne *N M*; *om. B*; non *cett.* | approximaberis *N*;
proximaveris *mi*   11 negavit *N*   13 non ... temptatione *iter. M*   15 ani-
mam[1] *om. mi*   16 in *om. β mm* | innocentem *mi*   17 omnes immaculati *tr.*
B   18 neque *B*   19 glorioso *P*   20 inquit *om. B*   21 veridicorum] vindico-
rum *P (ac.)*; medicorum *B*; ueri *add. mg. A* | testis *B* | animas *iter. V (corr.)*
insuccumbentes] ii succumbentes *mm*   22 universam *N*; universi *cett.*
23 incontaminati *N (pc.)*; intaminata *so* | gladium *N*   24 coronis *om. so*
25 ne] non *A (ac.)* | enim conculcabit *tr. N*   30 insinuandum *N (ac.)*

ad opprimendum, doctus ad decipiendum sed invalidus ad re-
sistendum."

22. Nam sicut facile seducit instabiles atque incredulos, cum
sit callidissimus, sic similiter facile resistunt illi omnes iusti atque
credentes, omnes deum timentes atque Iob imitantes utpote
invalido. In arbitrio ergo hominum est potestas sanctitatis atque
constantiae. In arbitrio est hominum potestas fidei ac pietatis. Si   5
enim voluerint declinare a malis et facere bona, et valent et
possunt, et non praevalet illis nequissimus, si fuerit cor eorum
secundum deum, si fuerit voluntas eorum in sanctitate, si anima
eorum fuerit in veritate, si mens in fide ac pietate, si admonuerint
semetipsos misericordiam, miserationem, bona opera atque   10
omnia quae in dei timore perficiuntur et de omnibus quae iuxta
dei voluntatem fiunt. Cum enim voluntas hominum consenserit
voluntati dei, tunc scilicet omnia quae bona sunt facile perficiunt
homines. Cum ea, quae delectatur deus, delectati fuerint homines, tunc nihilominus omnia, quaecumque vitae digna sunt,   15
praesto sunt hominibus. Nam et Iob homo fuit, carnalis fuit,
terrenus, corruptibilis, talis quales omnes homines, sed devotior
ac studiosior circa eleemosynas et bona opera in fide ac dei timore prae omnibus hominibus. Idcirco acceptabilis fuit deo
super omnes homines; idcirco superavit nequissimum diabolum   20
magis quam omnes homines in tempore suo. Sic itaque possunt

22, 6 declinare ... bona] cf. Ps. 36, 27

---

31 sed] et M Φ mm
22, 2 sic om. α Φ   4 sanctitas Φ mm   5 constantiae N; constantia cett.
6 valent et] valere B   7 possent P   9 fide] et add. M   10 semetipsum P; in
add. Φ mm | misericordiam] et add. Φ mm | bona] in praem. mm; et add. V
11 et] senserint add. α   13 voluntati] eorum add. A (corr.) | scilicet tunc tr.
B | scilicet om. mm   14 cum] per add. sl. P | ea] iis mm | quae (cf. ThlL
V/1, 428, 33sq.)] quibus so mm   15 vita mm   17 tales M (ac.) P | quales om.
P   18 ac[1] N; atque cett.   19 fuit] Iob add. mm   20 homines ... homines]
gentes M   21 in ... homines om. N

omnes homines, qui voluerint, et deo placere et diabolo resistere
et voluntatem dei facere et in regnum caelorum introire et in
vitam aeternam requiescere. Aut adhuc secundum ipsam histo-
25 riam ANIMAM inquit EIUS NE TETIGERIS, hoc est ne eam ante
tempus de corpore eicias. Ac si diceret: "Ita demetire ipsum dolorem atque corporis poenam, ut ipsam animam ante tempus de
corpore exire non compellas. Noli ergo mortificare corpus, ne
ante perfectionem constantiae vel consummationem tolerantiae
30 discedat anima. Sic itaque modis omnibus tam carnalibus quam
etiam spiritalibus ANIMAM EIUS NE TETIGERIS."

23. Post quae universa dicit: EXIVIT DIABOLUS A FACIE   2, 7a
DOMINI. Quomodo EXIVIT A FACIE DOMINI is qui indignus est
praesentia domini? Sic EXIVIT A FACIE DOMINI sicut et venit ante
conspectum domini. Sic exivit, quemadmodum et superius osten-
5 sum ac memoratum est: EXIVIT DIABOLUS A FACIE DOMINI.
Exivit, sed non carnalibus vestigiis neque corruptibilibus gressibus neque humanis incessibus vel terrenis egressibus, sed nequissimis meditationibus et impiis cogitationibus atque iniustis deliberationibus, quibus adversum Iob nequiter meditatus est atque   mi 465
10 cogitavit aemulando atque invidendo innocenti illi atque iusto.
Sic itaque cogitationibus venit ante dominum quaerens ac desi-

---

22 deo placere] *cf.* 1 Thess. 4, 1 | diabolo resistere] *cf.* Iac. 4, 7   23 volunta-
tem ... introire] *cf.* Matth. 7, 21
23, 1 δέ (ergo) *post* exivit *om.* cod. Alexandrin.   4 superius] *cf.* lib. I, cap.
35–45

---

22 homines omnes *tr.* P B   23 in² *om.* B   24 vita aeterna *so* | requiescere]
imitentur Iob *mg. add.* N(*pc.*) | aut] et *add.* α   25 eius ne tetigeris inquit *tr.*
B | eius *om.* P   30 omnibus modis *tr.* A T V mm   31 eius *om.* β mm
23, 1 ante faciem Φ(*ac.* A T)   2 his N M | dignus B(*ac.*)   3 sic ... domini²
om. M   5 diabolus *iter.* P(*corr.*)   7 neque ... egressibus *om.* Φ mm   8 medi-
tationibus et impiis *om.* β mm | cogitationibus] meditationibus B | atque
iniustis deliberationibus *om.* β mm | iniustis] iniuriis M   9 adversum N;
adversus *cett.*   11 dominum N; *deum *cett.*

derans ut Iob acciperet potestatem, sic identidem nequissimorum
consiliorum suorum accipiens perfectionem, hoc est Iob potestatem ad affligendum carnem et ossa eius – nam hoc meditatus
quaesivit – , EXIVIT A FACIE DOMINI, hoc est quievit meditari ac   15
cogitare, quae pridem meditatus fuerat atque cogitaverat. Nam
primum apud semetipsum nequiter meditatus atque cogitans
dixit: "Quis mihi daret, ut possem venire ante dominum et invenire potestatem carnis atque ossium Iob, ut affligens illum secundum animum meum cogerem eum reprehendere illum, cui nunc   20
servit, ut blasphemaret illum, quem nunc praedicat, et negaret
illum, cui nunc gratias agit?" Istis ergo cogitationibus pridem
venit ante dominum; deinde cum accepisset potestatem Iob et
quiesceret haec cogitare, postquam quievit ab istis meditationibus
atque consiliis, exire dicitur a facie domini. Ergo quia exierunt   25
cogitationes eius a facie domini, merito ipse dicitur exire a facie
domini. Sic itaque EXIVIT DIABOLUS A FACIE DOMINI, hoc est
tractatus eius et cogitatio, meditatio quoque maligna atque iniustum desiderium EXIVIT A FACIE DOMINI, hoc est quievit atque
cessavit meditari et cogitare, postquam id quod quaesivit accepit.   30
Nam et vere veniunt ante deum et iustitiae iustorum et impietates iniustorum. Sic namque dicit angelus ad Cornelium: *Oratio-*
nes tuae et eleemosynae tuae ascenderunt in memoriam ante deum.
Sic et olim dixit angelus ad Tobiam: *Cum orasses tu et Sara filia*

---

32 sq. Act. 10, 4   34–36 Tob. 12, 12

---

12 accipere *N*; in *add. α Φ mm* | potestate *so*   13 suorum *om. Φ mm* | est]
in *add. sl. V*   15 quaesivit] quae fuit *B* | meditare *Φ (pc. A; ac. T)*   16 cogi-
tari *A (pc.)* | qui *mi*   17 meditans *mm*   18 deum *mm*   19 atque ossium *N*;
ossiumque *cett.*   20 reprehenderem *M* | cui ... illum *om. Φ mm*   21 negare
Φ mm   23 ac *mm*   24 requiesceret *T (ac.)*; quiescere *P* | hoc *P*   25 exisse
Φ mm | ergo ... 27 domini¹ *om. B*   26 cogitationes ... domini *N*; cogitatio-
nes eius a facie dei *α*; a facie domini cogitationes eius *cett.*   27 sic ... domini
om. mi   29 *dei *Ψ*   30 accepit *om. so*   32 iniustorum] impiorum *so*;
initorum *B*   33 memoria *N*   34 orasses *N*; orares *cett.*

35 *Raguel, ego obtuli memoriam orationum vestrarum in conspectu dei.* Item vero ad impios dicit deus: *Tunc recordabor iniustitiarum vestrarum et ulciscar peccata vestrorum.* Et Hieremias dicit ad impiorum concilium: *Nonne incensorum vestrorum recordatus est dominus de idololatriis, et ascendit in cor eius?*

24. Sicut ergo haec universa veniunt ante deum, ita et diabolus venisse dicitur et exisse a facie domini, non persona veniens sed cogitationibus atque malignitatis suae meditationibus, quae aliquando veniebant cum ille cogitabat, aliquando exibant

5 cum ille cogitare quiescebat. Haec itaque demonstrans dicit: EXIVIT DIABOLUS A FACIE DOMINI. Exivit vero, hoc est discessit, deseruit, oblitus est, ultra non existimavit neque curavit neque recordatus est quod sit deus. Illo enim usque ante deum fuisse dicitur, quamdiu de deo cogitavit, cum Iob ei accusaret. Post-

10 quam vero accepit quod voluit et quod quaesivit, continuo relinquens dei memoriam a facie dei exisse iuste dicitur: EXIVIT DIABOLUS A FACIE DOMINI; totus exivit, et sensu et consilio et meditatione et tractatu atque memoria EXIVIT A FACIE DOMINI. Sic exivit olim in principio primus diaboli discipulus, primus

15 adversarii fructus Cain, cum iustum interfecisset Abel. Sic exivit sicut dicit scriptura: *Et exivit Cain a facie domini.* Sic exeunt etiam nunc a facie domini cuncti pertinaces atque impaenitentes,   mi 466

---

36 sq. Hier. 14, 10 *vel* Os. 8, 13 *vel* Os. 9, 9; *cf.* Am. 3, 2   **38 sq.** Hier. 51, 21
24, 16 Gen. 4, 16

---

36 de impiis *mm* | dominus *A T V mm* | tunc *N*; nunc *cett.*   37 vestrarum
N; illorum *cett.* | vestrorum *N*; eorum *cett.*   38 consilium *α mi* | incenso-
rum] tuorum *add. P (corr.)*   39 in *om. so*
24, 1 universa haec *tr. Φ mm* | et *om. β mm*   4 exiebant *V (ac.)*   6 ex-
ivit ... domini *om. N* | vero *N*; vere *cett.*   7 est] quod *add. V* | aestimavit
mm   8 usque enim *tr. M*   9 ei *om. mi*   12 totus ... domini *om. P*   13 do-
mini] totus exivit et sensu et consilio et meditatione et tractatu atque memoriam a facie dei exisse iuste dicitur exivit diabolus facie domini *add. M*
14 primus[1] *om. α Φ mm*   15 adversarius fratris *A* | interficeret *B* | Abel
interfecisset *tr. A (ac.)*   16 et *om. so Φ mm* | exeunt] exiverunt *B*

qui ad deum non convertuntur, qui paenitentiam non confitentur, qui faciem dei non requirunt, qui diem iudicii non metuunt,
qui ante poenam inferorum non contremiscunt, qui a condem- 20
natione gehennae non terrentur. Hoc metuentes omnes iusti
devote deprecati sunt deum dicentes: *Ne proicias me a facie tua*, et
alibi: *Faciem tuam, domine, requiro; ne avertas faciem tuam a me*,
et alia plurima his similia. Ex istis ergo omnibus exivit diabolus.
Et omnes qui ab eo in errorem deducuntur atque seducuntur, et 25
omnes qui voluntatem eius faciunt, et omnes qui ad non paenitendum corda sua obdurant, isti omnes proiciuntur a facie
domini, isti omnes *expelluntur in tenebras exteriores et in ignem*
inexstinguibilem, qui praeparatus est diabolo et angelis eius atque
omnibus qui faciunt voluntatem illius. EXIVIT DIABOLUS A FACIE 30
DOMINI deferens Iob ut putabat, interficiens iustum illum ut
confidebat. Sic namque et primus discipulorum eius *Cain*, postquam propter invidiam, ut dictum est, interfecit Abel, *exivit a*
facie domini. Sic itaque DIABOLUS pater et origo omnium malorum, exsistens interfector quantum ad ipsum Iob, EXIVIT A FACIE 35
DOMINI.

25. Certum est quod nequiter atque impie apud semetipsum
tractans dixit ad deum: "Ulterius non indigeo facie tua, quia
accepi potestatem eius quem zelabar vel quaerebam." Deus vero

---

22 Ps. 50, 13   23 Ps. 26, 8 sq.   28 sq. Matth. 8, 12 + 25, 41 (*cf.* lib. I, cap.
81, 32–34; praef. p. 31)   32–34 Gen. 4, 16
25, 3–5 deus ... fuisset] *cf.* Iob 23, 10b

---

18 convertunt *mi*   19 diem iudicii] dei iudicium *mi*   20 ante *om.* α Φ
mm | a *om.* α Φ *mm* | condemnationem *M P*   21 terentur *P (ac.)*   22 deum
om. so | procias *B*   23 requiro *N*; requiram *cett.*   24 plurima *om. P*; plura
so; et *add. A* | his *sl. P* | exit *mi*   25 et¹ *om. B A T mm* | errore *N* | ducun-
tur *N (ac.)* Φ *mm*   26 non ad paenitendum *tr.* α P B T (ac.); ad paenitendum
A T (pc.) V mm   28 dei Φ *mm* | in² *om. mi*   29 exstinguibilem *N (ac.)* Φ
eius *om. B*   30 eius Φ *mm*   31 putavit *M (ac.)* | iustum *iter. P (corr.)* | illum
om. P   35 interfecto *N*; interfectorum Φ *me*
25, 2 deum] eum *B*

sciens firmam consummationem Iob acquievit, ut per diabolicum
5 ignem probatus fuisset. Quemadmodum si teneat in manu sua
quis adamantem et alius quilibet dicat ad eum: "Da mihi hunc
adamantem in potestatem, et ego illum comminuam in igne con-
teramque ictibus" ille vero, qui eum in manu habet, confidens
vere quia adamas est dicat: "Tolle, proba, experire, quia nequid-
10 quam huic adamanto praevalebis," sic ergo et omnium cognitor
atque praescius deus velut inviolabilem adamantum habens Iob
quaerenti diabolo dedit eum in potestatem, confidens vere quia
verus adamantus est Iob. Sic namque et singularis ille ac divinus,
caelestis quoque atque incorruptibilis adamas unigenitus deus a
15 patre ad terras missus, de quo dicit deus pater: *Ecce ego ponam
adamantum in medio populi mei*, quem neque ignis temptationis
in deserto comminuit, quem non plagae impiorum in cruce con-
teruerunt, ille quem sepultura sepulcri neque mortis introitus vel
inferorum violavit, sed omnia superans divinum et incorruptibi-
20 lem se adamantem fuisse demonstravit. Adamantus vero etenim
lapis est naturaliter talis lapis, cui neque ignis neque ferrum
neque aliud quidquam praevalet. Ferro enim si percutiatur,
demerget in ferrum tamquam in plumbum; missus in ignem simi-

---

14 unigenitus deus] *cf.* Ioh. 1, 18   15sq. Am. 7, 8; *cf.* praef. p. 30   16sq. ignis ... comminuit] *cf.* Matth. 4, 1–11 *par.*   17sq. non ... conteruerunt] *cf.*
Luc. 23, 34–39   18sq. sepultura ... violavit] *cf.* Matth. 28 *par.*

---

5 si *om.* N   6 hunc] nunc *N M Φ me*   7 potestate *N B* | comminuam ...
habet *iter.* P (*ac.*) | ignem *Φ mm*   9 nequaquam *Φ mm*   10 adamanti *so A
T V mm*   11 adamantem *so A T V mm* | habens] in *add.* A (*corr.*)   12 po-
testate *N*   13 verius *M* | *adamas Ψ V* (*pc.*) *mi*; vel adamas *add.* B | namque]
et *add.* α *Φ mm* | ac] et *B A V mm*; *om.* T   16 adamantem *so mi* | populi
mei in medio *tr.* P | temptationes *M* (*ac.*); temptationum *Φ mm*   17 impio-
rum *sl.* N | contriverunt *so β mm*   18 ille *om.* α *Φ mm* | quem] neque *add.*
mi   19 incorruptibile *M P*   20 adamas *so V* (*pc.*) *mi* | etenim lapis *N*; enim
lapis est *M*; enim lapis *so*; *om.* cett.   21 lapis² *om.* so | neque ignis *om.* M
22 neque ... ferrum *iter.* M   23 demergetur *Φ*; demergitur *mm* | in² *om.* M
Φ mm | missus *N*; missum *cett.* | ignem] igne *N*; si in ignem mittatur *add.* *Φ
mm*

liter permanet ut missus est et non violatur. Ergo quia nihil ei
praevalet, ideo adamantus appellatur. Adamantus vero interpre- 25
tatur ex Graeca lingua indomabilis, inflexibilis, inattritabilis,
mi 467   incomminutus et, ut breviter dicam, cui necquidquam praevalet
neque percutiendo neque adurendo. Nam percussus non commi-
nuitur, exustus non conteritur. Merito ergo adamas appellatur
utpote insuperabilis, utpote inviolabilis atque inflexibilis.   30

      26. Quod si dixerit aliquis: "Ubi est modo vel ubi con-
spicitur huiuscemodi lapis adamantus?", audi: haec omnia typus
fuerunt domini Christi, quae usque ad adventum domini et erant
et visa sunt, post adventum vero domini amplius visa non sunt.
Ubi videtur nunc vel quis habet cinnamomum? Ubi videtur nunc 5
phoenix? Ubi videtur arca testamenti vel urna mannae? Sic similiter nunc ubi videtur adamantus? Nam ea quae typum domini
gerebant, usque ad adventum scilicet domini visa sunt utpote
figurae, exinde abscondita sunt domino ipsas figuras adimplente.
Idcirco nunc neque arca testamenti neque urna mannae neque 10

25-28 adamantus² ... adurendo] *cf.* Hier., in Am. 3, 7, 7-9 (CC 76, 318 sq.)
26, 2-4 haec ... sunt²] *cf.* Philipp. Presb., in Iob rec. brev. 1 (PL 23, 1408), in
Iob rec. long. 1 (PL 26, 621C–622C); Zeno 1, 15 (2, 15), 2, 7 (CC 22, 61);
Hesych. Hierosol., in Iob hom. 22; 23 (PO 42/2, 550; 558); praef. p. 19
6 phoenix] *cf.* Clem., ad Cor. 25 (ApF 1, 2, 83–87) | arca testamenti] *cf.*
Exod. 25, 10–16; Hebr. 9, 4; Apoc. 11, 19 | urna mannae] *cf.* Exod. 16, 33;
Hebr. 9, 4

---

25 adamantus¹] adamas *so mi* | appellatur] αδαμας *add. so* | adamantus²]
adamas *so mi*   **26** inattritabilis (*cf. praef. p. 35*) *om.* V *mi*; inatteribilis α P B
A T; inalterabilis *me*   **29** exutus P (*ac.*) | merito] ergo *add.* Φ *mm* | adamas]
adamans N M P   **30** utpote² ... inflexibilis *om.* β *mm*
26, 2 adamantinus *so mi*   **3** domini¹] nostri Iesu *add. so*; Iesu *add. mm* | qui
M; quia Φ *mm* | et *om.* β *mm*   **4** vero] autem *mm* | amplius *om. mm*
5 ubi¹ ... cinnamomum *om.* α Φ *mm*   **6** phoenix] urnae Adam *add.* Φ; ubi
urna *mm* | vel] ubi *mm* | urna] ulna P (*ac.*)   **7** adamas *so mi* | nam N; vel
V; atque *mm*; neque *cett.*   **8** gerebant] ea scilicet *add.* α Φ *mm* | scilicet *om.*
α Φ *mm*   **9** exinde] et inde Φ *mm*

cinnamum neque adamas neque phoenix istis nunc temporibus
vere videntur, nisi forte quis simile aliquid simulatum contendat
dicens esse quod non est. Cum ergo typus esset domini Christi
Iob, tradidit illum deus in probationem tamquam adamantum
15 inviolabilem; cuius potestatem accipiens DIABOLUS EXIVIT A
FACIE DOMINI. EXIVIT DIABOLUS, hoc est deferens. Ad deferen-
dum enim introierat, et quantum iuxta iniquitatem suam in ipsa
delatione proficiens ac delati potestatem accipiens EXIVIT A FACIE
DOMINI. Exivit gaudens qui numquam est gavisus, exivit laetus
20 ille qui numquam est laetatus, utpote habens Iob in potestate ad
puniendum illum secundum suam iniquitatem. EXIVIT DIABOLUS
A FACIE DOMINI, exivit tamquam lupus rapiens, *tamquam leo
rugiens*, tamquam ursus sanguinem appetens, tamquam malignus
serpens, tamquam vipera saeva ac perniciosa. EXIVIT DIABOLUS A
25 FACIE DOMINI, exivit omni iniquitate et ira, furore quoque atque
indignatione, crudelitate nihilominus atque omni impietate refertus. Exivit tamquam bestia ferox ac saeva atque immanis. Exivit
cogitans infelix, si quo amarissimo modo Iob poenis afficeret,
quod et fecit statim sine mora.

27. PERCUSSIT IOB PLAGA SAEVISSIMA A PEDIBUS USQUE   2, 7b
AD CAPUT. Magnitudinem plagae atque vulneris admirationem
dolorisque fortitudinem non valens aliter edicere vel ostendere

---

14 tradidit ... probationem] *cf.* Rom. 8, 32   22 lupus rapiens] *cf.* Matth. 7, 15
22sq. 1 Petr. 5, 8; *cf.* Prov. 28, 15   23 ursus sanguinem appetens] *cf.* Prov.
28, 15 (*Vulg.*)   **23sq.** malignus serpens] *cf.* Gen. 3, 14sq.

---

11 temporibus nunc *tr. P* | temporibus] hominibus *mm*   12 videtur *N*; vi-
derentur *α* | simile aliquid] nequissime *B*   13 domini] Iesu *add. mm*
Christi *sl. P*   14 adamantem *so mi*   15 exivit ... diabolus *mg. V*   18 delec-
tatione *α*   19 gavisus ... numquam *om. M*   20 potestatem *Φ mm*   21 illum
om. α   22 rabiens *β mm*   23 rursus *so*   25 omni *sl. P*   26 refectus *N M*
28 si quo *N so*; suo *cett.* | Iob] afficere *add. A* (*pc.*) *V mm* | afficeret *om. β
mm*; afficere *P*
27, 1 Iob *om. M*   2 vulnera *P* (*ac.*)   3 doloris *so* | fortitudine *M* | dicere *N
so* (*cf. lib. I, cap. 1, 25*) | vel] atque *Φ mm*

dixit: PERCUSSIT IOB PLAGA SAEVISSIMA, non solum plaga sed
saevissima plaga. Suffecerat hoc solum ut plaga tantum fuisset, 5
nunc vero etiam plagam saevissimam esse dicit: PERCUSSIT IOB
PLAGA SAEVISSIMA. Considera etiam hoc quod dicit: PERCUSSIT
IOB. "Percussit" inquit "cum furore, cum ira, cum indignatione."
PERCUSSIT IOB. Quomodo percussit? Sic percussit quomodo
sperabat, quomodo putabat. PERCUSSIT IOB, ut comminueret 10
spiritum eius, ut contereret animam eius, ut affligeret praecordia
eius. Sic percussit sperans quod secunda plaga cum percuteret
non indigeret, sed hac una plaga omnem constantiam atque fortitudinem Iob debilitaret. Sic ergo PERCUSSIT IOB PLAGA SAEVIS-
SIMA, lamentabili, urenti, affligenti, flagranti, incendenti, dolenti, 15
omne supplicium in se habente, et putredinem et vermes et
ossium divisionem et nervorum fatigationem et membrorum
debilitationem ac totius carnalis compagis passionem atque dolorem. Nam sicut nullum membrum corporis praetermisit malignus neque ullum dereliquit illaesum, sed cuncta vehementi 20
replevit vulnere atque omnia saevissima percussit plaga, sic
identidem nullum dereliquit supplicium neque poenam neque
dolorem, quod huic plagae non commiscuisset, sed omnem virtutem atque argumentum nequitiae suae in hac saevissima plaga
ostendens atque demonstrans novissimam victoriam patientiae 25
hic perficere speravit. Sic scilicet PERCUSSIT IOB PLAGA SAEVIS-
SIMA A PEDIBUS USQUE AD CAPUT. PLAGA inquit SAEVISSIMA
utpote una. Et cur unam plagam memorat tamquam unam, et

mi 468 (margin, line 17)

---

4 sed] et *add.* Φ (*pc.* B) *mm*   **6** dixit *mm*   **10** sperabat] parabat B A (*ac.*)
T (*ac.*) *mm*   **11** spiritum *iter.* P (*corr.*) | ut[1]] non *add.* N | conteret A (*ac.*)
praecordiam M; animam *so*   **12** cum ... plaga *om.* α Φ *mm*   **14** *percussit
ergo *tr.* N   **16** omnes M | habenti N   **18** debilitatem B | compaginis Φ
mm (*cf. cap. 19, 22*)   **19** membrum N; membrorum *cett.*   **21** implevit *mm*
vulnere replevit *tr.* Φ *mm* | plaga percussit *tr.* Φ *mm*   **24** atque *om.* M
25 novissimum M | victoriam] gloriam *mi* | victoriae patientiam Ψ   **28** una
plaga Φ *mm* | memoratam M; memoratur *so* Φ *mm* | unam[2]] una Φ *mm*

non plagas tamquam plurimas? Propterea unam plagam memo-
30 rat, quia totum corpus iusti illius et omnia eius membra uno
contexit vulnere atque ad unum convertit dolorem, ut per totum
corpus atque membra beati illius unus dolor esset atque vulnus.
Ob hoc ergo plagam dicit, quia una plaga atque vulnus erat per
totum corpus.

    28. Quod autem unus dolor atque passio erat per totum
corpus eius et membra, subsequenter ostendit dicens: A PEDIBUS
USQUE AD CAPUT. PERCUSSIT IOB PLAGA SAEVISSIMA A PEDIBUS
USQUE AD CAPUT. Sicut a pedibus usque ad caput, ita identidem
5   a capite usque ad pedes, a vertice usque ad pedum vestigia, a
coma capitis usque ad ungues pollicum, nec quidquam reliquit
sanum neque integrum neque sine dolore, sed universa uno
contexit vulnere atque una plaga cooperuit cuncta, et hac SAEVIS-
SIMA. Saevissima, inquam, hoc est lamentabili, insanabili, incura-
10 bili, in qua non erat ubi malagma imponeretur neque medicina
neque adiutorium neque oleum vere neque alligatura. In qua
plaga superflua erat et supervacua omnis medicorum peritia
atque sapientia. Sicut enim dicit quod nullum argumentum illu-
minare poterat tenebrosam illam atque lamentabilem Aegyp-

---

32 unus ... vulnus] cf. Zeno 1, 15 (2, 15), 1, 5 (CC 22, 61)
28, 11–13 in ... sapientia] cf. Ps. Euseb. Alexandrin., sermo 4 (PG 86, 333B)
13–15 nullum ... noctem] cf. Exod. 10, 21sq.

---

29 non] dicit add. mi | una M Φ mm | plaga Φ mm | memoratur so Φ mm
31 per om. N   32 membris M P | esset mg. P | atque²] unum add. P (sl.)
33 una plaga atque om. Φ mm | atque] unum add. Φ mm
28, 1 quod] quod cum unus dolor atque passio erat per totum corpus praem.
M | autem] vero Φ mm | passio] una add. so   3 a ... caput om. so   5 pe-
des ... ad om. mi   7 neque¹] ne M | neque²] aut Φ mm   8 una om. mi
operuit M | hac om. M Φ mm   9 saevissima om. M   10 malagma] μαλαγμα
praem. so   11 vere] ullum mm | alligaturas N M P   13 quod] *quo modo
N | nullum] lucidum add. mg. P   14 potatur P (ac.); putatur P (pc.) | illam
om. Φ mm

tiorum noctem, ita nulla ars curare poterat saevissimam illam　15
diaboli plagam, donec impleta est Iob tolerantia et dei longanimitas atque diaboli iniquitas: Iob tolerantia pro coronarum redhi-
bitione, dei longanimitas pro iustitiae approbatione, diaboli vero
iniquitas pro correptione nequitiae eius atque damnatione, quam
in illo iusto exercuit viro. Percussit inquit Iob plaga saevis-　20
sima a pedibus usque ad caput. Tantum enim saevissima fuit
haec plaga, quantum nequior ipse percussor; tantam severitatem
habuit haec plaga, quantam iniquitatem habuit diabolus. Nam
secundum iniquitatem suam mensus est diabolus hanc plagam ac
vulnus. Nihil reliquit tormenti neque amaritudinis neque imma-　25
nitatis neque ferocitatis neque crudelitatis neque impietatis neque
malignitatis, quod non exercuerit in lamentabili huius vulneris
plaga.

　29. Consideremus, o amici, vehementiam huius doloris
iuxta vehementiam diaboli iniquitatis. Consideremus, o viri,
diversa iusti illius tormenta, nec non et hoc, adversus quantos
dolores perstiterit innocens. Uno dolore confectus erat totus, una
plaga omnis vestitus. Facta namque est illi haec plaga tamquam　5
vestis quam erat amictus, et tamquam indumentum quod erat
indutus, et tamquam cingulus quo semper cingebatur, sed non in
condemnationem sicut impio illi Iudae, sed in coronam gloriae

mi 469

29, 8 impio illi Iudae] *cf.* Matth. 26, 20–25; 27, 3–5 *par.*

---

15 ars *om. M*; medicamina *Φ mm* | accurare *M* | poterant *Φ mm*　**16** diabo-
licam *P* | Iob ... iniquitas *N*; tolerantia et longanimitas *cett.*　**17** Iob *om. N*
19 corruptione *P (ac.)*　**20** inquit ... saevissima] vero Iob inquit plaga saevissima *P A T V mm*; vero Iob saevissima plaga inquit *B*　**22** quantum ... plaga
om. Φ mm　**23** quantam] quantum *B V* | iniquitatem *om. B*　**24** ac *N*; ad
M; hoc *cett.*　**25** neque immanitatis *om. N*　**27** lamentabilis *α P A T V*
mm | vulneri *B*
29, 1 consideremus] ergo *add. α A T V mm* | consideremus ... iniquitatis
post innocens (*lin. 4*) *tr. P*; *om. B*　**2** vehementia *N* | iniquitatis diaboli *tr. P*
A T V mm　**6** quam erat *N*; qua erat *A*; *om. cett.* | quod] quo *so Φ mm*
7 cingulum *B mm* | in *sl. N*　**8** illi impio *tr. α Φ mm*

utpote iusto Iob. Omne ergo corpus et membra iusti illius uno
10 circumdata erant dolore atque vulnere; sive caput sive pedes sive
oculi sive aures sive os sive nares sive latera sive scapulae usque ad
ipsa pedum vestigia uno vulnere distillabant, una putredine
detenta erant, eisdem vermibus *scatebant. Iacere non poterat,
sedere non valebat, requiem non habebat, resumptionem non
15 inveniebat et – quod erat omnium maximum super universa –
fame ac siti necabatur. Nam manibus cibum sibi vel potum ad os
porrigere non poterat. Tametsi manibus ad os porrigere valeret,
ore ac labiis putredine ac vermibus plenus recipere non valebat.
Attestatur idem ipse dicens paulo post: *Scatere video escas meas*
20 *tamquam odorem leonis.* Cum istis namque nefandis doloribus
exsecrabiliter scatere huius putredinis odorem fecit nequissimus.
Hoc namque deflens dicit: *Scatere video escas meas tamquam*
odorem leonis. Ob quam rem, o beate Iob? "Ob hoc" inquit "quia
bullit corpus meum in putredine vermium, ob hoc quia *macero*
25 *sulcos terrae ex vulnerum meorum umore,* ob hoc quia *doloribus*
obvolutus sum" et alia plurima his similia. Cum tam vehementioribus doloribus restitisset atque repugnasset Iob, constantiae non
renuntiavit, patientiam non abiecit, fidem non deposuit, gratiarum actiones non est oblitus, sed quantoque quod pluriores

---

9–16 omne ... necabatur] *cf.* testament. Iobi 20, 7–10 (Pseudepigrapha VT
Graece 2, 33); Ps. Chrysost., in Iob sermo 4, 2 (PG 56, 578); Dossey 91;
132 sq.   19 sq. Iob 6, 7b   20 sq. cum ... nequissimus] *cf.* Chrysost., comm.
Iob 2, 8 (SC 346, 170–172; PTS 35, 40)   22 sq. Iob 6, 7b   24 Iob 7, 5a
24 sq. Iob 7, 5b   25 sq. Iob 7, 4c

---

11 sive[2] ... nares *om. β mm* | scapula *N*   13 detenta erant *N*; detentus erat
cett. | scatebant *conieci*; scatebat *codd. edd.* | potera *P (ac.)*   15 super] haec
add. Φ mm   16 ac] et *Φ mm* | negabatur *M* | sibi *om. mi*   17 poterant *N*
18 ac[2]] et *M P B*   19 attestate *P (ac.)*; hoc *add. so*   21 scateret *Φ mm*
nequissimus fecit *tr. Φ mm*   24 ab *V* | ob ... umore *om. N* | quia] doloribus
add. mm   27 doloribus *sl. N*   29 actionem *M* | est *om. B* | quantoque (*cf.*
LHS 475[1])] quanto *so mm* | quod *om. so Φ mm* (*sed cf. LHS 584[1]*)

sustinebat dolores, tanto amplius pluriores adiciebat aeterno regi   30
gratiarum actiones atque confessiones. Sciebat namque sanctus
ille quia *secundum multitudinem dolorum* multitudo ei praepara-
batur coronarum.

 30. O beate Iob, quomodo te admiremur, quomodo te lau-
demus vel quomodo magnificemus te, qui solus ante evangelium
eorum, qui in evangelio sunt, perfectam passionem sustinuisti,
qui solus ante martyres martyrum tolerantiam cum gratiarum
actionibus perfecisti? Nam sicut omnia tormenta atque flagra per   5
principes huius mundi ingessit diabolus martyribus, sic similiter
universa supplicia atque incendia induxit super Iob per semetipsum atque suam iniquitatem, hoc ipsum per omnia deprecans
Iob quod etiam martyres, ut gloriosum nomen dei blasphemare
non cogeretur. Sed incontaminatus permansit magnus ille atque   10
vere inviolabilis adamantinus Iob, iuxta dolorum multitudinem
atque nimietatem multiplicans atque augens gratiarum actionem.

2, 8a Hoc nimirum per haec quae sequuntur apparet; dicit namque: ET
ACCEPTA IOB TESTA RADEBAT SANIEM SUAM. O patientia, o
constantia, TESTAM ACCEPIT UT RADERET SANIEM SUAM! Non   15
accepit molle aliquid ut abstergeret molliter, leniter, leviter, arti-

---

32 Ps. 93, 19
30, 2 sq. qui ... sustinuisti] *cf.* Ps. Aug., quaest. test. 118, 3 (CSEL 50, 355);
Pelag., epist. ad Demetr. 6 (PL 30, 21B–22B; 33, 1103 sq.)   14 Iob] Ιωβ *add.*
cod. Alexandrin. | suam] αὐτοῦ *add.* cod. Alexandrin.

---

30 pluriores *om. M*   32 ei] et *M* | ei praeparabatur] sperabatur *so*
30, 1 quomodo[2] ... vel *iter. M*   2 te *om.* α Φ *mm* | ante *om. V*   3 quae *mm*
5 flagella *P (pc.)*   7 per ... 9 Iob *om. B*   8 sua iniquitate *M* Φ *mm* | depre-
cante *mi*   9 martyres] fecerunt *add.* Φ *mm*   10 cogeretur *so mm*; coleretur
N M; cogerentur Φ | atque vere inviolabilis *N*; atque inviolabilis α; *om. cett.*
11 adamantinus *N M (ac.) mi*; adamas *so*; adamantus *cett.*   12 augens *N*; ad-
iciens *cett.* | actiones Φ *mm*   13 per ... sequuntur] persequuntur *M*; conse-
quenter *so* | haec *om. N*   14 rudebat *M (ac.)*; reddebat *P (ac.)* | sanitatem *M*
o[1] ... suam *om.* Φ *mm*   15 sanitatem *M*   16 leniter *om. V* | leviter leniter
tr. mm

ficiose moderando atque relevando, sed ACCEPIT TESTAM duram,
asperam UT RADERET cum dolore SANIEM SUAM et non exter-
geret blande atque modeste mitigans atque relevans vehementem
20   illum atque inenarrabilem dolorem. ACCEPIT TESTAM UT RADE-   mi 470
RET SANIEM. Ad quem digne diceretur: "Dic, o beate Iob atque
deo dilecte, ob quam rem hoc facis? Cur hunc dolorem exas-
peras? cur augmentas? cur exaggeras testa radendo lamentabile
hoc vulnus atque saevissimam hanc plagam, cum potius debueras
25   observare, iuvare, lavare, fovere, ungere, defricare, ut per haec
universa mitiorem atque blandiorem redderes hunc saevissimum
dolorem plagamque terribilem?" Sed respondit iustus Iob dicens:
"Ego, o viri, non succumbo his doloribus neque istis poenis
deficio, non debilitor neque delassor. Non sunt enim dolores isti
30   fortiores animae meae firmitate, non sunt haec tormenta duriora
cordis mei duritia. Merito" inquit "exaggero atque moveo ipsos
dolores, ut per cuncta ostendam nequissimo diabolo quia eius
malitiam irrideo, quia iniquitatem eius contemno, quia omnes
eius plagas atque vulnera ad nihilum reputo." Ob hoc ergo ACCE-
35   PIT TESTAM UT RADERET SANIEM SUAM.

     31. "Ecce" inquit "o malignissime diabole, sicut tunc, cum
rem familiarem et filios mihi auferres, tunc denique ego quod
supererat vestem atque comam capitis conscindens atque tondens
tibi proieci, vestem post rem familiarem et comam post liberos,
5   sic" inquit "etiam nunc, cum me saevissima plaga percuteres,
quod tibi superfuit huius doloris, hoc nimirum ego adicio hac

---

31, 3 vestem ... tondens] *cf.* Iob 1, 20a–b

---

18 et om. α   20 inenarrabile M; inerrabilem T (ac.)   21 quae M Φ mm
digne sl. N | diceretur N; dicetur α; dicatur cett.   22 exasperans P   24 pla-
gam hanc tr. so   25 lavare N; levare cett.   27 respondens Φ mm | iuste P
dicit Φ (pc. V) mm; dixit V (ac.)   29 debitor V (ac.) | delapsor P (ac.) | enim
sunt tr. α Φ mm   30 diriora N (ac.); durior V (ac.)   31 commoveo Φ mm
31, 1 sicut om. β | cum sl. N   2 offeres M; auferes P (ac.)   4 proiecit P
5 etiam nunc inquit tr. so   6 ego] ita Φ mm | hac] ac α

testa dolores provocando, exacerbando atque exasperando, ut per
haec" inquit "universa informeris de mea constantia, ne ultra
putes, nequissime diabole, quod ego detraham benignissimo creatori vel blasphemem sanctum benefactorem meum aliquando." 10
Ob hoc ergo ACCEPIT TESTAM UT RADERET SANIEM SUAM. Ad-
vertite, o viri, valde ingentem fidem Iob atque caritatem quam
habet circa deum, tolerantiam quoque atque constantiam! Non
ob hoc rasit Iob vulnera sua testa, quod ei valde doluissent, sed
ob hoc rasit testa, ut nobis patientiae atque tolerantiae normam 15
daret. Ob hoc rasit testa, ut sanctorum martyrum demonstraret
figuram, qui post universas plagas ac dolores, post universa
supplicia atque tormenta rasi atque ungulis confossi sunt pro
augmento dolorum omnium. Sic et beatus Iob post nimios illos
dolores qui in corpore erant, et extra corpus testa rasit sua vul- 20
nera, ut omnibus deum timentibus patientiae atque tolerantiae in
perpetuo traderet formam, ut omnes dolores atque plagas sive in
corpore sive extra corpus sive detrimenti atque languoris cum
gratiarum actionibus sustinentes accipiant a deo aeternae gloriae
remunerationem atque immarcescibilium coronarum exspectent 25
a deo retributionem. Quod autem secundum ipsam historiam
testis lacerati atque pernecati fuerint sancti martyres, manifestum

---

24 aeternae gloriae] cf. 1 Petr. 5, 10   25 immarcescibilium coronarum] cf. 1
Petr. 5, 4   26 secundum ipsam historiam] cf. Euseb., hist. eccl. 9, 6, 3 (GCS
6, 2, 812sq.); Chrysost., hom. in mart. Lucian. (PG 50, 519–526); Philostorg., vita Luc. (GCS 21, 184–201); missale mixt. sec. reg. Isid. dictum
Mozarabes (PL 85, 666C–669A); praef. p. 43

---

7 provocando] et add. Φ mm | exacerbando N; exsecrando M; aggerando
P(ac.); exaggerando cett.   10 blasphemarem M   11 avertite P   12 valde
om. P | ingentem om. M   13 habuit Φ mm | deum] et add. V | non] nam
mm   14 testa] non add. mm | quod] non add. Φ mm | doluisset V
15 tolerantiae mg. N   16 donaret B   18 rasit N(pc.)   19 illos om. Φ mm
20 qui] et add. β | et om. α Φ mm   21 timentibus deum tr. P   25 immar-
cescibilem V   26 retributionem a deo tr. A T V mm   27 pernegati M

est atque irrefutabile. Nam post universa tormenta recludentes
eos in carceres et †testi polline† in eis sternentes et per quattuor
30 partes eos impii ipsi extendentes crudeli eos morte pernecabant.
Ita *consummatus est* beatus atque gloriosus Lucianus, lucidus vita,   mi 471
lucidus et fide, lucidus etiam tolerantiae consummatione. Ob hoc
enim Lucianus cognominatus est tamquam lucidus aut proprio
lumine fulgens aut et aliis lucens. Hic namque beatus duodecim
35 diebus supra †testi polline† extensus tertia decima die est consummatus, aliique innumeri sancti martyres eodem modo
mortem transeuntes consummati sunt. Horum namque omnium
typum gerens Iob ACCEPIT TESTAM UT RADERET SANIEM VULNE-
RUM SUORUM.

32. "Ecce" inquit "o maligne diabole, conculco te, deformo
te et humilio atque omnem malignitatem tuam et malitiam con-
temptibilem omnibus demonstro." ACCEPIT TESTAM UT RADE-
RET SANIEM VULNERUM SUORUM, "testa" inquiens "testa radenda
5 est corruptibile atque carnale hoc corium, terrena atque aspera
testa." ACCEPIT TESTAM UT RADERET SANIEM VULNERUM SUO-
RUM. "Typus" inquit "sum sine peccato hos sustinendo dolores
illius, qui in novissimo tempore descendens de caelis deus unige-

---

31 Ioh. 19, 30   35 supra … extensus] *cf.* Philostorg., vita Luc. 12 (GCS 21,
194, 12sq.); Euseb., hist. eccl. 4, 15, 4 (GCS 6, 1, 336)
32, 8 qui … caelis] *cf.* Athan., synod. 23, 4 (AW 2, 7, 249); Hil., syn. 12, 29
(PL 10, 503) | in … caelis] *cf.* Hebr. 1, 2   8sq. in … induens] *cf.* Is. 7, 14;
Matth. 1, 18–25; Luc. 1, 26–33   8sq. deus unigenitus] *cf.* Ioh. 1, 18

---

28 reducentes *B*   29 carcere *N so*; carcerem *M P* | testi *N*; testis *α*; testes *P*;
testas *β mm* | polline *Ψ P*; pollinas *B A (ac.) T (ac.) mm*; pollutas *A (pc.)*
T (pc.); pollinas vel pollutas *V (cf. praef. p. 33)* | in eis] eius *N*   30 morte eos
tr. Φ mm | pernegabant *M*   34 lumine] sibi *add. Φ mm* | et *om. N (ac.) Φ*
mm   35 testi *N M*; testas *cett.* | polline *Ψ*; pollinas *P A (ac.) T (ac.) V mm*;
pollutas *A (pc.) T (pc.)*; pollutas vel super (*mg. man. post.*) pollinas *B (cf. praef.*
p. 33)   36 aliique] atque *P* | mode *N*
32, 4 radenda est] radendo *mm*   6 sanies *N M*   7 inquiens *V*   8 dei *mi*

nitus, terreni corporis testam ex virgine se induens, totius mundi
saniem, immunditiam quoque ac putredinem rasit atque munda-   10
vit omnium peccata supportando, postmodum pro impietatibus
eorum in mortem deductus, cuius livore omnes sanati atque
mundati sunt, *qui peccatum non fecit neque dolus inventus est in
ore eius.*" Omnibus itaque modis ACCEPIT inquit TESTAM UT
2, 8b RADERET SANIEM SUAM. ET IPSE SEDEBAT SUPER ACERVUM   15
STERCORIS EXTRA CIVITATEM, non quod habitationem deserere
voluerit sed his, qui in civitate erant atque in mansionibus,
molestiam ingerere non est passus. SEDEBAT SUPER ACERVUM
STERCORIS EXTRA CIVITATEM, "me solum" inquiens "circumdent
mala mea, mihi soli molesta sint mea vulnera, non efficiar" inquit   20
"etiam aliis exsecratio, non sim his qui intra civitatem sunt
abominatio, non exsecrentur etiam vicus civitatis propter meos
dolores." SEDEBAT EXTRA CIVITATEM ille qui ante paululum
civitatum atque mansionum fuerat dominus et rector atque
gubernator. SEDEBAT ergo EXTRA CIVITATEM, certum est quod   25
plurima apud semetipsum tractans ac dicens: "Cur in civitate
maneam? Cur in domibus sedeam? Cum re enim ac filiis et civitate et domibus carui, cum re familiari ac liberis regni corona
ablata est mihi, cum re ac natis dedi etiam vestem atque comam
capitis. Nunc vero cum regno relinquam etiam civitatem ac   30
domum!" SEDEBAT EXTRA CIVITATEM solus sustinens dolorem

9–11 totius ... supportando] *cf.* Aug., in Iob 1, 2 (CSEL 28/2, 510)   13sq. 1
Petr. 2, 22   15 acervum] *cf.* coll. Escurialensis, sermo 14 (RecAug 31, p.
173)   23–25 ille ... gubernator] *cf.* Iob 42, 17dα–γ   31–34 solus ... unige-
nitus] *cf.* Ps. Chrysost., in Iob sermo 4, 2 (PG 56, 578)

---

9 testam *N*; testa *cett.*   11 omnia *mi* | supportavit *P*   12 deductus] est *add.*
Φ mm   13 neque ... est] nec inventus est dolus *Φ mm*   17 iis *mi* | in² *om.*
Φ mm   18 super *om. B*   19 circumdant *mm*   20 sunt *M mm* | vulnera
mea *tr. so* | non] ne *Φ* | afficiar *P (ac.)*   21 non *N*; ne *cett.* | sunt] exsecratio
vel *add. N*   22 ne *so Φ mm* | exacerbentur *Φ mm* | vicus] vicos *so*; cives *Φ*
mm   24 et *om. α Φ mm*   26 ac] et *B*   27 cum] cur *α* | enim *om. α Φ mm*
28 carui] caream *A* | coronam *M*   29 mihi est *tr. P*   31 solum *α*

illum saevissimum, certum est quod memor illius atque imitatus
illum qui solus dolorem omnium extra civitatem sustinuit, id est
dei unigenitus, et de illius futura passione seipsum consolatus est
35 dicens: "Quid magni ego sustineo, cum sim homo, pro meipso, si
deus unigenitus venturus est ad terras et, cum sit *deus, pro
hominibus plurima passurus? Brevis" inquit "est haec mea passio,
et temporalis erit hic meus dolor. Aut enim mors eum excludet
aut certe sanitas illum expellet. Sive sic sive sic finis appro-
40 pinquabit."

33. ET IPSE SEDEBAT SUPER ACERVUM STERCORIS EXTRA   mi 472
CIVITATEM, sedem pro sede immutans et sessionem pro sessione
differens. Nam is qui ante paululum supra regale sedebat solium,
nunc sedet super stercoris acervum; ille qui ante paululum regio
5 diademate atque gloria erat indutus, nunc sedet in abundantia
putredinum; ille qui ante paululum ab innumeris catervis cir-
cumdabatur, nunc a multitudine vermium comeditur. SEDEBAT
SUPER ACERVUM STERCORIS, condignam atque congruam hanc
sedem huic iudicans plagae, vermibus stercus, putredini putre-
10 dinem. "Suscipiat" inquit "putredo putredinem, huius stercoris
putredo corporis huius atque vermium putredinem." SEDEBAT
SUPER ACERVUM STERCORIS, stercus supra stercus, putredo supra
putredinem. Nam quia *omnis homo putredo et filius hominis*

---

33 solus ... sustinuit] *cf.* Hebr. 13, 12   34 dei unigenitus] *cf.* Ioh. 1, 18
36 deus unigenitus] *ibid.*   37 sq. brevis ... dolor] *cf.* Rom. 8, 18
33, 13 sq. Iob 25, 6 a; πᾶς *add.* cod. Alexandrin.

---

32 illum *om. N* | quod] ad *add. A (ac.)*   33 illum] illius *N* | id est] idem *B*
34 dei *om. α*   35 sustineo ego *tr. so*   36 deus[1]] dei *mm* | est *om. so* | ad
terras *om. B* | sit *om. B* | deus[2] *coniecit Müller*; dominus *codd. edd.*   37 om-
nibus *Φ mm*   38 eum *om. so* | excudet *N (ac.)*; excludit *P (ac.)*; excluderet *B*
39 certa *Φ* | expellit *N M* | sive sic[1] *om. Φ (ac. A) mm* | appropinquavit *M*
Φ (ac. P)
33, 2 sedem] sedes *M*   3 his *M B* | ante paululum] paulo ante *Φ mm*
4 regio ... 6 paululum *om. B*   9 indicans *Φ me*   13 putredo *om. α*

vermis, merito is qui in putredinem vermium est conversus, sedet
in putredine stercoris. "Quod efficiuntur omnes homines post 15
exitum animae, putredo et vermes atque stercus, haec" inquit
"praeveniens adhuc anima in corpore posita ego effectus sum.
Idcirco tamquam putredo et stercus effectus digne sedeo supra
stercus, omnes homines instruens quia omnis terrena eorum
gloria in putredinem et stercus atque vermes convertetur." SEDIT 20
SUPER ACERVUM STERCORIS, "intendite" inquiens "omnes filii
hominum, ad quantam miseriam terrena gloria devolvitur, ad
quantam humilitatem terrena sublimitas immutatur. Merito
nullus praesentia aliquid existimet sed futura timeat, nullus haec,
quae videntur, quaerat, sed ea, *quae non videntur*, sustineat. 25
Omnis enim gloria hominis tamquam faenum et omnis decor cor-
ruptibilium tamquam olera herbarum et omnis species terrenorum
tamquam flos decidens. Quid pulchrius sole? Et hic occidet. Quid
suavius floribus campi? Et hi arescent. Sic similiter quid gloriosius aut decorosius gloria atque forma humana? Et quid abomina- 30
bilius atque exsecrabilius, cum aruerit exeunte anima eius? Et
quid humilius his qui in stercore et vermibus atque putredine
immutantur? De me" inquit "o homines, atque de mea immu-
tatione in his omnibus informamini. Qualem me ante paululum
vidistis et qualem me nunc conspicitis? Qualem me ante paulu- 35
lum magnificastis et qualem me nunc conspicitis? Ubi sunt illi
plurimi qui me circumdabant? Pro quibus omnibus multitudo"

---

19 sq. omnis ... convertetur] *cf.* 1 Macc. 2, 62; Iac. 5, 2 sq.   **25** 2 Cor. 4, 18
26–28 Is. 40, 6 sq.

---

14 meritis *P (ac.)* | his *M* | putredinem] putredine *N*   **16** atque stercus *om. α*
Φ mm   **17** ergo *P*   **18** super *P mm*   **20** convertentur *so*   **24** praesentia
nullus *tr. mm* | aestimet *P A T V mm*; stimet *B*   **25** videntur²] videretur *V*
26 hominis *om. V*   **27** omnes *mm* | species *om. so*   **28** occidet] decidet *Φ*
mm   **29** sic *om. M Φ mm*   **31** aruerint *Φ mm* | eius *om. α Φ mm*   **32** ster-
cora et vermes *mm* | putredinem *B mm*   **34** qualem ... **36** conspicitis *om. V*
37 circumdabat *P (ac.)*; circumdabantur *P (pc.)*

inquit "vermium et putredo me circumdat." Haec igitur atque his
similia admirabilis ille Iob ad cunctos sibi approximantes loquens
40 evidenter omnibus futuram contestabatur immutationem.

34. ET IPSE SEDEBAT SUPER ACERVUM STERCORIS, plus sibi
de ipsis vermibus atque putredine magis quam olim de regni
gloria atque multitudine circumdantium se populorum complacens. Nam illorum omnium finem post haec omnia quae
5 gloriosa sunt carnis mors exspectat, et post omnem putredinem
et vermes resurrectio omnem carnem exspectat; mortis vero
putredinis atque vermium finem resurrectio a mortuis. Pro his
ergo omnibus SEDEBAT SUPER ACERVUM STERCORIS EXTRA CIVI- mi 473
TATEM. Ad quem etiam nunc digne dicitur: "Dic, o beate Iob;
10 dic, o sancte dei proeliator; dic, o admirabilis domini vir constan-
tissime, quia terribilibus atque fortibus maligni plagis in nullo
succubuisti, quia amara supplicia atque fortes dolores absque
murmuratione supportasti, cur extra civitatem egressus et super
acervum stercoris atque muranam sedens in spectaculum temet-
15 ipsum cunctis transeuntibus praebuisti? Omnes enim qui ingre-
diuntur vel egrediuntur, omnes qui transeunt vias et dirigunt in
itineribus suis, omnes qui te contemplantur istic super acervum
stercoris atque muranam sedentem, absentibus enarrant atque his
qui longe sunt annuntiant, ita ut penetret hic rumor tuus in lon-
20 ginquo de regione in regionem. Nam qui te viderint non viden-

---

34, 16 sq. omnes ... suis] cf. Prov. 9, 15

---

38 circumdantur M (ac.); circumdant M (pc.) Φ mm | igitur] itaque Φ mm
39 ille om. α Φ mm   40 futura B
34, 2 magis om. α Φ mm   4 omnium illorum tr. mm | quae] omnia add. P
6 atque vermem Φ mm | resurrectio omnem carnem N; resurrectionem
carnis cett. | mortis vero putredinis iter. T (corr.)   7 putredinis N; putredi-
nem cett.   9 digne om. N   10 vir domini tr. Φ mm   11 qui Φ mm
12 quia N; qui cett.   14 muranam cf. praef. p. 35 | in om. α Φ mm   15 enim
sl. N   16 diriguntur P A T V mm (sed cf. ThlL V/1, 1250, 58 sqq.) | in exp. P
17 qui] in add. mi   18 murana B (cf. praef. p. 35) | iis mi   19 longinquum
mm   20 videntibus] videbunt T (ac.)

tibus enarrant, qui vero audierint his, qui longe positi sunt, istam recognitionem tuam insinuant." Sed respondit mirabilis Iob dicens: "Ego, o viri, cum sim prior atque antiquior illis, qui in novissimo tempore erunt apostoli vel evangelistae, quae illi verbis dixerint, quod *spectaculum facti* sunt *et angelis et homini-* 25 *bus,* haec nimirum ego ipsis operibus anticipans tamquam in typo adimpleo, *spectaculum* cunctis effectus *et angelis et hominibus,* ut penetret haec relatio mea non solum a provincia in provinciam sed adhuc longius per omnes gentes et per omnes fines terrae *usque in consummationem saeculi.*"   30

35. Vere enim, vere, o amici, *spectaculum* factus est beatus Iob *et angelis et hominibus.* Nam omnes homines stupentes atque admirantes duplici in eum modo intendebant, atque geminas de illo opiniones habentes undique ad eum respiciebant; quidam enim peccatis illum accusabant atque pro peccatis eum pati dice- 5 bant sicut Heliphaz atque similes illi; alii nihilominus non pro peccatis illum reprehendebant, sed potius iustum illum reputan- tes mirabantur in omnibus quae ei a domino illata fuerant. Simi- liter et omnium angelorum et spirituum geminae partes in eum intendebant. Sancti quidem angeli dei cum magna sollicitudine in 10 eum respiciebant tolerantiae eius consummationem exspectantes, ut de victoria eius devote caelestem regem collaudarent, victo- riam iusti Iob atque ruinam iniusti diaboli cernentes. Post hos nimirum omnes nequissimi spiritus respiciebant in eum fixis

---

25 sq. 1 Cor. 4, 9   **27** spectaculum ... hominibus] *ibid.*   **30** Matth. 28, 20
35, 1 sq. 1 Cor. 4, 9   **5 sq.** peccatis[1] ... Heliphaz] *cf.* Iob 22, 5–11

---

21 enarrant *N*; enarrabunt *cett.* | iis *mi* | sunt positi *tr. mm*   **22** insinuant *N*; insinuabunt *cett.*   **23** vir *mi*   **25** dixerunt *N mm*   **26** in *om. B*   **27** et[1] *om. B*   **28** in provinciam *om. N*   **29** gentes ... omnes *om. V*   **30** in] ad *mi*   **35, 1** factum *M*   **2** et[1] *om. B*   **3** geminantes *M*; geminam *Φ mm*   **4** opinio- nem *Φ mm*   **5** enim] de *mm* | atque ... dicebant *om. Φ mm*   **6** atque similes *N*; similesque *cett.*   **8** ei *om. α* | a domino ei *tr. Φ mm*   **10** qui *B (ac.)*   **12** condonarent *M*   **14** omnes nimirum *tr. α Φ mm*

15 obtutibus eum considerantes, sollicite spectantes atque sperantes,
quando blasphemiae verbum ab eo audirent, quando maledicti
sermonem ab eo susciperent, sed infelices a spe sua deciderunt,
cum Iob benedictionem cum gratiarum actionibus omni tempore
deo referret. Sic itaque ipsis rebus adimplevit beatus Iob id quod
20 post hoc a sanctis dictum est: *Spectaculum facti sumus et angelis et
hominibus.* Ob hoc et SUPER ACERVUM STERCORIS EXTRA CIVI-
TATEM sedit hic iustus, stercus ac putredinem existimans atque
demonstrans omnia quae sunt humana ac corruptibilia atque   mi 474
terrena, sicut superius demonstratum est.

36. Post quae universa dicit: PLURIMO AUTEM TEMPORE   2, 9a
INTERPOSITO DIXIT AD EUM UXOR EIUS. Diverse plurimi de hoc
tempore quod istic memoratum est et intellexerunt et locuti sunt,
alii quidem breve hoc tempus fuisse percipientes, alii nihilominus
5 plurimum astruentes, quasi tribus annis ac dimidio in typum
dominicae praedicationis etiam et huius passionis tempus sicut et
in ceteris ostendere dicentes Iob; quae qui voluerint ex auditori-
bus, ita percipiant. Nos vero scripturae consentientes intelligamus, et sicut intelligimus ita et asseramus, hoc primum dicentes
10 et quaerentes, cur benedictus deus diutius esset pernecaturus
iustum illum, cum sufficeret brevissimum tempus ad supe-
randum malignissimum diabolum. Non enim hoc delectabatur

20sq. 1 Cor. 4, 9   24 superius] *cf.* cap. 32, 15sqq.
36, 6 dominicae praedicationis] *cf.* e.g. Hier., in Dan. 3, 9 (CC 75A, 875,
365sq.)

---

15 spectantes ... sperantes *N*; sperantes atque exspectantes *cett.*   16 maledic-
tionem *Φ mm*   17 sermonem *N*; sermonis *cett.*   19 ipsi *P* | id *N*; idem *cett.*
20 sumus] mundo *add. mi*   24 sicut] et *add. Φ mm*
36, 1 post quae] postquam *M* | plurimo ... eius *om.* (*spatio intermisso*) *M*
2 interposito *om. so Φ* | diversa *so Φ mm* | plurima *P* (*ac.*)   5 et *Φ mm*
6 etiam ... Iob *textus corruptus videtur*   7 ostenderent *mi* | Iob quae] Iob *so*;
ideoque *Φ mm* | quia *N*   8 percipiant ita *tr. P*   10 requirentes *N* | pernega-
turus *N M* (*cf.* cap. 31, 27; 31, 30; 51, 14)   12 enim] in *add. V* | delectatur
N (*ac.*)

deus ut Iob torqueretur, sed hoc potius ut diabolus convinceretur
et beatus Iob iustus comprobaretur. Nihil ergo aliud exspectavit
deus nisi hoc solum, quando diabolus universam iniquitatem　15
suam perficeret et quando Iob universam tolerantiam suam adimpleret, ut inexcusabiliter convinceretur diabolus et iustus vere
appareret Iob. Hoc nimirum non diuturno annorum spatio sed
brevissimo mensium tempore irrefutabiliter consummatum est.
Huius namque rei testis comprobatur etiam ipse Iob dicens: *Sus-*　20
tinui menses supervacuos, non annos sed menses. Nam sicut de
mensibus non siluit Iob, sic multo amplius de annis non siluisset,
si annos sustinuisset. Nunc vero quia non annos sustinuit sed
menses, merito sane annos non memorat, menses autem nominat
dicens: *Sustinui menses supervacuos.* Debuerant ergo hi, qui tres　25
annos et dimidium fuisse passionis Iob astruunt, tres menses et
dimidium dicere, ut certe vel ex parte veritati non resisterent et
dominicum exemplum illud consimilarent. Tribus namque annis
et dimidio praedicavit dominus a baptismo usque in passionem,
sed et ipsa historia non tres annos significat sed breve mensium　30
tempus. Primum quidem per hoc quod contiguas ipsas plagas ei
intulit malignus. Nam semper adhuc primum loquentem alius
superveniebat nuntius; deinde statim sine mora saevissima ac
terribili illum plaga percussit; item mox per uxorem seduxit,
deinde consequenter in ordinem per amicos reprehendit, quae　35

---

20 sq. Iob 7, 3a　　**25** *ibid.*　　**28 sq.** tribus ... dimidio] *cf.* supra ad lin. 6
31 sq. primum ... malignus] *cf.* Iob 1, 13–15　　**32 sq.** nam ... nuntius] *cf.* Iob
1, 16a; 1, 17a; 1, 18a　　**33 sq.** deinde ... percussit] *cf.* Iob 1, 16b–c; 1, 17b–e;
1, 18b–19c　　**34** item ... seduxit] *cf.* Iob 2, 9　　**35** deinde ... reprehendit] *cf.*
Iob 2, 11–13

---

17 iuste verus *N M*　　**19** temporum *M*　　**22** non[1] ... 52 tempore *deest N*
24 autem ... menses *om. B*　　**26** abstruunt *P*　　**27** diceret *M*　　**29** dimidium *M*
P B | in] ad *so*　　**30** sed[1]] sic *Φ mm*　　**31** contiguas *so*; contingat *M*; contigit
cum *Φ mm* | ipsas] suas *mi*　　**32** semper *om. P* | primum loquentem *α*;
primo loquente *Φ mm*　　**33** superveniebant *P* | saevissimam ac teribilem *M*
34 plagam *M* | percussit plaga *tr. Φ mm*　　**35** quam *M*

universa in paucis mensibus perfecit. Protinus subsequenter
dominus ad eum locutus est iustum illum omnibus demonstrans
atque sanctum illum cunctis testificans et illis qui tunc fuerunt et
istis qui erunt usque in perpetuum. Haec namque intra paucos
40   menses perfici potuerunt. Non enim erat iustum neque amplexa
est dei bonitas, ut plurimis annis lamentabilem illam passionem
iustus perferret Iob. Omnibus itaque modis demonstrari potest
quia non plurimis annis sed paucis mensibus haec universa impleta sunt. Quomodo enim sufferre poterant carnes Iob vel   mi 475
45   membra, ut tribus annis et dimidio a vermibus ac putredine
essent comesta? Quomodo poterant sufferre carnes eius et ossa,
ut tribus annis et dimidio amarissimo dolore fuissent vexata? In
qua amarissima poena omnis furor et indignatio maligni diaboli
est demonstrata. Post horum namque omnium approbationem
50   dicit: PLURIMO AUTEM TEMPORE INTERPOSITO. Et unus mensis
tempus est, et duo vel tres menses plurimum tempus est; idcirco
non dicit "plurimis autem annis" sed PLURIMO inquit TEMPORE.
Nam et frequenter proxime alicubi quemlibet mittentes, si tardi-
gradus fuerit is qui missus est, murmurantes soliti sunt dicere:
55   "Quid fecisti tanto tempore?" Si ergo diei tempus dicitur prolixum, multo magis mensium tempus prolixum atque plurimum
perfici potest. Ob hoc ergo dicit PLURIMO AUTEM TEMPORE
INTERPOSITO. Plurimum namque memoratur hoc tempus non
ob hoc solum quod plurimum fuerit longitudine temporis vel
60   spatii prolixitate, sed maxime propter plurimum dolorem pluri-

---

36 *ad eum subsequenter dominus *tr. so*   40 non] nam *V*   41 lamentabile
M   42 perferret *so*; proferret *M*; *sufferret *Φ mm*   44 sufferendo *so*   45 ut]
aut *so* | dimidium *M P* | ac] a *so*   46 sufferrere *M* | et] ac *mm*   47 dimidio]
ita et *add. M*; ita *add. so P* | amarissimos dolores *α* | fuisset *mi*   48 omnis]
meus *P*   49 approbatione *M*   51 tempus est^2] est tempus *tr. P*   52 autem]
ante *mm* | annis autem *tr. P (ac.)*   53 proxime *N*; proximum *V*; proximo
cett. | aliquo *mm* | quandolibet *B*   54 fuerit] his *add. M*; is *add. so Φ mm*
55 dies *Φ mm*   57 perfici] dici *mm* | autem *om. Φ mm* | interposito
tempore *tr. so*   58 memoratus *M*; moratur *P*

mum et dicitur et aestimatur hoc tempus fuisse. Plurimo inquit
tempore interposito propter plurimam passionem, propter
acerrimum dolorem, propter vehementissimum vulnus, propter
amarissimam poenam. Plurimo autem tempore interposito
propter plagarum nimietatem, propter umorem corpus atque   65
membra liquefacientem, pro innumeris vermibus nervos atque
ossa devorantibus. Pro his ergo omnibus magnis ac plurimis,
gravibus atque terribilibus exsistentibus plurimum fuisse hoc
tempus memoratur.

37. Plurimo autem tempore interposito, cum Iob non
succumberet neque debilitaretur neque delassaretur neque defice-
ret, sed in eisdem gratiarum actionibus atque confessionibus
permaneret – unde enim coepit, illic et perseveravit in gratiarum
actionibus atque benedictionibus: *Sit* inquit *nomen domini bene-*   5
dictum in saecula – cum in istis ergo perseveraret Iob, nequissimus diabolus obstupuit, expavit, desperavit atque semetipsum
consumens dixit: "Ubi est praesumptio mea? ubi est audacia? ubi
est labor meus? Omnem sollicitudinem exercui et Iob nihil feci;
omnia argumenta ostendi et fortitudinem Iob non deieci; omnes   10
sagittas nequissimae pharetrae meae evacuavi et animam Iob non
vulneravi. Filios" inquit "eius perdidi, sed sensum eius a deo non
praevaricavi. Rem familiarem eius exterminavi, sed caritatem eius
quam habet circa dominum deum non exstinxi. Carnem et ossa

37, 5sq. Iob 1, 21e; εἰς τοὺς αἰῶνας *add.* cod. Alexandrin.; *cf.* lib. I, cap.
95, 7sq.

---

61 et[1] *om. Φ mm* | stimatur *B*   62 interposito] plurimo autem tempore
interposito *add. M* | propter plurimam passionem *om. M*   64 amarissima
poena *M* | poenam *sl. N*   65 plagae *so*   67 ergo *om. mi*   68 atque *om. N*
terribilis *P*
37, 1 interposito tempore *tr. so*   3 atque ... permaneret *post* actionibus (*lin.*
5) *iter. P*   4 enim] esse *add. B* | perseveraverit *M*   5 *benedictum inquit
nomen domini *tr. N*   6 in[2] *om. B*   9 et] *in *add. α mm*   10 omnes nequis-
simas sagittas *P*   11 meae *om. B* | evacui *N(ac.)*   12 eius inquit *tr. B* | sed]
et *Φ mm* | sensum] sum *P* | eius[2] *om. V*   14 habuit *B* | non *sl. P*

15　eius vermibus atque putredine consumpsi, sed fidem ac sinceritatem animae eius non violavi. Quid igitur faciam illi adhuc quod non feci? Quid in eo exerceam adhuc quod non exercui? Ergo quia per universa supplicia atque tormenta cogere eum ut deum derelinqueret non potui, conferam" inquit "me ad seductionem,
20　conferam ad persuasionem. Forsitan enim quod non valuit poenae coactio, hoc nihilominus proficiet persuasionis seductio.　mi 476 Confugiam" inquit "ad antiqua mea arma, per quae Adam seductum supplantavi. Illic enim serpentem me induens ad Evam locutus sum, deinde per Evam locutus Adam seduxi. Habet etiam Iob
25　uxorem, quam me induens subtiliter per illam eum seducam atque fraudulenter per eam illi persuadeam." Cum haec apud se meditaretur atque cogitaret nequissimus, statim uxoris os ad persuadendum aperire properavit. Quod demonstrans haec scriptura dicit: PLURIMO AUTEM TEMPORE INTERPOSITO DIXIT AD EUM
30　UXOR EIUS. PLURIMO AUTEM TEMPORE INTERPOSITO, et Iob cum perseveraret et non immutaretur, cum Iob in fide confirmaretur et in veritate roboraretur, fundaretur in pietate atque in iustitia constabiliretur, in caritate instrueretur et in gratiarum actionibus persisteret devotus atque sollicitus, cum in huiusce-
35　modi consonantia Iob persisteret, DIXIT AD EUM UXOR EIUS. Et

---

23 sq. illic ... seduxi] cf. Gen. 3, 1–7　　**24–26** habet ... persuadeam] cf. Iulian. Arian., comm. in Iob 2, 9 E (PTS 14, 28)　　**35 sq.** et ... locutus] cf. Chrysost., comm. Iob 2, 9 (SC 346, 174 sq.; PTS 35, 41); cap. 52, 16–18

---

15 putredini N | ac] atque mm　　**19** relinqueret mm　　**21** proficiet (cf. cap. 18, 12) N; efficiet cett. | suasionis mm　　**22** seducto M P B (ac.)　　**23** enim om. mm | serpente mi　　**25** qua M Φ mm | me om. so　　**26** per eam illi om. B mm | persuade B (ac.); persuadebo B (pc.)　　**27** meditaret M | cogitaret atque meditaretur (meditaret P) tr. Φ mm | uxor mm　　**29** dixit ... interposito mg. N; om. M　　**30** et Iob cum] *cum Iob Φ mm　　**31** et om. V | cum² ... confirmaretur om. M | confirmatur N (ac.); firmaretur mm　　**32** roboret A (ac.) | in pietate] impietatem M | atque in] an B | in iustitia] iniustitiam M　　**33** astrueretur B　　**34** devotus atque sollicitus post persisteret (lin. 35) iter. P | in om. α | huiusmodi mi

revera non uxor dixit sed diabolus, qui per os eius est locutus, qui
frequenter consuevit loqui ad viros per os mulierum, qui saepe
sollicitus est viros subvertere per os coniugum atque ad mala
concitare et mala docere, rapinas, calumnias, violentiam, cupidi-
tatem, alienorum appetentiam atque odium circa proximos. 40
Frequenter enim invidiam succendit inter viros. Si cum invicem
propter improbitatem suam litigaverint, continuo ille *in felices
viros odia atque contentiones ad invicem excitare contendit. Qui
cum sint pacifici atque unanimes, cum adversariis suis sive his qui
intus sunt sive qui foris concordes stare oportuerat et se invicem 45
defendere atque invicem adiuvare. Isti nimirum compelluntur
propter verba uxorum iniqua adversum invicem insurgere et se
invicem odio habere, quo possint iniquarum uxorum malitiae
satisfacere. Frequenter enim per coniugum os haec talia loquitur
diabolus ad viros, frequenter dicit ad viros per os coniugum: 50
"Existi foras et nihil intus attulisti. De via venisti et vacuis
manibus domi introisti. Alii eunt et reversi afferunt, alii proficis-
cuntur et venientes perducunt. Tu vero deterior ceteris, tu autem
debilior viris atque inutilior cunctis," aliaque plurima quae solitae
sunt impiae mulieres loqui viris suis cogentes eos ad mala atque 55
animas virorum in modicum quaestum venundantes vel potius
perdentes, quibus cura non est unde acquirant viri, tam ex rapinis
quam etiam ex praedis, tam ex violentiis quam ex furtis, tantum
ut in unum coacervantes illis afferant. Istae vere sunt subversio

---

38 solitus *N mi* | subvertere viros *tr.* Φ *mm* | mala ... et *iter.* P   39 malo *M*
40 aliorum *M* Φ *me*   41 succendit *N*; succendunt α; accendunt *cett.* | si cum
N; sicut *cett.*   42 propter improbitatem suam] improbitate sua *A* | litigave-
runt *mm* | illae *so* T *mm*; in *add. mm* | in felices *scripsi*; infelices *codd. edd.*
43 viros] ad *add. sl.* V | contendit *N*; contendunt *cett.* | quos *mm*   45 foris]
sunt *add. mi*   46 ad invicem *me*   47 verba *om.* β *mm* | uxorum iniqua]
nequitias uxorum *mm*   48 possit *so*   49 haec] et *M*   51 intus *om. B*; intro
mm   52 domi *N* (*cf. LHS 49³; 277⁴; ThlL VII/2, 74, 39sq.*); domum *cett.*
53 perducuntur *mm*   54 viris] universis *so* | atque *om.* α Φ *mm* | sollicitae
B   55 sunt *om. mi*   56 immodicum *so*   57 curae Φ *mm* | non *sl. M*
59 coacerbantes *M* | vero *B* | subversio *N*; subversiones *cett.*

60 virorum, istae sunt perditio virorum, per quarum os ad plurimos
    loquitur diabolus, post quarum verba conversi plurimi miseri
    effecti sunt et efficiuntur et super terram et in caelo et apud
    superos et apud inferos. Sic locuta Hiezabel et Achab perdidit, sic
    locuta Herodias Herodem fratrem Philippi intercepit, sic loquen-
65 tes aliae plurimae multis mala ingesserunt, sic itaque et ad Iob
    coepit loqui uxor eius et diabolus per os illius, sicut et per alias ad   mi 477
    alios locutus est et loquitur. Sed non audiunt illas rationabiles
    deum timentes, qui aeterni iudicii atque metuendae poenae sunt
    memores, sicut et Iob non audivit.

        38. Cur autem reprehendit uxorem Iob tamquam deservi-
    entem nequissimo angui diabolo? Reprehensio namque est haec
    ingens atque increpatio. Primum quidem ob hoc eam reprehendit
    atque obiurgat, ut norint omnes viventes quia non est perso-
5   narum acceptor deus et quia non despicit neque silet pro suorum
    delictis atque ignorantiis, neque magnis neque pusillis, neque in
    verbis neque in factis. Ob hoc enim et Saram olim ridentem
    atque promissionem suam aspernantem redarguit. Ob hoc etiam
    nunc istic uxorem Iob arguit atque reprehendit, ut cunctae muli-

---

63 Hiezabel et Achab] *cf.* 3 Reg. 21   64 Herodias Herodem] *cf.* Matth. 14,
1–12; Marc. 6, 14–29
38, 4sq. non ... deus] *cf.* Iob 34, 19; Sap. 6, 7 (8 *Vulg.*); Act. 10, 34; Rom. 2,
11; Gal. 2, 6   7sq. Saram ... redarguit] *cf.* Gen. 18, 9–15

---

60 perditio *N*; perditiones *cett.*   61 conversum *B*   62 *caelis *N*   63 locuta]
*est *add.* α Φ mm*   64 locuta] est *add.* Φ mm* | Herodias] et *add.* M Φ mm;
est *add.* so | intercepit *N*; interfecit *cett.* (*cf. lib. I, cap. 60, 28*); sic locutae sunt
Herodias et Herodem fratrem Philippi interfecit *add.* A (*exp.*) | sic ... inges-
serunt *om.* M | loquentes *N*; locutae sunt *cett.*   65 aliae *om.* mm | plurimae]
quae *add.* M Φ mm; et *add.* so | utique *mi*   66 loqui coepit *tr.* mm* | sic *P*
67 alios] alias *P (ac.)* | audivit *P (ac.)*   68 atque *om.* M Φ mm* | metuendae
poenae sunt] metuendas poenas *P*; metuendas poenas formidant β mm*
sunt poenae *tr.* α   69 memores] sunt *add.* P
38, 2 nequissimo] et *add. mg.* V | angui] atigui V(*?*) | responsio *B*   6 neque
magnis *om.* Φ   8 atque] ac mm* | aspernantes *P (ac.)*

eres caveant ne *quid pia corda earum diabolus subvertat, ne os 10
earum Satanas aperiat, ne malignus per labia earum loquatur, ne
deserviant diabolo pro subversione animarum virorum suorum.
Et adhuc ob hoc reprehendit uxorem Iob, quae diabolo deservivit
pro subversione eius, ut noverimus nos plurimam atque multiplicem diaboli malignitatem et astutiam. Per omnia enim insidiatur, 15
per omnia enim subvertere conatur, et per amicos et per sodales
et per uxorem, quae in Iob adimpleta sunt, quem amici reprehen-
derunt, uxor vero subvertere nisa est. Horum scilicet etiam
posteriores prophetae memores dixerunt: *Nolite credere sodalibus
et cum amicis vel fratribus nolite consiliari, a coniuge tua te observa.* 20
Pro istis ergo omnibus accusans atque reprehendens uxorem Iob
dicit: ⟨*Quare ut una ex insipientibus mulieribus ita locuta es?*⟩
DIXIT AD EUM UXOR EIUS vecors, vertibilis, instabilis, quam
facile diaboli fluctus subvertit, in cuius animam nequissimi
illecebra facile irrepsit. Haec videlicet uxor eius dixit ad eum, 25
quam ideo solam de omnibus nequissimus diabolus superesse
voluit, ut hac novissima uteretur pro Iob seductione atque animae eius subversione; sive enim deus praeciperet hanc reservari –
sicut et praecepit – ob hoc, quia secundam uxorem iustus ille Iob
accipere opus non habuit, sive igitur ille diabolus hanc conser- 30

19sq. Mich. 7, 5   22 Iob 2, 10b

---

10 quid pia *coniecit Weber*; quispiam Ψ; cuiuspiam Φ *mm* | earum corda *tr.*
mm | earum] eorum P *(ac.)* V *(ac.)*   11 malignus] spiritus *add.* α Φ *mm*
12 subversionem M   13 adhuc ob] ad β *mm* | uxorem *iter.* B *(corr.)*
deserviunt P   14 nos *om. so* | plurima α   16 enim *om.* α Φ *mm* | amicos]
vel domesticus amicus cliens hoc est clientula *add.* M   17 uxores Φ *mm*
18 visa Φ   19 periores V *(ac.)* | reddere M   20 consiliari N V; considerare
P; consiliare *cett.*   21 his Φ *mm* | uxorem] suam *add.* Φ *mm*   22 dixit Φ
mm | quare ... es *supplevi (cf. cap. 52, 2sq.)*   23 ad eum N; autem *cett.*
24 faciae P   27 volui N; soluit B   28 praecepit Φ *mm; fortasse scribendum*
praeceperit *(cf. lin. 30: conservaverit)*   29 sicut et praecepit *del.* V | quia] ut
Φ *mm*; eius *add. mm*   30 haberet Φ *mm* | igitur *om.* Φ *mm* | ille *om.* N; illi
Φ | conservavit Φ *mm*

vaverit tractans, ut hanc pro ministra iniquitatis suae haberet, ut
hanc haberet pro novissimo Iob laqueo, ut postquam per omnem
rem desperaret, tunc per uxorem iustum illum perderet, sicut
ipse arbitrabatur infelix, aestimabat atque sperabat. De longe
35 enim oculi eius considerant, de longe iniquitas eius prospiciens
circumvenit, iniquitas omnes captat, quemadmodum subvertat,
quemadmodum subintroeat, quomodo deiciat, quomodo a dei
familiaritate praevaricet. Ob hoc ergo reservavit atque reliquit
uxorem Iob, sicut et illos nuntios qui dicebant: *Ego remansi solus*
40 *et veni ut nuntiarem tibi.* Ob hoc solum illos reservavit, ut consequenter dolores Iob enarrent. Hoc scilicet demonstrans dicit:
DIXIT AD EUM UXOR EIUS. Uxorem dicit dixisse, sed vere diabolus dixit. Sic namque et olim ait: *Dixit serpens ad mulierem.*   mi 478
Serpentem dicit dixisse, sed non serpens dixit, sed diabolus qui
45 per serpentem locutus est. Sic et nunc istic uxorem dicit dixisse,
sed vere non uxor dixit, sed adversarius qui per uxorem est locutus.

39. DIXIT AD EUM UXOR EIUS: QUOUSQUE SUSTINES?   2, 9b
Quid speramus? quid suspicamur? quid aestimamus, quo aspectu,
o viri, vel qua facie locuta est ad Iob uxor eius? Manifestum est
atque evidens omnibus quod illa non locuta est hilari vultu neque
5 laeto aspectu, sed tristi, imbrido, nubilo, flenti, omnino nihilo-

---

39sq. Iob 1, 15c; 1, 16c; 1, 17e; 1, 19c   **39** remansi] *cf.* lib. I, cap. 64, 26
43 Gen. 3, 1

---

31 pro ministra] ministram *Φ mm; sequ. ras. 1 litt. B* | suae] iniquitatis *add.*
B | ut hanc haberet *om. A*   **32** Iob *om. so*   **33** illum *om. Φ mm*   **34** stima-
bat *B*   **35** enim *om. B*   **36** iniquitas *del. V*; insidias *mm* | subvertat quem-
admodum *om. α Φ mm*   **37** a dei] Adae *mm*   **38** praevaricaret *mi*   **40** et
veni *om. Φ mm*   **41** Iob enarrent *N*; subenarrent *M*; enarrent *so*; subenarrarent *cett.*   **42** dicit] dixit *Φ mm*   **44** dicit] dixit *B mi*   **45** est locutus *tr. so*
46 uxor non *tr. B*
39, 1 sustinens *M*   **2** superamus *mi* | stimamus *B*   **5** hybrido *N M* | nubi-
loso *so* | flente *so* | omnino *N* (*cf. cap.* 44, 28); omni *cett.*

minus miseria referto et ipsa voce lacrimabili commixta lamenta-
tioni. Sic itaque miserabilem se exhibens iniquus atque callidus
diabolus aperiensque os eius dixit ad Iob: QUOUSQUE SUSTINES?
Quis dicit hoc? Ut videtur, uxor, et ut se veritas habet, ipse diabolus. QUOUSQUE SUSTINE[N]S? O nequissime diabole, o callidis- 10
sime Satana! Quomodo subtiliter seducis, quomodo callide
loqueris "QUOUSQUE" inquiens "SUSTINES? quousque suffers?
quousque protelas? quousque constanter perstas? Quamdiu"
inquit "eris lapidibus robustior et saxis durior et omni ferro
firmior? Ferrum cum in igne missum fuerit liquescit, tu vero in 15
igne putredinis atque vermium animo non liquescis. QUOUSQUE
SUSTINES? Quousque" inquit "non flecteris, quousque non deficis, quousque non debilitaris?" Ac si diceret: "Ego deficio, o Iob,
et tu non defecisti; ego defatigatus sum, et tu non es fatigatus.
Defecerunt a me omnia argumenta, a te autem non defecit devo- 20
tio atque patientia. QUOUSQUE SUSTINES? Quam diutius flagel-
laris? Quamdiu a me torqueris et cuncta sustines et supportas
universa et non solum tormenta atque supplicia, sed et seductiones ac verborum subtilitates, cuncta sustines, cuncta suffers, et a
nullo flecteris? QUOUSQUE" inquit "SUSTINES?" Iob qui susti- 25
nebat, qui torquebatur, non est debilitatus neque ad sustinendum
consternatus, tortor vero eius diabolus delassatus ac deficiens
dicit: QUOUSQUE SUSTINES? Non dixit Iob qui torquebatur:
"Quousque sustineam, quousque torques?" Diabolus vero qui

6 refecto N M | lamentatione Φ mm   8 diabolus om. N | eius N; suum
cett. | dicit mi   9 quis ... sustinens om. N Φ mm | et] sed so | se veritas so;
severitas M   10 sustines conieci; sustinens α | diabole o callidissime om. α Φ
mm   12 loqueris] o callidissime diabole add. α Φ mm | sufferres B   15 ig-
nem mm   16 putredine P | vermium] positus add. β mm | liquescit P (ac.)
17 sustinens M | inquit om. B   19 defecisti N; deficis cett. | fatigatus β mm
20 deferunt B | deficit M Φ mm   21 paenitentia α | quam diutius (cf. LHS
169¹)] quamdiu tu mm   24 subtilitatis P (ac.) | et] sed A T V mm   25 susti-
nes] o add. Φ mm | qui] quis M | sustinebat] sustines T (ac.)   26 qui] quis M
28 dicit mm   29 torques N; torqueas M; torquear cett. | qui om. M

30 non sustinebat dolores sed confusionem, dicebat ad patientem
atque sustinentem: QUOUSQUE SUSTINES? Iob qui sustinebat,
non succumbebat; diabolus vero qui non sustinebat, deficiebat.
Non enim hoc quod dicitur QUOUSQUE SUSTINES? fortitudinem
demonstrat sustinentis, sed defectum ostendit percutientis. Con-
35 queritur qui caedit, et non conqueritur qui vapulat.

    40. "QUAMDIU" inquit "SUSTINES? Liquefactae sunt" inquit
"carnes tuae, Iob, consumpta sunt ossa tua et nervi, putrefacta est
etiam ipsa terra sub te: Et adhuc sustines, Iob? Locutio linguarum
et sermo viatorum et nuntius transeuntium et spectaculum his
5 qui longe sunt et declinatio his qui prope sunt factus es: Et adhuc
sustines, Iob? Transierunt noctes et dies et menses in doloribus
tuis: Et adhuc sustines? Defeci" inquit "etiam ego assistens tibi,
invigilans et sperans, si quomodo deficiens blasphemares vel si
quomodo succumbens detraheres, et tu non defecisti neque suc-   mi 479
10 cubuisti, sed adhuc sustines, Iob? Defecerunt divitiae, defecerunt
filii, computruerunt carnes, liquefacti sunt nervi, et ossa in ster-
cora redacta sunt, sub terra concalescentibus carnibus tuis commixta: Et adhuc sustines? Quod efficiuntur mortui post mortem
in sepulcro, putredo et vermes atque terrae commixtio, hoc vide-
15 licet tu effectus adhuc vivere videris, et super haec omnia adhuc
sustines, Iob, et suffers huiuscemodi passionem, qualem non
sustinuit prior te alter nec sustinebit alius usque in aeternum post
te? QUOUSQUE" inquit "SUSTINES? Deficiens iam requiesce, ut

30 non *Inp. T*   31 atque] ad *add. so*   33 dicit *Φ mm*   34 affectum *so*
percutis *N*(*ac.*)
40, 1 inquit² *om. B*   2 tuae] o *add. Φ mm*   3 terra ipsa *tr. mi* | sustines] o
add. Φ mm   5 declamatio *so* | sunt prope *tr. so*   6 sustinens *M*; o *add. Φ
mm*   7 et *om. mm* | sustinens *M* | etiam] et *add. α Φ mm*   8 iugulans *so*;
vigilans *B*(*ac.*) | blasphemis *M*(*ac.*) | vel *om. so*   10 sustines] o *add. Φ mm*
11 stercore *Φ*   12 est *N* | sub *om. mm*   13 quo *N* | in sepulcro post
mortem *tr. Φ mm*   14 commixti *mi*   15 vivens *Φ mm*   16 sustines] o *add.*
Φ mm | et *om. mi* | huiusmodi *mi* | quale *M*   17 nec] et non *B*; neque *A T*
V mm | aeternum *N*; sempiternum *cett.*   18 requiesce] quiesce *so*

etiam me requiescere facias a bello et certamine atque colluctatio-
ne quam habeo circa te." Sed adversus haec universa uno verbo   20
respondit Iob dicens: "Si interrogas me, o inimice, quousque
sustineam, audi! Quamdiu tu percutis, illo usque ego suffero.
Quamdiu tu torques, illo usque ego sustineo. Quamdiu tu flagel-
las, illo usque expecto ego. Quamdiu non defecerit malignitas
quam habes circa me, illo usque non me deficiet tolerantia quam   25
habeo circa te. Delusisti" inquit "temetipsum, o diabole, cum
putas quod Adam inveneris incautum, et nescisti quod adversum
Iob constantem habueris."

    41. Sed adhuc ad priorem sensum atque sermonem reverta-
mur. QUAMDIU inquit SUSTINES? Deinde tamquam cogitationibus eius atque spebus compendium faciens ac respondens adicit
2,9b–9aα dicens: ET DICIS: ECCE EXSPECTO ADHUC PAUCUM TEMPUS
SPERANS SPEM SALUTIS MEAE. Tamquam si diceret: "QUAMDIU   5
SUSTINES hoc tractans et hoc cogitans atque istam spem habens,
quod adhuc modicum tempus sustinens salutem et liberationem
atque requiem exspectes? Teipsum deludis, o Iob. Non enim ita
es apprehensus, ut modico sustinens tempore evadas. Non talia"
inquit "te mala circumdant, o homo, non cum modicum tempo-   10
ris haec supportaveris, salutem sperabis, sed sustinens" inquit

---

27 Adam inveneris incautum] cf. Gen. 3, 1–7

---

20 adversus] ad Φ mm   21 Iob om. Φ mm   22 tu om. mi | usque om. B
ego] eo M | suffero N; sustineo cett.   23 tu¹ om. so; sl. P | usque om. B | ego
usque tr. A (ac.) | ego om. P | sustineo N; suffero cett.   24 usque ego expec-
to tr. α P A T V mm; ego usque expecto tr. B | defuerit so   25 me² om. α Φ
mm   26 cum putas] computas so   27 incautum inveneris tr. α Φ mm
28 constantem] hoc add. β mm
41, 3 spei so; speciebus B | ac] atque mm | adicit ... dicis N (pc.); adicit dicens
et dicit N (ac.); ac dicit dicens et dicit (dicis pc.) M; adicit dicens so; adiciens
dicit cett.   4 ecce ... meae om. (spatio intermisso) M   6 habes mi   7 sustines
mm   8 expetens so; exspectans mi | o *om. N (ac.)   9 deprehensus Φ mm
modicum α | tempus so | evadis P (ac.)   10 non] ut Φ mm   11 sperabis]
sperare possis Φ mm

"sustinebis et patiens patieris, et finis passionis atque doloris tui
non erit. Quod enim facturus es in ultimo, cum plurima passus
fueris ac sustinueris, ut blasphemes, hoc sane cur non facis celeri-
15 ter, ut saltem vel unum ex ipsis doloribus effugiens requiescas?"
Haec itaque universa atque alia his pluriora nequissimus diabolus
licet non evidentioribus verbis sermocinatus, sed attamen occultis cogitationibus ad Iob locutus est subtiliter seducere volens
famulum dei inviolabilem. Super quae universa adiciens dicit:
20 "ECCE ENIM EXTERMINATA EST MEMORIA TUA A TERRA. Quid   2, 9 b α
exspectas? quid sustines? quid speras? Quod tempus salutis exspectas? EXTERMINATA EST MEMORIA TUA A TERRA." EXTERMI-
NATA est enim sublata, finita, proiecta. "⟨...⟩ esse" inquit "videris,
et tamquam non sis ab omnibus reputaris. Deseruerunt namque
25 te omnes, discesserunt cuncti, obliti sunt universi, despexerunt te
toti et proprii et exteri et qui prope et qui longe sunt, quia
DELETA EST MEMORIA TUA A TERRA. Quanti" inquit "magni   mi 480
fuerunt a saeculo, et plerumque eorum memoria permanet aut in
verbis aut in factis aut in filiis aut in filiabus; TUA autem MEMO-
30 RIA omnis subito EXTERMINATA EST A TERRA, neque verbum"
inquit "post te neque factum neque filius neque filia permanet,
per quae possit stare post te memoria tua. Ergo quia nullum de
his post te in memoria remansit, ideo EXTERMINATA EST ME-

---

20 memoria tua] τὸ μνημόσυνόν σου *tr.* cod. Alexandrin.

---

12 sustinebit *P (ac.)* | patieris] pateris *N M* | atque] et *so*   14 ut] hoc *B*
16 alia *om. Φ mm* | plura *mi*   17 sed] sit *Φ mm*   19 famulatum *so*   20 ec-
ce ... terra *om. (spatio intermisso) M* | a] e *so*   21 quod] quid *so Φ mm*   22 a]
e *so*   23 enim *om. N* | proiectus *Φ mm* | *lacunam indicavit Müller, fortasse
non supplendum (cf. lin. 35sq.)* | esset *M*; est *B*   24 sit *V (ac.)*   25 despexe-
runt *N*; *desperaverunt *cett.*   26 proprii ... et² *om. Φ mm* | qui prope]
quippe *B (ac.)*   29 aut in filiis *om. β* | filiis ... filiabus] liberis *mm*   30 in-
quit verbum *tr. β mm*   31 neque¹ ... permanet] neque filius neque filia
neque factum *Φ mm*   32 posset *B* | post te *N*; praeter *M*; *om. so*; praeteriens
cett. | memoriam tuam *M*

MORIA TUA A TERRA, non solum oblitterata atque sublata, sed
EXTERMINATA tamquam delavata atque extersa, tamquam quae 35
ultra non sit." Cui digne respondeatur: *In memoria aeterna erit
iustus* et memoria iusti cum laude.

42. Deinde identidem abscondens se diabolus atque tegens
iniquitatem suam convertit hunc sermonem ad uxoris personam
et tamquam ex illius persona loquens dicit: "FILII TUI quos fidem
docuisti, quos pietatem induisti, quos caritatem ad invicem circa
omnes habere instruxisti; FILII TUI pro quibus corde fuisti sollici- 5
tus et animo cogitasti et singularia sacrificia immolasti, de quibus
apud temetipsum dixisti: *Ne forte filii mei in praecordiis suis mali
aliquid cogitaverint adversus deum*; isti ergo FILII TUI quos tibi
heredes fore sperasti, a quibus sepulturam accepturum te exspectasti, per quos nomen tuum ac memoriam post te permanere 10
credidisti; isti ergo FILII TUI quibus nihil est inter homines dulcius, quibus nihil est inter carnales carius; isti FILII TUI quorum
visionem non exspectabis amplius, quorum faciem non videbis
ulterius, quorum reversionem non speras amplius. Non enim in
profectionem terrenam perrexerunt, ut denuo reversionem 15
speres eorum, neque in navibus navigantes ad exteras provincias
transierunt, ut denuo ad tempus remeantes suscipere atque videre
eos possis. Terra illos subito cooperuit, et mors illos pariter
cunctos perdidit; domus ruina commune sepulcrum illis cunctis

2, 9 b β

36 sq. Ps. 111, 7
42, 3 tui] σου *add. cod.* Alexandrin.   7 sq. Iob 1, 5e; *cf.* lib. I, cap. 32, 1–3

34 oblittera *M* | atque] sed *me*; seu *mi* | atque sublata *om. so*   35 delanata
M; deleta *so* | quae *om. Φ mm*
42, 1 identidem *post* diabolus *tr. so* | se *om. mi*   2 *hinc *Φ*   7 suis *om.* α *Φ*
mm | mali aliquid] mala *Φ mm*   8 tui *om. me* | tui quos tibi] quos tui *mi*
9 forte *β*   10 memoria α *P T* | manere *mi*   11 isti ... carius *mg. B* | tui *om.*
mm | nihil ... dulcius] inter homines nihil est dulcius *tr.* β *mm*; inter (*sl.*)
homines nihil dulcius est *tr. P*   16 navigantibus *N* (*pc.*)   17 denuo ad
tempus] ad tempus demonio *P* | susciperere *so*   18 cunctos pariter *tr. mm*
19 communem *N M*

20 effecit. Isti" inquit "FILII TUI, et non solum filii, sed ET FILIAE. Si   2, 9bβ
enim soli filii perissent, filiae vero superessent, dimidia fuisset
miseria dimidiusque nefandus dolor. Filiarum posteritatem
namque pro heredibus exspectares, filiarum progeniem pro consolatione duceres, restituerent tibi filiarum nati filiorum direp-
25 tionem. Nunc vero FILII TUI ET FILIAE omnes pariter perierunt,
omnes sub una hora deleti sunt, omnes uno tempore in morte
tamquam in pelago demerserunt, omnes in una domo tamquam
in una navi a terrae pelago absorpti sunt. Et sicut his qui in
pelago demerserint ascensionis vel salutis spes ulterius non est, sic
30 filiorum" inquit "tuorum et filiarum a mortis lamentabili profundo absorptorum reversionis vel reparationis spes amplius non
est, ut diem memoriae tuae celebrent, ut tempus recordationis
tuae agant. Sic, inquam, FILII TUI ET FILIAE omnes ante tempus a
morte direpti sunt, omnes ante tempus perierunt, ut non derelin-
35 querent posteritatem, ut cum nepotes super non sunt, avi a nullo
nominentur.

43. Sed noli putare, o Iob, quod tibi soli filios istos deputem, sed mihi potius deputo, sed mihi magis suscenseo; MEI"   mi 481
inquit "UTERI SUNT GEMITUS ET DOLORES QUOS IN VACUUM   2, 9bβ-γ
PORTAVI LABORANS CUM GEMITU; retributionem ab illis non
5 accepi, remunerationem ex eis non habeo. UTERI" inquit "MEI
GEMITUS AC DOLORES; cum gemitu et labore a me nutriti mise-
ram atque solitariam me reliquerunt, in doloribus atque gemi-

21 solum *mi* | diminuta *mm*   22 diminutusque *mm* | prosperitatem *mm*
namque posteritatem *tr. α Φ mm*   25 vero] et *add. α Φ mm*   26 delecti *P*
B | mortem *N B*   27 demersi sunt *Φ mm* | in² *om. M*   28 hi *so*; iis *mm*
29 demersi fuerint *mm*   30 mortuis *mi* | lamentabile *N M*   31 absorptis *α*
P B T(*ac.*); absorptiorum *V* | amplius] ulterius *V*   34 omnes (*om. Φ mm*)
ante tempus perierunt *post* filiae (*lin. 33*) **tr. α Φ mm*   35 non supersunt *Φ*
mm | avi a] a via *B V*
43, 2 magis mihi *tr. P* | mei] mihi *P* | mei ... 4 portavi *om.* (*spatio intermisso*)
M   4 laborem *V*; laborum *mm*   5 mei inquit *tr. Φ*   6 ac] et *Φ mm* | labore]
dolore *β mm* | miserum *M*   7 solitarium *M* | reliquerunt me *tr. V mm*

tibus me dimiserunt. Cum doloribus" inquit "ac gemitu peperi
dolores ac pericula in die nativitatis eorum sufferendo, cum
dolore ac gemitibus nutrivi, compassa infantiae eorum atque　10
infirmitati, congemiscens languoribus atque gemitibus eorum.
Nam cum ingemiscerent, simul ingemiscebam cum eis; cum infir-
marentur, ego in me suscipiebam infirmitatem atque dolorem
illorum. Quis" inquit "ex his qui generant filios ignorat, o Iob,
filiorum dolorem? Quis ex his qui natos procreant amorem atque　15
affectum filiorum nesciat, quia omnem dolorem atque omnem
infirmitatem natorum libenter in se parentes suscipiant, tantum
ne aliquid moleste eis accidat? Hoc" inquit "ego prae omnibus
matribus devote impendi natis ex me procreatis, filiis tuis et
filiabus, uteri mei doloribus atque gemitibus. Sed haec cuncta　20
cum passa fuerim atque sustinuerim, in vacuum sustinui, vane
exspectavi, cum sepulturam mundam eis facere minime valui illis
a quibus mihi honorabilem sepulturam speravi. Post quae universa nihil" inquit "dixissem, nihil conquesta fuissem, si te, o Iob,
non infirmum viderem, si te sanum habuissem, sed levia fuissent　25
mihi omnia quae te incolumem sustinuissem. Sicut enim rei familiaris iacturae memor non essem, si liberos non amisissem, sic
similiter non essem recordata nec rei familiaris nec filiorum, si
2, 9cα　　tibi incolumi gratulata fuissem. Nunc vero et **TU IPSE**, o Iob,
SEDES IN PUTREDINE VERMIUM PERNOCTANS ET PERVIGILANS,　30
cum vehemens dolor tuus atque miserabilis tua passio auferens a
te requiem et vigilias tibi procurans dolores tuos efficit amario-

---

8 reperi *M*　　14 o Iob ignorat *tr. P*　　16 effectum *A* | omnem[2] *om. mm*
17 in se parentes] inseparantes *N*; inseparanter *M* | partes *B* | suscipiunt *Φ*
mm　18 eis *om. M* | inquit *om. β mm* | ego] et *mm*　19 matribus] muneri-
bus *mm* | natis] nectis *N*　20 meis *B*　21 sustinui *om. α Φ mm*　22 exspec-
tavi] et *add. V* | facerem *N*; memini *add. P*　23 post quae] postquam *M*
quae] haec *mm*　24 dississem *P*　25 mihi fuissent *tr. mm*　26 quae] si *so*
incolumi *A T(pc.) V mm*　27 amisissem] admisissem *M* | sic *om. M Φ mm*
28 nec[1] *om. so*　29 nunc ... sedes *om. (spatio intermisso) M* | o *om. α Φ mm*
30 sedens *P*　31 miserabilis] admirabilis *so*

res. TU" inquit "IPSE IN PUTREDINE VERMIUM SEDES. Quod enim
efficiuntur omnes post mortem, hoc nimirum effectus es tu solus
35 ante mortem. Quod enim efficiuntur omnes qui moriuntur in
sepulcro, hoc videlicet effectus es tu solus in murana. TU autem
IPSE SEDES IN PUTREDINE VERMIUM. Quid in multitudine gloriaris iustificationum? TU autem SEDES IN PUTREDINE VERMIUM
PERNOCTANS AC PERVIGILANS, plurimos habes qui te excitent
40 vermes. Non enim sic gallus ille, qui post hoc Petrum vocavit,
excitare illum potuit, sicut te excitant vermes, qui devorant
carnes tuas. Non tantum Aegyptum illae plurimae excitaverunt
plagae, sicut te multiplex suscitat putredo.

44. Post quae universa ET EGO" inquit "UT VAGA ET HA-   2, 9d
BITU ANCILLAE AMBULANS DE LOCO IN LOCUM ET DE DOMO
IN DOMUM OPERIS CAUSA, EXSPECTANS QUANDO SOL SUBEAT
ET REQUIEM HABEAM LABORUM ET GEMITUUM, QUI NUNC ME
5 APPREHENDERUNT." O malignitas adversarii, o malitia diaboli, o
fallacia nequissimi, quam blande loquitur, quam callide decipit,
quam miserabiliter fatur, ut provocet sensum, ut atterat mentem,   mi 482
ut exaggeret animum, ut perturbet praecordia, ut immutet con-
scientiam, ut delassando atque fatigando et debilem atque despe-
10 rantem efficiendo ad blasphemiam eum provocaret atque con-

---

40 sic ... vocavit] *cf.* Matth. 26, 74 *par.*   **42 sq.** Aegyptum ... plagae] *cf.* Exod.
7–12
44, 1 et ego] καὶ ἐγώ *apud nonnullos testes Graecos legitur; cf.* Ziegler 219

---

33 ipse inquit *tr.* Φ *mm* | quid *B*   **34** prae morte α   **36** murana *cf. praef. p.*
35 | tu[2] ... vermium *om.* Φ *mm*   **37** quid ... vermium *mg. N*   **38** sedens
mm   **39** vigilians α Φ | plurimos] enim *add. so*   **40** sic *om.* Φ *mm* | vocabit
mm; ita *add.* Φ *mm*   **41** oportuit *B*; poterit *mm*   **42** Aegyptum *N*; *Aegyp-
tios *cett.*
44, 1 post quae] postquam *M* | inquit *om. N*   **4** gemitum *P*   **5** malitia *N*;
malignitas α *P*; calliditas *cett.*   **7** provocent *M*   **8** ut[3]] et *add. N*   **9** ut *om.* α
P | debile *M*   **10** efficiendo] ut *add. so* | provocaret eum *tr. P*

verteret! Nam is qui aliquem passus fuerit dolorem, si ipsi eius dolores verborum magis non provocentur admonitione aut improperiis et increpationibus, minores atque mitiores videntur esse magis quam cum provocantur verbis atque admonentur eloquiis et subtilitate verborum exulceratur anima patientis. Hoc 15 scilicet nequissimus sciens diabolus versute ac callide per os uxoris loquens omnium eum ab initio commonefecit dolorum. Uxoris nomen cum audieris, noli putare quod uxor haec locuta fuerit, sed ore uxoris deserviente locutus est per os eius malignissimus diabolus, qui etiam et impias cogitationes inseminavit in 20 anima illius. Animadverte quomodo omnes ipsos dolores enumerat, quomodo de omnibus eum commonefacit "QUOUSQUE" inquiens "SUSTINES paupertatem, inopiam, nuditatem, deformitatem, improperia, maledictiones? Deinde FILII TUI ET FILIAE perierunt, interierunt, intercepti sunt, deleti sunt. Item vero TU 25 IPSE SEDES IN PUTREDINE VERMIUM omnibus exsecrabilis, omnibus abominabilis, omnibus detestabilis ad videndum et ad approximandum atque ad audiendum et ad ipsam putredinem omnino odiosam odorandam." Dehinc post haec universa ET EGO inquit UT VAGA ET HABITU ANCILLAE CIRCUMIENS DE LOCO IN LOCUM 30 ET DE DOMO IN DOMUM et cetera, quibus subtiliora atque callidiora in subversionem loqui non poterat.

---

11 his *N M P*; ei *so* | si ipsi *N so*; sumpsi *M*; cum sumpsit *P*; cum consumpsit *B T*(*ac.*); cum consumpserit *A T*(*pc.*) *V mm* **12** dolorem *M Φ mm* | magis verborum *tr. A* (*ac.*) | non *om. Φ mm* | provocatur *Φ mm* | admonitionem *M* | aut] quam *Φ mm* **13** improperiis] in propriis *B* | et *om. so*; ut *V*(*ac.*) increpationibus *N*; increpationes *cett.* | esse videntur *tr. Φ mm* **15** subtilitate] subtilitatem *M* | exulceratus *M*; exulceretur *V*(*ac.*) **16** sciens nequissimus *tr. Φ mm* **19** uxoris ore *tr. P* **20** diabolus *om. Φ mm* | seminavit *so mm* **21** animadvertite *A T V mm* | enumerat dolores *tr. α Φ mm* **23** inquiens *om. α Φ mm* **25** intercepti *ac. Inp. A* | delecti *P B* **26** ipse *om. Φ mm* | inexsecrabilis *A T V*(*ac.*) **27** et *om. mi* | ad² *om. P B T V mm* **28** atque *mg. T* | ad¹ *om. V mm* | omnino *N* (*cf. cap. 39, 5*); omnibus *cett.* **29** odiosa *M* | moderandam *M Φ mm* | dehinc *N*; deinde *cett.* **30** habitum *M* **32** subversione *N Φ mm*

45. Post quae universa pro omnium conclusione, postquam provocatum et perturbatum atque circa deum excitatum putavit esse cor eius, in supplemento omnium dicit: DIC ALIQUOD   2, 9e VERBUM IN DOMINUM ET MORERE. Ad hoc enim illum addu-
5 cebat atque trahebat et hoc flagitabat, cum callide haec universa loqueretur malignissimus diabolus. Nam cum non valeret per dolores, nisus est atque putavit quod per seductionem eum sub- verteret. Sed illic vere adimpletum est id quod post hoc dictum est: *Firmum fundamentum dei stabit.* Illic vere adimpleta est
10 parabola illa, quae a domino dicta est de domo illa firma, quae super petram aedificata est atque fundata, quam omnes venti et aquae et omnes impetus diaboli commovere non potuerunt. Talis vere fuit admirabilis Iob, quem omne supplicium diaboli non compulit deum derelinquere, quem omnia argumenta adversarii
15 non seduxerunt, ut a creatore discederet.

46. Sed adhuc velut ex uxoris persona huius verbi mentio- nem faciamus: "ET EGO" inquit "UT VAGA ET HABITU ANCILLAE. ET EGO mala tua" inquit "tecum baiulo, tuos dolores tecum sus- tineo, tuas miserias tecum patior; ET EGO" inquit "discedere non
5 valeo, derelinquere te non tolero. ET EGO UT VAGA ET HABITU ANCILLAE. VAGA velut peregrina, latitans, misera, solitaria, infelix, inops. ET EGO UT VAGA veluti erronea, tamquam viarum et egressuum et ingressuum atque totius civitatis transitus ignara.   mi 483

45, 9 2 Tim. 2, 19   10–12 parabola ... potuerunt] *cf.* Matth. 7, 24sq.

45, 1 post quae] postquam *M*   **2** perturbatum et provocatum *tr. Φ mm* putavit esse] putantes se *N*; esse putavit *tr. so*   **3** dixit *mm* | aliquid *M* **4** domino *M Φ*   **5** trahebat *N*; attrahebat *cett.* | et *om. so P*; ad *add. so Φ mm* | flagitabat *N*; flagellabat *cett.* | callide *om. α Φ mm*   **6** diabolus malig- nissimus *tr. P* | diabolus **om. N* | valetur *P*   **7** visus *β*   **8** id *om. mm* | hoc *sl. P*   **9** vero *mm* | est²] et *mi*   **11** fundata atque aedificata est *tr. α Φ mm* **12** poterunt *A T V*   **13** vero *mm* | quem ... derelinquere *om. N* | non *om. mi*   **14** quem] per *B*   **15** seduxerunt] deduxerunt *P* | creatore] non *add. A* **46, 1** persona uxoris *tr. Φ mm*   **2** vagam *P* | et² *om. P*   **5** valeo *N*; possum *cett.* | te *om. B*   **7** ut *om. α Φ mm*   **8** et ingressuum *om. α Φ mm*

Nam intra palatia nutrita et in regno vivens et in principatu
atque opulentia degens omnium foris eram ignara. Ob hoc EGO"   10
inquit "UT VAGA circumeo atque erro utpote omnium inscia et
viarum et itinerum et incessuum et colloquiorum, et non solum
vaga sed ET HABITU ANCILLAE tamquam mercennaria atque aliis
indigens, tamquam infelix et omnimodis inops. HABITU ANCIL-
LAE utpote operans ac laborans et mercennum faciens et omni-   15
bus supplicans atque omnibus humilis utpote omnibus subiecta.
Sic itaque UT VAGA" inquit "ET HABITU ANCILLAE. Innumeri
servi atque innumerae ancillae servierunt mihi et ministraverunt
et detulerunt et requiem dederunt et undique cum reverentia
adoraverunt me. Nunc vero ad tantam infelicitatem devoluta   20
sum, ad tantam miseriam perveni, ut ipsa ego vaga aliis serviam,
omnibus indigens, omnibus subiecta. Ego" inquit "quae innumeros inopum atque pauperum, infelicium quoque ac nudorum
atque sitientium olim ex tuis ac meis laboribus atque facultatibus
saturavi, vestivi, benefeci, requievi, refrigeravi, ego" inquit "nunc   25
ad tantos dolores et miserias atque infelicitatem perveni, ut
tamquam vaga circumiens aliis propter inopiam serviam, ut tibi"
inquit "o Iob, quotidianam escam mercenno acquiram, ut tibi
quotidianum victum inveniam.
  47. Ob hoc" inquit "UT VAGA ET HABITU ANCILLAE DE
LOCO AD LOCUM CIRCUMEO ET DE DOMO IN DOMUM, sicubi

22‑29 ego ... inveniam] *cf.* Iob 31, 16‑20

---

9 nam] non *mi*   10 degens] et *add. A T* | eram *om. P* | ego *om. B*   11 ut
om. so   13 et *om. Φ mm* | ambitu *P*   14 omnimode *mm*   15 mercimonia
so | et²] atque *so*   18 ancillae] olim *add. Φ mm*   21 servierim *mi*   22 quae]
immensum *add. mm* | innumero *M*; in numero *so*; innumerum *Φ (ac. A T)*;
numerum *A (pc.) T (pc.)*   23 ac] atque *so*   24 atque sitientium *N*; sitiumque
M; *sitientiumque *cett.*; *et esurientium *add. so (cf. lib. I, cap. 18, 20)* | ac] et
Φ mm   25 requievi] requiescere feci *so* | refrigeravi] et *add. P* | nunc *om. Φ
mm*   27 aliisque *α* | inopiam *om. B*
47, 2 sicubi ... 4 domum *om. P*

exposcam, emendicem, expetam, vel etiam mercenno exigam. De
LOCO AD LOCUM ET DE DOMO IN DOMUM CIRCUMEO, alicubi"
5 inquit "suscipior, alicubi autem non suscipior, alicubi defertur
mihi, alicubi autem non defertur, alicubi honorificor, alicubi
nihilominus exsecror. Nam plerique cum id quod non suscipiunt,
insuper exsecrantur declinant abominantur nostram infelicitatem; unusquisque sibi metuens et tamquam pro augurio meum
10 accessum atque introitum prae timore declinat, ne forte eum
nostra miseria tangat. Ob hoc" inquit "o Iob, DE LOCO IN LO-
CUM CIRCUMEO ET DE DOMO IN DOMUM. Ego" ait "quae olim
foras numquam exivi, quae foras numquam respexi, nunc vero
DE LOCO IN LOCUM CIRCUMIENS ET DE DOMO IN DOMUM ab
15 omnibus circumspicior, ab omnibus contemplor et a malis et a
bonis et a cognitis et ab incognitis. Nam hi" inquit "qui olim nec
viderunt me nec videre potuerunt, isti nunc ut vagam me circumeuntem cum ignominia vident atque contemptu contemplantur.

48. Ob hoc" inquit "DE LOCO AD LOCUM CIRCUMEO ET DE
DOMO IN DOMUM OPERIS GRATIAM EXSPECTANS QUANDO SOL
SUBEAT, UT REQUIEM HABEAM LABORUM ATQUE GEMITUUM,
QUI ME NUNC APPREHENDERUNT, qui me nunc occupaverunt
5 tam pro tua passione quam etiam pro mea vagatione, tam pro
tuis doloribus quam etiam pro meis tribulationibus, EXSPECTANS
QUANDO SOL SUBEAT." Ob quam rem? "Ob hoc" inquit "UT
REQUIEM HABEAM LABORUM AC TRIBULATIONUM MEARUM.   mi 484

3 emendicem N; et mendicem cett. | vel N; vel ut mi; velut cett. | mercimo-
nio so   4 et om. mm   5 defertur om. B   6 alicubi autem om. B   7 pleri-
que] praeter mi | cum om. Φ mm | cum id quod cf. LHS 568³ | quod]
quoque Φ me   9 pro] ab Φ mm   10 tumore so | eum] cum β mm
11 nostram M | tangatur mm | o om. α   12 ait quae] autem qui B | foras
olim tr. A (ac.)   15 conspicior Φ mm | bonis et a malis tr. P   16 ii mm
17 nec] neque Ψ   18 viderunt B
48, 2 gratiam] gratia et mm   3 subeat] iubeat B   4 me nunc¹] nunc me tr.
Φ mm | apprehenderunt ... nunc om. N | me² om. Φ mm   6 doloribus]
laboribus Φ mm | tribulationibus] et add. M

Nam cum sol" inquit "occiderit, nox appropinquabit et tenebrae
oriuntur et supervenit somnus, qui omnes dolores mitigat, qui   10
omne vulnus sedat, qui omnem tristitiam sopit. Ob hoc ergo" ait
"tamquam requiem et omnium tribulationum depositionem sic
EXSPECTO QUANDO SOL SUBEAT, ut saltem vel brevi noctis
tempore A TRIBULATIONIBUS, QUAE ME NUNC APPREHENDE-
RUNT, REQUIESCAM. Sicut enim locus loco me reddit et domus   15
domui stipem quaerentem et eleemosynam atque humanitatem,
vagam circumeuntem, sic similiter dies diei me tradit et nox nocti
requiem tribulationum atque dolorum consolationem quaerentem. EXSPECTANS QUANDO SOL SUBEAT, UT REQUIEM HABEAM
TRIBULATIONUM, QUAE ME NUNC APPREHENDERUNT: Nam   20
solis occasus omnibus humanis laboribus ac fatigationibus finem
imponit, solis occasus universae humanae naturae requiem
praestat et pauperibus et habentibus et servis et liberis, et omnes
vesperum atque solis occasum velut libertatem et indulgentiam
atque requiem exspectant. Cum quibus omnibus" inquit "etiam   25
ego EXSPECTO QUANDO SOL SUBEAT, UT REQUIEM HABEAM
TRIBULATIONUM, QUAE ME NUNC APPREHENDERUNT." Voluerunt quidam et aliter haec dicere, quasi non posset per diem prae
verecundia atque confusione per domos ire et stipem accipere pro
cernentibus et declinantibus propter augurium, ne eam accipe-   30
rent in domum vel occurrerent metuentes, ne eadem paterentur
etiam omnes ad quos accessisset vel quibus approximasset. Ob

---

9 ceciderit *Φ mm* | appropinquavit *P (ac.)*; appropinquat *mm*   **10** omnes ...
qui[2] *om. N*   **11** omne] omnem *M* | se dat *P* | tristitiam] substantiam *P*
12 et omnium *om. B*   **13** saltem] subeat *add. P* | breve *M P B T (ac.)*
16 inhumanitatem *M*   **17** tradet *N*   **19** expectas *so*; expectando *β mm*
21 laboribus ... humanae *om. B*   **22** universis humanis naturis *α P A T V*
mm   **23** praestet *P* | et[2]] non *add. β mm*   **25** ego etiam *tr. β mm*   **26** ex-
specto ... habeam *om. N*   **27** apprehenderunt] me *add. A (corr.)*   **28** aliter et
quidam *tr. B* | posse *α*; possit *mi*   **29** recipere *mi*   **30** eam] e contra *M*; ei *so*
β mm | acciperent ... occurrerent] occurrerent vel in domum susciperent *α*
Φ mm   **32** approximassem *B (pc.)*

hoc ergo dicit: "EXSPECTANS QUANDO SOL SUBEAT, ut in tenebris nocturnis requiem inveniam." Sed vere superior expositio
35   vera atque irrefutabilis est.

     49. Sed post haec universa ad illum sermonem converta-
mus, cuius etiam haec verba fuerunt, id est ad diabolum. Nam
hic gloriatur quod DE LOCO IN LOCUM circumeat ET DE DOMO IN
DOMUM, ut seducat, ut perturbet, ut commisceat, ut decipiat, ut
5   ea, quae deo contraria sunt, cunctos doceat et exspectat QUANDO
SOL SUBEAT, UT REQUIEM HABEAT LABORUM AC TRIBULATIO-
NUM. Nam ubi *sol iustitiae* [non] subierit, ubi lux veritatis non
luxerit, ubi tenebrae et obscuritas infelicitatis et erroris atque
impietatis fuerint, illic malignus requiescit, illic omnem iniquum
10   suum laborem deponit. Idcirco DE LOCO IN LOCUM circuit ET DE
DOMO IN DOMUM, utpote *aërius spiritus* cuncta penetrans atque
pervolans et omnia circumspiciens et ubique omnia inquirens,
sicubi suae malitiae nequitiam requiescere faciat. Quod autem ita
sit, etiam ipse dominus in evangeliis demonstravit dicens: *Cum*
15   *immundus spiritus exierit de homine, circuit quaerens requiem.* Sic
itaque et istic circuit DE LOCO IN LOCUM ET DE DOMO IN
DOMUM, sicubi subeuntem inveniat solem et tenebras et obscuri-
tatem atque noctem impudicitiae et adulterii et pertinaciae, ut
illic requiescere faciat universam suam iniquitatem atque omnem
20   suum laborem. Sic namque requiescit apud huiusmodi, ut ultra

---

49, 7 Mal. 4, 2   **11** Eph. 2, 2   **14 sq.** Matth. 12, 43

49, 2 etiam] et *V* | id est *om. so*   **5** deo *om. Φ mm* | doceant *N* (*ac.*)
7 non[1] *delevit* Weidmann (*cf. Hier. 15, 9*) | veritatis *iter. P*   **8** tenebrae et
om. Φ mm | infidelitatis *so*   **9** fuerit *A T* (*pc.*) *V mm* | iniquus *Φ mm*
12 pervolans] circumvolans *so*   **14** demonstravit *N*; demonstrat *so*; demon-
strans *cett.* | dicit *Φ mm*   **15** de] ab *mm* | requiem quaerens *tr. P*
17 inveniat *iter. M* | sole *N*   **18** atque] et *Φ mm* | impudicitiae *N*;
impudicitias *cett.* | adulterii *N*; adulterias *P*; adulteria *cett.* | pertinaciae *N*;
pertinacies *M*; pertinaciam *so*; pertinacias *cett.*   **19** perficiat *M Φ mm* (*cf. lin.*
13) | atque] at *M*   **20** laborem suum *tr. α Φ mm* | apud] caput *Φ mm*
huiuscemodi *α V*

mi 485　non opus habeat laborare, ut eos seducat. Proprios namque habet illos et in illis requiescit. Idem ergo diabolus sane dixit: *Circuivi omnem terram et peragravi ea quae sub caelo sunt.* Idem ipse etiam nunc dicit quod DE LOCO IN LOCUM ET DE DOMO IN DOMUM circumierit. Idem ipse etiam adhuc circumit quaerens requiem.　25

　　50. Sed cum universam malitiam suam perficeret diabolus atque omnem iniquitatem suam demonstraret, ostendit in finem quid cogitaverit, quid quaesierit quidve cupierit, dicens: DIC ALIQUOD VERBUM IN DOMINUM ET MORERE. O iniquitas et malitia, fallacia quoque atque versutia tua, diabole, quantum percurristi et quantum circuisti et quantum tuis sermonibus atque callidis locutionibus complexus es, cum commonefacis eum dolorum, plagarum, vermium, putredinis, filiorum atque uxoris vagationis. Et postquam per haec universa raptum illum atque post se conversum habere putat, post haec nihilominus omnia, quasi gratiam atque sinceritatem illi demonstret et tamquam sollicite illi consilium praebeat, ait: "DIC ALIQUOD VERBUM IN DOMINUM ET MORERE. Melior" inquit "est mors, o Iob, quam vita amara et requies aeterna quam perseverans infirmitas. Ideo DIC ALIQUOD VERBUM IN DOMINUM ET MORERE, ut inanem hanc vitam finias, ut haec amara tormenta relinquas, ut ab istis vehementioribus doloribus transeas. Ob hoc ergo DIC ALIQUOD VERBUM IN DOMINUM ET MORERE. DIC ALIQUOD VERBUM quod irritet, quod

22 sq. Iob 1, 7 c

21 opus non *tr. mm* | proprius *α*　22 sane] seni *N*　23 eam *M*　24 dicit *N*; dixit *cett.*　25 circuiverit *me* | circumiens quaerit *Φ mm*
50, 1 perficeret *N*; perfecerit *cett.*　2 suam *om. B* | demonstraret *N*; demonstrarit *M*; demonstraverit *cett.* | fine *mm*　4 dominum] deum *add. A (corr.)*　5 atque] ac *mm*　8 putredinis *N*; putredinum *cett.* | filiorum] *interitus (cf. lib. I, cap. 85, 28) add. so*　12 domino *M*　13 mors *om. P*
14 aliquid *V (ac.)*　15 ut] et *β* | inane *B* | hanc *om. P* | vitam hanc *tr. Φ mm*
16 his *B*　17 transeat *P (ac.)* | aliquid *V (ac.)*　18 dic ... exasperet *mg. N*

exacerbet, quod exasperet. DIC ALIQUOD VERBUM convicii,
20 reprehensionis, blasphemiae, criminationis. DIC ALIQUOD VER-
BUM IN DOMINUM. Accusa de iniustitia, criminare de malitia,
reprehende de impietate. DIC ALIQUOD VERBUM quod neget
illum et providentiam eius atque provisionem, praescientiam
quoque ac virtutem atque magnitudinem illius. Sic ergo DIC
25 ALIQUOD VERBUM IN DOMINUM ET MORERE. Si enim aliquid
huiusmodi dixeris, continuo morieris, continuo de omnibus prae-
sentibus doloribus securus atque alienus redderis, continuo neque
confusionem" inquit "sustines neque improperia audis neque
dolorem pateris neque poenam suffers, sed cuncta protinus depo-
30 nens inter mortuos requiesces. DIC" inquit "ALIQUOD VERBUM
IN DOMINUM ET MORERE. Hoc" inquit "exspecto, hoc sustineo,
hoc desidero, hoc quaero, ut dicas aliquod verbum in dominum
et moriaris.

51. Ob hoc" inquit "plurimo tempore advigilavi tibi observans atque in speculis sedens, quando succumberes, quando flec-
tereris, quando deficeres, quando in his doloribus fatigatus atque
in ipsis tormentis delassatus ad reprehensionem creatoris flecte-
5 reris atque in sancti dei blasphemiam te converteres. Cum ego"
inquit "haec universa perfecerim atque peregerim, unum mihi
verbum condona, unum verbum, me exaudi, unum verbum
dicito in dominum et morere. Quod enim tu dicturus es post

---

19 exacerbet] cf. Hil., frg. min. (in Iob 1: CSEL 65, 229)

---

19 dic ... criminationis om. β mm | convicii N; vitii cett.   21 iustitia so B
crimina M Φ; irride add. Φ mm   24 dic] ergo add. V (corr.)   27 doloribus]
laboribus Φ mm | atque sl. P   28 sustinebis V mm | neque improperia
audis iter. P | audies V (pc.) mm   29 patieris V (pc.) mm | sufferes A T
V (pc.) mm   30 requiescis A (ac.) | inquit abhinc alia manu scriptus est P
aliquid so
51, 2 succumberis α P | flecteris N M B; flexeris so   3 deficeris α | defatiga-
tus mm   4 flecteris N M B; flexeris so   5 sanctis V; factis mm | dei] ad add.
mm | converteris α   8 quo M; quid B

paululum, o Iob, *menses vacuos et noctes dolorum sustinui*, hoc"
inquit "ego iam ex hoc sustineo menses vacuos pertransiens 10
mi 486 propter innumerabilem atque immutabilem tuam passionem et
noctes dolorum peragens propter animam tuam in doloribus non
succumbentem. Non enim te ita, o Iob, isti dolores affligunt,
sicut me tua tolerantia pernecat. Pro his ergo omnibus DIC
ALIQUOD VERBUM IN DOMINUM. Sed tale verbum dic, ut con- 15
tinuo tibi mortem procuret." Sed benedixit postmodum is qui
ait: *Aqua multa non exstinguet caritatem, et flumina non inun-
dabunt eam.* Omnia enim flumina et omnis impetus et omnis
inundatio maligni atque malitia diaboli exstinguere vel inundare
puram illius caritatem Iob, quam circa dominum deum habuit, 20
non potuerunt. Indicium huius rei ea, quae iampridem gesta sunt,
et ea, quae adhuc subsequenter perficiuntur, demonstrant.

2, 10a–b 52. Nam mox istic in subsequentibus dicit: IPSE VERO
RESPICIENS AD EAM DIXIT: QUARE UT UNA EX INSIPIENTIBUS
MULIERIBUS ITA LOCUTA ES? IPSE VERO RESPICIENS IN EAM. IPSE
quis? Iob. IPSE RESPEXIT IN EAM qui ante ad deum respiciebat,
qui primum dominum contemplabatur, qui dudum ad aeternum 5
in incorruptionem sinceriter intendebat. IPSE ergo RESPEXIT; ipse
ille immobilis, indeclinabilis, insubvertibilis, inseducibilis; ipse

---

9 Iob 7, 3a   **17 sq.** Cant. 8, 7; *cf.* collect. Arian. Veronens. 18, 2 (CC 87, 35)
52, 2 quare] ἵνα τί *add.* cod. Alexandrin. | ut] ὡς *apud nonnullos testes Grae-
cos legitur*; *cf.* Ziegler 219; Dossey 100; 134   **3** ita] οὕτως *add.* cod. Alexandrin.

---

9 menses … sustineo *iter.* N   **11** innumerabilem atque *om.* α Φ *mm* | passio-
nem tuam *tr. so*   **12** non *om.* P   **13** o Iob ita *tr. so*   **14** pernegat N M
15 dominum] et morere *add.* α Φ *mm* | talem M | continuo] statim *add.* N
16 mortem tibi *tr.* M | his Ψ P   **17** extingi M   **21** gesta] digesta *so*; dicta
mm   **22** proferuntur *mm*
52, 2 dixit *om.* B; dicit *mm* | quare ut] quasi *so* | ex *sl.* N   **3** in] ad *mi*
ipse² *mg.* N   **4** in *om. mm*   **5** aeternam *so mm*   **6** in *om. so* B *mm* | ergo]
vero B   **7** mobilis B (*ac.*) | indeclinabilis … inseducibilis *om.* P | insubver-
tibilis] inseducibilis M

qui circumventus non est, qui a deo non est abstractus. IPSE
RESPEXIT AD EAM. Ad quam eam? Ad uxorem, ad insidias, ad
10 muscipulam, ad subversionem, ad ruinam. Nam illa, quam uxorem esse oportebat et omnium bonorum consiliatricem atque
suffragatricem, effecta est illi insidiae, retia ac fraus atque totius
impietatis consiliatrix vel fautrix, quamquam iustus Iob illam
non audierit. Sed interim, ista cum ministram se maligno effecit,
15 quantum ad ipsam circumvenire atque supplantare beatum stu-
duit Iob, merito iustus ille RESPICIENS AD EAM primum ad eum,
qui in ea loquebatur, id est diabolum, respexit, primum inimicum illum, qui per os eius insidiabatur, intellexit atque malitiae
eius occurrens restitit et per illam, quae ad eum locuta est, diaboli
20 iniquitatem redarguit atque deiecit. Quod demonstrans scriptura
dicit: IPSE VERO RESPICIENS AD EAM, turbido aspectu, immutata
facie, frementi locutione, perturbato vultu. IPSE VERO RESPICIENS
AD EAM cum ira ac furore, cum indignatione atque contemptu.
Cognovit namque quia maligni erat haec seminatio, quia *maledic-*
25 *ti semen hoc fuerat,* quia iniusti erat ille fructus, quia nequissimi
fuit haec concitatio.

53. Idcirco RESPICIENS AD EAM DIXIT. Ad eam quidem
respexit, sed ad diabolum dixit, ad diabolum locutus est. "Cur"
inquit "o diabole, inimice iustitiae atque omnium bonorum
adversari, cur supervacue speras? cur stulte cogitas? cur humilia-

---

10-12 quam ... suffragatricem] *cf.* Sir. 36, 24 (26 *Vulg.*)   **16 sq.** merito ...
respexit] *cf.* Didymus, comm. in Iob 49, 6–8 (PTA 1, 152); Ps. Chrysost., in
Iob sermo 3, 4 (PG 56, 575); cap. 37, 36   **24 sq.** Sap. 12, 11

---

8 qui a] quia *N M*   **9** uxorem] et *add. M*   **10** illam *N*   **12** ac] et *mm*
atque] ac *mm*   **13** fautrix] fraudatris *N*   **14** ista] istam *N M* | cum se ista
ministram *tr. Φ mm* | maligni *so*   **15** quantumque *mi* | circumveniret *M*
obstuduit *B* | Iob studuit *tr. α Φ mm*   **17** ea] eam *N M P B T* (*ac.*) | est] ad
add. Φ mm   **19** illum *P*   **21** respexit *Φ mm* | turbido] turbo *N*   **22** per-
turbato ... indignatione *om. B*   **24** namque *om. N* | quia¹] quod *mm* | erant
haec seminaria *mm*
53, 1 dixit ad eam *om. α Φ mm* | quid *B* (*ac.*)   **2** dicit *me*

tum temetipsum plus humilias, cum putas quod Adam inveneris, nesciens quod adversum Iob habeas? Neque hoc te informavit quod praescius omnium dominus dixit: *Non est similis illi quisquam super terram*? Neque hoc te revocavit, quod universam mi 487 iniquitatem tuam in me ostendens et omnia bella tua adversum me suscitans confusus in omnibus reversus es, deformatus in omnibus convictus es? Post illa omnia sicut Evam ad Adam, ita ad me uxorem meam misisti, sperans infelix, quia quod bellis atque tormentis non perfecisti, hoc nihilominus verbis seductionis perficeres teipsum deludens atque circumveniens. Evae enim exemplar invenisti, sed Adae ruinam non invenisti, sed in eum qui in te Adae fraudem ulciscatur occurristi, sed adversum eum insurrexisti qui typum gerit illius, qui in novissimo tempore veniens *conculcabit caput tuum*, comminuet virtutem tuam, confundet fortitudinem tuam, humiliabit altitudinem tuam et deiciet elationem tuam, vindicabit in te priorem Adae supplantationem illius ruinam excitando et tuam elationem deiciendo."

54. Haec itaque universa atque alia his similia his pluriora per personam uxoris ad diabolum illum locutus est, increpans illum atque deformans. Nam sicut diabolus per uxorem eum

5 quod Adam inveneris] *cf.* Gen. 3, 1–6 **7sq.** Iob 1, 8c; 2, 3c; ὅμοιος αὐτῷ: *cf.* cod. Alexandrin. **11–21** post ... deiciendo] *cf.* Leontius Presb. Constantinopol., hom. 5 (CCSG 17, 218, 187–219, 237) **11** sicut ... Adam] *cf.* Gen. 3, 1–7 **17–21** qui[2] ... deiciendo] *cf.* 1 Cor. 15, 22 **18** Gen. 3, 15

5 quod ... 17 typum *legi vix potest M* **6** adversus *so B* | Iob] rem *add. mm* te hoc *tr. mm* | informavit] revocavit *A* (*ac.*) *T* (*ac.*) *V mm* **7** dixit dominus *tr. N* | illi similis *tr. Φ mm* | illi quisquam similis *tr. mm* **8** revocabit *N* **9** tuam iniquitatem *tr. B* | in me] nunc *mm* | tua] *et omnia proelia tua *add. Φ mm* **10** me] te *B* | es *om. Φ mm*; est *so* **11** Evam] Eva *so P B*; olim etiam *mm* | ad Adam Evam *tr. T* **12** quia *om. B* | bellis atque *N*; vel his *cett.* **15** Adae *om. α Φ mm* | ruinam ... sed *om. B* | in *om. N* **16** in *om. B* | adversum *N*; adversus *cett.* **17** veniens tempore *tr. Φ mm* **20** Adae priorem supplantationem in te *tr. Φ mm* | prioris *so*
54, 1 similia his *om. α Φ mm* | plura *mi* **2** per] ad *mm* | illum *om. so*

seduxit, ita etiam ipse per eandem uxorem diabolum deformavit
5 atque redarguit. Sed tamen et ad ipsam uxorem dixit: "QUARE
SICUT UNA EX INSIPIENTIBUS MULIERIBUS ITA LOCUTA ES? Cur"
inquit "maximam insipientiam arripuisti atque aggressa es? Cur
teipsam ministram nequissimo reddidisti? Cur teipsam vas diaboli effecisti? Cur teipsam habitationem maligni praeparasti? Cur
10 diabolus locutus est per os tuum infatuans primum mentem tuam
atque animae tuae intellectum? Tanta digna eras, o mulier, male-
dictione ac devotatione, ira quoque atque indignatione vel defor-
mitate, quanta ut deum blasphemarem ac reprehenderem atque
criminarer me persuasisti, et per ipsam blasphemiam mortem
15 super me inducere operam dedisti, quibus necquidquam est sceleratius ac nequius, illicitius quoque atque imprudentius, id est dei
blasphemia et morte spontanea. QUARE UT UNA EX INSIPIENTI-
BUS MULIERIBUS ITA LOCUTA ES? Quare" inquit "non meministi
meae doctrinae, o mulier? Quare oblita es mea mandata, o fe-
20 mina? Hocne audisti a me, ut creator blasphemetur? Hocne
audisti a me, ut deus criminetur? Vocem" inquit "tuam cognosco,
o mulier, sicut et olim Isaac Iacob, sed seductionem tuam non
cognosco et doctrinam tuam non suscipio. Agnovi enim quod
nequissimi adversarii letale venenum est. QUARE SICUT UNA EX
25 INSIPIENTIBUS MULIERIBUS ITA LOCUTA ES? A quo sensum ac
sapientiam accepisti, hunc criminari non pepercisti. A quo pru-

---

18-21 quare ... criminetur] cf. Iulian. Arian., comm. in Iob 2, 10α–γ (PTS
14, 29); Chrysost., comm. Iob 2, 14 (SC 346, 190; PTS 35, 47)   **21 sq.** vocem ... Iacob] cf. Gen. 27, 22

---

4 eandem uxorem N; eam demum cett.   **7** cur ... reddidisti om. α Φ mm
12 devotione M; deiectione so; denotatione B; vel devoratione sl. add. B;
devoratione A (pc.) T (pc.) | iram M; ita mi | indignationem vel deformita-
tem M   **13** quantam Φ mm   **14** me persuasisti] mihi suasisti mm   **15** indu-
cere] et add. M   **16** nequitius mi | impudentius so   **17** blasphemiam et
mortem spontaneam M | ut sl. T   **19** o¹] hoc α   **20** hocne¹] hoccine Φ
mm | hocne²] hoccine Φ mm   **21** tuam inquit tr. α Φ mm   **24** iuvenum B
25 et mm   **26** criminare N (ac.) | a ... accepisti post timuisti tr. N

dentiam et intellectum accepisti, hunc blasphemare non timuisti. CUR TAMQUAM UNA EX INSIPIENTIBUS MULIERIBUS LOCUTA ES? Plurimae" inquit "o mulier, a saeculo insipientes ostenduntur feminae, innumerae ab initio irrationabiles demonstrantur mulie-   30 res, aliae minus, aliae autem plus, quaedam carnaliter, quaedam autem spiritualiter. Insipiens fuit Rebecca quando dixit ad Isaac: mi 488 *Da mihi filios.* Non enim in potestate Isaac erat hoc sed in dei potestate atque operatione. Sed insipientior hac fuit obscena illa Aegyptia meretrix, quae maximam impietatem aggressa ad castis-   35 simum illum atque iustissimum Ioseph dixit: *Mane mecum.* Insipiens fuit uxor Tobi, quae iniuste dixit ad Tobiam: *Ubi sunt iustitiae tuae et eleemosynae tuae? Ecce quae pateris omnibus cognita sunt.* Sed insipientior hac fuit, quia et nequior, exsecrabilis illa et immunda atque luxuriosa Dalila, quae clanculo seducens Samson   40 pure se diligentem in derisionem atque in mortem imparcenter tradidit." Aliae nimirum innumerae ex scriptura ostendi possunt insipientes mulieres, quas omnes nunc istic uno verbo perstringens Iob dixit: QUARE TAMQUAM UNA EX INSIPIENTIBUS MULIERIBUS LOCUTA ES?   45

55. "EX INSIPIENTIBUS" inquit "inutilibus, stultis, imperitis, irrationabilibus, impiis atque iniustis. CUR" inquit "TAMQUAM UNA EX INSIPIENTIBUS huiuscemodi MULIERIBUS LOCUTA ES?" Sed quia non dixit "tamquam quaedam EX INSIPIENTIBUS MULIERIBUS", sed TAMQUAM UNA, propterea quaerendum est, quae vel   5

---

33 Gen. 30, 1 (ubi vero de Rahel et Iacob agitur)   36 Gen. 39, 7   37–39 Tob. 2, 14 (16 *Vulg.*)   39–42 insipientior … tradidit] *cf.* Iud. 16, 4–31

---

30 feminae] et *add. α Φ mm*   31 autem *om. B* | plus autem *tr. A (ac.)* 32 autem *om. P* | Rachel *Φ mm* | dicit *mm* | Iacob *Φ mm*   33 Iacob *Φ mm* 34 fuit hac *tr. Φ mm*   36 dicit *mm*   37 Tobiae *so B mm* | dicit *mm* 39 nequior] et *add. α*   41 se *sl. M* | diligente *M* | imparcenter *cf. praef. p. 35* 42 ostendit *N*   43 praestringens *N*   44 dicit *mm* 55, 3 insipientibus] mulieribus *add. V* | huiusmodi *mi* | mulieribus *om. Φ mm*   4 dicit *mm* | mulieribus] locuta est *add. A*

qualis sit haec una insipiens. Oportet enim esse illam singulariter
insipientem et super omnes atque plus omnibus, utpote omnibus
mulieribus insipientior haec sola ostensa atque demonstrata.
Quae est haec? Eva prima mulier, prima in insipientia, maxima
10 in irrationabilitate, inops sensu atque scientia, exsors prudentiae
et intellectus, quae maximam insipientiam toto mundo invexit,
quae singularem irrationabilitatem omnium mortalium saeculo
induxit, cum peccata atque mortes semper per inoboedientiam in
mundo produxit. Huius nunc evidenter memor Iob et de hac
15 uxorem suam commemorans dixit ad eam: "QUARE TAMQUAM
UNA EX INSIPIENTIBUS MULIERIBUS LOCUTA ES? Et non ita sed
plus ac deterius atque gravius. Nam memorata Eva, cum olim"
inquit "in principio locuta esset ad Adam et mandatum dei derelinquere eum doceret atque seduceret, persuasionis causa ligni
20 speciem et fructus dulcedinem protulit illi atque ostendit. Tu
vero, o mulier, foris ab omni occasione, detecta impietate, deum
sanctum blasphemare et mihi ipsi mortem fodere doces atque
admones. Merito digne a me audis: CUR TAMQUAM UNA EX
INSIPIENTIBUS MULIERIBUS LOCUTA ES? Tu" inquit "o mulier,
25 facta es deterior Eva in insipientia, sed ego" ait "non effectus sum
ut Adam in stultitia. Propterea tuis seductionibus non oboedio,
propterea non seducor ab eo qui in te loquitur diabolo. QUARE
TAMQUAM UNA EX INSIPIENTIBUS MULIERIBUS LOCUTA ES? For-

---

9 Eva prima mulier] cf. Gen. 2, 21–24   17–20 Eva ... ostendit] cf. Gen. 3, 6

---

6 *una haec tr. N   7 utpote] ceteris add. mm   8 monstrata M   9 haec om.
N | in (cf. lin. 25) om. Ψ | insipiens M   10 rationabilitate M | inope B
11 intellectu N M | toti A T (pc.) V mm (sed cf. praef. p. 33) | invexat V
12 singulariter α (ac. M)   13 tum mi | peccati atque mortis N | semper om.
so | per om. M   14 producit α   15 uxore β; uxori mm | suam om. Φ mm
17 detius B   18 ad Adam ante locuta tr. Φ mm; om. α   22 fodere] inferre Φ
mm   23 admones] ad (ante mi) omnes α P B A T mm | a me digne tr. B
24 insipientibus] stultis so   25 factis N M | es] et M   26 stultitiam P A T V
27 diabolo N; diabolus cett.

tiori proelio iam confecto, periculosioribus doloribus iam sup-
portatis, amarioribus tormentis iam baiulatis, terribili pelago iam   30
superato, vehementioribus periculis iam consummatis, cum iam
salutis spes palam sit, cum iam immarcescibiles coronae evidenter
ostendantur, nunc me compellis, o mulier, deum blasphemare et
mi 489 mori, ut post omnia amarissima ac miserabilia atque lamentabilia
supplicia quae sustinui beatissimis remunerationibus post hoc   35
alienus efficiar, et non solum hoc, sed et post mortem terribilium
poenarum apud inferos perpetuo heres sim, utpote qui indigne
atque iniuste sanctum deum blasphemaverim. Post quae universa,
o mulier, maledicere ac negare atque blasphemare me deum compellis? Ob quam rem? Dicito." "Ob hoc" inquit "ut moriaris, ut   40
mala, quae te nunc circumdederunt, derelinquas."

   56. "Bene. Audi iterum! Porro si non placuerit deo qui
habet vitae ac mortis potestatem, ut, postquam negavero illum ac
maledixero atque blasphemavero, continuo moriar, sed etiam hic
in terrenis istis doloribus diutius me affligat utpote suum apostatam, et illic aeternis poenis tradat utpote se blasphemantem? Si   5
igitur serviens illi et colens atque gratias agens tales sustineo
dolores, qualia sustineam apud inferos supplicia, o mulier, si
discedens ab illo negavero et renuero atque blasphemavero illum?
Nam istorum brevissimorum dolorum quos nunc in corruptione

---

32 immarcescibiles coronae] *cf.* 1 Petr. 5, 4
56, 9–12 nam ... remunerationem] *cf.* Rom. 8, 18

---

30 terribile pelagus iam superatum *N M*   31 consummatis] consumatis *Ψ B*;
teribili *add. P* (*corr.*)   33 me *om. B* | blasphemari *P B T* (*ac.*)   34 mori]
maioris *N* | post] ea *add. mm* | atque lamentabilia *om. β*   35 hoc] haec *Φ*
mm   36 hoc] haec *B*   37 perpetuo] *fortasse scribendum* ⟨in⟩ perpetuo, *sed cf.*
lib. III, cap. 20, 26 | heres sim] haeresim *N*; sim heres *tr. so*   38 sanctum
deum] factum domini *B* | quae] haec *A T V mm*
56, 1 ⟨quid⟩ *ante* porro *supplendum censuit Müller* | si] sunt *N*   2 negavero
N; renegavero *mm*; renuero *cett.*   4 istis terrenis *tr. mm* | istis *om. B* | me
om. α Φ mm | affligar *me*   5 et illic *om. M* | illis *mm*   8 descendens *P*
illum *om. mi*   9 nunc *om. α Φ mm* | in incorruptione *M*

10 sustineo erit finis, et cum gratiarum actionibus eos usque in
finem sustinens aeternae beatitudinis a deo spero mihi remunerationem. Illis autem, qui deum blasphemaverint, diutius viventibus in corpore vae erit; plus autem erit vae illis apud inferos, cum
in perpetuo torquebuntur in flamma ignis inexstinguibilis.
15 QUARE ergo TAMQUAM UNA EX INSIPIENTIBUS MULIERIBUS
LOCUTA ES, cum et deum blasphemare suades et mihi ipsi
mortem atque internecionem ut procurem doces, quibus nequius
atque sceleratius nihil est?" Omne enim peccatum per paenitentiam indulgentiam accipiet, et omnes, qui sinceriter paenituerint,
20 remissionem et misericordiam a deo consequentur atque invenient. Hi vero qui semetipsos interfecerint, qui sibimetipsis
mortem intulerint, isti numquam requiem habebunt, isti in infinita saecula numquam invenient refrigerium, sed animae eorum,
mox ut de corpore exierint, in tenebras deducentur, ubi cum
25 Iuda et Achitophel in perpetuo torquebuntur, qui post alias
impietates sibimetipsis manus inferre ausi fuerunt. Nullus ergo
ex bene intelligentibus vel deum timentibus hominibus mortis
causas sibi debet invenire, non debet semetipsum interficere,
neque omnino nullus deum timentium debet sibimetipsi mortem
30 optare. Quod si verbo omnino mors optanda non est, multo
magis mortem factis nullus sibimetipsi debet inferre, ne cum
praefatis aeternis apud inferos tradatur tormentis.

---

13 sq. cum ... inexstinguibilis] *cf.* Marc. 9, 43–48   **18–21** omne ... inve-
nient] *cf.* Act. 3, 19; 8, 22   **25** Iuda] *cf.* Matth. 27, 3–5 | Achitophel] *cf.*
2 Reg. 17, 23

---

10 eos] hos *mm*   **11** sustinens] et *add. N*   **12** venientibus *α*   **14** in[1] **om.*
N | perpetua *mi* | flammam *P A T V*   **16** et cum *tr. α* | deo *M* | suades]
mihi *add. so* | mihi] me *add. N (mg.)*   **19** sincere *B*   **21** interficerint *N M*
22 isti[1] *om. mm*   **23** saeculam *M*   **24** ut *om. B* | tenebris *N (ac.) P* | deduce-
rentur *so*   **25** in **om. N mm* | post] in *add. so*   **28** causam *β mm* | semet-
ipsum] et semetipso *M*   **29** ullus *so A T (pc.) V mm* | semetipsi *mi*   **31** sibi-
metipsi *N*; sibi *cett.* | ne] nec *N*   **32** apud inferos aeternis *tr. so*

57. Ob hoc ergo dicit Iob ad illam quae mortem illi blasphemia suadebat: QUARE TAMQUAM UNA EX INSIPIENTIBUS
MULIERIBUS LOCUTA ES? Ac veluti diceret: "QUARE TAMQUAM
UNA EX INSIPIENTIBUS animabus fatuis, sceleratis, impiis, deo
odibilibus, deo resistentibus ita LOCUTA ES? Quia nec deum   5
times nec virum vereris neque teipsam confusionem indueris
mi 490 neque vehementioribus" ait "meis doloribus compateris. Super
haec autem omnia neque hoc considerasti, ne forte post blasphemiam, si blasphemaverimus, deteriora pati incipiamus. QUARE
TAMQUAM UNA EX INSIPIENTIBUS MULIERIBUS LOCUTA ES? Ego   10
patior, et tu blasphemare me compellis. Ego affligor, et tu ut
mortem petam me cogis. Ego tales dolores sustineo, et tu me
creatorem blasphemare doces, ut mala malis atque dolores doloribus meis adicias, o mulier, vel potius is qui in te vel per te loquitur inimicus diabolus. QUARE ergo TAMQUAM UNA EX INSIPI   15
ENTIBUS MULIERIBUS LOCUTA ES? Sic locuta est post haec etiam
Hiezabel ad Achab, sic locuta est et Herodias ad Herodem, cum
illa sane Heliam interficere, ista vero Iohannem occidere suaderet
et ceteras omnes impietates eos docerent. Sic" inquit "et tu, o
mulier, mortem mihi atque internecionem per dei blasphemiam   20
persuades, ut cum hoc, quod male morior, cum hoc ipso iniuste
deum blasphemem. Sed vigilo" inquit "in proelio quod adversum
te gero, o diabole, sed non obdormio in stadio quod circa te

57, 17 Hiezabel ad Achab] *cf.* 3 Reg. 19 | Herodias ad Herodem] *cf.* Matth.
14, 1–12; Marc. 6, 14–29 **22–24** vigilo ... adversari] *cf.* 1 Petr. 5, 8

57, 1 illam ... blasphemia *N*; diabolum qui mortis (tormentis *B*) illi blasphemiam *cett.*   **4** una *om. mi* | infatuis *N*   **5** odibilis *N*   **6** nec] neque *mm*
confusione *mm* | induis *Φ mm*   **7** ait *om. Φ mm*   **8** hoc] hic *Ψ*   **9** si] hic
add. Φ; sic *add. mm*   **11** me blasphemare *tr. α Φ mm*   **12** me²] meum *add.*
β mm   **13** doloribus meis dolores *tr. N*   **14** is *om. so*; his *N*   **15** diabolus
inimicus *tr. M*   **16** haec] et *add. α* | etiam *N*; ait *cett.*   **17** et *om. Φ mm*
18 Heliam] aliam *P (ac.)*   **19** doceret *α*; docerentur *B*   **21** suades *Φ mm*
22 deum *om. α Φ mm* | sed] sic *B*   **23** studio *N M*

habeo, o nequissime adversari. Non enim me obdormitantem
25 invenies quemadmodum olim Adam neque dormientem sicut
illos in quibus post hoc facile zizanias seminasti. Te" inquit "o
inimice, per uxoris personam increpo. Tu enim es insipiens atque
totius impietatis auctor et pater, te etiam post hoc sancti velut
insipientem arguentes dicent: *Dixit insipiens in corde suo: Non est*
30 *deus.* Tu" inquit "o diabole, et in antiquissima illa muliere maximam insipientiam inseminasti et in ista nunc muliere impiam
insipientiam produxisti. Merito dico ad illam: QUARE TAMQUAM
UNA EX INSIPIENTIBUS MULIERIBUS LOCUTA ES? Te recolentes, o
mulier, post hoc prophetae et malum atque insipiens tuum con-
35 silium duriter detestantes dixerunt: *A coniuge tua te observa, ne*
quid dixeris illi et alia plurima his similia."

58. Post quae universa adiecit dicens: "SI BONA ACCEPIMUS   2, 10c
DE MANU DOMINI, MALA QUARE NON TOLEREMUS? Adverte"
inquit "o insipiens, considera deposita stultitia, o mulier: SI BONA
ACCEPIMUS DE MANU DOMINI, MALA QUARE NON TOLEREMUS?
5 Gloria, deliciae, iucunditas, divitiae, sublimitas, honor, regni
sedes, principatus et potestates, natorum gaudium atque amicorum multitudo: haec fuerunt bona, quae de manu domini
accepimus, quae de manu domini data sunt nobis." Mala autem
fuerunt rei familiaris perditio, liberorum amissio, putredinis

24–26 non ... seminasti] *cf.* Matth. 13, 25   29sq. Ps. 13, 1; *cf.* Ps. Chrysost.,
in Iob sermo 3, 4 (PG 56, 575)   35sq. Mich. 7, 5

24 me *om.* B *mi*   25 olim Adam N; *om.* α; iam memoratos *cett.*   26 zizania
mi | seminasti N; inseminasti *cett.* | tu *T*(*ac.*)   27 es *om.* α | insipiens es *tr.*
Φ mm   28 post N; per *V mm*; pro *cett.*   29 dicent] diceret B | in *sl.* A
30 et *om. mm* | maximam ... muliere *om.* P   32 merito] ergo *add. so* | dice
mi   34 haec B | tuum] malum *add.* B   36 quis *V*(*ac.*) | alio *me*
58, 1 per α | adicit N | accepimus N; suscepimus *cett.*   2 quare] *autem
add. so (*cf.* δέ cod. Alexandrin.) | averte *N M* P   3 deposita] disposita P
4 accepimus N; suscepimus *cett.* | mala] *autem *add.* β *mm* | toleremus (*cf.*
cap. 59, 2)] *sustineamus N   5 gloriae *mi* | divitiae iucunditas deliciae *tr. Φ*
mm   7 bona *om. so*

abundantia, vermium multitudo, poena insupportabilis, into- 10
lerabiles dolores, seductio ac subversio maligni, insidiae atque
temptationes inimici: haec universa mala videntur et mala dicuntur atque mala ab hominibus aestimantur, non quod mala sint
haec, sed sunt aeterna bona procurantia, perpetuae nihilominus
gloriae in regno hereditatem praeparantia. Hoc sciebat Iob: 15
merito cum gratiarum actionibus ea sustinere operam dabat. Hoc
scierunt prophetae et apostoli atque cuncti martyres; propterea
amaram vitam in hoc mundo transierunt, propterea omnia tormenta ignis ac gladii sustinuerunt cum confessionem suppor-
taverunt. Sed interim beatus Iob humana usus consuetudine bona 20
et mala ea appellat dicens: "SI BONA ACCEPIMUS DE MANU DOMI-
NI, MALA AUTEM QUARE NON TOLEREMUS? Cum" inquit "esset
tibi honoris sublimitas, cum gloria laetareris, cum in deliciis
degeres, cum multitudo te in ante et retro utpote de palatio
exeuntem et identidem illo revertentem cum honore exaltans 25
circumdaret, cum filii ante oculos te gaudio replerent, tunc non
dixisti, o mulier: *Dic aliquod verbum et morere*, tunc mortem
omnino nec nominare nec audire passa es. Nunc autem quia res
familiaris interiit et filii perierunt, quia gloria fugit et divitiae
abierunt, quia mala nos invenerunt et dolores apprehenderunt, 30
merito nos blasphemare compellis, ob hoc nos reprehendere
doces, propterea nos mortem petere cogis et hoc non iuste, sed

mi 491

---

27 Iob 2, 9e

---

10 intolerabiles] irrationabilis *so*   11 ac] atque *Φ mm*   14 sunt] sint *so*
perpetuo *so*   15 Iob] et *add. β mm*   17 propterea] et *add. so*   18 transege-
runt *mm*   19 ac] et *Φ mm* | cum *om. N* | cum ... Iob *om. Φ mm* | confes-
sionem *N* (*ac.*); confossionem *N* (*pc.*); confusione *M*; confessione *so*   20 usus]
ergo *Φ mm*   22 cum] bene *add. Ψ* | esse *M* | esset tibi *tr. α Φ*   23 honoris
sublimitas] humiliter *Ψ*   24 te *om. so* | in ante (*cf. ThlL VII/1, 830, 75 sqq.*)]
ante *α Φ mm*   25 itidentidem *so* | revertente *B* | exultans *N so*   26 te *om.*
α | gaudio te *tr. Φ mm*   27 verbum] in dominum *add. so*   28 nominare]
narrare *mg. B* | nec²] ne *B* (*ac.*)   31 merito] deum *mm*   32 iuste] iusta *M*

iniuste per dei blasphemiam? Et quod est maximum, non tibi
amaram mortem poscis sed mihi, ut possis post obitum in
35 requiem vivere, sicut tu speras nesciens neque credens dei bonis
provisionibus, *quas de longe videt eius aeternitas.

59. SI BONA ACCEPIMUS DE MANU DOMINI, MALA AUTEM
QUARE NON TOLEREMUS? Si bonorum eius fastidium numquam
cepimus neque finem eorum umquam fieri voluimus, MALA
AUTEM QUARE NON TOLEREMUS, tribulationes cum gratiarum
5 actionibus cur non sustineamus, praesertim cum noverimus quia
sicut bonorum finis factus est, sic multo amplius horum malorum finis erit? Et quidem bonorum istorum, hoc est divitiarum
atque opulentiae, finis inutilis erit, nisi si aliquis propter iustitiam
atque eleemosynam pauperum iuste ea expenderit, tribulationum
10 autem tolerantia in fide atque dolorum supportatio cum gratiarum actionibus aeternae gloriae hereditatem praeparant in regno
caelorum. SI BONA ACCEPIMUS DE MANU DOMINI, MALA AUTEM
QUARE NON TOLEREMUS? Numquid fastidium passa es bonorum, o mulier? Numquid consternanter tulisti requiem et glo-
15 riam, o femina? Quod si illorum plurimo tempore fastidium non
cepisti, quomodo nunc modicae tribulationes te deficere fecerunt, quomodo uberes dolores te nunc defatigaverunt, quae me
atterunt et non te? Me comedunt vermes et tu delassata es; meae
carnes putrescunt et tu debilitata es. SI BONA ACCEPIMUS DE

---

33 iniuste] iniustam *N*; iniusta *M*   34 morte *M* | ut] non *B* | poscis *me*
obitum] meum *add. so*   35 requie *mm* | bonorum promissionibus *mm*
36 quas *conieci*; quae *codd. edd.*; quia *proposuit Müller*
59, 2 toleremus (*cf. cap. 58, 4*)] *sustineamus *B* (*cf. lin. 5*) | eius] etiam *mi*
fastigium *me*   3 accepimus *so*; cupimus *Φ me* | numquam *B V* | volumus *Φ*
mm   4 autem *om. N* | tribulationem *P*   5 cur] quare *Φ mm* | sustinemus
M (*ac.*) | norimus *N*   6 factus ... finis *om.* α | factus ... erit *N*; erit ita et
malorum citissime consummatio (consumatio citissime *tr. P*) aderit *Φ mm*
7 quidem] quid est α | istorum *om.* α *Φ mm*   8 si *om.* α *Φ mm* (*sed cf. LHS*
668²)   9 ea *so*; eam *N M*; eas *cett.* | tribulationem *M*   10 tolerantiam *M*
13 fastigium *me* | bonorum passa es *tr. Φ mm*   15 fastigium *me*   17 qui
mm   19 delibata *M Φ mm*

MANU DOMINI, MALA AUTEM QUARE NON TOLEREMUS? Sic 20
puta" inquit "o mulier, quod non a deo nobis sit haec poena sed
ab alio aliquo. Si igitur non est a deo sed ab alio, quid ulciscar
deo, ut blasphemem illum, cum alius sit qui me tribulaverit?
Quod si a deo est, certum est quod forsitan pro peccatis nostris
est. Quid itaque est melius: orare ac deprecari terribilem faciem 25
dei an blasphemare et criminari ac detrahere, ut vehementiorem
mi 492 iram atque indignationem in nobis excitemus? Si igitur ipse est
qui nobis hanc poenam ingessit, satisfaciamus illi tamquam mise-
ricordi. Si autem alius aliquis est qui hoc bellum adversum nos
excitavit, etiam sic deprecemur illum pro auxiliatore atque pro 30
pugnatore utpote fortissimum ac potentissimum.

60. SI enim BONA ACCEPIMUS DE MANU DOMINI, MALA
AUTEM QUARE NON TOLEREMUS? Ubi enim fuerint laetitiae, illic
etiam tribulationis exspectatio; ubi iucunditas, illic etiam miseriae sperantur. Nam quid obvenit nobis, o mulier, ex his quae in
hoc saeculo non fuerint gesta? Nonne omnis caro aliquando 5
quidem sana est, aliquando autem infirmatur? nonne omnes
homines in mundo aliquando quidem paupertatem patiuntur,
aliquando autem divitias habent? Quae igitur sunt apud omnes
homines in mundo, haec" inquit "etiam apud nos gesta sunt. Et
non solum in omnibus hominibus sed et in omnibus huius 10
mundi elementis fiunt aliquando sic, aliquando vero sic, ali-

---

24sq. quod[1] ... est[3]] *cf.* 2 Macc. 7, 32   **27** iram atque indignationem] *cf.*
Rom. 2, 8

---

21 puta *N*; putas *cett.* | non *om. B*   **22** igitur] ergo *mm*   **23** deo] in deum
so; deum *mm*   **24** est[2] *om. A T V mm* | forsitan] est *add. mm*   **25** ita *B*
26 criminare *M P B*   **27** nos *mi*   **28** nobis *om. Φ mm* | illi] ei *V*   **30** sic
etiam *tr. Φ mm* | pro auxiliatore] auxiliatorem *mm* | pro pugnatore] pro-
pugnatorem *mm*
60, 1 enim *om. B*   **3** expectationis tribulatio *B*   **4** obveniet *α*   **6** quid
B (ac.) | autem ... aliquando *om. P* | autem ... quidem *om. β mm*   **7** patitur
A T (pc.) V mm   **8** habet *A T (pc.) V mm*   **10** et *om. N M B* | *mundi
huius *tr. N M*   **11** modi *B* | elementi *N* | ver *mm*; non *add. B*

quando aestas, aliquando hiems, aliquando frigus, aliquando
autem aestus, aliquando viriditas, aliquando vero siccitas. Si ergo
ita est apud omnes corruptibiles, quid magnum, ut et nos sicut
15 omnia corruptibilia floruimus pridem sane divitiis et ceteris
bonis, nunc vero aruimus inopia atque concaluimus in infirmitate? Sicut igitur in illis delectati sumus, ita et ista sustineamus;
sicut illa libenter accepimus, ita et ista cum gratiarum actionibus
supportemus. SI BONA ACCEPIMUS DE MANU DOMINI, MALA
20 AUTEM QUARE NON TOLEREMUS?" Non quod de manu domini
procedant bona et mala sed omnia bona; ex bono enim omnia
bona procedunt. Nam sicut sol tenebras numquam profert, sic
similiter bonus deus mala numquam producit sed omnia bona
atque optima. Quamquam enim ab impiis atque indisciplinatis
25 hominibus ea quae pro vindicta et conversione atque paenitentiae
commemoratione a deo ingeruntur, non bona sed mala existi-
mantur, sed attamen bona sunt vere quia, cum ad paenitentiam
converterint, aeterna bona in regno caelorum procurare reperiuntur. Sic namque et omnis doctrina atque disciplina ab irratio-
30 nabilibus infantibus non bonum sed malum aestimatur vel dicitur, sed revera cognoscent in ultimo quia totius boni atque
gratiae illis causa exstitit disciplina, quae in primordio fuit exsecrabilis. Humano itaque more atque consuetudine et humano Iob

---

20-22 non² ... procedunt] *cf.* Sir. 11, 14   29-33 sic ... exsecrabilis] *cf.* Hebr.
12, 7-11

---

13 autem *om.* P; vero β *mm* | aliquando¹] autem *add.* N   **14** omnia corrup-
tibilia *mm* | quidem B (*pc.*) | ut] si Φ *mm* | nos] qui *add.* Φ *mm*   **15** pri-
dem] quid B (*ac.*); quidem B (*pc.*)   **16** in *om.* B   **17** igitur] ergo *mm* | ita]
nunc Φ *mm*   **18** illam B   **19** consupportemus M (*ac.*)   **20** toleramus N
23 numquam mala *tr. mm*   **25** quae *om.* α   **26** commeratione B (*ac.*) A (*ac.*)
T (*ac.*); quae *add.* α; vel commemoratione *add.* B (*sl.*) | existimentur β
27 sed *om. mm* | attamen N (*cf. cap. 41, 17*); tamen *cett.*   **28** converterit P
*reperiunt N   **29** namque] nempe *mm*   **30** infantibus *om.* β | non] in *add.*
α Φ *mm* | sed] in *add.* α Φ *mm* | stimatur B | ducitur *mm*   **31** cogonoscunt
mm | ultimum N | atque] vel Φ *mm*

usus proverbio mala et bona memorat dicens: SI BONA ACCEPI-
MUS DE MANU DOMINI, MALA AUTEM QUARE NON TOLEREMUS? 35

    61. Post quae universa praecipuam atque perfectam gloriae
coronam conferens Moyses beato Iob dicit in subsequentibus: IN
HIS OMNIBUS, QUAE ILLI ACCIDERUNT, NIHIL PECCAVIT IOB
NEQUE IN LABIIS SUIS NEQUE IN CONSPECTU DOMINI. O laus, o
honor, o gloria et suffragium, o delectatio atque praelatio beati 5
Iob! Quid primum magnificetur iusti illius? Iusta ac pia vita eius
ab initio et misericors atque bona, an post hoc tolerantia vehementium dolorum cum gratiarum actionibus, aut etiam hoc quod
cum callide seduceretur a diabolo per os uxoris, sapienter restitit
et in his omnibus iustum ac bonum deum existimavit qui haec ei 10
universa bene ingessit? Haec itaque demonstrans dicit: "IN HIS
OMNIBUS, QUAE EI ACCIDERUNT, NIHIL PECCAVIT IOB NEQUE IN
LABIIS SUIS NEQUE IN CONSPECTU DOMINI. IN HIS" inquit "OMNI-
BUS plurimis, magnis ac mirabilibus atque terribilibus, lamentabilibus quoque ac miserabilibus, quibus similia gesta non sunt, in 15
miseriis atque infelicitatibus, in omnibus quae a saeculo facta
sunt et fiunt usque in aeternum, quibus similia visa non sunt
neque audita sub sole ab initio saeculi et usque in consummationem saeculorum, in istis ergo omnibus NIHIL PECCAVIT IOB
neque in verbis labiorum neque in oris eloquiis neque in cordis 20
cogitationibus neque in animi meditationibus." Quod autem ita

Marginal references (left): 2, 10d–e (line ~4); mi 493 (line ~9)

61, 2 sq. his omnibus] τούτοις πᾶσιν *tr.* cod. Alexandrin.   **4** neque[1] ... suis]
οὐδὲ ἐν τοῖς χείλεσιν αὐτοῦ: *cf.* cod. Alexandrin.   **17–19** quibus ... saeculo-
rum] *cf.* Is. 64, 3 (4 *Vulg.*)

---

34 bona et mala *tr. P*
61, 1 universam *N*   **2** his] illis autem *Φ mm*   **4** neque[1] *om. α Φ mm* | suis
om. M   **5** o[1] *om. me*   **6** iusta] iniusta *P*; quam *praem. β me*; an *praem. mi*
7 post hoc *om. Φ mm*   **8** quod *om. M*   **9** a *om. V*   **10** qui] per *P*   **12** ne-
que *om. B mm*   **15** ac miserabilibus *om. P* | mirabilibus *β*   **16** atque] in
add. mm | sunt facta *tr. Φ mm*   **17** fient *α Φ mm*   **18** consummatione *β*;
finem *P*

sit, ostendit mox in subsequentibus dicens: NEQUE IN LABIIS SUIS
NEQUE IN CONSPECTU DOMINI, et non suffecerat ut diceret
NEQUE IN CONSPECTU DOMINI sed et hoc NEQUE IN LABIIS SUIS.
25 Quid est hoc NEQUE IN LABIIS vel quid est hoc NEQUE IN CON-
SPECTU DOMINI? Audite, o amici, veridicam expositionem: Quod
dicit IN CONSPECTU DOMINI, hoc est cordis cogitationes et ex
animae profundo tractatu vel ⟨...⟩ adversus deum cogitatas in
reprehensionem et in blasphemiam atque in criminationem, quae
30 IN CONSPECTU DOMINI *depromit, qui *inquirit corda et renes*, qui
novit occulta cordis, sicut dicit scriptura. Verba autem labiorum
aliquando quidem ex corde dicuntur, aliquando autem inconsi-
deranter proferuntur ex incautela et non ex iniquitate neque ex
malevolentia, sed frequenter ore loquitur homo quod omnino
35 corde nec cogitavit nec cogitat.

    62. Ergo quia admirabilis ac patientissimus Iob, cum tantas
tribulationes transiret et tantos dolores nefandos sustineret
tantasque seductiones superaret, neque in corde malum de deo
neque adversus deum cogitavit neque in labiis suis per incuriam
5 ullum pravum sermonem protulit, propterea magnificans illum

---

30 Ps. 7, 10; Hier. 11, 20; 17, 10; Apoc. 2, 23   31 Ps. 43, 22

---

22 ostendi *so*   23 et ... domini *om. V* | ut diceret neque *om.* α   24 neque[1]]
nec *P A T* | hoc] dixit *add. mm*   25 labiis] suis *add. mm* | est hoc[2]] hoc est
tr. M A T V mm   26 veridicam] vere dicam *M* | quid *B*   27 cordes *A* | cogi-
tationes *N so*; cogitationis *M*; cogitatione *cett.* | ex *om.* Φ *mm*   28 tracta-
tuum α; tractatas *coniecit Weber* (*cf. lib. III, cap. 36, 19*) | vel *om.* α Φ *mm*;
lacunam notavit Müller, fortasse de deo vel *supplendum* (*cf. lin. 62, 4*) | deum]
nihil *add.* Φ *mm* | cogitatas *N*; cogitas α; cogitans *cett.*   29 reprehensione et
in blasphemia Φ *mm* | criminationem *N*; crimine *M*; crimina *so*; crimina-
tione *cett.*   30 dei *mm* | depromit *coniecit Müller* (*cf. cap. 4, 6 et saep.*);
deprimit Ψ; deprimunt *cett.* | renes et corda *tr.* α Φ *mm*   31 scripturas *N*
32 quidem *om.* Φ *mm* | dicuntur ex corde *tr. P*   35 nec[1]] neque *mm*
62, 1 cum] in *add. mm* | tantis tribulationibus *P*   2 sustinere *V* (*ac.*)   4 in-
curiam] in *add. M*   5 parvum *mi* | protulet *M* (*ac.*)

et laudans atque praeferens dicit: IN HIS OMNIBUS, QUAE ACCIDE-
RUNT EI, NIHIL PECCAVIT IOB NEQUE IN LABIIS SUIS NEQUE IN
CONSPECTU DOMINI. Ac si diceret: "O magna et ingens viri
patientia, o magna et vehemens admiratio, ut in omnibus validis
doloribus atque in omnibus iugibus poenis ita se beatus ille obser-   10
varet, ut omnino nec in labiis suis neque in corde suo circa deum
delinqueret." Nam sicut cordis sui cogitationes atque animi
meditationes castas omnes atque mundas conservavit et non
prave circa deum cogitavit, ita et verbis labiorum atque oris
eloquiis observavit, ut non corde delinqueret neque in sermone   15
peccaret, sed totum semetipsum, et cordis consilia et sermonis

mi 494 eloquia et verba labiorum cuncta, in gratiarum actionem atque
confessionem dei converteret. Evidenter implevit beatus ille hoc
quod post hoc ab apostolo dictum est: *Glorificate deum in corpore
vestro et in spiritu vestro.* Ergo quia a verbis labiorum usque ad   20
cordis cogitationes immaculatum se et inviolatum atque incontaminatum conservavit in conspectu domini, merito dicit: NEQUE
IN LABIIS SUIS NEQUE IN CONSPECTU DOMINI, tamquam si
diceret: "Neque hoc gessit quod plurimis accidit, ut labascantur a
verbo et non ex corde." Non enim lapsus est in sermone labio-   25
rum iuxta hoc quod dictum est quodam in loco in scriptura: *Est
qui labascitur ex verbo vel ex ore et non ex corde.* Ergo quia beatus
Iob nullo modo lapsus est neque in ore neque in sermone neque

---

19 sq. 1 Cor. 6, 20; *cf.* praef. p. 30   **26 sq.** Ps. 77, 36 sq. *vel* Is. 29, 13

---

6 perferens *mm* | his *om. B* | omnibus his *tr. P A T* | ei acciderunt *tr. A T V
mm (sed cf. lin. 31)*   **7** nihil] non *Φ mm* | suis *om. B*   **8** o ... patientia *post*
admiratio *tr. α Φ mm* | et *N*; atque *cett.* | patientia viri *tr. Φ mm*   **9** et]
atque *α mm* | omnibus] tam *add. α Φ mm*   **10** iugibus *so mm*; iugis *cett.*
11 neque] nec *mi* | in² *om. M*   **12** derelinqueret *B* | cogitationis *M* | animi]
sui *add. Φ mm*   **13** atque] ac *mm* | et non] cum *N*   **14** et] a *mi*; in *add. so*
15 non] nec *Φ mm* | derelinqueret *B (ac.)*   **18** confessionem dei] in dei
confessionem *so* | hoc] homo *mm*   **19** hoc *om. B*   **22** merito ... domini
om. V mm   **24** labascant *so mm* | a] in *mm*   **26** est *om. B*   **27** labascit *so
mm* | ex¹] in *Φ mm* | ex²] in *mm*   **28** neque² *om. B*

in labiis neque in corde, propterea magnificans illum magnus ille
30   homo dei Moyses admirans quoque ac laudans eum dicit: "IN HIS
OMNIBUS, QUAE ACCIDERUNT EI, NON PECCAVIT IOB ⟨NEQUE⟩
IN LABIIS SUIS NEQUE IN CONSPECTU DOMINI. Sic" inquit "transivit admirabilis Iob saevissimum illud dolorum pelagus, sic superavit inexplorabilem illam temptationum multitudinem, ut nihil
35   peccaret NEQUE IN LABIIS SUIS NEQUE IN CONSPECTU DOMINI;
ante temptationes non peccavit, in temptationibus non peccavit."

63. O beate Iob, quis similis gloriabitur tibi propter iustitiam? Mortuus est Abel sed semel celeriter est mortuus. Admirabilis vero Iob cum mille mortes sustineret, mortem superavit,
mortem vicit, in morte victoriam sumpsit. Solus ex omnibus
5   antiquis, cum mortuum semetipsum inspiceret, a morte non
trepidavit. Quod vidit effici mortuos, hoc nimirum vidit semetipsum fieri – putredinem et vermes – sed non adeo ante mortem
expavit, sed mortem in fugam vertit cum omnibus eius argu-
mentis atque versutiis et cum omnibus iniquis eius exercitibus.
10   Nam cum omnem potestatem in eum acciperet mors, hoc est
diabolus, absque anima sola, et ut percuteret et ut exulceraret et
ut torqueret et ut seduceret, cum cuncta secundum virtutem
suam insatiabilis mors exerceret, necquidquam iustitiae in illo
beato mori potuit. Idcirco mors apud Iob mortua est cum omni-
15   bus efficientiis suis, iustitia vero, quae pridem in eo vigebat,

---

63, 2 mortuus est Abel] *cf.* Gen. 4, 8

---

31 neque *suppl. Weidmann*   32 in[1] *om. N (ac.) Φ*   33 illud] illum *α Φ*
34 illam] suam *mm*
63, 1 tibi gloriabitur *tr. Φ mm*   2 semel] et *add. Φ mm* | sinceriter *so*
3 mille] ille *N (ac.) M*   4 morte] mortem *N*   6 quod *om. B*; non *P A T V*
me; nam *mi* | vidit[1] *om. B* | hoc nimirum *N*; hoc cum nimirum *M*; hoc
nimirum cum *so*; cum nimirum *cett.*   7 adeo] a deo *so B A V me*; ideo *mi*
8 convertit *B* | eius *om. B*   9 omnibus *om. Φ mm*   10 cum *om. B*   11 ani-
mam solam *N* | et[1] *om. M*   12 reduceret *N*   13 nequaquam *β mm*   15 qui
B | in eo pridem *tr. mm*

magis ac magis in illo divinis visionibus atque divino colloquio revixit. O beate Iob, vivens in perpetuo apud deum et victor permanens in conspectu regis domini, ora pro nobis miseris, ut etiam nos terribilis dei misericordia protegat in omnibus tribula- tionibus et eripiat ab omnibus temptationibus et eruat ab omni-   20 bus oppressionibus maligni et connumeret nos cum iustis et con- scribat nos cum his, qui salvi fiunt, et requiescere nos faciat cum illis in regno suo, ubi in perpetuo cum sanctis magnificemus illum.

LIBER TERTIUS

1. Magnos ac plurimos, stupendos quoque atque terribiles Iob dolores in praefatis demonstravimus non iuxta meritum iusti illius sed iuxta virtutem nostrae humilitatis et secundum donum dei. Quis enim poterit iuxta meritum iustum illum magnificare, quem ipse deus qui corda cognoscit magnificans dicit: *Non est*   5 *similis illi quisquam super terram?* Si igitur ante passionem non fuit illi similis quisquam super terram, multo magis post passio- nem non fuit illi similis quisquam super terram; si autem nec

---

1, 2 in praefatis] *cf.* lib. I cap. 53–62; lib. II, cap. 8–11   **5** deus ... cognoscit] *cf.* 1 Par. 28, 9; Ps. 7, 10; Hier. 17, 10; Rom. 8, 27   **5sq.** Iob 1, 8c; 2, 3c; ὅμοιος αὐτῷ: *cf.* cod. Alexandrin.

---

17 perpetuum *mm*   **20** eripiat] eruat *so* | temptationibus ... omnibus *om. so* β *mm*   **21** cum *om. so*   **22** faciat] fati ea *V*   **23** in² *om. mm* | perpetuum *A* **24** illum] explicit liber secundus *add. N*; explicit liber secundus incipit liber tertius *add. M P B T V*; explicit liber secundus incipit liber tertius eiusdem Origenis in Iob *add. so*; explicit liber secundus incipit tertius *add. A*; explicit liber secundus Origenis in Iob incipit liber tertius eiusdem *add. me* **1, 1** atque] ac Φ *mm*   **3** humanitatis β *mm*   **4** iuxta meritum poterit *tr.* Φ *mm* | magnificate *V*   **5** dominus Φ *mm*   **7** multo ... terram *om. M* Φ *mm* **8** similis ei *so*

ante nec postea fuit similis ei quisquam super terram, quis ex his,
10 qui sunt super terram, iuxta meritum narrationem vel laudem illi
exhibere potest? Non solum enim omnes homines, sed puto
quod audeam dicere etiam ipsos angelos atque omnes daemones
perterruit Iob tolerantia et constantia atque fides, cum terra et
lutum superaverit universam virtutem ac fortitudinem atque
15 omnem versutiam malignissimi diaboli; qui cum acceperit in eum
potestatem, cuncta in eo haec exercuit, quae omnia corda in
pavorem deducunt et omnem animam stupere faciunt. Cuius
enim alterius potestatem accepit aliquando diabolus nisi Iob
solius? Si enim alterius cuiuslibet potestatem accepisset diabolus,
20 profecto non lateret, sed ille in eo hoc quod etiam in Iob exercuit
perfecisset, cuius rem familiarem perdidit, cuius natos consumpsit, cuius corpus putredine ac vermibus replevit, cui reliquias pro
consolatione non dereliquit, cui spem salutis non dimisit nisi
solam uxorem pro supplantatione illi reliquit, per quam novissi-
25 mam illam sagittam seductionis atque supplantationis in eum
dimisit. Sed quemadmodum qui ad petram sagittaverit, petrae
quidem nihil facit, omnes vero sagittas in semetipsum convertit,
ita et nequissimus diabolus, cum inviolabilem petram Iob atque
incontaminatum sagittaret adamantem, semetipsum vulneravit ac
30 deiecit, Iob nihil vero fecit.

13sq. terra et lutum] *cf.* Gen. 2, 7   **26sq.** qui ... convertit] *proverbialiter* (*cf.*
Otto, s. v. sagitta)

---

9 similis ei quisquam *N*; illi quisquam similis *V*; illi similis quisquam *cett.*
quis] qui *B*   **11** possunt *M P B*   **12** quod] non *add. α*; et *add. mm* | audeo *Φ*
mm | daemones *om. V*   **13** tolerantiam et constantiam *M* | et[1] *om. B*
14 superavit *mm* | universam] omnem *Φ mm* | ac] atque *A* (*ac.*)   **15** acce-
pisset *V*   **16** haec in eo *tr. M Φ mm* | haec *om. so*; quae *add. B*   **18** nisi] non
B | solius (solus *M*) Iob *tr. α Φ mm*   **19** potestatem cuiuslibet *tr. P*   **20** hoc
om. mm   **21** cuius natos consumpsit *om. mi*   **22** cui] cuius *α*   **23** cui]
cuius *α* | nisi] nec *me*; sed *mi*   **24** novissimam] *ac saevissimam *add. α Φ*
mm   **25** illi *B*   **28** et *om. α Φ mm*   **29** sagittaret] ad *add. me*   **30** nihil]
nihilominus *A* (*ac.*) | vero nihil *tr. α Φ mm*

2. Haec audientes cuncti credentes observent se diligenter a malis colloquiis, quia *corrumpunt mores bonos colloquia mala*, sicut post haec dixit apostolus, *observent se caute et ab amicis* et a sodalibus et a domesticis et a persuasionibus atque concitationibus eorum, *quia omnis amicus supplantans supplantat et fallaciter* 5 *incedit*. Maxime autem observate vos atque intendite animabus vestris, o viri, ab uxorum concitationibus atque malis instigationibus. Per hanc enim in ultimo supplantare Iob nisus est diabolus, per hanc superare speravit illum, quem per plurimos atque ingentes dolores superare non potuit; per istas etiam nunc 10 plurimos subvertit, per istas etiam nunc plurimos ad mala persuadet, alios ad calumnias, alios ad rapinas, alios ad alias iniquitates, alios nihilominus adhuc ad odium adversus invicem, ad contentionem quoque et iurgium. Si enim cum invicem litigaverint, in hoc se defensurae sunt, ut viros suos adversus invicem concitent 15 ad bellum, ad inimicitiam quoque atque iniquitatem. Hoc nimirum operatur per eas malignissimus diabolus succendens atque inflammans corda earum zelo et ira, et ita infelices viros suos et circa deum et circa invicem odibiles reddunt, ut et dei iram acquirant et circa invicem inimici permaneant, et – quod est maxi- 20 mum – cum ⟨deberent⟩ unanimiter pro invicem adversus inimicos suos atque adversarios stare sive intus sive foris sive in bello sive in proeliis et sibi invicem intendere atque invicem adiuvare

mi 496 (left margin at line 11)

2, 2 1 Cor. 15, 33   3–6 Hier. 9, 4

2, 3 praedixit *so*; dicit *mm* | a *om. N Φ mm*   4 atque] et *P*   5 eorum] eorumque *me*; colloquia *add. mg. B* | qui *B* | supplantans *om. so*; planta *N*; plantans *M* | et] atque *Φ mm*   6 intendite *N*; attendite *cett.*   7 uxoris *mm* 8 Iob nisus] obnisus *B* | visus *V me* | diabolus *om. M*   9 per² *om. M* per² ... dolores] plurimo atque ingenti dolore *so*   11 subvertit ... plurimos *om. B*   13 adhuc *om. Φ mm* | contentiones *P*   14 si] sic *Φ mm* | cum] ad *add. Φ mm*   15 adversum *A*   16 quoque] in *add. A (corr.)* | atque] ad *add. V*   17 operatus *α*   18 eorum *M (ac.) Φ (ac. P) mm* | felices *α*   19 et² *om. M mi*   21 deberent *suppl. Primmer*   23 sibi] sive *Ψ*

et mutuo amore terga defendere, reperiuntur sibi invicem inimici
25 ac proditores atque in propriis ruinis gaudentes. Haec nimirum
universa oriuntur ex malignarum atque contrariarum uxorum
instigatione ac persuasione, quas non debent audire illi qui bene
intellegunt viri, sicut nec beatus Iob audivit. Propterea deo factus
est acceptabilis et ideo inter choros sanctorum magnificatur in
30 perpetuum.

3. UT AUDIERUNT AUTEM TRES AMICI EIUS OMNIA MALA   2, 11a
QUAE EI ACCIDERUNT. UT AUDIERUNT inquit. A quo audierunt? Primum quidem a transeuntibus. Quis enim erat qui non
praedicaret ea quae Iob acciderunt? Puto quod et ipsum pelagus
5   et aër, ventorum nihilominus spirantium flabra miserabilem
illam famam atque lamentabilem illum nuntium per omnes regiones ac provincias ventilaverint. Super haec autem omnes homines
qui viderunt hanc rem et qui audierunt, audientibus haec divulga-
bant, haec nominabant, de his loquebantur, de his sciscitabantur,
10 de his interrogabant et in vicis et in triviis et in plateis civitatis et
in portis domorum, et qui iter agebant atque omnes qui sibi
invicem ubique occurrebant, haec ad alterutrum loquebantur, de
his secum ad invicem colloquium statuebant, de his se invicem
interrogabant, maxime hi qui de longinquo veniebant et alibi
15 proficiscebantur; omnes quibus occurrebant, de his interrogabant
dicentes: "Si verum est, o viri, hoc quod de Iob dicitur, si verum
est hoc quod de iusto illo praedicatur, cuius iustitiis caelum et

---

24 mutuo ... defendere *post* proditores *tr. N*   27 persuasione] per cuius
suasione *M (ac.)*   28 factus est deo *tr. Φ mm* | factus *om. mi*   29 et *om. N*
3, 1 autem audierunt *tr. so Φ mm*   3 quidem] quid *B*   4 et *om. B*   6 lamen-
tabile *so Φ mm* | illum *N (cf. lib. II, cap. 40, 4)*; illud *cett.* | per] super
N (uv.) | regiones ac *om. α Φ mm*   9 de his loquebantur *om. β mm*
11 porticis *A T V*; porticibus *mm* | et qui iter] equiter *B* | omnes qui *om. B*
12 ubique invicem *tr. Ψ* | de ... statuebant *om. β mm*   14 hiis *V (ac.)*; iis
V (pc.); ii *mi* | alibi] aliquo *mm*   15 omnibus *B* | occurrebantur *T (ac.)*
17 iustitiae *N (corr.)*; institiis *B*

terra atque omnes homines attestantur, quam amare miseriis
afflictus sit, quam miserabiliter percussus sit!" Haec atque his
similia cum loquuntur ac veritatem ab eis de his quae provene- 20
runt audiunt, in longinquo in omnem regionem atque provinciam deportaverunt. Quae cum ita pervenirent et omnes regiones
ac provinciae, civitates quoque atque castella, miserabili hoc nun-
mi 497 tio ac lamentabili fama replerentur, audierunt tres sodales vel
amici eius hoc quod iam omnibus erat certum atque cognitum; 25
audierunt etiam isti; nam nihil est ita praedicabile sicut magni
hominis ruina. Cum enim quilibet ex humilibus ad sublimitatem
pervenerit, non ita agilis fit eius auditio, sicut cum quis ex sub-
limibus humiliatus fuerit, sicut cum quis ex magnis interierit:
tunc quantocius ventorum flabris fama eius omnem regionem 30
atque omnem auditum penetrat.

4. Ergo quia ita provenit de iusto Iob, ideoque cum omnes
qui prope et qui longe erant audissent, AUDIERUNT etiam TRES
AMICI EIUS OMNIA MALA QUAE EI ACCIDERUNT. Voluerunt
nonnulli dicere quod daemones eis praedicaverint, et ob hoc ita
celeriter ad eum venerint; quod nullus ex sapientibus recipit: 5
Blasphemiae enim sermo hic est. Nam illi viri dei cultores fuerunt, utpote sodales Iob atque amici, pii ac deo credentes. Non

18 terram *M V* | attestantur omnes homines *tr. B* | quam] quod *so*; quantam
P; quod tam *β mm*   19 quam] quod *so*; quod tam *Φ mm* | itaque *P*   20 ac
om. Φ mm | his] iis *mm* | provenerant *mm*   21 audiunt] quoniam *add. B*;
quam *add. A T V mm* | ac *Φ mm* | provincias *so*   22 quae (qui *α*) cum ita
pervenirent et *Ψ*; quocumque (quorumque *B*) itaque (enim *P*; ita *B*) perven-
runt (pervenerint *mm*) *Φ mm*   23 provinciae *N*; provincias *cett.*   24 ac *α P
B*; de *N*; et *cett.* | lamentabile *N* | repleverunt *Φ mm* | audierunt] ergo *add.*
Φ mm   25 cognitum] etiam *add. N*   27 enim *om. N*   28 pervenerint *α*
agilis *N*; angelis *M*; longinqua *so*; ubique *cett.* | eius auditio fit *tr. α Φ mm*
29 ex magnis] magnus *Φ mm*   30 tunc *om. Φ mm* | quantocius] tamquam
totius *P B T (ac.)*
4, 1 omnes] et *add. β mm*   3 noluerunt *B (pc.)*   4 nulli *B* | et ... venerint
om. α Φ mm   6 est (*om. B*) hic *tr. so Φ mm* | fuerunt] hic *add. A*   7 Iob
sodales *tr. Φ mm*

enim amplectebatur iustus iniustos vel impios viros amicos ac
sodales habere. Idcirco ita percipiamus nos qui deum timemus,
10 quod sancti angeli ad eos venientes sive in somno sive in vigiliis
admonuerunt eos, ut celeriter venirent et iustum illum amicum
consolarentur. Venientibus autem illis illic et, ut putabant, pro
deo stare incipientibus, inventa occasione nequissimus daemon
ad blasphemiam iusti Iob illos convertit. Nam sicut uxorem eius
15 pridem, cum esset religiosa atque in omnibus iustitiis ei consen-
tiens, in blasphemiam immutavit, sic et memoratos viros. De
quibus dicit istic: AUDIENTES TRES AMICI EIUS OMNIA QUAE
ACCIDERUNT EI, filiorum interitum, rei familiaris perditionem,
corporis putredinem, vermium comestionem, liberorum iniquam
20 consumptionem, non mediocriter sed miserabili atque lamentabili modo, ut iam superius demonstratum est. Haec itaque universa audientes tres sodales eius obstupuerunt et "Putas vere"
inquientes "universa haec acciderint Iob, putas vere iusto illi universa haec obvenerunt?" et: "Utrum sit nobis gravius, o viri,
25 hoccine ut amicus noster tales pertulerit miserias, an ut amicus
domini talia sustineat mala, cuius iustificationibus ac misericordiis caelum et terra attestantur?"

---

21 superius] *cf.* lib. I, cap. 15–18; lib. II, cap. 6sq.

---

8 amplectabatur *P B T (ac.)*; amplexabatur *mm*; Iob *add.* α Φ *mm*   **9** qui
deum timemus] quid mentiemur *M*; quidem mentiemur *so*   **10** in² *om. P T*
V; *del. A*   **11** amicum] animum *so*   **12** illic] illuc *mm* | et *om.* Φ *mm*
pro ... incipientibus] insipienter se pro deo stare Φ *mm*   **13** incipientibus]
insipientibus *M*   **15** pridem] quidem *B* | in *om.* β *mm*   **16** blasphemiam]
non *add. P*   **18** accederant *mm* | ei acciderunt *tr. M* | familiares *N (ac.)*
19 inquam *N*   **20** mirabili *A T V me* | lamentabile *M*   **21** iam *om.* Φ *mm*
est] condoluerunt *add.* β *mm*   **22** et *om. V* | putas vere *N*; expavere *V*;
putatisne *mi*; putavere *cett.*   **23** inquientes] inquirentes *P*; unde *add.* Φ
mm | universa haec¹] haec universa *tr. so mm* | acciderint ... haec *om.* α Φ
mm   **25** ut¹, ut² (*cf. lib. I, cap. 92, 8; II, cap. 54, 20*)] quod Φ *mm* | miserios
V | ut²] quod Φ *mm* | domini amicus (amico *M*) *tr.* α Φ *mm*

5. Haec scilicet universa ut audierunt atque haec ad invicem
2, 11b   boni illi sodales locuti sunt, VENERUNT STATIM SIMUL AD EUM
UT CONSOLARENTUR EUM ET VISITARENT ILLUM. "A prioribus"
aiunt "patribus nostris audivimus, o viri, quod antiquus ille frater
avi nostri Esau Iacob duodecim habuerit filios et unam filiam;   5
cum unum ex omnibus ut putabat perdidisset, tantum illum
unum luxit, ut omnes filii eius et filiae, procul dubio *quidam et
aliorum amicorum convenientes propter unum filium consolati
sunt eum; et noluit consolari, etiam incolumi re familiari et
ceteris omnibus viventibus atque sanitate corporis permanente, et   10
cum nulla res esset alia quae eum contristaret, non potuit exhila-
rari. Si autem illic Iacob ita graviter tulit unius filii desperatio-
mi 498   nem, quomodo sustineat Iob omnium filiorum suorum lamentabilem ac miserabilem perditionem, quae sub uno ictu omnium
facta est pariter? Quomodo sustineat rei familiaris praecedentem   15
iacturam? Quomodo sustineat terribilem atque saevissimam
corporis plagam? Pro his" inquiunt "omnibus, o viri, iustum est
requirere dolentem, iustum est visitare patientem, iustum est
consolari consolationem non habentem nisi solam in deum
spem." Haec itaque universa ad invicem loquentes sive per inter-   20

5, 3 ut ... illum] τοῦ παρακαλέσαι καὶ ἐπισκέψασθε (= -θαι) αὐτόν add. cod.
Alexandrin.   4–12 antiquus ... exhilarari] cf. Gen. 37, 33–35   19sq. nisi ... spem] cf. Ps. 72, 28; 77, 7

5, 1 haec om. B | vicem N   3 visitarentur B   5 filios habuerit tr. Φ mm
filiam unam tr. A T V mm   6 ut putabat] cogitabat N | tantum iter. M
7 ut] et mm | filia α (ac. M); post filiae lacunam ex Gen. 37, 35 supplendam
iudicavit Primmer | quidam coniecit Primmer; quot T; om. mm; quod cett.
et²] multi add. mm   9 voluit so | rei P   10 viventibus] liberis add. so
permanentem M   11 cum] non add. sl. B | alia quae] aliaque M | contrista-
ret] contristare M; et add. T (corr.)   12 illic N; illi M; ille cett. | Iacob] Iob
T (ac.) | sperationem N   14 ac miserabilem om. M β mi | uno] imo A
17 inquit Φ me   18 requirere ... est² om. β mm   19 consolari om. M
solum so | deo mm   20 spem] non habentem praem. α; habentem add. Φ
mm | internuntios N; nuntios cett.

nuntios sive per scripturam, boni illi ac religiosi viri VENERUNT
SIMUL AD EUM **UNUSQUISQUE EX CIVITATE SUA**, UT CONSO-   2, 11b
LARENTUR ET VISITARENT ILLUM. "O" inquiunt "ille qui in
omnibus iustitiis testimonium habuit, tamquam unus *ex iniustis
25 patitur; ille *sine querela, verus,* misericors, tamquam unus ex
impiis percussus affligitur; ille qui erat *dei cultor* atque filiorum
suorum sollicitus circa deum sacerdos, tamquam unus ex iniustis
torquetur."

    6. VENERUNT SIMUL AD EUM. Quomodo? Statuerunt
tempus, dimensi sunt diem. Quomodo? SIMUL, pariter venerunt
et non unusquisque a se neque per semetipsos, sed per dei providentiam atque dei operationem ita disponentis, ita providentis ut
5 non singuli post tempus venirent ac tempus, sed omnes STATIM,
omnes pariter, uno tempore, una die, una hora, utpote unanimes,
utpote unum sentientes, utpote concordes. Sic VENERUNT AD
EUM SIMUL SUBITO, tamquam unum deum colentes, tamquam
creatori servientes, tamquam unum Iob plenissime diligentes. Sic
10 itaque VENERUNT PARITER AD EUM. Unde autem venerunt? Non
ex una civitate neque ex una provincia vel regione, sed UNUS-
QUISQUE EX CIVITATE SUA atque sua provincia et regione, ex suo
nihilominus regno VENERUNT SIMUL AD EUM. Cum omnibus
enim miraculis est etiam hoc ingens miraculum, ut cum ita longe

---

22 civitate] πόλεως: *cf.* cod. Alexandrin.   **25sq.** Iob 1, 1b

---

21 illi *om. so; sl. N*   **22** eum] eaum *A (ac.)* | ex] de *Φ mm*   **23** inquit *P (ac.)*
24 unum *M* | ex iniustis patitur *transposui*; patitur ex iniustis *N*; specialiter
ex iniustis *cett.*; punitur *add. Φ mm*
6, 3 semetipsum *so Φ me*; se ipsum *mi* | sed ... operationem] dei providentia
atque dei operatione *Φ mm*   **4** disponentis ita providentis *N*; disponentes
ita providentes *α*; disponente ita (atque *A T V mm*) providente *cett.*
5 venirent] vel *add. so* | ac (*cf. Dan. 7, 12*) *N*; ad *cett.* | omnes *om. so*
6 una¹] uno *P B A T mm*   **7** unum *sl. B*   **10** eum] deum *mi*   **11** ex¹ *sl. M*
civitate] neque ex (*om. Φ mm*) uno loco *add. α Φ mm* | una² *om. Φ mm*
sed ... regione *om. B mm*   **12** sua¹ *om. Φ mm* | atque] ex *add. α Φ mm*
sua²] una *M P* | et] vel *so* | regione] una *add. so*

ac late ab invicem morarentur, pariter ad beatum Iob UNUSQUIS-   15
QUE EX SUA CIVITATE venire potuerit, UNUSQUISQUE EX SUA
CIVITATE in qua morabatur, in qua regnabat, in qua dominaba-
tur. UNUSQUISQUE ergo EX SUA CIVITATE venit, hoc est ex civitate regni sui. Et ob quam rem venerunt? Ad consolandum atque
visitandum illum. Et vere, quia ipsi quidem ob hoc VENERUNT   20
UT CONSOLARENTUR AC VISITARENT ILLUM, sed nequissimus
diabolus bonorum ac iustorum inimicus odio habens omnia quae
diligit dominus, accepta occasione quod deum defenderent atque
dei iustitiam, et Iob de iniustitiis et peccatis accusarent, tantum
illos immutavit atque pervertit, ut amplius exulceraret cor Iob   25
per haec quae locuti sunt quam per omnes dolores, quos pridem
exercuit in eo.

   7. Nam quid esset castissimae Iob animae crudelius quam ut
ab amicis de peccatis fuisset criminatus cum minime deliquisset,
et de impietatibus reprehensus qui erat ab omnibus iniquitatibus
alienus, et quod pro peccatis sustinuisset omnes dolores, et quod
pro iniustitia obvenirent illi haec universa mala? Quod autem ad   5
tantam blasphemiam adversum Iob pervenerint isti viri et non
timuerint diaboli livore atque zelo succensi, ex propriis eorum
mi 499   sermonibus comprobatur, quemadmodum dicunt blasphemantes
atque detrahentes illi: "Tu quis es, *quia dicis: non peccavi factis?*
Quod si non peccasti, o Iob, *memento quia nemo iustus periit, aut*   10

7, 9 Iob 33, 9a   10 sq. Iob 4, 7

---

15 unusquisque ... civitate *om. Φ mm*   16 venire potuerit] venirent *Φ mm*
19 atque] ad *add. so P A T V*   20 quidem] quid *B (ac.);* quidam *V (ac.)*
22 omnium *N*   23 qua deum offenderent *Φ mm (sed. cf. infra cap. 9, 5sq.)*
24 iustitia. *B* | de *sl. A* | et²] de *add. V*   25 praevertit *so;* cor Iob *add. N*
26 pridem] quid *B (ac.);* quidem *B (pc.)*   27 eo *N;* eum *cett.*
7, 1 animae Iob *tr. Φ mm*   2 cum *sl. N*   3 iniquitatibus *N;* impietatibus
cett.   4 pro ... quod *sl. N* | peccatis ... pro *om. B* | omnes] illos *add. α*
5 obvenirent *N;* obvenerit *M;* obvenerint *cett.*   6 adversum *N;* adversus
cett. | iusti *V (ac.)*   8 dicit *me*   9 quis] qui *me* | peccavi] peccavit *T (ac.)*
10 peccasti] peccati *B (ac.)* | o Iob *om. P*

quando verus dei servus eradicabitur?", hoc est: sicut tu. Deinde
cum ingenti improperio et increpatione atque convicio: "*Quous-*
que loqueris spiritus multiloquax ore tuo? Numquid deus iniuste
iudicat?", hoc est: sicut te peccantem. "*Aut is qui omnia creavit*
15 *perturbavit iustitiam?*"; hoc est: si iustitia in te fuisset, non utique
perturbaret iustus iudex iudicium tuum atque vitam tuam. "*Nam*
spes impii periet" sicut et tua quia impius es. "*Inhabitabilis autem*
erit ea quae sub caelo est *domus eius*", hoc est: sicut tua; aliaque
innumera his graviora atque amariora blasphemantes de iusto illo
20 locuti sunt. Propter quod et duriter in novissimo a deo repre-
hensi sunt, utpote qui nihil veritatis locuti fuerint de Iob. Sic
itaque cum visitare atque consolari eum venissent, ad inimicitiam
conversi sunt, ad criminationem et ad reprehensionem, ad maledictum quoque atque blasphemiam.

    8. Postquam vero omnia temptavit nequissimus adversarius,
etiam et ad hoc pervenit, ut amicos in inimicos converteret atque
sinceres sodales adversarios efficeret, callide tractans apud semetipsum ac dicens: "Si per os uxoris eum seducere non valeo, per os
5 amicorum ad inimicitiam immutatorum perficiam, irritem ex-
aggerem exacerbem succendam, ut supra modum inflammatus
atque exaggeratus ad dei blasphemiam convertatur." Novem
responsiones blasphemiae plenas adversum Iob dicere eos compulit, unumquemque eorum tres. Sed beatus Iob nullatenus ante eos

---

12–15 Iob 8, 2a–3b   16–18 Iob 8, 13b–14a   20 sq. duriter … sunt] *cf.* Iob
42, 7–8

---

11 verus *om. Φ mm* | deinde] vide *add. so*   12 vitio *N*   13 multiloquas *M*;
in *add. so*   14 te] non *add. so* | is] his *N*   15 perturbavit] in *add. M*
iustitia … fuisset] in te esset iustitia *Φ mm*   16 tuum *om. Φ mm*   17 peribit
mi   18 ea *om. Φ mm*; in *praem. N* | eius *om. Φ mm* | sicut] et *add. Φ mm*
21 qui *om. B*   22 visitaret *M*; visitarent *so*   24 adque *P*
8, 2 et *om. so mm*   3 sinceros *so mi*   4 ac *om. so* | os[1]] hos *M* | valeo *N*;
valui *cett.* | per[2] *om. mi*   5 inimicitia *M* | permutatos *Φ*; permutatorum
mm | perficiam *sl. N* | irritabo exaggerabo exacerbo *sl. V*   6 exacerbem]
exacervem *N*   8 adversum *N*; adversus *cett.* | eos dicere *tr. mm*

titubavit, sed totidem responsionibus, quin immo potius pluri- 10
oribus ac maioribus omnibus illis respondens et dei iustitiam ac
bonitatem manifestavit et eorum iniustam causationem confuta-
vit, per alia quidem plurima nec non et per ea quae in faciem
dixit ad eos: *Vos estis medici iniusti et sanatores pessimi cuncti*, quia
cum curare dolores eius et consolari animam eius venissent, in 15
amaritudinem atque malitiam circa Iob conversi sunt. Merito
iniustos medicos iuste eos appellat. Sic, inquam, VENERUNT AD
EUM UT CONSOLARENTUR ATQUE VISITARENT ILLUM, illi suo
praeposito ob hoc venerunt, sed nequissimus inimicus malignus-
que adversarius per cuncta permansit inimicus atque per omnia 20
sua exercuit odia, et per uxorem et per amicos et per sodales.
Propterea visitationis atque consolationis adventus totius tristi-
tiae ac maeroris beatissimo Iob est factus.

2, 12a   9. Post quae universa dicit: VIDENTES AUTEM ILLUM DE
LONGE NON AGNOVERUNT. Sed ante istorum mentionem per
paucos sermones inquiramus, ob quam rem tam duriter circa Iob
vel potius adversum Iob insurrexerint. Audi: Mala opinione
succensi et iniuste aemulantes deum, ut ipsi putabant quod deum 5
aemularentur atque defenderent, obcaecati sunt ab inimico ut
mi 500   iudicia dei non inquirerent. Hoc scilicet arbitrati sunt et hoc
dixerunt illi viri, quia cum sit iustus deus ac bonus, iustis atque
innocentibus non ingerit mala. Quod si innocentibus mala in-

---

14 Iob 13, 4

---

10 pluribus *mm*   13 aliam quidem plurimam *N* | quidem] quid *B (ac.)*
eam *M* | facie *Φ mm*   14 dicit *mm*   15 cum *om. N* | consolare *B T (ac.)*
venissent *post* dolores eius *tr. so*   16 ac *A T V mm* | merito] igitur *add. β*;
ergo *add. mm*   17 si *N A T V mm*   19 praeposito (*cf. ThlL X/2, 778,
21sqq.*)] proposito *so Φ mm*
9, 1 post quae] postque *P*   2 cognoverunt *B* | istorum mentionem] ista *Φ*;
ita *mm*   3 tam *om. so β* | duriter *om. B*   4 vel ... Iob *iter. N* | adversus *Φ
mm* | insurrexerunt *A (ac.) mm* | malam *M* | opinionem *N M*   5 deum[1]]
deo *N*   6 sunt *sl. N*   8 viri illi *tr. so*

10 gerit, quomodo vel bonus vel iustus comprobabitur? Cum huiuscemodi mala Iob ingesserit iusto, "oportet" inquiunt "aut Iob
propter iniustitiam passum fuisse aut certe deum iniuste mala ei
irrogasse, ut reperiatur aut Iob pro peccatis fuisse passus aut deus
iniuste ei mala ingessisse." Hanc scilicet cogitationem malam
15 atque illicitam in istis viris oriri faciens diabolus succendit cor
eorum ad omnem iram atque indignationem adversum Iob, cum
student confirmare quod deus iustus fuerit, Iob vero iniustus et
impius atque peccator. Adversus quos fortiter stans Iob non
permisit audire se vaniloquos illos a diabolo succensos, sed et
20 deum bonum ostendit et se absque culpa universa haec pati
demonstravit. Non enim deus illi haec mala ingessit, sed diaboli
zelus et livor atque invidia; neque Iob pro peccatis sustinuit
omnia quae sustinuit, sed quia, cum esset iustus, diabolus illi
invidit sicut et omnibus iustis invidet et tribulationes adversus
25 eos excitat. *Multae tribulationes* non iniustorum sed *iustorum.*
Testis ergo iustitiae Iob ipse deus ostenditur dicens: *Iustus, verax,*
dei cultor. Quod autem diaboli fuerit haec inflammatio atque per-
turbatio, ex his quae nunc fiunt apparet. Frequenter namque
etiam nunc idem ipse diabolus unanimes sodales commiscet atque
30 conturbat per quamlibet modicam rationem et ad immensam
inimicitiam adversum invicem immutat, ita ut efficiantur sibi ex
amicis inimici, ex sinceris crudeles adversarii. Haec namque est

---

25 Ps. 33, 20   26sq. Iob 1, 1b; 2, 3d

---

10 vel[1] *om. Φ mm* | huiusmodi *mm*   12 deus *mm* | male *N*(*sl.*) *M*   13 ero-
gasse *B A* (*ac.*) *T*(*ac.*); vel irrogasse *add. B* (*sl.*) | ut *om. Φ mm* | fuisset *M*
passum *Φ mm* | deum *A T V mm*   14 male *N* | ingessisset *M*   15 in istis]
iniustis *B*   16 et *β mm*   17 studerent *mm*   18 adversus quos] adversusque
N | quos] quosque *M*; quod *mm*   19 se audire *tr. so Φ mm* | et *sl. N*
20 bonum deum *tr. Φ mm* | et] sed *A* (*ac.*)   23 ille *so*   24 et[1]] in *add. A*
25 excitavit *M* | tribulationes] adversus *add. V*   26 ostendit *B*   28 ex] et
praem. M β mm   31 adversus *Φ mm*   32 inimici] inimicis *M* | sinceres *M*

operatio maligni. Beati qui declinaverint et resisterint calliditati atque versutiae eius ac maledictis persuasionibus eius.

10. Post quae universa ad propositum redeamus: VIDENTES inquit ILLUM DE LONGE. Qui? *Tres sodales eius,* necdum adhuc immutati necdum praevaricati, sed cum adhuc essent puri VIDEN-TES EUM DE LONGE. De longe enim respexerunt et contemplati sunt atque viderunt eum. Nam mox ut ipsam civitatem viderunt, 5 mox nihilominus sicubi ipsum viderent ambierunt. Totum namque cor eorum dolore atque angustia plenum pendebat, ubinam Iob conspicerent. Merito de longe viderunt eum, quia de longe cogitabant atque de longe solliciti erant pro illo. Idcirco de longe conspexerunt eum. Nam amicus amicum suum de longe 10 videt sive corporis visione sive animae sinceritate, cum memor est eius in donis et muneribus atque in suae gratiae perfectione. VIDENTES EUM DE LONGE. Ubi? *Super acervum stercoris,* super muranam in via publica. VIDENTES EUM DE LONGE repleti sunt dolore et gemitu, planctu quoque atque lamentatione, sicut 15 inferius demonstrabitur. VIDENTES EUM DE LONGE NON AGNO-VERUNT. Nam et vere non erat per quod agnosceretur regale solium et non erat diadema et non erat gloria neque vestis regia, mi 501 et ministri qui undique circumdarent non fuerunt. Ergo quia

---

10, 2 Iob 2, 11a   13 Iob 2, 8b   16 inferius] *cf.* cap. 11, 25sqq.

---

33 et resisterint *om. β*; et restiterint *so mm*   34 maledictas *V (pc.)* | persua-siones *V*; suasionibus *mm*
10, 1 redeamus *N P*; revertamur *cett.*   3 necdum] nec *Φ mm* | adhuc *om. Φ mm* | pueri *M*   5 viderunt ipsam civitatem *tr. M*   6 viderent] viderunt *B*
8 conspiceret *M*; conspiceretur *Φ*; conquiesceret *mm*   9 cogitabant] de eo *add. α Φ mm* | erant solliciti *tr. Φ mm* | pro] de *P*   11 vidit *P (ac.)*   12 ei *M*
13 eum] illum *α P A T V mm* | stercoris] corporis *P*   14 muranam] *cf. praef. p. 35*   15 et] ac *so A* | gemitu] et *add. mi* | quoque *mg. B*   16 agno-verunt] cognoverunt eum *mm*   17 et *om. α Φ mm* | per *sl. N* | quid *N*
18 et[1] *om. so β mm* | et[2] *om. β mm* | erat[2]] erant *N* | gloria ... et *om. N* neque *om. α* | regia] non erat *add. α*   19 et *om. α*

20 nihil horum in illo viderunt, quae pridem in eo esse sciebant,
    quae antea in illo videre soliti fuerant, merito VIDENTES ILLUM
    NON AGNOVERUNT. In quo eum agnoscerent? De coma capitis?
    Non erat illi; nam tondens comam et diabolo eam iactans terra
    caput suum replevit. In quo agnoscerent? In facie atque vultus
25 gloria? Non erat nec ipsa. Nam putredo faciem exterminaverat et
    vermes vultum immutaverant.
        11. Pro his ergo omnibus VIDENTES ILLUM NON AGNOVE-
    RUNT. Vultum non agnoverunt, sed conscientiam agnoverunt.
    Faciem non agnoverunt, sed sinceritatem agnoverunt. Nam cum
    ita miserabilem atque lamentabilem illum viderent, non con-
5   tempserunt neque spreverunt, sed immensam sinceritatem osten-
    derunt, sicut inferius demonstrabitur. Non enim erant tales beati
    illi viri, quales nunc profecerunt vel sunt homines malivoli, in-
    grati; cum bene est cuilibet, tunc illi amici sunt et sinceres atque
    puri esse videntur; cum autem cuilibet tribulatio provenerit, tunc
10 videlicet illi discedunt, despiciunt, obliviscuntur, derelinquunt,
    oblivionem atque ingratificentiam ostendentes omnium priorum.
    Sed olim homines non fuerunt tales, sed sinceritatem atque dilec-
    tionem custodierunt circa se ac pro se invicem usque ad mortem,
    sicut evidenter ostendit ille qui ait: *Sodalis amico compatitur usque*

---

22 sq. de … illi] *cf.* Iob 1, 20b   25 sq. nam … immutaverant] *cf.* Iob 2, 8
11, 6 inferius] *cf.* lin. 25 sqq.   14 sq. Sir. 37, 5

---

20 horum] illorum *mm*; fuerunt *add.* B (*corr.*) | eo *mm*   21 ante Φ *mm*
soliti *sl.* N   22 de *om.* α Φ *mm*   23 ei Φ *mm*   24 vultu α   25 ipsa] species
pristina inerat *add. so* | faciem exterminaverat putredo *tr.* P
11, 2 conscientia N M   3 agnoverunt non *tr.* A (*ac.*)   4 viderunt *mm* | non]
neque Φ *mm*   7 viri illi *tr.* M | profecerunt vel] profecto Φ *mm* | ingrati]
qui *add.* Φ *mm*   8 tunc] cum B; tum A T V *mm* | et] sed P | sinceri *so mi*
9 autem *om.* Φ *mm* | tribulatione N | provenerit N; pervenerit α; advenerit
cett.   10 discedunt] descendent N (*ac.*); descendunt N (*pc.*); et *add. mm* | de-
linquunt N (*ac.*)   11 ingratificationem *mm* | omnium priorum ostendentes
tr. Φ *mm*   13 custodierunt *om.* V; custodientes N (*ac.*) | ac] a A (*ac.*)
mortem] certantes *add. so*; custodierunt *add.* V

ad mortem et in tempore belli accipit arma. Tales fuerunt illi beati 15
viri sinceres, absque fallacia Iob amici, qui ad inimicitiam circa
Iob numquam sunt immutati neque ad hoc ut renuntiarent illi
vel derelinquerent eum, nisi pro verborum controversia ac elo-
quiorum certamine, ut putabant quod dei iustitiam defenderent.
Sed vere diabolus inflammaverat corda eorum, quo magis Iob 20
molestiam irrogarent, quo magis multipliciores temptationes
iusto illi ingererent. VIDENTES inquit EUM NON AGNOVERUNT.
Talem qualis pridem fuerat non agnoverunt, talem vero qualis
tunc fuisset agnoverunt, miserabilem, lamentabilem, infelicem,
malis omnibus refertum. Idcirco SCINDENTES SINGULI VESTI- 25
MENTA SUA ET SPARGENTES TERRAM SUPER CAPITA SUA ASSE-
DERUNT ILLI SEPTEM DIEBUS ET SEPTEM NOCTIBUS. Admirantes
viri illi atque stupentes in vehementem ac terribilem atque
lamentabilem eius immutationem vestimenta sua consciderunt et
terram super capita sua sparserunt. "Quae fecisti" inquiunt "o 30
Iob, facimus, et quae gessisti gerimus: vestimenta nostra scindi-
mus et terram super capita nostra spargimus. Sic namque et tu fecisti ante paululum. Utinam" inquiunt "o Iob, et ceteros dolores
tuos tecum dividere possimus, tantum apprehendentis te poenae
relevatio fiat!" 35

    12. SCINDENTES UNUSQUISQUE VESTIMENTA SUA ET SPAR-
GENTES TERRAM SUPER CAPITA SUA. Consuetudo erat omnibus
antiquis ubique ut, cum grave aliquid atque lamentabile vel

2, 12c–13a (left margin)

---

26 super capita sua] ἐπὶ τὰς κεφαλὰς αὐτῶν *add.* cod. Alexandrin.

---

16 sinceri *mi*   18 eum] illum *P*   21 modestiam *V* (*ac.*)   23 pridem] quid
B (*ac.*); quidem *B* (*pc.*)   24 mirabilem *N* (*ac.*)   25 singuli scindentes *tr. Φ*
mm   28 in *om. mm*   29 ei *M* | et ... sparserunt *om. mi*   30 sua ... vesti-
menta *om. B*   31 quae *sl. N* | scindimus ... nostra *om. mi*   32 sicut *α*
33 utinam *om. P* | utinam ... et] ut inquiunt o Iob et utinam *Φ mm*
34 possemus *N* | tantum] ut *add. Φ mm* | apprehendens *P*   35 relevatio
B (*pc.*) *A* (*pc.*); revelatio *cett.*
12, 1 terram spargentes *tr. A* (*ac.*)   2 erat *om. B*   3 ut *om. A T V*

periculosum audissent vel sustinuissent, continuo vestimenta sua   mi 502
5 scinderent et cinerem atque terram capiti suo spargerent cilicium
nihilominus continuo se induentes. Sic scidit olim Iacob vestimenta sua et cilicium imposuit corpori suo, quando nuntiata est
ei Ioseph interitio. Et ut de quam plurimis sileam, sic scidit
David, cum Sichelech ab Amalechitis captivam inveniret, et
10 iterum quando Saul et Ionathae mortem audivit; sic scidit Eze-
chias, quando minas ac blasphemias Sennacherib et Rabsacis
audivit; sic scidit rex Ninivita vestimenta sua et cilicio se induens
in cinere sedit, quando a Iona propheta de Ninivae subversione
audivit; sic scidit ultimus in lege Iudaeorum princeps sacerdotum,
15 cum adversum dominum blasphemiam quaereret, ex quo et
Iudaeorum sacerdotium et omnis Iudaeorum legis ritus conscissus
atque destructus penitus interiit. Iuxta hanc ergo antiquorum
consuetudinem etiam viri illi Iob amici, cum terribiles Iob con-
spexissent dolores, SCINDENTES VESTIMENTA SUA ET SPARGEN-
20 TES TERRAM SUPER CAPITA SUA ASSEDERUNT ILLI SEPTEM DIEBUS
ET SEPTEM NOCTIBUS. ASSEDERUNT ILLI sicut medici infirmo,
sed sanitatis medicamina invenire non potuerunt aegroto. ASSE-
DERUNT ILLI tamquam consolatores dolenti, sed consolationem
invenire non potuerunt miserabili.

6–8 sic ... interitio] *cf.* Gen. 37, 33 sq.   **8 sq.** sic ... inveniret] *cf.* 1 Reg. 30,
1–4   **10** iterum ... audivit] *cf.* 2 Reg. 1, 11 sq.   **10–12** sic ... audivit] *cf.*
4 Reg. 18, 37   **12–14** sic ... audivit] *cf.* Ion. 3, 6   **14–17** sic ... interiit] *cf.*
Matth. 26, 65; Marc. 14, 63

---

5 aspargerent *so* | cilicio *Φ mm*   **6** vestimenta sua Iacob *tr. A (ac.)*   **7** impo-
suit *sl. B* | nuntiatum *α*   **8** internecio *so* | siliam *V (ac.)*   **9** cum *sl. N*
captam *mm* | inveniret *N*; invenerit *α*; invenit *cett.*   **11** et *om. so*   **12** rex
om. α | Ninivitarum *Φ mm* | se *om. so*   **13** cinerem *N M P B A* | a *om. N*
M | Ninives *mm*   **14** princeps ... 16 Iudaeorum[1] *om. B*   **15** adversus *Φ*
mm | quaerent *V (ac.)* | et *om. α Φ mm*   **16** Iudaeorum[2]] eorum *so*; atque
add. Ψ   **17** distractus *Φ mm* | iusta *V* | *consuetudinem antiquorum *tr. N*
18 amici Iob *tr. so*   **19** vestimenta *iter. A (corr.)* | et ... sua *om. P*   **21** infir-
mo *N*; ad infirmum *cett.*   **23** dolentis *Φ mm*

13. ASSEDERUNT ILLI. Ubi assederunt? Foris in murana atque in acervo stercoris et in strata? Non! Absit! Non enim tantum multitudo dolorum inundaverat Iob, ut ille honorem ad se venientium non intelligeret, ut dignitatem praesentium non consideraret. Quamdiu ergo venirent viri illi, illo usque sedit foris in 5 murana, in strata omnibus evidenter ostendens passionem suam et quia cum esset iustus vehementes sustinuerit dolores. Postquam vero memorati viri venerunt, deferens sinceritati eorum et honorificans personas illorum introivit in civitatem et sedit in domo, et ita venerabiles isti viri sederunt apud eum SEPTEM 10 DIEBUS ET SEPTEM NOCTIBUS. Hebdomada dierum ei assederunt, ex qua hebdomada totum hoc consummatur saeculum. ASSEDERUNT EI SEPTEM DIEBUS ET SEPTEM NOCTIBUS, indivulsi, inseparati atque indissociati. ASSEDERUNT EI SEPTEM DIEBUS ET SEPTEM NOCTIBUS nusquam discedentes, nusquam recedentes, nusquam 15 deserentes, neque ad escam neque ad potum neque ad lectum neque ad aliud refrigerium. Sed forsitan dicit aliquis: "Et quomodo sustinuerunt non manducare neque bibere septem diebus?" Primum quidem divina erant virtute confortati tam pro Iob quam etiam pro sua sinceritate. Nam iusti erant viri isti atque 20 religiosi, merito et dei colloquio post hoc digni habiti sunt. Dei itaque virtute atque providentia confortati sustinuerunt. Item adhuc etiam aliter: Venerunt viri isti et videntes obstupuerunt et immenso dolore ac tristitia atque gemitibus repleti sunt. ASSEDE-
mi 503   RUNT EI SEPTEM DIEBUS ET SEPTEM NOCTIBUS, ipsa tristitia atque 25

13, 21 dei … sunt] *cf.* Iob 42, 7 – 9   23 sq. venerunt … sunt] *cf.* Iob 2, 12 a – b

---

13, 1 illi] et *add.* Φ *mm* | murana] *cf. praef. p. 35*   2 acervum *N* | tantum *N*; tanta *cett.*   3 illo *P (pc.)*   5 illi viri *tr. mm* | sedit *om.* Φ *mm*; sedet *M* 7 esse *so* | vehementer *N*   8 deferentes *P*; honorem *add.* Φ *mm*   9 illorum] eorum Φ *mm*   11 assederunt ei *tr. so*   12 consumatur Ψ   13 indivisi *N (ac.)*   15 nusquam[1]] numquam *so*   19 quid *B (ac.)* | tamquam *N* 20 etiam *om. mm* | sua *om. B*   22 itaque] in *add. B*   23 isti viri aliter venerunt *tr.* Φ *mm*   24 ac] atque *mm* | gemitibus *N (cf. lin. 31)*; gemitu *cett.*

ipso dolore saturati, ipsis vocibus satiati, ipsis lacrimis debriati.
Haec recordantes post haec sancti ea dixerunt verbis, quae illi
perfecerunt factis: *Fuerunt mihi lacrimae meae panis die ac nocte*;
et: *Oblitus sum edere panem meum a voce gemituum meorum*; et:
30 *Potasti nos lacrimis in mensura.* Tanta ergo tristitia ac dolore
atque gemitibus, suspiriis quoque et lacrimis atque lamentatione
repleti sunt viri illi, ut omnium carnalium atque praesentium
obliviscerentur; et alebantur et saturabantur atque potabantur
ipsa tristitia et luctu. Nam sicut Iob saturabatur vehementioribus
35 doloribus, similiter beati illi viri saturabantur immensa tristitia
atque ululatibus. Sic inquit: ASSEDERUNT ILLI SEPTEM DIEBUS ET
SEPTEM NOCTIBUS; mortui luctum apud Iob viventem impleverunt. *Luctus* enim *mortui septem diebus.*

14. ASSEDERUNT ILLI SEPTEM DIEBUS ET SEPTEM NOCTIBUS.
O sollicitudinem beatorum illorum atque devotionem, quam
circa Iob habuerunt! O virtutem et constantiam! O patientiam
atque animi fortitudinem! Commortui sunt iusto illo Iob non
5 manducando neque bibendo neque loquendo, quae universa
mortem significant. Nam sicut non manducaverunt nec biberunt,
sic nec locuti sunt; et sicut non sunt locuti septem diebus, ita nec
manducaverunt nec biberunt. Quod autem non manducaverint

---

28 Ps. 41, 4 **29** Ps. 101, 5 sq. **30** Ps. 79, 6 **38** Sir. 22, 13

---

26 ipsos dolores *M*; ipsis (*om. B*) doloribus *Φ mm* (*sed cf. lin. 34sq.*) | inebria-
ti *mm* **27** sanctis *α* | dixerunt ea *tr. Φ mm* **28** panis] panes *Φ mm*
29 meum panem *tr. mi* **31** atque¹] ac *P A*; et *B T V mm* | et] ac *A*
33 alebantur *N*; allevarentur *α Φ*; alerentur *mm* | saturarentur et repleren-
tur (replentur *B*) *Φ mm* **35** viri illi *tr. mm* **36** assenderunt *A* **37** nocti-
bus] et *add. Φ mm* | viventem Iob *tr. α Φ mm* **38** enim] fit *add. mi*
mortui] fit *add. me*
14, 1 assederunt ... diebus *om. α Φ mm* **3** virtus et constantia *Φ mm* | o
patientia *N P B A T mm*; *om. V* **4** fortitudo *Φ mm* | illi *β mm* **5** neque
loquendo *om. β mm* **6** nec *N*; neque *cett.* **7** diebus] et septem noctibus
add. V **8** manducaverunt] comederunt *B* | manducaverint] manducaverunt
B mm

ipsi septem diebus, ostendit in subsequentibus dicens: Assede-
2, 13b RUNT EI SEPTEM DIEBUS ET SEPTEM NOCTIBUS, ET NEMO ILLO- 10
RUM LOCUTUS EST AD EUM VERBUM. Quare? Quia viderant
plagam eius saevissimam esse et magnam valde. Septem diebus et
septem noctibus non aperire os, non loqui verbum, non proferre
sermonem magnum est et maius humana condicione. Sed interim
impleverunt illud beati illi viri non discedentes neque avertentes 15
faciem neque locum deserentes, sed iugiter permanentes atque
ASSEDENTES ILLI SEPTEM DIEBUS ET SEPTEM NOCTIBUS, ET NEMO
ILLORUM LOCUTUS EST AD EUM VERBUM. Stupor enim atque
pavor occupaverat illos videntes talia pati virum sanctum ac
iustum, a deo testimonium consecutum. Certum est quod non 20
solum pro Iob, sed etiam pro se unusquisque eorum sollicitus
erat, metuens quid etiam de illo gereretur vel quid eum exspectaret. "Nam si iustum istum talia invenerunt mala, nos" inquiunt
"qui longe sumus ab huius iustificationibus, quid exspectabimus
vel quid sustinebimus?" Haec recordantes posteri dixerunt: *Si* 25
iustus vix salvabitur, peccator et impius ubi parebunt? Immensa
ergo tristitia atque dolor cordis non permisit eos reminisci neque
ciborum neque potuum neque aliquid humani recordari potuerunt. Propterea ieiuni et sine potu et sine sermone ASSEDERUNT
EI SEPTEM DIEBUS ET SEPTEM NOCTIBUS. Quomodo omnino 30
reminisci poterant alicuius rei, cum tam saevam atque terribilem

---

11 ad eum verbum] πρὸς αὐτὸν λόγον *add.* cod. Alexandrin.   12 plagam
eius saevissimam] *cf.* Iob 2, 7b   **25sq.** 1 Petr. 4, 18

---

9 ipsi *om. mm* | diebus] nec *add. B*   11 verbum ad eum *tr. B* | videre *so*
12 saevissima *N M*   14 magnum ... condicione] magni est doloris indicium
Φ mm | interim *del. T*   15 illud impleverunt *tr. Φ mm* | illi *om. α*
16 faciem] suam *add. P*   17 assidentes *so mm*   18 ad eum] ei *Φ mm*
19 illos occupaverat *tr. P*   21 pro se] ipse *P (ac.)*   22 etiam *om. B* | illo] se
mm | eum exspectaret] exspectaretur *Φ mm*   23 istum *Ψ*; illum *P*; *om. cett.*
24 ab huius *om. B*   25 sustinemus *M (ac.)*   26 parebunt *N*; *apparebunt
cett.*   28 potuum neque ciborum *tr. so* | alicuius *so* | recordare *B*   29 et
sine sermone *om. N*

viderent plagam illius iusti? Quomodo videlicet consolari illum
poterant vel quid ad eum dixissent? Hoccine: "Si rem amisisti,
reparant tibi eam filii"? An illud: "Si liberi sublati sunt tibi, trans-   mi 504
35   ages de re familiari"? Sed non poterant haec dicere. Omnia enim
subito uno tempore interierunt. An hoc dixissent: "Corporis
incolumitas et membrorum fortitudo atque bracchiorum virtus
recompensabit tibi omnia atque restituet. Sed hoc praesertim
dicere non possumus; ipsi enim videmus corpus umore consump-
40   tum et omnia membra comesta a multitudine vermium. Pro istis
ergo omnibus quomodo" inquiunt "te consolemur vel quomodo
os aperiamus vel quid dicamus, non invenimus. An antiquas
historias proferemus? Sed a saeculo talia non acciderunt, sed ab
initio talia non provenerunt. An antiquorum dolores atque
45   passiones proferentes ac commonefacientes illum consolabimur
eum?" Ergo quia necquidquam erat neque in factis neque in
verbis per quod consolari illum possent, idcirco sederunt tacentes
taciturnitate sua ipsi vehementiae dolorum eius attestantes. Nam
discedere non poterant, praesentes loqui non audebant.

15. Propterea ASSEDERUNT ILLI SEPTEM DIEBUS ET SEPTEM
NOCTIBUS, inclinatis deorsum ad terram faciebus. Aliquando
autem intendentes in illum et a visione plagae illius stupentes
continuo identidem deiciebant facies; aliquando genibus impo-
5   nentes, aliquando autem super manum incumbentes, non in

---

32 illius] istius *mm*   33 rem] familiarem *add. Φ mm*   34 reparabunt *Φ*
mm | eam tibi *tr. α Φ mm* | filii] tui *add. B* | transages *N*; transigens *M*;
transiges *so mi*; transies *cett.*   35 de re familiari] ad rem familiarem *add. B*
A (*sl.*) *T* (*sl.*) | familiare *M* (*ac.*)   38 recompensabit *so*; recompensat *N M*;
repenset *P*; representet *B*; rependet *cett.* | hoc] inquiunt *add. mm*   42 ape-
riamur *B*   43 proferemus] proferimus *Ψ*   44 an *om. Ψ*   45 consolabimur]
commonebimus *B*   46 neque[1]] nec *so mm*   47 verbis] dictis *N* (*sed cf. e.g.*
lib. II, cap. 38, 7) | eum *Φ mm* | posset *me* | sederunt tacentes *N*; sedentes *α*
P; sedebant *cett.*   48 taciturnitatem suam *α* | vehementiore *A* (*ac.*) | attes-
tantur *so*
15, 1 propterea] non *add. A* (*ac.*)   3 a visione *N*; visionem *cett.*   4 aliquan-
do] se *add. mm*   5 manu *N*; manus *so*

lectulis neque in grabatis neque in straminibus requiescentes, sed procul dubio in cinere et cilicio in terra sedentes atque in Iob intendentes, quando sedebat sedebant, quando iacebat iacebant, si tamen omnino aliquando prae doloribus iacere poterat. Sic itaque in gemitibus atque suspiriis istos septem dies peragentes assede- 10 runt illi os non aperientes neque verbum loquentes nisi tantum graviter suspirantes atque ingemiscentes. Verumtamen nec de hoc sileamus, qui fuerunt hi viri vel quales vel unde. Non fuerunt aliqui minimissimi neque contemptibiles, sed egregii fuerunt et principes regionum atque provinciarum suarum et domini ac 15 duces gentis suae. Et cum ita magni atque potentes fuissent, tantum se humiliaverunt atque afflixerunt, ut in cinere et cilicio sederent septem diebus propter sinceritatem ac dilectionem quam circa illum habuerunt, quod nemo nunc hominum facit neque amicus neque frater neque filius, ut assideat ieiunus aut sine potu 20 una die, non dicam septem diebus et septem noctibus.

2, 11c–e   16. Quae autem fuerunt nomina horum virorum? Heliphaz Themanitorum rex, Baldath Sauceorum tyrannus, Sophar Nomadorum rex. Et quae fuerunt gentes quibus isti regnabant atque dominabantur? Genus fuerunt Esau filii Isaac, fratris Iacob, genus, tribus, progenies, provinciae, regiones. 5 Nam sicut Iacob multitudinem genuit gentis Israelitarum et Iudaeorum, ita et Esau multitudinem genuit gentium qui appella-

---

16, 6sq. Iacob … Iudaeorum] *cf.* Gen. 35, 22–26   **7sq.** Esau … Idumaei] *cf.* Gen. 36, 43

---

6 stratibus *so*   **8** quando iacebat iacebant *om. α Φ mm*   **9** doloribus prae aliquando *tr. Φ mm* | namque *mm*   **10** atque] ac *Φ mm* | diebus *N M* assederunt … aperientes *om. B*   **12** nec] ne *α*   **14** aliqui *om. so* | minimi *so β mm*   **15** et *om. α Φ mm*   **17** humiliaverunt se *tr. so*   **18** sederint *B* **19** hominum nemo nunc *tr. so*   **20** potu] vel *add. so*   **21** non] ne *mm* **16, 1** virorum horum *tr. so*   **2** rex *N*; dux *Φ mm*; *om. α* | Suitarum *mm* **6** Iacob *sl. N* | genuit multitudinem *tr. B*   **7** et *om. A T V mm* | gentium *om. B*

bantur Idumaei. Sed in Israel sive iudex unus erat, qui totum
Israel iudicabat, sive rex unus erat, qui universo Israel imperabat,
10 quamdiu illi secundum consilium dei ambulaverunt; in Idumaeis   mi 505
autem, hoc est in genere Esau, secundum consuetudinem
omnium gentium per singulas civitates et regiones reges fuerunt
atque duces provinciarum, et singuli in regione sua regnabant
atque imperabant. Ergo quia tunc proximi erant adhuc memo-
15 riam Abraham et Isaac iustorum illorum et quia ipse Esau dei
cultor erat – quamquam enim in nonnullis violaverit, attamen
eandem dei culturam filiis suis tradidit –, merito plerique Idumaeorum dei cultores fuerunt et aliquanti valde religiosi, sicut
Iob vel amici eius qui venerunt ad eum. Cognominatae namque
20 sunt quaedam Idumaeorum regiones Arabia, in cuius Arabiae
finibus manebat Iob. Nam et uxorem de Arabia accepit, utpote
eiusdem generis exsistentibus Arabis. Nisi enim unius generis
essent, numquam Iob ex alienigena gente uxorem se accipere
passus fuisset. Nunc sane periit Idumaeorum et nomen et lingua,
25 et omnes Arabi appellantur atque omnes Syricatim loquuntur.
Quod autem Iob ex genere fuerit Esau demonstrans dicit: *Erat*
autem quintus ab Abraham filiorum Esau filius; similiter et amici
eius, qui venerunt ad eum, religiosi dei cultores fuerunt. Verumtamen omnes ex genere fuerunt Esau, eiusdem generis atque

---

25 omnes Arabi appellantur] *cf.* Iulian. Arian., comm. in Iob 1, 1α (PTS 14,
5)   26sq. Iob 42, 17cβ-γ

---

8 iudex] rex *B* | erat unus *tr. Φ mm* | qui] per *P*   9 Israel²] Israeli *so*
10 ambulaverit *me*   12 gentium omnium *tr. B* | singulos *N*   13 duces]
suarum *add. B*   14 imperat *A* (*pc.*) | nunc *mm* | proxime erat *Φ mm*
memoria *N Φ mm*   15 quia] qui *M*; *et add. α*   16 quamquam] o quam *B*
violavit *V*   18 cultores dei *tr. Φ mm* | et *om. P*   19 *sunt namque *tr. N*
20 Arabia] Arabiam *N* | in ... Arabia *om. N*   22 Arabitis *mm*   23 ex alieni-
gena Iob *tr. A* (*ac.*) | aliena *P*; aligena *B*   25 appellantur] nominantur *mm*
Syriace *mm*   26 demonstrans dicit ... filius *N*; demonstrat dicens ... filius *α*;
et ex Esau filiis *Φ mm*   28 qui eius *tr. V* | eum] certum est qui et eum *add.*
V   29 fuerunt ex genere *tr. Φ mm*

linguae ut Iob. Idcirco et unanimes illi fuerunt ac concordes. 30
Similiter etiam ipsae provinciae ac regiones, quibus ipsi regnabant atque imperabant, etiam omnes haec ex genere fuerunt
Esau, et contribulibus suis regnabant atque imperabant. Sive
enim Themanitae quibus Heliphaz regnabat, sive Saucei quibus
Baldath principatum gerebat, sive Nomadae quibus Sophar 35
imperabat, omnes genus Esau atque tribus fuerunt. Hoc nimirum
ostenditur ex libro Paralipomenon ubi dicit: *Venerunt autem cum
illis et Nomadae genus Esau.*

   17. Cum ergo ita gloriosi essent viri illi reges ac principes
atque provinciarum duces, ASSEDERUNT ILLI SEPTEM DIEBUS ET
SEPTEM NOCTIBUS; sed sederunt tamquam religiosi dei cultores,
non quaerentes neque maleficias neque auguria neque divinationes neque phylacteria neque lamellas neque incantationes damna- 5
biles. Scire debent namque religiosi viri quia haec omnia diaboli
sunt seductiones, daemonum sunt irrisiones, idololatriae sunt
faex, animarum infatuatio atque cordium scandalum: quae non
intelligentes plerique hoc nunc in tempore, mox ut quippiam
aliquid molestaverit, continuo incantationes atque incantatores 10
requirunt, statim phylacteria alligant, illico maleficiis intendunt
aut in charta scribunt aut in stagno aut in plumbo, et alligant ei

---

36 omnes ... fuerunt] *cf.* Philipp. Presb., in Iob rec. brev. 2 (PL 23, 1411C),
in Iob rec. long. 1 (PL 26, 619B-C)   37 sq. *non inveni; cf.* 1 Par. 1, 35-37
17, 3-6 sed ... damnabiles] *cf.* praef. p. 15

---

30 lingua α | et *N*; omnes *B*; *om.* α Φ *mm* | illi unanimes *tr.* Φ *mm* | ac] et
so   31 ipsae] illae *mm*   32 omnes haec *N* (*ac.*; *cf. lib. I, cap. 68, 5; I, cap.*
93, 23; ThlL VI, 2700, 11sqq.); omnes hae *N* (*pc.*); hae omnes *cett.* | ex *om.*
mi | fuerunt *iter.* *P*   33 et] in *add. so*   34 Suitae *mm*   36 Esau ... fuerunt]
gentium fuerunt atque tribus *N*
17, 1 ita ergo *tr.* α Φ *mm*   2 duces provinciarum *tr. B*   3 sed *om. so* | asse-
derunt *so* Φ *mm*; illi *add. P* | dei cultores] viri cultores dei *B*   4 maleficia *so*
Φ *mm*   5 neque[1] ... incantationes *mg. N*   6 namque debent *tr.* Φ *mm* (*sed
cf. LHS 506[4]*)   9 in *om.* Φ *mm* (*sed cf. cap. 22, 26*)   12 aut[1]] atque *B* | in[3]
om. mi | plumbum *N*

qui aliquem dolorem sustinuerit. Alii autem serpentium incantationes, daemonum persuasiones atque dei blasphemias incantant,
15 item vero alii fascinare dicuntur, sive quod fascinent sive quod
fascinentur, et hoc daemonis adinventione. Cum enim infrunite
manducaverint vel biberint, cum ipsa viscera non sufferentia per-
turbata fuerint et in dolorem atque in infirmitatem fuerint con-
versa iuxta hoc quod dictum est: *In escis plurimis fit infirmitas,*   mi 506
20 tunc nimirum dicunt insipientes, quod fascinatus sit quilibet.
Quando ieiunamus, o viri, et abstinemus nos, ut non gustemus
neque carnes neque vinum neque superfluas escas, tunc quare
non fascinamur? Mox autem ut rursus manducare atque bibere
coeperimus, continuo et ventris commotio atque viscerum per-
25 turbatio fit, nisi is solus effugerit qui valde sibimetipsi intenderit,
ne gustet quidquam superfluum. Sic itaque non fascinationes
praevalent quidquam, sed hominum continentia.

　　　18. Est videlicet etiam hoc verum quia †cum manducamus
vel bibimus†, si dei memores fuerimus, si terribile nomen eius in-
vocaverimus, si nosmetipsos vel cibum et potum nostrum signo
venerabilis crucis Christi significaverimus, si ad caelum oculos
5 nostros levantes dicamus: "*Qui das escam omni carni,* da etiam

---

19 Sir. 37, 30 (33 *Vulg.*)
18, 5 Ps. 135, 25

---

13 aliquem *om. mi* | sustinuerint *P*　**14** daemonum *mg. T*　**15** alia *N*
fascinent] fascinant *mi*　**16** hae *me*; *om. mi* | adinventione *so*; adinventiones
cett.; sunt *add. Φ mm*　**18** in² *om. M V mi*　**20** insipienter *M Φ mm*　**21** o
viri ieiunamus *tr. B* | et *om. mm*　**22** neque¹ *om. A T V mm*　**23** fascina-
mus *M*　**25** his *N M*; hic *so*　**26** praevalent fascinationes *tr. so*　**27** inconti-
nentia *Φ mm*
18, 1 est] et *mi* | etiam *om. Φ mm*; *post* est *tr. N* | quia *om. mi* | cum ...
bibimus] Primmer *aliquid supplendum esse intellexit, e. g.* ... cum ⟨maiore
continentia⟩ manducamus *aut* ... bibimus ⟨magis ad salutem nostram mandu-
camus vel bibimus⟩　**2** vel] et *P* | dei] fidei *mi* | terribilem *N M B (pc.)* | eius
nomen *tr. α*　**3** vel *del. T*　**5** levantes *om. B* | das] dat *mi* | da] dat *mi*

nobis cum benedictione tua hunc cibum sumere", si dixerimus
cum sinceritate ad dominum nostrum: "Tu dixisti, domine, quia
*si aliquod mortiferum biberimus tuum invocantes nomen, non erit
nobis molestum.* Tu itaque, domine virtutis et gloriae, averte universam iniqui operationem a nobis et ab omnibus cibis nostris.　10
Nisi enim tua misericordia conservaverit, quomodo possumus
effugere tanta pericula ciborum sane ac potuum, quae frequenter
plus repunt ac serpunt quam malignae atque venenosae bestiae?"
Quidam autem adhuc sternutamentis observant et invocationibus
atque revocationibus et occursibus atque volucrum vocibus, non　15
intelligentes miseri et spe vacui, quia *a domino gressus hominis
diriguntur,* neque valentes dicere ad deum cum sanctis: *Gressus
meos dirige secundum eloquium tuum, ut non dominetur mihi
omnis iniquitas.* Nam his qui cum fide ad dominum haec dixerint, implebitur illud quod dictum est: *Dominus erit in omnibus*　20
viis tuis et gressus tuos in pace deducet. Qui autem ad vana inten-
derint auguria ac veneficia, divinationes quoque ac phylacteria atque incantationes, horum gressus conturbabuntur, horum opera
impediuntur, ab istis dei visitatio recedit, istos sancti angeli dere-

8sq. Marc. 16, 18 + 1 Cor. 1, 2 *vel* Rom. 10, 13　　**16sq.** Ps. 36, 23　　**17–19**
Ps. 118, 133　　**20sq.** Prov. 3, 6

6 benedictiones *M (ac.)* | tua *om. Φ mm* | hoc *B*　7 ad dominum nostrum
post dixerimus *tr. so*　8 aliquod *N*; aliquid *cett.* | nomen invocantes *tr. B*
9 adverte *M*; avertes *so*; aufer *V* | universam] omnem *B*; veneficam *mm*; et
add. A T V mm　10 iniquam *β mm* | cibis] vicinis *N*　11 tua] nos *add. so*
13 serpunt] *reptant *N*; reputant *M*; reptat *so* | ac *mm* | venosae *N (ac.)*
14 sternutamentis adhuc *tr. Φ mm* | sternutamenta *so* | observiunt *mm*; et
inventionibus *add. B* | invocationes atque revocationes et occursus atque
volucrum voces *so*　15 et occursibus *om. N* | non *om. M*　16 vacui] vani
so | diriguntur gressus hominum *B*　18 ut *N*; et *α P A T V mm*; om. *B* | ne
B mm | mei omnis iniustitia *B*　19 his *N*; ei *so*; is *cett.* | dixerint *N*; dixerit
cett.　20 implebit *Φ*; implevit *mm* | dicendum *so mm*　21 egressus *A T V*
me | pacem *V* | vena *M*　22 divinationis *me*　24 istos] istis *N (ac.)*

25 linquunt, cum istis diabolus permanet infatuans mentes eorum,
obtundens corda illorum, abstrahens a deo sensus ipsorum.

19. Ad huiuscemodi digne dicetur: "O infelicia hominum
consilia, o vanae ac supervacuae terrenorum cogitationes, qui a
deo abstracti atque praevaricati de mortuis salutem expectant, ab
inanimatis remedium quaerunt, et cum idololatriam declinare
5 videantur, idolorum faeces atque reliquias adorare noscuntur,
auguria et divinationes, incantationes quoque ac maleficia atque
phylacteria, et ab omnipotente ac vivente dei misericordia spem
suam avertunt et in mortuis atque inanimatis sperant, in phylacteriis atque ceteris superius recitatis. Mitte ea in igne si valeant
10 semetipsa adiuvare, si valeant semetipsa de igne eruere. Si autem   mi 507
se adiuvare non possunt, te qualiter adiuvabunt? Quod si se de
igne non valent eruere, o homo, qualiter eruent te ab infirmitate?
Dic, o homo: quod medicamentum melius est *pane* qui *confirmat*
cor hominis? Sed et panem si collo appenderis et non momorderis
15 vel manducaveris, nihil tibi prodest, nihil te iuvat. Si ergo panis,
qui est corporis vita, collo appensus nihil adiuvat, quomodo adiuvent phylacteria vel laminae inanimatae atque totius vitae
exsortes? Vel qualiter adiuvent incantationes et auguria, divinationes quoque atque maleficiae, occursus nihilominus et invo-
20 cationes atque revocationes, quae sunt daemonum servitus et daemonum illusiones atque idololatriae communicatio? Infelix nam-

19, 13sq. Ps. 103, 15

26 ipsorum] eorum *mm*
19, 1 ad] de *mm*   **2** ac] atque *mm*   **4** remedium] consilium Φ *mm* | idolo-
latria *N M*; idololatriae *P*   **5** odorare *so*   **6** divinationes] et *add.* B   **7** et *om.*
B | omnipotentis ac viventis *mm* | dei ac vivente *tr.* B | deo *P*   **9** mitte]
igitur tu *add. so* | ignem *so mm*   **12** non valent eruere] *eruere non valent
te *N* | valent] possunt *B* | eruent te] *eruant *N*   **13** *est melius *tr.* Φ *mm*
est *om. N* | confirmat] laetificat Φ *mm*   **14** et¹ *sl. M*   **15** te] tibi *N* | adiuvat
B   **16** qui] cor hominis confirmat et *add.* B | iuvat *P* | adiuvant *B*; adiuva-
berit *V*   **17** lamiae *B*   **18** adiuvaberit *V*   **19** maleficia *so A T (pc.) V mm*
vocationes *mm*   **20** atque] et *B* | servitutes Φ *mm*

que est qui in statua inanimata sperat †phylacteri et mortuo†.
Nam sicut is, qui idolis servierit, interfici praeceptus est in lege
dei, ita similiter omnis incantator et augurians ac divinans et
ventriloquus atque volucrum vocibus observans cum ceteris　25
omnibus maleficis interire atque interfici praeceptus est.ˮ

20. Post quae universa inferorum iram atque tormentum
gehennae, supplicia quoque aeterni iudicii atque flammae ignis
inexstinguibilis exspectant huiuscemodi omnes in tempore resurrectionis. Sed interim bonum est interrogare istos qui auguriis
observant aut occursibus aut invocationibus aut revocationibus　5
intendunt, quae augurii meta occurrerit pharaoni, cum filios
Israel secutus demersus est in rubro mare, ut nec nuntius innumeri exercitus Aegyptiorum superaret. Quis vocavit Sennacherib
regem Assyriorum vel quae avis cecinit illi, cum ille a Iudaea
profectus omnibus sub una nocte centum octoginta quinque mili-　10
bus exercituum suorum amissis et confusus ad regionem suam

---

23 sq. nam ... dei] *cf.* Exod. 22, 20; Deut. 13　　**24 – 26** ita ... est] *cf.* Exod. 22,
18; Lev. 20, 27; Deut. 18, 10 – 12
20, 1 – 4 inferorum ... resurrectionis] *cf.* Marc. 9, 43 – 48　　**6 – 8** quae ... supe-
raret] *cf.* Exod. 14, 26 – 28　　**8 – 14** quis ... auguria] *cf.* 4 Reg. 19, 35 sq.

22 qui *sl. N* | phylacteri et mortuo *N M*; phylacteria mortua *so*; *om. B*; infeli-
cior vero qui in phylacteriis mortuis sperat *cett.*; et phylacterio mortuo
proposuit Müller　　**23** his *N*　　**24** auguri *N*; auguria *M*; augur *so*; augurans
mm | et² ... observans *mg. N*　　**25** ventriloquus] veteri locus *M*; ventrilogus
Φ me | voces *so mm* | omnibus ceteris *tr. mm*　　**26** maleficis *so me*; malefi-
ciis *cett.* | interfeci *V*
20, 1 infernorum (*pc.*) iram atque tormentorum gehennam *B* | ira *α P A T V*
mm　　**2** flamma *so*　　**3** omnes huiuscemodi (huiusmodi *mi*) *tr. Φ mm*
4 auguria *so mm*　　**5** aut¹] atque *Φ mm* | invocationibus *V* (*cf. cap. 19, 19 et
al.*); vocationibus *cett.* | revocationibus] in *add. A* (*corr.*)　　**6** occurrit *Φ*
mm | pharaonem *N M P*　　**7** secutum *M P* | rubrum *Φ mm* | mari *so* | ut]
aut *N*　　**8** superaretur *N*; superesset *so mm*　　**9** rege *M* | ille *om. mi*　　**10** om-
nem *so* | nocte] ad *add. mm* | milium *so*; milia *mm*　　**11** *amiserit *N*
so (*forsitan anacoluthon praeferendum*); amiserint *M*

reversus, gladio in domo dei sui ceciderit, et non potuerunt adiuvare eum neque idola eius neque incantationes neque veneficia
neque auguria? Similiter nec pharaonem potuit defendere multi-
15 tudo idolorum atque omnium maleficiae et plurimorum incantationes quae fuerunt in Aegypto prae ceteris omnibus gentibus,
sicut dicit quodam in loco: *Fecerunt autem et incantatores Aegyptiorum maleficiis suis.* Sed non timuit rubrum mare incantationes
atque maleficias eorum, sed accipiens dei mandatum cunctos
20 subito demersit in profundum. Quid profuit Saul quod exiturus
ad proelium primum a deo discedens ad divinos confugit et
mulierem de ventre loquentem quaesivit et, cum ad hanc spem
suam converteret et exspectaret, cum multis protinus interiit?
Aliique innumeri similiter in incantationibus et auguriis atque
25 maleficiis sperantes et super terram miseri ac sine spe facti sunt et
apud inferos perpetuo puniti miserabiliores in aeternum perma-
nebunt. Haec itaque universa declinemus, o amici, haec fugiamus
tamquam flammam ignis, haec relinquamus tamquam poenam   mi 508
gehennae, haec exsecremur utpote societatem daemonum.
30 Omnes autem causas nostras sive dolorum sive languorum sive
periculorum sive tribulationum sive viarum sive itinerum sive
ingressuum sive egressuum, cuncta deo commendemus, cuncta
deo committamus, ut *dominus custodiat* omnes *ingressus atque
exitus* nostros, ut dominus fiat nobis cooperator et comes atque

---

17 sq. Exod. 7, 11   20–23 quid … interiit] *cf.* 1 Reg. 28   33 sq. Ps. 120, 8

---

12 domum *M Φ me* | potuerint *mm* | eum adiuvare *tr. α Φ mm*   15 omni-
um *om. P* | maleficia *so Φ mm*   17 dicitur *Φ mm* | et *om. Φ mm* | Aegyp-
tiorum] similiter *add. Φ mm*   19 maleficias *N*; maleficia *cett.* | sed] atque
mm   20 Sauli *so mm*   22 ventu *B* (*ac.*); eventu *mm* | ad hanc] adhuc *P B T
V mm*   23 interiit protinus *tr. so*   24 aliique] alii *B*; atque *mi* | in *om. so*
25 et[1] *om. Φ mm* | ac] et *N*   26 perpetuo] in *praem. so*   28 poenae *B*
29 exsecremus *so*   30 sive[3] *om. B*   31 periculorum] poenarum *mm*   32 si-
ve egressuum *om. B* | egressuum] et *add. sl. A*   33 omnes] os *P*

suffragator in omni tempore et in omni loco, ut *angelis suis* 35
mandet de nobis *ut custodiant* nos *in omnibus viis* nostris, ut cum
sanctis connumerati consequenter etiam cum ipsis dicamus: "*Sive
vivimus sive morimur, domini sumus.* Non sumus idolorum
neque incantationum neque auguriorum neque divinationum
neque maleficiorum neque phylacteriorum neque ullius horum 40
quae sunt servitus daemonum et diaboli seductiones atque infa-
tuationes, sed *domini sumus,* qui dominatur vitae ac morti, qui
habet potestatem carnis et spiritus, in cuius manibus est vivorum
spiramentum."

21. Sic namque et beati illi viri qui venerunt ad Iob, id est
amici eius, cum essent religiosi dei cultores et omnes exsecrabiles
daemonum seductiones declinantes, ASSEDERUNT EI SEPTEM
DIEBUS ET SEPTEM NOCTIBUS. Maleficias et divinationes non
requisierunt nisi ad solum deum animas suas levaverunt et pro 5
doloribus Iob ingemuerunt atque suspiraverunt. Sederunt apud
eum quid facientes? Hoc quod in scriptura post hoc traditum est,
ante scripturam implentes: *Ne denegaveris te flentibus in consolationem*; et: *Flere cum flentibus*; et: *Melius est ire in domum luctus
quam ire in domum epulationis.* Sederunt apud eum tacentes super 10
immensa eius patientia ac tolerantia atque constantia. Nam cum a
vermibus carnes suas devorari videret, gaudens sustinuit, haec
apud semetipsum existimans ac dicens: "Si celeriter omnes carnes

---

35 sq. Ps. 90, 11   37 sq. Rom. 14, 8   43 sq. in … spiramentum] *cf.* Dan. 5, 23
21, 5 ad … levaverunt] *cf.* Ps. 24, 1   8 sq. Sir. 7, 34 (38 *Vulg.*)   9 Rom. 12, 15
9 sq. Eccl. 7, 3   11 patientia … constantia] *cf.* Tob. 2, 12 (*Vulg.*); Iac. 5, 11

---

36 nos *om.* B   38 domini] domino N   39 incantantium N (*ac.*)   41 sunt
om. B | atque infatuationes *om.* β *mm*   42 ac] et β *mm*   43 *potestatem
habet *tr.* N | vivorum spiramentum est *tr.* A T V *mm*
21, 1 illi *om.* β   2 et *om.* Φ *mm*   4 maleficia so Φ *mm* (*sed cf. praef. p. 33*)
5 quaesierunt N (*ac.*) M; requiesierunt A (*ac.*) | et *om. mm*   6 ingemuerunt
N; gemuerunt *cett.*   7 eos B | quid *om.* α Φ *mm*   9 flete *mm* | ire *sl.* N | in
sl. A   10 quam] quod *me* | ire *om. mm*   11 eius immensa *tr.* B | atque
constantia *mg.* B   12 haec *om. mi* | haec … dicens *mg.* N

meae consumptae fuerint, celeriter in incorruptionem suscipitur
15 spiritus meus; properavit ad deum anima mea quantocius terram
terrae relinquens et corpus hoc ante sepulcrum in escam vermibus tradens. Sive enim ante mortem sive post mortem, corpus
hoc vermibus in comestionem relinquetur," sicut dicit post hoc:
Cum mortuus fuerit homo, capiet hereditatem bestias et reptilia et
20 *vermes.* Cum huiuscemodi ergo plurima beatus Iob apud semetipsum loqueretur, septem diebus tacens sustinuit. Eadem videlicet tractantes et amici eius, qui ad eum venerunt, tacuerunt
etiam ipsi velut in stuporem deducti, os aperire non valentes
neque initium locutionis invenientes. Sed ultra non sustinuit
25 constantissimus ille Iob ipsam taciturnitatem, sed primus coepit
loqui, utpote primus in ipsa passione, utpote solus sustinens ipsa
vulnera atque dolores.

    22. Dicit enim: POST HAEC APERUIT IOB OS SUUM. POST   3, 1a
HAEC, postquam praecipuam illam passionem transiit, postquam
vehementissimum dolorum impetum sustulit, postquam validis
atque impetuosis nequissimi inundationibus non est subversus,   mi 509
5 postquam pro omnibus quae ei acciderant domino gratias egit
atque nomen domini benedixit; postquam igitur per cuncta victo-

---

15sq. terram terrae] *cf.* Quodv., symb. 3, 11, 2 (CC 60, 361)   **19sq.** Sir. 10,
11 (13 *Vulg.*)
22, 1 haec] ταῦτα: *cf.* cod. Alexandrin.   **5sq.** quae ... benedixit] *cf.* Iob 1,
21sq.

---

14 incorruptione *N* | suscipit *B*; suscipietur *mm*   **15** meus *om. α Φ mm*
*properabit *so Φ mm* | anima mea ad deum *tr. so*   **16** ante] autem *V*
ante ... **18** hoc[1] *om. B*   **17** enim *om. Φ mm* | mortem[2]] ceu *add. me*
18 dicitur *V* | hoc[2]] haec *mi*   **19** bestiae *N*   **20** huiuscemodi ergo]
huiusmodi *Φ mm*   **21** loqueretur *V* | eandem *A* (*ac.*)   **24** neque] atque *B*
25 Iob ille *tr. so*
22, 1 dic *B* | Iob *om. mi*   **3** dolorum impetum] dolorem *Φ mm* | post-
quam] in *add. Φ mm*   **4** atque *om. Φ mm* | impetuosi *β mm* | submersus
mm   **5** ei *om. M* | acciderat *N M* | deo *B* | gratias domino *tr. Φ mm*

riam de adversario sumpsit, POST HAEC nihilominus APERUIT OS SUUM cum fiducia, cum confidentia, cum patientia. POST HAEC APERUIT OS SUUM, postquam adversus tantos daemones congressus est solus, quantos sustinebat vermes qui edebant carnes eius. Nam sicut superius aliquando in praedones, aliquando autem in ignem, nonnumquam vero in ventum vertebant se nequissimi spiritus, sic et nunc istic in multitudinem innumerabilium vermium se vertentes imparcenter devorabant carnes Iob. Nam cum animam non valerent tangere, omnem iniquitatem et omnem iram suam in corpore iusti illius exercebant, tantum illum affligentes quantam iniquitatem habebant atque exercere permissi fuerant. Adversus tantos ergo daemones certabatur Iob, quantos vermes habebat in corpore suo. Nam daemones per vermes comedebant atque perforabant carnes eius. De quibus omnibus victoriam per tolerantiam sumens et de omnibus per suam constantiam triumphator exsistens, POST HAEC universa APERUIT OS SUUM, quid dicens? Certum est quia hoc dixit quod post hoc sancti in scriptura posuerunt: *Tempus ac tempus omni rei sub sole, tempus loquendi et tempus tacendi.* "Tacuimus" inquit "o viri, usque ad tempus, loquamur nunc in tempore."

---

10 edebant carnes eius] *cf.* Ps. 26, 2   11 superius] *cf.* lib. I, cap. 15–18
14 sq. cum ... tangere] *cf.* Iob 2, 6b   24 sq. Eccl. 3, 1 + 7

---

7 de adversario *om. Φ mm*   8 cum confidentia *om. α Φ mm* | post haec]
posthac *mi*   9 aperuit *om. B*   10 sustinebat vermes] sustinebant *Φ mm*
11 aliquando[1] *om. Φ mm* | aliquando[2]] alique *P*; quandoque *β mm* | autem
sl. N; aut *B*   12 vero *om. Φ mm* | vertebat *α (pc. M)*; vertebantur *P*; utebantur *B* | nequissimus *α*   13 vermium innumerabilium *tr. Φ mm*   14 vertens
so | devorabat *so*   15 anima *M* | valebant *M P*   16 tantum ... habebant *om.*
P | eum *mm*   17 quantum *α Φ mm* | iniquitatis *so Φ mm*   18 ergo tantos
tr. so Φ mm | certabat *Φ mm*   21 per[1] ... sumens] sumpsit per tolerantiam
B   25 tacendi et tempus loquendi *tr. so*

23. Haec itaque dicens APERUIT OS SUUM, "Persarum" inquiens "ac Medorum atque Chaldaeorum regna et gentes, omnes
pariter pusilli et magni, cum manducaverint non loquuntur, cum
biberint non sermocinantur, maximam notam omni rationabili
5 hanc esse aestimantes, si manducans quis loquatur vel bibens
contionetur. Idcirco in escis ac potibus os non aperiunt ad
loquendum, neque qui ministrant neque quibus ministratur, sed
nutibus omnibus ministrantibus praecipiunt, hanc consuetudinem pro mandato a prioribus accipientes et velut legem hanc
10 cum sollicitudine observantes; et qui hanc violaverint tamquam
maxima transgrediens iura torquetur. Sed Persae" inquit "et Medi
atque omnes Chaldaei supervacue istam observant taciturnitatem, nos vero, o viri" ait "totam hebdomadam in taciturnitate
atque ieiunio peragentes rationabiliter nunc loqui incipiamus."
15 APERUIT OS SUUM IOB: "Persae" inquit "atque aliae quae cum illis
sunt gentes, cum manducaverint non loquuntur, et cum biberint
non sermocinantur; ego vero a vermibus comestus atque consumptus, et sanguis meus atque medullae cum ab eisdem vermibus fuerit bibitus, tacui et non sum locutus, nunc autem saturatis
20 vermibus atque illis qui me per vermes edunt, id est daemonibus,
nunc iam loquar, nunc iam sermociner." Ob quam rem loquaris
vel sermocineris? "Ob hoc" inquit "quia impletum est tempus

23, 1–6 Persarum ... contionetur] *cf.* Dan. 1

23, 1 ita *so* | aperuit] Iob *add.* α Φ *mm*   **4** omni rationabili] irrationabilitatis *mm*   **5** esse] rem *M* | existimantes *mi*   **6** continetur *M*   **7** ministrant]
ministrat *N M P B*   **10** sollicitudinem *N* | *violaverint hanc *tr.* N* | violaverit *A (pc.) V (pc.) mm*   **11** maximam *N* | transgredientes iura torquentur
so | sed] si Φ *mm* | Persi *N B* | et] ac *mm*   **12** supervacuae *M*   **13** in taciturnitate *om. B*   **14** atque] in *add. so*   **15** os suum Iob *N*; *Iob (*om. mi*) os
suum *tr. cett.* | Iob *om. mi* | Persi *N* | quae cum] quaecumque *so* | gentes
quae cum illis sunt *tr. B* | illae α   **16** loquantur α | et *om. B*   **18** atque] ac
B | medulla *mm*   **19** fuerint *N M*   **21** sermocinabo *V (pc.)* | loqueris vel
sermocinaris (sermocinaberis *pc. V*) Φ *mm*

silentii ac taciturnitatis." Et adhuc ob quam rem loqui aggrederis,
o Iob? "Ob hoc" inquit "ne, cum iugiter taceo, arbitrentur
daemones qui adversum me certantur, quod in ipsis vulneribus   25
defecerim atque in doloribus succubuerim, ne me superatum
fuisse putent aut defecisse aut debilitari, sed norint quia viriliter
sto adversus nequitiam eorum et cum fiducia loquens contemno
omnes malitias atque versutias illorum. Sed et adhuc ob hoc"
inquit "ut advenientibus amicis meis os aperiam atque loquendi   30
illis tempus ostendam. Nisi enim ego coepero loqui, numquam
isti os audent aperire vehementioribus meis doloribus perterriti."

    24. Pro his ergo omnibus atque post horum omnium con-
summationem APERUIT IOB OS SUUM **ET MALEDICEBAT DIEM
SUUM.** Haec audientes quidam ex vertibilibus et insipientibus
atque imperitis accusare ac reprehendere iustum illum Iob ausi
sunt, quasi qui deum blasphemaverit et diem suum maledixerit.   5
Quibus duriter restitit ipse deus in finem huius scripturae, cum
veracem astruens Iob dicit ad Heliphaz: *"Peccasti tu* qui de peccato accusasti Iob. Iob vero non peccavit. *Peccasti tu et duo amici
tui."* Ob quam rem? "Ob hoc" inquit *"quia non locuti estis quidquam veritatis in conspectu meo sicut famulus meus Iob."* Quem   10
ergo ipse deus irreprehensibilem confessus est famulum suum
eum appellando et hoc in fine totius tolerantiae, quis sanus crimi-

24, 7 Iob 42, 7b   8 sq. Iob 42, 7b   9 sq. Iob 42, 7 c–d

23 silentii ac *om. mm* | aggrederis loqui *tr. Φ mm*   **24** o *om. B*   **25** cer-
tantur *N*; certant *cett.*   **26** speratum *B*   **27** debilitari *N*; debilitare *M*;
debilitatum esse *so*; debilitatum *mm*; debilitasse *cett.*   **28** esto *B*   **29** omnes
om. mi | eorum *P* | et *om. Φ mm*   **30** venientibus *V* | illis tempus ostend-
dam loquendi *tr. B*   **31** tempus illis *tr. P* | ego enim *tr. A*   **32** auderent
mm | meis *om. Φ mm*
24, 1 post] prae *α*; pro *Φ mm* | consummatione *α Φ mm*   **2** Iob *om. Φ mm*
3 et] ac *Φ*   **4** atque] ac *mm* | ac] atque *Φ mm*   **5** sunt] qui *add. B* | qui *mg.*
B   **6** fine *so*   **7** veracem] veraciter vernicem *B* | dicens *α*   **9** rem] quia non
add. A (ac.)   **12** appellando eum *tr. B* | appellandum *α* | finem *α Φ* | totius
om. so B

nari audeat? quis sapiens reprehendere aggrediatur? *Quis enim
accusavit electum dei,* iustum maxime quem tantum elegit et se
15 dignum testificatus est, ita ut etiam sacerdotem illum delinquentium amicorum constitueret et per illum peccata eorum illis
remittere promitteret? Istum ergo qui a deo purgatus est, quis
audeat reprehendere vel accusare quasi illicite diem suum male-
dicentem? Super quae omnia, o viri, si ob hoc reprehenditur Iob
20 vel accusatur quod diem suum maledixerit, reprehendatur pariter
cum illo vel accusetur sanctissimus Hieremias propheta. Nam
sicut Iob maledixit diem nativitatis suae, ita et Hieremias devotavit diem nativitatis suae et omnia consequenter similiter ut Iob
locutus est de die nativitatis atque de ceteris omnibus. Si igitur re-
25 prehendit quis vel accusat, utrosque reprehendere atque accusare
debet, et Iob et Hieremiam; et si de blasphemia accusat, utrosque
debet accusare, et Iob et Hieremiam. Uterque enim et Iob et
Hieremias similia dixerunt, similia locuti sunt, eundem diem
nativitatis suae maledixerunt atque devotaverunt. Sed et Iob
30 beatus est in conspectu dei, et Hieremias gloriosus est cum sanctis. Vae autem his qui sanctos blasphemaverint, qui amicos dei
accusaverint, maxime quos etiam deus post mortem memoria
honorificavit sicut Iob, de quo dicit: *Si autem steterit Iob et Noe et
Daniel in conspectu meo,* aut sicut Hieremiam, quem in vita plus
35 omnibus magnificans dicit: *Antequam formarem te in utero novi*

---

13 sq. Rom. 8, 33   **14–17** iustum ... promitteret] *cf.* Iob 42, 8 sq.   **22–24**
Hieremias ... omnibus] *cf.* Hier. 20, 14–18; Ps. Chrysost., in Iob sermo 4, 2
(PG 56, 578 sq.)   **33 sq.** Ezech. 14, 14   **35–37** Hier. 1, 5

---

13 audeant *B*   **14** accusabit *so Φ mm* | electum *N*; electos *cett.* | tantus *so*
sibi *Φ*   **15** constitueret delinquentium amicorum *tr. B*   **16** per *om. V*
17 remitteret *M (ac.)* | promitteret remittere *tr. Φ mm* | istum] iustum *M Φ
mm* | qui] quia *N*   **19** o viri omnia *tr. B*   **22** ita ... suae *om. N* | devovit
A (pc.) T (pc.); vel devovit *add. B*   **23** et *mg. T* | consequenter *om. V*   **24** igi-
tur] ergo *mm*   **25** atque] vel *Φ mm*   **26** Hieremias *M* | blasphemiam *M*
29 atque] devoti sunt vel *add. B*   **30** domini *M Φ mm*   **31** blasphemavit
N (ac.) | qui^2] quia *M*   **32** memoriam *M*   **33** et^1 *om. so*   **34** Hieremias *B*

te, et antequam exires de vulva sanctificavi te et prophetam in gentibus dedi te.

    25. Postquam autem irreprehensibiles fuisse sanctos ostendimus non nos sed ipse deus, etiam beati Iob sermonem commemoremur, qui bene a sancto illo dicti sunt, male autem ab impiis in blasphemiam sunt versi: APERUIT inquit IOB OS SUUM ET MALEDICEBAT DIEM NATIVITATIS SUAE. Primum hoc advertamus, o viri peritiae, quod Iob diem suum maledicebat non diem dei, non conditionis neque creaturae diem, sed diem suum. Quem diem suum? Qui non fuit, quem non habuit, quem non possedit. Quem ergo non habuit neque possedit neque vidit neque in eius potestate fuit, hunc cum malediceret nihil maledixit, quod non fuit, quod non habuit, quod non vidit. Item adhuc MALEDICEBAT inquit DIEM SUUM. Sive diem suum maledixerit sive alienum, nihil maledixit, hoc quod non fuit maledixit. Dies enim non est in natura, non in substantia neque in propria potestate. Lux videtur, substantia autem non videtur, natura vero non tenetur neque apprehenditur, quia dies non habet naturam neque substantiam. Nomen habet, naturam vero non habet. Sicut hora nomen habet, substantiam autem non habet, sic et dies nomen

mi 511

5

10

15

25, 5 maledicebat ... suae] *cf.* Orig., in Lev. 8, 3 (GCS 29, 396–399)   **5–11** primum ... vidit] *cf.* Iulian. Arian., comm. in Iob 3, 3 (PTS 14, 35); Ps. Chrysost., in Iob sermo 4, 2 (PG 56, 578); cap. 28, 1–4

---

36 sanctifica *N*   37 dedi] posui *α A T V mm*; dedi te vel posui *B*
25, 2 etiam ipse deus *tr. Φ mm* | etiam] in *add. N* | sermonem commemoremur (*cf. ThlL III, 1835, 60sqq.*) *N*; sermonum commemoremur *α mi*; sermonum commemoremus *Φ me*   **3** illo] sancte *add. Φ*; sancti *add. mm*   **4** blasphemia *N M* | versi sunt *tr. Φ mm*   **5** advertamus hoc *tr. B* | avertamus *M (ac.)*   **6** periti *Φ mm* | quod] dicitur *add. mm* | diem[1] *om. β mm* | suum] nativitatis *N* | maledicebat *om. B*   **7** domini *M*; diei *B* | conditiones *so* *diem creaturae *tr. N* | diem[1] dei *mm* | suum *om. so*   **10** maledixit *iter. mm*; maledicit *P*   **12** diem suum[1] suum diem *tr. mm* | diem suum[2] suum diem *tr. α*   **13** hoc ... maledixit *om. B*   **14** in[1] *om. B* | non[2] est *add. α Φ mm*   **15** autem *om. P*   **17** nomen ... habet[2] *om. B*   **18** dies et *tr. A (ac.)*

habet, sed substantiam vel naturam non habet. Quid ergo est
20 dies? Lucis tempus, lucis transitus, solis ortus et ab oriente usque
ad occasum decursus. Solis ergo lux dies appellatur, solis transitus
dies aestimatur. Nam et vere ita est: Solis enim decursus diei
tempus demetitur, diei terminum ponit sive abbreviando diem
sive prolongando. Quod autem ita est, etiam scriptura demon-
25 strat dicens: *Omnis lux diei a sole*, ac si diceret: "Omne tempus
diei a sole." Nam sicut quilibet alicubi in tenebris cum lucerna
transierit, usquequo lucerna est, illo usque et lux est neque substantiam habens neque naturam, sed splendorem tantum. Sicut
ergo qui maledixerit splendorem lucernae, nihil maledicit nisi
30 transitum inanem atque decursum non manentem, ita et Iob,
cum luminis atque splendoris transitum malediceret, hoc quod
non erat maledixit. Nam dies cum solis decursu transiens transivit et ultra idem ipse non revertitur. Cum identidem ortus fuerit
sol, alius orietur dies, eiusdem nominis ut ille, sed non ipse qui
35 ille. Ille ergo dies transiens transivit et amplius non veniet, quia
ultra non est.

26. Nam sicut homo, qui mortuus fuerit, transivit et ultra
non veniet neque amplius revertetur, alius nascitur et eodem
nomine appellatur et cognominalis illi vocitatur, sed non idem

---

25 Sir. 33, 7
26, 1 sq. homo ... revertetur] cf. Iob 14, 12

---

20 et solis ortus *tr. mm*   21 ad occasum] in occidentem *B* | solis[2] ... est *om.*
B   23 dimetitur *mi* | abbreviando *N*; ad breviandum *cett.*   24 sive] ad *add.*
M mm | prolongando *N*; prolongandum *cett.* | est] fit *β (pc. A T)*   25 a *N*;
ex *cett.*   26 diei *om. α Φ mm*   27 lucerna] non *add. α (corr. M)* | est[1]] adest
Φ mm   28 habet *P* | neque *om. N* | sed *mg. N* | splendoris *N* | sicut *N*; sic
α; si *cett.*   29 quis *mm* | nisi *om. N*   30 non manentem] immanentem *P*
31 transitum *om. so* | hic *M (ac.)*   32 transibit *α Φ me*   33 non] tenetur nec
add. B | *revertetur *Φ mm (cf. lin. 35: veniet)*   34 orientur *M* | eius *so*
35 ille[2] ... est *om. M* | inveniet *A (ac.) T (ac.)*; invenietur *B V*
26, 2 revertitur *mm*; et *add. so*

ipse est sed alius, ita et dies eiusdem nominis veniet, idem vero
numquam veniet. Nam sicut spiritus exiens denuo non revertetur　5
et non revocatur anima sublata, sic similiter transiens dies denuo
non revertetur neque ultra in praesente hoc saeculo revocatur.
Nam sicut omni homini ordinatum est tempus atque demetitum
vitae spatium uniuscuiusque, sic similiter singulis diebus tempus
ordinatum est atque dimensum solis transitu[m], quo transeunte　10
ultra non est dies ille qui transactus est. Et adhuc sicut omnibus
hominibus a saeculo et usque in saeculum numerus supputatus
est coram deo, ita et omnium dierum a saeculo et usque in saeculum numerus et computus in conspectu praescientiae dei est
supputatus, et omnes animae hominum per singulas gentes et　15
linguas, per generationes ac per omnes tribus terrae, unaquaeque
anima de totius vitae suae aetate redditura est in iudicio rationem, si quid per unamquamque diem vel gesserit vel locuta fuerit
vel cogitaverit. Omnia enim proponentur in iudicio, omnia
deducentur in inquisitionem, non resurgentibus diebus qui neque　20
naturam neque substantiam habent, sed factis omnium hominum
demonstratis in naturam animarum et corporum in incorruptione resurgentium, et exigetur in die resurrectionis ac iudicii ab
omni anima Christiana omnium dierum vitae eius omnis servitus

mi 512 (left margin, aligned with line 12)

5sq. spiritus ... sublata] *cf.* Sap. 16, 14　　**8sq.** omni ... uniuscuiusque] *cf.* Iob
14, 5　　**22sq.** in incorruptione resurgentium] *cf.* 1 Cor. 15, 42

---

4 veniet] et *add. so* | vero] ipse *praem.* α β *mm*; *add.* P　　**5** numquam] non Φ
mm | revertitur *mm*　　**6** et ... revertetur *om.* P | sic *om.* α Φ *mm* | dies
transiens *tr.* Φ *mm* | dies *om.* M　　**7** revertitur A *mm* | praesente N; prae-
senti *cett.* | hoc *om.* B　　**8** demetitum N *so*; dimidium M (*cf.* Apoc. 12, 14);
dimensum *cett.*　　**9** vitae ... dimensum *iter.* B (*corr.*) | sic *om.* M Φ *mm*
10 dimensus solis transitus *so* V *mm* | transitu *coniecit Weber*　　**11** ultra *om.*
B | non est dies ille ultra *tr.* Φ *mm*　　**12** supputatus ... 14 numerus *om.* P
14 et] est B　　**16** unaquaque N *so*　　**18** si] sed et *mm* | gesserit] gessit B A T
19 enim *om.* Φ *mm* | proponetur B　　**22** natura α P A T V *mm* | incorrup-
tionem α P A T V *me*; corruptione B; corruptionem *mi*　　**23** et *om.* α Φ
mm | exigetur] ergo *add.* Φ *mm* | ac] et Φ *mm*

25 quam deo erat exhibitura et omne opus sanctitatis, quod per
    singulos dies erat perfectura sive in gratiarum actionibus et con-
    fessionibus, sive in orationibus ac deprecationibus matutinis et
    vespertinis, sive in omnibus bonis operibus quae in nomine
    domini nostri Iesu Christi perficiuntur.
        27. Hoc scilicet ignorant plerique insipientium atque irre-
    ligiosorum, qui admonentur festinare ad templum dei, qui vocan-
    tur ad ecclesiam dei accelerare et terribilem gloriam dei adorare,
    et aut pro neglectu habent aut in vacuitatem ducunt aut alias
5   excusationes inveniunt dicentes: "Hesterna fui, *crastina eam", et
    non dicunt de cibo et de ventre: "Hesterna manducavi, crastina
    manducem", sed quotidie et omni tempore indifferenter student
    reperire et exhibere corpori cuncta quae consuetudinis sunt, deo
    autem vel animae suae tempora statuunt ac metiuntur et dies
10 supputant, ignorantes quia irrident semetipsos et animas suas.
    Nam sicut superius diximus, omnium dierum vitae suae rationem
    reddituri sunt pro operibus sanctitatis per singulos dies aetatis
    suae vel hic super terram vel illic in iudicio. Pagani enim atque
    omnes infideles in iudicio non venient, sed iam ex hoc damnati
15 sunt propter infidelitatem et inexcusabiles in poenas inferorum
    expellentur. Hi vero qui in fide esse videntur et Christiano no-
    mine censentur, isti, inquam, omnes in terribili illa iudicii inqui-

---

27, 11 superius] *cf.* cap. 26, 11sqq.

---

25 erat *om. N* | omnis *M Φ (ac. P)*   **26** erat *sl. N*   **27** deprecationibus ...
omnibus] de *B*
27, 2 domini *B* | vocentur *N M*   **3** dei gloriam *tr. mm*   **4** neglectum *M*;
neglecto *so* | aut² ... aut] ut inua (*sequ. ras. 8 litt.*) ducunt ut *B* | dicunt *N*
5 inveniuntur *P* | hesterna ... ventre *om. Φ mm* | crastina *conieci (cf. lin. 6)*;
crastino *codd. edd.* | eam] ibo *so*   **6** hesterno *V*; die *add. B* | crastino *Φ (sed
cf. lib. I, cap. 67, 30; I, cap. 93, 24)*; non *add. so*   **7** manducem] manducabo *V*
8 atque *so*   **9** vel] et *B*   **12** sanctitatos *V (ac.)*   **13** illic *om. V mm*   **14** iam
om. P | hoc] saeculo *add. B* | dignati *P*   **15** et *ante* propter *tr. Φ mm; om. M*
16 ii *mm* | qui *om. A (ac.) T (ac.)* | et *om. B* | Christiano] pravo *mm*
17 iudicii] die in *add. so*

sitione omnium dierum vitae suae uniuscuiusque diei reddent
rationem, quomodo impleverint dei servitutem atque opus
sanctitatis per unumquemque diem. Haec videlicet universa foris   20
nos devians hic sermo per occasionem memorati diei dicere
admonuit bene ac necessarie, utpote pro bonorum commemoratione his qui salvi fieri desiderant. Sed rursus ad propositum
revertamur.

28. MALEDICEBAT inquit IOB DIEM SUUM; non maledicebat
deum, non reprehendebat, non blasphemabat, non accusabat,
non murmurabat de deo, non ingratus exsistebat deo, sed diem
maledicebat qui non erat. Nam deo gratias agebat, confitebatur,
invocabat, benedicebat. *Sit* inquit *nomen domini benedictum in*   5
mi 513   *saecula.* Sic itaque benedicendo ac gratias agendo deo diem, qui
nec visionem nec naturam nec substantiam habet, maledicebat
vel potius eum, qui non erat, sicut superius ostensum est, et hoc
*tantum ut loqueretur. Sed fortassis dicit aliquis: "Cur omnino
hoc dixit vel cur hoc locutus est?" Audi, o homo! Ob hoc locu-   10
tus haec est et dixit, quia validiores dolores eum apprehenderunt
magis quam nunc tu arbitrari possis, quia lamentabiliores sustinebat miserias magis quam tu cogitare valeas. Nam quae ille sustinebat si tu nunc videres, nec ad videndum omnino sufferres; et
quomodo pati vel sustinere posses? Beatus vero ille cum haec   15

28, 1–4 non ... erat] *cf.* Iulian. Arian., comm. in Iob 3, 3 (PTS 14, 35); Ps.
Chrysost., in Iob sermo 4, 2 (PG 56, 578); cap. 25, 5–11   **5 sq.** Iob 1, 21e;
εἰς τοὺς αἰῶνας *add.* cod. Alexandrin.; *cf.* lib. I, cap. 95, 7 sq.   **8 superius]** *cf.*
cap. 24, 1 sqq.

---

21 devians *mg. B*   **22** utpote] ut puto *N*
28, 1 inquit *om. M* | maledicebat] diem suum *add. B*   **2** dominum *N*
8 potius *om. B* | superius] prius *mi*   **9** tantum ut *coniecit Weber;* ut tantum
codd. edd.   **10** dicit *mm*   **11** est et] et *N; om. Φ mm* | dicit *mm*   **13** nam
quae] namque *M* | ille sustinebat quae *tr. so*   **14** tu *om. Φ mm* | omnino *sl.*
N | sufficeres *mm*   **15** possis *M* | beatus ... sustineret *om. α* | beatus ...
foratis] ad videndum hominem perforatis *Φ mm*

sustineret ac pateretur foratis ossibus et liquescentibus carnibus
atque nervis consumptis, haec universa sustinebat gratias agens
deo, universa haec supportabat benedicens deum. Loquebatur
vero ore ea quae nec deo neque angelis eius sanctis neque caelo
20 neque terrae neque hominibus neque pelago neque aëri neque
ulli, quae sunt in natura, ad aliquam contumeliam profecerunt.
Loquebatur nimirum quasi miseriam ventilans, quasi aërem ver-
berans, quasi deflens, quasi extaediatus et molestiam passus atque
anxius pro vehementioribus passionibus et fortioribus doloribus.
25 Locutus est tamquam quilibet in dolore positus quaerens remedium, tamquam quis in dolore dentium aut oculorum aut aurium
frequenter parietes ungulis exarat, frequenter etiam semetipsum
ungulis exulcerat prae nimietate doloris quem sustinet, corrasis
ossibus et palpebris atque auribus. Sic et beatus Iob, cum perfora-
30 rentur ossa eius et liquefierent carnes illius, locutus est maledicens diem qui non erat; sic namque et Hieremias sanctus, postquam a Iudaeorum iniustitia atque impietate usque ad mortem
sugillaretur, similiter maledixit atque devotavit diem nativitatis
suae, et adhuc his maiora dixit Hieremias; dixit enim de nomine
35 domini: *Non nominabo nomen eius amplius et non loquar ulli*
hominum in nomine eius. Ob quam rem, o beate Hieremia? *Prop-*
ter inoboedientiam eorum atque contumaciam illorum, quia factus

31–34 Hieremias ... suae] *cf.* Hier. 20, 14–18   35sq. Hier. 20, 9   36–39
Hier. 20, 8

16 pateretur] quis *add. so* | et] ut *B*   17 atque] ac *Φ mm* | vermis *B*
sustinebat] Iob *add. so*   19 neque[1]] nec *A T V mm* | neque[2]] nec *mm*; in
add. N   20 neque[2] *om. β mm*   21 ullis *Φ mm* (*sed cf. LHS 436*[4]) | qui *B*
in] ad *P* | naturam *Φ* (*ac. V*)   23 deflens *N* (*cf. cap. 29, 10*); dolorem deferens
cett.   25 tamquam *sl. N*   26 dolorem *M Φ*   27 unguibus *mi*   28 exulceras
V (*ac.*) | nimietatem dolores *N* | corrasis] cum rasis *B*   29 auribus] ossibus
B   30 illius] eius *mm*   31 quae *A* (*ac.*)   32 a *om. Φ mm*   33 denotavit *M*
35 domini] eius *Φ mm* | eius nomen *tr. B* | loquatur *V*   36 o *om. Φ mm*
37 eorum *om. α* | contumeliam *B*

est illis sermo domini in derisionem, nolunt illud, quia et ego tota
die peregi subsannatus ab illis. Idcirco enim animi dolore repletus
et diem nativitatis maledixit et cetera alia locutus est.   40

29. Sic namque et Iob prior illo praeventus nimietate
dolorum maledixit diem nativitatis suae ET RESPONDIT DICENS:
MALEDICTUS DIES ILLE IN QUO NATUS SUM. Super omnia, quae
superius memorata sunt, est etiam hoc praecipuum, quia maledixit Iob diem nativitatis, quia nisi ita amare defleret Iob poenas   5
ipsas atque dolores, non utique aestimaret homo neque crederet
quod ita aspera et amara fuissent ei ipsa supplicia atque tormenta.
Nunc vero volens omnibus ostendere beatus Iob immanitatem
amarissimarum poenarum atque dolorum quae ei diabolus ingessit, deflet, conqueritur, et ita nimie et miserabiliter atque lamen-   10
tabiliter, ut nativitatis suae malediceret diem dicens: "MALE-
DICTUS DIES IN QUO NATUS SUM. Non maledicatur" inquit "dies
mortis neque dies finis neque dies exitus de hoc saeculo. Est
namque consummatio atque requies et dolorum omnium
transitus ac depositio. Dies nativitatis omnium tribulationum et   15
angustiarum, dolorum quoque ac miseriarum, omnium nihilominus peccatorum atque impietatum initium est atque introitus,
per quae pereunt impiae atque irreligiosae animae." Ergo quia
omnium horum quae memorata sunt initium atque introitus
corruptibilis nativitatis dies est, merito MALEDICTUS DIES IN QUO   20

3, 2–3a

mi 514

29, 2 et respondit] καὶ ἀπεκρίθη *add.* cod. Alexandrin.   3 maledictus ...
sum] *cf.* Hier. 20, 14 (*vide infra* cap. 31, 1 *et* praef. p. 28)   4 superius] *cf.* cap.
24, 1sqq.

---

38 illis *om. B*; illi *N* | derisione *N* | illud] illum *so Φ mm* | quia *om. Φ mm*
39 perrexi *so* | dolorem *P*
29, 1 nimietatem *N*   4 superius] diximus et *add. B* | est] et *mi*   5 ita *om.*
B | poenam ipsam *B*   10 conquiritur *M* | ita et *tr. mm* | nimie] animae *M*;
amariter *Φ mm* | atque lamentabiliter *om. B*   12 dies inquit *tr. so*   14 at-
que] et *Φ mm*   16 ac] et *Φ mm*   17 atque[1]] insipientium et *add. B*
18 quae] quem *P A T V mm* | quia *om. β mm*

NATUS SUM, quia *melior est dies mortis quam nativitatis*, sicut
dicit Ecclesiastes. Propterea MALEDICTUS DIES IN QUO NATUS
SUM. Quare? "Quia per hunc" inquit "ad omnes hos nefandos
perveni dolores, quia per ipsum ad omnia haec amarissima per-
25 veni supplicia, quia per ipsum ad terrenum hoc veniens saeculum
nequissimi adversarii sustineo zelum ac malignissimi diaboli
supporto supplicium. Pro his ergo omnibus MALEDICTUS DIES IN
QUO NATUS SUM.

30. Plerique" inquit "hominum sub caelo carnalem hanc
solam delectantes vitam, ad sola terrena quae sunt in corruptione
respicientes, diem nativitatis suae delectabiliter celebrare student
honeste, in die nativitatis suae iucundantes splendide. Nam hanc
5 existimant portionem suam atque hereditatem, et per haec
sperant se diutius vivere in corpore atque augmentari sibi annos
vitae suae, per id quod honeste celebraverint per singulos annos
diem nativitatis suae. Hoc videlicet faciunt non ob hoc quod
aeterna sperent vel ea quae non videntur in incorruptione exspec-
10 tent; qui aeternam vitam apud deum in caelis esse non credunt,
merito terrenam hanc atque carnalem vitam solam delectantes
celebrant diem nativitatis suae, diem vero mortis nec nominare
patiuntur. Ego" inquit "o viri, tantum odio habeo carnalem hanc
vitam, ut pro celebrare diem nativitatis maledicam atque abdicem
15 illum dicens: MALEDICTUS DIES IN QUO NATUS SUM." O quam

---

21 Eccl. 7, 2

---

21 quia ... 23 sum *om. N* | dies mortis quam] mortis magis quam dies α
22 dicit *om. B* | Ecclesiastes] et *add. mm*   25 ipsum] hunc *mm* | hoc *om. B*
26 ac] a *M*   27 supporto *om. N* (*sed cf. cap. 31, 31sq.*)
30, 2 ad] hac *A*; ac *B T V mm* | in incorruptionem α   3 diem] idem *B*
suae] diem *add. B*   4 diem *P A T V*   7 vitae ... annos *om. β mm* | annos] et
add. β mm   9 eam *mm* | videtur *mm* | in *om. mm* | incorruptionem *M Φ
mm* | exspectant *M*   11 solam *sl. N*   12 nominari *Φ mm* (*sed cf. lib. II, cap.
58, 28*)   13 odio] hodie *B* (*ac.*)   14 celebrarem *N* (*sed cf. LHS 344²*) | male-
dicam] benedicam *P* (*ac.*)

profundus est hic sermo valentibus inquirere! Nam primam
disputationem finientes, etiam nunc huius sensus per pauca
necessarie mentionem faciamus: MALEDICTUS inquit DIES NATI-
VITATIS, quia peccatorum ac delictorum est principium. Verumtamen beati hi qui in die nativitatis, hoc est in principio vitae 20
suae, benedicuntur, hoc est ea quae digna sunt benedictione
perficiunt. Beati quoque et hi qui in tempore nativitatis suae, hoc
est in principio aetatis atque iuventutis suae, licet maledicantur
pro peccatis atque ignorantia iuventutis, in die mortis atque in
fine aetatis suae rursus benedicentur et benedictionem promere- 25
buntur per sinceram paenitudinem atque dignos paenitentiae
fructus. Vae autem illis et animabus eorum, qui et in principio
suo et iuventute sua maledicentur delinquentes et in fine mortis
suae non absolvuntur paenitentes neque benedicentur per dignos
fructus paenitentiae ad deum confugientes, quorum maledictio 30
atque damnatio aeterna apud inferos permanet, sicut eorum, qui
paenitudinem sinceriter gesserint, aeterna requies in resurrectione erit. Aliaque plurima cum possimus dicere de hoc sermone,
hic desinentes quae sequuntur commemoremus.

mi 515

3, 3a   **31.** PEREAT inquit DIES IN QUO NATUS SUM. Haec nimirum dixit beatus Iob, ut ostenderet omnibus quales sustinebat
dolores vel qualia supportabat supplicia. Sic et beatus ac sanctis-

---

31, 1 *cf. supra* cap. 29, 3 *et* praef. p. 28   3–5 beatus … est] *cf.* Hier. 20,
14–18

---

16 profundum *P* | sermo hic est *tr. B* | inquirerem *V(ac.)*   **17** facientes *Φ*
mm | *huius nunc *tr. N*   **18** necessariae *N M A*; necessitate *B* | faciemus
mi | *nativitatis dies *tr. N*   **20** ii *mm* | diem *N* | vitae … 23 principio *om. B*
22 ii *mm*   **23** atque] ignorantia *add. β mm*   **24** die *N*; diem *cett.*   **25** fine
N; finem *cett.* | benedictione *M*   **27** et[1] *om. B*   **28** suo *om. N* | et[1]] in *add.*
α | finem *N* | mortis suae] suo *B*; suae aetatis *A T V mm*   **29** non *iter.*
M(corr.) | *absolventur *mm*   **33** alia quamplurima *mm* | possemus *N so*
34 hic] haec *Φ mm* | desinenter *Φ me* | sequuntur] commemoravimus et
add. B
31, 1 dies inquit *tr. B*   **2** dicit *mm*   **3** et *om. Φ mm*

simus Hieremias in sugillatione animae devolutus similia ut Iob
5 locutus est, iuxta omnia quae superius veraciter memorata sunt.
Super quae universa etiam hoc debemus advertere, quia defleve-
runt sancti dolores ac tribulationes, molestias quoque atque passiones, non tantum pro se quantum pro nobis, ut norimus atque
informemur, quia per tribulationes ac labores, per passiones et
10 miserias, per dolores quoque atque gemitus omnes sancti deo pla-
cuerunt et omnes iusti introierunt in regnum dei atque heredes
effecti sunt apud deum aeterni refrigerii, non exsultantes in corruptione, non delectati in carne, non securi in terris, sed omnem
miseriam propter pietatem sustinentes, aeternam in incorrup-
15 tione digni effecti sunt gloriam. Sic etiam gloriatur Paulus in
persecutionibus suis atque passionibus. Sic gloriatur et Hieremias
quod sederit solus, quia amaritudine fuerat repletus et quia *non
abiit in consilium impiorum* ludentium. Quid autem miramur,
quod Iob ita ingentes sustinens dolores conquestus fuerit vel alii
20 sancti, cum terreni fuissent homines ex corpore et anima vere
plasmati, cum ipse, qui est omnium sanctorum rector et conditor
caeli ac terrae et *mediator dei et hominum* Iesus *Christus filius dei
vivi*, cum humano se indueret corpore, cum corruptibilem se cir-

---

5 superius] *cf.* cap. 24, 19 sqq.   6–15 super ... gloriam] *cf.* Ps. Chrysost., in
Iob sermo 4, 3 (PG 56, 579)   9–11 per[1] ... dei] *cf.* Act. 14, 22   15 sq. gloriatur ... passionibus] *cf.* 2 Cor. 11, 23–30   16–18 gloriatur ... ludentium] *cf.*
Hier. 15, 17   17 sq. Ps. 1, 1   21–24 ipse ... crucem] *cf.* constit. apost. 6, 11,
10 (SC 329, 327)   22 mediator ... hominum] 1 Tim. 2, 5   22 sq. Christus ... vivi] Matth. 16, 16

---

6 hoc etiam *tr. mm* | avertere *P B T (ac.)* | defleverunt *N*; non defuerunt *cett.*
7 sanctis *so Φ mm* | molestiae *so Φ mm*   8 norimus *N*; noverimus nos (vos
V) cett.*   10 atque] ac *Φ mm*   11 interroierunt *B*   13 in terris] interiis
V (ac.) | omnes *P A (ac.)*   14 aeterna *so Φ (pc. P) mm* | in *om. mm* | corrup-
tione *B*   15 digneri *A* | sunt] in *add. mi* | gloria *so Φ mm (sed cf. ThlL V/1,
1151, 18 sqq.)*   16 persecutione *V*   17 sedit *B* | fuerit *β mm*   18 habiit
N (ac.) M | consilium *N*; consilio *cett.*   19 ingentes ita *tr. V* | sustinuit *so P*
20 vero *A (ac.) T (ac.) V*   21 cum] non *A*; et *add. α Φ mm* | est *om. mm*
22 ac] et *B*   23 corruptibile *N* | se[2]] sibi *mm*

cumdaret formam, cum iret ad passionem atque crucem, questus
est dicens: *Pater, si fieri potest, transeat a me calix iste,* hoc est haec　25
passio? Et *coepit trepidare ac maestus esse,* non quod deitas trepi-
daverit sed quia carnis infirmitatem ostendit. Sicut ergo illic
dominus, ut ostenderet quia non erat phantasma sed corpus vere
corruptibile habuerit, dolorem atque passionem crucis deflevit,
sic etiam istic Iob et Hieremias atque alii sancti, ut ostenderent　30
quia, cum essent carnales, cum dolore sustinuerunt ac supporta-
verunt supplicia et poenas quae eis acciderunt.

　　32. Merito ergo dicit Iob: Pereat dies in quo natus sum,
3, 3b iuxta omnia quae superius ostensa atque memorata sunt, et nox
illa in qua dictum est: 'Ecce masculus.' Porro quando es
natus, o beate Iob, per diem an per noctem? Si in die natus es,
nocti quid ulcisceris? Sed si in nocte natus es, diem cur maledicis?　5
"Sicut" ait "aestas et hiems idem sunt, sic et nox et dies; quod
enim per aestatem fit, hoc nihilominus per hiemem consumitur;
et quod de hieme superfuerit, hoc procul dubio aestate semi-
natur. Aestate laboratur sicut et in die; hieme requiescitur sicut et
mi 516　in nocte. Et adhuc sicut corpus et anima idem sunt, indiscreta　10
atque indivisa et nunc in terris et in resurrectione in caelis, quod-

---

25 Matth. 26, 39; *cf.* Luc. 22, 42　　26 Matth. 26, 37
32, 2 superius] *cf.* cap. 24, 1sqq.　　　11–14 quodcumque ... incorruptione] *cf.*
1 Cor. 15, 42–44; Gal. 6, 7 (8 *Vulg.*)

---

24 atque] ad *add. α Φ mm*　　25 haec *sl. M*　　26 ac] et *Φ mm* | non] numquid
B; num *T (ac.)* | quia *β mm* | trepidaverit deitas *tr. mm*　　27 ille *mm*
29 habens se *mm* | crucis deflevit *om. P* | defluit *B T V*; deflendam *A*;
timere *mm*; ostendit *add. P A T V mm*　　30 istic *om. mm*　　31 cum essent
carnales] carnales erant *B*　　32 et] atque *Φ mm*
32, 2 sunt atque memorata *tr. V*　　3 est *ras. 5 litt. M B* | natus es *tr. P A T V
mm*　　4 per[1] ... noctem] in die an in nocte *so*　　5 nocti] nocte *mm* | irasceris
mm　　6 ait] autem *mm* | hieme *N* | idem ... hiemem *om. N* | et[2] *om. P*
8 hieme quod *tr. B* | de *om. Φ mm* | hoc] nihilominus *add. B*　　9 sicut[1]] sic
Φ | et[1] *om. mm* | hieme *om. V (pc.)* | et[2] *om. mm*　　10 indiscreta atque
indivisa *N*; indiscrete atque indivise (indivisive *mm*) *cett.*

cumque seminaverit corpus super terram, hoc metet anima in
resurrectione; quodcumque operatur corpus in corruptione, hoc
fruitur anima in incorruptione; *homo quod seminat, hoc et metet.*
15 Sicut ergo haec idem sunt, ita et dies et nox idem sunt. Quod in
die fit, hoc nocti reputatur, et quod in nocte fit, hoc diei adsigna-
tur. Sic namque omnia quaecumque fecerit corpus sive bonum
sive malum, animae reputatur, et omnia quaecumque cogitaverit
anima sive bonas cogitationes sive malas, omnia corpori in
20 iudicio atque inquisitione suscensentur. Nam utriusque utrique
imputantur, utriusque in utroque requiruntur atque vindicantur.
Utraque enim et corpus et anima cum simul sint et simul conver-
sentur, simul adiudicantur poenae aut simul suscipientur in
requie. Ergo quia haec" inquit "ita sunt, merito et ego neque de
25 nocte silui neque diem reliqui, sed PEREAT dixi DIES ILLE IN QUO
NATUS SUM, ET NOX ILLA IN QUA DICTUM EST: 'ECCE MASCU-
LUS.'" A quo DICTUM EST? "Ab his" inquit "qui nuntiaverunt
patri meo Zareb." Plurimi namque illi praedicaverunt filium
natum, alter alterum anticipare properantes, ut honorem ab eo
30 accipientes dicerent: *Ecce natus est tibi masculus.* Sed puto quod et
ipsae obstetrices matri Iob Bosor renuntiaverint; sic namque

---

14 Gal. 6, 7 (8 *Vulg.*)   28 Zareb] *cf.* Iob 42, 17 cβ; Gen. 36, 33; 1 Par. 1, 44
30 Hier. 20, 15   31 Bosor] *cf.* Iob 42, 17 cβ; Gen. 36, 33; 1 Par. 1, 44; Ios.
20, 8; Is. 63, 1; 1 Macc. 5, 28; 2 Petr. 2, 15   31 sq. sic ... genuerit] *cf.* Hier.,
nom. Hebr. p. 21, 27; 53, 20; 72, 27 (CC 72, 86; 126; 150)

---

12 corpus *sl.* N   13 resurrectionem *M B* | corruptionem *M P A T V*
hoc ... incorruptione *om.* α Φ *mm*   14 homo] hoc Φ *mm*; enim *add.* α Φ
mm   16 adsignatur N; designatur *cett.*   18 reputantur *mm* | omnia ...
malas *om.* Φ *mm*   20 recensetur *so*   21 imputatur *mi* | requiruntur N;
requiritur *cett.* | vindicantur N; vindicatur *cett.*   23 adiudicentur B
accipientur B   25 diem] die M | dixi N; dixit *cett.*   26 illa *om.* Φ *mm*
28 natum filium *tr.* P   29 ut] et B | honorem *om.* A T V *mm*; per id quod
honeste celebraverunt per singulos annos (*cf. cap. 30, 7*) *add. mm*   30 dixe-
runt B | et puto quod *tr.* Φ *mm*   31 Bossorae *so* | *renuntiaverunt N B V
mm*; nuntiaverint *so*

vocabatur, quia masculum genuerit. Haec namque demonstrans
dicit: ET NOX ILLA IN QUA DICTUM EST: 'ECCE MASCULUS.' Ubi
dies, illic et nox; et quod diei, hoc etiam et nocti. Ob hoc ergo
quia unum sunt dies ac nox, cum diem malediceret, nocti non   35
pepercit.

    33. PEREAT DIES IN QUO NATUS SUM, ET NOX ILLA IN QUA
DICTUM EST: 'ECCE MASCULUS', NOX ILLA quae praeteriit, quae
transiit, quae defecit, quae non est; NOX ILLA sicut et dies ille
maneant in tenebris, ille qui non videtur, qui non invenietur, qui
non revocatur, qui non est; sicut ergo NOX ILLA, ita et dies ille   5
pereant tamquam quae non sint, deficiant tamquam quae non
vide⟨a⟩ntur neque demonstrentur. Cum ista ergo quae non sunt
maledixerit Iob et ea quae non sunt perire voluerit, irreprehensibilis omnino in omnibus permanebit. Vehementem enim dolorem quem sustinebat deflebat absque ullius molestia. Puto quod   10
forsitan olim in initio iuventutis celebraverit Iob diem suae nativitatis, item nunc ipsum reprobans, quia non celebrandus sed
lamentandus atque plorandus est dies carnalis nativitatis, utpote
tantarum temptationum atque dolorum introitus, et non solum
non celebravit ulterius, sed maledixit ac perire optavit dicens: 15
PEREAT DIES ILLE IN QUO NATUS SUM. Qui dies? "Ille" inquit
"qui olim fuit honestus et hilaris et festivus et laetus atque splendidus. Hic ergo dies pereat." Unde pereat? "Ex solemnitate, ex
laetitia, ex splendore; ex istis pereat et numquam in his inve-

32 vocabant *P B V mm* | demonstrat *so Φ mm*   33 dicit *N*; dicens *cett.*
dictum] affatum *N*   34 et³ *om. α Φ mm*   35 ac] et *P B* | diem] dies *M*; diei
Φ mm | non pepercit nocti *tr. B*
33, 1 pereat] inquit *add. α Φ mm*   2 nox illa quae] quae nox *N* | quae¹] nox
add. α   4 maneat *so*; manens *mi*   5 *nox ergo *tr. N* | ille] illa *N*   6 pereat
so | quae¹] qui *so* | sit *so*; sunt *B mm* | deficient *M*; deficiet *so*   7 videantur
coniecit Weber | demonstrantur *α Φ mi* | cum ista] diem istam *N*   8 et *om.*
N   9 permansit *so*; permanebat *mm*   10 quae *N B T* | illius *mi*   11 suae
om. N | nativitatis suae *tr. V mm*   12 *ipsam *N M*   13 est *om. B*   15 male-
dicit *V (pc.)*   16 ille *om. N (ac.) mm* | quae *N M*   17 et² *om. Φ mm*
18 pereat dies *tr. Φ mm*

20 niatur. Cum hoc autem die etiam NOX ILLA IN QUA DICTUM EST:
    'ECCE MASCULUS.'" Haec audientes nos, o viri, non gaudeamus   mi 517
    terrenae nativitati, sed timeamus a plurimis huius mundi tempta-
    tionibus, sed paveamus a terribili introitu in illud incorruptibile
    saeculum, ubi erit revelatio et inquisitio omnium operum atque
25 verborum nostrorum. Animadvertamus, o homines, quae immu-
    tatio facta est in hominibus. Nam priores diem nativitatis cele-
    brabant utpote unam vitam diligentes et aliam post hanc non
    sperantes. Nunc vero nos non nativitatis diem celebramus, cum
    sit dolorum atque temptationum introitus, sed mortis diem ce-
30 lebramus utpote omnium dolorum depositionem atque omnium
    temptationum effugationem. Diem mortis celebramus, quia non
    moriuntur hi qui mori videntur.

    34. Propterea et memorias sanctorum facimus et parentum
    nostrorum vel amicorum in fide morientium devote memoriam
    agimus, tam illorum refrigerio gaudentes quam etiam nobis piam
    consummationem in fide postulantes. Sic itaque non diem nativi-
5   tatis celebramus sicut *illi qui sine spe sunt, sed diem mortis
    celebramus, quia in perpetuo vivunt hi qui moriuntur. Celebra-
    mus nimirum religiosos cum sacerdotibus convocantes, fideles
    una cum clero invitantes, adhuc et egenos et pauperes et pupillos
    et viduas saturantes, ut fiat festivitas nostra in memoriam requiei

---

28–32 nunc ... videntur] cf. Ambr., exc. Sat. 2, 32 (CSEL 73, 266)
34, 5 qui ... sunt] cf. Eph. 2, 12; 1 Thess. 4, 13   6–9 celebramus[2] ... satu-
rantes] cf. Deut. 16, 11

---

20 hoc sl. N | illa] pereat add. Φ mm   21 terrae N (ac.)   22 nativitatis N
23 terribile N M   24 et inquisitio om. V   26 omnibus N (ac.) M | priorem
N | celebrant N V   27 utpote om. β mm | alia N   28 diem nativitatis non
tr. B   29 celebramus om. so   30 depositione N
34, 1 memoria N so   2 memorias α   3 refrigerium M Φ (sed cf. cap.
33, 21sq.)   5 sicut ... celebramus om. α Φ mm | illi conieci; ille N   6 quia]
qui so | vivunt N (cf. cap. 33, 31sq.); iuvent so; vivent cett. | ii mm   7 invo-
cantes V   8 cum om. N | et[1] om. Φ mm | et pupillos α; om. N; pupillos Φ
mm   9 nostra festivitas tr. B

defunctis animabus quarum memoriam celebramus, nobis autem 10
efficiatur in odorem suavitatis in conspectu aeterni dei. Haec
videlicet quia diem nativitatis propter illos, qui sine spe sunt,
maledixit Iob dicens: PEREAT DIES ILLE IN QUO NATUS SUM, ET
NOX ILLA IN QUA DICTUM EST: 'ECCE MASCULUS.' Paulo post
incedens dicit: *Et nox illa sit in dolore.* Ostendit vere quia nulli 15
maledixit per hoc quod ait: *Et nox illa sit in dolore.* Qui enim
dolor erit nocti? Nullus. Nam nox apud semetipsam atque in
semetipsa neque cum dolore neque sine dolore esse potest. Nam
sicut non habet naturam neque substantiam, ita nec dolorem
neque vulnus neque passionem habet in semetipsa neque dies 20
neque nox. Haec itaque sciens beatus Iob miseriam ventilans et
dolorem deflens, eis quae non sunt maledixit atque dolorem optavit dicens: PEREAT DIES ILLA IN QUA NATUS SUM, ET NOX ILLA
3, 4a IN QUA DICTUM EST: 'ECCE MASCULUS.' DIES ILLE SIT IN TENE-
BRIS. Quare? "Quia tenebrosorum dolorum mihi auspicium est 25
factus, quia obscurissimorum suppliciorum mihi exstitit introitus, quia cum rei familiaris atque filiorum perditione etiam amicos in inimicos convertit et corpus meum vermibus consumpsit
et membrorum meorum nervos umore vulneris liquefecit."

35. Pro his ergo omnibus DIES ILLE SIT IN TENEBRIS, ut tamquam errans circumeat in tenebris et rursus ad me accessum non
inveniat neque appropinquare valeat neque vulnera mea identi-

---

11 in[1] ... dei] *cf.* Exod. 29, 25; Sir. 35, 5 (8 *Vulg.*)   12 qui ... sunt] *cf.* Eph. 2,
12; 1 Thess. 4, 13   15 Iob 3, 7a

---

10 memoria *N*; memorias *M*   12 videlicet] diximus *add. Φ mm*   13 ille *sl.*
N | et *om. B*   15 incedens *num recte?* | dixit *Φ mm* | vero *mi*   16 qui *N*;
quis *cett.*   19 ita ... passionem *om. B*   20 semetipsam *B*   23 ille dies *mm*
illa[1] *N so*; ille *cett.* | quo *Φ mm*   24 dies ... tenebris *V*; *om. cett.*   25 tene-
brorum *N (ac.)* | mihi *sl. N*   26 factu *N (pc.)*   27 rei familiaris *N*; re fami-
liare *M P B T (ac.)*; re familiari *so A T (pc.) V mm* | perditionem *B*   29 vul-
neribus *N (sed cf. e.g. lib. II, cap. 1, 24; II, cap. 29, 12)*
35, 1 illa *Φ mm* | ut *N*; et *cett.*   3 veniat *T*

dem renovet neque maligni diaboli zelo denuo me subministret.
5 Ob hoc ergo DIES ILLE SIT IN TENEBRIS, dies ille qui plurimos
deludit, qui plurimos seducit, qui plurimis aeternas tenebras
procurat, omnibus illis qui carnalem vitam quaesierunt, spiritalis
vero memores non sunt, omnibus qui delectationem putant car-   mi 518
nales delicias, omnibus qui voluptati ac ventri deserviunt super
10 terram, omnibus istis obscurus efficiatur, quia in tenebras prod-
ient, quia in tenebras ibunt, quia tenebrae contegent nomen
eorum. DIES ILLE SIT IN TENEBRIS, ille in quo malignus atque
tenebrosus diabolus suam perfecit voluntatem. Nam et vere nisi
primum obscuraverit diabolus corda hominum, nisi primum
15 infatuaverit animas eorum, nisi primum oblivionem dederit
timoris dei atque terribilium iudiciorum eius, non utique valebit
umquam peccatorum semen seminare in cordibus eorum. Postquam vero obscuraverit animam et a deo averterit, tunc scilicet
ad omnia mala, ad impudicitiam, ad infidelitatem atque ad omnia
20 carnis desideria tamquam eos qui in tenebris sint facile convertit.
Istis ergo talibus efficitur dies ille, hoc est dies nativitatis, dies
tenebrarum; et non solum dies nativitatis tenebrae illis efficiuntur, sed et insuper adhuc dies mortis aeternarum tenebrarum introitus efficitur illis. Dies enim tenebrosus circumdabit hos tales.
25 Haec namque universa significans dicit: DIES ILLE SIT IN TENE-
BRIS, dies impiorum, dies infidelium, lascivorum, impudicorum,

---

11 in tenebras ibunt] *cf.* Ps. 81, 5; 1 Ioh. 1, 6   14 obscuraverit ... hominum]
cf. 2 Cor. 4, 4   17 peccatorum ... eorum] *cf.* Matth. 13, 39

---

4 zelum *Φ mm* | mihi *M Φ mm* | subministrent *P*   6 seducet *M* | aeternas
tenebras] aeterna supplicia *B*   7 quaesierint (quaerint *ac. N*) vitam *N so*
8 delectationem putant] delectatur in *B*   10 obscuris *M* | tenebras] tenebris
mm | prodibunt *mm*   11 protegent *B*   15 infutaverit *β*; infuscaverit *mm*
prius *Φ mm* | oblivioni *α Φ*   18 avertit *B*   20 tamquam *iter. N* | qui] sunt
add. mg. A | sint *N* (*cf. cap. 33, 6*); *om. A*; sunt *cett.*   21 ille *N*; illa *cett.*
dies²] diem *N*   22 dies] diem *N*   23 et *om. α Φ mm* | adhuc *om. so*   25 illa
mm   26 infidelium] dies *add. mi*

eorum qui neque in die nativitatis pietatem custodiunt neque in die mortis paenitentiam ostendunt. Istis ergo talibus DIES ILLE SIT IN TENEBRIS, qui in tota vita sua tamquam in tenebris perambulant, qui palpant velut caecus circa parietem. Iustis autem lux est 30 semper et in die nativitatis sicut Hieremiae et omnibus sanctis, et in die mortis sicut Lazaro qui *deportatus est ab angelis in sinus Abrahae, Isaac et Iacob* in saecula saeculorum. Amen.

3, 4b   36. DIES ILLE SIT IN TENEBRIS, ET NON INQUIRAT ILLUM DOMINUS DESUPER. Identidem ad priora se convertit: "NON INQUIRAT ILLUM DOMINUS, ne inquisitus iterum ad me perveniat, ne inventus identidem me inveniat. NON INQUIRAT ILLUM DOMINUS DESUPER, non recordetur, non reputet. Non enim est 5 dignus neque ipse dies neque ille qui in ipso die amarissima mihi ingessit tormenta." Diem enim nativitatis memorat et lamentabilium suppliciorum diem significat, quin immo ipsa supplicia vel potius diabolum, qui ingessit ea, quem de superioribus cadentem non requiret dominus umquam. NON INQUIRAT EUM 10 DOMINUS DESUPER. Quid dicis, o beate Iob? Ergo alios dies inquiret, ut de isto solo dicas velut interminans: NON INQUIRAT ILLUM DOMINUS DESUPER? "Utique" ait "omnes dies saeculi inquirentur, omnia tempora et momenta atque saecula requi-

---

30 palpant ... parietem] *cf.* Is. 59, 10   30 sq. iustis ... sanctis] *cf.* Hier. 20, 14
32 sq. Luc. 16, 22; *cf.* Hier., in Is. 18, 65, 6 sq. (CC 73A, 749, 60 sq.)
36, 9 sq. quem ... cadentem] *cf.* Is. 14, 12; Ezech. 28, 15–17; Luc. 10, 18; Apoc. 12, 9   14 tempora et momenta] *cf.* Act. 1, 7

---

27 diem *A T*   28 diem *Φ me*   29 quia *mm* | ambulant *Φ mm*   30 palpat *N(ac.)* | caeci *so V(ac.)* | circa] iuxta *so*   31 et[1] *om. M Φ mm* | nativitatis] suae *add. B* | sicut] et *add. B*   32 sinus *N*; sinum *mm*; sinu *cett.*
36, 1 ille] illa *Φ me* | requirat *α Φ (ac. lnp. T) mm*   2 ad] a *B* | priora] superiora *so* | convertit] et *add. so*   4 ne ... inveniat *om. N*   5 reputetur *so*
6 ille *om. so*   7 enim *om. N(ac.) Φ mm*   8 diem *sl. N*   9 quem] quae *N M*
10 inquirat *N*; requirat *cett.*   11 dicit *V*   12 requirat *N*   14 requiruntur *N(ac.)*

15 rentur et producentur in iudicium; producentur nimirum non
dies saeculi, qui naturam non habent neque substantiam, sed
verba et facta, quae in illis diebus sunt gesta vel dicta, sed cogitationes et consilia atque tractatus, qui in omni tempore vel
momento huius saeculi tractati sunt atque cogitati. Haec igitur
20 omnia omnium, in omnibus gentibus et in omni lingua inquisita
in iudicio manifestantur in tempore inquisitionis." Non enim
mentitur is qui ait: *Memor sum ea quae a saeculo sunt dinumerare,*   mi 519
non solum tempora et momenta et dies et annos, sed quin potius
omnium hominum cordis occulta, iuxta hoc quod dictum est:
25 *Qui fingit singillatim corda eorum, qui intelligit omnia opera*
eorum; et adhuc alibi: *Ipse autem novit occulta cordis.* Apostolus
autem his consonanter dicit: *In die qua iudicabit deus occulta*
hominum. Ille enim dies manifestavit omnia in igne revelans
cuncta. Scientes itaque nos, o viri, quia adversum tam terribilem
30 habemus iudicem, sancte conversari et in factis et in verbis
studeamus, ut non pro condemnatione in iudicio sed pro requie
atque gloria aeterna inquiramur.

37. Deinde NON SIT inquit IN DIEBUS ANNI NEQUE NUME-   3, 6c–d
RETUR IN DIEBUS MENSIUM. Quis? "Maledictus atque perditus
ille dies. Iste NON SIT IN DIEBUS ANNI NEQUE NUMERETUR IN
DIEBUS MENSIUM." Nunc ostendisti evidenter, o beate Iob, quia

---

22 Prov. 8, 21a   25 sq. Ps. 32, 15   26 Ps. 43, 22   27–29 Rom. 2, 16 +
1 Cor. 3, 13   32 gloria aeterna] *cf.* 1 Petr. 5, 10

---

15 in iudicium producentur *om.* β *mm* | iudicio *N* | producentur²] produ-
cent *M* | non] in *P*   **16** diem *M* | habet *M*   **17** sed] et *add. so*   **18** omni
tempore vel *om. so*   **19** atque cogitati] at qontati *M*   **20** omnium *N*; *om.*
cett.   **21** manifestatur *N* (*ac.*); manifestentur *M* (*ac.*); manifestabuntur *so*
22 his *N*   **23** et³ *sl. V*   **24** cordium *so* | iuxta *om. B*   **25** finxit *N* (*ac.*) *B*
omnia] in α   **26** autem *om. so*   **27** autem *N*; vero *cett.* | inconsonanter *Ψ P*
B T V | dominus *B* | occulta] cordis *add. B*   **28** *manifestabit *so* Φ *mm*
igne] enim *add. N*   **29** itaque] quia *N* (*ac.*) | vos *me* | quia] qui α   **30** sancte
om. B   **31** gloria atque requie *tr. so*   **32** atque *iter. M*
37, 1 numerentur *N*   **3** numerentur *N*

non diem creaturae maledixisti, quia non diem anni vel mensium 5
devotasti, sed illum qui non est neque in substantia neque in
numero neque in computo. Omnes enim dies anno et mensibus
circumdantur vel computantur, extra annum autem et menses
nullus est dies. Ergo si dies, qui istic maledictus est ac perditus,
non est in anno ut dicis: NON SIT IN DIEBUS ANNI, non est in 10
mensibus ut dicis: NON NUMERETUR IN DIEBUS MENSIUM, nihil
est, nusquam est, hoc quod non est maledicis, eum qui non est
perire volens. Et merito irreprehensibilis in omnibus perma-
nebis, beatissime dei amice Iob. Aut etiam aliter intelligamus
maledictum hunc atque perditum diem de quo dicit: DIES ILLE 15
SIT IN TENEBRIS ET NON INQUIRAT ILLUM DOMINUS DESUPER.
Futura significat per haec, infelicem illum Iudam per ista de
longe ostendit: qui debuerat esse dies serenus et splendidus ac
perspicuus et sibi luminosus et aliis lucidus, factus est tenebrosus
per semetipsum atque obscurus. Hunc ergo significans dicit: DIES 20
ILLE SIT IN TENEBRIS, qui lucem dereliquit, qui a luce discessit,
qui lucem in mortem tradidit, ET NON INQUIRAT ILLUM DOMI-
NUS DESUPER, cum inquisierit Petrum et ceteros apostolos resurgens a mortuis. NON SIT IN DIEBUS ANNI, in ecclesiae festivi-
tatibus atque sanctificationibus, non sit in unitate ecclesiae, NON 25
NUMERETUR INTER DIES MENSIUM, in numero duodecim apostolorum tamquam duodecim mensium, sed *deleatur de libro viven-*
tium et cum iustis non scribatur. His consonanter inferius univer-

---

17–20 futura ... obscurus] *cf*. Matth. 27, 3–10; Act. 1, 16–19   23 sq. cum ...
mortuis] *cf*. Luc. 24   27 sq. Ps. 68, 29

---

6 denotasti *me* | neque[1] *om. mm*   7 computu *N* | omnis *so* | mensium *N*
9 dies[2] iste *add. B* | est ac perditus *iter. A T V* | perditus] est *add. mm*
10 non[1] *om. B* | anno] et *add. A T V mm*   11 ut] et *mm*   12 maledicis *iter.*
mm | eum] enim *mm*   13 voles *N* | permanes *Φ mm*   14 beatissime] o
praem. so   16 non *sl. N*   17 futura] figurate *Φ mm* | istam *M*   18 longe]
eum *add. Φ mm*   19 lucidus ... atque *om. B* | es *M*   20 diem dicit *B*
22 transtulit *B*   23 quesierit *B*   24 in[2] *om. β mm*   28 scribantur *N M*

sum populum Iudaeorum designans atque increpans noctemque
30 eum nuncupans dicit: OBSCURENTUR SIDERA NOCTIS ILLIUS.   3, 9a
Cuius noctis? Illius de qua dicit apostolus: *Nox praecessit*. Quae
SIDERA OBSCURENTUR? Sacerdotes et scribae atque pharisaei.
Nam hi qui debuerant in modum stellarum fulgere atque lucere
in lege tamquam in nocte, effecti sunt omnes tenebrosi atque
35 obscuri. SUSTINEAT inquit NOX ILLA, Iudaeorum tenebrosus   3, 9b
populus. Quid sustineat? Resurrectionem domini; sed NON   mi 520
VENIAT IN LUCEM vultus eius NEQUE VIDEAT LUCIFERUM   3, 9b–c
ORIENTEM, spiritum sanctum paracletum de excelsis ad apostolos
missum.

38. Aliaque plurima demonstrantur ex ipsis beati Iob
sermonibus, quae in resurrectione atque in iudicio praevenient
impiis atque iniustis: "TAMQUAM ABORSUM EXIENS DE VENTRE   3, 16a
MATRIS SUAE, ILLIC" inquit "IMPII REQUIEVERUNT AB IRA   3, 17
5 INDIGNATIONIS, ILLIC REQUIEVERUNT DOLENTES CORPORE,
ILLIC" inquit "in resurrectione, in inquisitione, in iudicio. Illic
enim requiescit eatenus indignatio atque furor impiorum, cum
digna illis illata fuerit damnatio atque tormentum; tunc erunt
TAMQUAM ABORSUM EXIENS DE VENTRE MATRIS SUAE, SICUT IN-   3, 16b
10 FANTES QUI NON VIDERUNT LUCEM. Nam sicut abortiva de
ventre matris suae exeuntia non vident lucem, sed de tenebris in

---

31 Rom. 13, 12   37 luciferum] *cf.* Hier., interpr. Iob (PL 29, 68A)   38 sq.
spiritum ... missum] *cf.* Act. 2, 1–4; Ioh. 14, 16; 14, 26; 16, 7
38, 4 requieverunt] ἔπαυσαν: *cf.* cod. Alexandrin.; Ziegler 225

---

30 dixit *B*   32 atque] et *Φ mm*   33 modum] domo *α* | stellarum] modo
add. so | fugere *M (ac.)*   34 omnes *om. so*   35 tenebrosi *M*   36 quid *om. Φ*
mm   37 luciferam *N*   38 sanctum *sl. N*
38, 2 in² *om. mm*   3 abortivum *A (pc.) T (pc.) mm*; vel tuum *add. et del.*
V   4 impii *om. so*   5 illi *N*   7 furor *om. N*   8 illata *om. B*   9 exiens *om. V*
sicut ... lucem *post* suae *(lin. 11) iter. A (corr.)* | sicut ... 11 suae *om. M*
10 abortiva] abortivum *mg. N (man. alt.)*   11 viderunt *mm* | de *N*; *om. α*;
ex *cett.* | tenebris] tenebras *α* | in tenebras *om. B*

tenebras eunt, ex tenebris atque angustia uteri materni in tenebras et angustias terrae atque sepulcri, sic et impii de tenebris in
tenebras eunt, ex angustia in angustiam expellentur, de corpore
in sepulcrum, ex sepulcro in angustiam atque iudicii damnatio-   15
nem et *in tenebras exteriores ubi non est lux neque videbunt vitam*

3, 19a   *homines.* **PUSILLUS ET MAGNUS**" inquit "**IBI EST.** Non est enim
personarum acceptor regni huius rex. Merito ex aequo impertit
omnibus, et pusillis et magnis et humilibus et altis, regni huius
introitum, illis sane qui aequaliter illi credunt, qui aequaliter   20
metuunt, qui aequaliter illum diligunt." PUSILLUS ET MAGNUS IBI

3, 19b   EST, Lazarus pusillus cum Abraham magno, **ET SERVUS NON TI-
MENS DOMINUM SUUM.** In incorruptione enim non est dominus
corruptibilis neque carnalis, sed cum apparuerit facies caelestis
domini atque iudicis, tunc corruptibiles ac carnales domini nus-   25
quam apparebunt. Merito illic est SERVUS NON TIMENS DOMI-
NUM SUUM. Memoratus enim timor iudicii et terror atque for-
mido futurorum omnem *timorem* corruptibilem et carnalem in
oblivionem deducit atque *foras mittit.* Non enim servi domino-
rum timoris recordantur neque domini servis imperare occur-   30
runt. Unus enim timor inquisitionis atque iudicii apprehendet
cunctos. Merito illic est SERVUS NON TIMENS DOMINUM SUUM,

16sq. Iob 10, 22   **17sq.** non … acceptor] *cf.* Iob 34, 19; Sap. 6, 7 (8 *Vulg.*);
Act. 10, 34; Rom. 2, 11; Gal. 2, 6   **18–20** merito … introitum] *cf.* Apoc. 13,
16; 19, 5; 19, 18   **19** pusillis … altis] *cf.* Apoc. 13, 16   **22** Lazarus … magno]
cf. Luc. 16, 19–31   **22sq.** et … suum] *cf.* Hier., interpr. Iob (PL 29, 68B)
28sq. 1 Ioh. 4, 18

---

12 tenebras[1]] tenebris *P* | tenebras[2]] tenebris *B*   **13** et[2] *om. N (ac.) Φ mm*
15 angustiam] expellentur (expellantur *ac. V) add. V mm* | iudicio *N*
17 ubi *M*   **18** imperiit *β (ac. A)*; imperit *A (pc.)*   **19** alti *α*   **20** illi … aequaliter *N*; illum *cett.*   **21** metunt *M*   **23** in incorruptionem *M*; in corruptione
mi   **24** sed *om. Ψ*   **25** incorruptibiles *Ψ* | ac] atque *Φ mm* | domini[2]]
deum *B*   **27** et *om. Φ mm*   **28** omne *N*; non est *M; om. so* | carnalem et
corruptibilem *tr. B*   **29** fores *M* | dominorum] suorum *add. B*   **30** domini
sl. N   **31** timori *N*   **32** dominum suum non timens servus *tr. P*

ibi est Abdias non timens Achab dominum suum, ibi est Onesimus non timens Philemonem dominum suum.

　　39. Aliique innumeri reperiuntur et in lege et in evangelio
his similes, qui caelesti domino ac deo omnium servientes non
timuerunt super terram dominos carnales ad oboediendum eis in
malis, neque in caelis eos timent in conspectu veri domini veni-
5　entes. Nam cum servitutem carnalem pure eis atque devote
exhibuissent, non discesserunt a creatoris servitute. Hoc namque
oportet reddere servos carnalibus dominis suis, ut non fraudent,
ut non circumveniant, ut non insidientur dominis suis, ut non ad
oculum serviant, ut non in facie fingant, sed foris ab oculis, sed
10　foris a facie omnem gratiam dominis suis ostendant. Huius nam-　mi 521
que rei ingentem in caelis accipient remunerationem a domino
omnium atque iudice vivorum et mortuorum. *In servum venun-
datus est Ioseph*, sed in malo atque impio actu non oboedivit do-
minae suae. Merito et in terris in Aegypto et in caelis in perpetuo
15　dominabitur illi, quae illicite ad tempus dominari visa est ei.
Haec scilicet universa pro bonorum commemoratione diximus, a
beato Iob etiam nos de his admoniti dicente eo evidenter: PUSIL-
LUS ET MAGNUS IBI EST ET SERVUS NON TIMENS DOMINUM
SUUM. Inveniet qui inquirere studuerit etiam alia cetera his con-
20　sonantia et ea quae nunc istic per ordinem, et cuncta quae in　mi 522
priori multipliciter a iusto illo sunt dicta de dei magnitudine et

---

33 Abdias ... Achab] *cf.* 3 Reg. 18, 7–16　　**33 sq.** Onesimus ... Philemonem]
cf. Philem. 8–20
39, 6–12 hoc ... mortuorum] *cf.* Eph. 6, 5–8; Col. 3, 22–24　　**12** iudice ...
mortuorum] *cf.* Act. 10, 42　　**12 sq.** Ps. 104, 17　　**13 sq.** sed ... suae] *cf.* Gen.
39, 7–12　　**19** inveniet ... studuerit] *cf.* Matth. 7, 8; Luc. 11, 10

---

33 ibi[1] ... suum *mg.* N | Onesimus est *tr.* A (*ac.*)
39, 5 pare N　　**6** servitutem N　　**7** fraudent ... non[3] *om.* B　　**9** fingant] et *add.*
sl. A　　**10** rei namque *tr.* B A (*ac.*)　　**13** atque] in *add.* A (*ac.*)　　**14** in caelis et
tr. N　　**15** quae] atque N | ei] eius *add. so; om.* Φ mm　　**16** commonitione
mm　　**17** commoniti M | evidenter eo *tr.* A (*ac.*)　　**19** cetera alia *tr.* Φ mm

de sua tolerantia, quae sustinuit absque culpa innocens in conspectu dei coram omnibus hominibus, quae sustinuit cum gratiarum actionibus atque confessionibus dei, quae sustinuit piae
tolerantiae formam praebens in perpetuo cunctis. Beati qui te   25
fuerint imitati, beatissime Iob, beati qui tua vestigia fuerint
secuti, beati qui similiter ut tu in fide et pietate atque in omnium
sibi accidentium ⟨tolerantia⟩ consummati fuerint: Hi requiescent
in perpetuo apud deum patrem, *cui gloria in saecula saeculorum.*
Amen.   30

---

29 sq. Gal. 1, 5; 2 Tim. 4, 18

---

23 dei] et *add. Φ mm*   **24** piae sustinuit *tr. B*   **26** Iob *om. so* | secuti fuerint
tr. B   **27** atque in *om. B*   **28** tolerantia *suppl. mm (cf. lib. I, cap. 24, 8sq.);*
sufferentia *proposuit Weber (cf. lib. I, cap. 102, 8)* | hi] qui *add. M*   **29** cui] est
add so | gloria] et imperium *add. so*   **30** amen] explicit tractatus Origenis
super tres capitulos Iob *add. so;* explicit liber tertius *add. P A T;* explicit liber
tertius tractatus Origenis in Iob *add. V;* explicit liber tertius Origenis in
librum beati Iob *add. me*

I. Biblia

Gen. 1, 15–18 *cf.* I, 1, 1

1, 26 I, 2, 24

1, 26sq. *cf.* I, 5, 31; 6, 29; II, 21, 1

1, 28 *cf.* II, 21, 3

1, 28–30 *cf.* I, 63, 10

2, 7 *cf.* I, 85, 18; 88, 34; 38; 89, 30; II, 7, 24; III, 1, 13

2, 8 I, 24, 6

2, 21–24 *cf.* II, 55, 9

3, 1 II, 38, 43

3, 1–6 *cf.* II, 53, 5

3, 1–7 *cf.* I, 35, 13; II, 37, 23; 40, 27; 53, 11

3, 4–6 *cf.* II, 5, 9

3, 5 *cf.* I, 35, 16

3, 6 *cf.* II, 55, 17

3, 9 I, 47, 27; 32

3, 14 *cf.* I, 54, 12

3, 14sq. *cf.* II, 26, 23

3, 15 II, 21, 25; 53, 18. – *cf.* I, 6, 8; 96, 10; II, 6, 24

3, 19 I, 20, 8; 88, 29; 94, 6. – *cf.* I, 58, 20; II, 5, 15

3, 21 *cf.* II, 17, 12

3, 23 *cf.* II, 5, 10

3, 24 *cf.* I, 40, 4

4, 1–6 *cf.* I, 67, 3

4, 1–16 *cf.* I, 7, 15

4, 2–8 *cf.* II, 21, 15

4, 4 *cf.* I, 54, 28

4, 8 *cf.* II, 8, 3; 8; 63, 2

4, 8–16 *cf.* I, 49, 4

4, 14 *cf.* I, 40, 23

4, 16 II, 24, 16; II, 24, 32

5, 10 I, 13, 27

5, 21–24 *cf.* II, 21, 15

5, 24 *cf.* II, 8, 8

6, 4 *cf.* I, 49, 5; I, 67, 4

6, 4–8 *cf.* II, 21, 14

6, 5–13 *cf.* I, 7, 15

7sq. *cf.* I, 11, 40

8, 20 *cf.* I, 30, 8

9, 6 *cf.* I, 6, 29; II, 21, 1

9, 18–27 *cf.* I, 22, 1

9, 20–25 *cf.* I, 67, 14

9, 29 *cf.* II, 8, 8

11, 1–9 *cf.* I, 49, 6; 67, 5

12, 7sq. *cf.* I, 30, 9

14, 18 I, 7, 16

14, 18 *cf.* I, 44, 25

14, 18–20 *cf.* I, 30, 9

15, 6 *cf.* I, 1, 19; 22, 26; 44, 26

15, 6sq. *cf.* I, 7, 17

16 *cf.* I, 54, 25

17, 22 II, 2, 35

18, 9–15 *cf.* II, 38, 7

18, 22–33 *cf.* I, 91, 15

18, 27 I, 88, 28

19, 1–29	cf. I, 67, 5
19, 24	cf. I, 68, 21
19, 25	cf. I, 68, 24
21, 1–21	cf. I, 67, 14
22, 1–14	cf. II, 8, 24
22, 1–18	cf. II, 21, 13
24	cf. I, 22, 27; 44, 26
25, 8	cf. I, 54, 18; II, 8, 7
25, 19–34	cf. I, 54, 25
25, 27–34	cf. I, 21, 14
25, 29–34	cf. I, 49, 6; 67, 6
27	cf. I, 26, 14; 49, 6
27, 22	cf. II, 54, 21
27, 30–45	cf. I, 67, 14
27, 41	I, 26, 7
27, 41	cf. I, 15, 10
28, 10–19	cf. I, 34, 16
30, 1	II, 54, 33
32	cf. I, 26, 14
32, 30	I, 42, 4; 50, 18; II, 3, 10
34, 25	cf. I, 15, 7
35, 1–15	cf. I, 22, 28; 44, 26
35, 22–26	cf. III, 16, 6
35, 23	cf. I, 21, 17
35, 28sq.	cf. I, 54, 18
36	cf. I, 5, 6; 21, 15; 26, 14
36, 33	cf. III, 32, 28; 31
36, 43	cf. III, 16, 7
37, 4	cf. I, 25, 16
37, 11	cf. I, 15, 4
37, 18–20	cf. I, 15, 7
37, 21sq.	cf. I, 15, 5

37, 26–28	cf. I, 67, 12
37, 33sq.	cf. III, 12, 6
37, 33–35	cf. III, 5, 4
37, 35	I, 89, 11
39	cf. I, 1, 19; 22, 29; 44, 27
39, 1–6	cf. II, 21, 13
39, 7	II, 54, 36
39, 7–12	cf. III, 39, 13
39, 23	cf. I, 54, 28
41, 14	cf. I, 88, 16
49, 1–7	cf. I, 67, 15
49, 33 (32 *Vulg.*)	cf. I, 54, 18
50, 26 (25 *Vulg.*)	cf. I, 54, 19

Exod. 1, 8	cf. I, 4, 25
3, 7	cf. I, 3, 3
5–14	cf. I, 67, 7
5–15	cf. I, 49, 7
6, 13	cf. I, 2, 33
7–12	cf. II, 43, 42
7, 11	III, 20, 17
10, 21sq.	cf. II, 28, 13
12, 15	cf. I, 27, 5
13, 18	cf. I, 2, 33
14, 15	I, 43, 4
14, 26–28	cf. III, 20, 6
16, 33	cf. II, 26, 6
19, 14	cf. I, 28, 33
19, 20	II, 2, 35
20, 12	cf. I, 14, 17
22, 18	cf. III, 19, 24
22, 20	cf. III, 19, 23
22, 25	cf. I, 17, 26

23, 7   I, 62, 21
25, 10–16 cf. II, 26, 6
29, 25   cf. III, 34, 11
32   cf. I, 49, 8; 67, 7
33, 11   I, 42, 4; 50, 18; II, 3,
             10

Lev. 20, 27 cf. III, 19, 24
23, 6   cf. I, 27, 5
23, 16   cf. I, 27, 5

Num. 12, 3 cf. I, 1, 20; 22, 30;
             44, 27
12, 7   I, 53, 33
12, 8   I, 53, 35
22, 9 (8 *Vulg.*) II, 2, 40
28, 17   cf. I, 27, 5
28, 26   cf. I, 27, 5

Deut. 4, 13 cf. I, 13, 17
5, 4   I, 42, 4; 50, 18; II, 3,
             10
6, 5   cf. I, 90, 28
10, 17 sq. cf. I, 9, 27
13   cf. III, 19, 23
16, 3   cf. I, 27, 5
16, 9   cf. I, 27, 5
16, 11   I, 27, 21. – cf. III, 34,
             6
16, 13   cf. I, 27, 6
16, 15   I, 27, 21
18, 10–12 cf. III, 19, 24
28, 15   cf. I, 14, 25
29, 18   I, 32, 22

32, 39   cf. I, 98, 1
34, 10   I, 42, 4; 50, 18; II, 3,
             10

Ios. 20, 8 cf. III, 32, 31

Iud. 6, 22 I, 42, 4; 50, 18; II, 3,
             10
16, 4–31 cf. II, 54, 39
16, 30   cf. I, 82, 28

Ruth 1, 16 sq. cf. I, 14, 7

1 Reg. 1, 9–19 cf. I, 37, 24
2, 3   I, 50, 8
2, 7   cf. I, 98, 1
2, 12–36   cf. I, 33, 18
2, 34   cf. I, 67, 15
4, 17   cf. I, 67, 15
12   cf. I, 22, 30
12, 19–25 cf. I, 28, 34
13, 10–14 cf. I, 54, 25
15, 10–35 cf. I, 54, 25
16, 7   I, 101, 10
16, 12   cf. I, 10, 29
21, 8–22, 23 cf. I, 54, 26
28   cf. III, 20, 20
30, 1–4   cf. III, 12, 8

2 Reg. 1, 11 sq. cf. III, 12, 10
1, 18   cf. I, 8, 10
3, 2–5   cf. I, 15, 25; 23, 4
13   cf. I, 15, 26; 67, 11
13–18   cf. I, 23, 5; 67, 16

13, 22   *cf.* I, 25, 17
14–18   *cf.* I, 15, 26
15–18   *cf.* I, 67, 11
15, 12–17, 23   *cf.* I, 54, 25
17, 23   *cf.* II, 56, 25
19, 25 (24 *Vulg.*)   *cf.* I, 88, 17

3 Reg. 1sq.   *cf.* I, 15, 26
1, 5–21   *cf.* I, 25, 17
17, 1   I, 37, 9; 43, 5
18, 7–16   *cf.* III, 38, 33
18, 15   I, 37, 9; 43, 5
18, 23–38   *cf.* I, 69, 26
18, 38   *cf.* I, 70, 11
19   *cf.* II, 57, 17
21   *cf.* II, 37, 63
22, 23   I, 81, 9
22, 24   I, 81, 13

4 Reg. 1, 9–12   *cf.* I, 69, 31
18, 37   *cf.* III, 12, 10
19, 35sq.   *cf.* III, 20, 8
22, 11–19   *cf.* I, 91, 7

1 Par. 1, 35–37   *cf.* III, 16, 37
1, 44   *cf.* III, 32, 28; 31
28, 9   *cf.* III, 1, 5

2 Par. 15, 6   *cf.* I, 52, 13

Tob. 2, 12 (*Vulg.*) *cf.* I, 34, 15;
        III, 21, 11
2, 14 (16 *Vulg.*)   II, 54, 37

12, 12   I, 19, 11; 43, 31; II,
           23, 34

Iob 1, 1b   II, 20, 18; III, 9, 26.
           – *cf.* I, 4, 7; 44, 27;
           III, 5, 25
1, 1b–c   I, 21, 6; 22, 21
1, 2   *cf.* I, 13, 1
1, 3g   I, 8, 41
1, 4   *cf.* I, 14, 37
1, 5e   I, 101, 20; II, 42, 7
1, 6–12c   *cf.* II, 3, 1
1, 6c   *cf.* II, 2, 14; 7, 1
1, 7c   II, 49, 22
1, 8   *cf.* I, 84, 27
1, 8b   II, 6, 6 (?); 10; 7, 16
1, 8c   II, 19, 7; 53, 7; III, 1,
           5. – *cf.* I, 73, 16
1, 9   *cf.* II, 7, 3
1, 9sq.   *cf.* I, 12, 7; 48, 7; II,
           4, 39
1, 9–11   *cf.* I, 35, 13; 18
1, 9b   I, 45, 4. – *cf.* I, 56, 5
1, 10d   *cf.* I, 57, 20
1, 11b   *cf.* II, 15, 8
1, 12d–22 *cf.* II, 1, 6
1, 13–15   *cf.* II, 36, 31
1, 14sq.   *cf.* I, 69, 3; II, 4, 21
1, 15c   II, 38, 39
1, 16   *cf.* I, 69, 4; II, 4, 22
1, 16a   I, 96, 17. – *cf.* II, 36,
           32
1, 16b   I, 96, 15. – *cf.* I, 78, 15

1, 16b–c	*cf.* II, 36, 33
1, 16c	*cf.* II, 38, 39
1, 17	*cf.* I, 69, 4; II, 4, 21
1, 17a	*cf.* II, 36, 32
1, 17b–e	*cf.* II, 36, 33
1, 17e	*cf.* II, 38, 39
1, 18sq.	*cf.* I, 69, 5; II, 4, 23
1, 18–22	*cf.* II, 8, 26
1, 18a	*cf.* II, 36, 32
1, 18b–19c	*cf.* II, 36, 33
1, 19a	I, 96, 16. – *cf.* I, 66, 28
1, 19 a – b	*cf.* I, 73, 3
1, 19b	I, 96, 18
1, 19c	*cf.* II, 38, 39
1, 20a–b	*cf.* II, 31, 3
1, 20b	*cf.* III, 10, 22
1, 21	*cf.* I, 84, 11
1, 21sq.	*cf.* III, 22, 5
1, 21a	*cf.* I, 97, 15
1, 21e	II, 37, 5; III, 28, 5
1, 22b–c	I, 10, 28. – *cf.* I, 10, 30
2, 1–6	*cf.* II, 3, 4
2, 1c	*cf.* II, 7, 1
2, 2	*cf.* II, 11, 19; 26
2, 3b	II, 6, 6
2, 3c	II, 19, 7; 53, 7; III, 1, 5. – *cf.* I, 73, 16
2, 3d	III, 9, 26. – *cf.* II, 20, 18
2, 4sq.	*cf.* I, 35, 13
2, 4b	II, 13, 4
2, 6	I, 90, 41
2, 6b	*cf.* III, 22, 14
2, 7–10	*cf.* II, 1, 20
2, 7b	*cf.* III, 14, 12
2, 8	*cf.* III, 10, 25
2, 8b	III, 10, 13
2, 9	*cf.* II, 36, 34
2, 9e	II, 58, 27
2, 10b	II, 38, 22
2, 11–13	*cf.* II, 36, 35
2, 11a	III, 10, 2
2, 12a–b	*cf.* III, 13, 23
3, 7a	III, 34, 15
4, 7	III, 7, 10
6, 7b	II, 29, 19; 22
7, 3a	II, 36, 20; 25; 51, 9
7, 4c	II, 29, 25
7, 5a	II, 29, 24
7, 5b	II, 29, 24
8, 2a–3b	III, 7, 12
8, 13b–14a	III, 7, 16
9, 4b	I, 42, 5sq.
10, 12b	*cf.* I, 4, 33
10, 22	III, 38, 16
12, 19a	I, 30, 14
13, 4	III, 8, 14
13, 26	*cf.* I, 31, 28
14, 5	*cf.* III, 26, 8
14, 12	*cf.* III, 26, 1
19, 23	I, 1, 27
19, 26a	I, 20, 32
20, 15b	I, 45, 7; 16
22, 5–11	*cf.* II, 35, 5
23, 10b	*cf.* II, 8, 30; 25, 3
24, 8b	I, 92, 35

25, 6a	II, 33, 13
28, 14b	cf. I, 46, 21
29, 14	I, 9, 41. – cf. I, 35, 8; 92, 37
29, 17	I, 9, 42
30, 23b	I, 94, 3
31, 7b + 9a	I, 13, 5
31, 16–20	cf. II, 46, 22
31, 20b	I, 18, 15
31, 25	I, 17, 7
31, 32	I, 18, 12
31, 34b	I, 18, 14
33, 9	cf. I, 6, 28
33, 9a	III, 7, 9
34, 19	cf. I, 89, 29; II, 38, 4; III, 38, 17
35, 13a	I, 37, 16
38, 7	I, 38, 16
41, 16b (15 *Vulg.*)	I, 40, 21; II, 5, 21
42, 7–8	cf. III, 7, 20
42, 7–9	cf. III, 13, 21
42, 7b	III, 24, 7; III, 24, 8
42, 7c–d	III, 24, 9
42, 8sq.	cf. I, 30, 4; III, 24, 14
42, 10–17	cf. I, 4, 33
42, 10c	cf. II, 13, 33
42, 15b	cf. I, 16, 8
42, 17a	cf. II, 13, 32
42, 17b	I, 2, 3
42, 17c	III, 16, 26. – cf. I, 2, 32; 21, 19; 22, 26; 55, 29; III, 32, 28; 31
42, 17d	cf. II, 32, 23
Ps. 1, 1	III, 31, 17. – cf. I, 12, 20
1, 5	I, 41, 1; II, 3, 18
7, 10	II, 61, 30. – cf. III, 1, 5
8, 6	II, 21, 4
8, 7–9	cf. II, 21, 3
10, 8	I, 9, 37; 44; 10, 1
13, 1	I, 32, 32; II, 57, 29
18, 13	I, 33, 23
23, 4	cf. I, 52, 32
23, 4–6	cf. I, 34, 16
23, 7	I, 40, 8
24, 1	cf. III, 21, 5
24, 7	cf. I, 31, 28
26, 2	cf. III, 22, 10
26, 8sq.	II, 24, 23
29, 6	I, 97, 31
31, 9	I, 72, 25
32, 15	III, 36, 25
33, 16	cf. II, 2, 18
33, 20	I, 60, 18; III, 9, 25
36, 23	III, 18, 16
36, 27	cf. II, 22, 6
41, 4	III, 13, 28
43, 22	II, 61, 31; III, 36, 26
43, 23	II, 2, 32
48, 13	I, 5, 34
50, 12	cf. I, 52, 32
50, 13	II, 24, 22
52, 7	I, 66, 24
54, 22	I, 10, 14
67, 3	I, 41, 7

67, 33 sq.	I, 24, 17
68, 29	I, 8, 10; III, 37, 27
68, 33	I, 11, 33
72, 14	I, 86, 24
72, 28	cf. III, 5, 19
77, 7	cf. III, 5, 19
77, 36 sq.	II, 62, 26 (?)
77, 49	I, 45, 15
77, 65	II, 2, 32 sq.
79, 6	III, 13, 30
81, 5	cf. III, 35, 11
84, 2	I, 66, 22
88, 6	cf. I, 26, 43
90, 6	I, 78, 3
90, 11	III, 20, 35
93, 12	I, 98, 3
93, 19	II, 29, 32
101, 1	I, 37, 26
101, 4	cf. I, 93, 25
101, 5 sq.	III, 13, 29
102, 8	cf. I, 35, 23
102, 20 sq.	I, 48, 39
103, 4	I, 19, 9
103, 15	III, 19, 13
104, 17	III, 39, 12
111, 7	II, 41, 36
111, 9	I, 18, 7
112, 2	I, 99, 31
114, 9	I, 8, 10
117, 15	I, 20, 36; 94, 7
117, 26	cf. I, 31, 20
118, 63	I, 22, 32
118, 133	III, 18, 17
120, 8	III, 20, 33

127, 2	cf. I, 58, 18
128, 3	I, 86, 23
132, 1	I, 25, 23
134, 7	I, 78, 12
135, 25	III, 18, 5
136, 1	I, 67, 22
136, 3	I, 67, 23
138, 8	I, 37, 5
140, 5	I, 87, 18
141, 6	I, 20, 35
143, 4	I, 5, 34
149, 1	cf. I, 26, 43

Prov. 1, 16   cf. I, 72, 28
3, 6	III, 18, 20
8, 21a	III, 36, 22
9, 15	cf. II, 34, 16
11, 4	cf. I, 11, 17
13, 8	II, 18, 3
17, 13	cf. I, 94, 24
19, 17	I, 20, 42
28, 15	cf. II, 26, 22 sq.

Eccl. 1, 13 cf. I, 1, 8
2, 11	cf. I, 1, 8
3, 1 + 7	III, 22, 24
3, 8	cf. I, 85, 38; II, 1, 11
7, 2	III, 29, 21
7, 3	III, 21, 9
9, 11	cf. I, 1, 8

Cant. 2, 2 cf. I, 7, 24
| 2, 15 | I, 6, 23 |
| 8, 7 | II, 51, 17 |

Sap. 1, 13 I, 80, 2

2, 24 I, 80, 3

3, 5sq. *cf.* I, 60, 17

3, 6 I, 60, 19; 99, 22

6, 7 (8 *Vulg.*) *cf.* I, 89, 29; II, 38, 4; III, 38, 17

9, 2sq. *cf.* II, 21, 3

12, 11 II, 52, 24

16, 14 *cf.* I, 40, 17; III, 26, 5

Sir. 7, 34 (38 *Vulg.*) III, 21, 8

10, 11 (13 *Vulg.*) III, 21, 19

11, 14 *cf.* II, 60, 20

12, 16 (15 *Vulg.*) I, 10, 16

13, 23 (28 *Vulg.*) *cf.* I, 56, 27

17, 3 *cf.* II, 21, 3

22, 13 III, 13, 38

31, 8 I, 17, 34

33, 6 I, 72, 24

33, 7 III, 25, 25

35, 5 (8 *Vulg.*) *cf.* III, 34, 11

36, 24 (26 *Vulg.*) *cf.* II, 52, 10

37, 5 III, 11, 14

37, 30 (33 *Vulg.*) III, 17, 19

39, 28 (34 *Vulg.*) I, 16, 8

40, 1 *cf.* I, 94, 2

40, 28 (29 *Vulg.*) I, 16, 9

46, 19 (22 *Vulg.*) I, 9, 13

50, 6 *cf.* I, 7, 28

Is. 1, 2 I, 46, 22

1, 12 I, 40, 13

1, 15 I, 37, 17

1, 17 *cf.* I, 20, 11

7, 14 *cf.* II, 32, 8

11, 5 I, 9, 36

14, 12 I, 8, 23. – *cf.* I, 40, 10; 18; 54, 8; 85, 19; 88, 31; 91, 16; II, 3, 35; 5, 12; 12, 8; III, 36, 9

14, 13sq. I, 52, 6

19, 2 *cf.* I, 52, 13

23, 4 I, 46, 21

26, 10 I, 40, 29

29, 13 II, 62, 26 (?)

30, 6 I, 6, 22

40, 6sq. II, 33, 26

40, 8 *cf.* I, 93, 25

42, 5 *cf.* I, 98, 15

50, 6 I, 86, 22

51, 13 *cf.* I, 98, 15

53, 4sq. + 7 I, 31, 14

56, 11 I, 6, 20

57, 11 I, 37, 17

58, 7 *cf.* I, 18, 19

59, 7 I, 72, 28

59, 10 *cf.* III, 35, 30

62, 2 *cf.* I, 98, 30

63, 1 *cf.* III, 32, 31

64, 3 (4 *Vulg.*) *cf.* II, 61, 17

65, 15sq. I, 98, 30

Hier. 1, 5 III, 24, 35

5, 8 I, 6, 21; 72, 26

7, 25 I, 53, 31

9, 4 III, 2, 3

9, 8 I, 10, 15

11, 19	I, 31, 17; II, 10, 25
11, 20	II, 61, 30
14, 10	I, 44, 10
14, 10	II, 23, 36 (?)
15, 17	cf. III, 31, 16
17, 10	II, 61, 30. – cf. III, 1, 5
20, 8	III, 28, 36
20, 9	III, 28, 35
20, 14	cf. III, 29, 3; 35, 30
20, 14–18	cf. III, 24, 22; 28, 31; 31, 3
20, 15	III, 32, 30
23, 24	cf. I, 36, 8; 37, 2
31, 33	cf. I, 94, 16
51, 21	II, 23, 38

Ezech. 13, 4	I, 6, 24
14, 14	III, 24, 33
18, 7	cf. I, 18, 19
18, 16	cf. I, 18, 19
28, 14	cf. I, 8, 25; 54, 6
28, 14–16	cf. I, 69, 15
28, 14–17	cf. I, 58, 11
28, 15–17	cf. I, 40, 10; 18; 54, 8; 85, 19; 88, 31; 91, 16; II, 3, 35; 5, 12; 12, 8; III, 36, 9
28, 16	cf. II, 7, 26

Dan. 1	cf. III, 23, 1
3, 1–97	cf. I, 98, 20
4, 29	cf. I, 72, 31
5, 23	cf. III, 20, 43
6, 10	I, 24, 19

6, 22	cf. I, 98, 20
7, 10	cf. II, 2, 41
7, 21	I, 58, 42
12, 3	I, 1, 13; 38, 22. – cf. II, 9, 2

Os. 8, 13	II, 23, 36 (?)
9, 9	II, 23, 36 (?)
10, 12	I, 18, 7

Am. 3, 2	cf. II, 23, 36
7, 8	II, 25, 15

Ion. 1sq.	cf. I, 98, 25
2, 1	I, 47, 3
2, 11	cf. I, 47, 1
3, 6	cf. III, 12, 12
3, 6sq.	cf. I, 91, 5
4, 6–8	I, 47, 1

Mich. 7, 5	II, 38, 19; 57, 35
7, 13	I, 46, 23

Mal. 4, 2	I, 98, 30; II, 49, 7. – cf. I, 24, 15

1 Macc. 2, 62	cf. II, 33, 19
5, 28	cf. III, 32, 31

2 Macc. 7, 32	cf. II, 59, 24

Matth. 1, 18–25	cf. II, 32, 8
3, 12	cf. I, 33, 15
4, 1–11	cf. I, 74, 3; II, 25, 16

4, 8	*cf.* I, 69, 7	16, 16	III, 31, 22
5, 8	*cf.* I, 34, 16; 94, 19	16, 18	I, 74, 38
5, 12	*cf.* I, 49, 8	18, 14	I, 1, 16 (?)
5, 40	II, 10, 12	18, 31	I, 43, 38
5, 44	II, 10, 11	19, 21	*cf.* I, 34, 10
6, 1	I, 1, 16 (?)	21, 9	*cf.* I, 31, 20
6, 30	*cf.* I, 93, 24	22, 13	*cf.* I, 89, 35
7, 8	*cf.* III, 39, 19	22, 37	*cf.* I, 90, 28
7, 15	I, 74, 14; II, 26, 22	23, 15	*cf.* II, 6, 30
7, 17	*cf.* I, 26, 19	23, 33	I, 6, 22
7, 21	*cf.* II, 22, 23	23, 38	I, 81, 17
7, 24sq.	*cf.* II, 45, 10	23, 39	*cf.* I, 31, 20
7, 26sq.	*cf.* I, 101, 28	24, 7	*cf.* I, 52, 13
8, 12	I, 81, 32; II, 24, 28	24, 13	I, 34, 8. – *cf.* I, 23, 17
8, 28–34	*cf.* I, 72, 33	25, 21	*cf.* I, 58, 23
8, 29	*cf.* I, 41, 20	25, 31–46	*cf.* I, 18, 19
10, 16	*cf.* I, 7, 27; II, 11, 34	25, 40	I, 27, 38
10, 22	I, 34, 8. – *cf.* I, 23, 17	25, 41	I, 81, 32; II, 24, 28
10, 32	I, 1, 16 (?)	25, 46	*cf.* I, 23, 8
11, 11	*cf.* II, 8, 12	26, 20–25	*cf.* II, 29, 8
12, 29	*cf.* I, 90, 21	26, 37	III, 31, 26
12, 32	I, 73, 28	26, 39	III, 31, 25
12, 43	II, 49, 14	26, 65	*cf.* III, 12, 14
12, 43–45	*cf.* I, 81, 1	26, 74	*cf.* II, 43, 40
12, 45	*cf.* II, 14, 33	27, 3–5	*cf.* II, 29, 8; 56, 25
13, 24–30	*cf.* I, 81, 20	27, 3–10	*cf.* III, 37, 17
13, 25	*cf.* II, 57, 24	28	*cf.* II, 25, 18
13, 39	*cf.* III, 35, 17	28, 20	II, 34, 30
13, 43	I, 1, 16. – *cf.* I, 18, 11; II, 9, 2		
		Marc. 1, 25	I, 46, 14
13, 46	*cf.* II, 20, 28	5, 7	*cf.* I, 41, 20
14, 1–12	*cf.* I, 49, 9; II, 37, 64; 57, 17	6, 14–29	*cf.* II, 37, 64; 57, 17
		9, 23 (22 *Vulg.*)	I, 11, 29
15, 14	I, 74, 20	9, 43	*cf.* I, 33, 15

9, 43–47	*cf.* II, 5, 25
9, 43–48	*cf.* I, 74, 25; II, 56, 13; III, 20, 1
13, 13	I, 34, 8
14, 4	II, 14, 20
14, 63	*cf.* III, 12, 14
16, 18	III, 18, 8 (?)
Luc. 1, 19	I, 37, 10
1, 26–33	*cf.* I, 38, 12; II, 32, 8
2, 13 sq.	I, 38, 13
4, 1–13	*cf.* I, 74, 3
4, 5	I, 69, 8. – *cf.* I, 69, 7
4, 35	I, 46, 14
6, 27	II, 10, 11
6, 28	II, 10, 12
6, 38	*cf.* I, 20, 42
6, 49	*cf.* I, 11, 26
8, 28	*cf.* I, 41, 20
9, 26	I, 102, 16
10, 3	*cf.* I, 7, 27
10, 18	I, 69, 19; II, 4, 10. – *cf.* I, 8, 23; 40, 10; 18; 54, 8; 85, 19; 88, 31; 91, 16; II, 3, 35; 4, 30; 5, 12; 12, 8; III, 36, 9
10, 27	*cf.* I, 90, 28
11, 10	*cf.* III, 39, 19
11, 24–26	*cf.* I, 81, 1
11, 26	*cf.* II, 14, 33
11, 47 sq.	*cf.* I, 49, 8
13, 3	*cf.* I, 81, 26
13, 5	*cf.* I, 81, 26
13, 32	I, 6, 25
15, 10	*cf.* I, 81, 25
15, 23	I, 31, 7
16, 9	I, 8, 11
16, 10	*cf.* I, 58, 23
16, 15	*cf.* I, 9, 39
16, 19–31	*cf.* I, 22, 30; III, 38, 22
16, 22	III, 35, 32. – *cf.* I, 94, 15
22, 31	II, 13, 18
22, 42	*cf.* III, 31, 25
23, 34–39	*cf.* II, 25, 17
24	*cf.* III, 37, 23
24, 38	*cf.* I, 32, 12
Ioh. 1, 18	*cf.* I, 38, 13; II, 12, 10; 25, 14; 32, 8; 34; 36
1, 29	I, 31, 9
3, 31	I, 90, 19
8, 7	*cf.* II, 20, 5
8, 34	I, 22, 14. – *cf.* I, 23, 8
8, 44	I, 40, 26. – *cf.* I, 49, 3; 55, 11; 60, 13; II, 5, 17
12, 3	II, 14, 26
12, 24	I, 90, 20
12, 31	*cf.* II, 13, 13
13, 27	I, 81, 7
14, 16	*cf.* III, 37, 38
14, 26	*cf.* I, 2, 25; III, 37, 38
14, 30	*cf.* II, 13, 13
15, 2	*cf.* I, 88, 11
15, 26	*cf.* I, 2, 25

16, 7	*cf.* III, 37, 38
17, 3	I, 10, 19
19, 30	II, 31, 31
Act. 1, 7	*cf.* III, 36, 14
1, 16–19	*cf.* III, 37, 17
2, 1–4	*cf.* III, 37, 38
3, 19	*cf.* II, 56, 18
4, 12	I, 98, 32
4, 32	I, 15, 35; 25, 20; 26. – *cf.* I, 25, 6; 30, 29
6, 6	*cf.* I, 13, 14
7, 52	*cf.* I, 49, 8
8, 22	*cf.* II, 56, 18
10, 4	I, 19, 5; 44, 15; II, 23, 32
10, 31	I, 43, 21
10, 34	*cf.* I, 89, 29; II, 38, 4; III, 38, 17
10, 42	*cf.* III, 39, 12
14, 22	*cf.* III, 31, 9
15, 8	I, 9, 39
16, 16–18	*cf.* I, 41, 11
Rom. 1, 7	*cf.* I, 34, 26
2, 5	I, 74, 26. – *cf.* I, 93, 8
2, 8	*cf.* II, 59, 27
2, 11	*cf.* I, 89, 29; II, 38, 4; III, 38, 17. – *cf.* I, 93, 8
2, 12	*cf.* I, 13, 21
2, 16	III, 36, 27
3, 4	I, 10, 18; 60, 12
3, 15	*cf.* I, 72, 28
4, 3	*cf.* I, 1, 19; 22, 26; 44, 26
4, 20	*cf.* I, 35, 9
5, 3sq.	*cf.* I, 60, 17
5, 12	*cf.* II, 5, 15
8, 9	I, 43, 9
8, 18	*cf.* II, 32, 37; 56, 9
8, 26	*cf.* I, 11, 13
8, 27	*cf.* III, 1, 5
8, 32	*cf.* II, 26, 14
8, 33	III, 24, 13
10, 13	III, 18, 8 (?)
11, 16	I, 14, 31. – *cf.* I, 26, 18
11, 17	*cf.* I, 32, 27
12, 15	III, 21, 9
12, 17	II, 10, 10
13, 8	I, 99, 12
13, 12	III, 37, 31
14, 8	III, 20, 37; 42
14, 23	I, 11, 19
16, 20	*cf.* I, 96, 10
1 Cor. 1, 2	III, 18, 8 (?)
3, 13	I, 35, 25; 36, 27
4, 9	II, 34, 25; 27; 35, 1; 20
5, 5	I, 45, 10
6, 20	II, 62, 19
7, 29–31	*cf.* I, 93, 26
10, 13	*cf.* I, 62, 11
10, 31	I, 76, 37
11, 14	I, 88, 6
11, 28	I, 29, 19

12, 26	I, 26, 11
13, 3	*cf.* I, 11, 8
13, 12	I, 42, 4; 50, 18; II, 3, 10
13, 13	*cf.* I, 15, 39; 73, 27
14, 20	*cf.* I, 63, 12
15, 22	*cf.* II, 53, 17
15, 33	III, 2, 2
15, 41sq.	I, 1, 11; 38, 21
15, 42	*cf.* III, 26, 22
15, 42–44	*cf.* III, 32, 11
15, 47	*cf.* I, 54, 5
15, 58	*cf.* I, 4, 4

2 Cor. 1, 10 *cf.* I, 36, 22

1, 24	*cf.* I, 12, 19
4, 4	*cf.* III, 35, 14
4, 8sq.	*cf.* I, 100, 15
4, 18	II, 33, 25
5, 2	*cf.* I, 43, 13
5, 7	*cf.* I, 12, 19
5, 10	*cf.* I, 29, 31
6, 14	*cf.* I, 41, 5
8, 21	I, 9, 6
9, 8	I, 11, 3
11, 6	prol., 37
11, 23–30	*cf.* III, 31, 15

Gal. 1, 5 III, 39, 29

2, 6	*cf.* I, 89, 29; II, 38, 4; III, 38, 17
4, 4	I, 99, 12
4, 28	*cf.* I, 94, 15
5, 3	*cf.* I, 27, 17

6, 7 (8 *Vulg.*) III, 32, 14. – *cf.* III, 32, 11

Eph. 2, 2 II, 49, 11. – *cf.* I, 51, 9

2, 12	*cf.* III, 34, 5; 12
4, 8	I, 90, 21
4, 30	I, 11, 13. – *cf.* I, 81, 24
5, 3–5	*cf.* I, 26, 26
6, 4	I, 33, 12
6, 5–8	*cf.* III, 39, 6
6, 11sq.	*cf.* I, 6, 11
6, 16	*cf.* I, 53, 21; 95, 9

Phil. 1, 6 I, 34, 6

2, 6–9	*cf.* I, 41, 19
2, 15sq.	I, 8, 3
3, 19	I, 52, 16. – *cf.* II, 6, 2
3, 20	I, 43, 13
4, 6	*cf.* I, 20, 30; 89, 38

Col. 3, 10 *cf.* I, 6, 29; II, 21, 1

3, 17	*cf.* I, 9, 11
3, 22–24	*cf.* III, 39, 6

1 Thess. 4, 1 *cf.* II, 22, 22

4, 13	*cf.* III, 34, 5; 12
4, 16	*cf.* I, 94, 17
5, 23	*cf.* I, 9, 10; 15, 40

2 Thess. 1, 8 *cf.* I, 28, 22

1 Tim. 1, 5 *cf.* I, 21, 27; II, 5, 5

1, 20	I, 45, 11
2, 5	III, 31, 22

3, 2	I, 9, 9
3, 6	cf. I, 100, 25
3, 9	cf. II, 5, 5
6, 7	I, 93, 4. – cf. I, 93, 16
6, 11	cf. I, 20, 19; 21, 27
6, 16	cf. I, 41, 5

2 Tim. 1, 10 cf. I, 3, 29

2, 12	cf. I, 3, 25
2, 19	II, 45, 9
3, 1sq.	I, 17, 16
3, 5	cf. I, 74, 15
4, 18	III, 39, 29

Tit. 1, 2 cf. I, 89, 33

1, 7	cf. I, 9, 9
3, 7	cf. I, 89, 33

Philem. 8–20 cf. III, 38, 33

Hebr. 1, 2 cf. II, 32, 8

1, 14	I, 19, 7. – cf. II, 2, 21; 41
7	cf. II, 8, 7
7, 1	I, 7, 16
7, 1–3	cf. I, 30, 9; 44, 25
9, 4	cf. II, 26, 6;
12, 7–11	cf. II, 60, 29
12, 15	cf. I, 32, 22
12, 16	I, 7, 9
13, 12	cf. II, 32, 33

Iac. 1, 12 cf. I, 90, 10

2, 10	cf. I, 27, 17

3, 9	cf. I, 6, 29; II, 21, 1
4, 4	I, 32, 36
4, 7	cf. II, 22, 22
5, 2sq.	cf. II, 33, 19
5, 7	cf. I, 4, 4
5, 10	cf. I, 6, 1
5, 11	cf. I, 34, 15; 90, 30; III, 21, 11

1 Petr. 1, 20 cf. I, 31, 5

2, 5	I, 11, 38
2, 12	cf. I, 18, 10
2, 22	II, 32, 13
4, 18	III, 14, 25
5, 4	cf. II, 21, 24; 31, 25; 55, 32
5, 5	I, 50, 6
5, 8	II, 26, 22. – cf. II, 57, 22
5, 10	cf. II, 31, 24; III, 36, 32

2 Petr. 2, 15 cf. III, 32, 31

1 Ioh. 1, 6 cf. III, 35, 11

3, 8	cf. I, 35, 11
4, 18	III, 38, 28

Iudas 12sq. cf. I, 74, 20

Apoc. 1, 16 cf. I, 13, 15

2, 23	II, 61, 30
3, 5	cf. II, 13, 33
11, 19	cf. II, 26, 6

12, 9	*cf.* I, 40, 10; 18; 54, 8; 85, 19; 88, 31; 91, 16; II, 3, 35; 5, 12; 12, 8; III, 36, 9
12, 9 sq.	*cf.* I, 58, 30; II, 7, 2
12, 12	*cf.* II, 3, 40
13, 7	*cf.* I, 35, 11
13, 16	*cf.* I, 93, 13; III, 38, 18 sq.
18, 24	*cf.* I, 49, 8
19, 5	*cf.* III, 38, 18
19, 18	*cf.* III, 38, 18
20, 3	*cf.* I, 98, 16
21, 4	*cf.* I, 20, 36; 94, 12
21, 27	*cf.* I, 8, 10
22, 4	*cf.* I, 94, 19

II. Auctores

Ambr., epist. 76, 14	*cf.* I, 3, 18
exc. Sat. 2, 32	*cf.* III, 33, 28
in psalm. 36, 63, 2 sq.	*cf.* I, 7, 18
in psalm. 37, 21, 2 sq.	*cf.* I, 8, 17
Noe 17, 60	*cf.* I, 11, 43
Ambrosiast., in Rom. 9, 10	*cf.* I, 7, 18
Athan., synod. 23, 4	*cf.* II, 32, 8
Aug., c. Fel. 2, 11,19	*cf.* I, 3, 29
c. Maximin. 1, 17	*cf.* I, 11, 10
c. Petil. 2, 49, 113	*cf.* II, 6, 23; 9, 16
coll. c. Maximin. 13	*cf.* I, 11, 10
in Iob 1	*cf.* I, 36, 1; 43, 25; 64, 24
in Iob 1, 2	*cf.* II, 32, 9
sermo 12, 6–9	*cf.* I, 41, 2
sermo 12, 7	*cf.* I, 43, 25
symb. 3, 10	*cf.* I, 53, 3
Ps. Aug., quaest. test. 118, 3	*cf.* I, 13, 19; 34, 5; II, 30, 2
quaest. test. 118, 4	*cf.* I, 53, 3
Baba Bathra 14b–15a	*cf.* I, 3, 1

Chrysost., comm. Iob prol., 1sq.   *cf.* I, 1, 26
          comm. Iob 1, 3   *cf.* I, 17, 22; 20, 16
          comm. Iob 1, 7   *cf.* I, 30, 6
          comm. Iob 1, 9   *cf.* I, 39, 11
          comm. Iob 2, 8   *cf.* II, 29, 20
          comm. Iob 2, 9   *cf.* II, 37, 35
          comm. Iob 2, 14   *cf.* II, 54, 18
          hom. in mart. Lucian.   *cf.* II, 31, 26
Ps. Chrysost., tract. in Luc. 9v   *cf.* I, 9, 9
          in Iob sermo 1, 2   *cf.* I, 68, 27; 83, 14
          in Iob sermo 2, 1   *cf.* I, 7, 9; 23; 26, 7; 32
          in Iob sermo 2, 2   *cf.* I, 5, 34; 9, 9; 18, 12; 15
          in Iob sermo 3, 1   *cf.* I, 15, 39; 19, 7; 20, 16; 37,
                                           9; 43, 5; 45, 15
          in Iob sermo 3, 2   *cf.* I, 45, 10sq.; 47, 3; 50, 3;
                                           51, 12
          in Iob sermo 3, 3   *cf.* I, 34, 8; 93, 4
          in Iob sermo 3, 4   *cf.* II, 13, 18; 52, 16; 57, 29
          in Iob sermo 4, 1   *cf.* I, 56, 33; II, 17, 28
          in Iob sermo 4, 2   *cf.* II, 29, 9; 32, 31; III, 24,
                                           22; 25, 5; 28, 1
          in Iob sermo 4, 3   *cf.* III, 31, 6
Clem. Alexandrin., caten. in Iob 2, 126   *cf.* I, 92, 25
Clem., ad Cor. 25   *cf.* II, 26, 6
cod. Brixianus (PL 12, 262)   *cf.* I, 1, 16
          (PL 12, 580)   *cf.* I, 102, 16
collect. Escurialensis, sermo 14 (RecAug 31, p. 171)   *cf.* I, 46, 1; 53, 3
          sermo 14 (RecAug 31, p. 172)   *cf.* I, 57, 20
          sermo 14 (RecAug 31, p. 173)   *cf.* I, 68, 3; II, 32, 15
collect. Arian. Bobiens., frg. 12   *cf.* I, 40, 8
collect. Arian. Veronens. 18, 2   *cf.* II, 51, 17
conc. Carth. a. 411, 3, 258   *cf.* I, 40, 13
constit. apost. 6, 11, 10   *cf.* III, 31, 21

Cypr., domin. orat. 26   *cf.* I, 61, 15
       mortal. 10   *cf.* I, 53, 3; 92, 19
       testim. 3, 14   *cf.* I, 53, 3

Didymus, comm. in Iob 13, 7   *cf.* I, 34, 3
       comm. in Iob 24, 27–33   *cf.* I, 63, 3
       comm. in Iob 27, 32–28, 24   *cf.* I, 68, 4
       comm. in Iob 49, 6–8   *cf.* II, 52, 16

Ephr. Syr., comm. prim. Pent. 1, 26   *cf.* I, 1, 26
Euseb., hist. eccl. 4, 15, 4   *cf.* II, 31, 35
       hist. eccl. 9, 6, 3   *cf.* II, 31, 26
Ps. Euseb. Alexandrin., sermo 4   *cf.* II, 28, 11

Ps. Fulg. Rusp., sermo 71   *cf.* I, 64, 26

Hesych. Hierosol., in Iob hom. 1   *cf.* I, 5, 34
       in Iob hom. 22   *cf.* II, 26, 2
       in Iob hom. 23   *cf.* II, 26, 2
Hier., epist. 73, 2   *cf.* I, 30, 6
       in Am. 3, 7, 7–9   *cf.* II, 25, 25
       in Dan. 3, 9   *cf.* II, 36, 6
       in Is. 18, 65, 6sq.   *cf.* III, 35, 32
       in Matth. 2   *cf.* I, 81, 20
       interpr. Iob (PL 29, 63A)   *cf.* I, 26, 20; 34, 2
       interpr. Iob (PL 29, 63B; 65B)   *cf.* I, 53, 4
       interpr. Iob (PL 29, 64A)   *cf.* I, 64, 24
       interpr. Iob (PL 29, 65B)   *cf.* II, 5, 19
       interpr. Iob (PL 29, 68A)   *cf.* III, 37, 37
       interpr. Iob (PL 29, 68B)   *cf.* III, 38, 22
       interpr. Iob (PL 29, 73B)   *cf.* I, 92, 19
       nom. Hebr. p. 20, 17   *cf.* II, 7, 2
       nom. Hebr. p. 21, 27   *cf.* III, 32, 31
       nom. Hebr. p. 43, 13   *cf.* II, 7, 2

	nom. Hebr. p. 53, 20	*cf.* III, 32, 31
	nom. Hebr. p. 60, 2	*cf.* II, 7, 2
	nom. Hebr. p. 61, 9	*cf.* I, 58, 30; II, 7, 2
	nom. Hebr. p. 66, 4	*cf.* II, 7, 2
	nom. Hebr. p. 72, 27	*cf.* III, 32, 31
	quaest. hebr. in Gen. 36, 24	*cf.* I, 16, 27
Hil.,	frg. min. (in Iob 1)	*cf.* II, 50, 19
	syn. 11	*cf.* I, 75, 7
	syn. 12, 29	*cf.* II, 32, 8
	trin. 4, 5–7	*cf.* I, 75, 7

Iohannes Chrysostomus *vide s. v.* Chrysost(omus)

Iulian. Arian., comm. in Iob, prooem.	*cf.* I, 2, 20
comm. in Iob 1, 1α (PTS 14, 5)	*cf.* I, 5, 13; III, 16, 25
comm. in Iob 1, 3η	*cf.* I, 22, 26; I, 26, 32
comm. in Iob 1, 6β–δ	*cf.* I, 39, 11
comm. in Iob 1, 7α	*cf.* I, 47, 27
comm. in Iob 1, 7β–γ	*cf.* I, 50, 3
comm. in Iob 1, 8	*cf.* I, 8, 17
comm. in Iob 1, 14sq.	*cf.* I, 71, 30
comm. in Iob 2, 9E	*cf.* II, 37, 24
comm. in Iob 2, 10α–γ	*cf.* II, 54, 18
comm. in Iob 3, 3	*cf.* III, 25, 5; III, 28, 1
Iulian., in Iob, 1, 4 (CC 88, 5)	*cf.* I, 25, 27

Leontius Presb. Constantinopol., hom. 4	*cf.* I, 3, 18; 42, 8
hom. 5	*cf.* II, 53, 11
hom. 6	*cf.* II, 14, 20

Maximin., c. Ambr. fol. 304v	*cf.* I, 11, 10
c. Ambr. fol. 306v	*cf.* I, 11, 13
missale mixt. sec. reg. Isid. dictum Mozarabes	*cf.* II, 31, 26

Olympiod. Alex., comm. in Iob 2 — *cf.* I, 61, 30; 71, 30
    comm. in Iob 38, 7 — *cf.* I, 38, 17
op. imperf. in Matth. 34 — *cf.* I, 40, 29
Orig., c. Cels. 6, 43 — *cf.* I, 1, 26
    catena in Iob 2, 53 — *cf.* I, 57, 7
    hom. in Gen. 1, 7 — *cf.* I, 1, 11; 38, 21
    hom. in Gen. 9, 2 — *cf.* I, 1, 11; 38, 21
    hom. in Lev. 8, 3 — *cf.* III, 25, 5
    hom. in Ezech. 4, 4 — *cf.* I, 22, 1

Pelag., epist. ad Demetr. 6 — *cf.* I, 13, 19; 34, 5; II, 30, 2
Philipp. Presb., in Iob rec. brev. 1 — *cf.* I, 25, 27; II, 26, 2
    in Iob rec. brev. 2 — *cf.* III, 16, 36
    in Iob rec. long. 1 — *cf.* I, 25, 27; II, 26, 2; III, 16, 36
    in Iob rec. long. 3 — *cf.* I, 3, 1
    in Iob rec. long. 41 — *cf.* II, 7, 2
Philostorg., vita Luc. (GCS 21, 184–201) — *cf.* II, 31, 26
    vita Luc. 12 (GCS 21, 194, 12sq.) — *cf.* II, 31, 35

Quodv., prom. 1, 22, 30 — *cf.* I, 53, 3; 56, 29; 57, 20; 61, 15
    symb. 3, 11, 2 — *cf.* III, 21, 15

Rufin., hist. prol. (GCS 9/2, 951) — *cf.* prol., 3

testament. Iobi 20, 7–10 — *cf.* II, 29, 9

Zeno 1, 15 (2, 15) — *cf.* II, 26, 2
    1, 15 (2, 15), 1, 5 — *cf.* II, 27, 32
    2, 7 — *cf.* II, 26, 2